DIREITO DA COMUNICAÇÃO SOCIAL

(Lições)

FERNANDO DOS REIS CONDESSO
Professor de Direito Administrativo e de Direito da Comunicação Social
Coordenador da Pós-Graduação em Produção de Televisão - ISCSP - UTL
Doutor em Direito e Agregado em Ciências Jurídico-Políticas

DIREITO DA COMUNICAÇÃO SOCIAL
(Lições)

pograma da cadeira
bibliografia temática
legislação da comunicação social

expressão comunicação social
ética
deontologia
linha editorial
direito empresarial
sistema de incentivos públicos
estatuto do jornalista
conceito de jornalista
acesso à profissão
estágio de acesso à profissão
obtenção e uso da carteira profissional
sigilo profissional

cláusula de consciência
acesso aos locais públicos
garantia de independência
incompatibilidades funcionais
direito penal da comunicação social
direito contra-ordenacional
responsabilidade civil
direito à informação administrativa (EJ, LADA-LPDP-LSE)
direitos de autor e conexos
direito da publicidade
poderes da ERC, ICS e CADA

ALMEDINA

DIREITO DA COMUNICAÇÃO SOCIAL

AUTOR
FERNANDO DOS REIS CONDESSO

EDITOR
EDIÇÕES ALMEDINA, SA
Avenida Fernão Magalhães, n.º 584, 5.º Andar
3000-174 Coimbra
Tel: 239 851 904
Fax: 239 851 901
www.almedina.net
editora@almedina.net

PRÉ-IMPRESSÃO • IMPRESSÃO • ACABAMENTO
G.C. GRÁFICA DE COIMBRA, LDA.
Palheira – Assafarge
3001-453 Coimbra
producao@graficadecoimbra.pt

Junho, 2007

DEPÓSITO LEGAL
260539/07

Os dados e as opiniões inseridos na presente publicação
são da exclusiva responsabilidade do(s) seu(s) autor(es).

Toda a reprodução desta obra, por fotocópia ou outro qualquer processo,
sem prévia autorização escrita do Editor,
é ilícita e passível de procedimento judicial contra o infractor.

Aos alunos e a todos os amigos e colegas que se dedicam a matérias relacionadas com a comunicação social, pois, como disse um dia MARCEL HASFELD, «Tentei fazer bem o que outros teriam feito melhor, mas não fizeram».

*

«A comunicação livre dos pensamentos e das opiniões é um dos direitos mais preciosos do homem».

Artigo 11.º da Declaração de 1789

«O papel dos *média* na sociedade moderna parece considerável, mas os instrumentos de compreensão ainda não foram realmente elaborados. As ciências da comunicação ou da informação, se é que existem, ainda andam à procura de si mesmas.(...). Aliás é de ciências, no plural, que se deve falar, porquanto o conhecimento dos *média* passa por uma ligação de diversas disciplinas».

CORNU, Daniel – «Uma ciência à procura de si mesma». In *Jornalismo e verdade: Para uma ética da Informação.* (Epistemologia e Sociedade). Tradução de Armando Pereira da Silva. Lisboa: I. Piaget, 1999, p.20.

APRESENTAÇÃO

O texto, que ora se publica, por insistência de antigos e actuais alunos, corresponde a um conjunto significativo de matérias constantes dos *temas centrais do actual programa da cadeira semestral de direito da comunicação social*, que comecei, recentemente, a ministrar aos alunos da licenciatura de Comunicação Social do ISCSP, da Universidade Técnica de Lisboa -a primeira criada em Portugal –, a qual, no novo modelo curricular, resultante da adaptação da licenciatura ao Protocolo de Bolonha, está previsto se passe a designar por «Ética e Direito da Comunicação Social».

A esta razão impulsionadora acresce como motivo adicional, também motivador, o facto de, neste ano, ter sido designado pelo Conselho Científico do ISCSP-UTL como *coordenador da Pós-Graduação em Produção de Televisão* (onde, também, tenho a regência da cadeira de *Regime Jurídico da Actividade Televisiva, Direitos de Autor e Direito da Publicidade*)[1].

---

[1] Com o apoio e conselho, sempre esclarecido, de JOÃO SOARES LOURO, recentemente levado à sua última morada, e em conjunto com JORGE DE SÁ (coordenador-adjunto e principal dinamizador e executor do projecto, também docente da cadeira de *Análise de Audiências*), acompanhados por um leque de especialistas, por nós convidados, de grande qualidade e experiência (EMÍDIO RANGEL, que, além de dirigir os aspectos técnicos do curso, lecciona, ainda, as cadeiras de *Programação para Diferentes Canais, Autopromoção e Estratégias de Comunicação* e *Tendências Estratégicas da Produção Audiovisual*; LUÍS MARINHO, velho colega de estudos portuenses, director de programas da RTP, docente de *Produção de Televisão*; JOSÉ ADELINO MALTEZ, regente de *Política e Televisão*; JOSÉ ALBERTO CARVALHO, *Introdução à Escrita para TV, I – Informação*; MÁRIO MESQUITA, *História da Comunicação* e *Ética e Deontologia em TV*; ANTÓNIO BORGA, *História da Televisão e o Papel do Produtor* e *Produção Criativa: Géneros e Formatos*; JOÃO MARINHO LOURO, *Introdução à Escrita para TV, II – Entretenimento e Ficção*; ANA FRAGA, *Criatividade e Comunicação*; JOÃO SALVADO, *Introdução à Realização e Pós-produção* e *Introdução às Artes Visuais – Iluminação, Cenografia e Carecterização*; PEDRO MARTINS, *Produção Executiva*, e, finalmente, JULIÁN MORA ALISEDA, regente de *Metodologias de Trabalhos de Indvestigação Científica*).

Em verdade, tudo circunstâncias que só poderiam ser mobilizadoras e, mais do que isso, aceleradoras da sua publicação, sem prejuízo de este texto poder, também, servir de útil instrumento de apoio a todos quantos, no plano proffisional, empresários, jornalistas e produtores, tenham de conceber e dirigir a execução de todo o tipo de conteúdos escritos ou audiovisuais, sendo certo que só a combinação de criatividade, técnica e capacidade de gestão, dentro do marco da normatividade vigente, permite obter a fórmula-base da inserção com sucesso no futuro mercado da comunicação social.

BIBLIOGRAFIA RECOMENDADA
PARA APROFUNDAMENTO DAS PRINCIPAIS
MATÉRIAS DO PROGRAMA

A) – DIREITO DA COMUNICAÇÃO SOCIAL EM GERAL

1. CORREIA, Luís Brito – *Direito da Comunicação Social*. Coimbra: Almedina, Vol.I, 2000.

2. CARVALHO, Alberto Arons de; CARDOSO, António Monteiro; FIGUEIREDO, João Pedro – *Direito da comunicação Social*. Lisboa: Editorial Notícias, 2005.

3. AUBY, Jean Marie; DUCLOS-ADLER, Robert – *Droit de l'Information*. Paris: Dalloz, 1982.

4. DEBBASCH, Charles – *Droit de l'audiovisuel*. 2.ª Ed., Paris:Dalloz, 1991.

5. COURTNEY, Catherine; NEWELL, D.; RASAIAH, S. –*The law of journalism*. Londres: Butterworths, 1995.

6. ENCINAR, J. Juan González -*Derecho de la Comunicación*. Barcelona: Ariel, 2000.

B) – HISTÓRIA DA COMUNICAÇÃO SOCIAL

1. JEANNENEY, Jean-Noël –*Uma História da Comunicação Social*. Lisboa:Terramar, 1996.

2. INSTITUTO DA COMUNICAÇÃO SOCIAL E MUSEU NACIONAL DE IMPRENSA – *Imprensa Censura e Liberdade: 5 séculos de História*. Lisboa 1999.

3. TENGARRINHA, José -*História da Imprensa Periódica Portuguesa*. Lisboa: Caminho, 1989.

4. ALBERT, Pierre; TERROU, Fernand – *Histoire de la Presse*. Paris: PUF, 1970.

5. ALBERT, Pierre-*La presse*. Col. Que Sais-je? 10.ª éd., Paris: PUF, 1994.

6. EISENSTEIN, E.L. – *La Révolution de l'imprimé à l'Aube de l'Europe Moderne*. Paris: La Découverte, 1991.

C) – DIREITO COMPARADO DA COMUNICAÇÃO SOCIAL

1. ROSSINELLI, Michel – *La Liberté de l Rádio-Télévision en Droit Comparé*. Poblisud, 1990.

2. QUEBEC, International Institut of Communications – *La Réglementation de la Presse Écrite dans Douze Pays Occidentaux*. Montreal: IIC, 1982.

3. SOMMERLAND, Lloyd – *Broadcastings Law: A Comparative Study*. Oxford: Clarendon, 1995.

Direito da Comunicação Social

4. Poncet, Charles – «A liberdade de Informação do jornalista: um direito fundamental?: Estudo de direito suíço e comparado». *Revue internationale de droit comparé,* n.º4, 1980.

D) – DIREITO INTERNACIONAL E COMUNITÁRIO DA COMUNICAÇÃO SOCIAL

1. Canham, Erwin D. – «International Freedom of Information». In *Law and Contemporary Problems: International Human Rights.* Parte II, Vol.14, n.º 4, 1949.

2. Pignataro, Laura – *La tutela dell'informazione nel diritto comunitário.* Riv. di Diritto Europeo, n.º 1, 1992.

3. Bullinger, Martin – «Freedom of Expression and Information: an Essential Element of democracy». In *Actes du Sixième Colloque international sur la Convention Européenne des Droits de L'Homme.* Conselho da Europa, Univ. de la CCAA de Andaluzia, Sevilha, 1985. Dordrecht-Boston-Londres: Martinus Nijhoff, 1988 (também In *German Yearbook of International Law,* VI.28, 1985).

4. Germer, P. – «Administrative Secrecy under European Convention on Human Rights». In *Secrecy and Openness: Individuals, Enterpreises and Public Administration: Proceeding of the Seventeenth Colloquy on European Law.* Zaragoza, 21-23 Octobre 1987. Estrasburgo, Concelho da Europa, 1988.

5. Cohen-Jonathan, Gérard – «Liberté de circulation des informations et souveraineté des États». In *La circulation des informations et le droit international. Colloque de Strasbourg.* VVAA. Paris:Pedone, 1978.

6. Meyer-Heine, Anne – *Le droit européen des Émissions de télévision.* Paris-Marselha:Ceric, Economica, 1996.

E) – DIREITO CONSTITUCIONAL DA COMUNICAÇÃO SOCIAL

1. Miranda, Jorge – «Direitos Fundamentais da Comunicação Social». In *Manual de Direito Constitucional.* 3.ª Ed., Coimbra: Coimbra Editora, 2000, p.453, 470.

2. Luciano, Máximo – «La libertà di informazione nella jurisprudenza constituzionale». In *Politica del Derecho.* 1989.

3. Moranje, Jean – «La protection constitutionnelle et civile de la liberté d'expression». *Revue internationale de droit comparé,* 1990.

4. Echevarria, Juan Solozobal – «La libertad de expresión desde la teoría de los derechos fundamentales». *Revista española de derecho constitucional,* mayo-agosto 1991.

5. Rodney, Austin – «Freedom of Information: The Constitutional Impact». In *The Changing Constitution.* Oxford: Clarence Press, 1985.

6. Villaverde Menéndez, Ignacio – *Estado democrático e información: el derecho a ser informado y la Constitución Española de 1978.* s/l, Junta General del Principado de Asturias, 1994.

F) – ESTATUTO DOS JORNALISTAS

1. Courtney, C.; Newell, D; Rasaiah, S. – *The Law of Jornalism.*1995
2. Roca, Guillermo Escobar -*Estatuto de los Periodistas.* Madrid: Tecnos, 12002.

3. Rühl, Manfred – *Journalismus und Gesellsghaft: Bestandsaufnahme und Theorienentwurf.* Mayence, 1980.
4. Bohere, J. – *Profession Journaliste: Étude sur la condition du journaliste en tant que travailleur.* Genebra: Bureau International do Trabalho, 1984.

G) – FORMAÇÃO DOS JORNALISTAS

1. Mory, Pierre; Stephensen, Hugh; Associação Europeia de Formação dos Jornalistas – *La Formation au Journalisme en Europe.* (Connaissance des Médias). Paris: CFPJ, 1991
2. Buchloh, Stephan; Russ-Mohl, Stephan (Ed.) – *Securing Quality: European and Americans perspectives of continuing education in journalism.* Berlin: Frei Universität Berlin-JWB, 1993.
3. Chuard, Jean-Pierre – *La Formation Professionnelle des Journalistes: L'expérience romande 1965-1985.* Lausanne: CRFJ, 1985
4. Ferry, Jean-Marc – *Les puissances de l'expérience.* Vol. II, Paris: Cerf, 1991.

H) – ÉTICA E DEONTOLOGIA JORNALÍSTICA

1. Pina, Sara – *A Deontologia dos Jornalistas Portugueses.* Coimbra: Minerva, 1997.
2. Cornu, Daniel – *Jornalismo e Verdade: Para uma Ética da Informação.* (Epistemologia e Sociedade).Tradução de Armando Pereira da Silva. Lisboa: I. Piaget, 1999.
3. Asenjo, Porfírio Barroso – *Códigos Éticos de la Profesión Periodística: Análisis Comparativo.* Madrid: Universidade Complutense, Tomo II e II, 1980.
4. Esteves, João Pissarra – *A Ética da Comunicação e os Media Modernos: Legitimidade e Poder nas Sociedades Complexas.* 2.ª Ed., Lisboa: Fundação Calouste Gulbenkian, 2003.

I) – ACESSO ÀS FONTES DE INFORMAÇÃO E DIREITO AO SIGILO PROFISSIONAL

1. VVAA – *Acesso às fontes de informação.* Lisboa: Alta Autoridade para a Comunicação Social, 1998.
2. Auvret, Pierre – *Le Journalisme d'Investigation selon la Convention Européenne des Droits de l'Homme.* Paris:Legipress, 1997.
3. Vallbona, José Rigo – *El Secreto profesional y los Periodistas.* Barcelona: Librería Bosch, 1988.
4. Cousteaux e Lopez-Terres – «Le droit a l'information et le procès pénal en droit français». In *El poder Judicial en el conjunto de los Poderes del Estado y de la Sociedad, Revista Poder Judicial,* n.º Especial XI, Madrid: CGPJ, 1986.

J) – DIREITO DE ACESSO À INFORMAÇÃO DOS PODERES PÚBLICOS

1.Condesso, Fernando dos Reis; Mora Aliseda, Julián – «The acess to the environmental information in the hands of portuguese and spanish public administrations» In *Obesrvatorio Medioambiental,* Vol.9, Madrid: Publicaciones de la Universidad Complutense de Madrid, 2006;

2. CONDESSO, Fernando dos Reis – *O Direito de Acesso à Documentação detida pela Administração Pública Portuguesa*. Lição-síntese de aula em provas de Agregação em Ciências Jurídico-Políticas; – *O Directo de Acesso à Informação e Documentos detidos pelos Poderes Públicos*. Policopiado, para publicação: Almedina; – «Instrumentos de Intervenção Ambiental» («Os Meios Informativos»). In *Direito do Ambiente*. Coimbra: Almedina, 2001, p. 645-686.

3. GALBRAITH, David – «Officials Secrets, Security and Open Government: A right to Curiosity». In *Freedom of Speech: Basis and Limits*. Steiner, Wiesbaden: Mahler, 1986.

4. ARENA, Gregório (org.) – *L'accesso ai documenti amministrativi*. Bolonha: Il Mulino, 1991.

5. ASCENSÃO, José oliveira – «Direito à informação e direito ao espectáculo». *ROA*, n.º 48, 1988.

6. CARVALHO, Raquel – *Direito à Informação administrativa Prodcedimental*. Porto:Publicações UC, 1999.

L) – DIREITO À INFORMAÇÃO, POLÍTICA E CENSURA

1. MIRANDA, José A.B. de – *Elementos para uma teoria da censura: censurância, argumemtação e conflito*. Lisboa: UNL, 1984.

2. VVAA – *Mass Media e Sistema Político*. PASQUINO, Gianfranco (Org.). Milão: Franco Ageli, 1987.

3. ALGER, Dean E. – *The media and politics*. New jersey: Prentice-hall, 1989.

4. SCHWOEBEL, Jean – *La Presse, le pouvoir et l'argent*. Paris: Seuil, 1968.

5. INTERNATIONAL CENTER ON CENSORSHIP «Art.19» – *Information Freedom and censorship: World Report 1991*. Londres: Library Association Publishing, 1991

6. CONDESSO, Fernando dos Reis – *A Democracia contra a Democracia*. Texto policopiado reproduzindo a Conferência no I Congresso Democracia Portuguesa, Fundação Calouste Gulbenkian, Lisboa, 2004.

M) – DIREITO À INFORMAÇÃO E PROPAGANDA

1. PIEMME, Jean-Marie – *La propagande inavoué*. Col. 10/18.Paris:Uge, 1975.

2. LASSWELL, Harold D. – *Propaganda Technique in the World War*. New York, 1938.

3. MAMOU, Yves – *Essai sur la fabrication de l'information*. Paris.Payot, 1991.

N) – DIREITO DE RESPOSTA

1. MOREIRA, Vital – *O Direito de Resposta na Comunicação Social*. Coimbra: Coimbra Editora, 1994.

2. VVAA – *O Direito de Resposta e Outros Direitos dos Cidadãos perante a Imprensa*. Conselho de Imprensa, Lisboa, 1985.

3. BALLESTEROS, Teodoro Gonzáles – *El Derecho de Replica y Rectificación en Prensa, radio y Televisión*. Madrid: Reus, 1981.

4. ROCHA, Manuel António Lopes – *Sobre o Direito de Resposta na Legislação Portuguesa (Algumas Questões)*. Separata do Boletim do Ministério da Justiça, n.º 346, Lisboa, 1985.

Bibliografia Recomendada para Aprofundamento ...

O) – PROTECÇÃO DA VIDA PRIVADA

1. GODOY, Carlos Ruiz Bueno de – *A Liberdade de Imprensa e os Direitos de Personalidade*. São Paulo: Atlas, 2001.
2. AGOSTINELLI, Xavier – *Le Droit a l' Information Face a la Protection Civile de la Vie Privé*. Aix-en-Provence, Librairie de l'Université, 1994.
3. VVAA – *Droit à l'Information et Vie Privé : Deux Droits Irréconciliables?:Actas do Colóquio de Montréal*, Montréal:Universidade de Montréal e Thémis, 1991.
4. ENGEL, Pierre – *La protection de la personnalité*. Lausana: CRFJ, 1985.
5. SANTAMARIA PASTOR, J.Alfonso – «Sobre derecho a la intimidad, secretos y otras cuestiones innombrables». *Rev. Española de derecho constitucional*, n.º 15, 1985.

P) – SEGREDO DE JUSTIÇA

1. CCPGR – *Segredo de Justiça, Liberdade de Informação e Protecção da Vida Privada (Algumas Questões)*. Parecer n.º 121/80. Separata do Boletim do Ministério da Justiça, n.º 390, 1981.
2. CONDESSO, F. – «*A Democracia contra a Democracia*». In *Congresso 30 anos de Democracia*. Fundação Calouste Gulbenkian. Organização da Associação 25 de Abril, Nov. 2004.
3. EIRAS, Agostinho – «Publicidade do Julgamento Penal e Direito de Comunicar». *Revista do Ministério Público*. 1993, Ano 15.º.
4. MONTERO AROCA, Juan – «El derecho a la información y la función jurisdiccional». *Actualidad Administrativa*, n.º47, 1987.

Q) – DIREITO PENAL E PROCESSUAL E COMUNICAÇÃO SOCIAL

1. ANDRADE, Manuel da Costa – *Liberdade de Imprensa e Inviolabilidade Pessoal: Uma Perspectiva Jurídico-Criminal*. Coimbra: Coimbra Editora, 1996.
2. COSTA, José Francisco de Faria e – *Direito Penal da Comunicação*. Coimbra: Coimbra Editora, 1998.
3. COSTA, Artur Rodrigues – «Crimes de Difamação e Injúria Agravados nos termos do artigo 184.º do Código Penal». In *Estudos em Homenagem a Cunha Rodrigues*. Vol.I, 2001.
4. MUÑOZ MACHADO, Santiago – *La libertad de prensa y procesos por difamación*. Barcelona:Ariel, 1988.
5. O'CALLAGHAN, Xavier – Libertad de expresión y sus límites: honor, intimidad e imagen. Madrid:EDERSA, 1991.

R) – DIREITO ANTICONCENTRACIONÁRIO DA COMUNICAÇÃO SOCIAL

1. RABAÇA, Clara Elete Gomes – *O Regime Jurídico-Administrativo da Concentração dos Meios de Comunicação Social em Portugal*. Coimbra: Almedina, 2002.
2. COMUNIDADE EUROPEIA, Comissão Europeia – *Pluralismo e Concentração dos Meios de Comunicação Social*. Livro Verde. Bruxelas:CE, 1992.
3. DITTRICH, N. – *Pressekonzentration ung GG. Munique*, 1971.

14 *Direito da Comunicação Social*

S) – CLÁUSULA DE CONSCIÊNCIA

1. Carrillo, Marc – *La cláusula se conciencia y el secreto profesional de los periodistas*. Madrid, 1993.
2. Desantes, José Maria; Nieto, Alfonso; Urubayan, Miguel – *La cláusula de Conciencia*. Pamplona:Universidade de Navarra, 1978.
3. Pradera, Javier – «La Cláusula de Conciencia y el Secreto Profesional de los Periodistas». *Cuadernos y Debates*, n.º 48. Madrid:Centro de Estudios constitucionales, 1984.

T) – DIREITO EMPRESARIAL E COMUNICAÇÃO SOCIAL

1. Chinchilla Marin, Carmen – «Derecho de información: Libertad de empresa informativa y opinión pública libre». In *Poder Judicial*, n.º 3, 1986.
2. Cayol, R. – *Les Média: Presse écrite, radio, télévision*, 1991.
3. Dittrich, N. – *Pressekonzentration nd GG*. Munique , 1971

U) – DIREITOS DE AUTOR

1. Canotilho, José Joaquim Gomes – «Liberdade e Exclusivo na Constituição». In *Estudos sobre Direitos Fundamentais*. Coimbra: Coimbra Editora, 2004, p. 217-232 (sobre os direitos de autor).
2. Ascensão, Oliveira – *Direito Civil: Direitos de Autor e Direitos Conexos*. Coimbra: Coimbra Editora, 1992.
3. Cupis, Adriano de – «O direito Moral de Autor». In *Direitos da Personalidade*. Tradução de Adriano Vera Jardim e António Miguel Caeiro. Lisboa:Livraria Morais Editora, 1961, p. 309-337.
4. Rebelo, Luiz Francisco – *Introdução ao Direito de Autor*. Vol.I, SPA, D.Quixote, Lisboa, 1994.
5. Reis, Miguel – *O Direito de Autor no Jornalismo*. Lisboa: Quid Juris?, 1980.
6. Dietz, Adolf – *El Derecho de Autor en España y Portugal*. Madrid, 1992.

V) – DIREITOS CONEXOS

1. Pereira, Alexandre dias – informática direito de autor e propriedade tcnodigital. Coimbra Editora, 2001.
2. Rocha, Margarida Almeida –*Novas tecnologias de Comunicação e Direito de Autor*. Lisboa: Sociedade Portuguesa de Autores, 1986.

W) –DIREITO DE PUBLICIDADE

1. Loureiro, J. M. – «Direito de marketing e de publicidade». In *Semanário*. Lisboa, 1985.
2. Correia, Luís de Brito – *Direito da Comunicação Social*. Vol. II, *Direito de Autor e da Publicidade*. Coimbra: Almedina, 2005

X) – AUTO E HETEROCONTROLO INDEPENDENTE DA COMUNICAÇÃO SOCIAL (Entidades Administrativas Independentes)

1. AUTIN, Jean-Louis – «Medios de Comunicación Social y autoridades administrativas independientes: El ejemplo francés del Consejo Superior del Audiovisual». In *Autonomies*, n.º 16, 1993

2. ROQUE, Ana – *Contributo para a história da Alta Autoridade da Comunicação Social: 1.º mandato*. Lisboa: UAL, 2002.

3. ROBILLARD, Serge – *Television in Europe: Regulatory Bodies*. Londres: John Libbey, 1995.

4. LÉVY, H. Philips – *The Press Council: History, procedure and cases*. Londres-Melbourne-Toronto:Macmillan, 1967.

5. CARVALHO, A. Arons de – *A Liberdade de Informação e o conselho de Imprensa 1975-1985* .Lisboa: DGCS, 1986.

INTRODUÇÃO

A *comunicação* é o nome que caracteriza a época em que vivemos. Pode não ser fácil concluir sobre a possibilidade das *ciências da comunicação*[2] ou sobre uma *teoria unitária da comunicação*[3], mas ninguém pode contestar a sua importância inultrapassável[4].

A *comunicação*, cujo mundo é actualmente partilhado por dois vectores, um que se alimenta de uma 'cultura da argumentação'»[5] (em que se integram os *media* e a publicidade), e outro (a que pertencem as telecomunicações e a informática[6]), que se inspira mais «numa 'cultura da evidência'»[7], impôs-se «progressivamente como um valor central» no discurso»[8], e na cultura contemporânea[9], embora nem sempre seja fácil ter uma visão geral da problemática da convergência e integração entre os grandes domínios da *informática*[10],

---

[2] LAZAR, Judhit – *La science de la communication*. Paris: PUF. Coll. «Que sais-je ?», n.º 2634, 1992.

[3] MATTELARD, Armand e Michèle – *Histoire des théories de la communication*. Paris:La Découverte, 1995.

[4] VVAA – *L'Espace social de la communication*. LAULAN, Anne-Marie (Dir.). Paris: Retz CNRS, 1986.

[5] BRETON, Philippe – *L'argumentation dans la communication*. Coll. Repères. Paris: Éditions La Découverte, 1996.

[6] BRETON, Philippe – *Histoire de l'informatique*.Paris:Éditions La Dècouverte, 1987.

[7] PROUX, Serge; BRETON, Philippe – «Prefácio à edição em língua portuguesa». *A Explosão da Comunicação*. Lisboa: Editorial Bizâncio, 1997, p.14.

[8] PROUX, Serge; BRETON, Philippe – «Prefácio à edição em língua portuguesa». *A Explosão da Comunicação*. Lisboa: Editorial Bizâncio, 1997, p.14.

[9] SHILLER, H. I. – *Communication and Cultural Domination*. New York: M.E. Sharpe Inc, White Plains, 1976; RAVAULT, Réne-Jean – «Communication dans le monde: un rêve americain». In *Dicionaire critique de la communication*. Paris:PUF, 1993.

[10] A disciplina normativa das relações estabelecidas na aplicação ou utilização dos computadores designa-se por *direito da informática*. A esta temática, também, vemos, por vezes, chamar *direito da informação,* do que se discorda, pois, como referem alguns autores

18   *Direito da Comunicação Social*

telecomunicações[11], *audiovisual e multimédia*, e, mesmo em si, do conjunto da técnicas de comunicação e das suas condições de utilização, pois às antigas técnicas da retórica se juntam agora as novas de electrónica e das telecomunicações, com a nova *ideologia da comunicação*[12],

---

que rejeitam tal equivalência, há que considerar esta designação demasiado ampla em função do obejcto daquele (Rocha, M. Lopes – *Direito da Informática : legislação e Deontologia.* Lisboa: Cosmos, 1994, p. 10; Reed, C. – «Introduction». In *Computer Law.* Londres: Blackstone Press Limited, 1990, p. 2). Maria Eduarda Gonçalves (– *Direito da Informação.* Coimbra: Almedina, 1994, p. 20). Lopes Rocha inclui nesta última designação «vários corpos normativos cujo objecto são as relações jurídicas geradas pela utilização das nova tecnologias da informação e das telecomunicações para o processamento e/ou comunicação da informação, integrando o regime da propriedade dos meios de comunicação (tecnologias convencionais e novas tecnologias) e da propriedade intelectual de programas de computador (meios de tratamento de informação) e de bases de dados (informação propriamente dita) aos regimes aplicáveis à utilização e comunicação de diferentes categorias de informação (pessoal, técnica, administrativa, etc.). Por sua vez, refere-se à *liberdade de informação* como aquela que «protege um todo constituído pelo direito a ser informado, a formar a sua opinião com base nessa informação e a exprimir a sua opinião a outrem» (– oc, p.24).

[11] O ramo da ciência jurídica que trata da dsiciplina da propriedade, gestão e exploração dos meios de telecomunicação designa-se como *direito das telecomunicações.* O regime que disciplina juridicamente a utilização do *sistema relacional dos computadores com as telecomunicações* e consequente prestação de serviços específicos de comunicação e informação designa-se *direito da telemática*: vide a.e o.c., p.18. A *telemática* consiste num conjunto novo de serviços, de recepção ou emissão de mensagens e informação e de efectivação de operações relacionadas com ficheiros e outras, passíveis designadamente de utilização no mundo comercial, que, indo mais além dos antigos serviços telefónicos e serviços telegráficos, podem ser fornecidos aos utilizadorss de uma rede de telecomunicações (serviços de difusão, v.g., teletexto: transmissão de textos através de rede de televisão para leitura num aparelho televisivo, distinguindo-se do videotexto na medida em que este funciona interactivamente em diálogo utente-centro emissor), mas normalmente com recurso às técnicas da teleinformática. A *teleinformática* consiste numa integração das técnicas das telecomunicações e da informática, permitindo o tratamento automatizado de informações à distância. Neste âmbito, temos uma tipologia variada de serviços telemáticos, uns interactivos e outros de mera difusão, uns de mera transmissão e outros com modificação do conteúdo da informação a comunicar, desde os de *teletransmissão* (telecomunicação: v.g, envio de mensagens electrónicas), *teleinformação* (com diálogo activo utilizador-distribuidor, com respostas concretas e pessoalizadas: v.g., bancos de dados profissionais), de *teletransacção* (v.g., bancárias, financeiras: teleshopping e homeshopping, etc.), *teletratamento* (v.g., gestão de ficheiros, jogos de video).

[12] Proulx, Serge – «De l'utopie sociale à l'idéologie de la communication». In *Theories de la communication.*Condé-sur-Noire: cinémAction, 1992, p. 219-224; Hall, Stuart – «The Rediscovery of Ideology: The Return of the Repressed in Media Studies». In *Culture, Society and the Media.* Gurevitch, M. (Dir.). London: Mathuen, 1982.

saída do ambiente da *cibernética*[13], e da «profunda mutação social iniciada durante as guerras mundiais»

Com este início do século XXI a testemunhar o desenvolvimento espectacular da tecnologia, e de uma infindável panóplia de benefícios sociais e económicos por ela potenciada, reformas administrativas e políticas facilitadas por esse desenvolvimento e por uma nova mentalidade, propiciadora da transparência de todos os poderes públicos, revela-se a importância decisiva dos *meios de comunicação social, das telecomunicações*[14] *e da Internet*, e mesmo do outro vértice do quadrilátero, integrando o *direito de acesso à informação e documentação detida pelos poderes públicos*, poderes públicos que, mais do que polícias da liberdade de comunicar, passam a *agentes de prestações comunicacionais*, tudo mudando o mundo até há pouco conhecido, no âmbito da economia, finanças, gestão e Administração pública, e das formas e conteúdos da comunicação e, portanto, da cultura, educação, informação, Administração e, em geral, da convivência humana global.

Sociedade é comunidade, *communitas*, pois, para além doutros factores caracterizadores, igualmente importantes, assenta inultrapassavelmente, porque coluna vertebral articuladora do gregarismo dos grupos humanos, num sistema de comunicação, de *communicatio*[15].

Mas a *comunicação moderna*, como vimos, num mundo em revolução tecnológica permanente, não se faz apenas com *a língua ou a escrita*, com a imprensa, ou mesmo só com a mais recente rádio ou com a televisão, pertencendo a este *sistema comunicacional global* os *satélites, a digitalização, a fibra óptica, a Internet*, que vieram trazer a convergência de serviços globalmente implicados e permitiram a tendência concentradora do «poder empresarial» no domínio

---

[13] «Une nouvelle science : la cybernétique: vers la machine à gouverner?». *Le Monde*, 28.12.1948.

[14] GHEBALI, Victor-Yves – «Télécommunications et dévelopment». *Problèmes économiques et sociaux*, n.º 576. Paris: La Documentation française, 1988.

[15] Distinguindo a comunicação e a informação no plano relacional, há que considerar que a *relação comunicativa* se refere a todos os fenómenos de comunicação interindividual operados na realidade social, respondendo à estrutura emissor-receptor-mensagem, enquanto a *relação informativa* vem converter a relação comunicativa numa específica relação jurídica entre o informador e quem recebe a informação (CUFFARO, Vicenzo-*Pofili civilistici del diritto all'informazione*. Mapoles: Jovene, 1986 p. 23 e ss.).

das comunicações, tudo levando a alterações insuspeitas do mundo do direito, conjugando a sua dispersão e dinamismo, em necessária acelerada evolução, demonstrando que também aqui a dinâmica tecnológica e social tem sido seguida de perto pelo *dinamismo jurídico, mesmo que não codificado*, precisamente pelas dificuldade impostas pelo ritmo temporal das alterações vividas, com uma natural *multiplicidade não só de normas como de fontes*, a todos os níveis, supranacionais e nacionais, sendo, no entanto, tendência doutrinal, académica e legislativa, no tratamento dos temas, separar as matérias referentes às telecomunicações e aos órgãos da comunicação social, mesmo que, nalguns casos, tudo se encontre numa *casa comum*, ligado à teoria dos direitos fundamentais[16/17].

*

Quanto à *origem do uso da expressão* Comunicação Social, constata-se que ela aparece, pela primeira vez, num documento do *Concilio Vaticano II*, onde a sua justificação e importância são simultaneamente referidas. Tal consta do Decreto Conciliar *Inter Mirifica* («entre as coisas admiráveis») sobre os «meios de Comunicação Social»[18], de 4.12.1963, que refere o seguinte:

---

[16] No *direito das «telecomunicações»*, há também a vinculação da actividade económica dos correios e telecomunicações ao regime dos direitos liberdades e garantias, v.g. direito ao sigilo de correspondência, que é inviolável face às ingerências públicas ou privadas (e com obrigações para as empresas privadas, em vinculação, eficácia privada dos direitos fundamentais), para defesa de vários bens jurídico-constitucionais (desenvolvimento da personalidade, reserva da intimidade da vida privada pessoal e familiar), e, juntamente com a protecção dos dados pessoais, constantes de qualquer suporte, seja automatizado, seja mecanográfico ou manual, como núcleo essencial do *direito à autodeterminação comunicativa* (Büllesbach, – *Datenschutz im Telekomunikationsrecht*. 1997, p. 127 e ss.), como os respectivos deveres de protecção «concretizados através de um complexo de nomas de natureza pessoal, civil e administrativa: Canotilho, J.J.G. – *Estudos sobre Direitos Fundamentais*. Coimbra: Coimbra Editora, 2004, p. 161 e ss..

[17] Ganzález Ancinar, José Juan – «Introducción». In *Derecho de la Información*. Barcelona: Editorial, 2002, p. 11.

[18] Apresenta-se o original em latim do Decretum de Instrumentis Communicationis Socialis Inter Mirifica: «Inter Mirifica technicae artis inventa, quae hodiernis praesertim temporibus, Deo favente, humanum ingenium e rebus creatis deprompsit, peculiari sollicitudine Mater Ecclesia ea excipit ac prosequitur quae hominis animum potissimum respiciunt, quaeque novas aperuerunt vias cuiusvis generis nuntios, cogitata ac praeeepta

Introdução 21

1. «Entre as maravilhosas invenções da técnica que, sobretudo, no nosso tempo, a inteligência humana, com o auxílio de Deus, depreendeu das coisas criadas, a santa mãe Igreja com especial solicitude acolhe e promove aquelas que de preferência dizem respeito ao espírito do homem e abriram novos caminhos para a fácil comunicação de toda espécie de informações, ideias e ensinamentos. Entre essas invenções sobressaem os *meios que, por sua natureza, são capazes de atingir e movimentar não somente os indivíduos mas toda a sociedade humana, como a imprensa, o cinema, o rádio, a televisão e outras invenções deste género, que por isso mesmo podem ser chamadas: meios de comunicação social.*

2. (…) esses meios, se rectamente empregados, oferecem valioso auxílio ao género humano, por contribuírem eficazmente para recrear e enriquecer o espírito, propagar e consolidar o reino de Deus. E sabe também que os homens podem usá-los contra o desígnio de Deus Criador e transformá-los em instrumentos da sua própria perdição; e além disso, sente maternal angústia pelos *danos que, com o mau uso deles, se têm infligido, com demasiada frequência, à sociedade humana.* Por isso, o sagrado Concílio, insistindo na vigilante solicitude dos soberanos Pontífices e dos bispos em matéria de tão grande importância, julga ser seu dever tratar das principais *questões conexas com os instrumentos de comunicação social,* enquanto confia que esta exposição da sua doutrina e das suas normas seja útil não somente ao bem dos fiéis, mas também ao progresso de toda a humanidade».

*

O título deste texto, *direito da comunicação social,* segue nesta linha vocabular, resultando de uma opção que se deve, não só ao nome da licenciatura, em que as lições sobre o tema são ministradas, como ao facto de, hoje, tal designação ter um claro acolhimento, quer a nível do direito nacional, quer comparado, como, também,

---

facillime communicandi. E quibus vero inventis ea eminent instrumenta, quae non modo singulos homines, sed ipsas multitudines totamque humanam societatem, natura sua attingere ac movere valent, sicuti prelum, cinematographeum, radiophonia, televisio et alia huiusmodi, quae proinde instrumenta *communicationis socialis* merito vocari possunt. 2. Novit quidem Mater Ecclesia haec instrumenta, si recte adhibeantur, humano generi valida praebere subsidia, cum multum conferant ad relaxandos et excolendos animos atque ad Dei regnum propagandum et firmandum; novit etiam homines posse ea adhibere contra divini Conditoris consilium et in suorum ipsorum iacturam convertere; immo materno angitur doloris sensu ob damna quae ex pravo eorum usu humanae consociationi nimis saepe orta sunt».

porque, além de ele estar em conformidade com o da disciplina e do seu uso cada vez mais corrente, em face de outros possíveis utilizados, designadamente na literatura nacional, como o de *direito da informação*. Entendemos traduzir, assim, a nossa clara preferência por esta expressão, aliás bem antiga, que vemos, por exemplo, em FRANCISCO DE VITÓRIA, o qual, já no século XVI, usara e definira a expressão *ius communicationis*, com pertinentes reflexões que, ainda hoje, mantêm inteira actualidade.

É *direito da comunicação* porque integra matéria jus-comunicacional e é, especificamente, *direito da comunicação social,* porque se refere à parte da mesma que trata dos «órgãos» que informam, os emissores, a empresa e os profissionais, assim como dos receptores dessa informação, os cidadãos, ou melhor, as pessoas singulares ou colectivas em geral, que não só têm direito a serem informadas, pelos *média* como directamente nas fontes públicas e que têm direitos face à actuação abusiva ou incorrecta daqueles ou omissiva dos detentores destas.

*

Este livro trata, em geral, de temas tidos como fundamentais para o dia a dia dos profissionais da Comunicação Social. O *critério da selecção* pautou-se por razões muito diferenciadas, mas, de qualquer modo, todas assentes essencialmente em motivações pedagógicas ou científicas, nalguns casos apenas com o *desenvolvimento de sumários* e noutros mesmo com a reprodução, total ou parcial, de lições, embora, em geral, em termos *o mais sintéticos possível.* Com este critério, acaba por se cobrir uma *parte substancial do programa* da cadeira, embora, como se disse, nem todas as lições estejam aqui tratadas, algumas apareçam neste texto com menor desenvolvimento (servindo, sobretudo, estes apontamentos de *resumo,* para facilitar uma *revisão de matéria essencial),* e outros estarão algo mais aprofundados, em ordem a permitir, tendo presente a sua importância, uma maior dedicação ao tema, por parte dos alunos e leitores que o entendam útil.

No fundo, podemos considerar que se tratou de procurar expor as matérias em que nos pareceu que os alunos têm sentido *maiores dificuldades* de apreensão, ou porque o seu tratamento quase não existe na doutrina (v.g., direito de acesso à informação e documentação

Introdução

detida pelos poderes públicos), ou o seu desenvolvimento noutras publicações revela, por razões várias, textos que consideramos menos conseguidos, quer em termos de *pressupostos teóricos de carácter geral*, o que dificulta o estudo da sua análise aplicativa ou mesmo das especificidades do Direito da Comunicação Social (v.g., teoria das fontes, direitos de autor, direito da publicidade), quer por seguirem *caminhos doutrinais de que se discorda* (v.g., teoria das fontes e da sua hierarquia, princípio da constitucionalidade, princípio do primado do direito supranacional e, desde logo, do direito originário e derivado da União Europeia, designadamente a sua aplicação pela Administração Pública, sigilo profissional), quer por faltarem, no início, apresentações panorâmicas que situem e motivem o aluno para os vários pontos dispersos pelo programa, ou, durante a exposição, inexistir o relacionamento temático com outras matérias, tudo fornecendo visões parceladas (onde o regime vigente e aplicável aos casos concretos só pode ser verdadeiramente compreendido – mesmo que introduzido em separado, por razões pedagógicas ou dada a realidade temporal das aulas-, na complexidade do todo), quer por se verificarem redacções mais prolixas ou mesmo alguma desactualização.

Logo, no início, não deixam de se elencar, além das matérias do programa da cadeira, as *principais normas aplicáveis* e de se apresentar a *enunciação, por temas, da bibliografia essencial*, sem prejuízo de, aqui e ali (para apoiar os alunos que queiram aprofundar mais o assunto), embora se trate de um texto expositivo e não propriamente de investigação, se referirem e enunciarem as fontes, doutrinais ou nomocráticas, em temas de maior acuidade, em princípio em anotação, para não dificultar a leitura escorrida nem complicar o estudo, procurando-se, assim, evitar, em geral, desvios ao estilo tradicional dos manuais.

Quanto às considerações sobre *Ética, Moral, Deontologia Profissional e Linha Editorial*, apesar de tais temas aparecerem desenvolvidos no início apenas em termos perfunctórios, com o que poderemos designar como uma apresentação de enquadramento mínimo, embora fundamental, tal deve-se, não apenas ao facto de eles, em matéria de comunicação social e seu direito, não puderem deixar de ser minimamente expostos e relacionados, como, tal como referimos, se prever que a cadeira possa mudar proximamente de designação, embora tal imponha, naturalmente, no futuro, um maior aprofundamento destas temáticas.

Ao terminar estas notas, não deixaremos de nos situar na pluridisciplinariedade da abordagem dos meios de comunicação social e, logo de seguida, de expor a temática a tratar nesta disciplina jurídica. O papel dos *média* na sociedade moderna, que é considerável, só pode ser abordado partindo da constatação de que muitos dos *instrumentos necessários à sua compreensão* ainda não foram realmente elaborados, e aceitando que as *ciências da comunicação ou da informação*, «se é que existem, ainda andam à procura de si mesmas», sendo certo que, como também refere DANIEL CORNU, «é de *ciências, no plural*, que se deve falar, porquanto o conhecimento dos *média* passa por uma ligação de *diversas disciplinas*»[19]. O nosso tema, de qualquer modo, limita-se a apresentar *aspectos essenciais do direito da Comunicação Social*, dentro do quadro de opções temáticas e temporais permitidas por um *programa minimamente razoável,* que não pode ultrapassar o semestre escolar. Assim, a *exposição*, que ora efectivaremos, é sobre o direito aplicável a este sector da actividade humana, embora o antecedamos de breves considerações sobre ética e abordemos frequentemente a problemática deontológica que nele tem especial importância.

Após algumas breves *considerações de natureza introdutória*, procurando situar o *objecto* do Direito da Comunicação Social, tendo presente o conceito e a importância actual do direito à informação em geral, iniciamos uma aproximação ao *conceito* desta área do direito, à sua *ciência* e *características* e à *questão metodológica* que ela levanta, à problemática da *ética e da deontologia,* e a aspectos relevantes de uma *parte ou teoria geral* do Direito da Comunicação Social, introduzindo designadamente *fundamentos conceptuais e históricos*; sistemas e direito comparado, e, partindo da teoria das fontes e postulados da Teoria Geral do Direito avançaremos para as particularidades do Direito da Comunicação Social, suas *bases constitucionais e fundamentos* das Declarações de Direitos, sua *evolução histórica* e *princípios inspiradores*; as *fontes* do Direito da Comunicação Social,

---

[19] CORNU, Daniel – «Uma ciência à procura de si mesma». In *Jornalismo e verdade: Para uma ética da Informação*. (Epistemologia e Sociedade).Tradução de Armando Pereira da Silva. Lisboa: I. Piaget, 1999, p.20.

após a apresentação da nossa posição sobre o tema das fontes em geral e sua hierarquização científica. Seguidamente, trataremos do *estatuto dos jornalistas*, seus direito e deveres, partindo do regime vigente, mas sem esquecer a recente proposta governamental para a alteração[20] do Estatuto do Jornalista, de 2006, que nos merecerá comentários adequados, quando tal venha a propósito, desde já se referindo que o Sindicato dos Jornalistas considera que continuam a faltar e às vezes parece pretender adoptar-se medidas que ainda põem mais em causa as necessárias *medidas de efectiva garantia da autonomia editorial* destes profissionais e a não erradicação das condições que fragilizam a sua posição enquanto *trabalhador dependente*, perante a empresa jornalística, das pressões para a submissão aos *interesses comerciais* e para a cedência à *superficialidade e à irresponsabilidade* impostas pelo imediatismo, o que devia acompanhar a consagração do pretendido *regime disciplinar* para os jornalistas, e que não deixaria de comprometer em geral a garantia de uma adequada autonomia profissional. Serão abordadas também as temáticas referentes à *liberdade de expressão e informação*, seus *limites* e *garantias*; a problemática dos seus elementos orgânicos instrumentais, as *empresas informativas;* os *direitos patrimoniais e morais de autor* e o *direito da publicidade*, no âmbito da Comunicação Social e, finalmente, terminar-se-á com a análise da *composição, funcionamento e poderes* da *Entidade Reguladora da Comunicação Social* (Entidade Reguladora da Comunicação).

---

[20] O Conselho de Ministros aprovou, em 1 de Junho de 2006, uma Proposta de Lei (n.º 76/X/1, cuja primeira versão é o anteprojecto de 8 de Julho de 2005 e a segunda versão é de 12 de Outubro, tendo a última versão, destinada a consulta à Entidade Reguladora da Comunicação, sido dada a conhecer ao SJ em 23 de Fevereiro), que visa alterar a Lei n.º 1/99, de 13 de Janeiro, que aprovou o Estatuto do Jornalista, que é a versão final resultante do anteprojecto de 2005, e parece ter introduzido modificações em relação às anteriores redacções que marcam recuos significativos no tema, pelo menos, em face das pretensões manifestadas pelos profissionais.

I – DIREITO DA INFORMAÇÃO E DIREITO À INFORMAÇÃO

> *Sumário analítico*: 1.1. Direito da informação e conhecimento da informação detida pelos poderes públicos. 1.2. Direito à informação. 1.3. Direitos fundamentais e sua classificação. Componentes essenciais dos direitos fundamentais de expressão, da comunicação social e à informação. 1.3.1. Direitos fundamentais, sua classificação geral e seu regime constitucional. 1.3.2. Componentes fundamentais da liberdade de expressão e informação. 1.3.3. Componentes fundamentais do direito da comunicação social.

1.1. Direito da informação e conhecimento da informação detida pelos poderes públicos

A importância da *informação detida pelas entidades públicas* é de tal ordem, pelo seu valor social em geral e pelo conhecimento da actividade destas entidade que envolve essa informação, que torna fundamental o debate sobre a transparência das organizações que a detêm e o acesso às mesmas pela comunicação social e pelo público em geral[21].

---

[21] Não é por acaso que a informação sempre foi um assunto de Estado. Com efeito, como recorda MAURICE RONAI, «qualquer Estado organizado recolhe informações e conserva documentos que depressa constituem séries volumosas, desde logo, «os primeiros recenseamentos e cadastros, códigos, arquivos diplomáticos da antiguidade». Já, nos impérios antigos, as burocracias «registavam não somente o passado como o presente, acumulando e conservando os actos propriamente administrativos (documentos) assim como as informações sobre os lugares e os recursos, os bens e as pessoas». Com a *criação do Estado moderno*, concebido como Administração, temos um crescimento exponencial de acumulação de informação. E, como assinala este autor, «a criação do Estado moderno (Estado de

Hoje, já não se questiona saber qual é a *dimensão da posse da informação*, só o saber qual o uso que o Estado vai dar-lhe em geral. Neste aspecto HERBERT BURFERT distingue entre *Estado frugal e Estado opulento*, em face da efectivação, ou não, de missões de colector, produtor e difusor de informação[22]. E, há que dizer que, em geral, qualquer que seja a perspectiva do interessado, o *stock dos dados públicos* é 'opaco' para os estranhos, como assinala JEAN-MARIE SCHOETTL[23], sendo necessário encontrar com equilíbrio «o *direito à autodeterminação informacional*», expressão criada e com um conteúdo explicitado pelo tribunal alemão de *Karlsrühe*, num conhecido acórdão de 1983, e ultrapassar o «excesso de escrúpulo', que levaria a evitar a sua exploração, a favor da comunidade, a que se refere

---

justiça, Estado de finanças, Estado de polícia) traduziu-se no lançamento e manutenção de 'grandes obras informacionais', visando melhorar o conhecimento do país, e já não somente designar as pessoas e os recursos para gerir as populações, cobrar o imposto ou assegurar o recrutamento militar. Depois do XVIII, o conhecimento e o controlo da produção de riquezas e das populações (estatísticas), do território (cartografia), dos comportamentos das pessoas, cidadãos e estrangeiros (polícia), do estado de saúde das populaçõe (medicina de Estado, saúde pública, epidemiologia), do ambiente, das ameaças internacionais (diplomacia e serviços de informações) foram dotados de meios crescentes. A emergência do Estado-Providência, depois a sua expansão para a regulação da economia (o estado keynesiano«) traduziram-se em «impostos informacionais, tantó junto das pessoas como das empresas (inquéritos e questionários obrigatórios, procedimentos de 'publicidade legal')» (RONAI, M. – oc, p. 571). Sobre o tema, também JOSÉ RAMÓN CRUZ MUNDET e FERNANDO MIKELARENA PEÑA afirmam que, «se algo caracteriza as Administrações Públicas é a sua intervenção num número crescente de aspectos da vida colectiva da sociedade e ainda na vida privada dos cidadãos, além disso com um crescente grau de eficácia derivado da quantidade e da qualidade da informação que maneja, e da velocidade e da precisão com que o faz graças às tecnologias. Do mesmo modo, é por meio dos documentos que se relacionam as Administrações com o exterior, com as pessoas físicas e jurídicas, daí que as fontes de informação, a sua natureza, utilidade, gestão sejam de interesse para ambos os componentes do binómio Administração-administrados» (CRUZ MUNDET, José Ramón e MIKELARENA PEÑA, Fernando – *Información y Documentación Administrativa*. Madrid: Tecnos, 1998, p.[11]).

[22] BURFERT, H. – «L'information du secteur publique:le secret, la transparence et le commerce». In *Les Données Publiques:Un gisement a exploiter? Revue française d'Administration Pulique*. Paris: Institut International d'Administration Publique, n.º 72, octobre-décembre 1994, p. 581-592.

[23] SCHOETTL, Jean-Marie – «Entretien». In *Les Données Publiques: Un gisement a exploiter? Revue française d'Administration Pulique*. Paris: Institut International d'Administration Publique, n.º 72, octobre-décembre 1994, p. 609-622.

Jean-Marie Delarue[24] que, no fundo, considera que a autodeterminação tem que estar limitada, pois a população não pode deixar de ter obrigações de permitir a transparência em relação à sociedade em que participa. Isto não pode significar falta de preocupações de equilíbrio, na medida em que, utilizando palavras de López Quintas, o homem não pode ser totalmente *«despojado» da sua intimidade*, no sentido de fazer certa demarcação perante o facto de a sociedade em que se vive tender a «penetrar no mais profundo e irredutível do homem, produzindo então esta massificação destruidora do ser humano»[25].

Actualmente, acontece que, realmente, a *massa documental* na posse da Administração é imensa e variada, cobrindo quase todos os campos da vida social e, inclusive, particular, de tal modo que poderíamos dizer que o Estado não pode deixar de se assumir não só como administrador de homens e bens, mas também como *administrador de informações*[26]. Com efeito, em geral, são muito amplas as informações recolhidas e usadas pelos Estados, verdadeiras *«máquinas informacionais»*[27], as quais são exigidas para fazerem frente a

---

[24] Delarue, Jean-Marie – «Un excès de scrupule ?». In *Les Données Publiques:Un gisement a exploiter? Revue française d'Administration Pulique*. Paris: Institut International d'Administration Publique, n.º 72, octobre-décembre 1994, p. 637-650.

[25] López Quintas, A. – *Diagnóstico del hombre actual*. Madrid, 1966, p. 42, apud a. e o.c., p. 13, nota 12.

[26] «'Back office' de l'État», refere Ronai, a propósito desta vertente cada vez mais importante do Estado actual: oc, p. 572. É notório que a «Administração pública dos dados passou, no decurso dos anos sessenta e setenta, do registo da gestão (procedimentos administrativos, sistemas de informação) para a da acção governamental (politicas públicas de informação), para aceder ao registo do debate político, a arbitragem entre os interesses contraditórios», o que coloca, em geral, o problema do «espectro das responsabilidades informacionais dos poderes públicos» (Ronai, Maurice – oc, p. 572).

[27] Ronai, Maurice – «L'Etat comme Mchine Informationnelle». In *Séminaire organizé par le Commissariat du Plan et l'Observatoire Juridique des Technologies de l'Information*. Paris: 24 de Novembro de 1992. E publicado, também, in *Les Données Publiques:Un gisement a exploiter? Revue française d'Administration Pulique*. Paris: Institut International d'Administration Publique, n.º 72, octobre-décembre 1994, p. 571-580. Veja-se, também, em estudo encomendado pela Comissão Europeia ao professor Phillipe Gaudrat, *Commercialization des Données Publiques:Observatoire Juridique des Technologies de L'Information*. Paris: Documentation Française, 1992.

30 *Direito da Comunicação Social*

inumeráveis tarefas das, cada vez mais, hiperbólicas atribuições das Administrações[28].

*

Num mundo, em que os dirigentes públicos, em democracia, a todos os níveis, se devam entender, não só legitimados originariamente, mas funcionalmente no exercício quotidiano, exige-se um permanente e livre conhecimento da sua actuação. Ora, neste mundo, este objectivo não é afectado apenas por falta de informação, por ocultação activa, mas também, simultaneamente, por excesso de informação e, portanto, pelo seu ocultamento oceânico, que as novas tecnologias irreversivelmente nos trazem. E a própria comunicação social ou não consegue abarcar (tal como os parlamentares, a quem caberia a fiscalização activa dos poderes administrativos que há muito deixaram de fazer), ou, aumentando o seu tratamento e difusão (aumentando-se a informação produzida pelos próprios meios tradicionais de veiculação de notícias, desde logo os jornais), vem dificultar a *percepção relativa dos acontecimentos*, independentemente da sua importância social e política, tudo reforçando a própria importância

---

[28] No entanto, há que fazer uma distinção entre difusão da informação, por decisão dos Poderes públicos, e o livre acesso à mesma pelos cidadãos e *media* em ordem ao conhecimento público em geral em sociedade democrática e o acesso com fins específicos, alheios a este conhecimento. Para alguns, são *duas noções de transparência separadas*, com o argumento de que o *direito legislado de acesso não fundamenta a difusão e a comercialização dos dados administrativos*, o que é verdade. Mas, talvez seja de entendê-las, sobretudo, como *noções complementares*: a difusão administrativa, dando maior amplificação à transparência no novo contexto tecnológico, embora falte superar certas questões para realizar a transparência interessada (*vide, Plan for un informtion society*, preparado por *Japan Computer Usage Development Institute Jacudi; Nacional Information Policy*, preparado por Nelson Rockfeller; *Raport Nora-Minc sur l'informatization da societé*: citados em RONAI, Maurice – oc, p. 573, nota 2), por esta via, que necessita de enquadrar o *problema da tarifação* deste serviço só para os fins de difusão com fins de utilização comercial (v.g., POULLET, E. – *Pour un cadre juridique d'une politique de diffusion des données détenues par le sectaeur public*. DGXII, Lab 93/1, p.5 ; e MAISL, H. – «La diffusion des données publiques». In *AJDA*, n.º 5, 1994, p. 362: Em geral, veja-se, ainda, v.g., SUDRE, F. – «Droit communnautaire et liberté d'information au sens de la Convention européenne des droits de l'homme». In *Journal européen de droit international*, n.º 2, 1991, p. 31-57), dado que, sendo informação que já se pagou (porque se recolhe com base em dinheiro público), não é concebível lucrativamente para efeitos do regime de acesso do cidadão em geral.

Direito da Informação e Direito à Informação 31

do direito do cidadão, enquanto meio cada vez mais privilegiado de *defesa informal da democracia e da legalidade*, com esta sua capacidade de voltar atrás nos acontecimentos, pela sua *livre escolha do que quer e quando quer «ver», em termos do conhecimento factual, mesmo que revisitado, do que foi ou não foi notícia.*

Neste aspecto da abundância de informação e dos seus problemas, diga-se que a informação[29] está essencialmente ligada à ideia de liberdade dada pelo crescimento dos instrumentos cognoscitivos[30] e à sua possibilidade de difusão. E, assim, a *Internet*, sendo um espaço libertário, anti-autoritário, ao dar acesso a tanta informação, também participa deste fenómeno criador do excesso de informação em bruto, onde nem sempre é fácil encontrar o que se quer, mas há que reconhecer que, muitas vezes, pode principiar a ficar-se sensibilizado para novas interrogações[31]. Contudo, *tanta informação e tão*

---

[29] Ligada também à ideia de *transmissão de cultura*. Como lembra TERRY EAGLETON, SHAKESPEARE, em *Últimas Comédias*, atribui ao vocábulo a ideia de «constante autotransformação da natureza». Com razão, FRANCIS BACON falava sobre a «cultura e o adubamento das mentes», referindo-se ao «estrume» e à «distinção mental» do homem. Importa assinalar que este conceito actual, criado com o Iluminismo, e hoje referente às mais elevadas actividades humanas (*cultus* já havia, na época moderna, estado ligado à evolução de cultura a partir da ideia de algo relacionado com divindade, transcendência: culto religioso), nasceu profundamente ligado com a natureza. A raiz latina é *colere* (cultivar, habitar, prestar culto, proteger), de que deriva *cultus* (culto religioso) *e colunus* de que tamb128én derivou colonialismo. Etimologicamente, o vocábulo significa «lavoura ou ocupação com o crescimento natural», sugerindo ainda regulação, crescimento espontâneo, integrando uma postura anti-idealista na medida em que afirma que «até a actividadee mental mais elevada tem as suas raízes humildes na nossa biologia e no *ambiente natural*». *Coulter*, palavra «cognata», significa «lâmina do arado»; *husbandy,* significa lavoura, agricultura, criação de gado: EAGLETON, Terry – *A Ideia de Cultura*. Colecção Memórias do Mundo. Tradução Sofia Rodrigues. Lisboa: Actividades Editoriais, 2003, especialmente p. 11-24.

[30] Embora a doutrina politológica, começando por GIOVANNI SARTORI (– *Homo Videns: La sociedad teledirigida*. Madrid: Taurus, 1998, p. 17), tenha destacado que «a televisão modifica radicalmente e empobrece o aparelho cognoscitivo do *hommo sapiens*» (Linneo, in *Sistema da Natureza*, 1758).

[31] Como diz MICHEL ALBERGANTI, as características maiores do século XXI são a *abertura* (dado que «a Internet liga cada um à efervescência permanente das ideias e à complexidade da vida real») e a *interactividade* (uma vez que «Nada, com efeito, é já unidireccional, nem sequer ou sobretudo o escrito»): ALBERGANTI, Michel – *À l'école des robots, línformatique, l'école et vos enfants*. Paris: Calmann-Lévy, 2000, apud FINKIELKRAUT, A. e SORIANO, P. – *Internet: O Êxtase Inquietante*. Tradução de Miguel Serras Pereira. Lisboa: Fim de Século, 2002, p. 19.

32   *Direito da Comunicação Social*

descontrolada e, simultaneamente, tanta informação nas mãos dos grandes grupos económicos multinacionais[32], não poderá levar à «liberdade fatal», para utilizar a conhecida frase do grande cineasta italiano, que foi Fellini? Não acontecerá que, neste novo século, de um *mundo telecrático*[33], embora cada vez mais cheio de informações que circulam também a um ritmo cada vez mais veloz, não «em termos monológicos ou através de um fluxo de 'pirâmide', mas sim em fluxos *network media*» (e, sendo certo que, desde logo com a «sociedade em rede»[34], cujo paradigma é o «arquivo exaustivo»[35], isto é, a *Internet e o ciberespaço*[36], e ainda a *desregulação e a globalização* de tudo, que não só da economia[37] em rede e a logística planetária dos fluxos, materiais e imateriais, de que falam Alain Finkielkraut e Paul Soriano[38], apesar do entusiasmo dos *tecnófilos*), «a informação que geramos ameaça amontoar-se inutilmente. Porque podemos chegar a tudo, «o nosso grande bem é, simultaneamente, o nosso grande problema», e, por isso, como diz Díaz Barrado, «Tanta informação atulha-nos e desorienta-nos»[39], pelo que o *novo*, ou pelo menos *principal*, meio para a defesa da democracia, terá que ser,

---

[32] Como refere Díaz Barrado, «As duas terças partes do negócio do audiovisual a nível mundial (já) pertence (...) a Time Warner, agora fundida com AOL, Microsoft, etc., e 80% dos direitos de exploração visuais. (...). Todos os desenvolvimentos audiovisuais, embora provenham de outras culturas, submetem-se ao ditado dos valores made in USA» (Díaz Barrado, Maior. P. – *o.c.*, p. 22-23)

[33] De *telecracia* falava já Javier Echeverría a proposito da televisão (Echeverría, J. – *Telépolis*.Barcelona: Ed.Destino, 1994, apud Cadima, Francisco Rui – Des*afios dos novos media: a nova ordem política e comunicacional*. Lisboa: notícias ed., Março de 1999, p.54.

[34] Castels, Manuel – *L'Ère de L'Information: La societé en réseau*.Vol. I, Oxford: Blackwell Publishers, 1996.

[35] De que beneficiam as multinacionais e os Estados, como referem Finkielkraut e Soriano (Finkielkraut, A. e Soriano, P. – *Internet: O Êxtase Inquietante*. Tradução de Miguel Serras Pereira. Lisboa: Fim de Século, 2002, p. 13).

[36] Bera, Michel e Méchoulan, Éric – *La machine internet*. Paris:Odile Jacob, 1999.

[37] Covas, António – «O desafio da ditadura globalitária» (no capítulo sobre «Os grandes desafios do século XXI»). In *A União Europeia: Do Trado de Amesterdão a um projecto de Carta Constituinte para o Século XXI*. Oeiras; Celta, 1999, p. 7-9.

[38] Finkielkraut, A. e Soriano, P. – *o.c*, p. 38.

[39] Díaz Barrado, Mario Pedro. – *Humanismo y Sociedad de la Información. Lección inaugural, Curso Académico 2002-2003*. Universidad de Extremadura, Cáceres 2002, p.14.

Direito da Informação e Direito à Informação

realmente, o próprio homem, o cidadão[40] e o seu critério de acesso livre à informação?

Brevitatis causa, o problema toca também à questão do *conhecimento correcto* e, no seu momento útil, pelos cidadãos da informação detida pelas Administrações públicas, em domínios sensíveis e, preferentemente, de interesse preventivo, como é, em termos colectivos, entre outros, o do ambiente, urbanismo e ordenamento territorial, saúde, etc.

Posto isto, e como comenta ALAIN CLAISSE, há que assinalar que «cada país exprime a sua cultura através de um modo específico de relações Administração/administrado», acrescentando o autor, *summa divisio*, que é possível identificar «três indicadores de transformação das relações entre o Estado e o utente», aparecendo cada um destes em correspondência com uma «qualidade de qualquer maneira 'funcional' de utente», ou administrado, o indivíduo e o cidadão[41].

A *transparência informativa*, ou, *rectius*, pelo menos, a documental, é um elemento essencial na realização da *dimensão cidadã*. E, por isso, conhecer o sistema normativo em que se baseia e a sua prática, é fundamental para a revelação do *estado de transformação das relações da Administração com o cidadão*, nos nossos países e, assim, saber em que nível de cidadania se vive. Neste aspecto, comunga-se da posição de EDUARDO GARCÍA DE ENTERRÍA e TOMÁS-RAMÓN FERNÁNDEZ RODRÍGUEZ que (na terceira edição de seu *Curso de Directo Administrativo*, lamentavam que, então, em Espanha, a regra geral seguisse sendo o *segredo*, enquanto a publicidade era a excepção, apesar do texto constitucional de 1978, e aderindo à crítica da tese da não «operatividade» da alínea b) do artigo 105.º da Constituição Espanhola, seguida no Acórdão do Tribunal Supremo, de 16 de

---

[40] CADIMA, Francisco Rui – *Desafios dos Novos Media:a nova ordem política e comunicacional*. Lisboa: notícias editorial, 1999, p. 9-10.

[41] E ele explica: «1. L'usager est d'abord un administré. Il est destinataire du service public (certain diront 'client'). L'usager jugera l'efficacité des administrations à leur capacité de l'accueillir, l'orienter et le servir. 2. L'usager est en suite un individue – a CE titre, il a le droit à la protection de ses libertés fondamentales vis-à-vis de la puissance publique. 3. L'usager est enfin un citoyen. Il est aussi partie prenente des institutions publiques et doit être associé à leur fonctionnement»: CLAISSE, Alain – «Présentation synthétique». In *L'Evolution des Rapports entre l'Administration et les Usagers*: Étude Comparative sous la direction de WIENER, Céline. Avant-propos de COSTA, Jean-Paul. VVAA. Paris: Economica, Institut des Sciences Administratives, p. 197-198.

Outubro de 1979[42], feita por Sáinz Moreno[43]), vêm, depois da aprovação da Lei do Regime Jurídico das Administrações Públicas e do Procedimento Administrativo Comum, a qualificar o novo direito de acesso aos documentos administrativos como *o mais transcendental dos direitos* consagrados no artigo 35.º[44], porque orientado para a modernização da actuação administrativa no futuro[45]. Já, antes disto, em 1988, Philipe Brachet, em França, assinalava que «a noção de 'transparência administrativa' se inscreve como uma das peças chave do modelo administrativo 'moderno', que se opõe correntemente ao modelo 'tradicional' e burocrático, de que, *a contrario,* o segredo é uma das características principais»[46].

Deveria mesmo ir-se mais longe e como acontece nos EUA, com as *sunshine laws* (que impõem, nas reuniões deliberativas de todos os órgãos administrativos colegiais, a assistência do público), abrindo as portas dos diferentes organismos aos cidadãos e à comunicação social. No fundo, todos *os órgãos administrativos colegiais*, não só os do poder territorial infra-estatal, designadamente os municipais, como os das Administrações institucionais, fundacionais e dos estabelecimentos públicos de prestação de serviços (universidades, hospitais, etc.), associações de fins públicos, pessoas de utilidade pública e outras, mesmo que empresariais, de direito público ou privado (estas, desde que de regime jurídico misto), ou seja, todas as entidades e órgãos colectivos, sempre que actuem no exercício da

---

[42] García De Enterría, E. e Fernández Rodríguez, Tomás-Ramón – *Curso de Derecho Administrativo.* Vol II, MAdrid: Civitas, 1991, p. 453

[43] Sáinz Moreno, Fernando – «Un caso de aplicación directa de la Constitución:el acseso de los ciudadanos a los archivos y registros administrativos». *REDA*, n.º 24, 1980.

[44] García de Enterría, E. e Fernández, Tomás-Ramón – *Curso de Derecho Administrativo.* Vol II, Madrid: Civitas, 1993, p. 466-469.

[45] Sobre o tema da reforma e modernização da Administração, veja-se, v.g., Beato Espejo, Manuel – «Tratamiento Jurídico de los Derechos Reconocidos a los Ciudadanos en el Artículo 35 da Ley de Régimen Jurídico de las Administraciones Públicas y del Procedimiento Común por la Administración de la Comunidad Autónoma de Extremadura. In *Anuario da Facultad de Derecho*, Vol. 11, Cáceres: Universidad de Extremadura, 1993, p. 24-29.

[46] Brachet, Ph. – «Interventions». In *Colloque sur la Transparence Administrative.* Publicado sob o tema *Information et Transparence Administratives,* pelo Centre universitaire de recherches administratives et politiques de Picardie (C.U.R.A.P.P.). Paris: PUF, 1988, p.168.

Função Administrativa do Estado-Comunidade, quando debatam e tomem deliberações, tal como acontece em geral com os órgãos das Funções Legislativa e Jurisdicional (o parlamento e os tribunais).

Como refere EDUARDO COUTURE, falando das audiências judiciais, a publicidade, com a consequência natural da presença do público, «constitui o mais precioso instrumento de fiscalização popular perante a acção dos juízes e advogados», pois, em «última instância, o povo é juiz dos juízes»[47]. Assim, não terá também que ser em relação ao poder que ainda resta opaco ao exterior, o poder da Administração pública?

A sua *importância objectiva* é óbvia. Esta insere-se em debates fundamentais *reconfiguradores ou relegitimadores do funcionamento da organização do Estado*, relacionados com os *princípios da publicidade, da transparência, da igualdade, da imparcialidade*[48], *e da eficácia* e, no plano material, do deslizar contínuo da defesa do ambiente e de outros interesses difusos (e de aspectos sensíveis e de conhecidas situações funcionais desviantes, como a corrupção, a ineficácia, a inércia, o imobilismo, etc.), de assuntos dos anti-poderes para atribuição maior dos Estados e, desde logo, de suas Administrações, tudo questões que se impõem, nos dias de hoje, no âmago da *reforma e da reestruturação da Administração Pública*, revestindo-se da maior actualidade e transformando o acesso geral à informação em seu instrumento essencial.

A *transparência da Administração* perante os cidadãos, directamente ou através da comunicação social, deve existir enquanto direito geral à informação destes e meio livre de controlo comportamental exterior, independentemente de outras técnicas de promoção da eficácia e transparência da actuação da Administração e da construção de critérios próprios de realização activa da publicidade e de fiscalização dos seus actos. É necessário dar aos próprios cidadãos o controlo deste funcionamento e, em geral, da sua actuação. E é aqui que

---

[47] COUTURE, Eduardo – *Fundamentos do Direito Processual Civil*. Apud PEDRAZ PENALVA, Ernesto – «Notas sobre Publicidad e Proceso». In *Poder Jidicial*, n.º XI, especial, p. 123.

[48] Vide, v.g., RIBEIRO, Maria Teresa de Melo – *O princípio da Imparcialidade da Administração Pública*. Coimbra: Almedina, 1996, com resumo das posições defendidas pela doutrina portuguesa mais significativa a p. 98-109.

o *direito do cidadão* de aceder à informação administrativa ganha importância, quer *ut cives*, directamente, quer por mediação da imprensa, rádio e televisão, Internet, etc..

A *opacidade da vida administrativa* não é boa companheira da eficácia, da eficiência e da imparcialidade da Administração Pública, pois encobre a existência de vícios da *burocracia, desperdícios e ilegalidades*. O secretismo, não deixando pôr em questão o funcionário, põe em questão o *sentido da existência da Administração*. E «ofendidos» não são somente os destinatários concretos de um determinado acto ilegal ou incorrecto, pois potencialmente serão todos no futuro; e são, desde logo, todos como membros do Estado a que a Administração pertence. E a Administração Pública deve responder bem em cada acto, qualquer que seja o seu destinatário concreto e qualquer que seja o tipo de procedimento, de iniciativa particular ou de interesse colectivo a alcançar por iniciativa pública.

A *transparência dos Poderes do Estado e especialmente das várias Administrações Públicas*, sem prejuízo da *democracia representativa e o sistema de integração de interesses*, não pode deixar de servir à melhoria dos serviços prestados à sociedade civil, aprofundando novos *mecanismos relacionais, de comunicação*, abrangendo e dando importância aos «procedimentos de participação da sociedade civil[49] e à reconfiguração de um *centro articulador do discurso colectivo*»[50].

---

[49] MENDIETA – *oc*, p. 98.

[50] Existe uma *crise dos valores democráticos representativos*, pese as precipitadas declarações sobre a vitória do modelo democrático ocidental, seja a de FUKUYAMA, em 1989 (FUKUYAMA, F. – «The End of the History». *The national Interest*, 1989), sobre o fim da história, sejam as referentes à *planetariadade eterna da democracia* instalada, representativa e partidocrática que, crendo poder superar a concepção mais relativizadora do sistema político democrático, de HANS KELSEN, ou o *conceito de sociedade aberta* de KARL POPPER, qualquer deles hoje insuficiente, mas pontos de partida aceitáveis para uma *mudança conceptual*, seria o modelo óptimo ou, pelo menos, o menos mau, de organização política. Esquece-se a evolução actual, imposta pelo próprio *conceito operativo de sociedade civil* (onde há que procurar a base da solução alternativa, pese os seus significados muito diversos, conforme as suas distintas abordagens: BOBBIO, n. – *The Future of Democracy*. Minnesota: Univ. Minneapolis, 1987, apud VILLORIA MENDIETA, M.. – *o.c.*,, p. 93), que já não se contenta com o «modelo clássico liberal constitucionalista», nem com as aquiescências do «clássico modelo social-democrata». E outros sintomas resultam do facto de a *ciência, a indústria, a tecnologia* terem trazido desenvolvimento, mas em certos domínios

Falando da *democracia* que faz falta, o politólogo americano DAHL[51] coloca cinco exigências: *igualdade política* (as decisões colectivas devem partir da atribuição em condições de igualdade das preferências de cada membro da sociedade), a *inclusão* (a sociedade democrática não pode excluir ninguém, estabelecendo que se deixe certos sectores sem direitos, pretensões e oportunidades), *controlo pleno e final pelo povo* de tudo o que não possa seguir o procedimento democrático, que fuja dos seus limites e dos seus efeitos; a

---

(como o do ambiente, qualidade de vida e perigos para a saúde), tal nem sempre se poder classificar como progresso. Como assinala EDGAR MORIN, referindo-se precisamente a estes elementos, em «toda a parte a fé na ciência, na técnica e na indústria depara com os problemas causados por estas» (MORIN, E. – «Entrevista». In *Temas de Nuestra Época*, n.º 239. Año V, 18 de junio de 1994, p. 17). Quanto à *crise da «prática democrática»*, estamos «num impasse», numa «espécie de eclipse», pois as *instituições tradicionais* e fundamentais da democracia liberal não «funcionam com eficácia para *canalizar as preocupações da cidadania para políticas públicas legitimadas»*. Com efeito, além da reflexão neste domínio que os *estudos da Ciência da Administração*, com preocupações mais centradas nas correntes americanas ou mais orientadas pelos autores europeus, não é possível pensar a modernização administrativa sem uma preocupação permanente pela evolução da sua *aproximação aos cidadãos*, que não passa só pela criação de organização ao serviço destes ou por desburocratizar e simplificar formalismos, mas também por lhes *comunicar informação*. A *modernização e as reformas parciais* (em que, em princípio, ela deve assentar, por ser uma via normalmente mais eficiente do que as revoluções legislativas ou organizacionais, que, no tempo ou no volume, não permitem *alterações culturais de adaptação*), não podem ser um *processo tecnocrático iluminado*, de uma Administração fechada e, portanto, ao serviço do aprofundamento do seu próprio poder, buscando uma legitimidade socialmente aumentada, de tipo substitutivo, pela via da eficácia (independentemente da importância real do aumento desta), que as inovações daqui advindas possam implicar e da sua própria assunção pelo ordenamento jurídico, como acontece com o *princípio da eficácia da organização e da actividade administrativa*, que alguns consideram, inclusivé, como de raíz constitucional. Neste início do século XXI, modernizar tem que ser muito mais. Por um lado, terminar o *processo juridificador da realização plena do Estado de Direito*, sendo certo que nem todas as áreas do classicamente chamado *poder executivo* estão garantidas contra o incumprimento das normas, nadando-se ainda em *zonas livres*, qualquer que seja a justificação histórica ou a teoria excludente do seu controlo, que o direito internacional e o direito da União Europeia seguirão fazendo retroceder, no sentido da nova Lei do Processo Contencioso-Administrativo Espanhol de 1998, que, ao recusar a *teoria dos actos do governo*, sujeitando todos os actos do executivo à apreciação jurisdicional, deu um passo adiante, muito importante.

[51] DAHL, R. – «On removing certain impediments to Democracy in the United States»: *Political Science Quartely*, Vol.92, n.º 1, Spring 1977. Do autor, veja-se, ainda, *Preface to democratic theory*. Chicago: University of Chicago Press, 1953.

participação política[52], impondo às entidades governamentais que promovam para todos os membros da sociedade, «a expressão de suas opiniões e a consideração das mesmas com igual respeito», e a *compreensão ilustrada*, que implica que «cada homem possa ser capaz de conhecer a tempo quais as razões técnicas e morais que fundamentam as suas pretensões», o que implica o «facilitar do acesso ao conhecimento dos fins e dos meios para conseguir tais fins», sendo certo que a Administração «deve assegurar a diversidade de fontes de informação e de pensamento», «visar constituir em si mesma um *viveiro de opiniões* que se debatam, ao menos para a definição dos planos e políticas essenciais de cada organização ou agência»[53], com um desenvolvimento maior dos «procedimentos de consulta e discussão com os distintos sectores implicados e as políticas, maior descentralização e desconcentração e um progresso importante nos *mecanismos de acesso à informação*»[54].

Não se pode desconhecer, desde logo, a importância da *avaliação das políticas públicas*[55], mas os seus objectivos e eficácia não

---

[52] RAMÍREZ, M. – *La participación Política*. Madrid, 1985.

[53] Vide, MENDIETA – oc, p. 98-99.

[54] FOX, C .J. e MILLER, H. T. – *Postmodern Public Administration: Toward Discourse*. Thousand Oaks: Sage, 1995, apud VILLORIA MENDIETA – oc, p. 99.

[55] A *teoria contemporânea da avaliação*, desenvolvida mais amplamente nos EUA, expandiu-se na Europa, sendo mais influente nalguns sectores de orientação de políticas e nalguns países do que noutros, v. g., no Reino Unido. Esta assumiu um *marco de pluralismo político* e uma *epistemologia antipositivista*. À medida que os *modelos racionalistas e sinópticos de orientação de políticas* deram lugar a *modelos baseados em incrementalismo, negociação e «regateio»*, então, o ideal de uma avaliação objectiva e livre de valores desvaneceu-se. Como diz MARY HENKEL (*Government, evaluation and change*. Londres: Jessica Kingsley, 1991), durante a década dos oitenta, a avaliação e os organismos avaliadores alcançaram uma importância sem precedentes no governo inglês. A missão do governo conservador para dirigir os gasto públicos e implantar uma *nova cultura de gestão no sector público*, requeria novos mecanismos de vigilância e de revisão. A avaliação era apresentada como um *pré-requisito de responsabilidade efectiva* e mudança significativa. A medida do desempenho perante objectivos claros estava no âmago da iniciativa de gestão financeira para uma gestão mais responsável no governo central (Cmnd. 8616 – *Efficiency and effectiveness in the civil service. London:* HMSO, 1982). Os *indicadores de desempenho* proliferaram em todas as áreas do sector público durante a década (CAVE, MAIOR., HANNEY, S.; KOGAN, MAIOR. e TREVETT, G. – *The use of performance indicators in higher education: a critical analysis of debeloping practice*. London: Jessica Kingsley, 1988; POLLIT, C., «Beyond the managerial mode: the case sea broadening performance assessment in

Direito da Informação e Direito à Informação

contendem com os objectivos e o papel singular de uma comunicação social livre ao serviço de uma ampla difusão do conhecimento da coisa pública.

Se as *restrição e o domínio dos recursos* estão a ser encarados como prioridades incontestáveis, das quais derivam valores instrumentais inatacáveis: *economia, competência, eficiência, rendimento e valor* correspondente ao dinheiro[56]; criando-se *novas instituições e práticas de valorização*, centradas nestes critérios e baseadas em

---

government and the public services». *Financial Accountability and Management*, 2, 3, 1986, p. 155-70; – «Performance indicators, Root and Branch». CAVE, MAIOR.; KOGAN, MAIOR. e SMITH, R. (org.) *Output and performance measurement in government: the state of the art*. Londres: Jessica Kingsley, 1990). Os marcos das inspecções da «competência» e da «aplicação» adoptaram estratégias colaborantes e persuasivas, em vez de coercivas (HARTLEY, O. – «Inspectorates in British central government». *Public Administration*, ano 50, n.º 4, p. 447-66, Inverno 1972. RHODES, G. – *Inspectorates and British government*. London: Allen & Unwin, 1981). Todo o *sistema estatal de auditoria* era «severamente restringido ao objectivo e experiência e não era completamente independente do executivo» (NORMANTON, E. – *The accountability and audit of governments*. Manchester: Manchester University Press, 1966; GLYNN, J. – «VFM audit: an international review and comparison». In *Financial Accountability and Management*, ano 1, n.º 2, 1985; GARRETT, J. – «Debeloping state audit in Britain». *Public Administration*, vol. 64, p. 421-66, Inverno de 1986). Os avaliadores reconheceram que existiam múltiplos depositários nas valorizações (STAKE, R., «A peer response: A review of program evaluation in education: When? How? To what ends?». HOUSE, E. R. *et alteri* (org.). In *Evaluation Studies Review Annual, 7*, 1982. GUBA, E. G. e LINCOLN, E. S. – *Fourth generation evaluation*. Beverly Hills, California: Sage Publications, 1989).Viam o seu trabalho como algo saturado e moldado por «valores por definição» e, assim, inevitavelmente parcial e contestável: os avaliadores pretendiam facilitar argumentos rigorosos em vez de juízos conclusivos (HOUSE, E. R. – *The logic of evaluation*. Os Angeles: Center seja the study of evaluation, 1978; – *Evaluating with validity*. Beverly Hills, California: Sage Publications, 1980). Deviam seleccionar e expor a sua posição sobre valores. Podiam estabelecê-la através de *filosofia moral ou política*, por exemplo HOUSE (HOUSE, E.R. – *Evaluating with validity*. Beverly Hills, California: Sage Publications, 1980) propôs o uso da *teoria de justiça de RAWLS*. Alternativamente, podiam apoiar um grupo de depositários. As crenças e objectivos do novo governo eram radicalmente opostos a tais ideias. Procuravam inverter a tendência para o pluralismo e debilitar os acordos institucionais em que eles se baseavam. A sua *posição epistemológica* era inequivocamente positivista. Admitiram que as complexidades das condições podiam ser derrogadas ou valorizadas objectivamente por indicadores de rendimento mensuráveis de acordo com padrões nacionais estabelecidos.

[56] POLLIT, C. – o.c, p. 155-70.

40 *Direito da Comunicação Social*

novas suposições sobre o conhecimento e a perícia que requeriam, importa clarificar e demonstrar a importância (muitas vezes excessivamente sacrificadora dos cidadãos enquanto administrados ou empregados) da reflexão e aplicação que envolveu em termos das invocadas dinâmicas da eficácia, o que tudo deve aparecer com total transparência perante a sociedade[57]. Com efeito, *a própria legitimação* da Administração Pública e das suas evoluções, no caminho da sua *modernização*[58] *e eficácia,* passam, também, pelo debate sobre a transparência administrativa, ao exigirem o conhecimento e o juízo permanente que os cidadãos dela façam. E uma coisa é certa: não passa só (e muitas vezes, não pode passar sequer, tendo presente *valores ínsitos à sua natureza de serviço público*), por puras soluções de racionalidade e eficácia financeira dos serviços administrativos[59/60].

---

[57] Como diz PERCY B. LEHNING (LEHNING, Percy B. – «Nouvelles formes de la protection des citoyens vis-à-vis de l'administration publique». In *Le Citoyen et l'Administration, XIV Congrès international des Sciences administratives*, Paris, 7-11.9.1998 ; relator geral SABINO CASSESE): «as mudanças de relações entre o cidadão e a Administração em face das novas formas de protecção têm pelo menos três dimensões: mudança de interesses, de sujeito e de procedimentos. Uma cidadania activa estimulou as mudanças, alargando o campo interno e externo dos interesses para os quais os cidadãos podem legitimamente reclamar uma protecção. Ao mesmo tempo, novos interesses foram reconhecidos aos cidadãos, o que afecta directamente a maneira como a Administração pública funciona. Se, por exemplo, os cidadãos têm direito a uma Administração eficaz e rápida, isto implica imediatamente a questão da organização da Administração, da transparência e da integridade dos seus métodos e das suas normas».

[58] O vocábulo *modernização* tem sido usado nos diversos países para acolher todo um vasto conjunto de *fenómenos de adaptação* das suas Administrações Públicas, «implicadas numa série de profundas mudanças e transformações, como as que, em princípio, tratam de melhorar a prestação de serviços públicos»: VILLORIA MENDIETA, Manuel – *La Modernización de la Administración como Instrumento al servicio de la Democracia.* Madrid: MAP, INAP, BOE, 1996, p. 15.

[59] BEATO ESPEJO, MANUEL – «Tratamiento de los Derechos Reconocidos a los Ciudadanos en el artículo 35 de la Ley de Régimen Jurídico de la Administración Pública y del Procedimiento Administrativo Común por la Administración de la Comuidad Autónoma de Extremadura». In *Annuaire da Facultad de Direito.* Vol 11, Cáceres:Universidad de Extremadura, 1993, p. 24 e 25.

[60] MANUEL VILLORIA MENDIETA (VILLORIA MENDIETA, Manuel – oc, p. 22) segue uma *noção de modernização* que abrange «os processos surgidos na década de 1980», que viveram «uma fase de aclimatação e moderação» nos primeiros anos da década de noventa, «quando alguns dos seus rasgos iniciais ainda sobrevivem, especialmente a preocupação para pôr a Administração ao serviço do cumprimento de dados macro-económicos e por

Direito da Informação e Direito à Informação 41

Para superar isto, há que partir da realidade da *co-existência entre Estado e sociedade civil* e, por isso, como diz KEANE, aceitar que «sociedade e Estado devem converter-se em condição de *democratização recíproca*»[61], sendo necessária a afirmação constante de uma *esfera pública*, em que os agentes debatam entre si e com o Estado os *assuntos de interesse público*, além de se comprometerem nas actividades públicas[62]. O Estado deve reformar-se para actuar, *não como uma empresa*, mas para «estabelecer o quadro para a autêntica comunicação e deve garantir os processos que permitam um *debate amplo, aberto e em condições de igualdade*»[63], *debate empírico e normativo*[64], tendo presente um Estado que «parte de um cidadão que actua como tal, como *co-partícipe da acção global de governo* e sua produção de serviços». O resultado final não tem que ser o da *harmonia do consenso*, pois, naturalmente, sempre seguirão existindo diferenças, mas concessões desde que haja *garantias de comunicação e participação*[65].

A via da *crescente promoção da participação* e da natural evolução para um, cada vez mais escancarado, *conhecimento quotidiano dos poderes que nos governam*, no sentido da comunicação geral da sua actuação, é um desafio permanente e inultrapassável dos poderes

---

usar a *experiência empresarial privada* como espelho em que se olha» (VILLORIA MENDIETA, Manuel – oc, p. 23, nota 8), compartilhando a ideia de BAÑON (BAÑON, R. – «la modernización de la Administración Pública española:Balance y perspectivas». *Política e Sociedad*, n.º 13, 1993, apud VILLORIA MENDIETA, Manuel – oc, p. 22) de que o «começo dos processos de mudança tem que ver, antes de tudo, com o desenvolvimento da consciência da escassez», e, além disso, entre outras causas, da incerteza, em última instância com a percepção da *crise do Estado social* e a ruptura do consenso à volta do mesmo».

[61] KEANE, J. – *Democracia e Sociedade Civil*. Madrid: Alianza Universitaria, 1992, p. 32.

[62] PÉREZ. DÍAZ, – *La primacía de la sociedad civil*. Madrid:Alianza Editora, 1993, p. 77. Veja-se, também, em geral, «La sociedad civil como posibilidad». In *Claves de razón práctica*, n.º 50, Marzo de 1995.

[63] VILLORIA MENDIETA, MAIOR. – o.c., p. 25.

[64] DRYZEK j.; RIPLEY, b. – «The ambitions of policy design». Policy Studies Review. Summer, vol.7, n.º 4, 1988, p. 705-719.

[65] FOX, C.J. e MILLER, H.T. – *Postmodern Public Administration:Toward Discourse*. Thousand Oaks: Sage, 1995. Estes autores, ao falar dos discursos modernizadores, a p. 112, destacam a primazia comunicativa como uma conquista política, e o fruto de qualquer conquista científica, ou seja, algo que aparece como inerentemente político e ideológico (no sentido da escola de Frankfürt, como visão do mundo explicativa da estrtura de poder existente e, por isso, algo indiscutível, porque natural, objectivo e neutral).

públicos, dos cidadãos e especialmente dos profissionais dos órgãos de comunicação social. Citando, de novo, VILLORIA MENDIETA, poderia dizer-se que o Estado enfrenta, hoje, a *crise do Estado de Direito*, optando por «relegitimar a legalidade»; enfrenta a *crise normativa da democracia*, abrindo *vias de participação e corresponsabilidade*; e enfrenta a *crise do Estado Social*, reforçando a solidariedade, «através de um compartilhado afã para tornar reais os direitos humanos», tudo para iniciar «uma nova via para a legitimação da Administração»[66/67].

Neste aspecto, não pode deixar de se assinalar que, hoje, perante a *sensação de crise que se generaliza*, com a *frustração partido-crática*[68] (a que se referem, entre muitos, v.g., MONTERO[69] ou ÁGUILA[70]),

---

[66] VILLORIA MENDIETA, MAIOR. – oc, p. 25.

[67] E, por sua vez, esta modernização da Administração é «condição para que as mudanças económicas e tecnológicas sirvam, também, para o bem-estar colectivo e o aprofundamento da democracia», em que a *gestão não se pode converter num «fim em si mesmo*, alheia à construção colectiva e participativa» da sociedade: Idem,p.26.

[68] Desde que os partidos se transformaram em poderes públicos (GIANNINI, Severo Máximo – *El Poder Público: Estados y Administraciones Públicas*. Prólogo y Traducción de Luis Ortega. Madrid: Civitas, 1991, p.82), a democracia partidária tende a dar aos dirigentes partidários o confisco do poder e entraga nas suas mãos, num actuar hegemónico, a representação política.

[69] MONTERO, J.R. – «Sobre la democracia en España: legitimidad, apoyos institucionales y significados». In *Working Paper*, n.º 39. Madrid: IJMEI, Abril de 1992.

[70] DO ÁGUILA, R. – «Crisis of parties as legitimacy crisis: A view from political theory». In *Working Paper*, n.º 39. Madrid: IJMEI, Setembro de 1995.

[71] Com algum rigor, desvinculando-o da esfera estatal, poderia dizer-se que a *sociedade civil* é o conjunto de instituições formadas por pessoas que participam globalmente em actividades não integradas nas atribuições dos poderes públicos, ou, como expressa KEANE, o «agregado de instituições cujos membros participam num conjunto de actividades não estatais (...), exercendo toda a classe de pressões e controlos sobre as instituições do Estado» (KEANE, J. – *Democracia y sociedad civil*. Madrid: Alianza Universitaria, 1992, p.33). Esta concepção restritiva, como comenta MENDIETA, separadora do estatal e civil, não serve. Com efeito, voltaria a colocar problemas relacionais e comunicacionais que ocorrerão com o liberalismo. É necessário partir de uma concepção ampla. Por isso, KEANE defende que sociedade civil e Estado devem converter-se em condição de uma democratização recíproca (*o.c.*, p.34). Como a define PÉREZ DÍAZ, esta remete-se a um «entrelaçado de instituições sociopolíticas que incluem um governo (o Estado) limitado, que opera sob o império da lei; um conjunto de instituições sociais (...) e associações baseadas em acordos voluntários entre agentes autónomos, e uma esfera pública, em que os agentes debatem entre si, e com o Estado, acerca dos assuntos de interesse público, e se comprometem a actividades públicas»

Direito da Informação e Direito à Informação   43

a sensação de inacção de certos grupos tradicionais de interesses (v.g., sindicatos), a subsidiação pública de Organizações Não Governamentais, etc., ocorre o aumento gradativo do interesse teórico da *politologia ocidental* pelas *formas não tradicionais de organização do público*, do sociopolítico, que existe em relação com os vários temas, como o da *sociedade civil*[71], que muitos, como revelaram as publicações de ADAM MICHNIC, em 1990[72], e de VACLAV HAVEL, em 1992[73], analisaram e encomiaram a propósito da caída dos regimes do Leste, e outros consideram um conceito que é «um elemento chave a recuperar para as democracias[74], ou o desenvolvido por HABERMAS sobre as *esferas públicas autónomas*[75], da *praxis* de ARENDT[76], da *cultura cívica* de BELLAH[77] ou do *ethos democrático* de LEFORT[78] ou o dos *movimentos sociais* de TOURAINE[79]. Mas, se em muitos doutrinadores, essa sensação de menos intervencionismo reequilibrador se estende aos meios de comunicação social, não podemos aceitar um baixar dos braços quanto ao inultrapassável papel social e político destes, independentemente do aparecimento ou reforço de *novos movimentos sociais* (e, desde logo, os ecologistas, que exigem um «novo paradigma comunicativo», como bem diz VILLORIA MENDIETA[80]), e sem prejuízo dos *sintomas de crise profunda na nossa vivência em sociedade exigir* um acréscimo de soluções novas.

Hoje, é *dever geral do Estado* «observar certas obrigações de publicidade ou de informação», e, embora isto não seja um *fenó-*

(PÉREZ DÍAZ, V. – *La primacía de la sociedad civil.* Madrid: Alianza, 1993, p. 77). E, precisando as instituições sociais abrangidas, comenta «(...) a esfera pública, excluindo as instituições estatais» (*ibidem*, p.78).

[72] MICHNIC, A. – Letters from Prison and Other Essays. Berkeley: University of California Press, 1985.

[73] HAVEL, V. – *Open Letters: Selected Writings 1965.1990.* New York: Vintage, 1992.

[74] VILLORIA MENDIETA, MAIOR. – oc, p. 91.

[75] HABERMAS, J. – *The Structural Transformation of the Public Sphere.* Crambridge, MAS. MIT Press, 1992.

[76] ARENDT, H. – *On Revolution.* New York, Penguin, 1977

[77] BELLAH, R. – *The Good Society.* New York: Random House, 1991

[78] LEFORT, C. – *The political forms of modern society.* Cambridge, MAS: MIT Press, 1986.

[79] TOURAINE, Alain – *Essay on Discoursive Types in Political Philosophy.* New York:Suny Press, 1989.

[80] VILLORIA MENDIETA, MAIOR. – oc, p. 91.

meno jurídico uniforme, nem a sua sede normativa deva procurar-se sempre num mesmo ramo do direito ou no regime de um só direito fundamental, a verdade é que a base fundamental, que lhe dá dignidade constitucional em Estado de Direito, está ligada ao estatuto da cidadania.

Desde logo, há um *direito a receber informação*, embora com «diversas facetas»[81] (começando com o primordial dever de informação jurídica, que deriva do *princípio da publicidade das normas*, que sempre terão que ser públicas, publicadas, em que se pretende impedir «o secretismo do Estado e não tanto o fazer acessível a qualquer pessoa este tipo de informação»). Inclusive, é possível que a informação nem sequer esteja «destinada, em princípio, ao *processo de comunicação pública*».

Depois, o *dever de informação participativa*[82], que, segundo Villaverde Menéndez, cabe neste *direito a receber informação*[83]. É a sua *«faceta participativa»*, exigindo do Estado «uma *política dos direitos fundamentais* que faça efectiva essa discussão dos 'assuntos públicos' que se realiza no *processo de comunicação pública»*. Esta *faceta participativa do direito* mostra que, por vezes, «um efectivo exercício do direito a receber informação» pode «exigir, nalguns casos, que o Estado estabeleça prestações a favor dos receptores»[84]. Como refere Aurelia María Romero Coloma, «a informação configura-se hoje como uma das bases da sociedade, reconhecida e regulada em todo o mundo civilizado»[85].

Falando da *opinião social e política, individual e colectiva*, que, sobre os assuntos públicos, se forma na sociedade, Villaverde Menéndez

---

[81] Villaverde Menéndez, Ignacio – «El Estado como fuente de información y como medio de difusión de información». In *Estado democrático e información:el derecho a ser informado*. Tese doutoral. Oviedo: Junta Geral do Principado de Astúrias, 1994, p. 367. Sobre as diferentes questões e obrigações estatais de informar, veja-se, além de Villaverde Menéndez; v.g., NACCÍ, Paolo G. – «Petizione». In *Informazione e petizione: Profili di participazione*. Bari: Naci-Loiodice, 1983, p. 163 e ss.; Otto y Pardo, Ignacio – *Derecho Constitucional: Sistemas de fuentes*. Barcelona: Ariel, 1987, p. 99 e ss.

[82] FJ 6.º e 8.º da STC 159/86, de 12.12.

[83] Villaverde Menéndez, Ignacio – *oc*, p. 368.

[84] Ibidem.

[85] Romero Coloma, Aurelia María – *Derecho a la Información y Libertad de Expresión: Especial consideración al proceso penal*.Barcelona: Bosch, 1984, p. 28

Direito da Informação e Direito à Informação

defende que «o Estado não pode subtrair a essa sociedade aquela informação necessária para a formação da sua opinião, que se integra no *processo de formação da vontade do Estado*», embora esta posição coloque o problema da *determinação dos limites da acção estatal em matéria de promoção pública do direito do cidadão a ser informado*, devendo reduzir-se a uma *actuação supletiva* perante a falta de informação, de modo que «a liberdade e igualdade de terceiros» não fique lesada, além da natural função de garantir que os outros não vulnerem o direito do cidadão a ser informado[86]. Neste sentido, o Estado, além de *fonte de informação*, em certas ocasiões quase

---

[86] VILLAVERDE MENÉNDEZ, Ignacio – «El estado como fuente de información y como medio de difusión de información». In *Estado democrático e información: el dercho a ser informado*. Tese doutoral Oviedo: Junta Geral do Principado de Astúrias, 1994, p. 368, nota 445, onde cita os FJ 2 a 7 da STC 208/89, referente a campanhas institucionais sobre eleições sindicais, admitindo-as, e a *BverfGE* 44, 125, p.138 e ss., em que o tribunal alemão não as admite. Sobre o tema, ver ZUANELLI, Elisabetta –Communicazione istituzionale e diritto all'informazione. In *Il diritto all'informazione in Italia*. VVAA. Roma: Presidenza Consiglio dei Ministri, 1990.

As campanhas institucionais de informação traduzem uma prestação pública, que não sendo em geral legalmente obrigada [como ocorre sobretudo em matérias referentes a interesses difusos, prevista v.g., no artigo 45.º (defesa do ambiente) e artigo 43.º (defesa da saúde), e, também, no artigo 51.º, n.º 2 (defesa dos consumidores; BERMEJO VERA, J. – «El derecho a la información ded los consumidores y usuarios». In E*studios sobre Consumo: Comentarios a la Ley General de defensa de los Consumidores y Usuarios*, n.º3, 1984, p.83 e ss.; ROSSI CARLO, Liliana – «Il diritto all'informazione nei suoi aspetti privatistici». In *Rivista di Diritto Civile II*, 1984, p. 128 e ss, 149 e ss e 152 e ss, apud , p. 370, nota 447), em que há mandatos constitucionais (configurados em princípios orientadores da política social e económica do Estado) e comunitários, criadores de direitos prestacionais à informação, direitos a obter informação pertinente], resulta de políticas dos poderes públicos. Esta matéria, pese ao reconhecimento de direitos fundamentais a pessoas jurídicas públicas, v.g., na titularidade das Universidades, com uma autonomia concebida simultaneamente como garantia institucional e como direito fundamental face ao Estado, não é pacifica quanto ao próprio Estado, pois, como defendia o ATC 254/93, FJ7.º, os órgãos estatais não têm tais direitos (o.c., nota 446, p. 369). O Estado ou seus órgãos não têm direito a informar, porque não podem ser titulares de direitos, apenas de atribuições e competências, que, com submissão à lei e em termos de ordem pública, delimitam as suas tarefas departamentais e poderes orgânicos. Sobre o tema, ver PACE, Alexandro – *Stampa, Giornalismo, radiotelevisione, Problemi Costituzionali e indirizzi di Giurisprudenza*. Padova: CEDAM, 1983, p. 247. Também, citado por VILLAVERDE MENÉNDEZ – o., p. e nota anterior, KEMPEN, Otto E. – *Grundgesetz, amtliche Öffentlichkeitsarbeit und politische Willensbildung:Ein Aspekt des Legitimationsproblems in* Verfassungsrecht, Verfassungspraxis und Verfassungstheorie. Berlin: Duncker & Humblot, 1975, p. 103 e ss.

«deve actuar (...) como um meio de difusão-transmissão da sua própria informação», participando directamente, «de forma activa, no processo de comunicação pública, aumentando a *concorrência plural de informação*, com a que ele transmite»[87]. Mas, então, diz Villaverde Menéndez, «esse dever já não é de publicidade e não é o objecto do direito a receber informação». Nem é um dever nascido da «*garantia institucional do pluralismo*», que se orienta só à preservação «de um processo livre e aberto da comunicação pública, mas não à correcta formação da opinião» em matérias em que «o Estado oferece informação»[88].

1.2. Direito à informação

A liberdade de comunicação social não é senão um dos aspectos da liberdade de comunicação e não pode ser o único meio de acesso geral à informação.

No âmbito internacional, após a II Guerra Mundial, veio a consagrar-se, progressivamente, o *lado passivo da defesa da comunicação pública*, com a extensão das suas garantias jurídicas[89], e com formulações que, hoje, se podem traduzir em termos de *direito a informar-se, a obter informação*[90], *a receber informação*[91], *a ser*

---

[87] Villaverde Menéndez, Ignacio – «El Estado como fuente de información y como medio de difusión de información». In *Estado democrático e información: el derecho a ser informado*. Oviedo:Junta Geral do Principado de Astúrias, 1994. p.369.

[88] E aqui estará, como opina Villaverde Menéndez, a diferença substancial entre o direito a saber, da I.ª Emenda Constitucional dos Estados Unidos (em que o cidadão tem o direito a conhecer os assuntos que «afectam a colectividade» e, por isso, o Estado deve informá-los nesses casos), e o direito a receber informação do artigo 20.º, n.º 1, al. d) da Constituição Espanhola, em que se garante somente que o indivíduo terá «a possibilidade de formar a sua opinião» sobre os assuntos, através do processo dos meios de comunicação (o.c., p. 369).

[89] Pinto, Roger – *Le Libertè d'information et d'opinion en droit international*. Paris: Economica, 1984; Gornig, Gilbert-Hanno – *Aüâerungsfreiheit und Informationsfreiheit als Menschenrechte*. Berlim: Duncker & Humblot. II.ª Parte, p. 230 e ss.

[90] Realizado com a instituição legal de direitos subjectivos concretos implicando que outro sujeito forneça informação (regulando-se as instituições públicas ou privadas que devem agir com esse fim).

[91] Realizado através de dispositivos jurídicos que façam com que os outros não impeçam o acesso do indivíduo à informação existente; *Vide*, Goerlich; Radeck – «Rundfunk und Empfänger –zur Mediatisierung subjektiver Rechte». In *Neue Juristische Wochenschrift, Hf5*, 1990, p.301 e ss.

informado, ligado a um *direito social à informação* (defesa difusa do ambiente, saúde, consumo, etc.).

O *Estado democrático de direito* é, hoje, entendido como operando um salto de exigências em relação ao mero Estado liberal, na medida em que implica uma *nova concepção de liberdade*. A ideia de *participação* já não aparece apenas como um instrumento de garantia da *liberdade individual*, como ocorria numa mera concepção de *democracia representativa liberal*, mas um *fim* a prosseguir, pois se entende que só quem participa é verdadeiramente livre[92], abandonando-se o seu carácter meramente negativo, numa modulação em que ao Estado de Direito cabe «regular a máxima participação cidadã nos assuntos públicos»[93].

Como refere o primeiro *Relatório sobre a Liberdade de Informação do Conselho Económico e Social* da Organização das Nações Unidas, de 1953, o *direito a comunicar informação* não tem sentido em si mesmo, mas apenas na relação com o *direito dos outros a receber informação*[94]. E a defesa desta posição dogmática vai caber a uma *nova liberdade*, que converte a própria *informação* em «objecto do direito», revendo a sua função à luz da dignidade de todos os que têm direito a que se lhes proporcionem os meios de aceder a um pensamento livre, a qual seria considerada como um *direito humano fundamental* e «pedra de toque de todas as liberdades», a que ela se refere, integrando, no conceito saído da *Resolução 59 I-1946* da Assembleia-geral da Organização das Nações Unidas, o «direito a reunir, transmitir e publicar notícias», traduzido na expressão «*liberdade de informação*». A Conferência da Organização das Nações Unidas sobre a Liberdade de Informação, realizada de 23 de Março a 21 de Abril de 1948, em Genebra[95], veio logo a seguir, ao pugnar

---

[92] OTTO Y PARDO, Ignacio de – *Derecho Constitucional: Sistema de Fuentes*. Barcelona: Ariel, 1987, p. 56.

[93] BASTIDA FREIJEDO, Francisco J. – «Elecciones y Estado Democrático de Derecho». In *Revista Española de Derecho Constitucional*, n.º 32, 1991, p. 115 e ss, especialmente p. 123-125. *Vide*, também, LIPARI, Nicolò – «Libertà di informare o diritto ad essere informati?». In *Il Diritto delle Radiodifusión e delle Telecomunicación*, n.º 1, 1976, p. 3 e ss.

[94] ONU – *Doc. E/2426*, p. 4; JOYCE, James Avery – *Human Rights: International Documents*. New York: Sijthoff, 1978.

[95] IOANNOU, Krateros – «Le débat international sur la liberté d'information». In *Actes du sixième Colloque International sur La Convention Européenne des Droits de L'Homme*.

por uma *maior garantia da circulação de informações e ideias*, dada a sua transcendência para a democracia e as restantes liberdades, a defender essa garantia, para além do titular e emissor das opiniões, na pessoa dos que jogam o *papel de receptores* em toda a comunicação, como indivíduos soberanos numa democracia[96]. E, com efeito, tal conceito viria a ter concretização na *Declaração Universal de Direitos do Homem*, de Dezembro de 1948, que assim se torna o primeiro documento a consagrar explicitamente, ao lado da liberdade de opinião, o direito a informar e o *direito a ser informado*, vindo, no seu artigo 19.º, a incluir, no direito à liberdade de expressão e de opinião, o direito de «investigar e de *receber informações* e opiniões e das difundir, sem limites de fronteiras e por qualquer meio de expressão». Este articulado modelo desencadeou uma mutação, com consequente enorme *renovação dogmática* na concepção da garantia dos direitos que envolvem a *comunicação interindividual*, na linha proposta pela posição, já em 1945, defendida por LAUTERPACH[97/98].

Depois, temos a proposta do *Pacto Internacional de Protecção dos Direitos do Homem* e o artigo 10.º da Convenção Europeia dos Direitos do Homem e das Liberdades Fundamentais, de 1950, inspirada no artigo 19.º da proposta do Pacto, também de 1950, que depois da *Convenção para o Reconhecimento do Direito de Correcção*, da Organização das Nações Unidas, de 1950-1952, da *Comissão internacional da UNESCO para o Estudo dos Problemas da Comunicação*[99], da *Conferência de Estocolmo de Especialistas sobre o*

Universidade da Comunidade Autónoma de Andaluzia, Sevilha, Nov. 1985, Dordrechet, Boston, London:Martinus Nijhoff , 1988, p.10 e ss.

[96] CANHAN, Erwin.D. – «International Freedom of Information». In *Law and Contemporary problems, International Human Rights*. Parte. II, Vol.14, n.º 4, 1949, p. 584 e ss. VILLAVERDE MENÉNDEZ, I. – o.c., p. 38.

[97] LAUTERPACH, H. – *An internacional Hill of Rights of Man*.New York: Columbia University, 1945, p. 107.

[98] E, logo no ano seguinte, *vide* autores, tais como CHAFEE, Zechariah Jr. – «Legal Problems of Freedom of Information in the United Nations». In *Law and Contenporary Problems: International Human Rights II*, Vol. 14, n.º 4, 1949, p. 545 e ss.; e MAHEU, Renè – «Derecho de información y derecho de expresión de opinión». In *Los Derechos del Hombre: Estudios y comentarios en torno a la nueva Declaración Universal*. VVAA. México, Buenos Aires, FCE, 1949, p. 197 e 198.

[99] UNESCO,Comissão MCBride sobre o Direito à Comunicação – Workspapier n.º 37, 1978-1979.

Direito à Comunicação, de 1978[100], finalmente, desembocou no *Pacto Internacional de Direitos Civis e Políticos*, de Dezembro de 1966.

O princípio de direito internacional da *livre circulação de informação* vai para além da *clássica leitura estrita da liberdade de opinião ou de imprensa*, passando a garantir-se, com ele, a «protecção mais ampla da própria livre circulação das mensagens no interior de cada país e das suas liberdades individuais conexas», embora as expressões *direito a ser informado* e «*free flow of information*»[101] não se confundam totalmente, pois esta, em si, nasce para afirmar «o direito que qualquer Estado tem de transmitir ou permitir que se transmita informação para outros Estados, com a obrigação de *não impedir* que os seus cidadãos possam informar-se em *fontes estrangeiras ou situadas fora das suas fronteiras*», mesmo que a televisão seja monopólio deste Estado[102], ou seja, rege a *relação entre Estados*, com o objectivo de impedir que as fronteiras nacionais dificultem a circulação da informação[103]. De qualquer modo, o esforço internacional traduz-se na *desvalorização relativa da liberdade do emissor* de opiniões e notícias, numa clara procura da especial acentuação do vector do *livre acesso às fontes de informação*, com a protecção geral em face do Estado dos seus agentes, sejam emissores sejam receptores[104].

E esta *nova abordagem*, assente no *direito a ser informado*, com uma clara resposta jurídica internacional, vai ter *consagração explícita* nos textos constitucionais e nas jurisprudências nacionais, sobretudo as que acabam de sair de *experiências ditatoriais*, reagindo, desde logo, «ao dirigismo estatal nas opiniões, interdições estatais de escuta das emissões radiofónicas oriundas do estrangeiro e proibições na literatura e na arte»[105], desde logo, imediatamente a seguir à

---

[100] Unesco, Relatório Final, *Doc. C.C.-78/CONF. 630*, 1978.

[101] Wein, Michael – «Free Flaw of information». In *Urheber-,film-,Funk-,und Theaterrecht-UFITA-*. Bd 105, 1987, p. 137 e ss.

[102] Atedh de 22.5.1990, no *caso Autronic*; *vide*, ainda, Acórdão da Corte Constitucional Italiana n.º 225, 1974

[103] Blumenwitz, Dieter – «Die Meinungs-und Informationsfreiheit nach Art.19 des Internationalen Pakts über bürgerliche und politische Rechte». In *Festschrift für F. Ermarcora*. Frankfurt, Berlin: Engel, 1988, p. 73 e ss.

[104] Villaverde Menéndez, Ignacio – o.c., p. 37-38.

[105] BVerfGE 27, 71, n.º 8, 3.10.1969, caso Leipziger Volkszeitung-Urteil.

50 *Direito da Comunicação Social*

guerra, o n.º 1 do artigo 5.º da Lei Fundamental de Bona, de 1942 («... direito a *informar-se* sem entraves nas *fontes de acesso geral*»), e mais tarde, na península ibérica, no artigo 37.º da Constituição da República Portuguesa, de 1976 (... direito a informar e *ser informado*) e na alínea d) do n.º1 do artigo 20.º da Constituição Espanhola, de 1978[106]. E onde tal direito não obteve assento expresso, literal, nas constituições (1.ª Emenda da Constituição dos EUA de 1787, artigo 55.º da Constituição Suíça de 1874[107], artigos 14.º e 18.º da Belga de 1831, artigo 10.º e 11.º da Declaração francesa de Direitos do Homem e do Cidadão de 1789[108], §100 da Noruega de 1814, artigo 21.º da Italiana de 1947[109], artigo 77.º da dinamarquesa de 1953, artigo 14.º da grega de 1975), que mantiveram a normação tradicional, a *renovação dogmática* encetada acaba por chegar aos mesmos resultados de reconhecimento da protecção dos receptores, seja por uma evolução que os considera imersos no conteúdo dessas liberdades tradicionais (não há expressão de boa opinião sem prévia boa informação; não se pode expressar informação sem garantia prévia de a poder procurar e obter), seja por uma derivação em termos de interpretação sistemática das liberdades de expressão e de informação na sua relação com o *princípio democrático* (a partir da garantia da pluralidade de fontes de informação, de livre acesso a estas e da ausência de interferências estatais na circulação de opiniões e notícias, conatural ao estado democrático, deduz-se o direito a ser-se informado[110]). Nesta linha, as *jurisprudências constitucionais* vão

---

[106] No âmbito regional não europeu, vide, sobre os vários tratados, v.g., PINTO, Roger – *La libertè d'information et de opinion en droit international.* Cap.III. Paris: Económica, 1984 p. 225 e ss..

[107] Vide esta jurisprudência, v.g., em MÜLLER, Jörg Paul – *Die Grundrecht der schweizerischen Bundesverfassung.* 2.ª Ed., Berna: Stämpfli, 1991.

[108] ROUX, André – «La Liberté de communication dans la jurispfrudence constitutionnelle frnaçaise». In *Annuaire de Justice Cosntitutionnelle.* Vol.III, 1987, p. 317 e ss.

[109] LUCIANI, Massimo – «La Liberta d'informazione en la Jurisprudenza costituzionale». In *Politica del Diritto*, n.º 4, 1989, p. 605 e ss.

[110] No entanto, por esta via, se a doutrina farncesa chegou ao reconhecimento de um direito a ser informado, concretizado designadamente no *direito de acesso à informação administrativa* e na potenciação dirigida pelo Estado da pluralidade de meios de comunicação social (v.g., Ac. da Cour Constitutionnelle n.º 84-181 ou n.º 86-217), já, no caso italiano, e memso assim, sem fazer o pleno da doutrina, parte da qual não apoia nenhuma destas teses, ocorrendo divergências sobre a aceitação da existência de uma garantia constitucional do

Direito da Informação e Direito à Informação 51

preocupar-se, em vários casos, sobretudo, com a questão de saber se «ao indivíduo não se terá subtraído informação que lhe é de interesse para a formação da sua própria opinião», saindo lesado no seu direito a ser informado e, assim, na sua capacidade de participar na sua comunidade.

A questão que se deve pôr é a de saber se as expressões *liberdade de informação, liberdade de expressão, direito de informação, direito da comunicação, direito à informação* traduzam a mesma realidade ou, pelo menos, implicam esferas parcialmente sobrepostas (umas de conteúdo mais restrito e outras mais amplo), ou, pelo contrário, realidades ou esferas distintas de abrangência da *realidade jus-comunicacional*, englobando o conjunto das actividades cujo objecto é a informação e sua circulação.

O *conceito global e genérico*, que flúi dos documentos de origem internacional, é o que passa sob a designação de *liberdade de expressão*. E uma certa doutrina significativa continua a distinguir entre *liberdade de expressão* e *liberdade de informação*[111]. No entanto constata-se que o conceito de *liberdade de informação* continua a aparecer com densificações distintas, na doutrina dos vários países, que enfileiram essencialmente à volta de *três teses fundamentais*, sem prejuízo de algumas *posições ecléticas* ou derivadas: numa é um *conceito amplo*, englobando o direito de informar, de emitir a informação e o de ser informado, de receber informação; noutra o *sentido genérico* designa-se por liberdade de expressão, sendo a liberdade de informação apenas uma sua manifestação; noutra, a liberdade de expressão e a liberdade de informação são *conceitos autónomos*, tese que, por exemplo, em Espanha avança com a diferente

---

sujeito passivo da comunicação pública, o que faz com que tudo se mantenha inconclusivo, num debate em que os sesu defensores se dividem, com uma ala maioritária a considerar que tal garantia é um mero interesse difuso e os que verdadeiramente entendem enquadrar tal garantia como um direito subjectivo de interesse geral na informação (v.g., Ac. da Corte Cost. N.º 105, de 1972). Diga-se, de passagem, que apesar da clareza da CE (al. d) do n.º 1 do artigo 20.º), também aqui «a exegese» doutrinal e jurisprudencial da norma em causa, que declara que todos têm direito a comunicar ou receber livremente informação veraz por qualquer meio de difusão «dista muito de sewr clara e pacífica», como nos refere IGNACIO VILLAVERDE MENÈNDEZ (o.c., p. 45).

[111] V.g., TERRON MONTERO, Javier – «Libertad de expresión y Constitución». In *Documentación Administrativa*, n.º 187, 1980, p. 201 e ss.

redacção das al. a) e d) do n.º 1 do artigo 20.º da Constituição Espanhola[112].

Poderemos considerar que a *liberdade de informação* integra as faculdades de *procurar, receber e difundir a informação*, mas já não podemos desdobrá-la em dois conjunto normativos separados no *direito a informar*, ligado à faculdade de investigar e comunicar informação, e no *direito a ser informado*, integrando as faculdades ligadas à posição do sujeito passivo da comunicação pública, ligado à faculdade de procurar e receber informação (de mero receptor, pode, também, derivar-se sempre para emissor latente, porque o jornalista tendo direito a ser informado pode difundir tal informação). A verdade é que este direito a ser informado traduz sempre um *complexo de matérias*, em termos de sujeitos e de comportamentos, referindo-se não só a actos meramente passivos de receptor-destinatário da comunicação social, ou seja, *direito a receber informação*, dos *media* ou entidades que a detêm, por sua própria vontade ou imposição legal, em termos que, uma vez divulgada, não se seja impedido de a receber, como a condutas activas de solicitante directo de informação às fontes públicas, mesmo com obrigações da sua prestação, no caso de *dados automatizados*, nos termos da *Lei de Protecção de Dados Pessoais* (LPDP), ou de documentos administrativos, nos termos da *Lei de Acesso aos Documentos Administrativos* (LADA), ou seja, *direito a obter informação ou direito a informar-se*[113], junto do Estado ou, nos casos legalmente previstos em certas situações, junto de particulares, tudo junto formando um *complexo de garantias jurídicas*. De qualquer modo, a verdade é que o *direito a informar* preenche obrigatoriamente o círculo mais amplo dessas faculdades, englobando-as todas, pois se alguém pode receber informação sem a transmitir,

---

[112] Artigo 20.º: «1.Se reconocen y protegen los derechos: *A expresar y difundir libremente los pensamientos, ideas y opiniones mediante la palabra, el escrito o cualquier otro medio de reproducción*; A la producción y creación literaria, artística, científica y técnica; A la libertad de cátedra; *A comunicar o recibir libremente información veraz por cualquier medio de difusión*; La Ley regulará el derecho a la cláusula de conciencia y al secreto profesional en el ejercicio de estas libertades».

[113] BAREND, Eric – *Freedom of Speech.*Oxford: Clarendon Press, 1987, p. 107 e ss.; CRISAFULLI, Vezio – «Problematica della 'Libertà d'informazione'». In *Il Politico*, n.º 2, 1964, p. 285 e ss.; AUBY; J.M. ; DUCLOS-ADLER, R. – *Droit de l'information*. 2.ª Ed., Paris: Dalloz, 1982, p. 6 e ss.

Direito da Informação e Direito à Informação

a verdade é que quem a transmite, tendo que a possuir, não pode deixar de previamente a procurar e receber.

E se a *Convenção Europeia dos Direitos do Homem e das Liberdades Fundamentais*, no seu artigo 19.º, não menciona o *direito a procurar a informação*, a verdade é que não deixaram, quer a Comissão Europeia dos Direitos do Homem (v.g., Decisão n.º 10248/83, de 5.3.1985) e o Comité de Ministros do Conselho da Europa[114], quer a jurisprudência[115] de integrar esta faculdade no direito a informar, com o argumento, precisamente, de que sem ela não é compreensível como é que o indivíduo pode aceder à informação e formar a sua própria opinião, embora, segundo estes, designadamente a Comissão Europeia dos Direitos do Homem, tal interpretação não signifique, por si só, o reconhecimento de nenhum direito geral de acesso aos meios de comunicação social nem imponha por si qualquer obrigação geral dos Estados a prestar informação[116].

*

O novo *conceito de direito à informação*, hoje muitas vezes substituído pela designação de *liberdade de comunicação*[117] *e direito à comunicação*[118], entendido como o *conjunto de garantias que envolvem a comunicação interindividual num Estado democrático com vigência dos princípios da participação e do livre acesso à informação,* resultante da renovação do pensamento liberal, com a reavaliação do *conceito de liberdade de informação* (já não apenas mera liberdade de comunicação social), torna-se, portanto, mais amplo do

---

[114] Declaração de 29 de Abril de 1982 (2,a)

[115] §74 do Acórdão do Tribunal Europeu dos Direitos do Homem, no caso Leander

[116] PINTO, Roger – oc, p. 96 e ss.; BULLINGER, Martin – Freedom of Expression and information: an Element of democracy». In *German Yearbook of International Law*. Vol. 29, 1985, p. 88 e ss., 105-106; TSAKIDIS, Panagiotis – Das Recht der Meinungsäuâerungfreiheit nach Artikel 10 der Europaïschen Menschenrechtskonvention und Frage seiner Drittwirkung. Frankfurt, bern, New York, Paris: Lang, 1988, p. 102-103.

[117] VVAA – *La circulation des informations et le droit international. Colloque de Strasboug*. Paris: Pedone, 1978; SIGNITZER, Benno – «DasRecht auf Kommunikation». In *Publizistik*, 1980, p. 515 e ss..

[118] Designação utilizada em primeiro lugar por D'Arcy, em 1969: Direct Broadcast Satellites and The Right to Comminicate

54 Direito da Comunicação Social

que o que fluí do conceito de *liberdade da informação* (e do que o do *direito da comunicação social* em que assenta)[119], integrando-o, mas ampliando-o, como é conatural também à caracterização do Estado Social, com *prestações informativas*, ou seja, com *obrigações activas dos poderes públicos* em relação à comunicação social e aos próprios cidadãos, isto é, em relação aos cidadãos, naturalmente através dos *media*, mas também de modo directo, para além deles e independentemente deles.

Esta abordagem significa a deslocação da *centralidade do direito da informação*, enquanto direito da comunicação social, direito do emissor, das empresas mediáticas, mais para o lado do receptor, dos cidadãos, do *público*, a quem, também, e sobretudo, esta liberdade de informação respeita, porque *destinatário dessa informação*, primeiro titular da liberdade de expressão, razão de ser do regime da comunicação social. Às preocupações concretizadoras do direito de informar vêm, pois, finalmente, juntar-se novos elementos de reforço do direito de ser informado, juntando ao direito de informar dos *media*, uma obrigação de facultar informação por parte dos poderes públicos, e não apenas em relação a estes, mas aos cidadãos em geral, que deixam de ficar totalmente na dependência da intermediação mediática e que ganham também através de melhor informação por intermédio da comunicação social, ela própria com o acesso à informação ampliado com estes novos direitos a informar-se.

---

[119] Embora esta evolução não seja filha nem tenha que ver com o debate sobre o carácter individual ou institucional, fundador e titulador, desta liberdade, não deixa, em termos práticos, de propender a recentrar a densificação da sua disciplina, no domínio essencial do direito de acesso às fontes de informação de origem pública, numa vertente que favorece a dimensão do cidadão nesse acesso, a que aliás, no nosso direito constitucional, se dá o reconhecimento de um direito autónomo, atribuindo-lhe a natureza de um direito fundamental (n.º 2 do artigo 268.º). Sobre as *concepções monistas de liberdade de imprensa*, a que a atribui ao indivíduo, enquanto homem e cidadão, das Declarações de Direitos, e a que a atribui à sociedade (democrática), valorizando especialmente o seu carácetr institucional, *vide*, v.g., ANDRADE, M. da Costa – *o.c.*, p. 41 (e, mais desenvolvidamente, a síntese histórica, aí referida, de RIDDER, H. – «Meinungsfreiheit». *Staatslexicon. Recht. Wirtschaft. Gesellschaft. 6. Aufl.*, V Bd, Freiburg, 1960, p. 647 e ss.), que, na linha de HERZOG (Maunz, Th.; Dürig, G.; Herzog, R. – *Grundgesetz*: Commentar, Munique, 1983, Art. 5, Rn. 6.), afasta esta dualidade de opções em prol de uma dualidade de dimensões, sem prejuízo da prevalência da dimensão pessoal.

Assim, o *direito da informação*, globalmente considerado, é de definir, agora, em termos mais amplos (que ultrapassa o mero direito dos emissores e profissionais ao seu serviço e alguns aspectos defensivos dos cidadãos em face do desrespeito dos seus limites), como o *direito dos cidadãos a poderem aceder ao conhecimento*, em termos iguais, inteligíveis e objectivos, de todos os *factos*, em relação aos quais não haja razões secretizadoras, *sejam da actualidade ou não*, constantes dos próprios acontecimentos ou da expressão de descrições, julgamentos ou opiniões, directamente ou através de instituições mediáticas, e através de qualquer suporte físico ou meio tecnológico de difusão de mensagens.

O *regime do direito do informador*, do emissor, o *direito «da» informação* em sentido estrito, enquanto direito da comunicação social, é assim completado com o *regime geral do direito a ser informado*, do receptor, e, neste sentido, *direito à informação*, redensificado independentemente da estrutura mediática, ou seja, uma informação não só nem necessariamente mediatizada, mas também directa, a partir da fonte dos poderes públicos, tudo passando, assim, através da disciplina do *open file* da aparelho Administrativo, por um *novo direito dos cidadãos* a obterem directamente a informação dos poderes públicos, o que se traduz num reforço do direito a obter informação para ambos, porque se o cidadão deixa de estar dependente do intermediário, a verdade é que deste novo direito fundamental, enquanto *direito de livre e geral acesso às informações e documentos de entidades públicas*, nos termos novos e amplos em que é consagrado e protegido por uma nova Entidade Administrativa Independente, também beneficiam os jornalistas, e, com toda esta evolução, beneficiando globalmente e substantivamente o direito a ser-se informado.

E este *reforço do direito do público*, com uma dinâmica própria e legislativamente autonomizada, em relação ao tradicional enquadramento liberal do direito a ser-se informado, passa a implicar, como se disse, *prestações positivas do Estado* (claramente assumidas, por imposição do direito comunitário e internacional[120], em matéria ambiental), com obrigação de informar os cidadãos (directa-

---

[120] Convenção de Aärhus.

mente, com o direito geral à informação, constante, em Portugal, sobretudo, da Lei de Acesso aos Documentos Administrativos, Lei n.º 65/93, de 26 de Agosto, e da Lei n.º 19/2006, de 12 de Junho[121], que passou a regular o acesso à *informação sobre ambiente*, transpondo a Directiva n.º 2003/4/CE, do Parlamento Europeu e do Conselho, de 28 de Janeiro)[122], e mediante os jornalistas (com direitos e garantias da comunicação social, constantes do Estatuto do Jornalista e das leis anteriormente referidas), deixando de aplicar-se o *princípio do segredo sob reserva de publicidade* e passando a concretizar-se o novo *princípio da publicidade sob reserva do segredo*[123], numa concepção em que, sem desvalorizar a função social dos *media*, o seu papel é, em certos termos, concebido como *supletivo ou substitutivo*, na medida em que os cidadãos têm direito a receber informação, mas acrescentando-se ao seu *estatuto passivo de receptor do comunicação informativa dos media*, o papel de *agente directo* de procura de informação, com direitos a receber essa mesma informação na própria *fonte*, na mesma fonte em que a colhe a comunicação social, assim se protegendo também melhor a própria *garantia de pluralismo da informação e capacidade de conferir a isenção-objectividade do informador mediato*[124].

---

[121] D.R., I Série-A, n.º 113, p. 4140 e ss.

[122] Matéria cujo regime se desenvolverá com mais pormenor em capítulo próprio, inserido mais abaixo.

[123] Apenas possível nos termos legalmente permitidos e enquadrado, hoje, por diploma de reserva absoluta do parlamento.

[124] Até porque o princípio da exigência da veracidade da informação transmitida pela comunicação social implica os jornalistas mais no dever de honestidade na procura da verdade do que na garantia de que o que transmitem é verdade. Essa exigência da verdade jornalística traduz apenas uma garantia de *correspondência básica* (pois nunca pode pretender-se total, completa) entre os factos e as circunstâncias, descritos ou relatados, com a realidade, pelo menos nos seus elementos essenciais, bastando, para não haver atentado à verdade informativa exigível ao difusor, que tenha verificado convenientemente a notícia que transmite, ou seja, que tenha havido, antes da publicitação, suficiente conferimento daquilo que chegou ao seu conhecimento, mesmo que depois disso, sem culpa sua, haja erros ou inexactidões. De quaqluer modo, na «obrigação» de transmitir o evento no momento, como notícia, e na voracidade da competição devido à forte concorrência entre órgãos, base do êxito empresarial, quantas suspeitas, inexactidões e até falsidades, dadas como «verdades» que não eram e, não contrariadas, ficaram a ser. *Vide* Acórdãos do Tribunal Constitucional espanhol. n.º 171 e n.º 172/1990, casos *Comandante Patiño I e II*, apud a.e *o.c.*, p. 168.

Com efeito, se é este *pluralismo da informação* que garante a *função político-social* da comunicação social e, de facto, a mera liberdade de informação não induz, por si só, nem a garantia de isenção (sendo certo que é a opinião publicada, que sem outras fontes de verificação e emissão de informação, faz a opinião publica) nem o pluralismo (elemento essencial *formador da opinião pública*, em ordem a orientar a expressão da vontade política), exigindo-se a regulação legal[125] (desde logo, em termos da organização da concorrência e de controlo dos movimentos de concentração[126]), tudo com preocupações de impor o respeito do *direito dos cidadãos ao conhecimento da verdade e das várias opiniões*, o novo direito, suprindo deficiências ou erros ou corrigindo inércias, incompletudes e incorrecções dos *media*, não deixa de ser um *instrumento democrático fundamental*, enxertado no âmbito deste direito geral a receber informação, uma informação verídica, uma informação confirmada, informação

---

[125] E isto, sem prejuízo de no campo do contraditório e interdição da opacidade as coisas terem evoluído no âmbito do DCS, desde logo no plano da sua responsabilidade social. Como referia o Relatório da Comissão Hutchins sobre a liberdade da imprensa, de 1947, a responsabilidade da CS opõe-se não à liberdade de inf, mas à «lib da indiferença», que não admite a ireespons social, pois dada a sua importância como actor político, diplomático, militar, etc., não tem o direito de errar porque presta um serviço público. Neste âmbito, as recomendações desta Comissão britânica apontam cinco exigências relacionadas com a lib de inf, que conformariam a doutrina da respons social dos media, que haveria de influenciar a reflexão de onde brotariam princípios fundamentais de defesa do cidadãos, vg o principio da equidade com obrigação de apresentação dos vários pontos de vista (ponto e contraponto; fairness doctrine) e o princípio do ocultamento de elementos de defesa por parte dos órgãos de CS ou da interdição de indefesa por não facultamento em prazo curto do programa em que alguém ou instituição é objecto de ataque (personnal attack rule).

[126] Assistimos, hoje, ocorra um *fenómeno capitalista concentracionário da comunicação*, que faz que o seu mecanismo global avance para *monopólios configuradores dos produtos informativos e contra-informativos*, segundo os interesses dos *grandes grupos económicos* e, também, embora cada vez menos, da própria política. Esta, de qualquer modo, mesmo que sectária no plano partidario ou de defesa de posições do poder instituído em cada momento, sempre mais respeitável se estes são de origem democrática, como ocorre com todos os regimes europeus actuais. *Vide*, PARLAMENTO EUROPEU, Direcção Geral de Estudos, Divisão B-Divisão do Mercado Interior – O*s Meios de Comunicação e a Comunidade*. Documento de Trabalho (Doc-ES/PV/214266/1), Série Económica, W2, Agosto de 1992 (Situação da normativa sobre Meios de Comunicação na Europa a nível nacional, p. 9; a Directiva sobre a televisão sem fronteiras, p. 15; A política comunitária da concorrência no sector dos meios de comunicação, p. 17; A regulação sobre fusões e os meios, p. 20; O acordo antimonopólio EE.UU-CE, p. 22).

58 *Direito da Comunicação Social*

actual ou passada, e livremente procurada e investigada (ou seja, a que se quer receber e não a que querem – comunicação social ou poderes públicos – que recebamos).

O passo parece gigantesco, embora, pelo tratamento dado pela doutrina, apareça como imperceptível.

*

Aprofundando, ainda algo mais, este tema, recorde-se que a *missão da comunicação social* é informar em liberdade, em ordem a permitir a *livre formação da opinião*, o que exige uma *narração minimamente omnicompreensiva da factualidade*, descrita de acordo com o acontecimento, que não lhe cabe construir mas *relatar*, quer o receba quer o investigue (dando-lhe forma, redigindo sobre ele, eventualmente comentando-o, e mesmo – se oculto ou com aspectos ocultos – procurando-o, o que pode ir para além da notícia, enquanto mero assinalar de um facto que aparece ou tal como aparece), pelo que a *verdade* dessa informação é algo fundamental e, por isso, o primeiro dos seus deveres[127].

A *verdade* deve, pois, ser respeitada pelo jornalista, embora este mais do que responder pela *objectividade* apenas possa garantir a *honestidade no tratamento da informação*, o que é coisa substancialmente diferente, embora ele também tenha o *dever de confirmar, de procurar e de investigar os factos, a verdade da informação*. De a confirmar, desde logo, porque deve *procurar ter a certeza* de que a informação que difunde é «justa e exacta», não exprimindo comentários e conjecturas como se fossem *factos confirmados*, nem enunciando factos falsificados «por deformação, selecção ou infidelidade»[128] (o que significa, que a exigência da verdade nem sempre se contenta com a mera *exclusão da mentira*, como pretenderiam alguns cultores da ética jornalística), pois, como se conclui da Declaração da UNESCO, a *realidade objectiva, condição da informação verídica e*

---

[127] Embora, não sendo o único valor, em certas situações, possa permitir-se algum risco, em nome da não anulação da função-dever de informar, o que não deixa de relevar para efeitos do direito penal, tema a aprofundar em sede de direito sancionatório da comunicação social.

[128] Código de Conduta do Sindicato Nacional dos Jornalistas da Grã-Bretanha.

Direito da Informação e Direito à Informação 59

autêntica, implica a *colocação dos factos no seu adequado contexto*, revelando os seus *elos e contornos essenciais*, «sem provocar distorções», de modo que o seu destinatário receba a informação em termos que lhe permitam «formar uma *imagem precisa e coerente do mundo*, em que a origem, a natureza e a essência dos *acontecimentos, processos e situações*, sejam compreendidos de uma forma tão objectiva (e clara) quanto possível».

Assim, para o *jornalista* o ser e para que os meios de comunicação possam praticar, não apenas formalmente, mas de facto, a liberdade de informação, é preciso mais do que um *direito de publicitar*, pois, para o jornalista confirmar uma informação, a procurar e descobrir, aprofundar a factualidade envolvente ou a poder investigar livremente, não basta consagrar a *liberdade de difundir* ou o *acesso aos locais de captação da notícia* que se oferece, sendo fundamental também o direito de *aceder à informação que se procura ou se investiga*[129].

No debate sobre a informação e a comunicação social, importa começar por destacar que este *debate à volta da informação* não é, como afirma PAUL LOUIS BRET[130], um fenómeno moderno, aparecendo desde sempre o tema da sua necessidade envolto no debate sobre as *duas exigências da natureza humana*, com que se enfrenta a informação – *comunicar*[131] *e saber* – que são «apetências tão antigas

---

[129] Paradigmático, é por exemplo o caso da defesa do ambiente: Que espaço terá o jornalismo do ambiente? Hoje vemos que «a informação ambiental fica muito mal entregue», como refere MARÍA JOSÉ BRAVO FONT, que logo acrescenta que, a «julgar pelos inquéritos de opinião, os cidadãos estão bastante *preocupados com os problemas ambientais* e interessados na sua resolução. Mas, a informação ambiental ocupa um *espaço marginal nos meios de informação geral*, e os meios especializados dão-lhe um acolhimento muito minoritário. Seria de preguntar porque razão acontece este tipo de paradoxos, porque existe essa desconexão entre a oferta e a procura de informação sobre a natureza e o ambiente»: BRAVO FONT, J. – «Periodismo medioambiental y desarrollo sostenible». In *Ambiente e desenvolvimento sustentável: medioambiente y desarrollo Sostenible*. Julián Mora Aliseda e Silvia Jaquenod de Zsögön (Dir.). Cáceres: UNEx, 2002, p. 737-738.

[130] BRET, Paul Louis – *Information et Democratie*. Paris, 1954. Apud XIFRA HERAS, J. – «Información». In *Nueva Enciclopedia Jurídica*. Barcelona: Editorial Seix, mencionado por ROMERO COLOMA, Aurelia María – *Derecho a la Información y Libertad de Expresión: Especial consideración al proceso penal*. Barcelona: Bosch, 1984, p. 28).

[131] *Comunicação*, termo tão discutido nas ciências da informação, vem, etimologicamente, do latim *communicatio* (nominativo), *communicationis* (genitivo), que significa «acção de participar, de comunicar» (TORRINHA – Dicionário Latino-Português. Porto: Marânus, 1945, p. 169), «entrar em comum», «fazer comum» (Real Academia Española de la Lengua –

60   *Direito da Comunicação Social*

como o homem», devendo ser consideradas como uma «função biológica essencial que precede a acção»[132].

O *desenvolvimento das sociedades* caminha a par com o *fluxo de informação*, sendo certo, como considera WRIGHT, que, em toda a sociedade humana, o fundamental é «a capacidade que o homem tem de transmitir as suas intenções, desejos, sentimentos, saberes e experiências»[133]. Como assinala outro autor, GONZÁLEZ CASANOVA, num trabalho com o sugestivo título de «comunicação humana e comunidade política», a *comunicação* é «a base e fundamento (...) desse tipo de criação cultural que chamamos *comunidade*»[134].

A *evolução técnica dos meios de comunicação* criou a *aldeia global*, que implica a ideia de *universalidade informativa*, da importância para todos da informação sobre o que se passa em qualquer lugar, que possa ter consequências gerais. E, por isso, embora falando só em termos de *acesso mediatizado* pelas instituições de comunicação[135],

---

Diccionario Real Academia Española de la Lengua.19.ª Ed.,Madrid, 1970, p. 334). TORRINHA remetendo-se a outros termos da família, precisa o sentido, v.g., o vocábulo verbal «*communico, avi, atum*» é traduzido por «dividir», «repartir», «misturar», «reunir», «ter parte», «conversar». O adjectivo «*communis, e*» significa «que pertence a vários», «público». E o substantivo «*communitas, atis*», de onde deriva comunidade significa «sociabilidade», «relação comum». Na realidade, etimologicamente, comunicar é compartilhar, no sentido de fazer pertencer algo a vários.

[132] Idem, transcrito de ROMERO COLOMA (oc, p. 27), que expressa o pensamento de BRET, apud JORGE XIFRA, *o.c.*.

[133] WRIGHT, C. – *Comunicación de masas*. Buenos Aires, 1963, p. 9. Sobre o seu pensamento, veja-se já com data posterior, WRIGHT, C. R. – «Functional Análisis and Mass Communication». In *People, society and Mass Communications*. DEXTER, L. e WHITE, D. MAIOR. (Dir.). New York: Free Press, 1964, p. 197-212; – «Functional Analysis and Mass Communication Revisited». In *The Uses of Mass Communications:Current Perspectives on Gratifications Research*. BLUMER, J.G. e KATZ, E. (Dir.). Beverly Hills: Sage Publications, 1974, p. 197-212.

[134] GONZÁLEZ CASANOVA, J.A. – *Comunicación humana y comunidad política*. Madrid, 1968, p. 39.

[135] A comunicação imediata, «em razão da sua singularidade», é qualificada como «informação especializada» por FERNÁNDEZ DO MORAL, conceito ao que adere CARMEN CHINCHILLA MARIN, que só considera o jornalista como titular do direito a informar-se, demarcando-se da tese do fundamento do direito de acesso à informação no artigo 20.º, n.º 1, al. D) da Constituição Espanhola. A autora separa o acesso à informação, previsto no artigo 105.º, al. b), e o direito a receber informação do artigo 20.º, n.º 1, que não considera de natureza similar (CHINCHILLA MARIN, C. – *A radiotelevisión como servicio público esencial*. Madrid: Tecnos, 1988, p. 39 e ss.).

Direito da Informação e Direito à Informação 61

TEODORO GONZÁLEZ BALLESTEROS afirma, com razões, que «as iniciativas informativas de carácter local são peças básicas e necessárias nesta universalidade»[136].

Às exigências da problemática das *questões globais*, como a referente ao ambiente, havendo possibilidade de comunicação global, não pode deixar de corresponder um acesso, intermediado ou não, de todas as informações[137]. Como diz JOSÉ IGNACIO BEL MALLEN, «a necessidade de comunicar do homem nasceu com a sua própria existência» e foi-se desenvolvendo «à medida que a sua sociabilidade se foi afirmando até chegar aos nossos dias, de modo que não se concebe o fluir diário da vida sem o contexto comunicativo»[138/139].

Mas, além disso, numa sociedade, como a nossa, em que o *fenómeno da corrupção*[140] é suposto atingir níveis desmesurados e

---

[136] GONZÁLEZ BALLESTEROS, TEODORO – «Prologo». In BEL MALLEN, J.I. – *O direito a la informação local*. Madrid: Editorial Ciencia, 1990, p. 9.

[137] Sobre o tema, ver CONDESSO, F. – Direito do Ambiente.Coimbra: Almedina, 2001, parte inicial.

[138] BEL MALLEN, J.I. – *El derecho a la información local*. Madrid: Editorial Ciencia, 1990, p. 11.

[139] É a informação que integra o homem socialmente, pois, compartilhando o pensamento de BENEYTO (BENEYTO, J. – *Información y Sociedad*. Madrid: 1970, p. 17, apud obra anteriormente citada, p. 12, nota 9), esta «conduz a uma inserção activa na vida das comunidades humanas, tanto na imediata e local como na distante e universal».

[140] Tem-se considerado que os diferentes critérios estanques avançados pela doutrina são o principal responsável pela afirmada impossibilidade de encontrar uma definição pacífica do fenómeno. Aristóteles, na *A Politica*, já dizia que «quando um só, ou alguns, ou todos, mandam pelo seu interesse pessoal, o governo é corrupto». Mas não existe um *conceito* devidamente sedimentado e estruturado sobre a corrupção na vida pública, que em geral se considera que também nos sistemas democráticos ocorre e como uma patologia grave, muito longe de poder ser considerada como um «fenómeno ocasional ou marginal», tendo-se «convertido numa fonte de detioração sistemática dos orçamentos públicos em proporções de enorme gravidade». Com efeito, «a corrupção de hoje é inerente ao sistema económico e político», não se dando nos nossos Estados as condições necessárias para uma «luta eficaz contra o fenómeno», pois «a arquitectura constitucional não contempla mecanismos de defesa da democracia contra o mesmo (bem pelo contrário)», como refere JIMÉNEZ VILLAREJO (– *Memoria de la Fiscalía Anticorrupción* de 1998) a respeito do estado espanhol, mas em termos plenamente aplicáveis ao caso português, sendo necessárias «bastantes reformas constitucionais para regenerar as instituições democráticas» (UZQUIZA Morales, José Manuel – *Corrupción municipal: Por qué se produce y como evitarla*. Córdoba: Almuzara, 2005, p. 34). De qualquer modo, é um fenómeno que não pode deixar de ser contemplado simultaneamente em termos *legais* (supõe a violação de normas jurídicas), *económicos* (incidência negativa com desvio de fundos, retarda o desenvolvimento, distorce

62 *Direito da Comunicação Social*

claramente prejudiciais aos interesses gerais, a exigir um, cada vez maior, controlo exterior aos procedimentos intra-administrativos correntes, que são inexistentes ou ineficazes, torna-se algo de transcendente importância o acesso à informação pela comunicação social e o conhecimento público desta.

Nesta temática específica, impõe-se que a Administração Pública, como refere Lapido Adamoelkun, opere «num ambiente aberto, onde os cidadãos comuns e grupos de interesses possam seguir o seu comportamento, para se evitar o *rent-seeking*[141], o *self-dealing*[142], a *cleptocracia* e a *corrupção*[143], fenómenos que têm uma clara influên-

---

o mercado, prejudica contribuintes e utentes), *políticos e eleitorais em geral* (desestabiliza e desprestigia o sistema democrático; conquista do poder em qualquer instância «em virtude de compromissos espúrios»), *humanitários* (violação de direitos humanos, ofensa aos princípio da igualdade e do mérito: «rompe frontalmente com a ideia de igualdade dos direitos da pessoa e em consequência perverte o pacto social», de tal modo que «tudo na política se converte numa caricatura, o partido se converte num clã, a ética numa moral do status dos profissionais da vida pública, e mesmo a legislação destinada a combater a corrupção deriva num novo circulo viciosos pois apesar de ser muito estrita, costuma ficar sem ser cumprida», como refere Javier Tussel – *La revolución posdemocraática*. Oviedo: Ed. Nobel, 1997, p. 250 -266) e *éticos* (atentado contra a ética pública; destrói a integridade moral da sociedade). Segundo Arnold J. Heidenheimer (– «Perspectives on the Perception of Corruption.In a. et alteri -*Political Corruption*. New Brunsswick Transaction Publisher, 1989), importa destinguir *três tipos de corrupção*, a *negra* (acções condenadas pela gereralidade das pessoas), *cinzenta* (só sectores embora relevantes da sociedade condenam os factos correspondentes) e *branca* (factualidade não considerada como tal por nenhum sector da sociedade em causa). No fundo, cremos que se pode definir a corrupção na vida pública, como faz Michael Johnston (– *La búsqueda de definiciones: la vitalidad de la política y el problema de la corrupción*. Unesco, 1996), como o uso indevido de uma posição ligada às actividades públicas *para fins e obtenção de vantagens particulares.*

[141] O *rent-seeking* é a designação dada a uma transferência de bens (ou de serviços) pertencentes a uma pessoa ou pessoas em relação administrativa para o património do próprio funcionário em compensação por uma decisão favorável formulada por este em qualquer âmbito material de actuação.

[142] O fenómeno de *self-dealing* traduz o facto de uma pessoa, neste caso, com funções públicas, aparecer situada nos dois lados intervenientes numa operação finaceira.

[143] Os custos da corrupção são bem conhecidos embora nem sempre cientificamente analisados. Eles traduzem-se em má qualidade de vida com quotidianos atentados ao ambiente em sentido amplo, isto é, aos seus elementos naturais: *águas de superfície e subterrâneas, rios, oceanos; ar; solos; natureza: fauna, flora-forestas, áreas naturais, luminosidade)*, e sociais: *ubanismo, património construído, ordenamento do território; saúde: enfermidades, baixas esperanças de vida* (v.g., *vide* Ackerman, Bruce e Stewart, Richard – Reforming Environemental Law: The Democratic case for economic Incentives,

In *Columbia Journal of Enviroenmental Law*, n.º 13, 1988, p. 171-190; ENVIRONMENTAL INVESTIGATION AGENCY – *Corporate Power, Corruption and Destruction of the World's Forests: The case for a New Global Forest Agreement*. London, Washington Dc: EIA, 1996; DEACON, Robert T. – «Deforestation and the Rule of Law in a cross-Section of Countries. In *Land Economics*, n.º 70, 1994, p. 414-430; KURER, Oscar – «Clientelism, Corruption and Allocation of Resources». In *Public Choise*, n.º 77, p. 259-273; HAMILTON, Clive – «The Sustainability of Logging in Indonesia's Tropical Forests: A Dynamic Input/ Output Analysis». In *Ecological Economics*, n.º 21, 1997, p. 183-195; MANZETTI, Luigi – *Regulation in Post-Privatization Environments: Chile and Argentine in Comparative Perspective*. North-South Center Agenda Papers. Miami: University of Miami, 1997; ROSE--ACKERMAN, Susan – *Controlling Environmental Policy: The Limits of Public Law in The United States and Germany*. New Haven: Yale University Press, 1995, e – «Public law versus Private Law in the Environmental Regulation:European Union Proposals in the Light of United States Experience». In *Review of European Community & International Enviroenmental Law*, n.º 4, p. 312-320; LEVINE, David I. e TSON, Laura D'Andrea – «Participation, Productivity and the Firm's Enviroenment». In *Paying for Productivity: A look at the Evidence*. Washington DC: The Brookings Institution, 1990, p. 183-244). E implica también *ineficacia*, nisto e noutros domínios materiais da actuação da Administração Pública (v.g., ANNECHIARO, Frank e JACOBS, James B. – *The Pursuit of Absolute Integrity: How Corruption Contrai makes Government Ineffective*. Chicago; University of Chicago Press, 1996; DONATELLA, Porta della, e VANNUCCI, Alberto – «The perverse Effects of Political Corruption». In *Political Studies*, n.º 45, 1997, p. 516-538; – «The resources of Corruption: Some reflections from the Italian case». In *Crime, Law and Social Change*, n.º 7, 1997, p. 1-24; GUINIER, Lani – *The Tyranny of the Majority*. New York: Free Press, 1994; MAY, Randolph – «Reforming the Sunshine Act». In *Administrative Law Review*, n.º 49, 1997, p. 415-419; VERMEULEN, Gert – *The fight Against International Corruption in the European Union. In Corruption: The Enemy Within*. The Hague: Kluger, 1997, p. 333-342; LIEN, Da-Hsiang Donald – «Corruption and Allocation Efficiency». In *Journal of Development Economics*, n.º 33, p. 153-164; MAURO, Paolo – «Corruption and Growth». In *Quartely Journal of Economics*, n.º 110, p. 681-712; ROSE-ACKERMAN, Susan – «Democracy and Grand Corruption». In *International Social Science Journal*, n.º 48, p. 365-380; – «Corruption and Good Governance». *Discussion Paper 3*. New York: United Nations Development Programme, Management Development and Governance Division, Bureau for Policy and Programma Support, 1997; -«Corruption, Inefficiency and Econimic Growth». In *Nordic Journal of Economic Literature*, n.º 34, p. 701-728; – «Una Administración Reducida Significa una Administración Más Limpia?». (original: «Is Leaner Government cleaner Government?»). In *Nueva Sociedad*, n.º 145, Septiembre-Octubre 1996, p. 66-79; – «Managerial Morality and behavior:The Questionable Payments Issues». In *Journal of Business Ethics*, n.º 6, p. 23-36; – «Corruption and Development». In *Annual World Bank Conference on Development Economics 1997*. Boris Pleskovic e Joseph Stiglitz (Ed.s). Washington DC: World Bank, p. 35-57; MONTINOLA, Gabriella R. – «The Efficiewnt secret Revisited». Paper Presented at the Latin American Studies Association. Guadalajara: Mexico, 1997; SCHIESL, Martin J. – *The politics of Efficiency: Municipal*

64   *Direito da Comunicação Social*

cia também na «violação das leis do ambiente»[144] e, de qualquer modo, em geral, evitar a *injustiça na prática das distintas formas de actividade*, designadamente na formulação dos actos administrativos e na adjudicação e formulação dos contratos, desde logo, *situações de parcialidade, excessos no sacrifício dos particulares, cláusulas modais ilegais ou inexigência das devidas, em geral ofensa dos prin-*

Administration and reform in America 1800-1920. Berkeley: University of California Press, 1977; VVAA – *Democracy and Corruption in Europe*. Donatella della Porta e Yves Mény (Ed.s). London: Pinter, n.º 55, sobretudo SEIBEL, Wolfgang – «Corruption in The federal Republic of germany Before anf in the Wale of Reunification», p. 777-792; SHLEIFER, A. e VISHNY, R. – «Corruption». In *Quarterly Journal of Economics*, n.º 108, 1993, p. 599-617; Mexico, Federal Executive Power – *Program for the Modernization of Public Administration 1995-2000*. Mexico City, 1996; MOE, Terry – «The Politics of Structural Choise: Towards a Theory of Public Bureaucracy». In *Organization Theory: From Chester Banard to the Present and Beyond*. Oliver Williamson (Ed.). New York, Oxford University Press, p.116-153; MOODY-STUART, George – *Grand Corruption in Third Word Development*. Oxford: Wordview Publishing, 1997), pobreza, com endémica desigual destribução da rendimentos. E ainda má Administração, medindo-se hoje a *qualidade dos governos*, ao combinar-se, segundo PHILIP KEEPER e STEPHEN KNACK, v.g., «*índices de corrupção* com riscos de expropriações, força de lei, risco de quebra de contratos pelo governo e qualidade da burocracia» (KEEPER, Philip e KNACK, Stephen – «Institutions and Economic Perfomances: Cross- Country Tests Using Alternative institutional Measures». In *Economics and politics*, n.º 7, 1995, p. 207-227).

Em geral, destaque-se as obras de uma das principais investigadoras sobre a *corrupção nas Administrações nacionais e internacionais*, SUSAN ROSE-ACKERMAN, sobretudo – *Corruption: A Study in political Economy*. New York; Academic Press, 1978; e a última obra: – *Corruption and Government*, Cambridge: Cambridge University Press, 1997. (Tradução portuguesa de A. Mata: ROSE-ACKERMAN, Susan – *Corrupção e Governo*. Prefácio de Ricardo Sá Fernandes. (Colecção Estudos e Controversias). Lisboa: Prefácio-Edição de Livros e Revistas. Janeiro de 2002). E ainda Pickholz, Marvin G. – «The United States Foreign Corrupt Practices Act as a Civil remedy». In *Corruption: The Enemy Within*. Barry Rider (Ed.). The hague: Kluger, 1997, p. 231-252; ROHR, John A. – «Ethical Issues in French Public Administration». In *Public Administration Review*, n.º 51, p. 283-297; MORENO OCAMPO, Luis Gabriel -«Hyper- Corruption: Concept and Solutions». Paper presented at the *Latin American Studies Assotiation*. Washington Dc, n.º Septiembre 29, 1995; OLSON, Mancur – *The rise and the decline of Nations*. New Haven; Yale University Press, 1982; KAREN, Paul; Pak, Simon; ZDANOWICS, John e CURVEN, Peter – «The Ethics of International Trade: Use of Deviation from Average World Price to Indicate Possible Wrongdoing». In *Business Ethics Quartely*, n.º 4, 1994, p. 29-41; PARRIS, Henry – «Constitutional Bureaucracy: The development of British Central». In *Administration Since the Eigheteenth Century*. London; George Allen & Unwin, 1969; .

[144] ROSE-ACKERMAN, Susan – «Conclusões», «O Impacto Económico da Corrupção». In *Corrupção e Governo*. Lisboa: Prefácio, 2002, p.48.

cípios constitucionais e gerais ínsitos à actuação dos poderes públicos em qualquer tipo de intervenção desta, em ordem a dar confiança e obter o apoio do público para a actividade administrativa[145], e, assim, ajudar à sua reforma e modernização[146/147/148].

Em *regime democrático*, os cidadãos também confiam que a comunicação social, *motu propio*, investigue e difunda os eventos públicos que permitam conhecer a vida dos poderes do Estado-Comunidade, incluindo *ineficácias, corrupções, erros, autorizações e licenciamentos polémicos, concursos, acordos e contratos prejudiciais aos cidadãos* e aos interesses difusos, como os ambientais, os patrimoniais, os urbanísticos, os do ordenamento territorial, sobre ecotoxicidade, medicamentos ou alimentos, etc.[149], tudo o que possa interessar à vida da sociedade e permitir acções de oposição a actos considerados como não aceitáveis pelos cidadãos[150].

---

[145] FERNÁNDEZ RAMOS, S. – *O Direito de Acesso aos Documentos Administrativos.* Madrid: Marcial Pons, 1997, p. 19.

[146] Vidé Capítulo II.

[147] *Vide* CONDESSO, F. – *Direito À Informação Administrativa.* Lisboa: PF, 1995; MACHETE, Rui – *Estudos de Direito Público e Ciência Política*, p. 376-385 (citado SOUSA, A. Francisco de – *Código de Processo Administrativo* anotado.Lisboa: LusoLivro, 1993, p. 209).

[148] Quanto ao problema dos malefícios da corrupção, propiciados por falta de *Blind Trust* e da falta de transparência da Administração, importa dizer que «os conflitos resultantes de interesses e da corrupção, corroeram seriamente a eficiência do Estado» em todos os domínios, perante o «problema das lealdades divididas». E, devido a esta, não só «A implementação de reformas é frequentemente pobre», como fica sem aplicação ou com frequente agressão, em matéria ambiental, do princípio da inderrogabilidade singular das normas vigentes.

[149] No memso sentido, embora referindo-se expressamente à liberdade de imprensa, COSTA ANDRADE, em termos que não podem deixar de se considerar aplicáveis ao acesso em geral ao conhecimento dos factos, qualquer que seja o meio usado, cita a denúncia da discriminação, atentados e maus tratos, descoberta e prevenção da corrupção, preservação do património natural ou artístico, transparência da Administração, etc.: *o.c.*, p. 53 e ss..

[150] Hoje, o direito da comunicação social ou direito da informação é um ramo cada vez mais complexo, preocupado ainda com o debate clássico sobre o papel da imprensa no âmbito da defesa da liberdade e dos direitos dos jornalistas, sem prejuizo das suas limitações (v.g., sobre a constitucionalidade da limitação à liberdade das empresas comunicacionais, perante a CRP: MOREIRA, Vital – *O Direito de Resposta na Comunicação Social.* Coimbra: Coimbra Editora, 1994, p.168), mas cada vez mais as novas oportunidades e perigos para a liberdade, derivados da época da informática e da generalizada privatização, empresariação (SANTOS, João Moreira dos – *Imprensa empresarial:da Informação à Comunicação.* Porto:

66   *Direito da Comunicação Social*

Perante a *multidimensionalidade da problemática* e acarretando, muitas vezes, *riscos para a saúde*, exigindo um tratamento cuidado, quantas informações jornalísticas *incompletas, superficiais, claramente sonegadas, parciais, levianas, cheias de incertezas*, num sector, em parte, *sem grande formação especializada*, e com temática que

---

ASA, 1995) e concentração dos meios de comunicação; e, em parte, deixando os cidadãos sem a garantia real de acesso a uma informação completa, isenta, atempada, transformada de instrumento de exercício de contrapoder político em aparelho ideológico e táctico do poder económico perante o político e os consumidores. Vide, sobre tudo isto, e designadamente, sobre a relevância do direito da comunicação social, v.g. (além do autor, que é professor de direito da comunicação social na respectiva licenciatura da Universidade Técnica de Lisboa), CONDESSO, F. – *Direito da Comunicação Social*. Prelecções policopiadas ao 4.º ano da Licenciatura de Comunicação Social. Ano lectivo 2004/2205. ISCSP-UTL, Lisboa); DEBBASCH, Charles – *Droit de l'audiovisuel*. 4.ª Ed., Paris: Dalloz, 1995; ROBERTSON, G. e NICOL, Andrew – *Media Law: The rights of Journalists*. Broadcasters and Publishers. London, SAGE,1984; AUBY, Jean Marie. e DUCLOS-ADER, Robert – *Droit de l'information*. 2.ª Ed., Paris: Dalloz, p. 87 e ss.; LOEFFLER, Martin – *Pressrecht: Kommentar: Gand I: Landespressegesetze*. 3.ª Ed., Muenchen: C.H. Beck, 1983, p.2 e ss.; HOLSINGER, Ralph; DILTS, John Paul – *Media Law*. 3.ªEd., New York: MacGraw-Hill, 1994; CAYROL, Roland – *La presse écrite et le audiovisuelle*. Paris: PUF, 1973 (actualizada depois com o título *Les Média: Presse écrite, radio, télévision*. Paris: PUF, 1991, p. 423 e ss.); MOORE, Roy L. – *Mass Media Communication Law and Ethics*. Hillsdale, New Jersey, Lawrance Erlbaum Ass., 1994; DERIEUX, Emmanuel – *Droit de la Comunication*. Paris: LGDJ, 1991; COUSIN, Bertand; DELCROS, Bertrand; JOUANDET, Thierry – *Le Droit de la Comunication: Presse écrite et audiovisuel*. Paris: Ed. Moniteur, 1990, 2 vol.; MALLEN, I. Bel; CORREDOURA, L. e COUSIDO, Alfonso-Pilar – *Derecho de la Información*. Madrid: Colex, 1992, p. 453, 465 e ss.; BALLE, Francis – *Médias et Sociétés*. 7.ª ed., Paris:Montchréstien, 1994; CORREIA, Luis Brito – *Direito da comunicação social*. (Prefácio de Jorge Miranda). Vol.I, Coimbra: Almedina, 2000; CARVALHO, Alberto Arons; CARDOSO, António Monteiro; FIGUEIREDO, João Pedro – *Direito da Comunicação Social*. Lisboa: notícias editorial, 2003; MARQUES, Garcia e MARTINS, Lourenço – *Direito da informática*. Coimbra: Almedina, 2000; VVAA – *Estudos de Direito da Comunicação*. Coimbra: IJC, FDUC, 2002; GONÇALVES, Maria Eduarda – *Direito da Informação: novos direitos e formas de regulação na sociedade da informação*. Coimbra: Almedina, 2003; BALSEMÃO, Francisco Pinto – *Informar ou depender*. Lisboa, 1971; ALVES, Aníbal – «Imprensa». In *Polis*, vol. III, p. 430 e ss.; LOPES, V. Silva – *Iniciação ao jornalismo*. Lisboa, 1980; RODRIGUES – *A Comunicação Social e Jornalismo: Os media escritos*. Lisboa, 1981; TEIXEIRA, Manuel Pinto e MENDES, Victor – *Casos e temas de Direito da Comunicação*. Porto: Legis; GUANTER, J. MAIOR. Desantes – «Direito da comunicação». In *Polis*, vol. II; TERROU, F. e SOLAL, L. – *Droit de l'Information*. Paris,1952; ESCOBAR DA SERNA, Luis – *Manual de Derecho de la información*. Madrid: Dykinson, 1997; OLIVEIRA, Jorge Alves de – *A Necessidade de um Direito da Informação e de um Controlo da Actividade Informativa*. (Tese doutoral). Lisboa: Universidade Católica Portuguesa, 1984.

Direito da Informação e Direito à Informação 67

«não vende» ou «vende» melhor os seus *perfis curiosos, atractivos, catastróficos, alarmistas, anedóticos, sarcásticos, sensacionalistas*, e assim, muitas vezes, saturando, deturpando, confundindo e criando desconfiança no receptor[151].

*

Claro que podemos dizer que informação não falta (e já vimos que a excessiva e dispersa abundância nem sempre propicia o melhor e mais atempado conhecimento da realidade relevante) e, cada vez mais, aparecendo o cidadão numa posição de receptor passivo, o que bastaria para se informar e exercer o papel social e político que esta é suposto propiciar em democracia, esta afirmação de *direitos activos sobre a informação* pareceria perder importância. Com efeito, hoje, não pode negar-se que se tem concretizado o *inanimatus nuncius*, de que falava FRANCIS BACON, no *New Atlantis*, de 1627, agora já não utopia[152], pois estamos realmente na «sociedade da Informação» ou «sociedade do conhecimento», devido ao avanço, ao salto qualitativo, possibilitado pelas *novas tecnologias da informação e da comunicação*, na qual os *dois factores, o conhecimento e a informação*, que «foram decisivos na produtividade, na economia e nas relações de toda a índole (...), pelo menos desde há muito tempo», ganham, na nossa sociedade, «um dos momentos de maior influência»[153].

A *sociedade da informação*, que o Relatório BANGEMANN define como «uma revolução baseada na informação», que dota a inteligência humana de novas e ingentes capacidades e constitui um recurso que altera o modo em que trabalhamos e pensamos»[154], potencia

---

[151] Ibidem, p. 738-739.

[152] Sobre o *plano baconiano de ciência útil*, vide MATTELART, Armand – *História da Sociedade da Informação*. Lisboa: Bizâncio, 2002, p. 19.

[153] UNION EUROPEENNE, Commission Européenne – *Construire la société européenne de l'information pour tous: Rapport final*. Bruxelles: Direction générale V, 1997.

[154] V.g., CASTELLS, MANUEL – *La Era de la Información*. (Tradução de Cármen Martínez Gimeno). Madrid: Alianza Editorial, 1998. Título em inglês: *The Age of Information*. (Vol I, The rise of Network Society). Oxford: Blackwell, 1996 ; RODOTA, S. – *La Démocratie électronique*. Rennes: Apogée, 1999; RAMONET, I ; CASSEN, B.; HALIMI, S. (Ed.) – «Révolution dans la communication. Manière de voir». *Le Monde Diplomatique*, n.º 46,

68 Direito da Comunicação Social

realmente «o poder da mente, do conhecimento humano»[155], pelo que merece cada vez mais debates, expectativas e normas especiais. E, por isso, independentemente da liberdade de comunicação social, aquisição do Estado Liberal, estamos numa sociedade em que a informação flúi em *grande quantidade e se mantém consultável indefinidamente* ou, pelo menos, por períodos longos.

Não só se trata da *sociedade de informação*, mas, em face da *revolução informática*, da *revolução digital* (a terceira, depois da industrial e da agrícola)[156], da *sociedade da digitalização dos direitos fundamentais*[157], uma sociedade cada vez mais de riscos, e, por isso, também, *sociedade de informação e de risco*, na expressão do sociólogo alemão ULRICH BECK[158].

*

Juin-Oût 1996; NEVEU, E. – *Une société de communication?* paris : Montchrestien, 1994; NYE, J.S. e OWEN, W.A. – «America's Information Edge», *Foreign Affaires*, Vol.75, n.º 2, 1996; MATTELART, Armand – *Histoire da Société de l'Information*. Paris: A Découvert & Syros, 2001; BRZEZINSKI, Z. – *Between Two Ages:America's Role in the technetronic Era*. New York: Viking Press, 1969; BENINGER, J. – *The control Revolution: Technological and Economic Origins of the Information Society*. Cambridge, EUA: Harvard University Press, 1986; BRETON, P. – *Histoire de l'Informatique*. Paris: La Découverte, 1987.

[155] AGUADERO, Francisco – «La vida en el siglo XXI». In *La Sociedad de la Información*. Madrid: Acento, 1997, p. 14-15.

[156] GREGORIO ARENA – «A tutela della riservatezza nella società dell'informazione». In *Scritti in onore di Pietro Virga*. Tomo I, Milano: Giuffrè Editore, 1994, p. 63-93 (p.82); FERNÁNDEZ ESTEBAN – «Nota Preliminar». In *Nuevas tecnologías, Internet Y Derechos Fundamentales*. Madrid: McGraw Hill, 1998, p. XVII.

[157] CANOTILHO, J.J. Gomes – *Direito Constitucional e Teoria da Constituição*. 3.ª Ed., 1999, p. 480

[158] BECK, Ulbrich – *La sociedad del riesgo: hacia una nueva modernidad*. Tradução de Jorge Navarro, Daniel Jiménez e Rosa Borràs (*Risikogesellschaft: Aus dem Weg in eine andere Moderne*. Frankfurt: Ed. Suhrkamp, 1986). Barcelona: Paidós, 1998; – ?*Qué es la Globalización?Falacias del globalismo, respuestas a la globalización*. Tradução de Bernardo Moreno e Rosa Borràs (Was ist Globalisiertung? Irrtumer des Globalismus: Anrworten auf Globalisierung. Frankfurt: Ed. Shurkamp, 1997). Barcelona: Paidós, 1998, p. 65 e ss., 141 e ss e 168 e ss.; *Vide*, também, SOARES, Rogério Erhart – *Direito Público e Sociedade Técnica*. Coimbra, 1969 e DIAS, J.E. Figueiredo – «Direito à informação, Protecção da Intimidade e Autoridades Administrativas Independentes». In *Estudos em Homenagem ao Prof. Doutor Rogério Soares, Boletim da Faculdade de Direito, Stvdia Ivridica 61, Ad Honorem-1*. Coimbra: Coimbra editora, 2001, p. 615-653.

Referindo-se à *circulação da informação* e à sua importância, desde logo no âmbito da liberdade e, em geral, da defesa dos interesses individuais, colectivos e difusos, embora reportando-se especificamente aos meios de comunicação social, muitos autores, como, v.g. o casal MCLUHAN consideram que ela é «a extensão do homem»[159], enquanto tal.

E que dizer da *circulação da informação* para e desde o poder que governa e administra, numa sociedade de Administração de *intervenção hiperbólica, omnipresente,* que vem *regulando, actuando e conhecendo,* cada vez mais, em *todos os aspectos, as nossas vidas e é possuidora de imensas quantidades de informação, muita dela com valor estratégico* para os cidadãos poderem lutar pelo progresso e bem-estar da sociedade e defenderem interesses sociais fundamentais?

Noutro plano de preocupações, diga-se, também, que, no nosso *sistema representativo,* constitucionalizado, é sabido que, na doutrina tradicional, o *controlo da Administração* incumbe não aos cidadãos nem à comunicação social, mesmo que denominada como *quarto poder,* mas directamente ao Governo e mediatamente aos deputados, pelo que os cidadãos esperariam que o Parlamento fizesse esse *controlo indirecto, através do governo,* que dele depende e de que depende a Administração, assim unicamente legitimada no *plano funcional originário,* independentemente da sua legitimação funcional, procedimental e constitucional, esta sendo, por exemplo, além do mais, essencialmente, a que legitima a função jurisdicional na Europa, dada a sua não eleição e simultânea quase total independência em relação aos outros órgãos de soberania eleitos pelo povo.

Pese embora toda a importância da comunicação social numa sociedade democrática, de que é pilar insubstituível e sintoma da sua saúde, estando a *relação comunicacional* numa posição de criação de um serviço informacional do emissor para o receptor, e sem o negar, tal não impede, como realça uma certa *doutrina comunicacional,* que os *media* também apareçam como instrumentos de manipulação da opinião pública, que, se dependente apenas dos *media,* não

---

[159] MCLHUAN, MAIOR – *Understanding Media.* London: Ark Paperbacks, 1964. Tradução: *Os Meios de Comunicação: Como Extensões do Homem.* São Paulo: Ed. Cultrix, 1979; MCLHUAN, MAIOR. e MCLHUAN, E. – *Laws of Media.* Toronto: University of Toronto Press, 1994.

passando de uma opinião publicada, fazem destes, claramente, um exemplo de meios de opressão ideológica.

Segundo Charles Maccio[160], qualquer relação de informação, sempre ao serviço de um poder, tem como objectivo colocar um receptor ao serviço de um emissor, com ou sem o seu conhecimento, com ou sem o seu consentimento, constituindo uma pressão exercida em termos muito diversificados definidores do poder que esse emissor se arroga e cuja expressão é a informação transmitida. E embora isto não permita contestar validamente a afirmação efectivada na Exposição de Motivos da Proposta de Lei n.º 211/2006, de 1 de Junho, de alteração do Estatuto do Jornalista, segundo a qual «o modo como os Estados lidam com a liberdade de imprensa constitui o melhor *barómetro para aferir da saúde das suas democracias*, atento o imprescindível papel da comunicação social na livre formação da opinião pública», a verdade é que a comunicação social não pode esgotar os instrumentos de informação nem é, como antes já se referiu, garantia de objectividade dessa informação, por mais que ela parta de comportamentos profissionalmente honestos e segundo as regras deontológicas afirmadas, pelo que os Estados não esgotam nesse modo relacional os direitos dos cidadãos a receber dele informação, ou seja, as suas *obrigações informativas activas e passivas*, ligadas às faculdades de *livre acesso à informação por parte dos cidadãos*.

A *transparência exigível dos poderes públicos* não pode assentar num *sistema fechado e elitista*, funcionando de modo reservado como um *privilégio apenas consentido a favor de instituições empresariais e profissionais de comunicação social*.

Tudo quanto antes se disse e se possa dizer sobre a importância da Comunicação Social não retira valor fundamental, antes o exige, a um *autónomo direito à informação dos administrados*, que é uma das principais aquisições do novo *Estado Social*[161].

---

[160] Maccio, Charles – *Les Sciences Humaines en Mouvement. Chronique Sociale*, 1993; com tradução de Ana Rabaça: As Ciências Humanas em Movimento: A Humanidade perante as Mudanças. Col. Epistemologia e Sociedade.Lisboa: Instituto Piaget, 1988, p. 277.

[161] Miranda, Jorge – «O Direito de Informação dos Administrados». In *O Direito*, ano 120, 1998, III-IV (p. 457-462), p. 457.

A propósito da *liberdade da comunicação social*, Costa Andrade, acentuando o lado social do acesso ao conhecimento em geral, integra a *transparência da Administração pública,* como um dos valores de «irrecusável dignidade comunitária»[162].

Mas esta só existe, só é real, se não funcionar apenas assente em prestações comunicacionais decididas pelos poderes públicos de acordo com os seus critérios em relação à comunicação social ou mesmo directamente aos cidadãos, ou seja, se conjugada com um *verdadeiro direito à informação.*

*

Por um lado, estamos perante a *consagração normativa de um direito novo dos cidadãos*, que também beneficia os jornalistas (por ir para além da clássica e mera garantia de deixar exercer o múnus de informar, de zelar por não deixar obstaculizar a emissão de informação que se possua), e que alguns consideram em si mesmo integrável nos *direitos humanos da última geração*, que vem completar a exigência de transparência total no funcionamento dos órgãos públicos, ao serviço da sociedade e não ao seu serviço, o que, historicamente, começa a produzir-se, em termos generalizados, muito tempo depois da afirmação da necessidade da transparência e a publicitação dos trabalhos dos poderes judicial e legislativo (a única mudança que é fruto natural do pensamento liberal, a um tempo e, estranhamente responsável pela manutenção e legitimação do secretismo administrativo).

Se é verdade que o *acesso à informação* de todos, que não apenas da comunicação social, «devolve» aos cidadãos o direito a entrar no que lhes pertence, a Administração, instrumento ao serviço das necessidades colectivas, permitindo-lhes uma *fiscalização e «cogestão» dialéctica das insuficiências* da organização administrativa e a correspondente abertura às *exigências de maior legalidade e eficácia*, não sendo, por isso, fundado numa *lógica radical informa-*

---

[162] Andrade, Manuel Costa – «Sobre a Reforma do Código Penal português: Dos crimes contra as pessoa, em geral, e das gravações e fotografias ilícitas, em particular». *Revista Portuguesa de Ciência Criminal*, ano 3.º, n.ºs 2 a 4, Abril-Dezembro 1993 (427-497), p. 450.

72   *Direito da Comunicação Social*

tiva, mas numa nova abordagem de valia autónoma, a do *controlo difuso dos poderes,* também é verdade que ele não deixa de ser um instrumento privilegiado ao serviço do direito geral a receber informação, e embora esse acesso possa servir apenas alguns, e não ser o meio normal de chegar a todos, nem num momento imediato, o que só os meios de comunicação social permitem, não deixa de ser um meio de poder permitir desencadear este processo informativo geral de grande relevo[163].

Com efeito, a informação detida pelas Administrações Públicas, em termos de *quantidade e qualidade,* é de grande relevância para o conhecimento da evolução de questões de interesse colectivo e das situações concretas suscitadas pela aplicação das regras de direito[164].

Daí, a importância também para os jornalistas da consagração do *direito de acesso à informação e à documentação detidas pelas entidades públicas,* não só a parlamentar e as jurisdicionais, cujos regimes estão definidos nos regimentos parlamentares e códigos processuais, mas também as administrativas, dispersos por vários diplomas, mas que, no essencial, consta do Estatuto do Jornalista e das normas sobre acesso geral, as Leis n.º 65/93, de 26 de Agosto, e n.º 19/2006, de 12 de Junho.

---

[163] Como o reconhece DANIEL CORNU, na sua celebrada obra, de 1994, intitulada *Jornalismo e Verdade: Para uma Ética da Informação* («Responsabilidade Social dos Media e Direito à Informação». In *o.c.,* p. 201).

[164] Por outro lado, a União Europeia tem uma política e normas jurídicas no âmbito do ambiente que visam contribuir para a conservação, protecção e melhoria da qualidade do ambiente, protecção da saúde das pessoas, adequada utilização dos recursos naturais e fomento de medidas à escala internacional destinadas a fazer frente aos problemas regionais ou mundiais do meio ambiente, com aplicação dos *princípios de cautela, acção preventiva, correcção das agressões, preferentemente na fonte, e de que quem contamina paga.* Por isso, é necessário realçar, no âmbito da matéria ambiental, a importância insuperável atribuída às Administrações Públicas estatais e infra-estatais, enquanto aplicadoras do direito da União Europeia e Administrações indirectas da Administração Comunitária e, por isso, depositárias fundamentais de informação ambiental. Sem acesso à informação detida pelas Administrações Públicas, muitas normas, designadamente comunitárias, em que a organização nacional funciona como Administração indirecta, ficam impunemente incumpridas. E, em certas matérias, como a ambiental, segundo refere EDGAR MORIN, o indivíduo vive em «autonomia dependente», conceito que «podemos substituir» pelo de «ambiente exterior» ou envolvente, «que impõe a sua fatalidade aos seres vivos», pois a «autonomia viva depende do seu ambiente exterior, onde vai beber energia, organização e conhecimento».

Direito da Informação e Direito à Informação

1.3. Direitos fundamentais e sua classificação. As componentes essenciais dos direitos fundamentais de expressão, da comunicação social e à informação

1.3.1. *Direitos fundamentais, sua classificação geral e seu regime constitucional*

Antes de encetar o estudo analítico jus-comunicacional, apresentaremos algumas considerações, que são de considerar úteis para facilitar o entendimento de certos dados gerais da evolução do regime e das especificidades destes *direitos do homem* (*liberdades públicas*[165], na designação mais comum na doutrina francesa, e que, consagrados nas Constituições, tidas como leis fundamentais[166], começaram generalizadamente a ser chamados, a nível dos direitos internos dos países, como *direitos fundamentais*), analisando as tentativas doutrinais de efectivar a sua classificação em *grupos temáticos*, independentemente da época da sua geração (sendo certo que hoje se considera que entramos já na afirmação de uma 3.ª geração de direitos do homem, onde se inclui os direitos ligados à informática e à informação dos cidadãos em geral), para concluirmos, face a esta questão sempre debatida e nunca consensual (dada a diversidade das abordagens--objectivos, e da interrelação estreita que de facto existe entre grande parte deles), por uma separação dual que parte dos regimes constitucionais vigentes.

JEAN MORANGE distingue entre *liberdades fundamentais*, em que integra as liberdades económicas, como o direito de propriedade, e *liberdades derivadas*[167]. CLAUDE-ALBERT COLLIARD faz uma divisão tripartida, entre as liberdades fundamentais ou *liberdades da pessoa*,

---

[165] V.g., *Libertés Publiques* de CLAUDE-ALBERT COLLIARD (Paris, Dalloz, várias edições). Enunciaria, ainda, como bibliografia fundamental sobre o tema: BRAUD, P. – *La notion de Liberté publique et ses implications en droit français*. Thèse. Rennes, p. 1967; BURDEAU, George – *Les Libertés publiques*. 4.ª Ed., Paris, 1972; MORANGE, Jean – *Les Libertés publiques*. Paris, 1985; RIVERO, Jean – *Libertés publiques*. Paris, 1.ª vol., 1987; e 2.ª vol.1980; ROBERT, J. e DUFFAR, J. – *Libertés publiques et Droits de L'Homme. 4.ª Éd., Paris, 1988*.

[166] *Grundnorm*, na expressão alemã.

[167] MORANGE, Jean – *Les Libertés publiques*. Paris, 1985, p..

no fundo correspondendo a uma classificação temporal dos direitos fundamentais que se afirmaram na sua 1.ª geração, que traduz a ideia de liberdade essencial, e, ao seu lado, os dois elementos de ordem intelectual e económico: as *liberdades do pensamento* ou liberdades intelectuais e as *liberdades de conteúdo económico*. Quer numa quer noutra classificação, sendo certo que a existência das liberdades pessoais são condição da existência das outras, a verdade é que se, por definição, todas as «liberdades publicas são um quadro jurídico de autonomia dos indivíduos»[168], mesmo que a sua existência derive de outros direitos, e se, de facto, todos os direitos fundamentais têm consagração e, sobretudo, os «Direitos, Liberdades e Garantias» num regime específico constitucionalizado, porque designar apenas uns como fundamentais, quando todos merecem, desde logo, por essa consagração na lei fundamental (e mesmo outros de criação jusinternacionalistas ou de fonte infraconstitucional, pela sua especial dignidade têm também tal designação na Constituição da República Portuguesa), como é possível aceitar tal distinção? Mesmo os *direitos económicos e sociais* constitucionalizados, apesar de não dotados de aplicabilidade directa, dependendo a sua implementação no tempo, da existência de condições orgânicas e materiais para isso, não deixam de ser direitos do homem, direitos fundamentais.

As *classificações da teoria clássica*, v.g., dos publicistas L. Duguit (entre as *liberdades negativas*, que traduziam limitações aos órgãos do Poder, e *liberdades positivas*, as outras que implicavam prestações positivas do Estado[169]) e M. Hauriou (tributário da teoria da instituição, sem ter em conta dados históricos[170], distingue algo arbitrariamente, fragmentando em vários grupo matérias interligadas – v.g., liberdade de culto e de criação de instituições sociais, ou direito ao trabalho e direitos sindicais –, entre as liberdades do *status libertatis* da pessoa – a liberdade individual, de constituição de família, de celebrar acordos, de trabalho –, os *direitos individuais criadores de instituições sociais* – sociedades comerciais ou civis, associações, fundações, congregações, sindicatos –, e as *liberdades espirituais* –

---

[168] Colliard – oc, p. 234.
[169] V.g., Duguit, Léon – *Traité de droit constitutionnel*. 3.ª Éd., Paris, 1927-1928, 2 volumes.
[170] Colliard – oc, p. 232.

Direito da Informação e Direito à Informação   75

consciência, culto, ensino, reunião e *imprensa*[171]), parecem imprecisas na sua identificação concretizadora. A. ESMEIN, sem consequências ao nível do quadro jurídico, distingue entre aspectos diferentes da mesma liberdade individual: as liberdades de conteúdo material e espiritual, assente na separação entre interesses materiais (liberdade individual *stricto sensu* – porque tratá-la como liberdade material? –, proprieda-de, comerciar, inviolabilidade de domicílio) e morais (reunião, culto, consciência, *imprensa*)[172].

A classificação essencial, realmente operativa, que aparece maioritariamente efectivada na nossa doutrina, tendo presente o seu regime constitucional, faz-se entre Direitos, Liberdades e Garantias e direitos de natureza análoga[173] e Direitos Económico, Culturais e Sociais.

E o *regime específico dos direitos, liberdades e garantias*, em que se integra o direito da comunicação social, é muito exigente, diferentemente do que ocorre com o regime dos direitos económicos, sociais e culturais.

Assim, o preceito constitucional que se lhes refere:

a) é directamente aplicável;

b) tem uma eficácia jurídica imediata (n.º 1, artigo 18.º);

c) *vincula* tanto as entidades públicas como as privadas;

d) o direito *não pode restringir-se*, por meio da lei ordinária, excepto nos casos em que a Constituição o admita expressa-mente (n.º 2, artigo 18.º), embora sejam aceites *limites imanentes*, legalmente fixados, ou seja, restrições ou limites não expressamente consagrados, mas que se considere resul-tantes do sistema de valores constitucionalmente afirmado (jurisprudência do Tribunal Constitucional);

e) unicamente o Parlamento tem *competência para a sua regu-lamentação* legal (al. c), artigo 167.º);

f) As leis restritivas têm de revestir *carácter geral e abstracto;*

g) Estas leis não podem ter *efeito retroactivo;*

---

[171] HAURIOU, M. – *Précis de droit constitutionnel.* 3.ª éd., 1929.

[172] ESMEIN, A. – *Éléments de droit constitutionnel.* Vol. I, 8.ª éd., Paris, 1899, p. 583 e ss..

[173] Artigo 17.º (Regime dos direitos, liberdades e garantias): «O regime dos direitos, liberdades e garantias aplica-se aos enunciados no título II e aos direitos fundamentais de natureza análoga».

Direito da Comunicação Social

h) Nos casos em que a lei os pode restringir, a regulamentação não pode diminuir a *extensão e o alcance do conteúdo essencial do preceito constitucional* (n.º 3, artigo 18.º);

i) Estas restrições devem ater-se ao *estritamente necessário* para a protecção dos valores a defender com as restrições previstas (sem prejuízo de se considerar que os interesses a proteger são tão importantes e, por vezes, mais que os que se pretendem defender com este ou aquele direito).

j) Os órgãos de soberania não podem, conjunta ou separadamente, suspender o exercício destes direitos, liberdades e garantias, excepto no caso de *estado de sítio ou de estado de emergência*, declarados na forma prevista na Constituição (n.º 1 do artigo 19.º), mas apenas se se tratar de direitos diferentes do direito à vida, à integridade pessoal, à identidade pessoal, à capacidade civil e à cidadania, a não retroactividade da lei criminal, o direito de defesa dos arguidos e a liberdade de consciência e de religião. A opção pelo estado de sítio ou pelo estado de emergência, e sua declaração e execução devem respeitar o *princípio da proporcionalidade* e limitar-se, nomeadamente quanto à sua *extensão e duração e aos meios utilizados*, ao estritamente necessário ao pronto restabelecimento da normalidade constitucional (n.º 4).

1.3.2. *Componentes fundamentais da liberdade de expressão e informação*

A nossa Constituição, no seu artigo 37.º, refere-se em conjunto à «liberdade de expressão e informação», reconhecendo que «Todos têm o direito de exprimir e divulgar livremente o seu *pensamento*, pela palavra, pela imagem ou por qualquer outro meio, bem como o direito de informar, de se informar e de ser informados, sem impedimentos nem discriminações (n.º 1), não podendo o exercício destes direitos «ser impedido ou limitado por qualquer tipo ou forma de censura (n.º 2)[174].

---

[174] N.º 3. «As infracções cometidas no exercício destes direitos ficam submetidas aos *princípios gerais de direito criminal ou do ilícito de mera ordenação social*, sendo a sua

A liberdade de expressão é uma liberdade da primeira geração, reconhecida nas declarações revolucionárias do século XVIII e nos primeiros textos constitucionais, como um direito de liberdade que é, de carácter basicamente negativo, impondo ao Estado como principal dever o de se abster de qualquer ingerência na actividade comunicacional dos sujeitos privados, designadamente em face dos meios da comunicação social e dos seus profissionais, embora em Estado Social, haja aspectos que podem implicar determinadas actividades públicas de garantia e promoção da pluralidade da informação[175].

Trata-se de um direito que, sendo fundamental para a própria pessoa, como direito individual essencial para o pleno desenvolvimento da sua personalidade, e vivendo em conexão estreita com a liberdade ideológica, é um pressuposto imprescindível para o exercício de outros direitos de participação democrática na vida social, desde os clássicos de liberdade (manifestação, reunião) aos direitos políticos (sufrágio, petição[176]).

A liberdade de expressão, tomada numa acepção ampla, configura-se como um conjunto de direitos, que embora estreitamente relacionados entre si, não deixam de ter uma consagração constitucional específica. Trata-se de diferentes manifestações dela, que é, em geral, numa formulação omnicompreensiva dessas facetas exteriorizadoras, caracterizável como o direito de exprimir e difundir livremente, ou seja, sem condicionamentos, impedimentos ou limitações, ou quaisquer formas de censura, os pensamentos, e, portanto, as ideias e opiniões, através da palavra ou de qualquer meio de reprodução[177].

Portanto, a Constituição define-a na parte inicial do n.º 1 do artigo, sem prejuízo de a associar a uma das suas manifestações, a

---

apreciação respectivamente da competência dos tribunais judiciais ou de entidade administrativa independente, nos termos da lei».

[175] Acórdão do TC espanhol n.º 6/81, de 16.3.1981, no caso *Medios de Comunicación Social del Estado I, apud* Lopez Guerra, Luis et alteri – *Derecho Constutucional*. Vol. I, 3.ª Ed., Valencia: tirant lo blanch, 1997, *p. 261.*

[176] Gonzalez Salinas, P. – «El ejercicio del derecho de petición y la fiscalización jurisdiccional de la resolución administrativa (Setencia de la Sala Tercera del Tribunal Supremo de 10 de abril de 1987)». *Revista Española de Derecho Administrativo*, n.º 54, 1987.

[177] Lopez Guerra, Luis et alteri – *Derecho Constutucional*.vol. I, 3.ª Ed., Valencia: tirant lo blanch, 1997, p. 259.

liberdade da informação, que especifica na parte final, e de noutras normas se referir aos outros conteúdos próprios desta liberdade de expressão, em termos autónomos, como manifestações que implicam uma problemática e necessárias complementaridades de regime.

A doutrina costuma apontar a sua natureza dual, enquanto direito subjectivo individual e, como direito com relevante transcendência institucional, requisito funcional do sistema democrático, ou seja um direito público subjectivo, sem o qual ficaria falseado o princípio da legitimidade democrática[178], enunciando quatro distintas manifestações da liberdade de expressão: a *liberdade de expressão em sentido estrito* (direito a *manifestar livremente as próprias ideias e opiniões)*, a *liberdade de informação*, (direito a difundir e receber livremente informação)[179], a liberdade de criação literária, científica, técnica e

---

[178] Acórdão do TC espanhol n.º 6/81, de 16.3.1981, no caso *Medios de Comunicación Social del Estado I*: sem comunicação pública livre «não há sociedade livre nem portanto soberania popular»: apud oc, p.260..

[179] Artigo 38.º (*Liberdade de imprensa e meios de comunicação social*): «1.É garantida a liberdade de imprensa. 2. A liberdade de imprensa implica: a) A liberdade de expressão e criação dos jornalistas e colaboradores, bem como a intervenção dos primeiros na orientação editorial dos respectivos órgãos de comunicação social, salvo quando tiverem natureza doutrinária ou confessional; b) O direito dos jornalistas, nos termos da lei, ao acesso às fontes de informação e à protecção da independência e do sigilo profissionais, bem como o direito de elegerem conselhos de redacção; c) O direito de fundação de jornais e de quaisquer outras publicações, independentemente de autorização administrativa, caução ou habilitação prévias. 3. A lei assegura, com carácter genérico, a divulgação da titularidade e dos meios de financiamento dos órgãos de comunicação social. 4. O Estado assegura a liberdade e a independência dos órgãos de comunicação social perante o poder político e o poder económico, impondo o princípio da especialidade das empresas titulares de órgãos de informação geral, tratando-as e apoiando-as de forma não discriminatória e impedindo a sua concentração, designadamente através de participações múltiplas ou cruzadas. 5. O Estado assegura a existência e o funcionamento de um serviço público de rádio e de televisão. 6. A estrutura e o funcionamento dos meios de comunicação social do sector público devem salvaguardar a sua independência perante o Governo, a Administração e os demais poderes públicos, bem como assegurar a possibilidade de expressão e confronto das diversas correntes de opinião. 7. As estações emissoras de radiodifusão e de radiotelevisão só podem funcionar mediante licença, a conferir por concurso público, nos termos da lei. Artigo 39.º (Regulação da comunicação social): «1.Cabe a uma entidade administrativa independente assegurar nos meios de comunicação social: a) O direito à informação e a liberdade de imprensa; b) A não concentração da titularidade dos meios de comunicação social; c) A independência perante o poder político e o poder económico; d) O respeito pelos direitos, liberdades e garantias pessoais; e) O respeito pelas normas reguladoras das actividades de

artística[180], e a *liberdade de cátedra* (direito de livre expressão dos docentes) e, em geral, liberdade de aprender e ensinar[181].

Nos termos do n.º 2 do artigo 37.º da Constituição da República Portuguesa, o exercício destes direitos não pode «ser impedido ou limitado por qualquer tipo ou forma de censura, o que traduz uma interdição absoluta e incondicionada de qualquer tipo de *censura ou autorização prévia*. Esta interdição visa impedir a apreciação alheia da criação em causa com respeito a valores abstractos e restritivos da liberdade, de maneira que apenas se outorgue o *placet* à publicação de uma obra que se conforme com esses valores de acordo com o juízo do censor e se negue em caso contrário[182].

A *censura prévia* pode ser definida, genericamente, como uma medida de qualquer tipo, por mais subtis ou atenuados que se apresentem os meios usados, que seja limitadora da elaboração, da difusão ou da simples restrição do direito de exprimir e divulgar livremente o pensamento, ideia ou opinião, inscritos numa obra do espírito, especialmente se fizer depender esse direito de exame oficial prévio do seu conteúdo.

E não podem ser sancionados os simples «delitos» de opinião política ou as tendências ideológicas ou de anti-poder. Qualquer punição só pode efectivar-se através dos tribunais, como órgãos independentes[183].

Nesta perspectiva, a *apreensão ou sequestro*, como medida preventiva, traduzindo a retenção pelos poderes públicos de qualquer obra já produzida, mesmo que só parcialmente, resultante do exercício da liberdade de expressão (impressa, sonora ou audiovisual), com invocação de uma presumida infracção legal, é uma medida que

---

comunicação social; f) A possibilidade de expressão e confronto das diversas correntes de opinião; g) O exercício dos direitos de antena, de resposta e de réplica política. 2. A lei define a composição, as competências, a organização e o funcionamento da entidade referida no número anterior, bem como o estatuto dos respectivos membros, designados pela Assembleia da República e por cooptação destes.

[180] Artigo 42.º ((Liberdade de criação cultural): «1. É livre a criação intelectual, artística e científica. 2. Esta liberdade compreende o direito à invenção, produção e divulgação da obra científica, literária ou artística, incluindo a protecção legal dos direitos de autor».

[181] Artigo 43.º (Liberdade de aprender e ensinar).

[182] V.g., Acórdão do TC espanhol 13/85, de 14.2.1985, no caso *Ultima Hora.*

[184] Sobre a importância decisiva da entrega do controlo social da CS apenas aos tribunais, *v.g.*, já no século XIX, PARADOL, Prévost – *La France Nouvelle.*1868, p. 218, apud COLLIARD, C-A. – *Libertés Publiques.* Paris: Dalloz, 1989, p. 536.

80   *Direito da Comunicação Social*

não pode funcionar como meio de censura e, por isso, qualquer permissão legal, em normalidade institucional, da sua efectivação que não seja jurisdicional, será ofensiva do conteúdo essencial da liberdade de expressão, e mesmo em situações excepcionais, de estado de sítio ou de emergência, deve constar expressamente da declaração destes estados especiais de suspensão das liberdades[184].

1.3.3. *Componentes fundamentais do direito da comunicação social*

MIRABEAU[185], referindo-se à liberdade de imprensa, que foi conquistada através de lutas encarniçadas e movimentos sucessivos de

---

[184] Artigo 19.º (*Suspensão do exercício de direitos*): «1.Os órgãos de soberania não podem, conjunta ou separadamente, suspender o exercício dos direitos, liberdades e garantias, salvo em caso de estado de sítio ou de estado de emergência, declarados na forma prevista na Constituição. 2. O estado de sítio ou o estado de emergência só podem ser declarados, no todo ou em parte do território nacional, nos casos de agressão efectiva ou iminente por forças estrangeiras, de grave ameaça ou perturbação da ordem constitucional democrática ou de calamidade pública. 3. O estado de emergência é declarado quando os pressupostos referidos no número anterior se revistam de menor gravidade e apenas pode determinar a suspensão de alguns dos direitos, liberdades e garantias susceptíveis de serem suspensos. 4. A opção pelo estado de sítio ou pelo estado de emergência, bem como as respectivas declaração e execução, devem respeitar o princípio da proporcionalidade e limitar-se, nomeadamente quanto às suas extensão e duração e aos meios utilizados, ao estritamente necessário ao pronto restabelecimento da normalidade constitucional. 5. A declaração do estado de sítio ou do estado de emergência é adequadamente fundamentada e contém a especificação dos direitos, liberdades e garantias cujo exercício fica suspenso, não podendo o estado declarado ter duração superior a quinze dias, ou à duração fixada por lei quando em consequência de declaração de guerra, sem prejuízo de eventuais renovações, com salvaguarda dos mesmos limites. 6. A declaração do estado de sítio ou do estado de emergência em nenhum caso pode afectar os direitos à vida, à integridade pessoal, à identidade pessoal, à capacidade civil e à cidadania, a não retroactividade da lei criminal, o direito de defesa dos arguidos e a liberdade de consciência e de religião. 7. A declaração do estado de sítio ou do estado de emergência só pode alterar a normalidade constitucional nos termos previstos na Constituição e na lei, não podendo nomeadamente afectar a aplicação das regras constitucionais relativas à competência e ao funcionamento dos órgãos de soberania e de governo próprio das regiões autónomas ou os direitos e imunidades dos respectivos titulares. 8. A declaração do estado de sítio ou do estado de emergência confere às autoridades competência para tomarem as providências necessárias e adequadas ao pronto restabelecimento da normalidade constitucional».

[185] MIRABEAU – *Sur la liberté de la presse*, 1788 e o Jornal *Les États Généraux*, apud COLLIARD, oc, p. 538.

Direito da Informação e Direito à Informação 81

vitória e derrota, dizia que se trata de uma liberdade «sem a qual as outras não podem ser conquistadas». Em face dos poderes públicos, ela começa historicamente por reivindicar e se afirmar como uma liberdade que impõe a não obstaculização de livre comunicação pela imprensa como meio de difusão da informação, complementada com princípios limitadores para evitar o abuso dessa liberdade, para (face à evolução da dinâmica publicitária, da mecanização e finalmente das novas tecnologias e nova tipologia comunicacional, rádio e televisão, começando primeiro por atrair e exigindo, cada vez mais, amplos meios financeiros, com os grandes interesses económicos, direcções jornalísticas e iniciativas empresariais alheias às lógicas deontológicas jornalísticas, e fenómenos concentracionais) fazer integrar na sua lógica fundamental o princípio do pluralismo informativo[186].

O direito da comunicação social, como direito fundamental, funda-se no facto de não ter sentido defender a *liberdade de opinião* se ela não se pudesse manifestar através dos diversos meios que favoreçam a difusão do pensamento. A verdade é que os *media*, sejam os jornais, a rádio, a televisão ou mesmo o cinema, por um lado, contribuem extraordinariamente para modular a opinião pública e, por outro lado, sendo influenciadores dos vários poderes sociais, cujos sucessos podem exagerar ou erros podem camuflar, também potenciando a influência destes, têm exigido, cada vez mais, uma maior relação com o dinheiro, em termos de concentrações, que são perigosas para o pluralismo e a concorrência, embora a complexidade normativa do tema se desenvolva e se processe essencialmente na segunda metade do século XX, devido sobretudo ao domínio do audiovisual e sua evolução.

O direito da comunicação social debruça-se, essencialmente, sobre *três vectores de afirmação e análise* que o configuram:

a) os *direitos das empresas comunicacionais* (em termos de enquadramento de iniciativa e dos condicionamentos ao seu exercício comunicacional; o enquadramento da produção dos órgãos comunicacionais, desde logo a recolha de informação, redacção, impressão e difusão; a problemática do finan-

---

[186] COLLIARD, C.-A. – «La notion complexe de liberté de presse. Le pluralisme». In *o,c.*, p. 430-431.

82 Direito da Comunicação Social

ciamento modernizador, da concentração empresarial ou de órgãos, a publicidade, apoios do Estado directos ou indirectos indiferenciados ou selectivos[187], etc.);

– os *direitos dos jornalistas* (noção profissional, protecção na empresa – a cláusula de consciência[188], segredo profissional[189], partilha de poder no órgão de comunicação; e fora dela – carteira profissional, facilidades de circulação e acesso aos locais de notícia e investigação e manifestações sociais variadas; limites jurídicos[190] e éticos à liberdade comunicacional)[191]; e

– os *direitos do público* (direitos dos indivíduos, direito ao respeito da vida privada, de resposta e rectificação, responsabilização dos agentes comunicacionais, direito à transparência, ao pluralismo, etc.; medidas dos poderes públicos no interesse geral, desde a repressão criminal para protecção de instituições, com interdições de publicação, até medidas de polícia, seja de protecção de públicos vulneráveis, seja de censura em tempo de guerra, de estado de sítio ou de emergência, seja a apreensão de publicações[192]).

---

[187] V.g., ROCHE, jean; POUILLE, André – *Libertés publiques*. (Mémentos: Droit Public, Science Politique). 12.ª Édition, Paris: Dalloz, 1997, p. 150.

[188] Sobre os direitos dos jornalistas, *vide*, v.g., CARRILLO, M. – *La cláusula de conciencia y el secreto profesional de los periodistas*. Madrid, 1993; PÉREZ ROYO, J.; PRADERA, J. – *La cláusula de conciencia y el secreto profesional de los periodistas: debate en el Centro de Estudios Constitucionales*. Madrid, 1994.

[189] FERNÁNDEZ-MIRANDA CAMPOAMOR, A. – *El secreto profesional de los informadores*. Madrid, 1991.

[190] FERNÁNDEZ, Tomas. R. et alteri – *Libertad de expresión y derecho penal*. Madrid, 1985; MUÑOZ MACHADO, S. – *Libertad de prensa y procesos por difamación*. Barcelona, 1988; LÓPEZ GUERRA, L. – «Límites a las libertades de expresión e información: Honor e intimidad». In *Información y libertades públicas en España*. Madrid, 1989; SOLOZABAL ECHEVARRÍA, J.J. – «La Libertad de expresión desde la teoria de los derechos fundamentales». In *Revista Española de Derecho Constitucional;* VILLAVERDE MENÉNDEZ, I. – Los Derechos del público, Madrid, 1995. O Tribunal Europeu dos Direitos do Homem consagrou, em Acórdão de 27 de Março de 1996, no caso *Goodwin v. R.U.*, o direito dos jornalistas a proteger as suas fontes de informação,

[191] CARRILLO, M. – *Los límites a la libertad de prensa en la constitución española de 1978*. Barcelona, 1987.

[192] *Vide* a jurisprudência dos Acórdãos do TEDH, nos casos *Handyside v. R.U.*, de 7.12.1976, e *Lingens v. Autriche*, de 8.7.1986.

II – ÉTICA, DEONTOLOGIA E DIREITO DA COMUNICAÇÃO SOCIAL

> *Sumário analítico*: 2.1.Questão da ética dos actos informacionais dos media na sociedade actual. Ética e Moral. Deontologia e linha editorial. 2.2. Princípios deontológicos consagrados pelos jornalistas portugueses. 2.3.Direito da comunicação social como ciência, seu conceito, características, objecto, teleologia e metodologia científica. 2.4.Análise diacrónica e sincrónica do direito da comunicação social. 2.4.1. Breve apontamento sobre a história da comunicação social e o direito da comunicação. 2.4.2. Breve caracterização genérica da comunicação social e do seu enquadramento nos ordenamentos jurídicos inglês, francês e americano. 2.5. Macro-enquadramento do direito da comunicação social e breves apontamentos sobre normação complementar, directamente decorrente dele. 2.5.1. Garantia jusinternacionalista e constitucional da liberdade de expressão e comunicação social e suas limitações. 2.5.2. Garantia da independência dos órgãos de comunicação social. 2.5.3. Manutenção de uma entidade administrativa independente para o sector e aspectos essenciais da sua intervenção futura. 2.5.4. Submissão a formalidades, condições, restrições, limitações e sanções.

2.1. Questão da ética dos actos informacionais dos *media* na sociedade actual. Ética e moral. Deontologia e linha editorial.

Os *meios de comunicação* são cada vez mais poderosos, num sistema de informação em *revolução radical* perante o aparecimento e a agregação de meios dispersos como o *digital e o multimédia*, articulando telefone, televisão e computador e a Internet (rede mun-

84 *Direito da Comunicação Social*

dial de computadores cujo êxito implica o modelo principal do futuro da comunicação) tudo, *prima facie*, de uma importância semelhante à invenção da imprensa por Gutenberg, em 1440[193].

Segundo a *teoria democrática*, a comunicação, escalão indispensável entre a opinião pública e os governantes[194] (*teoria democrática da triangulação potestática*: «jornalismo», poder e cidadãos), foi definida como uma função essencial para veicular informação livre para os cidadãos, equipando-os com instrumentos vitais para o exercício dos seus direitos cívicos, dando-lhes voz capaz de exprimir as suas preocupações (*liberdade positiva da comunicação social*[195]).

Tudo isto sem poder desconhecer-se a simultânea necessidade de abertura informacional ao nível de micro-acesso dos próprios cidadãos para corrigir eventuais desvios do papel estatutário e deontológico dos órgãos e profissionais da informação, dado que, simultaneamente à potenciação da influência dos *media*, ocorre um *fenómeno capitalista concentracionário da comunicação*, que faz que o seu mecanismo global avance para *monopólios criadores dos produtos informativos e contra-informativos*, segundo os interesses dos grandes grupos económicos e, também, mas cada vez menos, da própria política, que tanto havia feito para os controlar a seu favor (a chamada *censura 'democrática'*, que não necessita de impor autocraticamente cortes de notícias, supressões, amputações, interdição de certos dados, antes cria tal *superabundância de dados comunicados*, inundando com notícias de distracção, diversão, com saturação da redacções, dificultando a selecção, e assim relativizando a importância de dados a desvalorizar para não haver divulgação, pelo menos atempada, zelando pelo bloqueio de notícias comprometedoras e delicadas, desviando a atenção das crises governamentais graves e das

---

[193] A sua importância é facilmente mensurável pelo número de aparelhos existentes e a sua progressão impressionante, e pela importância da publicidade actual sobre os mesmos: v.g., RAMONET, Ignacio – *Propagandas silenciosas: Massas, televisão, cinema*. Porto: Campo das Letras, 2001, p. 70

[194] BOYCE, G. – «The Fourth Estate:The Reappraisal of a Concept». *Newspaper Histiry:from the seventeenth century to the present day*. London: Constable and Beverly hills ca, sage publications, 1978, p. 21.

[195] CHRISTIANS, C.; FERRE, J. P.; FACKLER, P. MAIOR. – *Good News: Social Ethics and the Press*. New York, Oxford, 1993, apud Nelson Traquina – *Jornalismo*. Lisboa: Quimera, 1998, p. 133.

Ética, Deontologia e Direito da Comunicação Social   85

políticas impopulares que se visam esconder). O que, com o desencadear simultâneo de factos para provocar o «efeito biombo», e a contratação de assessores de imprensa oriundos dos jornais e televisão, bem relacionados, permite evitar a publicação de notícias não desejadas, com perigos ou danos ecológicos, pelo menos durante um certo tempo, ou dar versões branqueadoras, para desactivar os cidadãos, além de os distrair, naturalmente, de outros assuntos que criassem oposição pública ou de factos que fossem desfavoráveis ao governo.

E isto, pese, embora, a criação dos Conselhos de Imprensa nórdicos (Noruega, logo em 1912; Tribunal de Honra na Suécia, em 1916, por iniciativa da Associação de Editores e Sindicatos; Códigos deontológicos, o primeiro nascido em França, logo seguido pela *Charte du Journaliste*, em 1918, pelo Sindicato Nacional dos Jornalistas, nos EUA; a *Society of Profesional Journalists* elabora o Código de Ética e a *American Society of Newspaters Editors* adopta, em 1923, os «Cânones do Jornalismo».

Como diz IGNACIO RAMONET, no seu conhecido livro *La Tyrannie de la Communication*[196], o esquema empresarial e industrial moderno, donde vêem hoje os dirigentes da comunicação social, menos sensíveis à investigação da veracidade e buscando o *new business* neste mercado da informação em concorrência extrema, e que controlam essa comunicação, condicionando as mentalidades à escala mundial (como já previra ALDOUS HUXLEY e GEORGE ORWELL), concebe a *informação como mercadoria* em prejuízo do seu papel de esclarecimento e enriquecimento do debate democrático, num mundo em que a mundialização, velocidade de circulação e hipermediatização da comunicação não significa hoje nem boa nem verdadeira informação (casos Diana-Dodi Al-Fayed; a farsa da vala comum de Temisoara; Monicagate – Lewinsky – Clinton – com a sua fonte única, parcial e manipuladora do procurador Kenneth Starr, que chegou mesmo a escrever artigos em lugar do jornalista que assinava – 95% da informação difundida, como já admitiu HOWARD KURTZ, do Washington Post – para quem realmente a imprensa é diariamente manipulada; o

---

[196] RAMONET, Ignacio – A *Tirania da Comunicação*. 4.ª Ed., Porto: Campo das Letras, 2002, p. 7-27.

caso Sydney Blumenthal, conselheiro do presidente Clinton[197]). Isto é a *era da informação virtual* e é também a *era da auto-intoxicação*, cada vez menos os órgãos de comunicação evitando publicar o *pathos,* e das inverdades da contra-informação (sem se preocupar ao menos com a máxima *neminem laedere*), os boatos, as notícias não confirmadas (e atentando exclusivamente nos factos e actos verificados), ou não publicando os dados ocorridos se desagradam aos detentores dos vários poderes instalados na sociedade.

O *ethos jornalístico* é, hoje, para alguns, em grande parte, um mito, embora poderoso, já nada se assemelhando ao papel social do independente Dutton Peabody e seu honesto periódico Shinbone Star, na película de John Ford, de 1962, intitulada «O homem que matou Liberty Balance, pistoleiro do Far West», e que pode gritar alto: eu sou o vosso cão de guarda que uiva aos lobos[198]. Hoje, o sentido com que recentemente SERGE HALAMI escreveu o seu livro *Les nuveaux chiens de garde* exprime bem quanto mudou o sentido da expressão. Será que ainda é possível refundar a *ideia de responsabilidade social dos media*?

Já depois da Guerra, a *Comissão HUTCHINS sobre a Liberdade de Imprensa,* constituída em 1947, fez várias recomendações fundamentais para reenquadrar legitimamente a função da comunicação social em ordem à satisfação das exigências da sociedade no plano da difusão das ideias e factos, facultando *relatos verídicos, completos e inteligentes da actualidade* integrada num contexto que tenha sentido; fórum de debate de opiniões e críticas; retrato fiel dos distintos grupos sociais; apresentação e elucidação dos objectivos e valores da sociedade e acesso pleno a toda a informação[199].

Como refere o mesmo RAMONET, e embora a *comunicação de massas* seja essencial e insubstituível em democracia, hoje os sentimentos dominantes dos cidadãos em relação com a imprensa (e eu acrescentaria também em relação com os dados difundidos pelos

---

[197] Falsidade (denúncia de existência de um processo crime por haver batido na esposa) também da autoria deste *símbolo da ciber-revoluç* em que se tornou Matt Drudge: EUDES, Yves – «Sexe, mensonges et internautes». *Le Monde.* 16 de agosto de 1998.

[198] Veja-se OS comentÁrios oportunos em TRAQUINA – *oc,,* p. 134.

[199] MATA, Maria José – *A Autocrítica no Jornalismo: O Ombudsman na Imprensa Nacional e Estrangeira.* Colecção Comunicação. Coimbra: MinervaCoimbra, 2002, p. 15 e ss..

poderes públicos em assuntos delicados, como são os referentes ao ambiente e saúde pública, que mais aparentam ser propaganda com ocultamento total ou parcelar de informação do que informação exacta e atempada) são «cepticismo, desconfiança e incredulidade».

Não pode deixar de recordar-se a confiança dos cidadãos na imprensa aquando do caso WATERGATE, que levou um simples jornalista a destituir o presidente norte-americano. Mas, depois disso, muito mudou, acentuando-se, cada vez mais, a *crise de credibilidade da comunicação social*.

Segundo o PEW RESEJARCH CENTRE, em 1985, ainda só 34% dos cidadãos americanos não consideravam os media objectivos, contra 55% que confiavam neles; mas em 1994 já este número negativo havia passado para 56% contra somente 27% de respostas favoráveis. Segundo o jornal francês *Correspondance de Presse*, de 27 de Janeiro de 1999, 79% dos britânicos afirmavam que as notícias dos jornalistas não eram «dignas de confiança».

Hoje, *ex post facto*, como afirma RYSZARD KAPUSCINSKY, «o chefe de redacção ou director de um jornal já não exigem que uma informação seja verdadeira[200], mas apenas que seja interessante. Se se considera que não o é, já não é publicada. De um ponto de vista ético é uma alteração considerável»[201].

No mundo actual, o *poder económico* aparece acima do político e mesmo de alguma imprensa não integrada em grupos empresariais, isto é, a ainda considerada livre e eufemisticamente chamada «o quarto poder», que de facto obedece às *redes empresariais e à lógica dos negócios*. Basta recordar dois casos sobre o *encobrimento doloso de ecotoxicidade alimentar*, relatados por RAMONET[202], ocorridos nos EUA, referentes a *tabaco e banana*: a cadeia de televisão ABC, no programa *Day One*, acusou Philip Morris de manipular as taxas de

---

[200] Embora os filósofos se interroguem sobre a *possibilidade da verdade*, e por isso melhor possa ser falar da *realidade transmitida* (*ex facto oritur veritas; da mihi factum, dabo tibi veritas*). ANDRÉ MOUNIER (– *Filosophie II*. Manual de philosophie, Tomo II, Tounai: Desclée, 1956) considera que «la verité (…), au sens abstrait, c'est l'intelligibilité, l'aptitude à être connu par l'intelligence» (o.c., 459 e ss); despois de anteriormente haver, *ex rerum natura*, afirmado que «ruiner la verité c'est donc ruiner tout jugement» (o.c., p. 135).

[201] Num importante jornal italiano *La Stampa*, citado por *Courrier International*, de 9 de Outubro de 1997: apud RAMONET – oc, nota 1, p. 26.

[202] RAMONET, I. – *oc*. , p. 130 e 131.

nicotina escrita nos maços de tabaco e, estando para ser vendida à Disney, perante uma ameaça de processo indemnizatório de 15 mil milhões de dólares, receando a diminuição do seu valor, apressa-se a retratar-se publicamente, contra a verdade e pior ainda, assim convencendo a opinião pública da inocência do fabricante. Três meses depois, a cadeia CBS não deixa transmitir um documentário dos produtores da emissão denominada 60 minutos, denunciando as empresas de tabaco, e em que demonstravam que enganavam sobre a percentagem de nicotina anunciada para favorecer uma maior dependência dos consumidores, para não ter processos judiciais perturbadores das suas acções no mercado de valores e além disso uma de suas filiais, a *Loews Corporation* era proprietária da fabrica de tabaco *Lorillard Society*. Outro caso sintomático a referir pode ser o da publicação, em 3 de Maio de 1998, no jornal americano *Cincinatti Enquirer*, de um artigo («Os segredos de Chiquita postos a nu»), com uma investigação séria, «rigorosamente exacta»[203], do conceituado jornalista Michael Gallagher sobre a produção de bananas pela *Chiquita Brands International* (ex-United Fruit), a maior sociedade bananeira do mundo, em que, além de interferência nos regimes políticos latino-americanos e a criação de dezenas de sociedades fictícias, para usar na guerra comercial com a União Europeia, é acusada de abusos na utilização de pesticidas. Carl Linder, proprietário da Chiquita e antigo accionista maioritário do diário, pressionou o Grupo Gannet, que havia comprado a sua participação e o jornalista foi despedido, o artigo retirado do site na Internet, feito um pedido de desculpas público aos leitores com anúncio de que pagaram uma indemnização de 10 milhões de dólares. *Res ipsa loquitur*.

Neste novo século, embora cheio de informações, circulando cada vez a um ritmo mais veloz, não «em termos monológicos ou através de um fluxo de 'pirâmide', mas em fluxos network media», com a reorganização empresarial dos *media* e sua crescente lógica lucrativa e comprometida, não pode negar-se que um «*media*» cada vez mais importante para a defesa da democracia, terá que ser o próprio homem, o cidadão[204], que, sem prescindir dos *media,* não

---

[203] SABATIER, Patrick – «L'Enquirer, quotidien américain, se banane». *Libération*, 6 juillet 1998.

[204] CÁDIMA, Francisco Rui – *Desafios dos Novos Media: a nova ordem política e comunicacional*. Lisboa: Notícias editorial, 1999, p. 9-10.

pode deixar de os conferir, sempre que tenha razões para considerar que ela falha por abstenção noticiosa ou por incompletude ou mesmo falsidade. Mas mesmo que assim seja, sempre o papel destes e dos seus profissionais será insubstituível e o debate pela superação dos factores desviantes terá de estar na ordem do dia, em termos de ética, deontologia e direito.

*

O *moderno pensamento social* tem-se revelado pujante na reflexão sobre a *importância crescente,* na vida da sociedade, *da realidade da comunicação social,* cuja *dupla macro-exigência* é «respeitar a verdade e as pessoas». E, por isso, entre as áreas em que essa realidade tem ganho um *espaço fundamental de investigação e doutrinação,* temos, decididamente, a das *questões éticas e morais* (ou seja, os problemas da ordem do *dever-ser,* de «carácter eminentemente prático, relativas ao quotidiano», à «vida das instituições, às relações interpessoais e à própria intimidade individual»), com esta relação ético-comunicacional (pese as suas válidas elaborações mais antigas, ligadas à «própria génese da modernidade»[205], em íntima conexão com a afirmação da democracia[206]), a tornar-se objecto de *reflexão sistemática* (abandonando-se um anterior desprezo e separação de reflexões interactivas), concomitante com uma *comum perspectivação,* viabilizadora da «revitalização do pensamento prático (ético-moral) e a «afirmação de um paradigma comunicacional».

Importa dizer algo sobre a distinção ou não, em termos conceptuais, entre ética (ou *éticas,* como pretende ALAIN ETCHEGOYEN[207]) e moral, dado que, apesar de um, com raiz grega, e outro, com raiz latina, significarem, etimologicamente, o mesmo (usos, costumes), a verdade é que a *filosofia moderna* distingue-as, ensaiando, embora sem consenso, construções distintas dos respectivos objectos, o que nos obriga, quer a apresentar as principais diferentes abordagens,

---

[205] RODRIGUES, Adriano Duarte – «Legitimidade e Comunicação» *Revista de Comunicação e Linguagens,* n.º 2, Porto, 1992, p. 43.

[206] TUGENDHAT, Ernst – *Probleme der Ethic,* 1984, p. 182, trad. Esp.: *Problemas de la ética.* Barcelona: Ed. Crítica, 1988.

[207] ETCHEGOYEN, Alain – *La Valse des éthiques.* François Bourin: Paris, 1991.

como a tomar posição sobre elas. Na sua reflexão sobre os *dialogismos na ética e na moral*, objecto de antigas, longas e inacabadas polémicas, João Pisarra Esteves acaba por falar unificadamente do *processo ético-moral*, mas isto sem prejuízo de aceitar e reflectir sobre a distinção, que não deixa de ensaiar[208].

Não iniciaria estas considerações distintivas sem deixar de transcrever uma apreciação crítica de Daniel Cornu, que, em *Jornalismo e Verdade*, escrito em 1994[209], afirma que «Muitas vezes, a *ética* não é senão uma forma especiosa ou camuflada de uma moral que já não ousa dizer o seu nome».

De qualquer modo, sendo útil abordar a distinção, em ordem a «definir mais rigorosamente a *axiologia* e o *quadro normativo* das nossas sociedades, o carácter social e a forma comunicacional das questões relacionadas com os hábitos e costumes» e o tal processo ético-moral, de que fala João Esteves[210], tocaremos o assunto em termos sintéticos.

A confusão sobre o que é uma e outra é, por vezes, grande. Basta atentar no modo como o Dicionário da Língua Portuguesa, de Francisco Torrinha[211], define a ética, que afirma ser a ciência da moral, para depois, em sede da moral, definir esta como o tratado relativo a esta ciência (da moral), ou, esquecida a definição dada à ética, também a considerar como a ciência que ensina as regras a seguir para praticar o bem e evitar o mal. Assim, não iríamos seguramente a lado nenhum.

E será que poderíamos simplificar as coisas considerando, numa linha de solução semelhante, mas com articulação mais coerente, que a *moral* é o estudo da *ética*, sendo esta o objecto da moral, como pretende Viano[212]? Mas, então, que utilidade tem esta *distinção meramente funcional*, que visa apenas, confundindo, não pretender deixar perder nenhum dos vocábulos que vêm sendo usados?

---

[208] Esteves, João Pissarra – *A Ética da Comunicação e os Media Modernos: Legitimidade e Poder nas Sociedades Complexas*. 2.ª Ed., Lisboa: FCG, 2003, p. 247.

[209] Cornu, Daniel – *Journalisme et Verité*. Labor et Fides, 1994; com tradução de Armando Pereira da Silva: – *Jornalismo e Verdade*. Lisboa: Instituto Piaget, 1999, p. 36.

[210] A. e o. c., p. 260.

[211] Maia: Editorial Domingos Bareira, 1997

[212] Viano, Carlo Augusto – *L' ética*, 1967, p. 12 e ss., trad. esp. *Ética*. Barcelona: Labor, 1975.

Ética, Deontologia e Direito da Comunicação Social   91

Não terá mais sentido, na antiquíssima *tradição do pensamento ocidental*, pensar a moral e a ética em linha procedimental e reflexiva, ou, na linguagem acima citada, de um processo, efectivando assim uma *distinção operativa*, de natureza não totalmente autonomizadora, mas complementadora, em que a *moral* traduz um *conceito reservado para o âmbito normativo de valor universal*, com a «força de coação muito própria (embora distinta da que tem atrás de si o poder social do controlo e punição das autoridades públicas estabelecidas), densificando *imposições, obrigações e proibições*, sendo a *ética* o plano das actuações classificáveis como boas, ou seja, dotadas de «bondade» no sentido teleológico?

Analisemos, de qualquer modo, em geral, estas áreas de saber, antes de avançar sobre a *ética da comunicação* e, depois, fazermos a sua distinção da *normatividade deontológica e jurídica* e mesmo do enquadramento resultante das *orientações estatutárias editorialmente* impostas.

*

Começaremos por tecer algumas considerações conceptuais sobre ética e moral. No seu manual sobre *Philosophia Moralis*[213], IRANAEUS GONZÁLEZ MORAL referindo-se a esta ciência, diz que «vocatur etiam philosophia morum, vel Ehtica»[214]. E, acrescentando «Quamvis nomen *Ethica* sit genericum, complectens sive philosophiam sive theologiam moralem, tamen saltem usu exclusive philosophiae morali applicatur», acaba por definir, no seguimento de S.M. RAMÍREZ[215], a filosofia moral[216] como a «scientia quae versatur circa rectitudinem actuum humanorum ex ultimis rationis principiis», o que, explanando, tendo presente a sua *difinitionis explicatio*, podemos considerar que o estudo da moral, a filosofia moral é uma ciência normativa e categórica (de valor absoluto[217]), que procura conhecer aquilo que é, mas

---

[213] GONZÁLEZ MORAL, Iranaeus – *Philosophia Morales*. Editorialis Quinta Editio, «Sal Terrae»: Santander, 1960, p. 51.

[214] Filosofia dos costumes ou ética.

[215] RAMÍREZ, S.M. – *De hominis beatitudine*. 3.º Vol, Madrid, 1942-1947, p. 33-72.

[216] *Moralis, e* (de *mos, moris*: costume) é um adjectivo que significa «relativo aos costumes», moral (TORRINHA – *Dicionário Latino-Português*. Porto: Marânus, s.d.).

[217] O objecto da filosofia moral geral é uma filosofia de valores: a.e o c., p. 61 e ss..

em ordem à acção, ou melhor, aquilo que deve ser. Com efeito, diferentemente da filosofia especulativa, que procura a verdade pela verdade, a prática (que depende da especulativa, pois a acção depende dos valores, que se fundamentam no ser), procura a verdade em ordem à acção: como deve o homem dirigir a sua actividade? Qual é o seu dever?

A *philosophia moralis communicationis* visa reflectir e dar a conhecer os princípios constitutivos de uma *ethica* para os meios profissionais da comunicação social[218].

A *moralidade* tem uma essência complexa, mas traduz a ideia de conveniência do acto ou objecto com a *recta razão*, entendida como *razão conformada com a natureza humana*, dirigida por um *ideal de valor*, aberta e rectificada pelos valores absolutos, que é o que faz com que os actos sejam morais. Assim, a moralidade é uma qualidade dos actos humanos, em relação à qual estes são considerados bons ou maus e, assim, dignos de louvor ou vitupério.

Mas o que é que constitui a *moralidade do acto*, que surge, pois, como um valor dos actos humanos? Desde logo, a *voluntariedade do acto*, a liberdade física do agente, advertência da razão para a conveniência ou não conveniência do acto com o próprio operante. E qual é a diferença entre acto humano e acto moral? O que faz com que no acto humano exista moralidade? É a liberdade? Mas que faz com que os actos sejam moralmente bons ou maus? Que torna o acto humano formalmente moral? Ou seja, em que consiste formalmente a moralidade? O que a constitui substancialmente[219]? A moralidade não pode tomar-se independente da abertura para o absoluto: verdade, bondade, abertura para o infinito ou o universal, próprio do Homem.

É indiscutível a oposição entre o que, por vezes, se considera *valor objectivo* integrante da moralidade ou *valor subjectivo* («moral» de intenções?) e é aqui que está o grande problema de toda a moralidade, de toda a vida moral.

---

[218] Sobre o tema, *vide*, entre muitos autores, CORNU, DANIEL – oc.

[219] «*Elementa constitutiva actus moralis* in genere spectati sunt: voluntarietas actus, eius libertas, atque dependentia a ratione advertente ad honestatem vel turpitudinem obiecti circa quod versatur; ita ut elementum specificativum moralitatis sit dependentia actus a voluntate liber operante et a ratione advertente ad honestatem vel turpitudinem obiecti». GONZÁLEZ MORAL – oc, p. 15.

O homem tem de aceitar *normas de conduta, impostas objectivamente*. E, tendo de conformar-se com essa *ordem objectiva*, porque objectivamente descoberta pela razão, que lhe é superior, tem de sujeitar-se a ela, que lhe surge como dimanando de um *exigível mínimo* natural das coisas.

*

Vejamos, agora, a temática da moral ou da ética no domínio da informação, dos agentes que actuam nos meios da comunicação social, e especialmente que imposições resultam delas. E também o que as distingue da deontologia dos agentes comunicacionais, como condição mesma para o posterior tratamento da temática dos princípios deontológicos da comunicação social e do direito.

A comunicação social é uma *actividade regulada pela ética, pelo direito ou pela deontologia*, ou por todas e, neste caso, em que termos? E, sendo o trabalho dos jornalistas e a acção da comunicação social pluralmente enquadrada por elas, onde se encontram as balizas destas diferentes disciplinas?

E não existirá ainda um outro ou outros níveis «cogentes»?

Um terceiro nível, colocado entre o nível jurídico e o deontológico, que não pode também ser desconhecido, é o da «linha» do jornal, estação de rádio e canal de televisão, o nível editorial, o nível profissional das empresas, com regras especiais, comungando materialmente, muitas vezes, dos níveis anteriores, de natureza externa (normas associativas do sector), procurando acordos no plano da concorrência e interesses comuns, e da natureza interna, a *linha geral*, definida pelas empresas mediáticas (empregadores, editores, patrões, eventualmente sob consulta ou até negociações no ambiente comunicacional), no interior das quais se desenha a liberdade do jornalista e se lhe permite invocar estas regras para se proteger doutra qualquer pressão ou subordinação contrária ou imprevista.

Com efeito, é, também, a linha geral que orienta e defende o jornalista, quer no quotidiano, quer face a *alterações supervenientes unilaterais*, assumindo forma escrita (carta interna, como ocorre na Suíça, etc.) e integrando-se, também, no contrato de admissão laboral, balizando a relação daí resultante.

E o jornalista não obedece apenas à lei, à linha geral do órgão, à deontologia, mas, também, às suas *convicções e consciência*, na medida em que pode sempre reivindicar um *espaço de liberdade*, que é precisamente o da ética e da boa fé relacional, o que lhe permite, havendo alterações da linha editorial, recorrer, justificadamente, à *cláusula de consciência* e romper mesmo a *relação laboral*.

*

ANDRÉ LALANDE, no seu *Vocabulaire technique et critique de la philosophie*[220], definiu a *ética* como a «ciência que tem por objectivo o julgamento de apreciação, quando aplicado à distância, do bem e do mal», a qual ele distingue da *moral*, fazendo corresponder esta ao «conjunto das prescrições admitidas numa época e numa sociedade determinadas, ao esforço para se conformar com essas prescrições, à exortação para as seguir».

A *ética* apareceria como algo ligado a uma *exigência de sistematização*, uma abordagem crítica, que leva a uma *interrogação fundamental* sobre os elementos em que assenta, neste plano comungando claramente a sua reflexão com a *investigação filosófica*[221]?

Na sua *acepção moderna corrente*, alguma doutrina convenciona considerar que ela evocaria uma *concepção coerente e pessoal da vida*.

Como refere PAUL RICOEUR, a *ética*, numa concepção que comunga a ideia da antiguidade («o que é tido por bom»), traduziria «o desígnio de uma vida realizada» enquanto à *moral*, numa leitura prókantiana («o que se impõe como obrigatório»), caberia a «articulação desse desígnio nas normas caracterizadas tanto pela pretensão à universalidade como por um efeito de imposição»[222].

Poderemos operar a distinção, reservando para a ética o plano «ontológico», e ficando para a moral o sistema normativo, definindo-se, então, a *moral como* o *conjunto das regras de conduta geralmente admitidas* por uma determinada *sociedade historicamente situada?* Estaríamos assim a construir uma diferenciação disciplinar assente numa separação entre o domínio do social e o do privado.

---

[220] 8.ª Ed., Paris: PUF, 1960, p. 305-306.
[221] CORNU, d. – oc, p. 36.
[222] RICOEUR, p. – *Soi – meme comme un autre*. Paris: Seuil, 1990, p. 200.

CORNU, por exemplo, questiona esta saída do problema, precisamente por considerar que o que esta doutrina aponta é uma distinção entre o *plano pessoal, reservado à ética,* e o *plano social, reservado à moral*: estaríamos a referir-nos a uma *moral social* e a uma *ética pessoal.* O que, de qualquer modo, não deixa de se reconhecer que se trata de uma distinção que é operativa, pelo menos em parte, ou seja, na «fase de deliberação do acto moral ou da decisão ética», sem pertinência «quando o acto moral e a decisão ética são encarados na sua justificação e na sua efectuação», em que o aspecto social e individual não funciona em termos distintivos. Ou seja, o *acto moral* referir-se-ia, então, «implícita ou explicitamente, a um fundo de normas comuns ou convencionadas», enquanto a *decisão ética* passaria por um «processo interior crítico de fundação e de legitimação das normas». E o autor acrescenta o seguinte: «por um lado, haveria uma consciência que se obriga a si própria a seguir regras; por outro, uma consciência que procura definir as suas obrigações».

Ocorre que o *acto moral e a decisão ética*, ao dependerem um e outro da pessoa e da sua esfera privada, «inserem-se necessariamente num espaço social, a quando da sua efectuação e da sua justificação *a posteriori*», isto é, numa abordagem de uma *ética de comunicação*, tendo ambos carácter público, logo social, a partir de um momento em que se inscrevem num espaço de discussão e retiram a sua justificação de uma argumentação cujos efeitos podem desdobrar-se desde a fase de deliberação.

Por isso, CORNU propõe que se crie a distinção entre estas duas *categorias da razão prática,* numa «espécie de divisão do trabalho», cumprindo a *moral* uma tarefa de regulação, facilitada pela publicidade dada às suas normas, deixando para a *ética* o cumprimento, a jusante, da função legitimadora ao interrogar essas normas da moral.

Mas, então, como distinguir a *moral* e o *direito*, que é público?

Só o direito é válido para a ordem pública, ficando a moral na ordem privada? Ou não é a moral, fundada num processo discursivo (J. M. FERRY, HABERMAS) de acordo com uma *ética da comunicação*, algo com carácter público, o que contraria tal distinção de uma e outro pela afirmação do carácter privado e público.

De qualquer modo, se ambos se fundam em concepções e práticas partilhadas por uma determinada sociedade, que pode mesmo juridificar as regras meramente morais, as diferenças estruturais e

96 Direito da Comunicação Social

fenomenológicas são óbvias entre a normatividade moral e a normatividade jurídica, mesmo que nesta nem tudo apareça formalizado em termos positivados em leis escritas, resultantes de um procedimento potestativo representativo, pois, de qualquer modo, sempre o direito, sendo embora, muitas vezes, «expressão legal do estado da moral colectiva de uma sociedade», implica a organização de controlos e sanções, para o cumprimento de todas as suas normas, sejam regras escritas, costumes, princípios, que são um fenómeno de tipo distinto, desde logo com imposições coactivas e instâncias sociais adequadas, colocadas ao serviço da sua efectividade.

Mas, enquanto a *moral*, «instrumento privilegiado de questionamento» e de regeneração da sociedade e da sua ordem jurídica, se afirma como prescritiva, a *ética* é «reflexiva, interrogativa, crítica antes de evoluir para o plano do normativo, ou mesmo para analisar este plano».

Quando surge a *questão ética*?

Segundo PATRICE CALVINEZ, que situa a *ética* no campo da liberdade, tal ocorre quando essa moral, ultrapassada por «novas condições de existência», acabar por se apresentar «ao indivíduo com a necessidade de escolher[223]», pois é, nos períodos de mudança, em que a moral deixa de apresentar respostas adequadas em termos de dever-ser, porque já desfasadas da realidade, que há necessidade de questionar valores morais, discutindo-os, ponderando-os, tarefa que cabe à ética, respondendo a uma «missão de urgência», e de preparação mesmo do papel futuro, mas de concretização normalmente muito mais lenta, do legislador.

JOÃO ESTEVES, para quem a *passagem da ética à moral* envolve não só a transição do optativo (da ética) ao imperativo (da moral), vincando o carácter social do processo (constituição da obrigação moral como afirmação definitiva do carácter deste processo éticomoral) e envolve, ainda, por um lado, um elevado grau de *formalismo da moral* (consagração do princípio da universalidade, que nos termos da razão prática kantiana, traduz a conexão da exigência de racionalidade inerente à norma com a perspectiva da «vida boa»[224];

---

[223] CALVINEZ, P. – «La Question Éthique». In *A quoi pensent les philosophes*. Revue *Autrement*, n.º 102, Nov.1988, Paris, p. 65-66.

[224] KANT, Immanuel – *Kritik der Pratktishen Vernunft*. 1788, p. 32; trad. port. *Crítica da Razão Prática*. Ed. 70: Lisboa, 1984.

Ética, Deontologia e Direito da Comunicação Social   97

formalismo que é a reafirmação do *carácter social da moral*, pois «o universalismo das máximas equivale à pretensão de validade geral, para todos os homens, em todas as circunstâncias e sem ter em conta as consequências») e, por outro, uma espécie de exercício de depuração, ao considerar que, mais do que uma distinção que suponha que a ética antecede a moral, o que ocorre é que há uma solidariedade e articulação entre ambas «bastante mais complexa e profunda: um processo ético-moral, em que a ética passa sempre pela prova da norma e recolhe da moral a sua defesa e o próprio enriquecimento», sendo certo que, como defende RODRIGUES, o «domínio ético, que diz respeito à *ordem axiológica*, ao sistema de valores que tem curso na sociedade global e em cada uma das suas instituições (...) tem que ver com o processo gerador da sociabilidade, com a institucionalização da vida em comum, sendo por conseguinte prévio às formas contratuais que os interlocutores estabelecem entre si, de maneira explícita ou implícita», enquanto o «domínio da moral, que diz respeito ao regimento normativo que regula os comportamentos e os discursos concretos (...) resulta dos contratos estabelecidos entre os actores e os locutores, cristalizando-se no sistema normativo e legal que orienta os seus discursos e as suas acções»[225].

Há que reconhecer que os dois termos foram durante muito tempo tidos como sinónimos, mas hoje são em geral usados com sentidos distintos, lamentando alguma doutrina a ausência de moral, no sentido kantiano, que dão como razão da *proliferação das éticas*, pois naturalmente quando a moral falha, estas tendem a abundar, enquanto outros autores, no seguimento se SPINOZA (NIETZSCHE, DELEUZE, COMTE-SPONVILLE, etc.), louvam esta *sobrevalorização da ética* face à moral, pois preferem uma *tipologia de modos imanentes de vida* a uma permanente colagem dos comportamentos à existência de *valores transcendentes*, considerando esta substituição como algo em que a ética não é contrária à moral mas aparece como uma moral livre das «ilusões de um fundamento transcendente das regras»[226].

Se o *formalismo* é o atributo fundamental a garantir a *especificidade e autonomia da moral*, embora *sem auto-suficiência*, porquanto

---

[225] RODRIGUES – *Comunicação e cultura: a experiência cultural na era da informação*. Lisboa: presença, 1994, p. 77.

[226] DELEUZE, Gilles – *Spinoza*.Ed. Minuit , p. 35.

98   *Direito da Comunicação Social*

ele mesmo exige a necessidade de recurso à ética, seja a *jusante*, por esta a preceder, seja a *montante*, num «processo de desenvolvimento moral e raciocínio ético»[227], quer por a *moral se revelar insuficiente*, ao não ter, muitas vezes, articulado respostas satisfatórias que o conjunto dos problemas suscitados vai colocando à sociedade em termos do dever, quer pela advento de potenciais conflitos perante a aplicação prática das suas normas ou a evolução da vida colectiva com as *novas questões ou mesmo as questões de índole nova* que ela vai implicando e para os quais as anteriores normas já não se apresentam adequadas, apelando a um «julgamento moral em situação», fugindo-se ao «sentido trágico» que o dever conferiria nessa circunstância à acção, tornando decisivo não a regra mas uma «convicção» que, para não ser arbitrária, exige o «recurso às fontes do sentido ético mais original» que não passaram ou não passaram ainda para as normas[228].

Tudo visto, sobre este tema, partilhamos uma posição que resumiríamos dizendo que estamos perante *duas noções distintas*, em que a *moral* trata da regulação das coisas, com formalização normativa, e a *ética* acaba por desempenhar uma dupla função, fundante e legitimadora da norma moral, como *fonte reflexiva*, quer a *montante*, fazendo brotar a explicitação das normas de moral, quer, a *jusante*, ao interrogar essas normas da moral anteriormente estabelecidas, questionando-as e aferindo a sua validade, em momentos e circunstâncias de conflictualidade social. Neste sentido, poderíamos dizer que a ética é o resultado de uma reflexão filosófica, situada, sobre a própria moral, em termos da sua fundação[229] e da sua aplicação a casos concretos (v.g., com actualidade, bio-ética, eutanásia, aborto, informática, etc.), respondendo a ética às nossas interrogações mais originais, temática e historicamente situadas, sobre a nossa existência e sentido que lhe pretendemos imprimir.

*

---

[227] ESTEVES, J. P. – oc, p. 267.

[228] ROCOEUR, Paul – «Ethique et Morale». *Revista Portuguesa de Filosofia*, T.XLVI-1, Braga, 1990, p.14.

[229] MISRAHI – *Le Bonheur: essai sur la Joie*. Hatier, Optiques, apud STIRN, François – *Les Grands Penseurs Contemporains*. Paris : armand Colin Editeur. Tradução de Alexandre Emílio: *Os Grandes Pensadores Contemporâneos*. Lisboa: IP, 1999, p. 135.

E qual o lugar da *deontologia*[230], que, em termos da sua raiz grega, se reporta aos deveres?

Que resta para a *deontologia profissional*, neste emaranhado de abordagens normativas e configurações de recorte metafísico?

No âmbito da deontologia, os códigos jornalísticos multiplicam-se, a nível nacional e internacional, mas como refere CLEMENT JONES, no seu relatório sobre o tema, elaborado para a UNESCO[231], «toda a gente quer ter o seu código deontológico particular», e, no entanto, «Quanto a saber quanto valem, essa é outra história; em muitos casos, provavelmente, não valem mais do que o papel onde estão escritos». Será assim?

Uma coisa é a *deontologia dos profissionais da informação*, enquanto moral própria dos jornalistas, e outra a *ética da informação*, enquanto reflexão questionadora de todo o processo comunicacional.

A *deontologia*, enquanto «moral prática», apanhado de regras pragmáticas de uma informação correcta, situa-se entre a moral, a que se liga materialmente, e o direito, com que se assemelha, desde logo na sua articulação normativa, pese à existência por vezes de zonas de tensão. Sendo uma *teoria dos deveres*, afasta-se da ciência do dever em geral, assumindo um carácter instrumental, ao apelar a uma «abordagem empírica dos diversos deveres relativos a uma situação pessoal ou a uma profissão determinada», o que marcando a sua natureza revela igualmente os seus limites.

Os *códigos deontológicos*, procurando explicitar um certo número de *objectivos éticos*, vêm clarificar as relações dos jornalistas com as fontes, público, empresários da Comunicação Social e colegas.

Foi no início do século XX que apareceram as primeiras declarações de direitos e deveres dos jornalistas, os primeiros códigos, visando definir os espaços de liberdade destes não só na sociedade como no interior da empresa[232].

E é a vulnerabilidade da profissão, com base em razões sociais e económicas ligadas à evolução da empresa comunicacional, que é

---

[230] Vocábulo criado por JEREMY BENTHAM, em *Deontology or de science of the morality*, 1934 (obra póstuma), pai do utilitarismo, que associou a uma moral prática do «interesse bem compreendido» (CORNU, D. – *oc*, nota 11, p. 53).

[231] JONES, Clement – oc, p. 45.

[232] CORNU, D. – oc, p. 68.

100 Direito da Comunicação Social

uma das primeiras preocupações que historicamente são constatáveis através do ordenamento deontológico[233].

E se as raízes dos problemas deontológicos se situam no processo de evolução da imprensa do século XIX, é «desde o fim da I Grande Guerra que vemos, na Europa, acentuar-se melhor as condições de emprego e as regras de exercício da profissão de jornalista»[234].

Além da necessidade de preservar os órgãos de comunicação social das ingerências do Estado, o que fará emergir nos anos 50 a doutrina da «responsabilidade social» da empresa, em face dos excessos da actuação da imprensa, subordinada à lógica dos negócios, com políticas editoriais influenciadas crescentemente pelos anunciantes, tendência conservadora e reaccionária à mudança social, exploração de *fait divers* e de sensacionalismo, atentados à moralidade pública e vida privada, matérias que, por isso, entraram e constituíram a essência dos Códigos Deontológicos[235].

Dito isto, como poderemos definir o *estatuto da deontologia profissional*, que atesta uma expectativa moral, codificando regras definidas pelos próprios jornalistas, tendo como destinatários o universo dos profissionais da informação, ou seja, tendo natureza «mais colectiva que individual», dependendo da sua aplicação espontânea e, neste plano, abrindo espaço para a liberdade individual, o que também é revelador da precariedade dos seus comandos?

*

Os *códigos deontológicos* têm por *objectivo essencial* a defesa da reputação da classe jornalística e a familiarização dos estagiários com os principais deveres da profissão, integrando por isso fundamentalmente a «formulação de regras profissionais praticáveis», permanentemente actualizadas[236]: princípios gerais, regras de conduta próprias do jornalismo, da rádio e televisão».

---

[233] JONES, J. Clement – *Deontologia da informação* .... Relatório para a UNESCO, 1980.

[234] CORNU, D. – oc, p. 42

[235] SIEBERT, Frederich; PETERSON, Theodore; SCHRAMM, Wilbert – *Four Tjeories of the Press*. Uebana: Unievrsity Press, 1956.

[236] CORNU – oc, p. 42.

Ética, Deontologia e Direito da Comunicação Social

Podemos agrupar os conteúdos dos *códigos deontológicos* dos vários países em quatro eixos, que permitem a reflexão sobre a ética da comunicação: «A missão da imprensa, a liberdade da informação como condição, a verdade como dever fundamental e o respeito da pessoa humana como limite»[237].

Como resulta da Declaração de Munique dos Direitos e Deveres dos Jornalistas, de 1971, é «do direito do público a conhecer os factos e as opiniões que procede o conjunto dos deveres e dos direitos dos jornalistas»[238].

Tratam, em geral, de matérias comuns que se referem à *função social dos órgãos* da comunicação social, a sua *liberdade, independência, a verdade-objectividade-exactidão e respeito por certos limites*, ligados designadamente com a dignidade da pessoa humana e direitos de personalidade; no fundo *liberdade, verdade e respeito pela pessoa humana.*

Dito isto, vejamos a problemática levantada pela *ética da informação,* começando por introduzir os fundamentos conceptuais da informação, as questões que levanta e as exigências que implica.

Informar é dar expressão exterior (forma[239]) a um facto (tornado conteúdo) cuja função se traduz em reduzir a incerteza[240] sobre a «história» do presente e a separação dos receptores em relação ao seu meio vivencial, através da sua comunicação (acto de difusão), num processo complexo que pressupõe como elementos configuradores o emissor, o veículo, o receptor e os sinais (ou significantes[241]).

Neste *esquema quadrifásico,* a centralidade é ocupada, naturalmente, pela problemática do tratamento destes significantes, ou seja, do conteúdo da informação, emergindo o *jornalista*, que é um produtor de notícias, com a função essencial, precisamente, de procurar, levantar, seleccionar e dar forma à descrição, relativamente circunstanciada, de uma situação, acção, pensamento, opinião, em que se traduz esse conteúdo informacional.

---

[237] A. e o.c., p. 57.

[238] CORNU, F. – *o.c.*, p. 58.

[239] Do latim, *in formatio.*

[240] Moles, Abraham -«Informaçao». In *La communication et les mass media*, Paris : Marabout Université, 1973, p.393.

[241] Na expressão de MOLES, o «reportório de sinais comuns ao emissor e receptor» (*situação canónica da comunicação*).

Com efeito, a *informação,* não sendo a única actividade desenvolvidas pelos *meios de comunicação social*[242], é, no entanto, a actividade própria dos *jornalistas* e a mais importante das actividades que os meios de comunicação social são chamados a desempenhar em sistema democrático.

A expressão *meios de comunicação de massas,* introduzida pela sociologia americana, e cuja importância é crescente, visou substituir por um nome mais genérico o tradicional vocábulo «imprensa», aplicado fora da sua designação original, sendo certo que até ao século XIX, a *informação* formava-se na tipografia, máquina de imprimir, mas no século XX, com os novos meios de informação, tal vocábulo tornou-se inadequado, independentemente das tentativas da sua adaptação e redensificação.

A informação, veiculada pela designada imprensa falada, ou imprensa audiovisual, nem era comunicada sob forma impressa, nem comunicava só notícias ou opiniões, pois também emitia programas culturais, debates, desafios de futebol, documentários, peças de teatro, etc..

E, como referimos acima, o *conteúdo* é, pois, um facto, um evento. E um facto da *actualidade*, ou seja, a *notícia* conhecida, investigada ou recebida (na medida em que seja um facto «notável»[243], pois a função do jornalista, enquanto tal, é perceber a importância relativa dos factos sociais e reter e relatar os *factos da actualidade socialmente significativos* (factos novos dotados de originalidade que traduzam um verdadeiro acontecimento de interesse social), enquanto a difusão é o ponto final do processo do *complexo acto jornalístico, de «revelação»* (pelo menos como ponto de partida, e não de «criação», tratando-se do acontecimento enquanto tal e não de mero facto-opinião[244]) *da informação.*

Mas os *media* desempenham também um papel criador em matéria de informação, criando incerteza que depois procuram reduzir, deslizando, em processo tautológico[245], de observadores e reveladores

---

[242] Desenvolvendo-se a comunicação não só através de vários tipos de «canais» de ligação, como telefone, jornais, livros, TV, rádio, telemática, CD,s, e até acumulando, muitos deles, além de notícias, também emissões de filmes, programas culturais, telenovelas, *talk shows,* etc..

[243] ABRAHAM MOLES

[244] De qualquer modo, o *conceito geral de informação* integra os factos e as opiniões, sem prejuízo da sua necessária distinção (CORNU, Daniel – oc, p. 14.

[245] CORNU – oc, p.16.

Ética, Deontologia e Direito da Comunicação Social 103

do notável para produtores do notável, o que coloca questões em termos de ética da informação.

O *acto comunicacional* (no sentido estrito, enquanto tarefa de transmitir) *assume a forma dada* (uma certa forma) *ao dar-se forma a* – ao informar – *uma notícia),* comportando *três fases sucessivas:*

- uma fase *heurística* – procura, aceitação, selecção, actos de recepção de origem provocada ou espontânea;
- uma fase dual com *actos técnico-intelectuais*: registo, formação – escrita, oral ou por imagem – do continente – configuração formal – e do conteúdo – notícia, enquanto produto imaterial), enquadrando as questões clássicas a que uma boa informação estruturante da notícia deve, em termos o mais sucintos e completos possíveis, dar resposta: *quis, quid, ubi, quibus auxilius, cur, quomodo, quando?*[246]
- uma *fase de publicitação, do acto transmissor* ao público, o que implica a existência de suportes difusores, de meios adequados, dos *media).*

Mas se, por um lado, em si, o *conteúdo comunicacional* só traduz um facto se ele é real e só informa (bem) o público se é verdadeiro, ou seja, autêntico, exacto e apresentado de modo devidamente interpretado ou interpretável, acresce ainda, por outro, que a desconformidade com a sua exigência de explicação ontológica do meio de vivência humana, não passa sem consequências, mesmo que de intensidade variável, na media em que os media são meios capazes de contribuir para moldar os espíritos, ou, se se preferir, «o espírito do tempo», para usar a expressão de EGDAR MORIN, insinuando e incentivando condutas, fomentando modas, promovendo lideranças, orientando costumes[247], etc..

Os *meios de comunicação social* já não são, actualmente, meros colectores e difusores de informações, mas, em face das tarefas desempenhadas por este poder, que vai assumindo uma nova natureza, sobretudo com as mudanças decisivas verificadas ao longo da segunda metade do século anterior, posicionam-se mesmo como «um novo princípio organizador da vida social», prolongando, anulando ou

---

[246] Nas expressões de QUINTILIANO: apud Cornu – oc, p. 15.
[247] CORNU, Daniel – *Jornalismo e Verdade*: (…), p. 17.

104   *Direito da Comunicação Social*

reforçando, os restantes poderes sociais, cuja relações tradicionais reconformam[248], desvalorizando os «especialistas, os intelectuais e os políticos» e destacando o papel actuante das «opiniões públicas e mediadores profissionais»[249], em geral colocando questões no âmbito das liberdades, dos comportamentos sociais, da justiça e das legitimidades[250], desde logo da legitimidade do seu papel e da sanção pelo público dos seus actos informacionais[251]. E em ultima análise, implica *inultrapassáveis interrogações de base ética*, em face de frequentes atitudes de reserva e desconfiança e graves riscos no plano da credibilidade[252].

Basta atentar na «linha de fractura» aberta com a informação sobre a revolução romena, após a revelação do simulacro dos cadáveres de Timisoara, revelada no inquérito francês feito pela Sofres em Outubro de 1990, e a imediata crise devida ao tratamento jornalístico da Guerra do Golfo, no início de 1991, numa visão crítica sobre a independência dos jornalistas, que se estende até à afirmação da sua incapacidade de se defenderem das diversas formas de sedução, resistir aos grupos de pressão e sobretudo às pressões dos partidos políticos e do poder em geral, assim como do dinheiro[253].

E, como afirma JEAN-LOUIS MISSIKA[254], o *problema de imagem dos jornalistas* parece «implicar no essencial a ética profissional», a ética da informação, no plano individual, do jornalista, mas envolvida e ligada aos próprios *media* e inserida na relação com o público.

O próprio legislador, sensível a este aspecto e consciente de que o direito afirma um mínimo ético que não dispensa o profissional de comunicação de uma obrigação geral de comportamento ético na sua

---

[248] V.g., sobre o tema da denúncia do poder específico dos *media*, TCHAKHOTINE, Serge – *Le viol des foules par la propagande politique*. Paris: Gallimard, 1992, publicado pela primeira vez em 1932.

[249] VIRIEU, François-Henri de – *Mediocracia*. Paris: Flammarion, 1990, p. 19.

[250] MERTON, R – Social Theory and Social Structure. Glencoe: The Free Press, 1964, p. 14.

[251] BEGUIN, Bernard – *Journaliste qui t'a fait roi. Les media entre droit et liberté*. Lausana: Éditions 24 Heures, 1998.

[252] Os *índices de credibilidade* resultam da diferença de resultados entre as opiniões mais positivas e as mais negativas (*Médiaspouvoirs*, n.º33, 1.º Trim., 1994, com dados desde 1987)

[253] SCHWOEBEL, Jean – *La presse, le pouvoir et l'argent*. Paris: Seuil, 1968.

[254] *Médiaspouvoirs*, n.º 13, p. 43.

Ética, Deontologia e Direito da Comunicação Social 105

actividade, não deixou de, na alínea a) do artigo 14.º do Estatuto do Jornalista, consagrar como sua obrigação, que constitui seu dever fundamental «Exercer a actividade com respeito pela *ética profissional*, informando com *rigor e isenção*».

Mas, de qualquer modo, as exigências da ética vão mais longe. Falar de *ética informacional* apela ao conceito de «boa informação», sendo o bem o objecto normal da ética, que exige critérios que ultrapassam os planos técnicos e pragmáticos, e não se contenta mesmo com as regras profissionais, deontológicas ou jurídicas, exigindo uma permanente ponderação articuladora entre o Bem, o Verdadeiro e o Justo.

2.2. **Princípios deontológicos consagrados pelos jornalistas portugueses**

O actual Código Deontológico dos Jornalistas Portugueses foi aprovado em 4 de Maio de 1993, em consulta geral aos detentores de Carteira Profissional, após discussão preliminar e aprovação em Assembleia-Geral, realizada em 22 de Março de 1993.

Não se trata de um *mero código de orientação ético-profissional*, na medida em que vincula juridicamente os jornalistas, ao ser assumido por normas legais que não só começaram por ordenar a sua elaboração como, ainda hoje, efectivam remissões para ele[255], sem prejuízo, sendo caso disso, da necessidade de, no plano do direito aplicável, dever ser interpretado tendo presente todos os normativos vigentes, quer de acordo com os critérios cronológico e da especialidade, quer do da hierarquia normativa.

E, de qualquer modo, os seus princípios não deixam de ter consagração autónoma em normas de fonte organicamente supranacional ou estatal, como acontece, quer no artigo 14.º do Estatuto do Jornalista[256],

---

[255] Desde logo, hoje, temos o disposto no artigo 14.º do Estatuto do Jornalista, que o integra no corpo de normas sobre *deveres dos jornalistas*: Artigo 14.º (Deveres): «Independentemente do disposto no respectivo *código deontológico*, constituem deveres fundamentais dos jornalistas(…)».

[256] Artigo 14.º (Deveres): « (…)constituem *deveres fundamentais dos jornalistas*: a) Exercer a actividade com respeito pela *ética profissional*, informando com *rigor e isenção*;

quer em outras normas, v.g., com o *princípio da autodeterminação informacional* (resultante desde logo dos n.º 2, 3, e 5, com uma disciplina em termos de dever-ser e não tanto de natureza activista, expressa no artigo 7.º[257] do Estatuto do Jornalista), ou com o *princípio do sigilo profissional das fontes confidenciais* (embora no código deontológico em termos de uma obrigação, que não cabe ao legislador impor, mas apenas permitir e garantir como um direito e mesmo assim não absoluto, o que impõe excepções em certas situações-limite, que não podem deixar de prevalecer sobre as regras deontológicas), ou o *princípio do respeito pela privacidade* (com toda uma concretização e sancionamento penal e civil, que naturalmente cabe ao direito estatal, designadamente penal, codificado ou extravagante) ou o *princípio da rejeição de posições incompatíveis* (que só teria verdadeira operacionalidade, fora do ambiente de autoregulação corporativa, através da criação de um regime legal de incompatibilidades, de que o legislador não poderia alhear-se), etc., que estudaremos no desenvolvimento do programa deste Curso.

Deste Código, interpretado, portanto, de acordo com outra legislação aplicável nas matérias nele tratadas, podemos deduzir certos *princípios fundamentais da intervenção social do jornalista*, que explicitamos, ordenando-os segundo um *critério de importância ou encadeamento lógico* que nos parece mais adequado.

---

b) Respeitar a orientação e os objectivos definidos no estatuto editorial do órgão de comunicação social para que trabalhem; c) Abster-se de formular *acusações sem provas* e respeitar a *presunção de inocência*; d) Não identificar, directa ou indirectamente, as *vítimas de crimes* contra a liberdade e autodeterminação sexual, bem como os *menores* que tiverem sido objecto de medidas tutelares sancionatórias; e) Não tratar *discriminatoriamente as pessoas*, designadamente em função da cor, raça, religião, nacionalidade ou sexo; f) Abster-se de recolher declarações ou imagens que atinjam a *dignidade das pessoas*; g) Respeitar a *privacidade* de acordo com a natureza do caso e a condição das pessoas; h) Não falsificar ou encenar situações com intuitos de *abusar da boa fé do público*; i) Não recolher imagens e sons com o recurso a *meios não autorizados* a não ser que se verifique um estado de necessidade para a segurança das pessoas envolvidas e o interesse público o justifique.

[257] Artigo 7.º. (*Liberdade de expressão e de criação*): «1-A liberdade de expressão e de criação dos jornalistas não está sujeita a impedimentos ou discriminações nem subordinada a qualquer forma de censura.

Ética, Deontologia e Direito da Comunicação Social

Eis esses princípios orientadores:

a) **Princípio da responsabilidade pessoal**
Este princípio traduz a ideia de que o jornalista deve *assumir a responsabilidade por todos os seus trabalhos e actos profissionais* (n.º 5).

b) **Princípio da autodeterminação informacional**
O jornalista deve *combater a censura* (n.º 2) e repudiar as *limitações à liberdade de expressão e ao direito de informar*, denunciando as tentativas de o condicionarem na sua missão (n.º 3) e *recusando actos que violentem a sua consciência* (n.º 5).

c) **Princípio da descrição rigorosa dos factos**
No que se refere à *narração dos acontecimentos*, o jornalista deve *relatar os factos com rigor e exactidão*.

d) **Princípio do contraditório no apuramento dos factos**
Os factos devem ser *comprovados, ouvindo as partes* com interesses atendíveis no caso (n.º 1, parte intercalar), sendo a *acusação sem provas falta profissional grave* (n.º 2, parte final).

e) **Princípio da distinção entre facto e opinião**
A *distinção entre o que é factual, ou seja, notícia e mera opinião* pessoal deve resultar de modo claro (n.º 1, *in fine*), além de que o jornalista deve atribuir aos seus autores as opiniões alheias (n.º 6).

f) **Princípio da descrição honesta dos factos**
Naturalmente que os factos, ao serem enunciados, assumem um modo de expressão que não é neutro. O jornalista deve enunciar e interpretar os factos com honestidade (n.º 1, primeira parte), sem sensacionalismo (n.º 2), considerar o *plágio* como uma grave falta profissional (n.º 2) e promover a *pronta rectificação das informações que se revelem inexactas ou falsas* (n.º 5).

108   *Direito da Comunicação Social*

g) *Princípio da rejeição de posições incompatíveis*
O jornalista não deve aceitar *funções, tarefas e benefícios* passíveis de comprometer o seu estatuto de independência e a sua integridade profissional (n.º 10).

h) *Princípio da imparcialidade*
O jornalista não deve aproveitar a sua condição profissional para *noticiar assuntos em que tenha interesses pessoais* (n.º10).

i) *Princípio da liberdade e lealdade no acesso às fontes*
O jornalista deve *lutar contra as restrições no acesso às fontes de informação*, divulgando as ofensas a este direito (n.º 3), utilizando *meios leais para obter informações, imagens ou documentos* e não abusando da boa-fé de quem quer que seja (n.º 4).

j) *Princípio da identificação do jornalista*
O jornalista, em princípio, deve identificar-se, praticando outros processos de acesso apenas em casos excepcionais de incontestável interesse público (n.º 4).

l) *Princípio da actuação respeitosa na recolha de informação*
O jornalista obriga-se, *antes de recolher declarações e imagens*, a atender às condições de serenidade, liberdade e responsabilidade das pessoas envolvidas (n.º 9).

m) *Princípio da identificação das fontes*
O jornalista deve usar como *critério fundamental a identificação das fontes* (n.º 6)

n) *Princípio do sigilo profissional das fontes confidenciais*
O jornalista *não deve revelar as suas fontes confidenciais* de informação, nem desrespeitar os compromissos assumidos, *mesmo em juízo,* excepto se tal revelação resultar de obrigação legal (artigo 135.º do Código de Processo Penal) ou se o tentaram usar para canalizar *informações falsas* (n.º 6).

Ética, Deontologia e Direito da Comunicação Social   109

o) **Princípio do respeito pela privacidade**
O jornalista deve respeitar a *privacidade dos cidadãos*, excepto quando estiver em causa o interesse público ou a conduta do indivíduo contradiga, manifestamente, valores e princípios que publicamente defende (n.º 9).

p) **Princípio da salvaguarda da presunção de inocência dos arguidos**
O jornalista deve *salvaguardar a presunção da inocência dos arguidos* até a sentença transitar em julgado (n.º 7).

q) **Princípio do anonimato e humanidade no tratamento de casos que mereçam especial discrição e cuidado**
O jornalista *não deve identificar, directa ou indirectamente, as vítimas de crimes sexuais e os delinquentes menores de idade*, assim como deve *proibir-se de humilhar as pessoas ou perturbar a sua dor* (n.º 7).

u) **Princípio da igualdade no tratamento das pessoas**
O jornalista deve *rejeitar o tratamento discriminatório das pessoas em função da cor, raça, credos, nacionalidade ou sexo* (n.º 8).

2.3. Direito da comunicação social como ciência, seu conceito, características, objecto, teleologia e metodologia científica

Antes de desenvolver os tópicos relacionados com o direito como instrumento regulador da liberdade de informação, há que referir que o *direito*, ao disciplinar os comportamentos dos homens em sociedade e das suas organizações sociais, decompondo-se num conjunto de *meios e procedimentos,* visando encaminhá-los para a adopção de condutas que lhe são conformes, tidas como as socialmente mais adequadas e justas, traduz uma técnica de *controlo social*[258] (em posição situada entre o campo de intervenção individual, através,

---

[258] VIROUX, Alain – Léxico de Sociología. Barcelona: Estela, 1964, p. 26.

designadamente, dos meios da comunicação social, e os outros campos, que implicam desde logo decisões sociais básicas, ao nível de orientações valorativas, como a política e a religião[259]), mas cuja importância se mede pelo facto de estar acoplado ao poder coactivo exercido por instituições que o impõe através da aplicação de normas jurídicas[260].

O *objecto* da ciência do direito da comunicação social, como direito da informação e para a informação, é o direito sobre a informação enquanto *faculdade de investigar* (ou direito à investigação), *faculdade de difundir informação* (direito a informar) e *direito a recebê-la* (direito a ser informado; faculdade de receber, ou seja, direito à notícia, à opinião e à crítica).

O *direito da comunicação social* é o conjunto de normas jurídicas identificadas por toda esta *teleologia* especificadora e respectivas *consequências*, designadamente as de dar corpo ao *carácter integrador da informação*[261] (traduzido no *direito subjectivo* à informação, o de informar, o de estar informado, o de expressar ideias e o de as receber, tudo gérmen e objecto primário deste ramo do direito) e dar corpo ao carácter fundamental, que lhe é inerente, de algo ao serviço de um *interesse público* (que é um princípio básico do Direito da Comunicação Social).

Quanto às suas *características*, REMEDIOS SÁNCHEZ FERRIZ refere que ele é um *direito natural, pessoal, não absoluto, público, político, universal, inviolável e inalienável*. Com efeito, podemos apontar, como elementos caracterizadores deste ramo da ciência jurídica, que ele se reporta a:

a) um *direito originário ou inato* (direito do homem, adquirido pelo mera existência, independentemente da disposição dos meios legais), e, assim, um *direito universal* (aspirando a uma construção que sirva não apenas o direito interno mas se

---

[259] PARSONS, Talcott – «The law and social control».In *Law and Sociology: Exploratory Essays*. Nova Iorque: The Free Press of Glencoe, 1962, p. 71 e ss.

[260] ESCOBAR DE LA SERNA, Luís – *Princípios del derecho de la información*. Dykinson: Madrid, 2000, p. 25.

[261] O carácter integrador da informação e do direito de a exprimir inclui dentro deste a liberdade de opinião, e de receber ou comunicar ideias: ATEDH, assunto Castells contra Espanha, de 23 de Abril de 1992.

Ética, Deontologia e Direito da Comunicação Social 111

afirme em todas as dimensões territoriais), *inviolável, inalienável, irrenunciável e imprescritível* (por estar fora do comércio jurídico) e de *natureza extrapatrimonial* (neste sentido, um *direito pessoal*), ao radicar-se na sua esfera individual ligada à natureza social do homem e incidindo na ideia de algo inerente a essa sociabilidade inultrapassável da pessoa;

b) um *direito limitado* no seu exercício, ao admitir, no seu conteúdo, restrições, limitações, o que afasta uma pretensão à afirmação de uma aplicação com valor absoluto, acima da ética ou de outros direitos fundamentais (embora seja, em si mesmo considerado, um *direito absoluto ou de exclusão*, no sentido de oponível *erga omnes*); e

c) um *direito de índole pública*, e mesmo *política*, estando ao serviço do instituto *opinião pública* e da vivência democrática e, portanto, ao permitir e fundar-se na participação política ou nas funções públicas[262].

A nossa disciplina é um *ramo da ciência jurídica*, porque constitui uma ordenação de conhecimentos passíveis de «sistematização, de tratamento em diversas fases de generalização e abstracção, permitindo chegar-se a *princípios válidos e exclusivos*»[263], tendo esta ciência como *critérios essenciais a universalidade, generalidade e autonomia* (parte substantiva e autónoma da ciência do direito), com normas agrupadas (naturalmente não totalmente à volta de tudo o que é informação, mas seguramente) à volta do *fenómeno informativo*, em *construção unitária*, independentemente do *ecletismo das normas, públicas ou privadas*, e algumas integrantes de outros ramos com autonomia tradicional. E isto, na medida em que, como refere JOSÉ MARIA DESANTES GUANTER, o, por ele designado, direito à informação é uma «ciência jurídica universal e geral que, acolhendo os fenómenos informativos, lhes confere uma *específica perspectiva jurídica*, capaz de ordenar a actividade informativa, as situações e relações jurídico-informativas e os suas diversos elementos, ao serviço

---

[262] REMEDIOS SÁNCHEZ FERRIZ – *El derecho a la información*. Valencia. Cosmos, 1974, p. 73-77. Vide, também, «El control parlamentário de las RTV públicas en España». In *Las radiotelevisiones en el espacio europeo*. Valencia, 1990.

[263] ESCOBAR DE LA SERNA, Luis – *Principios del Derecho de la Información*. Madrid: Dikynson, 2000, p. 148.

112 *Direito da Comunicação Social*

do direito à informação»[264]. E é nesta especificidade ordenadora e teleológica que reside a sua autonomia de tratamento e é isto que permite, assim, essa construção unitária, científica.

Quanto à *infra-estrutura metodológica*, importa referir que (neste domínio nomotético bem específico, como aliás as ciências jurídicas em geral, pela característica deste sistema de normas dotado intrinsecamente de obrigatoriedade imposta, em face de um dever-ser), não é o método que cria o objecto (na linha da tese kantiana), mas o *objecto*, que é a regulação e a protecção do direito fundamental à informação, que cria o método, necessariamente dependente desta teleologia, com recurso a vários ramos de direito e à teoria geral do direito, e seguindo, naturalmente, em geral, o método jurídico[265].

2.4. Análise diacrónica e sincrónica do direito da comunicação social

2.4.1. *Breve apontamento sobre a história da comunicação social e o direito da comunicação*

A análise da evolução histórica do *ius communicationis*, que FRANCISCO DE VITÓRIA já havia definido no século XVI[266], revela que ele assume a *natureza de direito humano*, e, portanto, com o carácter próprio de um *direito de vocação universal*, o que se manifesta, desde logo numa *pentadimensionalidade interactiva*, quer em termos de hiperbolização das fontes (DIP, DUE, direitos internos), quer territoriais, quer instrumentais, quer pessoais, quer no domínio das faculdades em que se desdobra, na medida em que, por um lado, as mensagens atravessam as fronteiras (*universalidade geográfica*) e o seu reconhecimento e protecção integra normas de direito internacio-

---

[264] DESANTES GUANTER, José Maria – «La esencia del derecho a la información». In *Fundamentos del Derecho a la Información*. Madrid: CECA, 1977, p. 97 e ss.

[265] Estudado na cadeira de *Princípios Gerais de Direito*, do primeiro ano da licenciatura, para que se remete.

[266] Vide, v.g., BEL MALLEN, Ignacio – *El derecho a la información local*. Madrid: Ciencia 3 distribución 1990, p. 41 e ss; DESANTES GUANTER, José Maria – *La información como derecho*. Madrid: Editora nacional, 1974, p. 301 e ss.

Ética, Deontologia e Direito da Comunicação Social

nal, universal e regional, designadamente europeu (*universalidade das fontes de direito*), por outro, difundem-se através de quaisquer meios de transmissão, processando-se através de múltiplos e, historicamente, expansivos suportes e métodos de incorporação de mensagens (*universalidade de meios de comunicação*) e, além disso, fundam um direito de acesso de todos os indivíduos, enquanto membros da Comunidade (*universalidade subjectiva*)[267] e o seu regime geral integra, operativamente, as faculdades de informar (*emissão*), ser informado (*acesso à informação*) e receber informação (*recepção*), tudo direitos concretizadores em que se decompõe (*universalidade de faculdades concretizadoras*).

Podemos caracterizar estes direitos como *originários* (inatos; inerentes à própria existência do indivíduo), essencialmente *privados* (do indivíduo como ser humano; mas também com componentes de direitos e deveres públicos), *absolutos* (de exclusão, no sentido de que são oponíveis *erga omnes*, embora condicionados no seu conteúdo, por razões morais, éticas, de respeito por outros valores e direitos fundamentais), *extrapatrimoniais* (pessoais; embora passível de ressarcimento patrimonial, em face de danos provocados), irrenunciáveis e imprescritíveis e protegido pelo sistema constitucionalizado de garantias, normativas e orgânicas, de defesa dos direitos fundamentais.

À sua evolução, em termos de direito supranacional, referir-nos-emos mais abaixo, no capítulo das fontes de direito da comunicação social.

Em Portugal, o *regime de censura à imprensa*, que é quase coevo do aparecimento da instalação das primeiras tipografias, vigora, com alguns períodos excepcionais no século XIX, durante a maior parte do tempo, até 1995. Isto, desde logo, no seu início, com significativo dano para a evolução do conhecimento das letras, ciências e técnicas da época, em face da interdição de circulação de textos fundamentais da cultura europeia, que, noutros países, tinham circulação livre e crescentemente disseminada, sobretudo após a invenção da tipografia por Gutenberg, em 1456.

---

[267] Escobar de la Serna, Luís – *Princípios del derecho de la información*. Dykinson: Madrid, 2000, p. 87.

114   *Direito da Comunicação Social*

Com efeito, os primeiros livros datam de finais do século XV e, logo em 1537, começam a sair *obras decepadas* (v.g., a 2.ª edição dos Lusíadas, de 1584. de Luís DE CAMÕES[268]), devido à intervenção censória prévia, eclesiástica e estatal, designadamente com interdição de publicação (*Índex* eclesiástico, elaborado pelo Papa e Inquisição), quer através do Santo Ofício e bispo da diocese, quer directamente do Desembargador do Paço, e indirectamente, através de *privilégios régios de impressão.*

A imprensa periódica, que nasce em Paris em 1631, aparecerá em Portugal apenas com o fim da União Real dos Habsburgos, em 1640, para dar as novas sobre a guerra da restauração com a Espanha, não deixando os dois periódicos de então, *Gazetas da Restauração* e *Mercurio Portuguez,* de ter vida atribulada, com suspensões, interdições de publicação de certas notícias, etc.[269], seguido do primeiro jornal oficial, *Gazeta de Lisboa,* em 1715. Pombal cria a Real Casa Censória, em 1769, que funcionará até 1794, voltando de novo as soluções orgânicas ensaiadas no século XVI, até à intervenção censória centrada na figura do Intendente Geral do Reino de D. Maria II, até que na primeira década do século XIX aparecem os primeiros diários portuguesas, que a partir de 1810, começam a ser de novo asfixiados pela repressão censória, levando à criação no estrangeiro de jornais liberais de oposição ao sistema político vigente.

Só com a instalação do sistema de monarquia constitucional liberal, em 1820, aparece pela primeira vez a liberdade de imprensa no nosso país, através do n.º 8 das Bases da Constituição e da publicação da Lei de 12 de Julho de 1821, com a interdição total de censura prévia, mesmo em matéria religiosa, com a simultânea tipificação da factualidade limitadora dessa liberdade, abusos a apreciar por denominados *juízes de facto* e, em recurso, pelo Tribunal Especial de Protecção da Liberdade da Imprensa[270], o que, *sem pre-*

---

[268] Em termos de obras de grande relevo, além da a 2.ª edição dos Lusíadas, de 1584, pode citar-se ainda, v.g., uma compilação de obras de GIL VICENTE, de 1586: *vide*, CARVALHO, A.A de, e outros – *Direito da Comunicação Social*. Lisboa: Editorial Notícias, 2005, p. 17.

[269] TENGARRINHA, José – «Imprensa». In *Dicionário da História de Portugal*, Joel Serrão (Dir.). Vol III, p. 246 e ss.

[270] VARGUES, Isabel N. – *A Aprendizagem da Cidadania em Portugal (1820-1823)*. Coimbra: Livraria Minerva Editora, 1997, p. 228 e ss.

juízo da possibilidade de medidas excepcionais, previstas em 1922, justificadas pelo carácter contra-revolucionário de certa imprensa, vigorou até 1823, em que o regresso do absolutismo implica o atacar das ideias liberais e maçónicas e fará ocorrer a reinstalação da censura prévia e fim da livre iniciativa «empresarial», com a imposição da necessidade de autorização para a criação de novos jornais, voltando a imprensa liberal oposicionista de língua portuguesa a exercitar-se no estrangeiro, o que terá um interregno entre a Carta Constitucional de 1826, que vem de novo garantir a liberdade da imprensa, e o advento do absolutismo, especialmente desde 1828, que se prolonga até 1934 e a Lei de Imprensa de 22 de Dezembro desta data. Na década de quarenta assiste-se a medidas repressivas, e mesmo à publicação de legislação restritiva («Lei da Rolha») que só termina em 1851, em que se instala um novo período de liberdade de imprensa, que vai até 1890, em que se regressa a grandes restrições que perduram durante as duas décadas finais da monarquia parlamentarista. Em 1910, é revogada a última lei de imprensa repressiva, de 1907, e em 28 de Outubro publicado um Decreto, a que se seguem os textos dispositivo e garantístico do artigo 2.º e n.º 13 do artigo 3.º da Constituição de 1911, que garante a liberdade de imprensa e expressão até 1912, que culminou com a censura prévia em 1916, através da Lei n.º 495, de 28 de Março, parcialmente corrigida com abrandamento da censura, limitada a questões de defesa nacional, pela Lei n.º 815, de 6 de Setembro de 1917 e Decreto n.º 3534, de 10 de Novembro desse ano. Mas a que há que acrescentar logo nova legislação repressiva e obrigação de autorização prévia à criação de jornais com base em motivos de segurança interna, seguida do restabelecimento da censura prévia em 13 de Abril de 1918. Só em 28 de Fevereiro de 1919 foi restaurada a liberdade de imprensa, o que irá terminar com a tomada do poder pela facção conservadora que acabou por afastar os liberais «regeneradores» do poder surgido na sequência do movimento de 28 de Maio de 1926, o que abriu caminho para o repressivo e cheio de medidas preventivas Estado Novo de Salazar e o seu meio século sem liberdade de imprensa, que só terminaria, graças à Revolução de Abril 1974, com a publicação do liberal Decreto-Lei n.º 85-C/75, de 26 de Fevereiro, cujos princípios se consolidariam com a actual Constituição de 1976, a lei da rádio de 1988 e da televisão de 1990 e, finalmente, uma grande revisão de toda

116 Direito da Comunicação Social

a legislação da Comunicação Social entre 1996 e 2000, que terminou recentemente com a lei referente à nova Entidade Reguladora da Comunicação, impulsionada pela lei de revisão constitucional de 2004.

2.4.2. *Breve apontamento sobre a caracterização genérica da comunicação social e do seu enquadramento nos ordenamentos jurídicos inglês, francês e americano*

A comparação dos regimes jurídicos da comunicação social revelam que, sem prejuízo de diferenciações mais ou menos significativas dos seus direitos, podemos apontar, ainda hoje, diferenças significativas correspondentes aos diferentes *regimes políticos*, de um lado, os *regimes democráticos* e do outro, os *regimes autocráticos*, actualmente em geral de economia de mercado, qualquer que seja a coloração ideológica que pretendam assumir.

Os *critérios distintivos* destes diferentes regimes de comunicação social, que se impõem à consideração, têm que ver não apenas com a *intensidade densificadora da liberdade de acesso e comunicação da informação* como com a própria *liberdade de iniciativa e concorrência de órgãos* dedicados a esta actividade.

Mas, mesmo em regime democrático, os *diferentes sistemas demoliberais* apresentam vários *modelos fundamentais,* em termos da consagração dos *princípios estruturantes do sistema normativo do sector*, no que diz respeito à *intervenção dos poderes públicos,* quer no plano da extensão e fins, quer das modalidades em termos de *propriedade, gestão e exercício* da actividade comunicacional: o *modelo francês*, imbuído da ideia de controlo com regulação da liberdade e concorrência,[271] o *modelo britânico*, dotado de liberdade e permitindo uma concorrência total, com autoregulamentação da imprensa e desregulamentação da rádio e televisão, e o *modelo estadounidense*, onde se combina a defesa constitucional de liberdade (aprovação em 25.9.1989 da primeiro emenda à Constituição, na linha da

---

[271] v.g., DERIEUX, E. – *Droit de la communication. 1991*; BALLE, Francis – *Médias et Sociétés*. 1994.

Ética, Deontologia e Direito da Comunicação Social

anterior Declaração de Direitos de Virgínia de 16.6.1776) e a concorrência, com uma paraconcentração das empresas jornalísticas e do audiovisual, embora sem prejudicar a sua pluralidade, e uma desregulamentação do audiovisual.

Referidas estas notas caracterizadoras, podemos acrescentar que, em *França, não há um monopólio estatal* nem na rádio nem na televisão, e existe um *Conselho Superior do Audiovisual*, visando disciplinar a actividade profissional e assegurar o pluralismo no serviço público de rádio e de televisão, convivendo os 4 canais, financiados com *taxas, publicidade e receitas comerciais*, com o sector privado. Na imprensa[272], o sistema aponta, por um lado, para a aplicação do *princípio de liberdade regulamentada* e, por outro, na rádio e televisão, para uma liberdade isenta de desregulamentação. A *liberdade de iniciativa empresarial da imprensa*[273] convive com *regalias e apoios públicos* (subsídios e ajudas estatais, benefícios fiscais, tarifas preferenciais, crédito, venda de papel ao preço de custo; tarifas postais preferenciais para a imprensa de publicação periódica, imposição do princípio da igualdade às distribuidoras) e várias *obrigações e ónus* para as editoras de publicações periódicas, devendo efectivar-se uma *declaração prévia,* com indicação do *nome do jornal* ao Procurador da República, e, além de várias menções, *identificar-se o responsável* pela publicação, o editor, e o seu director. E tem de se proceder a *depósitos*, o legal (em certas bibliotecas), o administrativo, e o judicial, e, eventualmente, um depósito suplementar das edições destinadas a jovens, no Ministério da Justiça[274]. As *acções* devem ser nominativas. Devem assegurar a *transparência* das pessoas ligadas às publicações, das suas fonte de financiamento, assim como a divulgação das transmissões significativas de acções, que aliás dependem de *autorização* do conselho de administração, ao mesmo tempo que estão proibidas aquisições, directas ou indirectas, por uma mesma pessoa, de publicações que ultrapassem 30% do total da difusão das publicações da mesma natureza[275]. E a *publicidade* deve ser explici-

---

[272] Artigo 42.º da Lei sobre a liberdade de Imprensa, de 1881.

[273] V.g., BASTIDA FREIJEDO, F. J. –*El régimen jurídico de la comunicación social.* Madrid, 1994; DE LA CUADRA SALCEDO, T. – *Liberalización e las telecomunicaciones, servicio público y constitución económica europea.* Madrid, 1995.

[274] DESIREUX – oc, p. 89 e ss.

[275] CORREIA, L. Brito – oc, p. 146.

tamente assinalada. Os *estrangeiros* não unionistas europeus não podem deter mais do que 20% do capital social e as empresas comunicacionais não podem receber fundos de governos estrangeiros. Existe a *cláusula de consciência* dos jornalistas (artigo 761-1- e ss. do Code du Travail). Os *limites legais* à liberdade de imprensa passam por um direito de punição *penal e civil* dos abusos e prendem-se com o respeito pela *ordem pública*, pela *moralidade* (em geral, exposição nos locais de venda, proibição de informação contendo violência, licenciosidade e pornografia em publicações destinadas a menores) e protecção de informações confidenciais (protecção da intimidade, etc.,), estando previstos vários *crimes de abuso da liberdade de imprensa*. Mas a apreensão das publicações cabe, não só (nalguns casos pode ser administrativa), mas normalmente aos tribunais. Consagra-se o *direito de resposta e de rectificação*.

No *Reino Unido*, a imprensa rege-se pela *legislação geral sobre as liberdades individuais e a ordem pública*, designadamente de natureza penal, não havendo, pois, qualquer lei escrita sobre ela[276]. Nada se exige para se ser *proprietário* de qualquer publicação, além da indicação do nome e morada do editor na própria publicação e que seja *conservado temporariamente um exemplar* (seis meses). Existe a Comissão de Reclamações de Imprensa (Press Complains Commission), composta por seis membros independentes e seis editores, embora quase *despida de poderes impositivos*, emitindo recomendações e *advertências*, mas a quem coube a elaboração do Código de Conduta, que prescreve entre outras coisas o *dever do sigilo profissional*, direito de resposta e respeito pelo direito de preservação da intimidade. Existe o *princípio da concorrência*, com aplicação do regime geral sobre aquisições e fusões e do *Fair Trading Act* de 1973, sendo muitas empresas geridas por «trustees»[277]. Quanto à *rádio e televisão*, o sistema britânico, organizado em termos originais, revela *equilíbrio entre o sector público e o privado*[278]. A BBC, criada em 1927, é independente do parlamento, sendo dirigida por

---

[276] BALLE, Francis – oc, 7.ª Ed., p. 283; CAYROL, Roland – Les Médias, p. 342 e ss., apud Correia, L.B. – oc, p. 133, nota 4.

[277] Confere a nora explicativa sobre esta figura específica do direito anglo-saxónico, na nota 5 da página 135 da o.c. de L. B. Correia.

[278] BARENDT, E. – *Broadcasting Law*. 1995, p.10 e ss.

Ética, Deontologia e Direito da Comunicação Social

um *Conselho de Governadores*, nomeados pelo monarca («sob proposta do governo» e que garante normalmente a coexistência dos dois partidos da alternância), pelo período de 5 anos, *parcialmente renovável*, que designa um *director-geral*, o qual juntamente com outros seis a nove membros forma o *conselho de direcção*, que é a estrutura executiva responsável pelo serviço quotidiano da rádio e televisão. Na *televisão não há publicidade nem patrocínios* e, em geral, o audiovisual financia-se com taxas pagas pelos ouvintes e telespectadores e o valor da comercialização de edições suas. Existe ainda a Comissão da Televisão Independente (*Independent Television Commission*), com 12 membros, *nomeados pelo governo*, que pode conceder licenças de televisão e que *tutela a televisão não pública* (rede da Independent Television, ITV), designadamente através de *acordos*, sendo estas estações financiadas com *publicidade*. Também, aqui, existe uma *Comissão de Reclamações da Rádio* (Broadcasting Complains Commission), criada pelo *Broadcasting Act de 1981*, actualmente composta por três membros, nomeados pelo Ministro dos Correios, com poderes para apreciar reclamações sobre tratamento inadequado das matérias e violação de privacidade. Em 1988, dá-se a desregulamentação das *rádios locais*, com o poder de repartição de frequências entregue à *Autoridade da Rádio*, e, em 1990, com a nova Lei do Audiovisual, completa-se a desregulamentação, em geral, da radiodifusão privada.

Nos *EUA*, a Constituição garante *a mais extensa liberdade de palavra e de imprensa que o direito comparado conhece*, não havendo limites específicos consagrados em lei, tudo sendo regido pelo sistema de *common law*, resultando esses de *naturais exigências impostas pelo respeito de outros direitos fundamentais* (interdição de falsas acusações e difamação, obscenidades e pornografia «hard core»[279], exposição de pessoas ao ódio, ao ridículo ou a prejuízos pecuniários[280]) e *interesses públicos* (interdição de instrumentalização apologética da imprensa para criar perigo manifesto e imediato para interesses cuja defesa caiba ao governo, designadamente no âmbito da defesa nacional). Há *estações independentes locais* e ligadas por satélite a uma

---

[279] KONVITZ, Milton – «Freedom of Press». In *Microsoft Encarta*, 1994, apud CORREIA, L. B. – oc, nota 3, p. 140.

[280] CORREIA, L.B. – oc, p. 140.

rede de super-estações (como a WTBS), que é a maior, mas a maior parte das *estações privadas* associaram-se, essencialmente, a uma das *três grandes redes nacionais* (NBC, CBS e ABC, com cerca de 70% do mercado televisivo), as quais asseguram a *difusão nacional da publicidade.* A *televisão pública,* criada em 1967, tem *estatuto de direito privado* e a maior parte dos recursos de que vive *não são fundos públicos.* Existe um *organismo regulador da televisão,* a CPB (Corporation Public Broadcasting), de que deriva o privado PBS (Public Broadcasting Service), que distribui emissões por satélite ao conjunto das estações públicas, que podem praticar *patrocínio mas não publicidade,* sendo elas, em geral, dependentes de universidades e associações, financiadas por donativos, mecenato, contribuições e pelos seus Estados. A Comissão Federal de Comunicações (Federal Communications Commission), composta por sete membros, nomeados por sete anos, pelo Presidente americano, *controla e coordena as telecomunicações,* licencia frequências e zela pelo respeito da liberdade de comunicação e pelo *pluralismo informativo.*

2.5. Macro-enquadramento do direito da comunicação social e breves apontamentos sobre normação complementar, directamente decorrente dele

2.5.1. *Garantia jusinternacionalista e constitucional da liberdade de expressão e comunicação social e suas limitações*

Neste âmbito do direito supranacional, sobre a matéria, temos que destacar:

a) Declaração Universal de Direitos do Homem de 10 de Dezembro de 1948: artigos 12.º, 18.º, 19.º, 21.º, 26.º, 27.º

b) Pacto Internacional de Direitos Civis e Políticos de 19 de Dezembro de 1966: artigos 17.º, 19.º, 20.º

c) Pacto Internacional de Direitos Económicos, Sociais e Culturais de 19 de Dezembro de 1966: artigos 13.º,15.º

Teceremos breves considerações sobre o artigo 10.º da Convenção Europeia e, em geral, sobre a Constituição da República Portuguesa, artigos 37.º a 39.º (deixando as questões tratadas no artigo 40.º para mais tarde), sobre a liberdade da Comunicação Social e sua garantia, a nova ERCS, e formalidades, condições e restrições, limitações e sanções que enquadram e condicionam a Comunicação Social.

A primeira parte do n.º 1 do artigo 10.º (*Liberdade de expressão*) da Convenção europeia para a Protecção dos Direitos do Homem e das Liberdades Fundamentais diz o seguinte: «Qualquer pessoa tem *direito à liberdade de expressão. Este direito compreende a liberdade de opinião* e a *liberdade de receber ou de transmitir informações ou ideias* sem que possa haver ingerência de quaisquer autoridades públicas e sem considerações de fronteiras».

Quanto aos princípios constitucionais orientadores da actividade, temos o do *pluralismo, da não concentração da titularidade* dos órgãos de comunicação social, da *transparência da sua propriedade, da especialidade das respectivas empresas, da sua independência face aos poderes político e económico* e do *reconhecimento de direitos especiais aos principais agentes.*

Estes *direitos dos jornalistas,* fruto da dimensão institucional ou objectiva que a comunicação social tem, são a *liberdade de expressão,* a *liberdade de criação,* o *direito de participação,* o *direito de organização interna,* o *direito de acesso às fontes da informação,* o *direito à independência* e o *direito ao sigilo profissionais*[281].

Assim, nos termos do artigo 38.º da Constituição, referente à *liberdade de imprensa e meios de comunicação social,* o Estado português vem garantir a *liberdade de imprensa* (n.º 1), que implica o *pluralismo,* externo[282] e interno, noticioso e de opinião (em geral,

---

[282] Sobre a explicitação deste elenco, vide, também, uma Proposta de Lei (n.º 76/X/1, que o Conselho de Ministros aprovou em 1 de Junho de 2006 e cuja primeira versão foi o anteprojecto de 8 de Julho de 2005 e a segunda versão, de 12 de Outubro, tendo a última versão, destinada a consulta à Entidade Reguladora da Comunicação, sido dada a conhecer ao SJ em 23 de Fevereiro), que visa alterar a Lei n.º 1/99, de 13 de Janeiro, que aprovou o Estatuto do Jornalista, que é a versão final resultante do anteprojecto de 2005.

[282] Assegurados, em geral, legalmente, por imposição dos n.º3 e 4 do artigo 38.º da CRP, pela aplicação dos *princípios da transparência* (publicidade da titularidade e das fontes de financiamentos do órgão), *especialidade* (delimitação do objecto das empresas do sector da informação geral), *não concentração* (dos órgãos de informação geral: direito

das correntes de opinião sócio-culturais, condição da democracia), e o consequente *direito dos jornalistas à participação na vida do órgão de comunicação* em que trabalham (pluralismo interno, que implica uma certa *margem decisória e formativa dessa opinião por parte do próprio jornalista*, independentemente da orientação empresarial do órgão de comunicação, sem prejuízo da sujeição às linhas gerais empresariais, conaturais a uma certa *orientação editorial*), o que implica a «*liberdade de expressão* e *criação dos jornalistas* e colaboradores» e a «intervenção dos primeiros na própria *orientação editorial* dos respectivos órgãos de comunicação social[283] (que não tenham natureza doutrinária ou confessional: al. a); o *direito dos jornalistas ao acesso às fontes de informação* e à *protecção da independência* e *do sigilo profissionais*, bem como o direito de elegerem conselhos de redacção (al. b); o *direito de fundação de jornais* e de quaisquer outras publicações, independentemente de autorização administrativa, caução ou habilitação prévias (al. c)[284]. «As estações emissoras de radiodifusão e de radiotelevisão só podem funcionar mediante *licença*, a conferir por *concurso público*, nos termos da lei» (n.º 7)[285].

---

geral da concorrência enquadrado pelo Tratado da CE, artigos 81 e ss., Regulamento (CEE) n.º 4064/89 do Conselho, de 21.12, alterado pelo Regulamento (CE) n.º 1310/97, do conselho, de 30.6), Recomendação n.º R (99) 1, de Janeiro de 1999, do Conselho de Ministros do Conselho da Europa.

[283] Através dos Conselhos de Redacção (artigos 16 do Estatuto do Jornalista, 23.º da LI, 30.º da RTP e referido no n.º 2 do artigo 38.º da LR e respectivos Estatutos. Na RTP, segundo as lis da rádio e TV, o Conselho de Opinião, em que figura um jornalista serve também o objectivo de defesa do direito de participação, assim como certos direitos dos directores dos órgãos de publicações periódicas face aos proprietário, designadamente o de serem ouvidos em questões maiores de gestão e informados sobre as estratégias editoriais (n.º 2 do artigo 20.º da LI): *Vide*, neste sentido, também, *Código Europeu de Ética Jornalística*, da Assembleia Parlamentar do Conselho da Europa, de 1 de Julho de 1993.

[284] N.º 3 do artigo 38: «A lei assegura, com carácter genérico, a divulgação da titularidade e dos meios de financiamento dos órgãos de comunicação social».

[285] O Estado assegura, ainda, «a existência e o funcionamento de um *serviço público de rádio e de televisão*» (n.º 5). Acrescentando o n.º 6 deste artigo o seguinte: «A estrutura e o funcionamento dos meios de *comunicação social do sector público* devem salvaguardar a sua independência perante o Governo, a Administração e os demais poderes públicos, bem como assegurar a possibilidade de *expressão e confronto das diversas correntes de opinião*».

Nos termos do n.º 1 do seu artigo 37.º, que trata da liberdade de expressão e informação, «Todos têm o direito de exprimir e *divulgar livremente o seu pensamento pela palavra, pela imagem ou por qualquer outro meio, bem como o direito de informar, de se informar e de ser informados*, sem impedimentos nem discriminações» (n.º 1), não podendo o exercício destes direitos «ser *impedido ou limitado* por qualquer tipo ou forma de censura» (n.º 2), sem prejuízo de as *infracções* cometidas no exercício destes direitos ficarem «submetidas aos *princípios gerais de direito criminal ou do ilícito de mera ordenação social*, sendo a sua apreciação respectivamente da competência dos tribunais judiciais ou de entidade administrativa independente, nos termos da lei» (n.º 3). E em face deste exercício, todas as pessoas, singulares ou colectivas, em *condições de igualdade e eficácia, têm direito de resposta e de rectificação*, «bem como o direito a indemnização pelos danos sofridos» (n.º 4).

2.5.2. *Garantia da independência dos órgãos de comunicação social*

E diz o n.º 4 do artigo 38.º que «O Estado assegura a *liberdade e a independência dos órgãos de comunicação social* perante o poder político e o poder económico, impondo o *princípio da especialidade das empresas* titulares de órgãos de informação geral, tratando-as e *apoiando-as de forma não discriminatória* e *impedindo a sua concentração*, designadamente através de participações múltiplas ou cruzadas».

2.5.3. *Manutenção de uma entidade administrativa independente para o sector e aspectos essenciais da sua intervenção futura*

Por sua vez, o artigo 39.º (*Regulação da comunicação social*), na actual redacção derivada da Lei Constitucional n.º1/2004, veio estatuir que cabe a uma nova *entidade administrativa independente* assegurar, nos meios de comunicação social, para além das tradicionais tarefas da anterior Alta Autoridade para a Comunicação Social

124 *Direito da Comunicação Social*

(direito à informação e a liberdade de imprensa; independência perante o poder político e o poder económico; possibilidade de expressão e confronto das diversas correntes de opinião; exercício dos direitos de antena, de resposta e de réplica política, mas sem imposição da sua intervenção, com exigência de parecer favorável, no procedimento de licenciamento de canais privados de televisão), também os assuntos referentes à *«não concentração* da titularidade dos meios de comunicação social» (al. b); ao «respeito pelos *direitos, liberdades e garantias pessoais»* (al. d) e ao «respeito pelas n*ormas reguladoras das actividades* de comunicação social» (al. e).

Estas alterações implicaram a reformulação da legislação sobre a EAI até agora vigente, a chamada Alta Autoridade para a Comunicação Social (órgão independente, cuja jurisdição foi alargada a toda a Comunicação Social, criado, por inspiração da *Alta Autoridade da Comunicação Audiovisual francesa*, de 1982, pela revisão constitucional de 1989), tendo a nova EAI sido legalmente designada com outro nome, ERC.

As *entidades administrativas independentes reguladoras deste sector* têm tido um estatuto e uma composição plural que visam garantir a imparcialidade da sua actuação. A Alta Autoridade para a Comunicação Social tinha a seguinte *composição* (n.º 1 do artigo 10.º da Lei da Alta Autoridade para a Comunicação Social, a Lei n.º 43/98, de 6 de Agosto): um *magistrado* (designado pelo Conselho Superior da Magistratura), que preside, *cinco membros eleitos pela Assembleia da República* (segundo o método de *Hondt*), um *membro designado pelo Governo, quatro membros representativos* da opinião pública, da comunicação social e da cultura, sendo três designados, respectivamente, pelo *Conselho Nacional do Consumo*, pelos *jornalistas* com carteira profissional (em termos idênticos aos legalmente previstos para a eleição dos representantes dos jornalistas profissionais na Comissão da Carteira Profissional respectiva) e pelas *organizações patronais* dos órgãos de comunicação, e o quarto cooptado pelos membros da Alta Autoridade entre *figuras de relevo do meio cultural e científico.*

Esta Alta Autoridade para a Comunicação Social já apreciava, por iniciativa própria ou mediante *queixa de qualquer pessoa singular ou colectiva* os comportamentos susceptíveis de configurar *violação das normas aplicáveis aos órgãos de comunicação social*[287]. As queixas dos cidadãos devem ser apresentadas nos *30 dias seguintes ao conhecimento dos factos* que lhes deram origem e, independentemente da data desse conhecimento, sempre no prazo máximo de 90 dias após a ocorrência da alegada violação, se outro prazo não estiver legalmente estabelecido (artigo 5.º da Lei da Alta Autoridade para a Comunicação Social)[287]. A Alta Autoridade podia elaborar *directivas genéricas*[288] e *recomendações* que eram de *divulgação obrigatória* nos órgãos de comunicação social a que dissessem directamente respeito. Têm *carácter vinculativo* as deliberações produzidas pela anterior Alta Autoridade para a Comunicação Social e pela actual Entidade Reguladora da Comunicação no exercício das competências relativas ao licenciamento de estações de televisão e rádio, exercício dos direitos de resposta, antena e réplica política, fiscalização do cumprimento das normas referentes à propriedade das empresas de comunicação social e das normas que obriguem estas empresas à publicação de dados de qualquer espécie, e classificação das publicações periódicas.

Coube à Lei n.º 53/2005, de 8 de Novembro[289], criar a Entidade Reguladora para a Comunicação Social (Entidade Reguladora da Comunicação)[290], a qual veio aplicar as novas regras sobre a composição e as competências desta EAI do sector, redefinindo não só o nome como a sua *composição e competências, assim como alterando, quando necessário, a organização* e o *funcionamento* da nova

---

[286] O regimento da anterior AACS, aprovado na reunião plenária de 30 de Maio de 2000, está publicado na IIª Série do Diário da República: Regimento n.º 1/2000, de 20 de Julho de 2000, D.R. n.º 166, Série II, p. 12064-12069. Sobre ele, *vide* Parecer da PGR n.º 32001, de 12.1.2001).

[287] A AACS toma as suas deliberações em reuniões plenárias, por maioria absoluta dos membros presentes nas mesmas.

[288] Publicadas na 2ª série do Diário da República.

[289] Para a aprovação ou alteração desta lei é necessário o voto favorável da «*maioria de dois terços* dos Deputados presentes, desde que superior à maioria absoluta dos Deputados em efectividade de funções [alínea a), do n.º 6 do artigo 168.º].

[290] Atribuindo-lhe *personalidade colectiva de direito público*, dotando-a de autonomia administrativa e financeira e de património próprio, com natureza de entidade administrativa independente, para o exercício dos «necessários poderes de regulação e de supervisão» (n.º 1 do artigo 1.º dos Estatutos legais). Esta lei extingue, simultaneamente, a Alta Autoridade para a Comunicação Social e revoga a Lei n.º 43/98, de 6 de Agosto.

126   *Direito da Comunicação Social*

entidade independente reguladora do sector, assim como o *estatuto dos seus membros*, sendo certo que os membros do actual *Conselho Regulador* da nova Entidade Reguladora da Comunicação (artigo 15.º), constituído por cinco membros, tem uma composição que se pretende formalmente alheia a qualquer suspeita de influência governamental, sendo quatro dos membros designados por Resolução da Assembleia da República e o quinto cooptado por estes.[291/292].

De qualquer modo, independentemente da legitimidade original da pertença ao órgão, esta entidade administrativa «é independente no exercício das suas funções, definindo livremente a orientação das suas actividades, sem sujeição a quaisquer directrizes ou orientações por parte do poder político, em estrito respeito pela Constituição e pela lei»[293].

Uma das importantes funções da actual Entidade Reguladora da Comunicação, é a promoção da *co-regulação* e o incentivo à *adopção de mecanismos de auto-regulação,* por parte das entidades da comunicação social, sindicatos, associações e outras entidades deste sector[294/295].

A Entidade Reguladora da Comunicação pode solicitar a quaisquer entidades, públicas ou privadas, as informações e documentos necessários ao exercício das suas actividades, sem prejuízo da obri-

---

[291] Portanto, passam apenas por um processo eleitoral da Assembleia da República, sem intervenção do governo ou do CSMJ, e, na parte restante resultam da cooptação destes (como já impunha o n.º 2 do artigo 39.º): artigo 39.º (*Regulação da comunicação social*) : «1. Cabe a uma entidade administrativa independente assegurar nos meios de comunicação social: a) O direito à informação e a liberdade de imprensa; b) A não concentração da titularidade dos meios de comunicação social; c) A independência perante o poder político e o poder económico; d) O respeito pelos direitos, liberdades e garantias pessoais; e) O respeito pelas normas reguladoras das actividades de comunicação social; f) A possibilidade de expressão e confronto das diversas correntes de opinião; g) O exercício dos direitos de antena, de resposta e de réplica política. 2. A lei define a composição, as competências, a organização e o funcionamento da entidade referida no número anterior, bem como o estatuto dos respectivos membros, designados pela Assembleia da República e por cooptação destes»

[292] A matéria referente à Entidade Reguladora da Comunicação será desenvolvida na parte final do Curso.

[293] Artigo 4.º dos Estatutos: *independência.*

[294] Artigo 9.º: Co-regulação e auto-regulação.

[295] Em geral, sobre a Administração Pública e a auto-regulação, MOREIRA, Vital – *Auto-regulação profissional e Administração pública.* Coimbra: Almedina, 1997.

Ética, Deontologia e Direito da Comunicação Social

gação da comunicação oficiosa, por parte do poder jurisdicional, do «teor das sentenças ou acórdãos proferidos em matéria de direito de resposta ou de crimes cometidos através dos meios de comunicação social, bem como em processos por ofensa ao direito de informar»[296]. E a entidade reguladora pode ainda estabelecer relações de cooperação ou associação com outras entidades públicas ou privadas, nacionais ou estrangeiras, nomeadamente no quadro da União Europeia, «desde que isso *não implique delegação ou partilha* das suas competências reguladoras»[297], sem prejuízo do dever de «manter mecanismos de articulação com as autoridades reguladoras da concorrência e das comunicações e com o Instituto da Comunicação Social, designadamente através da realização de reuniões periódicas com os respectivos órgãos directivos».

No exercício das suas atribuições, esta entidade assume os direitos e obrigações atribuídos ao Estado nas disposições legais e regulamentares aplicáveis, designadamente no que respeita à cobrança coerciva de taxas, rendimentos do serviço e outros créditos, protecção das suas instalações e do seu pessoal e fiscalização do *cumprimento das obrigações de serviço público no sector da comunicação social*, determinação da prática das infracções respectivas e aplicação das competentes sanções[298].

2.5.4. *Submissão a formalidades, condições, restrições, limitações e sanções*

De qualquer modo, a liberdade da comunicação social não impede a possibilidade de condicionamentos, restrições e limitações, que, aliás, estão cobertas pelo Direito Internacional Público. Basta atentar no artigo 10.º da *Convenção Europeia sobre os Direitos do Homem*, que, no seu número 2, refere expressamente que «O *exercício desta liberdades*, porquanto implica deveres e responsabilidades, *pode ser submetido a certas formalidades, condições, restrições* ou sanções, *previstas pela lei*, desde que constituam *providências ne-*

---

[296] Artigo 10.º: (*Colaboração de outras entidades*).
[297] N.º 1 do artigo 11.º: (*Relações de cooperação ou associação*)
[298] Artigo 12.º.

cessárias, aceitáveis numa sociedade democrática. E não apenas para a *prevenção do crime* mas também sempre que estejam em causa valores públicos superiores como a *segurança nacional*, a *integridade territorial* ou a *segurança pública*, a *defesa da ordem* e a *protecção da saúde ou da moral*, ou valores individuais como a *protecção da honra ou dos direitos de outrem*, para *impedir a divulgação de informações confidenciais*, ou para *garantir a autoridade e a imparcialidade do poder judicial»*.

III – FONTES DO DIREITO DA COMUNICAÇÃO SOCIAL E SUA HIERARQUIA

Sumário analítico: 3.1.Considerações prévias sobre as fontes do direito da comunicação social. 3.2. Teoria das fontes de direito em geral. 3.2.1. Teoria clássica e neoclássica. 3.2.2. Teoria geral adoptada e posição sobre a questão das fontes de direito administrativo, sua hierarquização e aplicação pela Administração Pública. 3.3. Fontes em concreto do Direito da Comunicação Social. 3.3.1. Fontes supranacionais: normas internacionais e unionistas. A) Direito Internacional Público Universal e Europeu. a) Direito Internacional Público Universal. b) Direito Internacional Público Europeu. B) Direito Comunitário, originário e derivado. 3.3.2. Fontes internas positivas.

3.1. Considerações prévias sobre as fontes do direito da comunicação social

O *direito da comunicação social* tem, naturalmente, as mesmas espécies de fontes que a generalidade dos outros ramos do direito e não pode deixar de se lhe aplicar os mesmos *princípios,* que, cientificamente, se construam, em geral, em sede da *teoria nomocrática.*

Mas, tudo isto, sem prejuízo de, por um lado, como é frequente em outros sectores da normatividade, se dever constatar *especialidades*, com significado no regime das fontes (com influência no campo da determinação das normas aplicáveis e do sentido a atribuir-lhes) e, por outro, depararmos aqui com *tipos de fontes com especial importância*, como acontece com o denominado *Código Deontológico dos Jornalistas*, que assume mesmo valor jurídico por força da lei, ou ter mesmo de se *acrescentar certos tipos de fontes específicas*. Assim

130   *Direito da Comunicação Social*

acontece neste caso, onde aparecem não apenas os *regulamentos*, mas também as *directivas* e as *recomendações*[299] da Entidade Reguladora Independente (Entidade Reguladora da Comunicação)[300] e o *Estatuto Editorial.*

Além disso, realce-se o facto de estarmos perante uma área do direito que vive *não apenas de normas verticais*, que tratam directamente a matéria da Comunicação Social, directamente aplicáveis, em termos imperativos ou subsidiariamente, mas também de *normas de aplicação generalizada a outros sectores da actividade*, pública ou privada, desde o Código das Sociedades Comerciais, aos Códigos Civil, Penal, Comercial, de Processo nos Tribunais Administrativos, etc., o que significa que, nos termos dos critérios distintivos tradicionais, é enformado por normas que fazem *parte de ramos diferentes do direito* e cujas fontes e seus regimes jurídicos diversos adquirem relevo maior ou menor, mas que importa destacar e situar.

Vamos estudar primeiro, sinteticamente, a *teoria geral das fontes de direito* e depois apontaremos os diplomas e normas escritas que se lhe referem e abordaremos o papel das outras fontes, sejam as internas (geradas no âmbito da comunidade nacional) sejam as comunitárias e as internacionais (geradas no âmbito supranacional da União Europeia ou da sociedade internacional em geral).

3.2. Teoria das fontes de direito em geral

3.2.1. *Teoria clássica e neoclássica*

Na *teoria clássica das fontes,* vigente em Portugal na maior parte do século XX, e cuja orientação aparece seguida no *CCV de 1966*, a *fonte formal* de direito era a *lei* (norma positiva) e a *jurispru-*

---

[299] E as decisões, se, na linha da teoria do DUE, incluirmos também os actos administrativos como fonte de direito.*Vide*, v.g., Condesso, F. – «A nomologia comunitária». In *Direito do Ambiente*. Coimbra: Almedina, 2001, p.283 e ss.

[300] Artigo 24.º, n.º 2, al. c) do EERC: «Aprovar regulamentos, directivas e decisões, bem como as demais deliberações que lhe são atribuídas pela lei e pelos presentes Estatutos». N.º 6 do artigo 65.º: «Os regulamentos, as directivas, as recomendações e as decisões da Entidade Reguladora da Comunicação (…)».

dência apenas a título excepcional, quando imposta por lei (os *assentos*, enquanto *acórdãos uniformizadores da jurisprudência* com impositividade prevista a partir de 1926), aparecendo o *costume* com força obrigatória dependente da lei, mas não se aceitando o *costume autónomo, que se afirmasse por si mesmo* (apesar de ser a *fonte mais antiga e «genuína»*[301]), nem a *jurisprudência* e a *doutrina* enquanto tais.

Com efeito, segundo o CCV (artigos 1.º a 4.º, com estatuições com pretensão nesta matéria, a assumir uma natureza materialmente constitucional; de regulação exclusiva das fontes), a *principal fonte imediata* era a lei e previam-se como *fontes mediatas, dependente da vontade* da lei (ou seja, existentes na medida em que o *legislador* lhe conferisse tal qualidade), os *assentos*, os *usos* e a *equidade* (apesar de não se compreender tal integração, pois esta não é *fonte de factos normativos*, mas apenas um *modo de decisão meramente casuística*, ou seja, recurso admissível, em certas situações, para casos individuais e concretos[302]).

3.2.2. *Teoria geral adoptada e posição sobre a questão das fontes de direito administrativo, sua hierarquização e aplicação pela Administração Pública*

Nesta matéria, remete-se para os conhecimentos já adquiridos na cadeira do primeiro ano, de *Princípios Gerais de Direito*[303], limitando-nos antes a expor as *questões específicas* que se levantam ao nível da aplicação do direito da comunicação social e do direito administrativo, matéria que também tem importância no domínio da Comunicação Social, e onde há que tomar-se posição clara sobre a aplicação do direito pela Administração Pública, em que, em geral,

---

[301] AMARAL, Diogo Freitas do – *Manual de Introdução ao Direiuto*. Colaboração Ravi Afonso Pereira. Coimbra: Almedina, 2004, p. 371.

[302] AMARAL, D.F. – *o.c.*, p. 359.

[303] Quer em termos de fontes, quer de competências para legislar (Assembleia da República, Governo, Assembleias Legislativas Regionais) ou regulamentar, quer sobre a forma e publicação das leis e a sua vigência, a teoria jurídico-política da lei, processos legislativos, etc., matérias que, a não serem dadas em PGD, melhor caberão na cadeira de Direito Político ou de Direito Constitucional.

as posições da doutrina portuguesa não nos têm merecido acolhimento, designadamente quanto às fontes do direito, à sua hierarquização e aplicação pela Administração Pública.

Os temas que consideramos de interesse desenvolver aos alunos de direito do ISCSP, sobre a *teoria das fontes do direito e a sua hierarquia* (em que se interligam considerações sobre a teoria da produção das fontes internas, das fontes de direito da União Europeia, das fontes de direito internacional e sua relativa ordenação global), podem ser ordenados do seguinte modo:

a) *noção de fontes do direito e noção de norma jurídica*; sentido jurídico-formal de fonte de direito; fontes de actos jurídicos em geral e fontes de normas jurídicas;

b) *tipologia das normas* jurídicas: tipologia estrutural (regras e princípios; princípios gerais do direito); tipologia formal das normas jurídicas (normas de tratados internacionais e unionistas, normas constitucionais, leis, regulamentos); classificação das normas jurídicas;

c) *teoria das fontes*: *teoria nacionalista positivista (clássica)* das fontes e o CCV de 1946; teorias neoclássicas pós-Constituição da República Portuguesa; reformulação da teoria das fontes imposta pela realidade político-social do país: *teoria realista, pan-nomocrática, integradora de todas as fontes e segundo um escalonamento de hierarquização a todos os níveis, coerente com a ordenação relativa dos vários poderes, supra e intranacionais*, que é a que corresponde à *nossa posição tradicional* e à doutrina pluralista das fontes expressa no *Manual de Introdução ao Direito*, de DIOGO FREITAS DO AMARAL[304]; questão da *equidade* e o artigo 4.º do CCV;

d) *princípio de hierarquia, ordenamento integral das várias fontes*[305] *e sua razão de ser*.

---

[304] AMARAL, D. F. – *Manual de Introdução ao Direito.*Coimbra: Almedina, 2004, I Vol., p. 343 e ss. Índice temático do capítulo sobre o sistema da hierarquia das fontes: O problema da hierarquia das fontes, O problema em face da teoria clássica, A teoria neoclássica: um constitucionalismo nacionalista, A Posição de DIOGO FREITAS DO AMARAL: As fontes internacionais, As fontes comunitárias europeias, A guerra e a revolução, A Constituição, O Direito ordinário, ou infra-constitucional.

[305] Artigo 1º do CCV (*Fontes imediatas*): «1São fontes imediatas do direito as leis e as normas corporativas. 2. Consideram-se leis todas as disposições genéricas provindas dos

Fontes do Direito da Comunicação Social e sua Hierarquia 133

Quanto à *noção de fontes*, esclareça-se que o vocábulo *fonte* é usado correntemente com o significado de nascente de água ou, mais extensivamente, no sentido de causa, factor desencadeante, nascente ou origem de algo.

Em face disto, constata-se que a aplicação do vocábulo *fontes* no âmbito do direito (*fontes de direito*, mesmo que um pouco força-da à realidade e ciência do direito) traduz a *ideia de factos de onde parte (origens, causas) o aparecimento de normas de conduta social consideradas como impositivas (com força jurídica), ou que as via-biliza ou que funcionam como circunstâncias que conformam as suas soluções concretas.* Ou seja, não são as normas *em si mas os vários tipos de factos (jurídicos) criadores destas*[306], *as organizações que a processam ou os factores que implicaram uma dada modela-ção concreta do seu conteúdo*[307].

A expressão *fontes de direito* é usada na teoria do direito em sentido formal, como as *maneiras através das quais se efectiva, independentemente das suas modalidades, o aparecimento escrito ou oral (criação ou revelação) de normas com força jurídica. Por-tanto, quer sejam as fontes produtoras de factos normativos* (quanto ao direito de origem estadual, – e sem prejuízo de outros centros

---

órgãos estaduais competentes; são normas corporativas as regras ditadas pelos organismos representativos das diferentes categorias morais, culturais, económicas ou profissionais, no domínio das suas atribuições, bem como os respectivos estatutos e regulamentos internos. 3. As normas corporativas não podem contrariar as disposições legais de carácter imperati-vo»; Artigo 2º (Assentos): «Nos casos declarados na lei, podem os tribunais fixar, por meio de assentos, doutrina com força obrigatória geral» (Revogado pelo Decreto-Lei 329-A/95, de 12-12); Artigo 3º (Valor jurídico dos usos):«1. Os usos que não forem contrários aos princípios da boa fé são juridicamente atendíveis quando a lei o determine. 2. As normas corporativas prevalecem sobre os usos; Artigo 4º (Valor da equidade): Os tribunais só podem resolver segundo a equidade): Quando haja disposição legal que o permita; b) Quando haja acordo das partes e a relação jurídica não seja indisponível; c) Quando as partes tenham previamente convencionado o recurso à equidade, nos termos aplicáveis à cláusula compromissória» (Código Civil, Livro I, Parte Geral, Título I, Das leis, sua inter-pretação e aplicação, Capítulo I, Fontes do direito).

[306] MARQUES, José Dias – *Introdução ao Estudo do Direito* . 3.ªEd., Lisboa: José Dias Marques, 1970, p. 197 e ss.

[307] Os diplomas concretos em que aparecem escritas na medida em que são apenas o continente das normas, são designados como *fontes em sentido textual*, para se distinguir do seu sentido jurídico-formal, ou seja, dos factos normativos.

134 *Direito da Comunicação Social*

estaduais não oficiais ou supra e infra-estaduais, públicos ou particulares, geradores de normas jurídicas –, o *direito estadual oficial* nasce dos poderes legislativo, executivo e jurisdicional do Estado), criadores, modificadores ou extintores de normas (actos normativos legislativos, administrativos e jurisdicionais; fontes constitutivas de direito, modos de o produzir, fontes *juris essendi*,[308]), quer sejam as reveladas, que permitem aceder ao conhecimento do direito complementando (adicionando, suprindo, corrigindo ou modificando) os factos normativos produtores deste (factos de natureza diversa, como a doutrina, as regras de ciência ou de arte, ou mesmo factos normativos de natureza interpretativa: fontes declarativas, reveladoras, modos de o conhecer, fontes *juris cognoscendi*[309].

Quanto às *teses sobre as fontes*, constata-se que, na *literatura nacional*, temos, de um lado, as tradicionais *teses clássicas*, que rejeitamos, e, do outro, a *tese realista* (que sempre perfilhámos, nas várias disciplinas em que tivemos de expor sobre fontes, designadamente nas cadeiras de Direito Comunitário, Direito Internacional Público, Direito da Comunicação Social e Direito Administrativo, e que, recentemente, aparece bastante desenvolvida e fundamentada, em termos muito semelhantes, por Diogo Freitas do Amaral, no seu *Manual de Introdução ao Direito*), sem podermos deixar de nos demarcar das teses *neoclássicas,* em posturas em que se reconhecem progressos de base teórica, mas que, ficando sempre a meio caminho, entre novos princípios e dados políticos, que se aceitam em face da realidade, para a qual se mostra sensibilidade, mas dos quais não se tiram todas as consequências, e, portanto, imprimindo avanços relativos em simultâneo coma a manutenção, em parte, de soluções tradicionais, com conclusões «à la carte» (que lhes introduz toda uma *incoerência científica*), de que os próprios não conseguem deixar de se admirar e lamentar. Mesmo que os propósitos afirmados parecem diferentes, em geral, acabamos realmente por nos deparar perante *construções globais incoerentes*, que só aparentemente poderiam fugir a uma integração no rol de teses neoclássicas, dado que se situam mais numa postura de racionalização de parte do *status quo* e, portanto, de conformação com as práticas ou na maior parte continuando pre-

---

[308] Traduzindo à letra: fontes do ser do direito.
[309] Traduzindo à letra: fontes «de conhecimento do direito».

sas às bases e premissas de reflexão das doutrinas correntes, de que não conseguem afastar-se (por vezes, afirmando o direito a partir de textos e dogmas não jurídicos, mesmo que respeitáveis), até chegarem, finalmente, em sede de antinomias jurídicas a concluir, em sede de *regras de hierarquização aplicativa das normas*, que as cientificamente válidas o são apenas para os tribunais, mas não para a Administração Pública, ou seja, que a Administração Pública deve aplicar um direito diferente do dos tribunais e, portanto, também daquele a que estão sujeitos os administrados, numa construção dual, pretensamente científica, em que o direito poderia, ao mesmo tempo, ser e não ser, pois que o cidadão, em caso de conflito de normas ou de sucessão de normas ou de cumulação de normas de poderes diferentes, não poderia deixar de procurar reger-se pela norma que deve ser aplicável[310], mas em que a *Administração Pública teria que aplicar normas diferentes, realmente não aplicáveis*[311], porque pautando-se essencialmente pelo princípio *lex posterior* ou, quando muito, *lex specialis*, com desprezo em geral da supremacia da norma constitucional, do Direito Interncional Público e do Direito da União Europeia, para que caiba depois aos tribunais, nos poucos casos que aí vão parar, intervirem para repor a verdadeira legalidade, aplicando apenas estes as normas que devem ser cientificamente aplicáveis[312/313].

---

[310] O cidadão não tem de conhecer a norma que é aplicável em cada momento e interpretá-la correctamente (*ignorantia legis non excusat*: *vide* artigo 6.º do CCV)?

[311] E na medida em que, quem desobedecer às autoridades, comete o crime do artigo 348.º do Código Penal (desobediência à autoridade pública), sujeitando-se o cidadão, por princípio, a estar sujeito a processos crimes se quiser cumprir, contra a posição errada da autoridade, a norma aplicável, sob pena de se sujeitar a julgamento e provar em tribunal a ilegalidade da ordem por invocação de norma indevida, para obter a justa absolvição? Se os tribunais não podem aplicar normas injustas ou imorais, por força da própria Constituição, como pode admitir-se tal postura injusta e até imoral, por princípio, no agir da Administração Pública?

[312] Em geral, comungamos das posições e argumentos de Diogo Freitas do Amaral, que explanaremos, posições que sempre foram em geral as nossas, constantes de textos (e lições policopiadas desde 1992, sofrendo a influência da Universidade de Bruxelas, onde, na década de oitenta, estudamos, sem prejuízo de mantermos definições, expressões, argumentos e até algumas posições distintas, na linha do que sempre ensinamos.

[313] *Vide*, v.g., Jorge Miranda – *Direito Constitucional*. 3.ª Ed, Vol III. Não nos referiremos desenvolvidamente às posições com que Paulo Otero, em recente livro denominado *Legalidade e Administração Pública*, enfileira na defesa de uma doutrina que obriga ou dispensa a Administração Pública de pocurar aplicar a norma que resulta aplicável, para

136 — Direito da Comunicação Social

Será que é aceitável que o *princípio da primazia de normas de direito internacional e comunitárias* sobre todo o direito de fonte interna e das constitucionais em relação às outras que destas dependem,

---

os cidadãos e os tribunais, segundo os critérios científicos da hierarquia das normas, após um esforço de longa investigação neste caminho (tal como não é aqui o lugar para desmontar toda a argumentação em que assentam estas doutrinas criadores de uma dualidade de direitos aplicáveis num só ordenamento jurídico. Mas, repescando algumas passagens mais significativas deste autor, no que se refere à aplicação das normas pela Administração Pública, não deixamos de referir que ele opta por preferir «sacrificar momentaneamente a discussão sobre a validade do fundamento normativo da actuação administrativa e, nesse sentido, a própria validade da respectiva decisão» por considerar de «preferir a segurança (…) fundada numa norma inválida, à legalidade ou inconstitucionalidade», assim acabando por chegar a um «opção subjacente à excepcionalidade da vinculação administrativa ao critério hierárquico», a uma «preferência pela invalidade do fundamento normativo da actuação dos órgãos administrativos» (sic), concluindo, entre várias coisas, face às posições que vai tomando, que «*vinculada normalmente a ter de aplicar uma normatividade inconstitucional ou ilegal*, enquanto expressão da *ausência de um poder administrativo genérico de rejeição aplicativa de normas inválidas*, a Administração Pública pode encontrar-se obrigada a praticar actos ilegais». E, por isso, o autor não tem outro remédio senão, em coerência, reconhecer a aberração a que as suas argumentações dão origem, concluindo, pelos vistos tranquilamente, dado que não reviu: «revelando-se aqui a incoerência da configuração global do princípio da juridicidade e a quebra da ideia de sistema jurídico-administrativo: em tais casos, o sentido vinculativo dos órgãos administrativos à juridicidade é contraditório, imperfeito e incompleto» (ponto c) da conclusão geral, ou ponto 21.7, sétima conclusão, da Parte II). O autor, prisioneiro das suas posições ultraconservadoras sobre a relação da Administração Pública com o direito, não pode deixar de concluir pelo absurdo da normalidade da «auto-vinculação da Administração Pública à invalidade» e, portanto, pela normalidade de um obrigatório e sistemático recurso aos tribunais pelos cidadãos e outras administrações em relação interadministrativa, transformando a jurisdicção em verdadeira administração quotidiana da legalidade administrativa, e nem intenta voltar ao início para se obrigar a rever todas as bases dogmáticas ínsitas nas suas posições anteriores, de modo a ter de concluir da única maneira possível em Estado de Direito, para o qual a sua reflexão devia contribuir, aceitavelmente: que o sentido vinculativo dos órgãos administrativos à juridicidade, tal como deve ser cientificamente configurado pelo sistema jurídico, não é (pelo menos no campo dos princípios, do dever-ser, independentemente das práticas ou doutrinas erradas), nem contraditório, nem imperfeito e nem incompleto. Até porque se a conclusão, com as suas teses, o que é, e não devendo, não podendo ser, então haveria que dizer o que deve ser feito para não o ser, o que levaria, na mesma, o autor a dizer à frente o que evitaria se voltasse atrás e tivesse refeito todas as suas posições teóricas anteriores que o obrigaram a cair nesse inaceitável abismo teórico da ilegalidade que teve de considerar «insuperável». Basta ler a doutrina defendida por Diogo Freitas do Amaral ou por nós mesmos sobre a hierarquia das normas para se perceber como as conclusões sobre o tema se situam ou podem situar em termos bem diferentes.

Fontes do Direito da Comunicação Social e sua Hierarquia 137

pode ter um valor relativo para a Administração Pública, a decidir cientificamente «a la carte», e com um regime diferente do aplicável aos cidadãos e tribunais? Será que ela está obrigada ou habilitada a aplicar normas infra-ordenadas com elas incompatíveis?

A minha posição, comungando embora das precauções de JORGE MIRANDA e na linha das posições de princípio de FREITAS DO AMARAL, é a de que a *juridicidade* que a Administração está obrigada a respeitar, inclui em geral as próprias *normas supranacionais*[314] e as *normas constitucionais*, todas elas parte do bloco da normatividade enquanto vigentes, e dotadas de supremacia normadora, embora, quanto à Constituição da República Portuguesa, só em casos de *inconstitucionalidade material* com uma *desconformidade manifesta*, especialmente em situações de *unanimidade doutrinal* sobre o tema, ou em que os *tribunais*, no *controlo difuso ou concentrado*, já tenham considerado alguma vez a norma infraconstitucional (pelo menos, recentemente, se se trata de tribunais comuns) como desconforme à Constituição, e desde que a questão seja colocada ao e *resolvida pelo órgão máximo do ministério (ou de pessoa colectiva* em causa), tudo sem prejuízo do *direito normal de impugnação pelo destinatário*, público ou privado, da decisão que não aplique a norma tida como inconstitucional, para o tribunal administrativo competente.

De qualquer modo, esclareça-se que o *termo fonte de direito*, será aqui usado, não no sentido corrente em direito comunitário, de modo de produção ou revelação de actos impositivos[315], mas de *modos de produção* (criam uma norma ou alteram e extinguem normas existente; carácter inovador, natureza constitutiva da norma) e de *modos de revelação* (dão a conhecer pela primeira vez, em si ou no seu conteúdo, direito pré-existente; sem carácter inovador, mas meramente declarativo) de uma parte desse actos, as *normas jurídicas*[316].

---

[314] E mais do que isso, inclui mesmo a obrigação de aplicar as Decisões da União Europeia, que em geral são meros actos administrativos, mesmo que contrárias a normas nacionais.

[315] No *direito comunitário* abrange não só actos gerais e abstractos, mas até os actos concretos e individuais. No Tratado da Comunidade Europeia, temos como actos típicos «criadores de direito», os *regulamentos, directivas, decisões* e, por vezes mesmo, tudo dependendo do seu conteúdo real, independentemente da *designação atípica*, os *pareceres* e *recomendações*.

[316] *Princípios e regras jurídicas* constituem as *normas jurídicas*. Sobre estes conceitos, *vide*, v.g., SOUSA, Marcelo Rebelo de; GALVÃO, Sofia –*Introdução ao Estudo do Direito*. 4.ª Ed., Lisboa: Europa-América, 1998, p. 188 e ss.

Dado que as fontes tanto se encontram numa *relação de paridade* (situação em que uma pode revogar as outras: caso do costume, lei e decreto-lei), como, na maior partes dos casos, *em pé de desigualdade*, numa relação de supra e infra-ordenação, em que a de valor infra-ordenado é inválida (nulidade, anulabilidade, ineficácia) se contraria a de nível superior, enquanto esta pode revogar aquela, ou seja, de hierarquia ou de ordenação vertical (por ordem de supremacia relativa, Direito Internacional Público, Direito da União Europeia, Constituição da República Portuguesa, Lei de Valor Reforçado, Lei Simples, Regulamento, etc.[317].).

DIOGO FREITAS DO AMARAL (tal como nós sempre havíamos feito no ensino em geral e, também, já no debate em Comissão de Revisão Constitucional, no processo não acabado, de finais da primeira metade da década de noventa e, simultaneamente, em textos académicos, designadamente no capítulo sobre fundamentos comunitários da política e do direito do ambiente[318]), criticando os constitucionalistas nacionalistas (e a desvalorização da norma supranacional, do DIP e do DUE, em face da Constituição da República Portuguesa, cujo «valor» e «significado» exageram), ordena as fontes da seguinte maneira:

O DIP em geral (costume, tratado, princípios gerais, jurisprudência, etc.).

E isto, em face do *princípio do seu primado*, pese embora aos enunciados, designadamente em sede de fiscalização da constitucionalidade caracterizadores de uma Constituição que pretenderia amarrar-nos ao primado do direito interno, sendo certo que estas cláusulas constitucionais são «ilegítimas à face do direito internacional», quer o *princípio pacta sunt servanda*, transcrito no artigo 26.º, quer o disposto no artigo 27.º da Convenção de Viena sobre o Direito dos Tratados, que constituem *ius cogens* e elas violam, pelo que são inválidas ou, pelo menos, ineficazes e como tal devem ser desaplicadas pelos nossos tribunais[319].

---

[317] *Vide*, AMARAL, Diogo Freitas do – oc, p. 483 a 562: como actos produtores de direito, as praxes administrativas e usos sociais, convenções colectivas de trabalho, normas corporativas e profissionais, adopçãp de normas técnica, declarações políticas orais.

[318] CONDESSO, F. – *Direito do Ambiente*. Coimbra:Almedina, 2001, p. 282 e ss.

[319] AMARAL, D. F. – oc, p. 570.

E quanto ao *direito comunitário*, afirma este autor, na linha do *Manual de Direito Internacional,* de ANDRÉ GONÇALVES PEREIRA e FAUSTO DE QUADROS e em correspondência com os nossos textos sobre a matéria, que o *princípio do primado* abrange todas as normas, designadamente as da Constituição da República Portuguesa, o que considera resolvido pelo novo n.º 4 do artigo 8.º da Constituição da República Portuguesa, em face da Lei Constitucional n.º 1/2004, de 24 de Julho, *não tendo o inciso final qualquer interesse prático,* porque a União Europeia é um espaço respeitador dos direitos fundamentais[320].

Em geral, teremos presente que, no desenvolvimento desta temática, é importante abordá-la, tendo em atenção as questões específicas que se levantam em relação à Administração Pública: o *dever de obediência da Administração Pública à lei e o bloco da legalidade, ou seja,* os princípios da constitucionalidade, da legalidade, o *jus cogens* internacional e o primado do Direito Comunitário.

Iremos debruçar-nos sobre as *principais e mais correntes,* que interessam mais ao dia a dia do direito da Comunicação Social.

a) Os *princípios gerais de direito.*

Aos princípios gerais de direito[321] e, portanto, também aplicáveis no Direito da Comunicação Social, importa acrescentar outros *princípios específicos*, princípios gerais «do» Direito da Comunicação Social, de aplicação geral no Direito da Comunicação Social, em que há que começar por destacar, desde já, pela sua importância fundamental neste campo, os princípios relacionados com a *garantia de independência e do pluralismo* da Comunicação Social: princípio da liberdade de informação, do interesse público da Comunicação Social, do serviço público, da liberdade de empresa, da independência, transparência, não concentração, especialidade, acesso às fontes, o princípio do sigilo profissional, protecção das minorias e menores, da responsabilização, das limitações à informação, à programação e à publicidade, matérias que iremos tratando ao longo do curso.

---

[320] A. e o.c., p. 575 e 576.

[321] CRISAFULLI, Vezio – «Per la determinazione del concetto dei principi generali del diritto». In *Studi sui principi generali dell'ordinamento guiridico*. Pisa, 1941.

140 Direito da Comunicação Social

b) O *costume* (supranacional ou interno)

c) A *Constituição, as leis* e as restantes *normas escritas* («lei» em sentido amplo, no sentido de «bloco da legalidade»: quer a comummente designada como norma fundamental, texto positivo de impositividade interna, a Constituição, quer as verdadeiras leis, comummente designadas como «leis infra-constitucionais», quer os regulamentos, quer as *normas supranacionais* (acordos internacionais e decisões normativas de instituições de âmbito supra-nacional): uma qualquer *norma jurídica*, originada numa manifestação de vontade impositiva de uma qualquer autoridade com competência para tal)[322/323].

d) A *jurisprudência e a doutrina*. Seu valor como fontes produtoras ou reveladoras do jurídico. A importância do recurso à jurisprudência e doutrina, nacionais e estrangeiras.

*

Começo por referir já uma *noção perfunctória de costume*, que justificarei e a que se voltará posteriormente.

Os *costumes* jurídicos são factos normativos, constituídos por condutas ou omissões, seguidas na vida social ou de uma instituição, de modo reiterado ao longo do tempo, por serem tidos como de cumprimento obrigatório, ou por permissões lícitas (e portanto insancionáveis).

Em *direito público*, designadamente internacional, constitucional ou administrativo, acontece a formação de uma norma consuetudinária quando se constate que uma norma, legal ou do costume, com solução contrária, já não é aplicável e exigível.

Quanto ao *costume* e aos *usos sociais*, como dizem MARCELO REBELO DE SOUSA e SOFIA GALVÃO, ao lado do direito estadual, gerado a

---

[322] V.g., MENDES, João de Castro – *Introdução ao Estudo do Direito*. Lisboa. PF, 1994, p. 77.

[323] E normas, segundo a seguinte *ordenação de valor hierárquico*: normas internacionais, normas comunitárias e da União Europeia em geral, normas constitucionais nacionais, leis de valor reforçado, leis simples, regulamentos (de acordo com a diferente ordenação se supremacia dos órgãos emissores), etc.. Neste âmbito, há que referir o fenómeno do *declínio e relativização da lei em sentido estrito* como fonte do direito.

Fontes do Direito da Comunicação Social e sua Hierarquia

partir do poder político do Estado, direito escrito, «existe um Direito estadual não escrito, costumeiro ou consuetudinário, conjunto de normas que é «fruto das pulsões diárias do grupo e da sociedade, sem necessidade da intervenção do poder político do Estado», ou seja, que resultam da própria dinâmica da sociedade civil», que «Brotam de um jogo de vida entre forças que procuram soluções para um projecto de construção colectiva em permanente revisão», afirmando-se como tal apenas logo que reunidos os dois requisitos, que são o *usus* e a *opinio iuris vel necessitas,* não dependendo nem de um reconhecimento da lei nem de uma efectiva aplicação coactiva, sendo uma *forma autónoma de criação do Direito*[324].

No direito administrativo, DIOGO FREITAS DO AMARAL refere a *existência de numerosos casos,* quer de costumes, quer de usos, designadamente de costumes vigentes a todos os níveis[325], v.g., o *poder regulamentar* para a boa execução das leis detido pelos órgãos dirigentes da Administração directa e institutos públicos estaduais, na medida em que não estejam previstos em norma positiva, tal como, em geral, o reconhecimento pelo ordenamento jurídico do poder regulamentar de auto-organização, em termos de estrutura e funcionamento, dos órgãos administrativos colegiais (elaboração e aprovação dos seus regimentos); amplos *poderes de delegação dos superiores nos seus subalternos*; costumes regionais sobre *feriados e locais sobre feiras*; e mesmo *costumes universitários* sobre os intervalos académicos, «voto de Minerva» (que, assente em mito tradicional sobre a vontade da Deusa da Sabedoria, leva a que, «no caso de dúvida ou empate num júri académico, a votação seja desempatada a favor do aluno»), a tradição que leva a dever suspender-se as aulas e exames durante o período de duração da «Queimas das Fitas», etc.

O *costume* não seria *fonte imediata de direito,* segundo as disposições iniciais do Código Civil sobre a matéria, mas o próprio Código viria posteriormente também a reconhecer que o costume pode ser aplicado pelos tribunais do Estado e, portanto, pode ser um fonte de direito (com primazia sobre a lei: n.º 1 do artigo 348.º do Código

---

[324] SOUSA, Marcelo Rebelo de; GALVÃO, Sofia – *Introdução ao Estudo do Direito.* 4.ª Ed., Lisboa: Europa-América, 1998, 130 e ss.

[325] *Manual de Introdução ao Direito.* Coimbra: Almedina, 2004, p. 379.

Civil[326]), embora, como já dizia J. BAPTISTA MACHADO[327], tal não tenha carácter decisivo, pois a sua força não só não advém da lei como esta também, por isso mesmo, não tem, só por si, força social própria para proibir o costume, dado que se este, onde existir, tem primazia face à lei, então esta não pode ditar genericamente a sua sorte, o que significa que, onde o costume se impuser, ele será fonte autónoma de direito, de aplicação preferente à lei, sem prejuízo da possibilidade de revogação recíproca casuística.

A questão que importa dirimir é a de saber se o costume é uma *fonte primária do direito*, nos termos da definição perfunctória, dada acima, ou não?

Ora, as *duas principais teses* sobre o assunto são a *teoria estatista* e a *teoria sociológica*.

Segundo a *primeira teoria*, clássica entre nós, o *costume* já não é, em Portugal, como foi no passado, uma fonte primária do direito, pois a única fonte primária é a lei, aparecendo o costume com vigência apenas nas situações e na estrita medida em que ele for mandado aplicar pela lei[328].

Para a *segunda teoria*[329], não positivista, realista, o *costume* continua hoje a ser, embora nos países do continente europeu e designadamente em Portugal, com muito menor importância e densi-

---

[326] Artigo 348.º (*Direito consuetudinário, local, ou estrangeiro*): «1. *Àquele que invocar direito consuetudinário*, local ou estrangeiro, compete fazer a prova da sua existência e conteúdo; mas o *tribunal deve procurar, oficiosamente*, obter o respectivo conhecimento. 2. O conhecimento oficioso incumbe também ao tribunal, sempre que este tenha de decidir com base no direito consuetudinário, local ou estrangeiro, e nenhuma das partes o tenha invocado, ou a parte contrária tenha reconhecido a sua existência e conteúdo ou não haja deduzido oposição. 3. Na impossibilidade de determinar o conteúdo do direito aplicável, o tribunal recorrerá às regras do direito comum português». Trata-se, aliás, de uma norma que vem no seguimento da solução já constante do artigo 521.º do CPC de 1939. *Vide* REIS, José Alberto dos – *Código de Processo civil Anotado*, Vol. III, 3.ª Ed., Coimbra: Coimbra Editora, 1950, p. 304 e ss, e AMARAL, D.F. do – *o.c.*, p. 382, nota 17.

[327] *Introdução ao Direito e ao Discurso Legitimador*. Coimbra: Almedina, 1983, p. 158.

[328] Como acontece, v. g., nos artigos 1400.º e 1401.º do Código Civil; tese assente no dogma positivista mas que, mesmo assim, vai ao ponto de esquecer o próprio mandato geral dado aos tribunais e em geral aos aplicadores do direito, constante do n.º 1 do artigo 348.º também do Código Civil.

[329] Na linha da doutrina anglo-saxónica, que sempre valorizou o costume e a jurisprudência como fontes de direito.

Fontes do Direito da Comunicação Social e sua Hierarquia 143

dade normativa, uma fonte primária do direito, o que aliás se constata em situações muitos claras, mesmo *contra legem*, que a doutrina
vai apontando (como referimos anteriormente e a que poderíamos
acrescentar outros exemplos colhidos na doutrina, v.g., número de
litros da pipa de vinho por regiões, touros de morte nas touradas de
Barrancos, etc.)

Portanto, neste debate, há que considerar inaceitável a irrealista
teoria estatista e positivista, segundo a qual o costume é obrigatório
se e apenas na medida em que é consentido pela vontade do Estado,
ou seja, pela lei, dependendo desta no seu valor jurídico, e adoptar a
doutrina romana do *tacitus consensus populi* (*longa consuetudine
comprobavit*), na expressão de ULPIANO, sintonizada com a *teoria
sociológica*, para a qual o *costume é obrigatório* porque e sempre
que seja querido pela vontade popular ao criá-lo, mesmo que opondo-se a regras anteriormente escritas e, portanto, *de facto*, socialmente
rejeitadas.

Ele identifica-se por se traduzir num *comportamento habitual na
vida social*, mesmo que apenas seguido por uma parte das pessoas
que a integram, devido à *convicção* de que se está perante uma
prática de *regras permissivas ou impositivas* do ordenamento jurídico,
neste caso passíveis de a sua violação permitir a aplicação de *sanções*
pelas instâncias de controlo social.

Em conclusão, constituem costumes quaisquer condutas ou
omissões reiteradas ao longo do tempo, habitualmente respeitadas
por serem tidas como de cumprimento obrigatório ou com permissão
lícita, e, portanto, não sancionável, na vida social ou de uma instituição.

Na medida em que tais práticas sejam aceites como fonte de
direito, são criadoras de chamado *direito costumeiro* ou *direito consuetudinário*

Dito isto, é fácil destacar os *elementos essenciais* do costume,
que são o *corpus* e o *animus*:

a) O *corpus*, que é a prática generalizada, ou seja, habitualmente
   seguida pelos membros da respectiva comunidade. A *habi-
   tualidade* implica uma dada reiteração ao longo do tempo e
   uma dada generalização dos comportamentos em cada momento durante esse tempo, sem prejuízo de condutas diver-
   gentes, que podem traduzir meros incumprimentos da regra.

144 *Direito da Comunicação Social*

Hoje, devido ao *ritmo acelerado da vida social*, quer no decurso do tempo, quer em cada momento, que permite constatar rapidamente a repetição e generalização maior ou menor como as práticas sociais se processam, já não se exigirá um período tão longo de tempo, como o fazia o DIP ou, no direito interno, a Lei pombalina da Boa Razão (100 anos), para que um costume deva ser aceite como fonte de direito, nem mesmo uma «prática imemorial» (ou seja, uma prática que ninguém sabe quando começou por se perder na memória dos tempos). No domínio do direito público, basta que se entenda que uma norma positiva contrária já não é aplicável, exigível, para, desde logo, sem mais indagações, devermos considerar estarmos perante um costume

b) O *animus* (*opinio juris vel necessitatis*), que é a convicção da obrigatoriedade (regras impositivas) ou da licitude (regras permissivas).

Posto isto, vejamos as diferentes *espécies de costumes*, para podermos, desde já, manejar os diferentes conceitos.

Quanto ao *âmbito territorial de abrangência*, ele pode ser *internacional*, se gerado na sociedade internacional; *comunitário*, se gerado no âmbito das Instituições da União Europeia; *regional*, se gerado a nível de uma região político-administrativa ou meramente administrativa[330]; e *local*, se meramente ao nível da autarquia de base de uma povoação[331].

Quanto à sua *posição em face das normas escritas*, temos os costumes *secundum legem* (desenvolvendo o seu conteúdo aplicativo, muitas vezes em termos regulamentadores), *praeter legem* (complementando a norma escrita, em termos inovadores, em termos que normalmente caberiam a outra norma escrita) e *contra legem* [efectivando uma normação diferente da que está consignada na norma escrita (caída em desuso – ineficácia social –, com consequente perda de eficácia jurídica), apontando assim soluções em sentido diferente].

---

[330] Seria o caso de costume fomado nas Regiões Autónomas dos Açores ou/e Madeira, ou de qualquer maneira em áreas geográfica infraterritoriais alargadas, v.g., para lá do Marão (onde «mandam os que para lá estão»), no Algarve, no Minho, etc.

[331] Exemplo de um costume meramente local é o da morte pública dos touros em praça, na povoação de Barrancos.

De qualquer modo, como diz Diogo Freitas do Amaral, (que defende uma *teoria pluralista das fontes de direito)*, em face do CCV português, «o tribunal só está autorizado a julgar o caso, por aplicação da lei, se não existir (ou não puder determinar-se o respectivo conteúdo) uma norma consuetudinária mais adequada que deva ser aplicada», pelo que, numa «interpretação actualista» deste artigo, o «costume e a lei são – no entendimento da própria lei – duas fontes do Direito primário, colocadas em pé de igualdade», de tal modo que o tribunal «se puder conhecer bem o conteúdo da ambas *as normas*» deve aplicar ao caso *sub judice* «aquela das duas normas que se mostrar mais adequada à resolução correcta desse caso», ou seja, «aquela das duas normas potencialmente aplicáveis que se mostrar mais adequada à resolução do caso»[332].

E, em relação à questão mais delicada do costume *contra legem ou contra constitucionem*, devem ter-se como aplicáveis estes critérios de preferência normativa em relação à lei (ou a costume anteriormente afirmado):

– aplica-se o costume *contra legem,* que faz cair em desuso a norma legal, operando a sua caducidade, tal como o costume *contra constitucionem* faz cair a norma constitucional escrita (ou costumeira anterior);

– aplica-se a norma para que este costume remeter;

– em caso de normas *legais ou costumeiras internas* contrárias a uma norma supranacional (internacional ou comunitária), aplica-se esta fonte, sendo aquelas *ilegítimas*, por não poderem afectar o princípio da supremacia normativa desta e, portanto, a legitimidade aplicativa da norma do DIP e DUE;

---

[332] Oc, p. 384. *Tese de igualdade e disponibilidade judicial de escolha de norma aplicável*, que, a nosso ver, foi concebida por um legislador que não pretendia atribuir ao costume natureza de fonte primária, mas se viu confrontado com a necessidade de enquadrar a aplicação por tribunais nacionais de direito estrangeiro, sendo certo que, nalguns sistemas, o *costume* é direito aplicável, pelo que a jurisdição nacional, de qualquer modo, teria de o aplicar em situações definidas pelo *direito internacional privado*. Trata-se, pois, de um artigo que pretendeu em geral responder a essa necessidade, como se vê quando fala na parte final do n.º 3 em direito comum «português», mas a que o legislador acabou por referir o *direito consuetudinário*, mas meramente o *local*, em que, nas condições aí referidas, admitiria a preterição da lei, aliás parecendo mesmo pretender acentuar, em princípio, a *preferência pela aplicação do costume*.

146 *Direito da Comunicação Social*

– se se tratar de uma norma geral e outra especial, aplica-se esta;
– se se tratar de uma geral ou especial e outra norma excepcional aplica-se a norma excepcional, desde que seja legítima;

E se ambas regularem a situação de *maneira semelhante*, ou se houver «identidade de situações, tipos e circunstâncias»? Segundo Diogo Freitas do Amaral, no primeiro caso, prevalece a que «melhor se ajustar às circunstâncias específicas do caso concreto», e, no segundo, a que «proporcionar uma *solução mais justa do caso concreto* em apreciação», em homenagem ao *valor justiça*.

Mas uma coisa é o costume e outra são as *praxes administrativas* e os *usos sociais*. Começo por referir o conteúdo do n.º 1 do artigo 3° do CCV sobre o valor jurídico dos usos, que afirma que «Os usos que não forem contrários aos *princípios da boa fé* são juridicamente atendíveis quando a lei o determine. Estes usos seriam meros *costumes de facto, simples práticas sociais* (tidas como destituídas de *animus cogentis)*, que não só são diferentes do costume como fonte de direito consuetudinário[334], como não seriam fonte senão quando a lei para eles remetesse. Aqui, a não afronta aos princípios da boa fé traduz uma exigência, a apreciar em cada caso, relaciona com o estado ético-moral do momento[335].

Quanto às *praxes administrativas*, traduzem condutas usuais que, em termos idênticos, os órgãos da Administração costumam ter habitualmente para solucionar alguns problemas de gestão corrente.

Temos aqui, v.g., no âmbito da vida universitária, a não se considerar como costume, a prática em geral sedimentada no tempo de se fazer «intervalos académicos» de 10 minutos entre as aulas e mesmo de um período adicional de tolerância de duração semelhante para o início das prelecções (não só para permitir a troca de salas e docentes, mas também para satisfação de necessidades fisiológicas e descanso regenerador dos alunos e docentes, com vista à aula seguinte), a que poderia acrescentar-se, v.g., uma prática académica sobre a leccionação de aulas, que se pode enunciar assim: prima *non datur*, *ultima non recipitur*, ou ainda a prática de menor exigência sobre conhecimentos para a aprovação na última cadeira de licenciatura etc..

---

[334] Pinto, Carlos Mota – *Teoria Geral*. 2.ª Ed.,Coimbra, p. 49.
[335] *Vide*, v.g., Lima, Pires de; Varela, Antunes – *Código Civil Anotado*, 1.º, 11.

O *carácter usual de uma prática constante e idêntica*, constituindo o seu *corpus* identificativo, aponta para um elemento semelhante ao do *direito consuetudinário*, tendo como especificidade o âmbito restrito dessas posturas comportamentais, apenas referentes à vida das Administrações públicas e não à vida social em geral, pelo que se impõe perguntar se não estaremos perante o costume administrativo, ou melhor, um *costume criador de direito administrativo*, ou, antes, face a *meros usos académicos*.

A alínea d) do n.º 1 do artigo 124.º (*Dever de fundamentação*), diz que, «devem ser fundamentados os actos administrativos que, total ou parcialmente, decidam de modo diferente da *prática habitualmente seguida na resolução de casos semelhantes, ou na interpretação e aplicação dos mesmos princípios ou preceitos legais*».

E, assim, podemos concluir que de duas uma: se tal prática não for *contra legem*, situação em que o preceito não é aplicável, a menos que deva sê-lo obrigatoriamente por ser costume, temos práticas interpretativas ou integrativas de lacunas, e portanto, meramente *secundum legem* ou *praeter legem*, em que importa procurar distinguir a sua natureza jurídica segundo a sua intensidade normativa mas não segundo a sua natureza jurídica e não jurídica, pois não é possível defender-se a tese de que tais práticas são indiferentes ao direito, ou seja, não vinculam minimamente a Administração Pública.

Ou seja, caso não se comprove que existe o *animus* suficiente para se considerar que estamos em face de costume e portanto de uma regra de cumprimento obrigatório sem mais, então estaremos perante uma mera «praxe» administrativa, mas que, por força da lei procedimental geral, de qualquer maneira, continua a ser obrigatória e, portanto, também, fonte de direito, se não houver razão aceitável para a alterar, mudando de critério justificadamente.

A menos que, o que nada impede, entretanto, mesmo sem justificação, comece a ser desrespeitada por uma prática diferente, criada e reiterada com *animus* próprio do costume, ou apareça norma escrita distinta, a sua não aplicação sem qualquer razão válida é ilegal, não só por força directa da norma citada, mas, em verdade, em geral também por força do princípio constitucional da igualdade de tratamento, pelo que temos que convir que em princípio a praxe é vinculativa e, portanto, fonte de direito e como tal só passível de revogação por outra fonte de direito ou por outra orientação devidamente justificada, que, por sua vez, se poderá vir a afirmar também, se ganhar estabilidade aplicativa, e como tal merecer integrar o ordenamento jurídico, como fonte de direito.

No que se refere à *norma jurídica positiva* («lei em sentido amplo»), importa esclarecer o seguinte:

A norma interna escrita, lei ou regulamento, é fonte primária do direito[336].

Qualquer comando de carácter geral e abstracto, regra ou princípio, na medida em que obriga a um comportamento social é fonte de direito e, portanto, uma norma jurídica, embora só se considerem como leis aqueles que simultaneamente tenham origem numa instituição do poder legislativo e formalmente se designem de lei ou decreto--lei, dado que os titulares deste poder também podem produzir actos de outra natureza, cuja distinção material é em geral questionável (v.g., resoluções ou normas regimentais, a AR, e regulamentos, o governo).

Mas, além destes actos normativos, quando em Direito Administrativo nos referimos ao *princípio da legalidade*, devemos considerar incluídas quaisquer outras normas, não apenas convencionais, de natureza legal ou regulamentar, de fontes supranacionais, internacionais ou unionistas (da CE ou da EU em geral) e nacionais (também a Constituição da República Portuguesa), regionais (leis e regulamentos), como as regulamentares locais.

Quanto à sua *hierarquia*, temos o direito internacional, o direito da União Europeia, a Constituição, as leis de valor reforçado, as leis e decretos-leis, os decretos legislativos regionais, os regulamentos gerais (do Estado), os regulamentos regionais e os regulamentos locais.

Os *princípios sobre a hierarquia das normas* podem enunciar-se assim: a norma de valor superior pode revogar a norma inferior que não se conforme com ela [afectada de ilegalidade, e se implicar, directa ou indirectamente (indirectamente: lei de valor reforçado) a Constituição da República Portuguesa, a nulidade de que fica afectada (ilegalidade ou inconstitucionalidade), é declarável pelo Tribunal Constitucional; se ofender norma internacionalista ou comunitária/ unionista, é inaplicável, considerando-se, no mínimo como de vigência suspensa].

---

[336] Os tipos de actos legislativos encontram-se previstos no artigo 112.º, n.º 1, da Constituição, sendo as leis, os decretos-leis e os decretos legislativos regionais.

Fontes do Direito da Comunicação Social e sua Hierarquia　　149

Quanto à *jurisprudência*, os três sentidos correntes em que é entendida correspondem a: *ciência do direito*, actividade *casuística* cogente dos tribunais (jurisdicional, na resolução dos casos concretos submetidos a julgamento) ou actividade *doutrinal,* resultante da actuação corrente (traduzida em orientações gerais dedutíveis das resoluções dos tribunais na solução de casos semelhantes. ou seja, questões factuais idênticas com aplicação das «mesmas» normas jurídicas). É em relação ao conjunto destas orientações que se põe a questão de saber se elas são ou não fontes de direito. E em sentido criador ou revelador?.

Seguindo de perto DIOGO FREITAS DO AMARAL, que distingue entre *fontes juris essendi* e fontes *juris cognoscendi,* podemos encontrar várias teorias sobre a matéria:

a) Segundo a *teoria montesquiana* da negação da autonomia teórica da qualificação da jurisprudência como fonte do Direito, que é a *teoria clássica*, resultante do próprio pensamento de MONTESQUIEU[337], e que tem sido seguida pela maioria da doutrina portuguesa, os *juízes não criam direito*, tendo apenas uma *função secundária*, que se traduz na *mera aplicação do direito*, pelo que sendo as fontes do direito apenas a lei e o costume, a jurisprudência não o é. Como refere DIOGO FREITAS DO AMARAL, esta teoria é inaceitável, porquanto os tribunais não são meras máquinas de reprodução exacta da vontade do normador, constituídos por juízes transformados em puros agentes passivos, meros conversores de «ditados» exteriores em soluções concretas, e portanto a jurisprudência não é um mero altifalante da voz do legislador, neutra, sendo certo que os tribunais ultrapassam o mero labor de executores da norma escrita ou costumeira, pelo que tal teoria é de afastar.

b) Segundo a *teoria realista radical*, defende-se não só a autonomização conceptual da jurisprudência como fonte do direito, como a secundarização em geral do papel da lei e do legislador. Com efeito, para esta concepção americana, *quem cria o direito são os juízes*, afirmando rotundamente que antes dos tribunais de um país se pronunciarem, não se sabe verdadeiramente qual é o direito vigente

---

[337] Segundo ele, «le juge c'est la bouche qui prononce les paroles de la loi».

150   *Direito da Comunicação Social*

nesse país. Nesta linha de pensamento, o célebre juiz americano HOLMES[338] chegava ao ponto extremo de dizer que as leis não passam de meras «profecias» daquilo que os tribunais acabarão por decidir quando julgarem os casos concretos. Mais concretamente, escreveu HOLMES, em 1897, que uma obrigação legal não é mais do que a predição de que, se um homem faz ou deixa de fazer certas coisas, terá de sofrer desta ou daquela maneira, por sentença dum tribunal»; «as profecias do que farão os tribunais, e nada mais pretensioso do que isso, é o que eu entendo por Direito», num caminho de mera análise do funcionamento real dos tribunais com rejeição do direito como sistema lógico[339]. Comentando estas afirmações, DIOGO FREITAS DO AMARAL demarcando-se, diz que «as leis não são meras 'profecias'», pois «têm valor próprio, são obrigatórias por si mesmas, independentemente de virem ou não a ser interpretadas e aplicadas pelos tribunais. Aliás, a maioria das leis são obedecidas espontaneamente pela maioria dos cidadãos na maioria dos casos, sem recurso a qualquer tribunal», pelo que haverá aqui algum excesso no modo de encarar a relação lei-sentença.

Consideramos que, quer a *teoria clássica* em Portugal, quer a *teoria realista radical,* generalizam «o campo factual» que seleccionam e a que se agarram redutoramente nas suas análises, pois, não é pelo facto de, muitas vezes, os juízes tal como os órgãos da Administração Pública, na *aplicação de certos conceitos e previsões normativas,* não terem margens de inovação jurídica que pode negar-se as outras, e são muitas, em que o têm, por não se estar perante conceitos e previsões muitas precisas (em que se limitam à efectivação de operações de cálculo matemático) ou perante uma estreita margem de densificação jurídica, em que não há espaço para grande *criatividade apreciativa e decisória.*

Como é possível desconhecer-se que há *situações típicas* em que a jurisprudência aparece como uma *fonte não só reveladora* como realmente *autónoma* em termos de *criação de direito* e, assim,

---

[338] HOLMES, O.W. – The Path of Law. In The Holmes Reader, oc, p. 60, apud LATORRE, Ángel – «Los Realistas Norteamericanos». In *Introducción al derecho: Nueva edición puesta al día.* Barcelona: Ariel, 1997, p.142, tradução portuguesa de Manuel de Alarcão: *Introdução ao Directo.* 5.ª reimpressão, Coimbra: Almedina, p.191.

[339] A. e o.c., p.192.

Fontes do Direito da Comunicação Social e sua Hierarquia 151

é *fonte de direito*, tal como acontece com os acórdãos com força obrigatória geral, acórdãos uniformizadores de jurisprudência com eficácia jurídica, acórdãos de actualização de jurisprudência uniformizada, as correntes jurisprudenciais uniformes?

c) Nesta linha de constatação e numa postura teórica realista moderada, em que nos colocamos, e que em Portugal vemos perfilhada, desde logo, por DIOGO FREITAS DO AMARAL, há que considerar que, embora na maioria dos casos, a fonte primária do direito seja a lei ou o costume, a jurisprudência, também pode ser fonte *juris esssendi* e fonte *cognoscendi*. Com efeito, nas situações em que os tribunais intervêm, os juízes, de facto, muitas vezes, desempenham uma *função criativa*, que há que reconhecer que integra o seu espaço institucional de intervenção.

Há situações em que os juízes, nas suas tarefas de *aplicação de conceitos e previsões normativas* efectivam operações com clara *criatividade apreciativa e decisória*, reservando-lhes o próprio direito *espaços heurísticos no plano da conformação dos factos a subsumir ou decisórios seja em termos de tempo de actuação e conteúdos das soluções que revelam remissões criativas* mais ou menos significativos, através do uso de *conceitos imprecisos* (vagos, indeterminados), seja pelo recursos a termos e saberes técnicos e científicos que implicam uma mobilidade de soluções à medida dos avanços na densificação desses conceitos extra-jurídicos, seja pela atribuição de poderes *discricionários,* sendo certo que, no caso dos tribunais, isso dá origem à afirmação do *direito vigente no caso* e, por influência posterior da própria decisão precedente, a *orientações generalizáveis* na jurisdição. E embora nem todos os casos de aplicação do direito cheguem a tribunal propiciando este espaço reorientador ou corrector da aplicação do direito, as suas orientações, na medida em que existam, influenciam a doutrina e os destinatários das normas, designadamente os poderes públicos, devendo, de qualquer modo, evitar confundir-se os planos de intervenção, pois estamos perante aspectos distintos que a análise dos processos revela claramente: se é verdade que os tribunais *não criam normas jurídicas*, pois a decisão dos casos concretos não traduzem *comandos gerais e abstractos*, de eficácia *erga omnes*, pelo que as sentenças, sendo, em si e em geral, meras

152   *Direito da Comunicação Social*

decisões individuais e concretas, não têm natureza normativa[340], também é verdade que não sendo realmente as sentenças fonte de direito, não deixa de se constatar como historicamente sedimentada a realidade de um fenómeno extremamente relevante, que é a existência de *decisões jurisdicionais criativas na solução casuística das questões jurídicas* colocadas aos tribunais, que não podem considerar-se derivadas, automaticamente, de uma mera aplicação da norma ao caso concreto. Independentemente de haver países (Inglaterra e em parte também os E.U.A.), em que o «precedente judicial» é obrigatório nos casos julgados posteriormente, e, em regra, tal não ocorrer em Portugal, onde a lei, no entanto, não deixa de, excepcionalmente, impor uma jurisprudência obrigatória (*de jure*) em certas situações[341]: o *preenchimento de casos omissos*, com o dever não só de julgar, mesmo que ocorra falta ou obscuridade da lei ou dúvida acerca dos factos em litígio; o dever de tomar em «consideração todos *os casos que mereçam tratamento análogo*, a fim de obter uma interpretação e aplicação uniformes do direito»[342], a *concretização de conceitos imprecisos*, geralmente designados como *conceitos vagos ou indeterminados* (situações de uso de *margens de livre decisão* ou de *poderes discricionários* pelo juiz), as *sentenças especiais,* a que dão lugar os *acórdãos de uniformização* de jurisprudência, que implicam a sua *obrigatoriedade para todos os tribunais hierarquicamente subordinados,* instituto do *julgamento ampliado de revista e agravo para assegurar a uniformidade da jurisprudência*[343], recursos para

---

[340] Noutro lugar nos referimos ao papel do TC nas suas declarações de inconstitucionalidade com eficácia geral, eliminadora das normas jurídicas. E do STA, em aplicação da al.g) do n.º1 do artigo 119.º da CRP, ao produzir declarações de ilegalidade com força obrigatória geral (artigos 72.º, 73.º e 76.º do CPTA).

[341] Recorde-se que, em Portugal, existiu até 1993 o chamado instituto chamado dos «assentos», previsto no artigo 2.º do Código Civil, que foi declarado inconstitucional pelo Acórdão do Tribunal Constitucional n.º 810/93, de 7.12.93, solução que, aliás, tem sido criticada por alguma doutrina.

[342] Artigo 8.º (Obrigação de julgar e dever de obediência à lei): «1. O tribunal não pode abster-se de julgar, invocando a falta ou obscuridade da lei ou alegando dúvida insanável acerca dos factos em litígio.2. O dever de obediência à lei não pode ser afastado sob pretexto de ser injusto ou imoral o conteúdo do preceito legislativo.3. *Nas decisões que proferir, o julgador terá em consideração todos os casos que mereçam tratamento análogo, a fim de obter uma interpretação e aplicação uniformes do direito».*

[343] Artigos 732.º-A e n.º3, 762.º.

uniformização da jurisprudência penal (artigo 437.º do Código de Processo Penal, e recurso de reexame actualizador da jurisprudência, no interesse da unidade do direito, do artigo 447.º do Código de Processo Penal, que DIOGO FREITAS DO AMARAL considera de aplicação analógica a todos os tipo de processos[344]) e da administrativa[345/346/347].

Além disso, a jurisprudência dos tribunais será também *fonte indirecta do costume*, designadamente quando leve à afirmação de normas claramente contrárias ao direito tido como vigente até aí ou quando seja manifestação da sua existência, em que ela apareça como nomogenética, na medida em que seja *inovadoramente «geradora» de actos jurídicas gerais e abstractos*, que posteriormente não só a generalidade dos tribunais como também as autoridades administrativas e os cidadãos acatem como sendo de natureza obrigatória, ou seja, verdadeiro direito. No entanto, como se constata, neste caso de coautoria material de direito, juridicamente a verdadeira fonte é o costume, cuja lógica protocriativa propicia ou a cuja afirmação responde, embora o arranque da sua prática reiterada possa partir da própria actuação dos tribunais, em processo algo semelhante ao do costume internacional com base nas resoluções parlamentares da Assembleia-Geral da Organização das Nações Unidas (que alguns autores chamam de fonte parlamentar, para distinguir do costume de criação normativa não escrita e inicialmente não intencional).

Isto pode acontecer sobretudo em dois tipos de situações:

Quando se constituam *correntes jurisprudenciais claramente maioritárias*, que criem a convicção de que um caso idêntico virá a ser decidido segundo essa orientação (da mesma maneira), e que portanto comecem a ser acatadas, *de facto*, como se fossem obrigatórias até que, entrando na prática social corrente, acompanhadas da convicção da sua vinculatividade, se tornem obrigatórias, ou seja acatadas *de iure*.

---

[344] *O.c.*, p. 477.

[345] Artigo 152.º do CPTA.

[346] Vide, desenvolvidamente sobre o tema, AMARAL, Diogo Freitas do – *o.c.*, p. 459 e ss.

[347] Em plenário das secções cíveis, requerido pelas partes ou MP, sugerido pelo relator ou adjuntos, presidentes das secções, parecer MP, publicação 1.ª Série A do DR: artigos 732.º-A e 732.º-B do Código do Processo Civil). Sobre os assentos, na sua configuração antiga, sem contraditório e imodificáveis: Acórdão do Tribunal Constitucional n.º 810/93.

De qualquer modo, quer para os tribunais, quer para a Administração Pública e os cidadãos em geral, o *valor prático da jurisprudência*, seja na interpretação e aplicação da lei aos casos concretos, seja como *fonte excepcional de normatividade* ou como sua *base nomogénica*, é bastante importante, pois o direito socialmente «vigente» é o que o juiz diz que é direito e aplica, dado que as sentenças obrigam todos os seus destinatários, cidadãos ou poderes públicos[348/349].

Em conclusão, o *conhecimento do direito* de um dado país não passa apenas pelo conhecimento da *norma-regra*, pois há, além dos *princípios gerais* (embora estes tenham perdido muito do seu anterior *sentido autónomo*, ao serem paulatinamente consagrados em normas escritas, muitas vezes mesmo de natureza constitucional) e do *costume*, a *jurisprudência dos tribunais*, sobretudo a dos tribunais superiores.

*

No que se refere à problemática relacionada com o *papel da doutrina na construção do direito*, ou seja, ao valor da doutrina como fonte do direito, temos em pólos opostos, a doutrina (teoria clássica) que a rejeita como fonte do direito e as posições doutrinais, como a expressa por Diogo Freitas do Amaral, segundo as quais a doutrina é simultaneamente uma fonte *juris essendi* e uma fonte *juris cognoscendi*.

Desde já, se afirma que não se considera nunca a doutrina em geral como *fonte primária* de direito. Mas afirma-se que ela pode exercer um *papel protonormador* ou *conformador* do conteúdo ou

---

[348] De facto, mesmo quer toda a doutrina defenda uma dada interpretação de uma norma que pode ter mais do que uma interpretação possível, se o juiz optar por uma interpretação diferente, é esta a que passa a valer, enquanto a doutrina, sendo uma mera opinião de especialistas, existente a montante do momento aplicativo, por muito conceituada que seja, não é aplicável por si, ao não obrigar nem cidadãos nem autoridades.

[349] Com efeito, o cidadão ou a Administração Pública ficarão sujeitos à interpretação em que assenta a sentença, no caso submetido a julgamento, independentemente das posições científicas propostas pelas Escolas e seus Doutores. Para se compreender a diferença, basta reproduzir a seguinte explicação dada por AMARAL, DIOGO FREITAS DO: «se acerca de um dado assunto, toda a doutrina entender A e a jurisprudência decidir B, um advogado português, interrogado por um cliente estrangeiro sobre qual é o Direito português sobre a matéria, terá de responder B; se responder A, estará a enganar o cliente – e poderá ser responsabilizado pelos danos que lhe causar».

Fontes do Direito da Comunicação Social e sua Hierarquia

interpretação concretos de normas pré-existentes, pois, por vezes, exerce uma influência decisiva não só na criação de normas positivas e na explicitação de normas consuetudinárias, quer junto do legislador quer da Administração Pública (elaboração de novas leis e regulamentações e alteração de normas existentes), como na aplicação das normas pela Administração Pública e, sobretudo, pelos julgadores, desde logo junto dos tribunais superiores, ajudando, juntamente com a acção casuística dos advogados, a construir aquela parte da jurisprudência que, muitas vezes, se revela mais estável. E, sobretudo, a «doutrina unânime» ou, pelo menos, «maioritária» têm realmente uma influência marcante, junto dos tribunais. Com efeito, quotidianamente a *jurisprudência portuguesa*, em apoio aos fundamentos das suas decisões judiciais, recorre e cita essencialmente a doutrina, que assim, por esta via, ganha foros de uma «fonte 'indirecta' do Direito», como também refere Diogo Freitas do Amaral.

*

Vejamos, agora, a questão, antes aflorada da *aplicação do direito supranacional e da Constituição pela Administração Pública* em geral (e mesmo em caso de normas de aplicabilidade directa ou de exequibilidade *per se*, se acontece haver normas de desenvolvimento desconformes). Tem-se afirmado a tese da não atribuição constitucional aos órgãos administrativos de poderes de desaplicação de normas desconformes com outras normas com primazia aplicativa,[350] e isto por força do *princípio da legalidade*, quando as normas legais lhes sejam contrárias, designadamente quanto à temática da inconstitucionalidade perante o artigo 204.º, o qual só manda fazê-lo aos tribunais. Mas tal é, nesta leitura radical, questionável, pois a Constituição da República Portuguesa manda a todas as autoridades respeitar a Constituição e há um afloramento de um princípio que deve reputar-se geral, nos n.ºs 6 e 7 do artigo 19.º (não respeito dos limites dos poderes materiais e orgânicos em situação de estado de sítio).

Assim, parece não dever seguir-se totalmente por esta posição, desde que os actos dos distintos poderes possam ser controlados

---

[350] Vide sobre o tema, MIRANDA, Jorge – *oc*, p. 373.

pelos tribunais, o que só não ocorre, ainda, na actividade governativa, em relação aos actos políticos (constitucionais ou de governo) do Executivo.

Esta *tese de exclusão*, em absoluto ou por princípio, não o permitiria nem sequer, pelo menos, quando haja *direito de resistência*, no caso de direitos fundamentais?

Uma coisa é, na prática, *não dever haver, por princípio, uma faculdade generalizada* de todos os órgãos desaplicarem normas com um qualquer fundamento na invocação da primazia da norma supranacional ou por inconstitucionalidade, outra é afirmar-se que a Administração Pública enquanto tal está impedida de efectivar tal controlo ou tem mesmo a obrigação de aplicar normas que, nos termos do ordenamento jurídico, devem considerar-se inaplicáveis, com tal significando-se que a Administração Pública enquanto tal não deve obediência à norma realmente aplicável segundo os critérios científicos a que os próprios cidadãos e *a posteriori* os tribunais estão sujeitos (sem prejuízo de tal só dever caber a *órgãos máximos da organização administrativa pública*, suscitada a questão pelos subalternos, e da consequente *sindicabilidade jurisdicional* de todos os actos pelo destinatário da decisão, em caso de desaplicação de constituição, lei, regulamento, etc.), em *casos de desconformidade manifesta* ou quando a *doutrina* ou a *jurisprudência* já se venham pronunciando nesse sentido, isto é, quando os *tribunais* ou o *Tribunal Constitucional*, desde logo quando tenha havido declaração de inconstitucionalidade com eficácia geral (porque neste caso, é pacífico: não deve haver aplicação, dada a sua eliminação do ordenamento jurídico), ou mesmo sem declaração obrigatória, se se pronunciaram já nesse sentido. Nestas situações, claras ou de grande probabilidade, a Administração Pública (segundo procedimentos internos cautelosos, que lhe cabe enquadrar, mas que são um *a posteriori* em relação à questão, não tendo que interferir com a reflexão e conclusão teórica sobre o tema) pode decidir os casos em apreciação, com desaplicação da norma considerada desconforme, designadamente a inconstitucional, notificando sempre sobre o fundamento das suas decisões concretas os destinatários, para efeito de impugnação.

Não terminaremos estas breves considerações sem lembrar que a Administração Pública é chamada a aplicar directamente normas comunitárias, mesmo de transcrição interdita em normas nacionais (regulamentos da CE) e até de transcrição obrigatória, mas não efectivada apesar de decorrido o tempo para o efeito (Directivas; e mesmo Decisões dirigidas ao Estado) desde que tenham efeito directo (nos termos fixados pela doutrina pretoriana do Tribunal do Luxemburgo)[351].

3.3. Fontes em concreto do Direito da Comunicação Social

3.3.1. *Fontes supranacionais: normas internacionais e unionistas*

Em termos de relações entre o Direito da Comunicação Social e os direitos internacional e da União Europeia, há que referir que os *vários ramos do direito*, sobretudo público, e neste aspecto, as matérias de direito público integrantes do estudo do Direito da Comunicação Social, não podem deixar de contar com o crescendo de afirmação do *Direito Internacional e do Direito Comunitário Europeu*, cujas normas se sobrepõem às nacionais. Por tudo isto, também sobre esta matéria, não havendo tempo para desenvolver o tema das fontes de Direito da União Europeia, se remete os alunos para os *fundamentos do direito comunitário*, designadamente a teoria das fontes, poderes das Instituições, princípios essenciais do direito da União, hierarquia normativa, sistema contencioso, entre outros temas, que são importantes para a apreensão do modo como se cria, do valor relativo das normas no contexto do sistema normativo global comunitário, estadual e jusinternacional, modo de execução, garantias de efectividade, etc., de algo que os Estados aplicam directamente ou têm de transpor.

---

[351] Sob pena de condenação pelo Tribunal da União Europeia. Seria, v.g., impensável que um dirigente da Administração Pública tivesse punido um funcionário, que acabasse de ser progenitor e, à falta de legislação de aplicação da Directiva sobre a igualdade dos cônjuges, tivesse gozado desse direito com ausência ao serviço, nos termos da normativa europeia, que teve efeito directo no período de inadimplemento estatal, até ser objecto de transcrição em fonte interna.

A) Direito Internacional Público Universal e Europeu

a) *Direito Internacional Público Universal*

Aqui, importa destacar a Declaração Universal de Direitos Humanos, aprovada pela Assembleia Geral das Nações Unidas a 10 de Dezembro de 1948, que apesar de traduzir uma explicitação *de minimis* de princípios fundamentais no campo dos direitos humanos, não deixa de conter normas (artigos 12.º, 18.º 21.º, 26.º, 27.º e especialmente o artigo 19.º, sobre a *liberdade de opinião e expressão*, que veio a ser transcrito no artigo 10.º da Convenção Europeia dos Direitos do Homem, adiante referido), que interessam à nossa temática, em si e tendo presente o disposto no n.º 2 do artigo 16.º da Constituição da República Portuguesa, que manda aplicar as normas sobre direitos fundamentais, na linha da interpretação e integração resultante desta Declaração e sua jurisprudência internacional; Declaração que teria posteriormente o seu desenvolvimento em dois tratados da Organização das Nações Unidas: o Pacto Internacional dos Direitos Civis e Políticos, assinado em Nova York, a 19 de Dezembro de 1966 (artigos 17.º, 19.º, 20.º) e o Pacto Internacional dos Direitos Económicos, Sociais e Culturais, assinado em Nova York, na mesma data (artigos 13.º e 15.º);

b) *Direito Internacional Público Europeu*

A Convenção Europeia para a Protecção dos Direitos Humanos e das Liberdades Fundamentais, assinada em Roma a 2 de Novembro de 1950, nos seus artigos 8.º, 9.º e, especialmente, 10.º, (que, no seu n.º1, consagra a liberdade de expressão e suas manifestações, designadamente as liberdades de opinião e de recepção e transmissão de informação e ideias sem qualquer ingerência de poderes públicos) e o seu Protocolo n.º11, que permite que qualquer pessoa, vítima de actos de violação das suas normas, por parte de uma qualquer autoridade pública, possa recorrer directamente ao TEDH, desde que tenha previamente percorrido, sem êxito, todas as vias jurisdicionais estaduais para obter a devida reparação[352], tribunal que ao longo do

---

[352] Artigo 26.º.

Fontes do Direito da Comunicação Social e sua Hierarquia 159

tempo tem precisado o conteúdo e, em termo restritivos, os limites admissíveis ao exercício desta liberdade[353].

Neste âmbito, além das Recomendações e Declarações do Conselho de Ministros do Conselho da Europa, temos a Convenção Europeia *Televisão Sem Fronteiras*, de 1989, e vigente de 1 de Maio de 1993 (tratando de impor, em relação a emissões internacionalizadas de televisão, regras sobre programação, patrocínios, limitações materiais e temporais de publicidade, defesa de direitos fundamentais relacionados com as transmissões televisivas), posteriormente transcrita nos direitos comunitário e nacionais (cujos direitos da Comunicação Social são a aplicação dos grandes princípios do direito europeu), mas que, de qualquer modo, é aplicável directamente nos Estados da União Europeia, quando haja lacuna nas leis nacionais e na Directiva da União Europeia, em relação aos programas transmitidos além fronteiras, sendo o cumprimento dos seus princípios objecto de fiscalização por parte de um *Comité Permanente*, com competências conciliatórias e de arbritragem.

B) Direito Comunitário, originário e derivado

Nesta matéria[354], importa contar não só com as normas do Tratado da CE (normas sobre livre prestação[355] de serviços, regras da concorrência – Protocolo relativo ao serviço público de radiodifusão nos Estados-membros, anexo ao Tratado de Amesterdão e o artigo 255.º); do Regulamento (CE) n.º 1049/2001, do PE e do CM, de 30 de Maio de 2001, relativo ao *Acesso aos Documentos do PE, do Conselho e da Comissão* (DOCE L 145, de 31 de Maio) e das Directivas *Televisão Sem Fronteiras*, de 1989 (n.º 89/552/CEE), revista em 1997 (n.º 97/36/CE), visando o desenvolvimento do merca-

---

[353] www.echr.coe.int/hudoc: DH-MM (2000) 6, Divisão de Media do Conselho da Europa: *Cade-Law Concerning Article 10 of the European Convention on Human Rights*

[354] Ao *direito comunitário complementar*, constituído por tratados que, para além da eventual adesão dos Estados, tenham como parte a União Europeia, desde logo a *Convenção Europeia Televisão Sem Fronteiras* ou Transfronteiriça, já nos referimos anteriormente no âmbito do DIP.

[355] Vide Observatório Europeu do Audiovisual – *Guide Juridique de L'Audiovisuel en Europe*, 1999; -Systèmes de Radio et Télévision en Europe 2000/2002.

160   *Direito da Comunicação Social*

do europeu de produção e distribuição de programas audiovisuais[356], definindo *obra europeia* e regulando, com vista ao desenvolvimento do mercado europeu de produção e distribuição de programas audiovisuais[357], temas tão importantes como a sua protecção e protecção de *obras independentes*, de menores, ordem pública, direito de resposta, transmissão de acontecimentos de grande importância e o exercício de direitos exclusivos sobre tais eventos[358]; n.° 2001/29/ CE do PE e do Conselho, de 22 de Maio de 2001, relativa à *harmonização de determinados aspectos dos direitos de autor* na Sociedade da Informação (JOCE L 167, de 22 de Junho), tudo normas de aplicação por si, designadamente as das directivas (nos termos da doutrina pretoriana do efeito directo e que continuam a ter importância como elementos de enquadramento para a interpretação da legislação que as transcreve, que deve ser conforme com elas).

3.3.2. *Fontes internas positivas*

São normas aplicáveis, de direito positivo, a Constituição da República Portuguesa, as leis de valor reforçado e outras leis ordinárias, os regulamentos, as directivas da ERC, o Estatuto editorial, o Código deontológico, as Convenções Colectivas de Trabalho e as decisões arbitrais.

*

No que se refere ao Direito da Comunicação Social e à Constituição da República Portuguesa, desde logo, temos os *princípios fundamentais relativos à Comunicação Social*, constantes dos artigos 37.° a 40.°, e, entre os princípios de aplicação directa, por força do

---

[356] Passando a fiscalização da conformidade dos programas difundidos com a Directiva a ser efectivada através da fixação da competência única do Estado onde se situa o local do estabelecimento, a aferir segundo critérios de apuramento sucessivo.

[357] Passando a fiscalização da conformidade dos programas difundidos com a Directiva a ser efectivada através da fixação da competência única do Estado onde se situa o local do estabelecimento, a aferir segundo critérios de apuramento sucessivo.

[358] *Vide*: Comunicação «2002: Uma Sociedade da Informação Europeia para o Crescimento e o Emprego», de 1.6.2005.

n.º 1 do artigo 18.º, temos ainda todos os preceitos constitucionais respeitantes a Direitos, Liberdades e Garantias.

Para além disso, que relações, imposições e condicionamentos para o Direito da Comunicação Social derivam do direito constitucional? Em geral, sobre o tema, importa recordar que ocorreram *«mutações concretas na estruturação da ordem jurídica»*, que tocam no estatuto dos vários ramos de direito, reduzindo a sua autonomia, a mais espectacular das quais tem que ver com *«a consolidação do direito constitucional»,* com a clara afirmação contemporânea das Constituições como conjunto de normas jurídicas, impositivas, vinculativas, e não meramente «programáticas» e do concomitante e fulgurante desenvolvimento da jurisprudência constitucional e da ciência do direito constitucional, subordinante e enquadrador das restantes normas e da sua aplicação pelos tribunais perante a obrigação de controlo difuso e ou concentrado, em último caso com um vigilante juiz constitucional omnipresente. E há, ainda, normas infra-constitucionais que passa a pretender-se que apareçam como simples normas de «aplicação» do direito constitucional, impondo a *«subalternização» do restante ordenamento jurídico interno.* E indo mesmo ao ponto, em certa *doutrinação nacionalista,* de, inaceitavelmente, tentar fazer-se do *direito constitucional a bitola da validade de todas as normas, mesmo supranacionais.* Exemplos de elementos relacionais entre o direito constitucional que mais nos interessam: primado do direito constitucional sobre o restante direito interno; teoria das pessoas colectivas e órgãos administrativos, designadamente das EAI e da Entidade Reguladora da Comunicação; teoria geral dos actos jurídico-públicos; enquadramento do exercício estadual do poder regulamentar; interpretação do direito conforme à Constituição; Controlo das normas administrativas desconformes com a Constituição; princípio da constitucionalidade e não aplicação pelos órgãos máximos dos escalões da Administração Pública de normas manifestamente inconstitucionais; constitucionalização de princípios gerais de direito administrativo; consagração da transparência administrativa (n.º 2 do artigo 268.º); configuração do sistema jurisdicional e de um direito processual tendencialmente subjectivista (artigo 268.º); mandato de aplicação directa de normas de fonte supra-nacional (artigo 8.º); procedimentalização da actividade administrativa; enquadramento da actividade de polícia, etc.

*

162   *Direito da Comunicação Social*

Quanto às leis ordinárias e regulamentos, deve destacar-se que a *legislação específica sobre a Comunicação Social*, que *não está codificada*, está contida (juntamente com as normas constitucionais, que com eles formam os preceitos mais importantes que regem a sua actividade), na Lei de Imprensa, Lei da Rádio, Lei da Televisão e Estatuto do Jornalista.

A razão apontada pela doutrina para não pressionar o poder legislativo no sentido da codificação pode sintetizar-se no facto das respectivas normas ainda serem instáveis, heterogéneas e sem elaboração dogmática suficiente para viabilizar a sua ordenação sistemática.[359]

Pese embora esta realidade, parece difícil rejeitar a ideia de que nada impediria um esforço legislativo, mesmo que sem ambições de grande estabilidade, de agregação coerente dos diplomas atrás citados num único código, em capítulos distintos precedidos de uma parte geral para onde se transfeririam os princípios e regras de aplicação generalizada à imprensa, rádio e televisão, ligados ao desenvolvimento do quadro impositivo constitucional, ou seja, os princípios gerais do sector e as regras vigentes sobre a actividade jornalística em geral.

Neste âmbito, destaquem-se o *Código Deontológico* (na medida em que o legislador lhe atribui força jurídica), as *Directivas* da anterior Alta Autoridade para a Comunicação Social e da actual Entidade Reguladora da Comunicação, as normas de *Convenções Colectivas de Trabalho* e os *Estatutos Editoriais*.

Além dos textos que tratam em geral apenas matéria de interesse para a Comunicação Social, aplicam-se-lhe ainda outros textos que podem ser de grande utilidade para enquadrar o exercício da actividade: desde logo, o Código de Direitos de Autor e Conexos, o Código da Publicidade, o Código Penal, e, nas suas relações com a Administração Pública (além de, em geral, o Código do Procedimento Administrativo), a Lei de Acesso aos Documentos Administrativos, a Lei do Segredo de Estado, Lei dos Arquivos Históricos, a Lei da Protecção dos Dados Pessoais, a Lei de Defesa do Consumidor, a legislação sanitária e medicamentosa e regulamentos vários sobre temas da comunicação social. E, no âmbito de situações de excepção, as normas de estado de necessidade e de estado de sítio.

---

[359] CORREIA, Luís Brito – oc, p. 161.

IV– DIREITO EMPRESARIAL DA COMUNICAÇÃO SOCIAL E LIMITES À LIBERDADE DE PROGRAMAÇÃO E DE INFORMAÇÃO DOS OPERADORES DE RÁDIO E DE TELEVISÃO

Sumário analítico: 4.1. Condições de acesso à actividade de comunicação social e obrigações dos empresários. 4.1.1. Considerações gerais e fundamentos conceptuais. 4.1.2. Iniciativa empresarial e titularidade da propriedade da empresa de Comunicação Social. 4.1.3. Classificação das empresas, publicações, serviços de programas e canais. 4.1.4. Requisito e modalidades de acesso à actividade. 4.1.5. Habilitação das empresas radiofónicas e de televisão. 4.1.6. Obrigações dos operadores e limitações à auto-organização empresarial. 4.1.7. Concorrência, concentração empresarial e transparência da propriedade. 4.1.8. Estatuto editorial. 4.1.9. Registo prévio das empresas e operadores junto do Instituto da Comunicação Social. 4.1.10. Depósito legal das edições. 4.1.11. Elementos identificativos das publicações. 4.1.12. Conselho de opinião. 4.1.13. Conservação do património televisivo e depósito legal dos registos de emissões com relevância historio e cultural. 4.2. Liberdade de programação e de informação: autonomia e limitações dos operadores. 4.3. Direito à informação e sujeições dos operadores detentores de direitos exclusivos. 4.4. Regime do serviço público de televisão.

4.1. Condições de acesso à actividade de comunicação social e obrigações dos empresários

4.1.1. *Considerações gerais e fundamentos conceptuais*

Há normas, designadamente de direito constitucional, que constituem uma normação comum aos vários órgãos de Comunicação Social e outras que, de fonte variada, são específicas dos vários meios.

Vejamos os conceitos jurídicos de *imprensa, rádio e televisão* e, posteriormente, as normas sobre o *acesso à actividade empresarial e sua organização e as que se reportam ao próprio exercício dessa actividade empresarial* impostas aos empresários da Comunicação Social, quer as que são de orientação geral, quer as que implicam uma diferenciação de regimes das empresas de imprensa e das empresas radiofónicas e de televisão.

A *imprensa* é qualquer reprodução impressa de textos ou imagens, com o objectivo de ser disponibilizada ao público, independentemente dos processos de impressão e de reprodução e do modo de distribuição utilizado para o efeito, com excepção de boletins de empresa, relatórios, estatísticas, listagens, catálogos, mapas, desdobráveis publicitários, cartazes, folhas volantes, programas, anúncios, avisos, impressos oficiais e os correntemente utilizados nas relações sociais e comerciais.

A *radiodifusão é* a transmissão unilateral de comunicações sonoras, por meio de ondas radioeléctricas ou de qualquer outra forma apropriada, destinada à recepção pelo público em geral. O *operador radiofónico* é a pessoa, obrigatoriamente colectiva, legalmente habilitada para o exercício da actividade de radiodifusão.

A *televisão* é a transmissão, codificada ou não, de imagens não permanentes e sons, através de ondas electromagnéticas ou de qualquer outro veículo apropriado, propagando-se no espaço ou por cabo, e susceptível de recepção pelo público em geral, com exclusão dos serviços de telecomunicações apenas disponibilizados mediante solicitação individual, a transmissão pontual de eventos, através de dispositivos técnicos instalados nas imediações dos respectivos locais

Direito Empresarial da Comunicação Social e Limites...   165

de ocorrência e tendo por alvo o público aí concentrado e a mera retransmissão de emissões alheias[360].

4.1.2. *Iniciativa empresarial e titularidade da propriedade da empresa de Comunicação Social*

O artigo 38.º da Constituição, na linha da aplicação dos seus n.º 1 do artigo 61.º e alínea c) do artigo 80.º, garante a liberdade de imprensa e meios de comunicação social em geral.

Segundo a alínea a) do seu n.º2, a liberdade de imprensa implicará o direito de *fundação de jornais e de quaisquer outras publicações, independentemente de autorização administrativa, caução ou habilitação prévias*.

Por sua vez, o n.º 4, impõe o *princípio da especialidade das empresas titulares de órgãos de informação geral*, tratando-as e apoiando-as de forma não discriminatória e impedindo a sua concentração, designadamente através de participações múltiplas ou cruzadas. Em causa, nesta orientação em termos de tratamento igual e interdição da concentração, que é estruturante do sector em si e na sua relação com o Estado, está a necessidade e, portanto, a obrigação deste de assegurar a liberdade e a *independência dos órgãos de comunicação social*, não só perante o poder político como o poder económico.

Assim, a *Lei da Imprensa*, no seu artigo 5.º (liberdade de empresa), afirma explicitamente este mesmo princípio de que é «livre a constituição de empresas jornalísticas, editoriais ou noticiosas», observados os requisitos legais[361]. A liberdade de imprensa implica o direito

---

[360] O legislador define a *transmissão pontual de comunicações sonoras* como sendo as efectivadas através de dispositivos técnicos, instalados nas imediações dos locais de ocorrência de eventos a que respeitem, e tendo por alvo o público aí concentrado, desde que não envolvam a utilização do espectro radioeléctrico» (alínea a) do n.º 2 do artigo 2.º da LR).

[361] Estão englobadas n*o conceito de imprensa* todas as reproduções impressas de textos ou imagens, disponíveis ao público, quaisquer que sejam os processos de impressão e reprodução e o modo de distribuição utilizado, excluindo-se, no entanto, do conceito os boletins de empresa, relatórios, estatísticas, listagens, catálogos, mapas, desdobráveis publicitários, cartazes, folhas volantes, programas, anúncios, avisos, impressos oficiais e os correntemente utilizados nas relações sociais e comerciais: n.º 1 e 2 do artigo 9.º da LI.

de fundação de jornais e quaisquer outras publicações, independentemente de autorização administrativa, caução ou habilitação prévias e o direito de livre impressão e circulação de publicações, sem que alguém a isso se possa opor por quaisquer meios não previstos na lei (alíneas b) e c) do n.º 1 do artigo 2.º), sendo o direito dos cidadãos a serem informados garantido, nomeadamente, através da publicação do estatuto editorial das publicações informativas (b) do n.º 2). As publicações sujeitas à LI podem ser propriedade de qualquer pessoa, singular ou colectiva[362].

Quanto à *actividade de radiodifusão* e de *televisão*, há restrições a referir. Ela não pode ser *exercida* ou financiada por partidos ou associações políticas, autarquias locais, organizações sindicais, patronais ou profissionais, directa ou indirectamente, através de entidades em que detenham capital ou por si subsidiadas[363].

No que diz respeito aos operadores de televisão, a lei impede que a distribuição por cabo de canais de televisão fique dependente de qualquer exigência de participação dos operadores televisivos no capital social dos titulares das redes, e da participação destes no capital dos primeiros. E não se permite que se possa exercer funções de administração em mais de um operador de televisão[364].

Nos termos do artigo 10.º, os canais de televisão de âmbito nacional têm de abranger, obrigatoriamente, as Regiões Autónomas.

4.1.3. *A classificação das empresas, publicações, serviços de programas e canais*

No âmbito da imprensa, as empresas proprietárias de publicações podem ser *jornalísticas ou editoriais*, consoante tenham como actividade principal a edição de publicações periódicas ou de publicações não periódicas[365]. E são *empresas noticiosas,* sujeitas ao regime jurídico das empresas jornalísticas, as que têm por objecto principal a recolha e distribuição de notícias, comentários ou imagens[366/367].

---

[362] Artigo 6.º .
[363] Artigo 6.º daLR
[364] Artigo 3.º.
[365] Artigo 7.º.
[366] Artigo 8.º.

As reproduções impressas, que caibam no *conceito jurídico de imprensa*, designadas por *publicações*, são *periódicas e não periódicas, portuguesas e estrangeiras, doutrinárias e informativas*, sendo estas *publicações de informação geral* ou *publicações de informação especializada*, publicações de âmbito *nacional, publicações de âmbito regional* e *publicações destinadas às comunidades portuguesas* no estrangeiro[368].

Periódicas são as publicações editadas em série contínua, sem limite definido de duração, sob o mesmo título e abrangendo períodos determinados de tempo (em que a lei exige que tenham um director[369]) e *publicações não periódicas*, as publicações editadas de uma só vez, em volumes ou fascículos, com conteúdo normalmente homogéneo.

Publicações portuguesas são as editadas, em qualquer parte do território português, independentemente da língua em que forem redigidas, sob marca e responsabilidade de editor português ou com nacionalidade de qualquer Estado membro da União Europeia, desde que tenha sede ou qualquer forma de representação permanente em território nacional e *publicações estrangeiras,* as restantes, ou seja, as editadas em Portugal, sob marca e responsabilidade de empresa ou organismo oficial estrangeiro, que não possam classificar-se como portuguesas ou as editadas no estrangeiro (devendo respeitar a lei de imprensa portuguesa, no caso de serem difundidas em Portugal, sem prejuízo da inaplicabilidade das normas que, pela sua natureza, lhes não possam ser aplicadas).

Publicações informativas são as que, predominantemente, visam a difusão de informações ou notícias, distinguindo-se entre *publicações de informação geral,* as que tenham, predominantemente, por objecto a divulgação de notícias ou informações de carácter não especializado, e as *publicações de informação especializada* as que, predominantemente, tratam de escrever sobre uma matéria, seja ela científica, literária, artística, desportiva ou outra, enquanto que as *publicações doutrinárias* são todas as que, em face do seu «conteúdo ou perspectiva

---

[367] A classificação das publicações releva, designadamente para efeitos designadamente apoios à Comunicação Social.

[368] Artigo 10.º a 14.º.

[369] N.º 1 do artigo 19.º da LI.

168   *Direito da Comunicação Social*

de abordagem», se constata que têm, predominantemente, como objectivo a divulgação de uma dada ideologia ou credo religioso.

Publicações de âmbito nacional são as que versam predominantemente temas de interesse nacional ou internacional e se destinam a ser postas à venda na generalidade do território nacional, *publicações de âmbito regional* são as que têm um conteúdo e distribuição que se destina predominantemente às comunidades regionais e locais e *publicações destinadas às comunidades portuguesas* no estrangeiro são as publicações classificáveis como portuguesas que, predominantemente, se ocupam de assuntos de interesse para os portugueses na diáspora e se destinam a ser distribuídas junto deles[370].

Quanto à *radiodifusão*, importa referir a tipologia dos seus serviços de programas. Nesta abordagem, a nível da sua cobertura, os serviços de programas podem ser de *âmbito nacional, regional ou local*, consoante abranjam, com o mesmo sinal recomendado, respectivamente, a generalidade do território nacional, um conjunto de distritos no continente ou um conjunto de ilhas nas Regiões Autónomas, ou uma ilha com vários municípios ou um município e eventuais áreas limítrofes, de acordo com as exigências técnicas à necessária cobertura daquele. Quanto ao *conteúdo da programação*, os serviços de programas podem ser *generalistas ou temáticos*[371/372/373].

---

[370] Artigo 14.º.

[371] A classificação dos *serviços de programas* quanto ao nível de cobertura e conteúdo da programação compete à Entidade Reguladora da Comunicação.

[372] As frequências disponíveis para o exercício da actividade de radiodifusão de *âmbito local* podem ser reservadas para a prestação de serviços de programas vocacionados para as populações universitárias, através de concurso público a que apenas podem candidatar-se entidades participadas por instituições do ensino superior e associações de estudantes da área geográfica correspondente às frequências a atribuir. No caso de haver lugar à selecção de projectos apresentados ao mesmo concurso, a Entidade Reguladora da Comunicação procederá à graduação das candidaturas, tendo presente a diversidade e a criatividade do projecto, a promoção do experimentalismo e da formação de novos valores, a capacidade de contribuir para o debate de ideias e de conhecimentos, bem como a de fomentar a aproximação entre a vida académica e a população local, e ainda a cooperação institucional alcançada pelas entidades signatárias do projecto.

[373] Artigo 5.º. Estes serviços de programas não podem incluir qualquer forma de publicidade comercial, incluindo patrocínios e apenas podem transmitir programação própria, sendo-lhes em tudo o mais aplicável o regime dos serviços de programas temáticos de âmbito local

São *generalistas* os que têm como fins dos seus serviços de programas, além da promoção do exercício do direito de informar e de ser informado, com rigor e independência, sem impedimentos nem discriminações, contribuir para o pluralismo político, social e cultural, contribuir para a formação do público, favorecendo o reconhecimento da cidadania enquanto valor essencial à democracia, a promoção da cultura e a língua portuguesa e os valores que exprimem a identidade nacional, e têm como *fim específico* dos seus serviços de programas de âmbito local, a produção e difusão de uma programação destinada especificamente à audiência do espaço geográfico a que corresponde a licença ou autorização.

Os *serviços de programas temáticos* são aqueles que têm como finalidade contribuir, através do modelo adoptado, para a diversidade da oferta radiofónica na respectiva área de cobertura. A conversão de serviços de *programas temáticos* em programas classificados como *generalistas* depende de pedido entregue no ICS, dirigido à Entidade Reguladora da Comunicação, pelos operadores radiofónicos, êxito está condicionado ao decurso de um ano após a classificação dirigido à Entidade Reguladora da Comunicação anterior[374].

Em termos da *tipologia dos canais televisivos*, eles podem ser de âmbito nacional, regional ou local (conforme o seu âmbito de cobertura) e *generalistas ou temáticos* e de *acesso condicionado ou não condicionado*.

De *âmbito nacional* são os canais que visem abranger, ainda que de forma faseada, a generalidade do território nacional, desde que na data de apresentação da candidatura apresentem garantias de efectivação daquela cobertura[375].

---

[374] Artigo 31.º, que manda o ICS notificar os «operadores cujos serviços de programas tenham idêntica cobertura na área geográfica servida pelo requerente para que se pronunciem, no prazo de 30 dias, quanto à pretensão de igualmente alterar a classificação dos respectivos serviços de programas, para o que poderão proceder à necessária candidatura no prazo de 60 dias a contar da mesma data».

[375] A área geográfica consignada a cada canal deve ser coberta com o mesmo programa e sinal recomendado, salvo autorização em contrário, até ao limite de sessenta minutos diários, a conceder por despacho conjunto dos membros do Governo responsáveis pelas áreas da comunicação social e das comunicações, precedido de parecer favorável da Entidade Reguladora da Comunicação. O limite horário a que se refere o número anterior pode ser alargado, nos termos nele previstos, em situações excepcionais devidamente fundamentadas.

170   *Direito da Comunicação Social*

E podem ser *generalistas ou temáticos* e de *acesso condiciona-do ou não condicionado*. *Generalistas* são os canais que apresentem uma programação diversificada e de conteúdo genérico e temáticos os que apresentem um modelo de programação predominantemente organizado em torno de matérias específicas.

Os *canais temáticos de autopromoção*[376] *e de televenda* não podem integrar quaisquer outros elementos de programação conven-cional, tais como serviços noticiosos, transmissões desportivas, fil-mes, séries ou documentários. São de acesso condicionado os canais televisivos que transmitam sob forma codificada e estejam disponí-veis apenas mediante contrapartida específica, não se considerando como tal a quantia devida pelo acesso à infra-estrutura de distribui-ção e pela sua utilização[377].

Os *canais generalistas* são aqueles a que cabe não só promover o direito de informar e de ser informado, contribuindo para o plura-lismo político, social e cultural e em geral para a informação do público, como para a sua formação e entretenimento, além de favore-cer a criação de hábitos de convivência cívica, promover a língua portuguesa e os valores que exprimem a identidade nacional. Os canais generalistas de âmbito regional ou local devem ainda integrar conteúdos de índole regional ou local, preservar e divulgar os valores característicos das culturas regionais ou locais e difundir informações com particular interesse para o âmbito geográfico da audiência[378].

4.1.4. *Requisitos e modalidades de acesso à actividade*

No que se refere ao *acesso à actividade* (artigo 11.º), são requi-sitos dos operadores *de televisão* terem como *objecto principal* o exercício dessa actividade e revestirem a forma de pessoa colecti-va[379]. Exceptuam-se do disposto no número anterior os canais sem

---

[376] *Autopromoção* é a publicidade difundida pelo operador televisivo relativamente aos seus próprios produtos, serviços, canais ou programas. Estas classificações competem à Entidade Reguladora da Comunicação e são atribuídas no acto da licença ou da autorização.

[377] Artigo 7.º.

[378] Artigos 8.º e 9.º.

[379] Os operadores de televisão detentores de canais de cobertura nacional estão sujei-tos à forma de sociedade anónima ou sociedade cooperativa, devendo ser titulares de um

Direito Empresarial da Comunicação Social e Limites... 171

fins lucrativos destinados à divulgação científica e cultural, os quais podem ser detidos por associações ou fundações. No que se refere aos prazos de validade das licenças ou das autorizações para o exercício da actividade televisiva, estas em termos de âmbito nacional são emitidas pelo prazo de 15 anos, renovável por iguais períodos[380]. Mas elas podem ser objecto de extinção ou de suspensão. Com efeito, está previsto que as *licenças* e as *autorizações* se extingam pelo decurso do prazo pelo qual foram atribuídas ou por revogação, podendo ainda ser suspensas, sendo o procedimento quer da *revogação* quer da *suspensão,* da competência da entidade à qual incumbe a sua atribuição (nos termos do artigo 65.º)[381].

Quanto às *modalidades de acesso à actividade televisiva*, salvo se se tratar do serviço público de televisão, ela exige licenciamento, mediante concurso público, ou autorização, consoante as emissões a realizar utilizem ou não o espectro hertziano terrestre, cabendo à Entidade Reguladora da Comunicação atribuir as licenças e autorizações, sendo os procedimentos de licenciamento ou de autorização (cujo desenvolvimento normativo é efectivado por decreto-lei), aplicável ao de canais televisivos instruídos pelo *Instituto da Comunicação Social*, a quem cabe obter o parecer do *Instituto das Comunicações de Portugal*, no que respeita às condições técnicas da candidatura. Concluída a instrução, o Instituto da Comunicação Social submete os processos à apreciação da Entidade Reguladora da Comunicação para atribuição das licenças ou autorizações[382].

---

capital mínimo de 250 000 contos ou de 1 000 000 de contos, consoante se trate de canais temáticos ou generalistas. O capital dos operadores televisivos deve ser realizado integralmente nos oito dias após a notificação das decisões referidas nos artigos seguintes.

[380] Artigo 17.º.

[381] Artigo 18.º.

[382] Artigo 12.º e 13.º 14.º Artigo 15.º (Atribuição de licenças ou autorizações): «A atribuição de licenças ou autorizações fica condicionada pela verificação da qualidade técnica e da viabilidade económica do projecto. Havendo lugar a selecção entre projectos apresentados ao mesmo concurso, para a atribuição de licenças, ter-se-á em conta, sucessivamente, para efeitos de graduação das candidaturas: O conteúdo da grelha de programas, designadamente o número de horas dedicadas à informação; O tempo e horário de emissão; A área de cobertura; O número de horas destinadas à emissão de obras recentes de produção própria ou independente e de criação original em língua portuguesa; A inclusão de programação acessível à população surda, designadamente através da tradução em língua gestual portuguesa. A atribuição de novas licenças ou autorizações, bem como a modificação do

172   *Direito da Comunicação Social*

Quanto ao acesso à actividade de radiodifusão, esta obedece à LR, mas o seu âmbito de aplicação, ligado normativamente à própria noção de rádio (al.a,1,2.º LR)[383], exclui a Internet e transmissão pontual por dispositivos técnicos instalados.

---

quadro legislativo existente, não constituem fundamento para que os operadores de televisão aleguem alteração das condições de exercício da actividade, em termos de equilíbrio económico e financeiro, nem conferem direito a qualquer indemnização. Na atribuição de licenças para emissões terrestres digitais de cobertura nacional será reservada capacidade de transmissão para os canais detidos pelos operadores licenciados à data da entrada em vigor do presente diploma. No licenciamento de canais codificados são objecto de especial ponderação os custos de acesso, bem como as condições e as garantias de prestação do serviço aos consumidores». Artigo 16.º (Observância do projecto aprovado): «O operador televisivo está obrigado ao cumprimento das condições e termos do projecto licenciado ou autorizado, ficando a sua modificação, que em qualquer caso só pode ser efectuada decorridos dois anos após o licenciamento, sujeita a aprovação da Alta Autoridade para a Comunicação Social. No caso de a Alta Autoridade para a Comunicação Social não se pronunciar no prazo de 90 dias, considera-se a modificação tacitamente aprovada.Na apreciação da comunicação referida no n.º 1, será tida em conta, nomeadamente, a evolução do mercado televisivo e as implicações para a audiência potencial do canal».

[383] Artigo 2.º (Definições): «a) *Radiodifusão*, a transmissão unilateral de comunicações sonoras, por meio de ondas radioeléctricas ou de qualquer outra forma apropriada, destinada à recepção pelo público em geral; b) *Operador radiofónico*, a pessoa colectiva legalmente habilitada para o exercício da actividade de radiodifusão; c) *Serviço de programas*, o conjunto dos elementos da programação, sequencial e unitário, fornecido por um operador radiofónico e como tal identificado no título emitido na sequência de um processo administrativo de licenciamento ou de autorização; d) *Serviço de programas generalista*, o serviço de programas que apresente um modelo de programação universal, abarcando diversas espécies de conteúdos radiofónicos; e) *Serviço de programas temático*, o serviço de programas que apresente um modelo de programação centrado num determinado conteúdo, musical, informativo ou outro; f) *Programação própria*, a que é produzida no estabelecimento e com os recursos técnicos e humanos afectos ao serviço de programas a que corresponde determinada licença ou autorização, e especificamente dirigida aos ouvintes da sua área geográfica de cobertura; g) *Emissão em cadeia*, a transmissão, simultânea ou diferida, total ou parcial, de um mesmo serviço de programas por mais de um operador licenciado ou autorizado para o exercício da actividade de radiodifusão.

2 – Exceptua-se do disposto na alínea a) do número anterior:

a) A *transmissão pontual de comunicações sonoras*, através de dispositivos técnicos instalados nas imediações dos locais de ocorrência de eventos a que respeitem e tendo por alvo o público aí concentrado, desde que não envolvam a utilização do espectro radioeléctrico; b) As transmissões através da Internet.

3 – Exceptuam-se do disposto na alínea f) do n.º 1 as emissões de carácter publicitário ou meramente repetitivas.

Ela apenas pode ser prosseguida por entidades que revistam a forma jurídica de pessoa colectiva e tenham por objecto principal o seu exercício[384], que depende da atribuição de *licença ou de autorização*, salvaguardados os direitos já adquiridos por operadores devidamente habilitados. As *frequências a utilizar* pela empresa concessionária do serviço público de radiodifusão são atribuídas por despacho conjunto dos membros do Governo responsáveis pelas áreas da comunicação social e das comunicações.

As autorizações para o fornecimento de *novos serviços de programas* pela concessionária do serviço público são atribuídas por despacho do membro do Governo responsável pela área da comunicação social[385].

Os operadores radiofónicos com serviços de *programas de âmbito local* devem produzir e difundir as respectivas emissões a partir do estabelecimento a que corresponde a licença ou autorização[386].

4.1.5. *Habilitação das empresas radiofónicas e de televisão*

O n.º 7 do artigo 38.º da Constituição da República Portuguesa impõe que as estações emissoras de radiodifusão e de radiotelevisão passem por um sistema de licenciamento (a conferir por concurso

---

[384] N.º2 do artigo 3.º da LR.

[385] Formas de transmissão radiofónica (artigo 22.º da LR e Portaria 470/98, 31.7): a) radiodifusão digital terrestre: os operadores de radiodifusão analógica podem exercer a actividade por via hertziana digital terrestre (emissões digitais: artigo 22.º e legislação específica); b) radiodifusão em ondas quilométricas e decamétricas: a empresa concessionária do serviço público de radiodifusão está habilitada para a actividade de radiodifusão em ondas quilométricas (ondas longas) e decamétricas (ondas curtas), sem prejuízo dos actuais operadores concessionários ou devidamente licenciados e da possibilidade da habilitação de outras entidades, mediante contrato de concessão autorizado por Resolução do Conselho de Ministros, por razões de interesse público; c) radiodifusão em ondas hectométricas e métricas: qualquer operador de radiodifusão pode exercer a ctividade em ondas hectométricas (ondas médias, amplitude modulada) e métricas (ondas muito curtas, frequência modulada), (artigo 24.º e n.º 1 do artigo 3.º); d) radiodifusão via satélite e por cabo: A concessão de autorizações depende da verificação da qualidade técnica do projecto (artigo 33.º e Decretos-Leis n.º 241/97, de 18 de Setembro, e 381-A/97, de 31 de Dezembro).

[386] Artigo 3.º.

174   *Direito da Comunicação Social*

público[387], nos termos da lei) ou autorização e de obrigações pré-
-assumidas (dada a limitação da capacidade do espaço radioeléctrico
e por se tratar de um bem escasso do domínio público), ficando o
operador radiofónico obrigado ao cumprimento das condições e termos do serviço de programas licenciado ou autorizado[388]. Quanto à
possibilidade da modificação do serviço de programas, o deferimento do pedido, que deve ser fundamentado tendo em conta, nomeadamente, a evolução do mercado e as implicações para a audiência
potencial do serviço de programas em questão, depende da aprovação da Entidade Reguladora da Comunicação, mas só pode ocorrer
um ano após a atribuição de licença ou autorização[389].

Com excepção do serviço público, o acesso à actividade de
radiodifusão exige o licenciamento ou a autorização, consoante os
serviços de programas a fornecer utilizem ou não o espectro hertziano
terrestre, sendo as mesmas, que são intransmissíveis, individualizadas de acordo com o número de serviços de programas a fornecer
por cada operador. A competência para o efeito, assim como para as
respectivas renovações, pertence à Entidade Reguladora da Comunicação, bem como proceder às correspondentes renovações, devendo
o título de habilitação conter, designadamente, a denominação e o
tipo do serviço de programas a que respeita, a identificação e sede do
titular, bem como a área de cobertura e, se for o caso, as frequências
e potência autorizadas[390]. Estes processos são instruídos pelo Instituto
da Comunicação Social, a quem cabe a recolha dos pareceres do

---

[387] O concurso público deve ser aberto por despacho conjunto dos membros do
Governo responsáveis pelas áreas da comunicação social e das comunicações, após audição
da Entidade Reguladora da Comunicação, contendo o objecto e regulamento. Os requerimentos, com a descrição detalhada dos meios técnicos e humanos afectos ao projecto, são
entregues, para instrução, no ICS, no prazo fixado no despacho de abertura do concurso
público, dirigidos à Entidade Reguladora da Comunicação (artigo 25.º e 26.º).

[388] O *serviço de programas* é o «conjunto dos elementos da programação, sequencial
e unitário», fornecido por um operador radiofónico e como tal identificado no título emitido
administrativamente. O *serviço de programas é generalista* se apresentar um «modelo de
programação universal, abarcando diversas espécies de conteúdos radiofónicos» e *temático*
se apresentar um «modelo de programação centrado num determinado conteúdo, musical,
informativo ou outro».

[389] Artigo 19.º. Entendendo-se como tal a não pronúncia no prazo de 90 dias (aprovação tácita da modificação: n.º 4 do artigo 19.º).

[390] Artigo 15.º.

Instituto das Comunicações de Portugal (ICP), sobre as condições técnicas da candidatura[391]. Estes actos de habilitação são emitidos pelo prazo de 10 anos, renováveis por períodos iguais[392].

A sua extinção ocorre pelo decurso do prazo pelo qual foram atribuídas ou por revogação. Também podem ser suspensas (artigo 69.°).

A revogação, que é da competência da Entidade Reguladora da Comunicação, pressupõe que o operador não inicie, sem autorização, os serviços de programas no prazo legal (n.° 1 do artigo 28.°) ou não emita durante mais de dois meses, a menos que se trate de caso fortuito ou caso de força maior; permita a exploração do serviço de programas por outra entidade; efective negócios jurídicos, implicando uma alteração do controlo da empresa detentora da habilitação legal, antes de decorrido o prazo permitido (artigo 18.°) ou quando não sejam respeitadas as formalidades legais para o efeito; emita em cadeia[393] sem autorizadas; reincida em actuações passíveis de repetição de medidas suspensivas ou, qualquer que seja o facto causador da suspensão, tal ocorra duas vezes no prazo de três anos, ou se verifique a falência do operador radiofónico[394].

A realização de negócios jurídicos que envolvam a alteração da entidade que tem a possibilidade de, tendo em conta as circunstâncias de facto e de direito, exercer, isolada ou conjuntamente, uma *influência determinante* sobre a sua actividade, designadamente através da existência de direitos de disposição sobre qualquer parte dos respectivos activos ou de direitos que permitam determinar a *composição*

---

[391] O ICS deve submeter os processos à apreciação da ERC no prazo de 45 dias após o termo do prazo de apresentação das candidaturas ou após o saneamento dos processos, ou no prazo de 7 dias após a recepção e saneamento, consoante se trate, respectivamente, de licenciamento ou de autorização de serviços de programas. A Entidade Reguladora da Comunicação delibera no prazo de 60 ou 15 dias, consoante se trate, respectivamente, de licenciamento ou de autorização de serviços de programas (n.° 3 e 4 do artigo 16.°).

[392] Artigo 17.°. E mediante solicitação, com seis meses de antecedência, do respectivo titular, devendo a correspondente decisão ser proferida no prazo de três meses a contar da data da apresentação do pedido. No caso de a Entidade Reguladora da Comunicação não se pronunciar no prazo de três meses, considera-se o pedido de renovação tacitamente aprovado.

[393] *Emissão em cadeia* é a «transmissão, simultânea ou diferida, total ou parcial, de um mesmo serviço de programas por mais de um operador licenciado ou autorizado para o exercício da actividade de radiodifusão».

[394] Artigo 70.°.

176   *Direito da Comunicação Social*

dos órgãos ou as decisões (*controlo de empresa*) da empresa detentora de habilitação legal para o exercício da actividade de radiodifusão só pode ocorrer três anos depois da atribuição original da licença, ou um ano após a última renovação, e deve ser sujeita à aprovação prévia da Entidade Reguladora da Comunicação, a quem cabe decidir, no prazo de 30 dias, após verificação e ponderação das condições iniciais que foram determinantes para a atribuição do título e dos interesses do auditório potencial dos serviços de programas fornecidos, garantindo a salvaguarda das condições que a habilitaram a decidir sobre o projecto original ou sobre as alterações subsequentes[395].

4.1.6. *Obrigações dos operadores e limitações à auto-organização empresarial*

Há limitações à liberdade de organização empresarial da Comunicação Social.

No que se refere à organização das *empresas jornalísticas*, as publicações periódicas devem ter um director[396], um conselho de redacção e o respectivo estatuto do director da publicação (estatuto editorial)[397], tendo este o direito de orientar, superintender, determinar o conteúdo, respondendo por delitos das publicações, podendo ser de qualquer nacionalidade, embora possa não ser jornalista (ficando, neste caso, a ser considerado equiparado a jornalista, para efeitos de regime de incompatibilidades e normas éticas profissionais[398]).

---

[395] Artigo 18.º. Este regime é aplicável, com adaptações, à fusão de cooperativas, devendo a Entidade Reguladora da Comunicação, caso estejam reunidos os pressupostos para a realização da operação, promover as alterações necessárias ao título de habilitação para o exercício da actividade (n.º 4 do artigo 18.º).

[396] N.º1 do artigo 13.º da LI. Artigo 19.º (Director das publicações periódicas): «2 – A designação e a demissão do director são da competência da entidade proprietária da publicação, ouvido o conselho de redacção. 3 – O conselho de redacção emite parecer fundamentado, a comunicar à entidade proprietária no prazo de cinco dias a contar da recepção do respectivo pedido de emissão. 4 – A prévia audição do conselho de redacção é dispensada na nomeação do primeiro director da publicação e nas *publicações doutrinárias*», ou seja. aquelas que visam, pelo conteúdo ou perspectiva de abordagem, sobretudo a divulgação de uma dada ideologia ou credo religioso».

[397] Devendo ocorrer a definição concertada e pública da orientação do director (estatuto editorial).

[398] Artigo 15.º e n.º 4 do 12.º do Estatuto do Jornalista.

Na imprensa, cabe ao director orientar, superintender e determinar o conteúdo da publicação[399] e presidir ao conselho de redacção, devendo ainda elaborar o estatuto editorial (n.º 2 do artigo 17.º) e designar os jornalistas com funções de chefia e coordenação, cabendo-lhe também representar o periódico perante quaisquer autoridades em tudo quanto diga respeito a matérias da sua competência e às funções inerentes ao seu cargo. E, entre outras coisas, tem direito a pronunciar-se quanto à gestão dos recursos humanos na área jornalística e deve ser informado sobre a estratégia, em termos editoriais, da entidade proprietária[400]. Pode ser coadjuvado por um ou mais directores-adjuntos ou subdirectores (que o substituem nas suas ausências ou impedimentos), nas publicações com mais de cinco jornalistas[401].

E, também, os *operadores*, ou seja, as pessoas colectivas legalmente habilitadas para o exercício da actividade de rádio e de televisão, estão sujeitos a várias obrigações.

Com efeito, cada *canal de televisão* deve ter um director responsável pela *orientação e supervisão do conteúdo* das emissões. E cada canal de televisão, que inclua *programação informativa,* deve designar um responsável pela informação. E o artigo 29.º da Lei da Televisão obriga os operadores de televisão de *conteúdo generalista*, a apresentar, durante os períodos de emissão, *serviços noticiosos regulares*, assegurados por jornalistas. E o artigo 30.º manda que, nos canais com mais de cinco jornalistas, exista um *conselho de redacção*, a eleger segundo a forma e com as competências legalmente definidas. Quanto ao número de *horas de emissão*, os *canais de televisão de cobertura nacional* devem emitir programas durante, pelo menos, *seis horas diárias,* não sendo considerados programas televisivos as emissões de publicidade e de televenda, sem prejuízo do disposto no n.º 4 do artigo 7.º, nem as que reproduzam imagens fixas ou meramente repetitivas[402]. E os *programas* devem ser identificados e conter os elementos relevantes das respectivas fichas artística e técnica[403].

---

[399] Alínea a) do n.º 1 do artigo 20.º da LI.
[400] Artigo 20.º.
[401] Artigo 21.º.
[402] Artigo 31.º.
[403] Artigo 34.º.

A Lei da Rádio impõe, igualmente, que os operadores designem um *responsável* para cada *serviço de programas* para a orientação e a supervisão do conteúdo das emissões[404].

Os operadores radiofónicos que forneçam *serviços de programas generalistas ou temáticos informativos* devem produzir, e neles difundir, *serviços noticiosos regulares*.

Estes serviços de programas devem, recorrendo a produção própria, difundir um mínimo de *três serviços noticiosos* respeitantes à sua área geográfica, obrigatoriamente transmitidos entre as 7 e as 24 horas, mediando entre eles um período de tempo não inferior a três horas[405]. Os serviços noticiosos e as funções de redacção devem ser obrigatoriamente assegurados por jornalistas, embora nos serviços de programas de âmbito local, os serviços noticiosos e as funções de redacção possam também ser assegurados por equiparados a jornalistas[406].

Os *serviços de programas radiofónicos de cobertura local* devem transmitir um mínimo de oito horas de programação própria, a emitir entre as 7 e as 24 horas, salvo o disposto no artigo 30.º Durante o tempo de programação própria, os serviços de programas devem indicar a sua denominação, a frequência da emissão, quando exista, bem como a localidade de onde emitem, a intervalos não superiores a uma hora[407]. Os serviços de programas emitidos por via hertziana terrestre devem funcionar vinte e quatro horas por dia[408]. O artigo 43.º manda registar as *emissões,* a gravar e conservar pelo um período mínimo de 30 dias, se outro mais longo não for determinado por lei ou por decisão judicial.

E os *serviços de programas* devem organizar mensalmente um registo das obras difundidas, para efeitos dos correspondentes direitos de autor e conexos, a enviar, durante o mês imediato, quando solicitado, às instituições representativas dos autores. Este registo compreende o título da obra, a autoria e interpretação, a editora ou procedência da obra e a data da emissão.

---

[404] Artigo 37.º da LR (Responsável pelo conteúdo das emissões).
[405] Artigo 39.º LR.
[406] Artigo 40.º.
[407] Artigo 41.º.
[408] Artigo 42.º.

Direito Empresarial da Comunicação Social e Limites... 179

4.1.7. *Concorrência, concentração empresarial e transparência da propriedade*

Quer as empresas jornalísticas ou noticiosas[409], quer os *operadores de televisão* e de radiodifusão, estão sujeitos ao *regime geral de defesa e promoção da concorrência*, nomeadamente no que diz respeito às *práticas proibidas*, em especial o *abuso de posição dominante*, e à *concentração de empresas*.

As *operações de concentração horizontal* destas entidades, sujeitas a intervenção do Conselho da Concorrência, são por este comunicadas à Entidade Reguladora da Comunicação, que deve sobre as mesmas emitir um *parecer prévio*, que é *vinculativo*, mas que só será negativo se a operação puser comprovadamente em causa a livre expressão e o confronto das diversas correntes de opinião[410].

E estão sujeitas a *notificação à Entidade Reguladora da Comunicação* as aquisições, por parte destas[411], quer as aquisições, por empresas jornalísticas ou noticiosas, de quaisquer participações em entidades congéneres, quer de quaisquer *participações de entidades de televisão ou de radiodifusão noutras entidades legalmente habilitadas*, ou candidatas ao exercício da actividade de televisão ou rádio, que não configurem uma operação de concentração sujeita a notificação prévia nos termos da legislação da concorrência.

Como *regras específicas da LR*, a lei impõe que as *operações de concentração* entre *operadores radiofónicos, horizontais ou verticais*, respeitem também certos *critérios de ponderação* (artigo 18.º). Assim, a realização de negócios jurídicos, que envolvam a alteração do controlo de empresa[412] detentora de habilitação legal para o exercício da actividade de radiodifusão só pode ocorrer três anos depois da atribuição original da licença, ou um ano após a última renovação,

---

[409] artigo 7.º.

[410] N.º 3 e 4 do artigo 4.º da LI.

[411] Nos termos do n.º 2 do artigo 4.º da LI.

[412] E existirá *controlo da empresa* sempre que «se verifique a possibilidade do exercício, isolado ou conjunto, e tendo em conta as circunstâncias de facto e de direito, de uma *influência determinante* sobre a sua actividade, designadamente através da existência de direitos de disposição sobre qualquer parte dos respectivos activos ou que confiram o poder de determinar a composição ou decisões dos órgãos da empresa» (n.º 3 do artigo 18.º).

180   *Direito da Comunicação Social*

e deve ser sujeita à aprovação prévia da Entidade Reguladora da Comunicação, em ordem à verificação e ponderação das condições iniciais que foram determinantes para a atribuição do título e dos interesses do auditório potencial dos serviços de programas fornecidos, garantindo sempre a salvaguarda das condições que a habilitaram a decidir sobre o projecto original ou sobre as alterações subsequentes[413/414]. Mas, como já se disse, independentemente da aplicação destes critérios, a Entidade Reguladora da Comunicação dever sempre recusar a sua realização quando fique *manifestamente em causa a livre expressão e o confronto das diversas correntes de opinião.*

Nenhuma pessoa, singular ou colectiva, pode deter a participação de mais de cinco operadores de radiodifusão, além de que, no mesmo município, estão interditas as participações superiores a 25% no capital social de mais de um operador radiofónico com serviços de programas de âmbito local[415].

A *distribuição por cabo* de canais de televisão não pode ficar dependente de qualquer exigência de participação dos operadores televisivos no capital social dos titulares das redes, assim como da participação destes no capital dos primeiros (artigo 3.º). As *acções constitutivas do capital social* dos operadores que devam revestir a forma de sociedade anónima têm obrigatoriamente natureza nominativa. A relação dos detentores das quatro maiores participações sociais nos operadores televisivos e a respectiva discriminação, bem como a indicação das participações sociais daqueles noutras entidades congéneres, são divulgadas, conjuntamente com o relatório e contas e o respectivo estatuto editorial, em cada ano civil, numa das publicações periódicas de expansão nacional de maior circulação.

Neste âmbito, assumem especial importância as disposições legais sobre a transparência da propriedade. Por isso, o n.º 3 do artigo 38.º da Constituição da República Portuguesa veio impor que a lei assegurasse a divulgação da *titularidade* e dos *meios de financiamento* dos órgãos de comunicação social.

---

[413] A deliberação da Entidade Reguladora da Comunicação deve ser tomada no prazo de 30 dias.

[414] Este regime é aplicável, com as necessárias adaptações, à fusão de cooperativas, devendo a Entidade Reguladora da Comunicação, caso estejam reunidos os pressupostos para a realização da operação, promover as respectivas alterações ao título de habilitação para o exercício da actividade (n.º4).

[415] Artigo 8.º LR.

Nas *empresas jornalísticas* detentoras de publicações periódicas e operadoras radiofónicas e televisivas, constituídas sob a forma de sociedade anónima, todas as *acções constitutivas do capital social* têm obrigatoriamente natureza nominativa.

A *relação dos detentores de participações sociais* das empresas jornalísticas, a discriminação daquelas, bem como a indicação das publicações que àqueles pertençam, ou a outras entidades com as quais mantenham uma relação de grupo, devem ser, durante o mês de Abril, divulgadas em todas as publicações periódicas de que as empresas sejam proprietárias, em página predominantemente preenchida com materiais informativos, e remetidas para a Entidade Reguladora da Comunicação. As empresas jornalísticas são obrigadas a inserir na publicação periódica de sua propriedade com a maior tiragem, até ao fim do 1.º semestre de cada ano, o relatório e contas de demonstração dos resultados líquidos, onde se evidencie a fonte dos movimentos financeiros derivados de capitais próprios ou alheios[416].

As *alterações ao capital social* dos operadores de rádio que revistam forma societária devem ser comunicadas à Entidade Reguladora da Comunicação, no prazo de 30 dias, pelo notário que efectivou a escritura pública[417]. E as *acções constitutivas do capital social* das que devam revestir a forma de sociedade anónima têm obrigatoriamente natureza nominativa.

A relação discriminada dos *detentores das quatro maiores participações sociais* nos operadores televisivos e a indicação das suas participações sociais noutras entidades congéneres são divulgadas, anualmente, numa das publicações periódicas de expansão nacional de maior circulação, em conjunto com o Relatório e Contas e o Estatuto Editorial.

4.1.8. *Estatuto editorial*

Este tema é tratado no artigo 17.º da LI, 28.º da LR e 38.º da Lei da Televisão, que referem que as *publicações periódicas informativas, os canais de televisão e os serviços de programas radiofónicos*

---

[416] Artigo 16.º da LI.
[417] Artigo 8.º da LR.

182 *Direito da Comunicação Social*

devem adoptar, cada um, um estatuto editorial, a publicar, em cada ano civil, conjuntamente com o relatório e contas da entidade proprietária.

Este estatuto deve *definir claramente a sua orientação e os seus objectivos* e assumir o compromisso de garantir o respeito pelos *princípios deontológicos, pela ética profissional dos jornalistas* e, ainda, pela *boa fé dos leitores*, no caso da imprensa, respeito dos direitos de *telespectadores,* no caso da televisão, e direitos dos *ouvintes*, no caso da rádio.

O estatuto editorial, tal como as suas alterações, são elaborados pelo director ou responsável pelos serviços de programas ou canais televisivos, e, após parecer do conselho de redacção, submetido à ratificação da entidade proprietária, devendo ser inserido na primeira página do primeiro número da publicação ou no número subsequente à sua ratificação pela entidade proprietária.

Os estatutos ou as suas modificações devem ser remetidos à Entidade Reguladora da Comunicação no prazo de 10 dias, no caso da imprensa ou 60 dias, nos outros casos, subsequentes à sua aprovação ou alteração.

4.1.9. *Registo prévio das empresas e operadores junto do Instituto da Comunicação Social*

No direito da imprensa, excepto nas empresas editoriais, ou seja, nas publicações periódicas nacionais, empresas jornalísticas nacionais (com indicação dos detentores do respectivo capital social) e empresas noticiosas nacionais, o registo no ICS é condição de edição, sendo não só obrigatório como de acesso público, nos termos regulamentados[418].

O direito da rádio refere, também, que, nos termos regulamentados, cabe ao Instituto da Comunicação Social organizar esse registo dos *operadores radiofónicos* e dos seus títulos de habilitação para o exercício da actividade de radiodifusão e dos titulares do capital

---

[418] N.º 2 e 3 do artigo 5.º. O artigo 13.º do Decreto Reg n.º 8/99, de 9.6, refere-se às entidades proprietárias das publicações periódicas, designadamente electrónicas. O registo pode ser recusado nas situações referidas no seu artigo 19.º

social, quando os operadores revistam forma societária[419], ficando tais operadores radiofónicos obrigados a comunicar e proceder permanentemente à actualização dos elementos necessários para esse registo, podendo sempre o ICS efectuar *auditorias para fiscalização e controlo* da veracidade e actualidade dos elementos fornecidos.

Por sua vez, a lei da televisão manda que o registo dos operadores de televisão seja organizado pelo Instituto da Comunicação Social, englobando o pacto social, composição nominativa dos órgãos sociais, relação dos titulares do capital social e valor das participações, discriminação das participações de capital em outras empresas de comunicação social, identidade dos responsáveis pela programação e estatuto editorial[420], ficando os operadores sujeitos à obrigação de comunicar anualmente, no 1.º trimestre, ao Instituto esses elementos para registo e a proceder à sua actualização nos 30 dias subsequentes à ocorrência que lhe deu origem, podendo efectuar auditorias a qualquer momento.

4.1.10. *Depósito legal das edições*

Nos termos do regime do depósito legal, previsto no artigo 18.º da LI e regulamentação complementar, aplicável às empresas editoriais, jornalísticas e publicações periódicas, consta a indicação das entidades a quem devem ser enviados exemplares das publicações, seu número e prazo de remessa. E, em relação a publicações que beneficiem do sistema de incentivos do Estado à imprensa, é obrigatório entregar um exemplar de cada edição ao Instituto da Comunicação Social.

4.1.11. *Elementos identificativos das publicações*

Em termos de requisitos das publicações, o legislador manda que as publicações periódicas contenham, na primeira página de cada edição, o título, a data, o período de tempo a que respeitam, o

---

[419] N.º 1 do artigo 12.º.
[420] Artigo 72.º LTV.

184   *Direito da Comunicação Social*

nome do director e o preço por unidade ou a menção da sua gratuitidade, devendo ainda as publicações periódicas conter, em página predominantemente preenchida com materiais informativos, o número de registo do título, o nome, a firma ou denominação social do proprietário, o número de registo de pessoa colectiva, os nomes dos membros do conselho de administração ou de cargos similares e dos detentores com mais de 10% do capital da empresa, o domicílio ou a sede do editor, impressor e da redacção e a tiragem. Além disso, as publicações não periódicas devem conter a menção do autor, do editor, do número de exemplares da respectiva edição, do domicílio ou sede do impressor, bem como da data de impressão, mas em relação às publicações periódicas que assumam a forma de revista não é obrigatória a menção do nome do director na primeira página[421].

4.1.12. *Conselho de opinião*

Ao *conselho de opinião do serviço público* de radiodifusão, que tem a composição prevista nos estatutos da concessionária, e tem de ser constituído maioritariamente por membros indicados por associações e outras entidades representativas dos diferentes sectores da opinião pública, cabe, entre outras coisas, propor ao Estado os nomes do vice-presidente e de um ou dois vogais do conselho de administração da concessionária, consoante esta tenha três ou cinco membros, nos termos dos estatutos, e pronunciar-se sobre o cumprimento das obrigações de serviço público e sua correspondência com as normas e cláusulas contratuais relevantes, o contrato de concessão do serviço público de radiodifusão, o relatório e contas do ano anterior, os planos de actividades e orçamento do ano seguinte e as bases gerais da actividade da concessionária no que concerne à programação e a planos de investimento[422].

Os estatutos da concessionária televisiva do serviço público têm que prever normas semelhantes, devendo, assim, conter os termos da composição do conselho de opinião (a quem cabe a tarefa fundamental de emitir o *parecer prévio vinculativo*, no prazo máximo de

---

[421] N.º 1 e 2 do artigo 15.º LI.
[422] Artigo 51.º da LR.

Direito Empresarial da Comunicação Social e Limites... 185

10 dias, sobre a composição do órgão de administração da empresa concessionária, a eleger ou a destituir na assembleia geral), sendo imperativo que, na sua maioria, os membros indicados por associações e outras entidades representativas dos diferentes sectores da opinião pública estejam em maioria. Cabe-lhe, ainda, dar parecer sobre o contrato de concessão e os planos e bases gerais da actividade da empresa, assim como sobre a sua programação e pronunciar-se sobre quaisquer outras questões que os estatutos lhe consignem[423].

Os *canais de televisão de âmbito nacional*, que devem abranger as Regiões Autónomas, compreendendo aqui o serviço público de televisão, assegurado pelo Estado, centros regionais, com capacidade de produção regional, mormente na área informativa, e autonomia de programação, capacidade de produção regional, mormente na área informativa, e autonomia de programação, têm não só uma direcção como um *conselho de opinião* próprios.

4.1.13. *Conservação do património televisivo e depósito legal dos registos de emissões com relevância historica e cultural*

Para efeito de conservação a longo prazo e da acessibilidade aos *investigadores*, os registos das *emissões televisivas* qualificáveis como de interesse público, em função da sua *relevância histórica ou cultural*, ficam sujeitos a depósito legal, que é regulado por diploma próprio, que salvaguarda os interesses dos autores, dos produtores e dos operadores televisivos. E, além disso, mesmo o Estado está legalmente obrigado a promover activamente a conservação a longo prazo e a acessibilidade pública a esse tipo de registos anteriores à promulgação do diploma regulador do depósito legal, através de protocolos específicos celebrados com cada um dos operadores[424]. Também os operadores radiofónicos têm de *organizar e conservar em arquivos estes registos sonoros e musicais* de interesse público, que serão passíveis de cedência e utilização, em face do *valor histórico, educacional e cultural* para a comunidade, ficando, neste período, o

---

[423] Artigo 48.º.
[424] Artigo 71.º.

186   *Direito da Comunicação Social*

requisitante com a responsabilidade de defender os respectivos direitos de autor[425].

Além disto, as emissões devem ser gravadas e conservadas pelo prazo mínimo de 90 dias, naturalmente se um outro mais longo não estiver determinado em lei especial ou for ditado por decisão judicial[426].

4.2. Liberdade de programação e de informação: autonomia e limitações dos operadores

A *liberdade de expressão do pensamento* através da televisão integra o direito fundamental dos cidadãos a uma informação livre e pluralista, essencial à democracia, à paz e ao progresso económico e social do país.

Em princípio, o exercício da actividade de televisão assenta na liberdade de programação, *não podendo a Administração Pública ou qualquer órgão de soberania*, com excepção dos tribunais, impedir, condicionar ou impor a difusão de quaisquer programas.

No entanto, há *limites à liberdade de programação*, a que a actividade está sujeita (artigo 20.º e ss.), desde logo em relação a quaisquer elementos da programação (incluindo a publicidade ou os extractos com vista à promoção de programas) que violem os direitos, liberdades e garantias fundamentais, atentem contra a dignidade da pessoa humana ou incitem à prática de crimes, influindo negativamente na formação da personalidade das crianças ou adolescentes ou afectem outros públicos mais vulneráveis. O anúncio da programação prevista para os canais de televisão é obrigatoriamente acompanhado da advertência e da menção da classificação respectiva[427].

Além disso, é interdito aos operadores televisivos a cedência de *espaços de propaganda política*, sem prejuízo, naturalmente, do exercício do direito de réplica política[428].

---

[425] Definidas por portaria conjunta dos membros do Governo responsáveis pela cultura e pela comunicação social.

[426] Artigo 35.º TV.

[427] N.ºˢ 2 e 4 do artigo 21.º, por força do artigo 22.º.

[428] Artigo 24.º.

Há depois um conjunto de limitações positivas à liberdade de programação, referentes a obrigações de difusão de obras audio-visuais em defesa da língua portuguesa, a obras de origem europeia e a obras provenientes de produtores independentes, que importa considerar.

As emissões televisivas que não traduzam meros fenómenos de necessidades pontuais de tipo informativo ou ligados ao ensino de idiomas estrangeiros, devem ser faladas ou legendadas em português.

Os canais de cobertura nacional devem dedicar, em períodos de audiência não reduzida, pelo menos 50% das suas emissões, com exclusão do tempo consagrado à publicidade, televenda e teletexto, à difusão de programas originariamente em língua portuguesa. E, além disso, os operadores de televisão devem dedicar pelo menos 15% do tempo das suas emissões à difusão de programas criativos de produção originária em língua portuguesa, podendo, em ambos os casos, as percentagens referidas ser preenchidas até um máximo de 25% por programas originários de outros países lusófonos[429].

E os operadores de televisão que explorem canais de cobertura nacional devem incorporar uma percentagem maioritária de *obras de origem europeia*[430] na sua programação, uma vez deduzido o tempo de emissão consagrado aos noticiários, manifestações desportivas, concursos, publicidade, televenda e teletexto, com um mínimo de 10%, preenchido com obras europeias provenientes de produtores independentes dos organismos de televisão, produzidas há menos de cinco anos[431].

---

[429] Artigo 36.º LTV.

[430] Artigos 37.º e 38.º da LTV. A qualificação como tal é feita nos termos regulados nos tratados de direito internacional. Trata-se de percentagem a obter progressivamente, segundo os critérios dos n.ᵒˢ 1 e 3 do artigo 4.º da Directiva n.º 89/552/CEE, do Conselho, de 3 de Outubro, alterada pela Directiva n.º 97/36/CE, do Parlamento e do Conselho, de 30 de Junho.

[431] Artigo 39.º (*Critérios de aplicação*): «O cumprimento das percentagens referidas nos artigos 36.º e 38.º é avaliado anualmente, devendo ser tidas em conta a natureza específica dos canais temáticos, as responsabilidades do operador em matéria de informação, educação, cultura e diversão e, no caso dos canais não concessionários do serviço público, as condições do mercado ou os resultados de exercício apresentados no ano anterior. O cumprimento da obrigação prevista no n.º 3 do artigo 36.º será exigível a partir do 3.º ano subsequente à aplicação das medidas de apoio financeiro a que se refere o artigo seguinte». Artigo 40.º (Apoio à produção): «O Estado deve assegurar a existência de medidas de

188   *Direito da Comunicação Social*

4.3. Direito à informação e sujeições dos operadores detentores de direitos exclusivos

No que diz respeito ao exercício do direito à informação, como questão em certos momentos polémica, tem aparecido a problemática dos direitos exclusivos para a transmissão de certos eventos relacionados com acontecimentos de natureza política[432] ou com espectáculos de interesse geral.

A questão que se coloca é a de saber que fazer perante o fenómeno da aquisição de direitos exclusivos por parte de um operador?

No que se refere à *transmissão de acontecimentos de natureza política,* a sua aquisição por quaisquer operadores de televisão é *nula.*

No entanto, a solução é diferente no caso de aquisição de direitos exclusivos para a transmissão, integral ou parcial, directa ou em diferido, de *outros acontecimentos* que sejam objecto de interesse generalizado do público, por parte de operadores de televisão que emitam em *regime de acesso condicionado ou sem cobertura nacional,* situação em que os titulares dos direitos televisivos ficam obrigados a facultar, em termos de igualdade e em conformidade com as condições normais do mercado, o acesso a outro ou outros operadores que emitam por *via hertziana terrestre com cobertura nacional e acesso não condicionado,* que nisso tenham interesse. Na *falta de acordo* entre o titular dos direitos televisivos e os outros operadores interessados na transmissão do evento, há lugar a uma *arbitragem de carácter vinculativo por parte da Entidade Reguladora da Comunicação,* mediante requerimento de qualquer das partes[433].

Os titulares de direitos exclusivos para a *transmissão de quaisquer eventos* ficam obrigados a ceder o respectivo *sinal,* em directo

---

incentivo à produção áudio-visual de ficção, documentário e animação de criação original em língua portuguesa, tendo em vista a criação de condições para a satisfação do disposto nos artigos 36.º e 38.º, através da adopção dos mecanismos jurídicos, financeiros, fiscais ou de crédito apropriados».

[432] Artigo 25.º.

[433] Os eventos em causa e as condições da sua transmissão, constam de lista a publicar na 2ª série do Diário da República, até 31 de Outubro de cada ano, pelo membro do Governo responsável pelo sector, ouvida a Entidade Reguladora da Comunicação, sem prejuízo da publicação de aditamentos excepcionais determinados pela ocorrência superveniente e imprevisível de factos da mesma natureza.

Direito Empresarial da Comunicação Social e Limites... 189

ou em diferido, se assim o exigirem, aos operadores que disponham de *emissões internacionais*, para utilização restrita a estas, segundo critérios da retribuição pela cedência, regulamentarmente fixados. Na falta de acordo entre os interessados, há lugar a arbitragem vinculativa da Entidade Reguladora da Comunicação[434].

Neste âmbito, outra questão, ainda, refere-se aos titulares de direitos exclusivos sobre espectáculos e outros eventos públicos e o direito a extractos informativos. Os *titulares de direitos exclusivos* que incidam sobre a *realização de espectáculos e de outros eventos públicos*, e os responsáveis pela sua realização não podem opor-se à *transmissão de breves extractos, de natureza informativa, desses acontecimentos* (meros *extractos informativos),* por parte de qualquer operador de televisão, nacional ou não. Para o exercício do direito à informação nestes casos, os operadores têm direito a utilizar o *sinal emitido* pelos titulares dos direitos exclusivos, embora devendo optar entre assumir os encargos com os custos que possam advir da sua disponibilização, ou, em alternativa, utilizar os meios técnicos próprios, nos termos legalmente previstos para o acesso a locais públicos por parte dos órgãos de comunicação social.

Estes extractos informativos não podem ir além da *duração estritamente indispensável à percepção do conteúdo essencial dos acontecimentos* em questão, sem, em qualquer caso, (a menos que, tendo em conta a natureza dos eventos, se tenha acordado um período superior), ultrapassarem 90 segundos, devendo ser difundidos exclusivamente em momento posterior à cessação do evento (excepto se existir acordo para uma utilização diversa, estabelecido entre as partes) e apenas em programas regulares de natureza informativa geral. E, caso sejam difundidas a partir do sinal transmitido pelo titular do exclusivo, têm de identificar a fonte das imagens.

4.4. **Regime do serviço público de televisão**

O n.º 5 do artigo 38.º estipula que o Estado assegura a existência e o funcionamento de um serviço público de rádio e de televisão,

---

[434] Sobre a matéria há norms comunitárias em vigor.

acrescentando o n.º 6 que a estrutura e o funcionamento dos meios de comunicação social do sector público devem salvaguardar a sua independência, quer perante o Governo e a Administração, quer perante outros poderes públicos e assegurar a possibilidade de expressão e confronto das diversas correntes de opinião.

Os *canais de televisão de âmbito nacional* devem abranger, obrigatoriamente, as Regiões Autónomas, compreendendo aqui o serviço público de televisão, que é assegurado pelo Estado, centros regionais, com direcção e conselho de opinião próprios, capacidade de produção regional, mormente na área informativa, e autonomia de programação, vinculados à aplicação dos direitos de antena, de resposta e réplica política nos respectivos territórios.

Quanto a este *serviço público de televisão*, ele funciona em regime de concessão, nos termos do capítulo IV da respectiva lei (artigo 5.º). Esta concessão realiza-se por meio de canais de acesso não condicionado e abrange emissões de cobertura nacional e internacional, destinadas às Regiões Autónomas dos Açores e da Madeira, e a *regionalização da informação*, pelo desdobramento das emissões nacionais, através da actividade das delegações regionais. Este contrato, que necessita de parecer da Entidade Reguladora da Comunicação e do Conselho de Opinião (artigo 48.º), tem de estabelecer as *obrigações de programação, no âmbito da publicidade, de prestação de serviços específicos, de produção original, de cobertura do território nacional, de inovação e desenvolvimento tecnológico, de cooperação com os países lusófonos e as relativas às emissões internacionais condições de fiscalização do cumprimento e às sanções pelo incumprimento*[435]. Do mais,

O serviço público de televisão deve ser prestado por um operador de capitais, exclusiva ou maioritariamente, públicos, cujos direitos são intransmissíveis. Os seus estatutos são aprovados por decreto-lei, o qual atribuiu a concessão à Rádio e Televisão Portuguesa, que tem a forma de sociedade comercial anónima[436/437].

---

[435] Artigo 42.º.

[436] O prazo é de 15 anos, sendo este renovável por iguais períodos. Artigo 43.º

[437] Artigo 47.º (*Financiamento*):«O financiamento do serviço público de televisão é garantido através de uma verba a incluir anualmente no Orçamento do Estado. A apreciação e fiscalização da correspondência entre a prestação das missões de serviço público e o

Os estatutos da concessionária televisiva do serviço público deve prever os termos da composição do Conselho de Opinião (a quem cabe a tarefa fundamental de emitir o *parecer prévio vinculativo*, no prazo máximo de 10 dias, sobre a composição do órgão de administração da empresa concessionária, a eleger ou a destituir na assembleia geral), sendo imperativo que, na sua maioria, os membros indicados por associações e outras entidades representativas dos diferentes sectores da opinião pública estejam em maioria. Cabe-lhe, ainda, dar parecer sobre o contrato de concessão e os planos e bases gerais da actividade da empresa, assim como sobre a sua programação e pronunciar-se sobre quaisquer outras questões que os estatutos lhe consignem[438].

Em termos *de obrigações gerais de programação* no serviço público televisivo, a concessionária tem de assegurar uma programação de qualidade e de referência, que satisfaça as necessidades culturais, educativas, formativas, informativas e recreativas dos diversos públicos específicos, obrigando-se, não só a emitir uma programação inovadora e variada, que estimule a formação e a valorização cultural, tendo em especial atenção o público jovem, difundir uma programação que exprima a diversidade cultural e regional e que tenha em conta os interesses específicos das minorias, emitir programas regulares para as comunidades portuguesas na diáspora e aos nacionais dos países de língua oficial portuguesa, incluindo programas facultados por operadores privados, garantir a cobertura noticiosa dos principais acontecimentos nacionais e estrangeiros e privilegiar a produção de obras de criação original em língua portuguesa, nomeadamente nos domínios da ficção e do documentário e da animação, assim como, em geral, assegurar o *pluralismo, o rigor e a objectividade* da informação e a sua *independência* perante o Governo, a Administração Pública e os demais poderes públicos, etc.[439].

---

pagamento do respectivo custo são objecto, anualmente, de uma auditoria externa, a realizar por entidade especializada a indicar pela Entidade Reguladora da Comunicação. Os excedentes que eventualmente venham a ocorrer em resultado da actividade da concessionária do serviço público de televisão na exploração ou participação noutros canais, uma vez observadas as normas legais aplicáveis à distribuição dos lucros e reservas das sociedades, revertem para o financiamento de iniciativas do serviço público, nomeadamente em matéria de reconversão tecnológica».

[438] Artigo 48.º.
[439] Artigo 44.º.

192   *Direito da Comunicação Social*

E são *obrigações específicas de programação*, além do mais, a emissão do tempo de antena dos partidos políticos, do Governo, das organizações sindicais, profissionais e representativas das actividades económicas e das organizações não governamentais de defesa do ambiente e do consumidor (artigos 49.º e ss.), cedência do tempo de emissão necessário para o exercício do direito de réplica política (artigo 58.º), assegurar um tempo de emissão às confissões religiosas, para o prosseguimento das suas actividades, tendo em conta a sua representatividade, proceder, com o *devido relevo e a máxima urgência*, à emissão das mensagens cuja difusão seja solicitada pelo Presidente da República, pelo Presidente da Assembleia da República e pelo Primeiro-Ministro[440] (artigo 23.º), garantir, de forma progressiva, que as emissões possam ser acompanhadas por *pessoas surdas ou com deficiência auditiva*, recorrendo para o efeito à legendagem e à interpretação através da língua gestual, e emitir programação específica direccionada para esse segmento do público, cedência do tempo de emissão à *Administração Pública*, com vista à divulgação de *informações de interesse geral*, nomeadamente em matéria de saúde e segurança públicas, e outras que o contrato venha a integrar[441], desenvolver a cooperação com os países lusófonos, designadamente a nível de informação e de produção de programas, formação e desenvolvimento técnico, conservar e actualizar os arquivos audiovisuais e facultar o seu acesso, em condições de eficácia e acessibilidade de custos, nomeadamente, aos operadores privados de televisão, aos produtores de cinema, audiovisuais e multimédia e aos interessados que desenvolvam projectos de investigação científica, em termos a regulamentar por portaria do membro do Governo responsável pela área da comunicação social e promover a eficiência e a qualidade do serviço prestado através de meios que acompanhem a inovação e o desenvolvimento tecnológicos[442].

---

[440] Esta emissão, em caso de declaração do estado de sítio ou do estado de emergência, obriga também os operadores privados de televisão.

[441] Artigo 45.º.

[442] Artigo 46.º.

Direito Empresarial da Comunicação Social e Limites... 193

4.5. **Proposta de nova Lei da Televisão**

A actual iniciativa legislativa do governo aparece ancorada no facto de se estar a assistir ao «aparecimento das novas tecnologias digitais», o que aliado à «*massificação dos meios audiovisuais*, com a multiplicação dos meios de expressão nas novas *redes digitais* e a convergência de tecnologias, mercados, serviços e equipamentos» faz com que a *comunicação social* constitua, hoje, «um sistema de produção e difusão de informação e de conhecimentos de enorme influência social», sendo «inquestionável» o seu impacto, com especial relevo, no que se refere à televisão[443], cuja actividade, ao ocupar «um *espaço público de comunicação*, implica uma grande *responsabilidade social*, o que a obriga ao cumprimento de certos *fins sociais específicos*[444], «designadamente em matéria de *informação, formação e entretenimento*», tudo isto justificando a «previsão de um regime de acesso mais exigente para a atribuição e a renovação das licenças e autorizações e um reforço das obrigações dos principais intervenientes na actividade televisiva, nomeadamente dos operadores de televisão e dos operadores de distribuição»[445], levando o governo a pretender a redefinição do *quadro legal do acesso à actividade de televisão e seu exercício*, introduzindo, de forma faseada, a Televisão Digital Terrestre, «evitando a discriminação no acesso às novas emissões», não só das camadas sociais mais carenciadas como dos residentes nas regiões mais periféricas e em geral salvaguardando os interesses do tecido tecnológico nacional, tanto «ao nível das redes de distribuição existentes como da capacidade da indústria de componentes nacional».

---

[443] Programa do XVII Governo Constitucional.

[444] Artigo 9.º da Proposta de Lei (*Fins da actividade de televisão*):«1 – Constituem fins da actividade de televisão, consoante a natureza e a temática dos serviços de programas televisivos disponibilizados: a) Contribuir para a informação, formação e entretenimento do público; b) Promover o exercício do direito de informar, de se informar e de ser informado, com rigor e independência, sem impedimentos nem discriminações; c) Promover a cidadania e a participação democrática e respeitar o pluralismo político, social e cultural; d) Difundir e promover a cultura e a língua portuguesas, os criadores, os artistas e os cientistas portugueses, os valores que exprimem a identidade nacional, assim como os valores característicos das culturas regionais ou locais, quando aplicável. 2 – Os fins referidos no número anterior devem ser tidos em conta na selecção e agregação de serviços de programas televisivos a disponibilizar ao público pelos operadores de distribuição».

[445] Preâmbulo da Proposta de Lei em apreço no Parlamento.

194 *Direito da Comunicação Social*

Esta Proposta de Lei, aprovada na sua versão final após consulta pública, vem efectivar as seguintes modificações, de que se comentam apenas alguns aspectos que parecem ter criado maior polémica[446]:

a) *serviço público de televisão*

Ela vem rever alguns aspectos do serviço público de televisão: *acaba com a concessão especial de serviço público, integrando plenamente o actual serviço de programas «A:2» numa concessão única; clarifica a finalidade de cada um dos serviços de programas que integram o serviço público* e lançam-se as *bases para uma efectiva avaliação do cumprimento das respectivas obrigações;* reforça os *princípios da proporcionalidade e da transparência do financiamento do serviço público;* remete para o *contrato de concessão* a previsão de mecanismos de controlo adequados; e procura acautelar os interesses dos telespectadores, através da previsão de mecanismos que contrariem indesejáveis *práticas de contra-programação.*

b) *acesso à actividade de televisão e seu exercício*

Nos termos desta Proposta de Lei em debate no Parlamento, são requisitos de acesso à actividade dos operadores de televisão os constantes do seu artigo 11.°:

«1-A actividade de televisão apenas pode ser prosseguida por *sociedades ou cooperativas* que tenham como *objecto principal* o seu exercício nos termos da presente lei. 2 – O capital mínimo exigível é de: a) € 5 000 000, quando se trate de operador que forneça *serviços de programas televisivos generalistas de cobertura nacional ou internacional*; b) € 1 000 000, quando se trate de operador que forneça *serviços de programas televisivos temáticos de cobertura nacional ou internacional*; c) € 500 000 ou € 200 000, consoante se trate de operadores que forneçam *serviços de programas televisivos de cobertura regional ou local*, independentemente da sua tipologia. 3 – Exceptuam-se do disposto no n.° 1 os operadores que apenas explorem, *sem fins lucrativos, serviços de programas*

---

[446] A proposta pretende regular o acesso à actividade de televisão e o seu exercício, transpondo para a ordem jurídica interna a Directiva n.° 89/552/CEE, do Conselho, de 3 de Outubro, na redacção que lhe foi dada pela Directiva n.° 97/36/CE, do Parlamento e do Conselho, de 30 de Junho, revogando a Lei n.° 32/2003, de 22 de Agosto e o Decreto-Lei n.° 237/98, de 5 de Agosto.

televisivos educativos, culturais e de divulgação científica, os quais podem revestir a forma de associação ou fundação[447]. 4 – O capital dos operadores deve ser realizado integralmente nos trinta dias após a notificação das decisões referidas no artigo 18.º, sob pena de caducidade da licença ou autorização».

Há, depois, várias restrições constantes do artigo seguinte:

> «1 – A actividade de televisão não pode ser exercida ou financiada por *partidos ou associações políticas, autarquias locais ou suas associações, organizações sindicais, patronais ou profissionais*, directa ou indirectamente, através de entidades em que detenham capital ou por si subsidiadas. 2 – Os municípios podem estabelecer *protocolos de colaboração*, anuais e renováveis, com os operadores de televisão detentores de serviços de programas televisivos locais na área respectiva, desde que tal decisão seja tomada mediante deliberação da Assembleia Municipal por maioria de dois terços dos deputados».

Em geral, podemos afirmar que a Proposta de Lei vem *redefinir, como dissemos, o quadro legal do acesso à actividade de televisão e do respectivo exercício*, introduzindo, de forma faseada, a *Televisão Digital Terrestre*, tendo presente as novas potencialidades tecnológicas, aprovando um *regime de acesso mais exigente para a atribuição e a renovação das licenças e autorizações e o reforço das obrigações* dos principais intervenientes na actividade televisiva, nomeadamente dos *operadores de televisão e dos operadores de distribuição*.

A Entidade Reguladora da Comunicação não pode *censurar as televisões*. O poder da Entidade Reguladora da Comunicação tem que ver com a obrigação de fazer cumprir os *limites à liberdade de programação*, definidos na legislação comunitária e nacional, designadamente em matéria de *protecção da infância e adolescência*, o que não é catalogável como exercício de qualquer tipo ou forma de censura. Aliás, a Entidade Reguladora da Comunicação não pode ter quaisquer poderes para exercer qualquer tipo de censura sobre os órgãos de comunicação social, face ao disposto nos n.º 1 e 2

---

[447] Al.h) do n.º 1 do artigo 2.º da Proposta de Lei: «'Serviço de programas televisivo', o conjunto sequencial e unitário dos elementos da programação fornecido por um operador de televisão»

do artigo 37.º da Constituição da República Portuguesa, devendo, antes, segundo imposição do artigo 39.º, *garantir o direito à liberdade de expressão e de informação* através da comunicação social.

A lei pode *introduzir novos limites à liberdade de programação,* mas esses limites na configuração da proposta de lei não divergem dos existentes na lei actual, quais sejam *incitamento ao ódio* e, quando emitidas em sinal aberto, *pornografia e violência gratuita.*

A proposta de *lei da televisão vai continuar a permitir à Entidade Reguladora da Comunicação interromper em directo programas em sinal aberto* se houver «insistência» em se fazer passar *pornografia ou violência gratuita.* Se, por um lado, a proposta mantém o poder do regulador *suspender cautelarmente* um programa, por outro, não deixa de restringir a possibilidade de ser ordenada a suspensão imediata da transmissão, ao acantonar este poder em relação a *práticas continuadas de contra-ordenações muito graves*, retirando assim da norma da actual lei a possibilidade da Entidade Reguladora da Comunicação o fazer em geral sempre que ocorram *fortes indícios da prática de qualquer infracção.*

O governo não pode controlar os *conteúdos televisivos*, pois o *controlo da* comunicação social passa apenas pela Entidade Reguladora da Comunicação, que é independente da Administração estatal. Quando um canal televisivo *incitar ao ódio racial* ou uma televisão que emita em sinal aberto *emitir pornografia ou violência gratuita*, cabe apenas à Entidade Reguladora da Comunicação impedir essa actuação, sem que qualquer outra Administração possa interferir, assim se defendendo o público de conteúdos pré-estabelecidamente interditos por serem assumidos como limites à programação, em homenagem a valores que se prendem com a dignidade humana, o que é constitucionalmente admitido, sem que tal ofenda o direito à liberdade de expressão e assim protegendo outros direitos, liberdades e garantias das pessoas[448].

---

[448] *Vide*, em geral, a Nota de imprensa a propósito da manchete do jornal «Expresso» de 25 de Novembro de 2006 do Gabinete do Ministro dos Assuntos Parlamentares, Presidência do Conselho de Ministros, de 25.11.2006.

Direito Empresarial da Comunicação Social e Limites... 197

c) *serviços de programas televisivos de expressão regional e local*

Vem regular os *serviços de programas televisivos de expressão regional e local*, possibilitados com a *ampliação do espaço de liberdade no acesso à actividade de televisão*, através da previsão das respectivas *condições, fins e obrigações*.

d) *direito sancionatório*

Vem alterar o regime sancionatório, com a previsão de novos montantes e novas contra-ordenações, correspondentes às novas obrigações[449].

---

[449] Artigo 75.º (Contra-ordenações leves): «1 – É punível com coima de € 7500 a € 37 500:»; Artigo 76.º (Contra-ordenações graves): «1 – É punível com coima de € 20 000 a € 150 000:»; Artigo 77.º (Contra-ordenações muito graves): «1 – É punível com coima de € 75 000 a € 375 000 e suspensão da licença ou autorização do serviço de programas ou da transmissão do programa em que forem cometidas, consoante a gravidade do ilícito, por um período de 1 a 10 dias:»; n.º 3»A violação pode dar lugar à fixação, pela entidade reguladora para a comunicação social, de um novo prazo para o início das emissões, findo o qual, em caso de persistência do incumprimento, é revogada a licença ou autorização»; Artigo 79.º (Infracção cometida em tempo de antena)»; Artigo 81.º (Agravação especial): «Se o operador cometer uma contra-ordenação depois de ter sido sancionado, há menos de um ano, por outra contra-ordenação prevista na presente lei, os limites mínimo e máximo da coima e da suspensão da transmissão são elevados para o dobro»; Artigo 82.º (Revogação da licença ou da autorização)».

V – DIREITO DOS JORNALISTAS

> *Sumário analítico*: 5.1.Noção de jornalista, capacidade para o exercício profissional, incompatibilidades funcionais, título profissional e acesso à profissão. 5.1.1. Definição de jornalista. 5.1.2. Capacidade, habilitação para o acesso à profissão e incompatibilidades. 5.2. Direito ao sigilo sobre as fontes jornalísticas. 5.2.1. Regime do sigilo. 5.2.2. Informação obtida no exercício efectivo da profissão com compromisso de confidencialidade. 5.2.3. Relatividade concreta do valor do sigilo da fonte. 5.3. Garantia de independência e cláusula de consciência. 5.4. Proposta governamental de alteração do Estatuto dos jornalistas sobre processo disciplinar.

5.1. Noção de jornalista, capacidade para o exercício profissional, incompatibilidades funcionais, título profissional e acesso à profissão

5.1.1. *Definição de jornalista*

Segundo consta do n.º 1 e 2 do artigo 1.º do Estatuto do Jornalista (Lei n.º 1/99, de 13 de Janeiro), o *jornalista* é quem exerça, «como *ocupação principal, permanente e remunerada*, funções de *pesquisa, recolha, selecção e tratamento de factos, notícias ou opiniões*, através de *texto, imagem ou som*, destinados a *divulgação informativa pela imprensa, por agência noticiosa, pela rádio, pela televisão ou por outra forma de difusão electrónica*».

Cremos que a definição está essencialmente correcta.

Preferimos, no entanto, como noção mais precisa e descritiva, considerar como *jornalistas* todas as pessoas que, com capacidade autónoma de selecção, hierarquização e valorização dos elementos informativos recolhidos[450], exerçam funções de *pesquisa, recolha, selecção e tratamento de factos, notícias ou opiniões, destinados a divulgação, com fins informativos*, através de *texto, imagem ou som*, por meio da imprensa, agência noticiosa, rádio, televisão ou outro meio electrónico de difusão, como *ocupação principal, permanente e remunerada*, desde que estas funções materiais não constituam actividades desempenhadas «ao serviço de publicações de natureza *predominantemente promocional*, ou cujo *objecto específico* consista em divulgar, publicitar ou por qualquer forma *dar a conhecer instituições, empresas, produtos ou serviços*, segundo *critérios de oportunidade comercial ou industrial*»[451].

---

[450] Vide, sobre este aspecto, o parecer do SJ, a propósito da proposta de lei do governo de alteração do Estatuto do Jornalista (Proposta de Lei n.º 76/X/1).

[451] A proposta de lei governamental de 2006 sobre o Estatuto do Jornalista, na definição dos profissionais do jornalismo, considera *jornalistas* aqueles que, como ocupação principal, permanente e remunerada, exercem funções com capacidade editorial, mas sem explicitar a necessidade de tal implicar a sua *capacidade autónoma* de seleccionar, hierarquizar e valorizar os elementos informativos, funções de pesquisa, recolha, selecção e tratamento de factos, notícias ou opiniões, através de texto, imagem ou som, destinados a divulgação, com fins informativos, pela imprensa, por agência noticiosa, pela rádio, pela televisão ou por qualquer outro meio electrónico de difusão, o que merece a crítica do sindicato. Quanto ao acesso à profissão, a Proposta de Lei vem exigir, em princípio, a posse de uma *habilitação académica de nível superior*. Mas podem, também, aceder-lhe os cidadãos que, estando no pleno gozo dos seus direitos civis, comprovem, perante a *Comissão da Carteira Profissional do Jornalista*, ter exercido uma actividade jornalística por período não inferior a *seis anos*. No entanto, esta possibilidade é contestada pelo SJ, que entende que ela pretende reconhecer o *exercício ilegal da profissão* para conferir, embora excepcionalmente, o direito ao título, assim beneficiando quem exerceu funções sem cumprir a lei, sendo certo que, desde 1979, que o exercício da profissão deixou de ser lícito sem a posse de um título. Isto, sem prejuízo de aceitar que seria aceitável a «*fixação de um período transitório,* de um ou dois anos, após a entrada em vigor da lei (tipo amnistia) para regularizar todas as situações de exercício ilícito da profissão». E também sem prejuízo de se poder «garantir uma forma de permitir que colaboradores experimentados e até equiparados a jornalistas se transformem em jornalistas profissionais com dispensa do período de estágio, situação em que o SJ defende que, a título transitório e em situações excepcionais, condicionadas a um parecer favorável prévio do conselho de redacção e análise curricular pela CCPJ, se poderia aceitar a admissão na profissão de pessoas sem a habilitação obrigatória.

5.1.2. *Capacidade, habilitação para o acesso à profissão e incompatibilidades*

Em termos de capacidade para o exercício profissional da actividade, ela só acessível aos «cidadãos maiores de 18 anos, no pleno gozo dos seus direitos civis (artigo 2.°).

O acesso à profissão pressupõe, em geral, o aproveitamento em estágio de efectivação obrigatória, de duração variável, conforme as habilitações do candidato (artigo 5.°):

- 12 meses, em caso de licenciatura na área da comunicação social ou de habilitação em curso com equivalência reconhecida pela Comissão da Carteira Profissional de Jornalista;
- 18 meses, em caso de habilitação com curso superior alheio à área da comunicação social ou equivalente;
- 24 meses, nos restantes casos.

A obtenção do *título profissional* (emitido por uma Comissão da Carteira Profissional de Jornalista) é «condição do exercício da profissão (artigo 4.°), pelo que está *proibida a admissão ou manutenção ao seu serviço*, como jornalista profissional, por qualquer empresa com actividade no domínio da comunicação social, de qualquer pessoa que não se mostre habilitado com ele. No entanto, a *prévia habilitação* com o título pode ser substituída pela *prova do respectivo requerimento e de que ainda se encontra a aguardar decisão* da Comissão.

De qualquer modo, esse exercício deve considerar-se interdito, por razões tidas legalmente como fonte de *incompatibilidade funcional* (artigo 3.°), que inviabiliza a acumulação com o desempenho de *actividades publicitárias, de relações públicas, no campo de estratégia comercial, de natureza policial ou militar, ou executivas públicas a nível nacional, regional e autárquico*, que se passam a precisar:

- Angariação, concepção ou apresentação de mensagens publicitárias e, em geral, as actividades (consideradas publicitárias) que envolvam o «*recebimento de ofertas ou benefícios* que, não identificados claramente como patrocínios concretos de actos jornalísticos, visem *divulgar produtos, serviços ou entidades através da notoriedade do jornalista, independentemente de este fazer menção expressa aos produtos, serviços ou entidades*»; nestes casos, a incompatibilidade só se considera cessada com a *exibição de prova de que está extinta a relação contratual* de cedência de imagem, voz ou nome de jornalista à entidade promotora ou beneficiária da publicidade, sem prejuízo de perdurar por um período mínimo de seis meses (n.º 4);

– Marketing, relações públicas, assessoria de imprensa e consultoria em comunicação ou imagem, e orientação e execução de estratégias comerciais, quando tais actividades sejam remuneradas;

– Actividades em qualquer organismo ou corporação policial ou serviço militar;

– Membro do Governo da República ou de governos regionais, assim como funções de presidente de câmara ou de vereador autárquico.

O jornalista impedido de exercer a actividade deve depositar o seu *título de habilitação* na Comissão da Carteira Profissional de Jornalista, o qual só lhe pode ser devolvido quando cessar a actividade incompatível com o jornalismo (n.º 3 do artigo 3.º)[452].

---

[452] A Proposta de Lei governamental de 2006, em matéria de *incompatibilidades*, mexe nalgumas alíneas do actual Estatuto do Jornalista, designadamente dando novas redacções, embora em geral, em termos materiais na linha das opções anteriores: funções de angariação, concepção ou apresentação, através de texto, voz ou imagem, de mensagens publicitárias; funções de marketing, relações públicas, assessoria de imprensa e consultoria em comunicação ou imagem, bem como de planificação, orientação e execução de estratégias comerciais; funções em serviços de informação e segurança ou em qualquer organismo ou corporação policial; funções enquanto titulares de órgãos de soberania ou de outros cargos políticos e enquanto deputados nas Assembleias Legislativas Regionais, bem como funções de assessoria, política ou técnica, a tais cargos associadas; a participação publicitária em iniciativas que visem divulgar produtos, serviços ou entidades através da notoriedade pessoal ou institucional do jornalista, quando aquelas não sejam determinadas por critérios exclusivamente editoriais.

No entanto, com a oposição do SJ, vem exceptuar da incompatibilidade duas situações. Uma refere-se ao *desempenho voluntário de acções não remuneradas de promoção de actividades de interesse público ou de solidariedade social*. Diz o SJ que tal merece reservas porquanto «abre caminho à exploração sistemática da visibilidade do jornalista e compromete a sua imparcialidade, sobretudo quando campos como o 'interesse público' não possuem delimitações universalmente aceites, pelo que, mesmo admitindo-se que o jornalista, em situações excepcionais, possa «contribuir para objectivos de manifesto e relevante interesse

5.2. Direito ao sigilo sobre as fontes jornalísticas

5.2.1. *Regime do sigilo*

O direito do público a ser informado, à informação, implica o direito dos jornalistas de informarem, o direito à informação do público, que legitima o direito à investigação livre dos factos sociais, públicos ou não, e os direitos à não *ingerência de quaisquer autoridades públicas* e a *manter secretas as fontes de informação* sobre informações que não sejam públicas.

Quanto ao comportamento das autoridades públicas, Administração ou tribunais, rege, desde logo, a *Convenção* europeia *para a Protecção dos Direitos do Homem e das Liberdades Fundamentais*[453],

---

da colectivo e não colocar em crise a sua independência», devia tratar-se de norma excepcional, cujo preenchimento deveria depender de uma verificação do facto através de uma apreciação e autorização ou não da Comissão da Carteira Profissional de Jornalista. A outra reporta-se à *promoção da actividade informativa do órgão de comunicação social* para que trabalhe ou colabore, o que, segundo refere o SJ, permite que a empresa abuse da sua posição para impor a colaboração forçada do jornalista em actividades que não se integram na actividade contratada, pois a promoção da imagem da empresa releva de uma prestação de outra natureza, que pode mesmo acarretar a violação do seu estatuto de independência.

As consequências da verificação de situações fácticas integrantes das normas de impedimento são, por um lado, a interdição do exercício do jornalismo. Por isso, antes do início da actividade incompatível, deve depositar-se junto da Comissão da Carteira Profissional de Jornalista, o título de habilitação profissional, que, *quando cessar a situação* de incompatibilidade e a *requerimento do interessado*, lhe será restituído. No caso de apresentação das mensagens ligadas a funções de angariação, concepção ou apresentação, através de texto, voz ou imagem, de mensagens publicitárias ou de participação nas iniciativas que visem divulgar produtos, serviços ou entidades através da notoriedade pessoal ou institucional do jornalista, quando aquelas não sejam determinadas por critérios exclusivamente editoriais, a incompatibilidade vigora por um *período mínimo de três meses sobre a data da última divulgação* e só se considera *cessada com a exibição de prova* de que está extinta a relação contratual de cedência de imagem, voz ou nome do jornalista à entidade promotora ou beneficiária da publicitação. Mas, de qualquer modo, há condicionamentos após a devolução do título profissional, dado que, terminado o período da incompatibilidade, o jornalista só pode retomar logo a sua actividade em *áreas editoriais não relacionadas com a função que desempenhou*, pois impede-se que, durante um período de seis meses, o faça em relação a elas, cabendo ao conselho de redacção do órgão de comunicação social, para que trabalhe ou colabore, determinar o conteúdo desse *impedimento relativo*.

[453] Modificada nos termos das disposições do Protocolo nº11, adoptada em Roma, a 4 de Novembro de 1950 e entrada em vigor na ordem internacional a 3 de Setembro de 1953.

204 *Direito da Comunicação Social*

que, no n.º 1 do seu artigo 10.º (*liberdade de expressão*), afirma que o direito de qualquer pessoa à liberdade de expressão «compreende a liberdade de opinião e a *liberdade de receber ou de transmitir informações ou ideias*, sem que possa haver *ingerência de quaisquer autoridades públicas* e sem considerações de fronteiras».

Mas, também, outros textos internacionais e nacionais consagram o direito dos jornalistas a manterem confidenciais as suas fontes de notícias. E o direito comparado revela a generalização da sua consagração ou prática nos Estados democráticos, por vezes mesmo com assento constitucional, como ocorre não só em Portugal, como em Espanha e na Suécia, embora poucos ordenamentos jurídicos o reconheçam como um direito absoluto[454].

Esclareça-se, desde já, que, no que diz respeito às fontes de informação, não se trata da imposição ao jornalista de um *segredo jornalístico*, como segredo profissional em relação às informações colhidas, fornecidas nos seus contactos profissionais, pois ele pode, ou deve mesmo em certas circunstâncias, revelar os factos que lhe chegam ou descobriu, mas consiste num mero *direito a poder manter em segredo quem são as suas fontes noticiosas*, isto é, *os seus informadores*.

Assim, a referência a «segredo profissional» (artigo 135.º do Código de Processo Penal) ou «sigilo profissional» (v.g., Acórdão Relação de Lisboa, de 28 de Agosto de 2002)[455], deve interpretar-se em sentido diferente do segredo a que outros profissionais citados aí ou em legislação extravagante estão *legalmente obrigados (dever), enquanto aqui se trata de uma mera faculdade jurídica* («pessoas a quem a lei permitir (…) que guardem segredo) e cujos «factos abrangidos» pelo segredo *se reportam às próprias informações recebidas* (que aqui podem sempre, quando não devam mesmo, ser publicamente difundidas)

Assim, podemos definir o *direito ao sigilo das fontes jornalísticas* como a *faculdade do jornalista não identificar os seus informadores, quando se comprometa a respeitar a sua confidencialidade, e*

---

[454] Suécia, Finlândia, Alemanha e Áustria: apud CARVALHO, A. Arons – o.c., nota 8, p. 111.

[455] Caso Manso Preto, apud CARVALHO, A.A.., CARDOSO, A.M. e FIGUEIREDO, J.P. – *Legislação Anotada da Comunicação Social*.: (…). Lisboa: Casa das Letras, 2005, p. 320.

a não dar acesso aos suportes de informação conducentes à sua revelação[456].

A importância deste *direito à reserva das fontes* é tal para a *liberdade de comunicação* social que o Tribunal Europeu dos Direitos do Homem, no seu Acórdão *Goodwin contra Reino Unido*, o considera uma das suas «pedras angulares»[457], e por isso integrando, implicitamente, no n.º 1 do artigo 10.º, sobre a liberdade de expressão, o direito de sigilo sobre as fontes, cuja imposição de quebra pela autoridade, designadamente de investigação criminal ou jurisdicional em geral, só é passível de justificação nos termos do n.º2 do referido artigo[458].

O *direito ao exercício de um jornalismo activo, de investigação*, exige o direito ao sigilo profissional, ou seja, a *não obrigação de revelação das fontes de captação de notícias*, venham elas donde vierem, a *faculdade de procurar obter para divulgar factos ocultos ou silenciados*, mesmo que desagradáveis para terceiros[459], *sem receio de vir a ser sancionável*, por qualquer meio, por não revelar quem lhe transmitiu a informação em causa.

O *sigilo das fontes protege o jornalista e as fontes*, não as informações que este detém: o *jornalista*, porque cumprindo o compromisso, não compromete no futuro o acesso à informação através

---

[456] O vocábulo *confidencialidade* usa-se para significar o que é secreto: MICHAEL, J. – *The PollItics of Secrecy.*Harmondsworthen, Pinguin Books, 1982, p.39, apud GONÇALVES, M. E. – *o.c.*, p. 72, que, aí, define a *informação confodencial ou secreta* como a que «não é do domínio público ou do conhecimento público»; e eu acrescentaria que além de o não ser, não se destina a sê-lo. Questão diferente será, de qualquer modo, a situação em que o jornalista, como aliás qualquer pessoa, tenha obtido indevidamente um documento alheio. Aqui podemos afirmar que há um *princípio geral* segundo o qual quem se tiver apropriado de um documento, de modo indevido, por ele pretencer a outrem, fica obrigado a devolvê-lo, estando-lhe também interdito fazer reproduções e o uso delas ou usar a informaçãop nele contida para qualquer efeito. Em sentido semelhante e afirmando a sua exiwstência e aplicabilidade jurisdicional (alegações de Walton J., no caso *ITC Film Distributors Ltd vesus Vídeo Exchange Ltd*, 1982) veja-se COLEMAN, A. – «Protecting Confidential Information», p. 153, apud REED, C. (Ed.) – *Computer Law*. Londres: Blackstore Press, 1990, p. 136 e ss.).

[457]

[458] ESCOBAR ROCA, Guillermo – *Estatuto de los Periodistas*. Madrid: Tecnos, 2002, p. 209.

[459] Acórdão *Handyside*, apud GUEDJ, Alexis – *La Protection de Sources Journalistiques*. Bruxelas: Bruyland, 1982, p. 32; AUVRET, P. – *Le Journalisme d'Investigation selon la Convention Européenne des Droits de l'Homme*. Paris: Legipress, 1997, p. 34.

dessa e doutras fontes; as *fontes*, porque só aceitaram transmitir a informação na convicção de que o jornalista não publicitaria a sua identidade (sem a garantia do sigilo, receariam informar o jornalista que, assim, ficaria impedido de informar o público sobre questões de interesse colectivo, ficando hipotecada a formação democrática e pluralista da opinião pública e a expectativa de que a comunicação tivesse o poder de informar sobre os actos ocultos ou silenciados, designadamente dos titulares dos vários poderes sociais, especialmente dos órgãos de intervenção pública).

De qualquer modo, este dever é meramente moral ou deontológico (embora seja considerada violação grave do Código Deontológico, que a rotula não de direito mas de dever[460], quando não haja justificação para a sua revelação), ou seja, é um direito juridicamente reconhecido mas não é um dever jurídico estabelecido, nenhuma sanção de direito, designadamente penal, pode ser-lhe aplicada se decidir quebrar esse compromisso.

Este *direito, essencial ao exercício do jornalismo*, reconhecido pela Constituição e pelo Código de Processo Penal[461], abarca *todos os meios de expressão pública*, desde as publicações periódicas até aos meios electrónicos e todo o tipo de suportes de informação, desde os escritos aos falados e mesma à multimédia, aplicável a *todos os agentes comunicacionais envolvidos* no órgãos de informação, não só os jornalistas como os directores dos órgãos e outras pessoas envolvidas na produção das notícias. Com efeito, como refere também a Lei n.º 1/99, de 13 de Janeiro (*Estatuto do Jornalista*), no seu artigo 11.º, não só «os jornalistas não são obrigados a revelar as suas fontes de informação, não sendo o seu silêncio passível de qualquer sanção, directa ou indirecta», «sem prejuízo do disposto na lei processual penal» (n.º 1), como os «*directores de informação dos órgãos de comunicação social e os administradores ou gerentes* das respectivas

---

[460] N.º 6 do CDJ: «O jornalista deve usar como critério fundamental a identificação das fontes. O jornalista *não deve revelar*, mesmo em juízo, *as suas fontes confidenciais de informação*, nem desrespeitar os compromissos assumidos, excepto se o tentarem usar para canalizar informações falsas. As opiniões devem ser sempre atribuídas».

[461] Artigo 135.º do CPP (*Segredo profissional)* que «1 – Os ministros de religião ou confissão religiosa, os advogados, os médicos, os *jornalistas*, os membros de instituições de crédito e as demais pessoas a quem a lei permitir ou impuser que guardem segredo profissional *podem escusar-se a depor sobre os factos abrangidos por aquele segredo*.

entidades proprietárias, bem como *qualquer pessoa que nelas exerça funções*, não podem, *salvo com autorização escrita do jornalista envolvido*, divulgar as suas fontes de informação, incluindo os *arquivos jornalísticos de texto, som ou imagem das empresas ou quaisquer documentos susceptíveis de as revelar»*.

Aliás, o jornalista nem sequer é obrigado a revelar a fonte aos órgãos de direcção do meio de comunicação social, embora, neste caso, o director, se não puder confirmar a fidedignidade da notícia por outro meio, pode recusar a sua publicação, na medida em que lhe cabe determinar o conteúdo dos textos a difundir no órgão que dirige.

E está interdita a *procura e apreensão de materiais* (v.g., apontamentos escritos, fotografias ou negativos e máquina contendo os respectivos rolos, cassetes, disquetes, computadores com informação jornalística) e a ofensa ao *sigilo da correspondência profissional dos jornalistas*, em domicílio ou local de exercício de funções. Claramente, o n.º 3 e 4 do artigo 11.º da Lei n.º 1/99, de 13 de Janeiro (Estatuto do Jornalista) declara que os «jornalistas não podem ser *desapossados do material utilizado ou obrigados a exibir os elementos recolhidos no exercício da profissão*, salvo por mandado judicial e nos demais casos previstos na lei», o que deve considerar-se extensivo às empresas que tenham em seu poder esses materiais ou elementos.

No entanto este direito não é concebido em Portugal em termos absolutos, mas apenas como um *direito relativo*, na medida em que sofre um enquadramento que admite a *obrigação jurídica da sua quebra* em certas situações, embora de natureza excepcional e por imposição jurisdicional, por sua iniciativa ou de entidade de investigação criminal.

Tendo presente a legislação vigente sobre a matéria, os artigos 135.º do Código de Processo Penal, 22.º da LI e 11.º do Estatuto do Jornalista, perante a hipótese de ser colocada a *questão da obrigação de depoimento testemunhal num tribunal*, o jornalista, ante um facto que pretenda manter confidencial, antes de efectivar a invocação do sigilo, deve procurar analisar se está perante *matéria sobre que tenha realmente a faculdade de invocar o direito ao sigilo* e, seguidamente, analisar se não se encontrará numa *situação em que a administração da justiça penal necessita incontornavelmente do seu depoimento*, seguindo o seguinte percurso intelectual:

5.2.2. *Informação obtida no exercício efectivo da profissão com compromisso de confidencialidade*

Verifica se é *possível enquadrar legitimamente tal invocação*, pois se tal não acontecer, o tribunal do caso impõe-lhe sem mais a prestação do testemunho.

Com efeito, diz o n.º 2 do artigo em causa que «Havendo *dúvidas fundadas sobre a legitimidade da escusa, a autoridade judiciária* perante a qual o incidente se tiver suscitado procede às *averiguações necessárias. Se,* após estas, concluir pela ilegitimidade da escusa, *ordena, ou requer ao tribunal que ordene, a prestação do depoimento.*

Nos termos do n.º 3 deste artigo cabe ao tribunal superior àquele onde se pretende impor o depoimento, onde o incidente se tiver suscitado[462] (a solicitação do juiz da causa, oficiosamente ou a requerimento do Ministério público ou de interveniente processual particular), a deliberação sobre tal obrigação, após ter sido *ouvido o sindicato dos jornalistas,* seu organismo representativo (n.º 5).

Desde logo, é necessário que a informação lhe tenha sido comunicada sob sigilo ou os factos conhecidos no exercício da actividade, sem que tivesse outro meio de a ela aceder naturalmente, o que implica que, se acidentalmente foi testemunha de um crime, não pode invocar o direito ao sigilo.

5.2.3. *Relatividade concreta do valor do sigilo da fonte*

Tida como legítima tal invocação, há que averiguar se co-existirá um motivo de interesse público mais importante a defender, expresso em normas e princípios do direito penal, e que deva sobrepor-se ao direito de sigilo jornalístico.

Com efeito, diz a parte final do n.º 3 do artigo em causa que o *tribunal pode decidir da prestação de testemunho do jornalista,* «sempre que esta se mostre *justificada* face às normas e princípios aplicáveis da lei penal, *nomeadamente* face ao *princípio da prevalência do interesse preponderante»*

---

[462] Ou, no caso de o incidente se ter suscitado perante o Supremo Tribunal de Justiça, o plenário das secções criminais.

Esta análise implica um *conhecimento do caso concreto*, relevando da *apreciação casuística,* a fazer pelo tribunal, e que o jornalista deve procurar antecipar, para obter uma conclusão próxima da do tribunal, que terá em mente essencialmente, se não a certeza pelo menos o forte risco de inêxito na administração da justiça à falta do depoimento do jornalista, o que aponta claramente para uma justificação de tal imposição apenas quando tal testemunho é decisivo não apenas para a condenação de alguém, mas igualmente para a sua absolvição, mas tal já não parece justificável quando apenas esteja em causa alguma circunstância factual que mexa apenas com circunstâncias agravantes ou atenuantes da culpa. De qualquer modo, o tribunal deve agir com um critério de extrema moderação compulsória e cuidado redobrado na análise ponderativa dos valores em presença[463].

Com efeito, o *processo lógico do juiz* passa por uma *análise escalonada*: perante a invocação do direito ao sigilo sobre a fonte, primeiro tem de verificar se ele pode, por si mesmo, impor a prestação do depoimento, situação só possível se constatar que está perante uma *invocação ilegítima*, pese embora o direito do jornalista de recorrer desta decisão impositiva, por falta ou por erro de motivação; caso constate que a invocação é legítima, tem que colocar ao tribunal superior a *questão da justificação da quebra do sigilo*, por necessidade inultrapassável da administração da justiça, necessidade que só é aceitável se a sua densificação corresponder a uma *dupla decisividade*: não apenas para a revelação da verdade, mas também para o próprio resultado do veredicto (deve poder depreender-se que, no caso concreto *sub judice,* depende do depoimento do jornalista levar ou não alguêm a julgamento ou a própria sorte do julgamento e do réu: a sua condenação ou absolvição).

E a possibilidade de restrições e limitações estão cobertas pelo n.º 2 do artigo 10.º da *Convenção Europeia sobre os Direitos do Homem*, já atrás enunciado.

Esta matéria tem sido polémica (designadamente em face do Código Deontológico aprovado pelo sindicato, que está enformado pela visão do sigilo, não apenas como um direito individual do jornalista, mas como um dever que lhe é imposto pela própria «corporação»,

---

[463] Vide GONÇALVES, M. Maia – *Código de Processo Penal Anotado.* 10.ª Ed., Coimbra: Almedina, p. 335.

210 Direito da Comunicação Social

em defesa da própria ideia viabilizadora da liberdade de comunicação social), de tal modo que o tema foi levado ao *Tribunal Constitucional*, o qual, no entanto, através do seu *Acórdão n.º 7/87,* resolveu a questão no sentido desfavorável à tese do sindicato, não conestando juridicamente a sua interpretação do *Código Deontológico dos Jornalistas*, na medida em que considera que a limitação ao sigilo prevista no Código de Processo Penal não constitui uma agressão desproporcionada ao direito em causa, tendo presente os valores em favor dos quais é sacrificado e as *cautelas substantivas e processuais* de que se faz rodear a sua quebra[464]

Em face desta *clarificação pretoriana*, há que interpretar o n.º 6 do Código Deontológico dos Jornalistas como *não devendo revelar as fontes* confidenciais de informação, quer sejam suas, quer dos restantes membros do seu órgão de informação, e isso, *excepto* quando o seu depoimento lhe seja legalmente imposto: nos termos do artigo 135.º do Código de Processo Penal ou outras leis que respeitem os pressupostos legitimadores clarificados no *Acórdão do Tribunal Constitucional n.º 7/87*, mesmo que seja chamado a depor em juízo.

Ou seja, o jornalista que, em princípio, deve usar como *critério fundamental a identificação das fontes*, quando tiver assumido um *compromisso de confidencialidade*, não deve revelar a fonte, mesmo em juízo, a menos que, naturalmente, tal lhe seja *legalmente imposto*[465].

---

[464] Acórdão do Tribunal Constitucional n.º 7/87, I Série do DR de 9.2.1987.

[465] A Proposta de Lei governamental de 2006, também neste aspecto do *regime de protecção do sigilo profissional dos jornalistas*, contém alterações que parecem suscitar receios do SJ, que afirmam que elas *podem* propiciar uma disciplina que viabilize uma *grande discricionariedade na decisão jurisdicional de quebra* deste direito fundamental dos jornalistas. Com efeito, o artigo 11.º oferece uma recomposição redaccional global, segundo a qual os jornalistas não são obrigados a *revelar as suas fontes de informação*, e não serão, em princípio, responsabilizados por as ocultarem. E, por isso, as próprias *autoridades judiciárias,* perante as quais os jornalistas sejam chamados como testemunhas, devem informá-los previamente, sob pena de nulidade do depoimento, sobre o conteúdo e a extensão deste *direito à não revelação das fontes de informação*. No entanto, a revelação das fontes de informação pode ser ordenada pelo tribunal, em certas situações limite e apenas nos termos da *lei processual penal*. Tal pode ocorrer quando o depoimento for necessário para a *investigação de crimes graves*, não só contra as pessoas, incluindo, nomeadamente, crimes dolosos contra a vida e a integridade física, como contra a *segurança do Estado* ou em casos graves de *criminalidade organizada*, desde que se comprove que a *quebra do sigilo é fundamental* para a descoberta da verdade e que as respectivas informações

muito dificilmente poderiam ser obtidas de qualquer outra forma. Nestes casos, o tribunal deve especificar o âmbito dos factos sobre os quais o jornalista está obrigado a prestar depoimento, e pode restringir, oficiosamente ou a requerimento do jornalista, a livre assistência do público ou a prestação de depoimento sem publicidade., ficando todos os intervenientes no acto judicial obrigados ao *dever de segredo* sobre os factos relatados. Consigna-se, ainda, o que já era entendimento geral, de que os *directores de informação* dos órgãos de comunicação social e os *administradores ou gerentes* das entidades proprietárias, tal como qualquer outra pessoa que nelas exerça funções, não podem, *salvo mediante autorização escrita dos jornalistas envolvidos*, divulgar as fontes de informação, incluindo os arquivos jornalísticos de texto, som ou imagem das empresas ou quaisquer documentos susceptíveis de as revelar. A busca em órgãos de comunicação social só pode ser ordenada ou autorizada pelo juiz, o qual presidirá pessoalmente à diligência, avisando previamente o presidente da organização sindical dos jornalistas com maior representatividade para que o mesmo, ou um seu delegado, possa estar presente, sob reserva de confidencialidade. O *material utilizado* pelos jornalistas, no exercício da profissão, só então pode ser apreendido, no decurso das buscas em órgãos de comunicação, sem prejuízo de, no que se refere ao desapossamento do material utilizado ou à exibição dos elementos recolhidos no exercício da profissão, tal poder ocorrer noutros lugares mediante mandado de juiz. O material assim obtido, que permita a identificação de uma fonte de informação, é selado e remetido ao tribunal competente para ordenar a quebra do sigilo, que apenas pode autorizar a sua utilização como prova nos casos de desapossamento do material utilizado ou exigência de exibição dos elementos recolhidos no exercício da profissão e sob mandato judicial. Estas normas mereceram contestação do SJ, porque não se define o que são *crimes graves*, o que introduz um factor de subjectividade jurisdicional, ao deixar ao *critério do julgador* a faculdade de determinar quando é que o *crime é suficientemente grave* para aplicação do dispositivo impositivo da lei processual penal. Constatando que a *jurisprudência* tem ido no sentido de considerar que o *sigilo profissional deve sempre ceder perante a necessidade da investigação criminal*, numa interpretação que pode afectar gravemente o direito à informação, tal exigiria uma densificação da protecção do sigilo jornalístico, tal como tem preconizado o Conselho da Europa. Além disso, discorda da amplitude do *leque dos crimes* em que tal dispositivo, que são todos os *crimes graves contra as pessoas*, aqui permitindo-se que, alegadas *ofensas à honra* possam justificar a aplicação do artigo 135.º do CPP. Neste caso, bastaria alegar que é uma *ofensa grave*. Além disso, abarca também todos os *crimes contra a segurança do Estado ou casos graves de criminalidade organizada*. Basta o tribunal considerar que se trata de *crime grave*, o que levará, v.g., a que a *investigação jornalística sobre tráfico de droga ou outras matérias proibidas* (tráfico de pessoas, contrabando, de divisas, lavagem de dinheiro, etc.) ou actos ou situações que possam traduzir um crime conta a segurança do Estado (crimes contra o esforço da guerra, de auxílio ao estrangeiro, espionagem, infidelidade diplomática, violação do segredo de Estado) caiam igualmente na alçada deste regime excepcional. Ao mesmo tempo, bastaria que a autoridade judicial se limitasse a consignar no processo que seria muito difícil obter essas informações noutra sede. E, tudo, sem a necessidade de se *comprovar a real impossibilidade de obtenção das informações* por outras vias, na medida em que se fala de casos em que «as respectivas

5.3. Garantia de independência e cláusula de consciência

O jornalista não está sujeito ao cumprimento de ordens ou orientações no sentido de «exprimir ou subscrever opiniões» ou «desempenhar *tarefas profissionais contrárias à sua consciência*» (n.º 1 do artigo 12.º do RJ), tal como não é obrigado a cumprir *«quaisquer ordens ou instruções de serviço com incidência em matéria editorial* emanadas de pessoa do seu órgão de comunicação que não esteja habilitada com o título profissional ou equiparado (n.º 4), pelo que, consequentemente, é ilegítimo qualquer processo e medida disciplinar desencadeada por esses factos.

Além desta garantia que lhe permite passivamente resistir a ordens ou orientações de dirigentes do órgão comunicacional onde exerça a sua profissão, há ainda situações em que o jornalista pode tomar uma activa de *rescisão do contrato de trabalho com justa causa.*

Com efeito, em «caso de *alteração profunda*, claramente constatada por uma acto temporalmente identificável (data incontroversa) ou constatada em termos reiterados ao longo de um tempo razoável para se concluir da improbabilidade da sua não inflexão a breve trecho, *na linha de orientação* (linha editorial anterior, opções político-ideológico expressas, ou orientação ideológica implícita seguida continuamente ao longo do tempo, constrangimentos frequentes, sobretudo se forem de conhecimento público, ofensivos da garantia de independência do jornal, da sua linha editorial ou do jornalista) ou na *natureza do órgão* de comunicação social (alteração da tipologia noticiosa ou do próprio órgão: generalista, especializado, temático), ele pode fazer cessar a relação de trabalho com *direito à indemnização*, prevista na legislação laboral para os casos de rescisão da relação de emprego com justa causa (n.º 2).

---

informações muito dificilmente poderiam se obtidas de qualquer outra forma». Face a isto, o SJ entende que deve restringir-se a possibilidade de revelação do sigilo profissional aos *crimes contra a vida ou ofensa grave à integridade física* e a *autoridade judicial deve ficar sujeita à necessidade de demonstrar as diligências feitas para obter provas por outras vias* e o esgotamento destas sem resultados para a investigação. Quanto às garantias relativas às buscas em órgãos de comunicação social, contrariamente ao silêncio da Proposta de Lei, deveria declarar-se que elas abrangeriam a *residência ou outros locais de actividade profissional habitualmente utilizados pelos jornalistas*, sendo certo que estes, sobretudo nos casos de exercício da profissão em regime de trabalho independente, também fazem do domicílio o seu local de trabalho.

O *direito à rescisão do contrato de trabalho* deve ser exercido, após recebimento de uma deliberação confirmativa do seu direito, emitida pela Entidade da Comunicação Social, tomada no prazo de 30 dias após o requerimento do jornalista, apresentado no prazo de 60 dias após os factos justificativos da invocação em causa, desde que ele seja exercido, sob pena de *caducidade,* perante os dirigentes do órgão comunicacional, nos 30 dias subsequentes à notificação da referida deliberação de reconhecimento do direito proferida pela ERC (n.º 3).

No caso de a alteração não resultar de acto claramente identificável em certo momento, mas de comportamentos apenas constatáveis num processo, que embora captável paulatinamente, seja sobretudo palpável no seu resultado, fruto de um acto continuado, de uma evolução reiterada ao longo de um tempo razoável para se concluir da improbabilidade da sua não inflexão a breve trecho, o prazo de 60 dias para pedir a declaração confirmativa da Entidade Reguladora da Comunicação, inicia-se «na data da alteração mais recente» ou na data em que o próprio jornalista conclua já não haver qualquer dúvida sobre o novo rumo na linha de orientação do órgão[466].

5.4. Proposta governamental de alteração do Estatuto dos jornalistas sobre processo disciplinar

O Conselho de Ministros aprovou, em 1 de Junho de 2006, uma Proposta de Lei[467], que visa alterar a Lei n.º 1/99, de 13 de Janeiro, que aprovou o Estatuto do Jornalista, que é tida como a versão final resultante do anteprojecto de 2005, referente aos direitos de autor e ao âmbito de utilização do trabalho dos jornalistas, afastando-se, como refere o Sindicato dos Jornalistas, dos valores ligados à «tradição do direito continental europeu, (o que levou este a demarcar-se do texto em aspectos importante da matéria), e do Projecto de Lei anterior do Partido Socialista, n.º 50/IX, de 16.1.2003.

---

[466] Declaração de 3 de Maio de 2001 da AACS.
[467] Apresentada ao Sindicato dos Jornalistas em 8 de Julho de 2005.

A questão da *estatuição de sanções disciplinares profissionais*, constantes do artigo 21.º da Proposta de Lei, vem trazer uma *grande alteração no regime da actividade profissional* dos jornalistas, introduzindo o tema sobre a admissiblidade ou não de *sanções profissionais por uma autoridade administrativa, em função de violação de normas da profissão, e independentemente do sancionamento penal a que haja lugar,* e, reflexamente, portanto, sobre a natureza da própria entidade que as irá aplicar, tendo presente as «clivagens verificadas nas abordagens ao problema da auto-regulação», designadamente quanto a saber-se se deveria ou não haver *responsabilização disciplinar dos jornalistas,* tudo isto no contexto de um crescendo de exigência em relação ao desempenho profissional dos jornalistas.

Esta proposta governamental introduz, ainda, o *princípio de publicidade da sanção* e expande o *escrutínio público dos actos dos jornalistas.*

Sobre o tema, o Sindicato dos Jornalistas recorda a actual possibilidade de *reposição da verdade, de correcção de factos erróneos e até de crítica em sede de direito de resposta,* e outros mecanismos de escrutínio do trabalho dos jornalistas, como o do *acesso dos articulistas aos media* (com crítica dos *media* em geral e de desempenhos concretos) ou as novas possibilidades de *intervenção no espaço público,* designadamente na blogosfera, cartas dos leitores, tribunas de liberdade com importantes tradições em Portugal e com reais possibilidades de expansão, provedores dos leitores, etc. Por isso, entende demarcar-se da *publicitação da sanção,* defendendo que, sem prejuízo da «acção própria do Conselho Deontológico (CD), designadamente sobre os membros do Sindicato ou a expressão pública das suas posições e decisões, o Conselho Deontológico deve desempenhar um papel especial no processo desde logo enquanto perito colectivo». No entanto, é de merecer aprovação o facto de os conselhos de redacção verem as suas funções de *controlo interno da deontologia* reforçadas, realçando a necessidade de «garantir a eficácia das suas competências, transformando-o numa primeira instância de apreciação das infracções, além da sua intervenção no âmbito das garantias de defesa do jornalista, designadamente através de pareceres e da participação de membros seus como testemunhas. Tal como a possibilidade de *queixa* por parte de «qualquer pessoa que tenha sido afectada pela infracção disciplinar». Sobre este tema, a posição do sindicato vai no sentido de alguma reticência, camuflada com a exigência da instalação de um filtro que garanta a *despistagem e decisão atempada sobre a legitimidade do interesse da pessoa afectada*, embora se fique sem saber se pretende corporativizar esse *mecanismo prévio*, o que significaria não um *filtro técnico jurídico*, cujo interesse não se vislumbra, por poder passar naturalmente por uma mera fase de apreciação liminar e eventual despacho procedimental saneador, afastando qualquer técnica que traduza um instrumento de bloqueamento e branqueamento dos comportamentos, como tantas vezes acontece com os conselhos disciplinares das ordens profissionais clássicas, especialmente, segundo a opinião pública e mesmo na posição dos *media,* com o dos médicos. Nesta linha, e procurando tentar introduzir desde já um filtro procedimental que opere a mortandade dos casos infraccionais, defendem que o Regulamento Disciplinar deve passar pela discussão e consulta formal às organizações sindicais dos jornalistas. A ideia de filtragem é correcta, mas a nossa posição é que deve evitar-se que funcione como elemento de selecção corporativa dos casos a apreciar, devendo antes obedecer a uma lógica endoprocedimental a processar dentro da direcção do mesmo responsável pela direcção da instrução e pela decisão. Com razão, no entanto, o Sindicato dos Jornalistas pugna pela *explicitação da garantia do direito de defesa*[468], embora ela nunca pudesse deixar de se aplicar em Estado de Direito e em procedimento sancionatório, de qualquer tipo que seja. E tal deve também implicar o *direito a nomear defensor*, o que mesmo que não explicitável, já resultaria dos princípios gerais do direito sancionatório.

As *infracções disciplinares* (n.º 2 do artigo 14.º) derivam da violação dos deveres profissionais mais importantes e que em termos temáticos se reportam à não protecção da *confidencialidade das fontes* de informação na medida do exigível em cada situação (n.º 3 do artigo 11.º), excepto se os jornalistas foram usados por elas para obterem *benefícios ilegítimos ou para veicular informações falsas*; não *rectificação das incorrecções ou imprecisões* que lhes sejam

---

[468] O procedimento assegurará o *direito de defesa dos acusados*, nos termos do regulamento disciplinar aprovado, após consulta pública aos jornalistas, pela Comissão da Carteira Profissional do Jornalista, e publicado na II série do Diário da República.

imputáveis; não abstenção de formulação de *acusações sem provas* e desrespeito da *presunção de inocência* ou recolha de *declarações ou de imagens* que ofendam a dignidade da pessoa, através da exploração do sua vulnerabilidade psicológica, emocional ou física; o tratamento discriminatório das pessoas, designadamente em razão da ascendência, sexo, raça, língua, território de origem, religião, convicções políticas ou ideológicas, instrução, situação económica, condição social ou orientação sexual; a recolha de *imagens ou de sons* com recurso a meios não autorizados, a menos que exista um estado de necessidade para a segurança das pessoas envolvidas e o interesse público o justifique; a *identificação,* directa ou indirectamente, das vítimas de crimes contra a *liberdade e autodeterminação sexual*, contra a honra ou contra a reserva da vida privada até à audiência de julgamento, e, para além dela, se o ofendido for menor de 16 anos, e se se tratar de menores que tiverem sido objecto de medidas tutelares sancionatórias; não preservar, salvo razões de incontestável interesse público, a *reserva da intimidade*, e o não respeito da *privacidade,* de acordo com a natureza do caso e a condição das pessoas; a sua não identificação como jornalista, excepto se existirem razões de *manifesto interesse público*, e a *encenação ou falsificação de situações* com o intuito de abusar da boa fé do público; a utilização ou a apresentação como sua de qualquer *criação ou prestação alheia* e a participação no *tratamento ou apresentação de materiais lúdicos* (designadamente concursos ou passatempos, e de televotos).

O *procedimento disciplinar* é conduzido pela Comissão da Carteira Profissional do Jornalista e pode ser desencadeado por *sua iniciativa*, mediante *participação de pessoa* que tenha sido directamente afectada pela infracção disciplinar, ou do *conselho de redacção do órgão* de comunicação social em que esta foi cometida, quando esgotadas internamente as suas competências na matéria[469]. A Comissão da Carteira Profissional do Jornalista, para se determinar o *grau de culpa do agente*, designadamente quando tenha agido no cumprimento de um *dever de obediência hierárquica*, pode requerer os elementos que entenda necessários ao *conselho de redacção do órgão* de comunicação social em que tenha sido cometida a infracção.

---

[469] Entende o SJ que deve ser consagrada a intervenção, como perito, a pedido de qualquer das partes, do Conselho Deontológico da organização sindical mais representativa dos jornalistas.

Trata-se de uma solução que o Sindicato dos Jornalistas considera positiva, ao valorizar o papel dos conselhos de redacção. No entanto, este só existirá nas redacções com mais de cinco jornalistas, pelo que haverá situações em que é inaplicável, defendendo o Sindicato dos Jornalistas que as alternativas poderiam passar pela designação de uma *comissão ad-hoc* composta por elementos indicados em igual número pelo infractor, pelo director e pelo Conselho Deontológico da organização sindical dos jornalistas mais representativa. A *pena de suspensão do exercício da actividade* só pode ser aplicada quando o agente, nos três anos precedentes, tenha sido reincidente.

Esgotado o prazo de *impugnação contenciosa*, ou transitado em julgado o processo respectivo, a parte decisória da condenação é tornada pública, no prazo de sete dias e em condições que assegurem a sua adequada percepção, pelo órgão de comunicação social em que foi cometida a infracção.

VI – DIREITO DOS JORNALISTAS À INFORMAÇÃO E DOCUMENTAÇÃO DETIDA POR ENTIDADES PÚBLICAS

Sumário Analítico: 6.1.Considerações gerais. 6.1.1. Normas de livre acesso. 6.1.2. Importância da transparência dos poderes públicos. 6.1.3. Desfazamento entre as proclamações programáticas e a realidade da opacidade administrativa pública. 6.1.4. Fracasso dos mecanismos e instâncias tradicionais de controlo. 6.1.5. Controlo difuso da burocracia e da governação. 6.1.6. Insuficiência, inadequação, incoerência e ineficácia do sistema global da abordagem normativa da transparência. 7.1.7. Direito geral, livre, intemporal, aprocedimental, imotivado, à informação e documentação. 6.1.8. Importância do conhecimento da legislação europeia e española. 6.2. Regulação do direito do acesso à informação no Estatuto do Jornalista. 6.3. Exposição genérica das grandes linhas do regime legal do acesso à informação administrativa. 6.3.1. Objecto e sujeitos activos e passivos do direito de acesso. 6.3.2. Questão do Prazo. 6.3.3. Entidades fiscalizadora e de apoio à aplicação do directo. 6.3.4. Acesso directo e acesso mediatizado. 6.3.5. Situações genéricas de excepção ao direito de acesso. 6.3.6. Direito processual do acesso à informação. 6.3.7. Caracterização das excepções ao direito de acesso. A) Direito à reserva da vida privada. B) Investigação criminal e o segredo de justiça. a) Investigação criminal. b) Segredo de Justiça. c) Considerações sobre a comunicação social e as recentes polémicas sobre o segredo de Justiça. C) Segredo de Estado. D) Segredos económicos. 6.4. Consequências da interdição de informações em face da existência de excepções. 6.5. Acesso a documentos registrais. 6.6. Direito de acesso internacional e comunitário. 6.7. Direito nacional de acesso à informação ambiental. 6.8. Direito de acesso à informação em geral detida pelas Instituições europeias. 6.9. Avaliação sobre o exercício do direito de acesso.

6.1. Considerações gerais

6.1.1. *Normas de livre acesso*

Há *normas de livre acesso* à informação *em geral,* de que se podem servir, também, os jornalistas, na medida em que elas *criam direitos,* em que, normalmente, eles são os mais quotidianamente interessados, e há *normas específicas,* motivadas pelas necessidades do livre exercício da profissão jornalística, e que só a eles são em geral aplicáveis[470].

As primeiras preenchem em geral o *regime do direito de acesso à informação dos cidadãos em geral,* enquanto meio privilegiado de concretização do *princípio da transparência* e do *controlo público* da Administração, independentemente do seu envolvimento ou integração documental em qualquer processo resolutório, ou em fase pós-procedimental, e o *regime do acesso por terceiros com interesse legítimo, directo e pessoal* na informação, em qualquer fase do procedimento administrativo.

Mas, naturalmente, que no, *caso dos jornalistas,* há, depois, outras normas, que enunciam direitos específicos destes, que importa dar a conhecer, sem prejuízo de, no caso do ordenamento jurídico português, o *regime geral de acesso à informação detida pelos organismos públicos* se revelar, já em si mesmo, como um *instrumento de grande utilidade nos processos de investigação ligados ao múnus da comunicacional social.*

6.1.2. *Importância da transparência dos poderes públicos*

A preocupação crescente com a adopção de soluções normativas, visando levar a Administração Pública em geral a funcionar como uma *«casa de paredes de vidro», em face da imprensa e mesmo de qualquer administrado,* é uma questão que reveste uma *grande actualidade* (embora com uma sensibilização muito desigual,

---

[470] Insere-se, aqui, embora com maior desenvolvimento de alguns tópicos, o texto da lição-síntese proferida nas provas de agregação em ciências jurídico-políticas.

Direito dos Jornalistas à Informação e Documentação... 221

sobre a sua necessidade e importância, entre os cidadãos, a classe política, a comunicação social, os meios científicos e os agentes económicos), dado que, hoje, todos os domínios da vida humana[471], cada vez mais, vêm passando ou dependendo, da *intervenção dos poderes públicos*, em todos os seus escalões de intervenção, desde

---

[471] Tudo sem prejuízo de a necessidade de transparência ter especial acuidade em certos domínios sensíveis, tais como o *ordenamento do território e urbanismo, a defesa do património cultural, das matérias sanitárias e da administração da saúde* (sobretudo ligada aos temas da ecotoxicologia, assuntos sanitários e medicina ambiental), em suma, da viabilização de uma sã qualidade de vida, ou seja, *do ambiente em sentido amplo* (tal como o concebem os diplomas Comunitários e jusinternacionalistas, a nossa Constituição e a Lei de Bases do Ambiente, de 1981), perante a dimensão material da sua degradação permanente, o incumprimento das normas vigentes e a deficiente fiscalização e sancionamento administrativo. No fundo, matérias que se prendem com a *defesa de interesses difusos,* constitucionalmente afirmados e desenvolvida em legislação vária, desde a referente à legitimidade interventiva e expressa no CPA e demais legislação procedimental avulsa, à acção popular e de participação procedimental ou ao direito processual nos tribunais administrativos. No concernente ao ambiente, em sentido amplo, contamos já com a formulação de bons princípios jurídicos operativos na matéria, especialmente os da *prevenção, precaução, correcção, horizontalidade, participação, colaboração internacional e o do livre acesso à informação.* E, perante todos os perigos e agentes que os menosprezam, conscientes que os poderes públicos nem sempre os defendem, o enquadramento do *direito de livre acesso à informação* ganha cada vez uma maior importância. Os cidadãos, por si ou através das Organizações Não Governamentais (ONG), são chamados a participar no *controlo quotidiano da acção da Administração*, desde logo na *prevenção da parcialidade e ineficácia*, e, especialmente, com objectivos ecófilos. E, de facto, aspiram cada vez mais à visibilidade dos actos ecocidas, dado que as preocupações com o ordenamento físico, o urbanismo e o ambiente não são uma mera moda, ao encerrarem um *valor social relacional e transcendental que, no caso do ambiente, está ligado à própria existência*, a uma transpositiva *cláusula vital*, o que implica que a consagração do direito à informação, tal como o direito ao ambiente, apareça como algo que toca os *direitos do homem*. No específico domínio do direito ambiental, importa destacar que a sua construção parte das constatações de que as contaminações e disfunções ambientais em geral, exigem, pelo menos, as seguintes medidas: a) *prevenção e correcção* das poluições dos componentes naturais; b) *impedimento* da destruição da diversidade biológica; c) *combate* ao ruído; d) *defesa* do ambiente rural e urbano, através de adequadas soluções de desenvolvimento local, de ordenamento do território e de urbanismo; e e) em geral, *protecção* do património cultural, natural e construído. Ora, estas disfunções aparecem interligadas e são, normalmente, de consequências hiperbólicas, sem conhecer regiões nem fronteiras. Por sua *génese antrópica*, são sempre *localizadas* na sua origem, mas implicam, nos seus efeitos, todos as autoridades e *cidadãos*, que, por isso, devem *dispor, como meios de prevenção e reacção às causas antropogénicas, de um amplo e devidamente garantido, na sua aplicação concreta e quotidiana, acesso à informação* detida pelos poderes públicos.

logo, das várias Administrações territoriais, Estado, regiões autónomas, autarquias e suas associações.

6.1.3. *Desfazamento entre as proclamações programáticas e a realidade da opacidade administrativa pública*

Acontece que, tanto o cidadão como a comunicação social, constatam, no domínio da transparência dos poderes públicos em geral e especialmente no âmbito das *matérias mais sensíveis para a opinião pública*, um desajuste entre, por um lado, os textos das políticas públicas e os discursos dos responsáveis, e, por outro lado, a prática das normas e os actos administrativos que se lhe referem. Ou seja, pese embora o crescente desenvolvimento das suas políticas e do direito sobre estes temas mais sensíveis para os cidadãos e a vida social, tal não tem correspondência no plano da sua *efectiva aplicação*, tudo significando que a dimensão dos problemas mais delicados, designadamente os ligados a importantes interesses difusos, como os *ambiental (em sentido amplo)* e a experiência da actuação dos poderes públicos impõem *caminhos mais imparciais e distantes das práticas permissivas (quando não agressivas) dos governos e de seus partidos, das Administrações e do poder da economia, com uma efectiva e permanente fiscalização, de natureza preventiva e correctiva, administrativamente incontrolada, ou seja, processada livremente desde o exterior.*

6.1.4. *Fracasso dos mecanismos e instâncias tradicionais de controlo*

Os *mecanismos tradicionais de controlo dos poderes*, parlamentares, publicidade oficial, participação procedimental, e mesmo a jurisdição, neste âmbito, ou não são suficientes ou não funcionam ou são parciais ou são morosos e não totalmente eficazes.

A própria *comunicação social* falha, muitas vezes, a sua missão investigatória e informativa, pese embora o direito ao segredo das fontes e a liberdade de informação sem censura, por razões várias, desde a falta de acesso à informação em tempo adequado para ser

Direito dos Jornalistas à Informação e Documentação...   223

notícia, a sobrecarga com outros temas, a sobreposição de outros interesses a veicular, as pressões do mundo político ou económico, pelo que em geral, não só importava *criar novos instrumentos de transparência* para os cidadãos em geral, em ordem a complementarem os poderes políticos fiscalizadores e a própria comunicação social, como a favor desta mesma em ordem ao mais *garantido e eficaz acesso tempestivo* e por direito a toda a informação detida pelos poderes públicos.

Com efeito, isso impunha-se, desde logo em face da constatação de que a *representação e o controlo políticos da Administração Pública*, com suas tarefas crescentes, revelavam *limites insanáveis* com o actual enquadramento histórico da construção dos regimes políticos e a instalação da *partidocracia, confiscadora na prática do mandato político-representativo*, desvirtuando os *objectivos da interdição do mandato imperativo*, com a consequente *deficiente fiscalização parlamentar* e os *perigos corruptores derivados da permanente osmose e inter-mobilidade dos sistemas sociais*, desde logo, o económico, o político e o administrativo, com representação diminuta dos interesses difusos, acelerando e bem o *fim do modelo clássico da relação separada cidadão-Administração* Pública, mas exigindo, ao mesmo tempo, a adopção de uma *lógica de representatividade e de legitimidade funcional*, permanentemente a aferir pelos próprios cidadãos.

E também porque a *publicidade oficial* está dependente de decisões seleccionadas de comunicar.

A isto acrescente-se que também a generalização do direito de acesso à *informação oficial* garante melhor a difusão da informação sensível[472], nos casos em que a comunicação social falhe a sua tarefa informadora, sendo certo que, mesmo com melhor acesso à mesma, os *meios de comunicação social*, cada vez mais *controlados, concentrados e geridos pelos grandes grupos empresariais*, podem *filtrar, temporal, material e subjectivamente, conforme as suas conveniências e pressões*, toda a informação, ao serviço ou para favorecer os meios políticos e dar poder aos meios económicos, de que, cada

---

[472] O acesso procedimental e participacional, sendo importante (que parte de uma concepção extensiva do conceito de interessado), no entanto não garante o livre, intemporal e imotivado acesso à informação.

224   *Direito da Comunicação Social*

vez mais, dependem. Basta recordar quanta desinformação ou silêncios ocorrem em tantos momentos e domínios? A «imprensa», de proclamado *quarto poder*, muitas vezes, tem passado a comportar-se também como um *poder dentro dos poderes*.

6.1.5. *Controlo difuso da burocracia e da governação*

Em face disto, o *direito à informação administrativa* aparece como uma garantia mais complexa de acesso à mesma, pois, por um lado, ultrapassa os *limites instrumentais da mera condição de participação,* pré-definida, e, por outro, o cidadão e a comunicação social não aparecem apenas como um *beneficiário passivo*, mas como o próprio agente seleccionador da informação a receber.

A existência de meios passíveis de dar corpo à transparência administrativa, ligada às *ideias de visibilidade e de controlo democrático* da burocracia e da «governação», impõe, pela sua simples existência, maior *circunspecção e prudência*, e serve para reforçar a exigência de aplicação dos princípios de *justiça, igualdade, imparcialidade e eficácia funcional*, desempenhando, assim, *funções preventivas e legitimadoras*, sendo certo que o *consentimento, base da obediência*, implica a possibilidade do conhecimento directo e permanente do que se passa no exercício do Poder. Tal como se passou anteriormente com o legislativo e o jurisdicional, há que terminar, segundo a ideia do artigo 15.º da Declaração dos Direitos do Homem e do Cidadão, com a *prática secular do silêncio das decisões,* tomadas e mantidas à porta fechada (ou se entreaberta para os titulares dos interesses em presença, de costas voltadas para os beneficiários do proclamado interesse público, que a sua actuação em geral é pressuposto servir), numa Administração tradicionalmente *isenta de «qualquer»» exame directo* (simultâneo ou *a posterior)* dos administrados em geral.

6.1.6. *Insuficiência, inadequação, incoerência e ineficácia do sistema global da abordagem normativa da transparência*

Independentemente da existência de normas de acesso, nas fases procedimentais, em *legislação específica*, como é o caso da legislação sobre ordenamento e planeamento do território, do urbanismo e ambiental (pese embora as críticas que, neste último domínio, o novo diploma de 2006 não deixa de comportar), as normas de acesso em geral aos documentos e informações detidos pelas Administrações públicas portuguesas e europeias têm uma especial importância. No entanto, o *sistema normativo global* europeu e dos seus Estados, desde logo o português (apesar de mais aberto ao *livre conhecimento dos assuntos públicos pelos administrados* do que, v.g., o espanhol, ombreando assim com os *ordenamentos nórdicos, francês e norte-americano*), *não é, ainda, suficiente e adequado, nem coerente e eficaz*, em ordem a obter os seus objectivos de transparência: chamar a colaborar nestes assuntos, a participar, a legitimar, e permitir o controlo de quem age e deve comunicar. E, portanto, logicamente, sem se preocupar em saber quem é o destinatário concreto das tomadas de decisão administrativa ou se há um interesse individual do requerente da informação, pois, com a aplicação do *princípio da transparência administrativa*, pretende dar-se às pessoas a faculdade de não ficarem à porta, mas de entrarem dentro de uma organização que lhes pertence e existe para elas e também participarem normalmente na *verificação do modo, correcto ou não, de tratar todo e qualquer assunto que, por definição, é de interesse público*, através da obrigatoriedade de, *em tempo razoável*, comunicar as informações que a Administração possui, para garantir a *eficácia prática do sistema de controlo* também numa dimensão preventiva, que importa não apenas para evitar *dispêndios excessivos ou desproporcionais, actos de corrupção, imparcialidade, designadamente em concursos públicos*, como também nos domínios dos *interesses difusos*, em que mais do que a *perspectiva correctiva ou sancionadora*, importa privilegiar a que visa propiciar *abordagens precautivas e preventivas* e, em termos não onerosos, para não impedir na prática o seu exercício e, antes, *estimular o controlo público da actividade administrativa*.

226 Direito da Comunicação Social

6.1.7. *Direito geral, livre, intemporal, aprocedimental, imotivado, à informação e documentação*

Só é *operativa*, no plano do sistema da transparência, a capacidade activa do cidadão de *obter livremente a informação desejada, a que se quer e quando se quer, sem justificativos* prévios, pois só assim tem garantida a possibilidade de conhecer tudo a seu respeito e a respeito da sua Comunidade, o que implica um *direito de acesso livre, geral*, à informação.

Dito de outra maneira, só um *direito geral, livre, intemporal, mesmo aprocedimental, imotivado*, à informação e documentação detida pelos poderes públicos pode dar uma maior consistência ao *conceito de cidadania democrática*, numa construção em que a actividade da Administração Pública não depende só da capacidade isolada de agir no interesse público, senão também da capacidade de cada um para actuar, tutelar não apenas o seu próprio direito, mas também defender os interesses gerais, colectivos e difusos.

E, neste âmbito, nem tudo está bem no sistema do *open file* português e europeu, de que ele depende em grande parte.

6.1.8. *Importância do conhecimento da legislação europeia e espanhola*

Dada a importância crescente que os ordenamentos jurídicos estrangeiros e da União Europeia, quer para a *problemática ambiental em sentido amplo*, quer para a *dinâmica do mercado europeu* e das tarefas gerais das Administrações, têm para os portugueses, e saindo da nossa Escola muitos dos futuros gestores privados ou públicos, não deixo, mesmo que apenas de passagem, de referir a *legislação estadual aplicável* em geral, no país vizinho, que é o artigo 37.º da RJLAPPAC, Lei n.º 30/1992 e a Lei n.º que veio recentemente revogar a anterior e polémica Lei n.º38/1995, orientada especificamente à matéria ambiental, por imposição do Direito Comunitário, o que foi uma oportunidade perdida de reenquadramento geral do acesso, porquanto, no caso espanhol e em termos de acesso às Administrações em geral, estamos em face de uma *legislação bastante restritiva*, pelo que, há mais de uma década, os cidadãos e desde

Direito dos Jornalistas à Informação e Documentação...

logo os empresários do país vizinho têm muitas mais facilidades de acesso a todo o tipo de informação junto das Administrações portuguesas do que os portugueses em Espanha.

6.2. Regulação do direito do acesso à informação no Estatuto do Jornalista

Durante muito tempo o direito da comunicação social não se conjugava com *nenhum direito dos jornalistas a conhecerem os documentos em poder do Estado*, pelo que, em regime democrático, se obtivessem informações, cuja difusão não estivesse criminalizada, podiam difundi-las, mas *não havia nenhum direito a obtê-las*, fora dos debates parlamentares ou audiências judiciais, não tendo, de qualquer maneira, direito a aceder a nenhuma informação ou documento detidos pela Administração pública.

E, mesmo o acesso aos *debates legislativos e de fiscalização da actividade governamental e administrativa*, efectivados no Parlamento, foram, durante muito tempo, restritos ao Plenário, sendo certo que, em Portugal, o acesso aos debates das *comissões parlamentares* (condicionado à acreditação dos órgãos de comunicação social, por escassez de lugares), mesmo que com poderes de aprovação de normas legais em sede de especialidade, é uma conquista tardia, já da década de noventa[473].

Embora, prevista, primeiro, em 1971, pela Lei n.º 5/71 e pelo regulamentador Decreto-Lei n.º 150/72, de 5 de Maio, a possibilidade das autoridades administrativas *facilitarem* o acesso a determinados locais públicos e o *acesso às fontes de informação*, a verdade é que, neste último aspecto, tudo permanecia nas mãos delas, pois a mesma lei permitia-lhes manter toda a opacidade comunicacional, invocando livremente *prejuízo para o exercício das suas funções ou para o interesse geral*.

Em 1975, já em regime democrático, que o artigo 5.º da Lei de Imprensa voltaria ao assunto, embora *sem regulamentação operativa*

---

[473] Deve-se ao autor as proposta de alterações regimentais no início da década de noventa, que propiciaram a abertura das Comissões Parlamentares à comunicação social.

e sem disciplina sancionatória, estendendo o direito de acesso a documentos da Administração empresarial do Estado, sob forma constitutiva de direito público, ou de sociedades com capitais maioritariamente públicos, e às empresas particulares concessionárias de serviços públicos.

O direito de se informar, como tal, aparece consagrado no n.º 1 do artigo 35.º da Constituição da República Portuguesa, logo na sua versão original., no que foi seguido pelo Estatuto do Jornalista de 1979, mas continuou a *inexistir regulamentação que o fizesse efectivo.* Depois, na década de noventa, consagrado no CPA (artigo 61.º a 63.º), aparece um *genérico direito à informação endoprocedimental por terceiros* com *interesse legítimo,* até que a Lei de Acesso aos Documentos Administrativos, em 1993, regulará o n.º 2 do artigo 268.º da Constituição da República Portuguesa sobre o *livre acesso dos cidadãos à informação,* tendo o Estatuto do Jornalista, de 1999, clarificado não só que o acesso pelos jornalistas para efeitos do CPA é de *interesse público,* como o *âmbito subjectivo passivo* do regime da Lei de Acesso aos Documentos Administrativos para os jornalistas, embora dentro da doutrina geral da Comissão de Acesso aos Documentos Administrativos (n.º 1 do artigo 8.º do Estatuto do Jornalista), e, além de obrigar à apreciação das queixas para a Comissão de Acesso aos Documentos Administrativos, em caso de recusa ilegal de acesso jornalístico, com carácter de urgência (n.º 4 e 5 do artigo 8.º do Estatuto do Jornalista), aponta, ainda, sanções, por ofensa a normas contra-ordenacionais, a aplicar pela Alta Autoridade para a Comunicação Social, a que actualmente (al. b do n.º1 do artigo 20.º do Estatuto do Jornalista), com tais poderes, sucedeu a Entidade Reguladora da Comunicação.

As *excepções* enunciadas no artigo 8.º, em geral, na linha do articulado da Lei de Acesso aos Documentos Administrativos, devem ser relidas nos termos da Lei de Acesso aos Documentos Administrativos, enquanto lei geral e concretizadora do direito fundamental de acesso à informação dos cidadãos, naquilo que for *mais favorável ao acesso jornalístico,* por nenhuma razão existir para a aplicação de um regime menos aberto em relação à comunicação do que em relação ao *acesso directo* dos cidadãos em geral.

*

Direito dos Jornalistas à Informação e Documentação... 229

Esta mesma matéria do acesso é regida, em geral, por um diploma, também aplicável directamente e por remissão, aos jornalistas, que, como referimos, é concretizador da norma constitucional consagradora de *direito fundamental de natureza análoga aos direitos, liberdades e garantias*, constante do n.º 2 do seu artigo 268.º, a Lei n.º65/93, de 26 de Agosto, modificada pelas Leis n.º 8/95, de 29 de Março, e n.º 94/99, de 16 de Julho[474], que regula o acesso aos documentos da Administração.

6.3. Exposição genérica das grandes linhas do regime legal do acesso à informação administrativa

6.3.1. *Objecto e sujeitos activos e passivos do direito de acesso*

Entrando no direito geral de acesso à informação e documentos detidos pela Administração pública, começo por referir que ele consagra, em geral, o princípio do *open file*, em relação a *todo o tipo de suporte informativo e matérias,* com excepções em relação a certos conteúdos, balizadas com precisão na lei ordinária, visando a protecção de *interesses públicos e privados, com assento constitucional;* e em relação a *todas as entidades que desempenhem tarefas da Função Administrativa* do Estado-Comunidade, *em gestão pública ou privada*, ou seja, por parte de qualquer Administração pública, organicamente, constituída em regime de direito administrativo ou de direito privado, isto é, seja de direito público ou privado, portanto sendo também sujeitos passivos as *pessoas colectivas de direito privado e regime jurídico misto* (desempenhando tarefas administrativas), e, em termos da sua actuação, independentemente do recurso ao direito público ou ao direito privado.

Quanto ao *princípio do arquivo aberto*, rege, desde logo, o n.º 2 do artigo 268.º, que proclama que os cidadãos têm «o direito de acesso aos arquivos e registos administrativos, sem prejuízo do disposto na lei em matérias relativas à *segurança interna e externa, à investigação criminal e à intimidade das pessoas*».

---

[474] D.R. n.º 164/99, Série I-A, páginas n.º 4428 a 4432.

230   *Direito da Comunicação Social*

Quanto à sua aplicação à *actividade administrativa em gestão privada*, tal vai na esteira da não distinção entre esta actividade com aplicação do direito administrativo ou não, designadamente no n.º 5 do artigo 2.º do C.P.A., que aponta para a aplicação do direito privado administrativizado e do artigo 266.º da Constituição da República Portuguesa, que, ao enquadrá-la, principiologicamente, se reporta à actividade desenvolvida pela Administração Pública em geral sem distinções. Porque afastar a transparência fiscalizadora quando a Administração Pública, qualquer que seja o tipo de organização ou de gestão, age em gestão privada, se ela enquanto tal só tem razão de existir para a prossecução eficaz de fins públicos e é o controlo disso que está em causa?

E «todos», como diz o n.º 1 do artigo 7.º da Lei n.º 65/93, de 26 de Agosto, significa que *qualquer pessoa,* singular ou colectiva, nacional ou não, tem direito de acesso a qualquer documento, isto é, a qualquer informação constante de qualquer suporte informativo (papel, meio informático, Código Deontológico, disquete, tecido, madeira, enfim tudo que possa reter e transmitir qualquer informação), desde que tal acesso não seja legalmente passível de *deferimento temporal*, e desde que o documento seja *detido* por qualquer entidade que desenvolva qualquer tarefa caracterizável como integrando a Função Administrativa do Estado-Comunidade.

Há que entender-se *aplicável a qualquer documento* com *origem ou meramente detido* (ou devendo sê-lo), mesmo que a Administração Pública requerida não seja a autora, por a *autora ser outra entidade pública ou uma entidade privada*, e mesmo que, tendo direito ao documento o não possua nos seus serviços ou tal posse ou arquivamento não fosse legalmente exigível, desde que aí existente, naturalmente[475].

---

[475] Assim, v.g., se, no primeiro caso, a Administração Pública contratou um estudo, em que diz basear certa decisão, mesmo que este se mantenha num gabinete técnico privado, que o elaborou, deve diligenciar a sua entrega e comunicá-lo ao requerente, tal como, no segundo caso, se o secretário de um órgão colegial costuma elaborar e entregar nos serviços de que depende os rascunhos e gravações fonográficas de apoio à elaboração das actas, consignadores dos debates ocorridos no mesmo, e estes registos estão arquivados no organismo em causa, eles são acessíveis aos docentes ou a quaisquer pessoas que os solicitem (após aprovação das referidas actas, porque antes disso, mesmo que depositados e em uso aí, são documentos preparatórios da mesma, excepcionados nos termos da alínea a do n.º 2 do artigo 4.º da Lei de Acesso aos Documentos Administrativos).

Direito dos Jornalistas à Informação e Documentação... 231

6.3.2. *Questão do prazo*

Em termos de prazo e pese embora a dilação razoável que, em geral, o legislador do acesso previu, tendo presente não só a carga de trabalho activo da Administração no exercício das suas funções, como também a existência de casos que podem não permitir, em termos de apreciação jurídica ou da heurística dos documentos, o acesso consequente ao pedido, não pode deixar de se ter presente o princípio geral consagrado no artigo 8.º do Decreto-Lei n.º 135/99, de 22 de Abril, segundo o qual, «sempre que a *natureza do serviço solicitado pelo cidadão* o permita, a sua prestação deve ser efectuada no momento».

Assim, há que entender que, hoje há uma obrigação geral que, aplicada à matéria em apreço, implica em princípio o *acesso imediato*, a menos que o documento solicitado não exista nos serviços ou não seja logo encontrado. Mas, de qualquer modo, não o sendo, o prazo máximo de resposta ao dispor da entidade requerida, nos termos da Lei de Acesso aos Documentos Administrativos, não pode ultrapassar os 10 dias, prorrogável apenas no caso de o órgão da Administração em causa entender pedir (em caso de manutenção de dúvidas sobre a melhor interpretação da lei) ou dever pedir (se se tratar de acesso a informação nominativa de terceiro) um *parecer prévio* à Comissão de Acesso aos Documentos Administrativos, nos casos em que o particular não o pediu antes e entregou juntamente com o requerimento de acesso.

6.3.3. *Entidade fiscalizadora e de apoio à aplicação do direito*

Esta entidade, encarregada de *zelar pela aplicação da lei*, na prática, diferentemente da francesa, porque composta por pessoas com acumulação de outras actividades principais e reunindo somente duas vezes por mês, tem tido tendência para se pronunciar com atraso, quer os pareceres sejam pedidos pela Administração Pública requerida, quer pelos cidadãos. Com efeito, nos termos da lei, estes pareceres deveriam ser emitidos em 30 dias (n.º 2 do artigo 16.º; anteriormente à alteração de 1999, era de 20, constituindo esta modificação, por proposta do próprio órgão, um reconhecimento da suas *limitações funcionais de tempestividade*, em prejuízo da eficácia prática do exercício do direito em muitas situações, pelo que, pelo menos em casos de pedidos de jornalistas e em geral matérias sensíveis e com fortes exigências preventivas, como as ambientais, deveria o legislador impor um procedimento de agendamento preferente, ou seja, com urgência).

E, quer no caso de pedido da Administração Pública, quer no de pedido do particular para apreciação da recusa expressa, total ou parcial, da comunicação ou da situação em face do seu silêncio, a Comissão de Acesso aos Documentos Administrativos deve enviar o relatório-parecer a todos os interessados. Em face deste relatório, a Administração deve comunicar ao interessado a sua *decisão final, fundamentada*, no prazo de 15 dias, sem o que se considera haver falta de decisão.

Portanto, quando haja *queixa à Comissão de Acesso aos Documentos Administrativos*, esta dá um *parecer*, que permitirá depois uma reapreciação da Administração activa. E abre-se de novo a via para a impugnação para um órgão jurisdicional deste acto final de reapreciação, se, face à decisão tomada em primeira leitura, ainda não tiver sido apresentada uma acção contenciosa, o que veio a ser possível dada a alteração efectuada na redacção inicial do artigo 17.º pela Lei 94/99, de 16 de Julho, que (em *solução desviante do sistema francês*, que em geral enforma o nosso regime), acabou com o pré-contencioso necessário na Comissão de Acesso aos Documentos Administrativos, o que merece a nossa discordância e que só o escasso recurso à lei do acesso tem permitido manter sem sobrecarga inútil da jurisdição[476].

A Comissão de Acesso aos Documentos Administrativos tem *poderes meramente consultivos*, de «magistratura» de influência, parecendo aconselhável que o poder de decisão final coubesse a este órgão independente, impugnando as Administrações Públicas as suas deliberações, quando as entenda ilegais, em termos semelhantes ao

---

[476] A existência de um *pré-contencioso*, como ocorre não só em França, como em Portugal no caso da CFSE, é uma solução que o Tribunal Constitucional apreciou e conestou, por considerar que está configurado num prazo curto e sem retirar da apreciação jurisdicional a apreciação do acto de recusa da administração activa, não ofendendo o *princípio da tutela judicial imediata e directa dos actos lesivos* dos cidadãos.

que se passa com a Comissão de Protecção de Dados Pessoais (informatizados) e outras. Esta solução de criação de um órgão meramente consultivo, bebida na experiência francesa, não tem entre nós o mesmo êxito, pois ali a composição do órgão e o estatuto funcional, numa linha da tradição do Conselho de Estado, tem um prestígio e influência tal que a sua doutrina é mesmo citada na literatura, normalmente, como «jurisprudência», sendo raros os casos em que a Administração não a segue, impondo a via jurisdicional de solução do conflito, em sentenças, que aliás aparecem em geral como uma renovação do entendimento da Comissão de Acesso aos Documentos Administrativos francesa.

*

Houve uma intenção legal de *aplicação uniforme do regime do acesso* documental, com imposição de designação obrigatória, em cada departamento ou organismo, de um *responsável* por este acesso (artigo 14.º), como também impõe, em matéria ambiental, a nova Directiva europeia: E com a Comissão de Acesso aos Documentos Administrativos a funcionar com a presença de um *representante das entidades* que recusaram a informação, o que não tem sido sistematicamente cumprido (n.º 7 do artigo 19.º), por vontade indevida da própria Comissão, que, logo desde o início, começou a funcionar sem comunicar a data e a ordem de trabalhos ao órgão objecto de queixa em apreciação, não só não funcionando aberta aos cidadãos como à própria Administração que visa apoiar, não só não ajudando ao convencimento da bondade do seu parecer, como não dando o exemplo de transparência administrativa, de que está legalmente incumbida de zelar, num país onde não existe uma *sunshine law* de aplicação geral aos órgãos colegiais e mesmo as Câmaras Municipais podem funcionar alternadamente em reunião fechada.

6.3.4. *Acesso directo e acesso mediatizado*

A comunicação é dada, em geral, de modo directo ao próprio requerente e, quando realizada através de consulta ou exame aos documentos, tal também é efectivado pelo próprio. Mas o acesso a

234 *Direito da Comunicação Social*

dados de saúde, incluindo dados genéticos, do respectivo titular faz-se por intermédio de médico por ele designado, e tratando-se dado clínico de um médico, mesmo este só pode aceder a esses dados por intermédio do médico assistente, uma vez que a *ratio legis* não se prende com a inexistência de conhecimentos de leitura técnica, mas da intenção do legislador de permitir a gestão médica da *apreensão do estado de saúde concreto do paciente em possíveis situações graves* (n.º3 do artigo 8.º da Lei de Acesso aos Documentos Administrativos).

6.3.5. *Situações genéricas de excepção ao direito de acesso*

As *excepções* à comunicação da informação, constitucionalmente permitidas de modo expresso, prendem-se com o *Segredo de Estado* (informações cujo conhecimento possa pôr em risco ou causar dano à segurança interna e externa do Estado: artigo 5.º, desenvolvido na Lei do Segredo de Estado), *investigação criminal e segredo de justiça*, *intimidade pessoal*, e, ainda, por previsão legal, admitida pelo Tribunal Constitucional, como limite imanente, os segredos económicos.

A expressão constitucional da *defesa da «intimidade pessoal»* viria a dar origem na lei à excepção da nominatividade da informação, cuja densificação é decisiva para efeitos do regime do acesso, devendo entender-se que a recusa da comunicação em geral nas situações de *nominatividade* só abrange os dados que contenham informações com *juízos negativos sobre pessoas singulares ou dados da sua vida íntima, designadamente da vida familiar.*

Mas tudo isto, com aplicação sempre que possível do *princípio da reprodução com acantonamento e sombreamento* gráfico da parte confidencial (n.º 6 do artigo 7.º da Lei de Acesso aos Documentos Administrativos e n.º 6 do artigo 9.º da Lei do Segredo de Estado), abrangendo ainda um *direito à informação sobre o conteúdo do documento*, compreendendo o direito de obter o *exame* e a *reprodução* e o direito de ser informado sobre a sua *existência e referências identificadoras*. Assim, se alguém solicitar documentos, por exemplo, uma acta, uma receita médica, contendo expressões ou rubricas não inteligíveis, que obrigações têm os responsáveis dos serviços? Devem descodificar as expressões que não estão em extenso ou legíveis e identificar quem os rubricou. No entanto, esta *sinalização enunciadora* de documentos não tem sido aplicada pelas Administrações Públicas em geral, o que as obriga a não rejeitar documentos com base em deficit de referenciação, desde que possa chegar a identificá-los pela matéria enunciada.

6.3.6. *Direito processual do acesso à informação*

A via contenciosa em *processo urgente de intimação para consulta de documentos ou passagem de certidões*, nos termos do artigo 104.º a 108.º do CPTA, tanto fica aberta com a recusa como com o seu silêncio, iniciais ou após parecer desta Entidade Administrativa Independente (artigos 16.º e 17.º da Lei de Acesso aos Documentos Administrativos). O *pedido de intimação* deve ser apresentado no tribunal administrativo competente no prazo de 20 dias, contado a partir do decurso do prazo legalmente estabelecido para facultar o acesso, seu indeferimento ou satisfação meramente parcial. O juiz deve ordenar a citação da Administração Pública em causa para responder no prazo de 10 dias, findo o qual e efectivadas quaisquer diligências necessárias, o juiz profere decisão, que sendo positiva conterá o prazo para cumprimento, nunca superior a 10 dias, decorrido o qual sem cumprimento, injustificado, são aplicadas *sanções pecuniárias compulsórias* (artigo 169.º), tudo sem prejuízo da responsabilidade civil, disciplinar e criminal, a que haja lugar (artigo 159.º).

A Administração tem 10 dias para emitir os documentos solicitados e, nos termos previstos na legislação processual dos tribunais administrativos (CPTA), a intimação deve ser requerida ao tribunal competente no prazo de 20 dias, após o decurso deste prazo legalmente estabelecido, sem que a entidade requerida satisfaça o pedido que lhe foi dirigido, ocorra o indeferimento do pedido ou a sua satisfação parcial.

No regime contencioso anterior à LPTA, não era pacífica a solução a seguir no que se refere à *informação instrumental para operar em processos administrativos ou jurisdicionais*. Por isso, daremos uma palavra sobre o acesso para uso da informação nos meios procedimentais e processuais. Os direitos de acesso, para obter uma informação, a usar em meios impugnatórios e em acções judiciais,

236   *Direito da Comunicação Social*

sem prejuízo da aplicação do Código de Processo Civil em matéria em que este é directamente aplicado, segue o regime especial (título IV:dos processos urgentes; capítulo I: das impugnações urgentes, capítulo II: das intimações)[477], na linha da acção de intimação para acesso previsto no anterior processo contencioso administrativo do antigo 82.º da LEPTA[478]. Actualmente, são os actuais, e já referidos, artigos 104.º e ss. que regem esta matéria em termos unificados, pois o CPTA dispõe que, quando não for dada integral satisfação aos pedidos formulados no exercício do direito à informação procedimental ou do direito de acesso aos arquivos e registos administrativos, o interessado pode requerer a intimação da entidade administrativa competente» nos termos do processo urgente de intimação. Este tipo

---

[477] Artigo 104.º (*Pressupostos*): «1 – Quando não seja dada integral satisfação aos pedidos formulados no exercício do direito à informação procedimental ou do direito de acesso aos arquivos e registos administrativos, o interessado pode requerer a intimação da entidade administrativa competente, nos termos e com os efeitos previstos na presente secção. 2 – O pedido de intimação é igualmente aplicável nas situações previstas no n.º 2 do artigo 60.º e pode ser utilizado pelo Ministério Público para o efeito do exercício da acção pública».

[478] SECÇÃO II (*Intimação para consulta de documentos ou passagem de certificados*) – Artigo 82.º (*Pressupostos*): «1 – A fim de permitir o uso de meios administrativos ou contenciosos, devem as autoridades públicas facultar a consulta de documentos ou processos e passar certificados, a requerimento do interessado ou do Ministério Público, no prazo de 10 dias, salvo em matérias secretas ou confidenciais. 2 – Decorrido esse prazo sem que os documentos ou processos sejam facultados ou as certificados passadas pode o requerente, dentro de um mês, pedir ao tribunal administrativo de círculo a intimação da autoridade para satisfazer o seu pedido. 3 – Só podem considerar-se matérias secretas ou confidenciais aquelas em que a reserva se imponha para a prossecução de interesse público especialmente relevante, designadamente em questões de defesa nacional, segurança interna e política externa, ou para a tutela de direitos fundamentais dos cidadãos, em especial o respeito da intimidade da sua vida privada e familiar». Artigo 83.º (Tramitação): «1 – Apresentado o requerimento, com duplicado, o juiz ordena a notificação da autoridade requerida, com remessa do duplicado, para responder no prazo de 14 dias. 2 – Ouvido, seguidamente, o Ministério Público, quando não for o requerente, e concluídas as diligências que se mostrem necessárias, o juiz decide o pedido». Artigo 84.º (Decisão): «1 – Na decisão o juiz determina o prazo em que a intimação deve ser cumprida. 2 – O não cumprimento da intimação importa responsabilidade civil, disciplinar e criminal, nos termos do artículo 11.º do Decreto-Lei n.º 256-A/77, de 17 de Junho». Artículo 85.º (Suspensão de prazos): «Os prazos para os meios administrativos ou contenciosos que o requerente pretenda usar suspendem-se desde a data de apresentação do requerimento de intimação até ao trânsito em julgado da decisão que indefira o pedido ou ao cumprimento da que o defira, salvo se este constituir expediente manifestamente dilatório».

de processo pode ser utilizado pelo Ministério Público para o efeito do exercício da acção pública e também é aplicável nas situações em que os interessados tenham o dever de prestar a sua colaboração para o conveniente esclarecimento dos factos e a descoberta da verdade (n.º 2 do artigo 60.º)[479]. No entanto, como dissemos, no processo civil, em que é importante o acesso para efeitos probatórios, tal aparece previsto do direito processual, em termos a explicitar por meio do tribunal, no decorrer dos processos judiciais. Mas há que esclarecer que consideramos que hoje, no processo civil, já não estamos perante um poder discricionário do juiz. O n.º 1 do artigo 535.º, referente à requisição de documentos, diz que «Incumbe ao tribunal (...) requisitar informações, (...) ou outros documentos necessários à aclaração da verdade», acrescentando o seu n.º 2 que «A requisição pode solicitar-se aos organismos oficiais (...)».

---

[479] O regime do artigo 82.º da LPTA, era um meio que se aplicava, também, por falta de norma processual contenciosa [sentença de 26.6.1990, caso *José Reis contra Presidente da Câmara Municipal de Lisboa,* Processo: 28370, 2 Subsecção do CA do STA, Relator: Amancio Ferreira. Sumário: «I – O direito de informação dos administrados, a que alude o n.º 1 do artigo 268.º da CRP, com concretização no artigo 82.º da LPTA, só é de reconhecer àqueles que provêm ter interesse legítimo no conhecimento dos elementos que pretendem; II – O meio processual acessório previsto no artigo 82.º da LPTA tem em vista o ulterior exercício de garantias graciosas ou contenciosas, mas não a obtenção de certificados destinadas a instruir processos cíveis, que deve seguir a tramitação prevista no artigo 535.º do CPC. III – O direito de acesso aos arquivos e registos administrativos, previsto no n.º 2 do artigo 268.º da CRP, destina-se a satisfação do interesse geral da colectividade e não a satisfação dos interesses privados dos cidadãos, não tendo ainda sido criado o expediente processual adequado a sua satisfação» (Apêndice do D.R. de 31.1.95, p. 4480 e ss)], por analogia, à denegação de informação endoprocedimental, prevista nos artigos 61.º a 64.º do C.P.A (sentença do STA, de 24.4.1996, processo n.º 39915 e de 2.5.96, processo n.º 40120: Sumário: «V – Tendo presente que a todo o direito corresponde uma acção destinada a fazê-lo reconhecer em juízo e que o único procedimento previsto para o exercício da tutela jurisdicional do direito à informação procedimental é o constante do artigo 82.º da LPTA, impõe-se que abarque e tenha a amplitude que os artigos 61.º e 62.º do CPA vieram conferir à informação procedimental»).

6.3.7. *Caracterização das excepções ao direito de acesso*

A) Direito à reserva da vida privada

Analisemos a matéria referente aos *segredos da vida particular*. Começo por chamar à atenção que, em matéria de *acesso e difusão da informação*, há uma *contradição fundamental* entre o interesse do indivíduo em se «subtrair à atenção dos outros»[480] (privacidade) e o interesse geral em se conhecer e, portanto, em se divulgar a informação conhecida.

No que concerne à Lei de Acesso aos Documentos Administrativos, Em princípio, o acesso e difusão apenas é livre quando se refere a documentos sobre informações não nominativas[481].

E o conceito de *«informações nominativas»* excepcionáveis ao acesso reporta-se aos *dados pessoais* relacionados com informações sobre uma pessoa singular, identificada e identificável, traduzindo *apreciações ou juízos de valor* (entenda-se *negativos*, dada a *ratio legis*) *ou referentes à reserva da intimidade da vida privada* [n.º 1 do artigo 26.º da Constituição da República Portuguesa; al. c) do n.º 1 do artigo 4.º], com excepção das situações em que tais informações já são do *conhecimento público*.

A *noção de intimidade pessoal* não tem carácter absoluto e ilimitado, pois, sendo um *conceito cultural* e os *limites da esfera privada «elásticos»*, tem *valor relativo*, na medida em que é enformado por forte *componente histórica e personalizada*[482], variando «com o tempo, o espaço, o tipo de pessoas em causa»[483].

---

[480] PINTO, Paulo Mota – «o Direito à reserva sobre a intimidade da vida privada» *Boletim da Faculdade de Direito da Universidade de Coimbra*, Vol. LXIX, 1993 (p. 479-585), p. 509; DIAS, José Eduardo Figueiredo – «Direito à Informação, Protecção da Intimidade e Autoridades Independentes». In *Boletim daa faculdade de Direito: Stvdia Ivridica 61, Ad Honorem –1: Estudos em Homenagem ao prof. Doutor Rogério Soares*. Coimbra Editora, 2001, p. 620; SOUSA, Capelo – «Conflitos entre a liberdade de imprensa e a vida privada». In *Ab Vno ad Omnes: 75 anos da Coimbra Editora*. Coimbra; Coimbra Editora, 1998 (p. 1123-1140), p. 1137.

[481] Conforme já havia sido defendido no Parecer da Procuradoria Geral da República, (Pareceres PGR, 231995, n.º convencional 744, Relator GARCÍA MARQUES, votado em 8.6.1995, publicado no D.R. n.º 45, de 22.2.96, p. 2587, a habitação não é um dado nominativo, para efeito da Lei n.º 65/93, de 26.8.

[482] *Vide,* entre outros, DIAS, José Eduardo Figueiredo – «Direito à Informação, Protecção da Intimidade e Autoridades Independentes». In *Boletim daa faculdade de Direito*:

Não é pacífica a densificação desta cláusula constitucional no direito dos distintos países, e designadamente no português, não sabendo o legislador muitas vezes que vocábulo usar, o que o leva, nalguns casos, a cumular os dois, embora da interpretação, segundo a sua *ratio legis*, resulte um sentido que poderia permitir uma eleição mais exacta.

O *direito à intimidade*, criado pela doutrina e jurisprudência americana, propiciado, ideologicamente, em geral, com a vitória da burguesia e do liberalismo, que impõe um *limite de acessibilidade ao poder público* em face do indivíduo, com a consequente *noção de liberdade como exigência negativa* (de que o indivíduo seja deixado em paz, sem interferência dos outros), desde logo sem controlo do Estado[484], acabaria por ser consagrado na Declaração Universal dos Direitos do Homem de 1948 da Assembleia Geral da Organização das Nações Unidas, na Convenção Europeia dos Direitos do Homem, ganhou nova importância perante o fenómeno do tratamento automatizado da informação, que permite «recolher grandes massas de dados pessoais que, a serem cruzados ou utilizados indevidamente, podem ameaçar a vida privada e gerar discriminações», concretizando de certo modo a visão apresentada já nos finais dos anos quarenta, por GEORGES ORWELL, no seu livro *1984*, que previa o aparecimento de um *Big Brother*, apoiado na Policia do Pensamento, saberia todo sobre os cidadãos de Oceânia, até ao ponto de poder condicionar e conformar o seu próprio conhecimento e pensamento[485].

Hoje a informática e os *big brothers já* não são corpos estranhos na nossa sociedade, sendo necessário (e não só para o equilíbrio de poderes nesta sociedade, instituto que GEORGE BOURDEAU desiludido com a política em geral, designadamente em França, considerava que não era «mais que uma viga falsa, análoga às que ornamentam as

---

Stvdia Ivridica 61, Ad Honorem-1: *Estudos em Homewnagem ao çprof. Doutor Rogério Soares*. Coimbra Editora, 2001, p.615-640.

[483] GREGORIO ARENA – *o.c.*, p. 78; ANDRADE, M. Costa – *Liberdade de Imprensa e Inviolabilidade Pessoal: uma perspectiva jurídico-criminal*. Coimbra: Coimbra editora, 1996, p.93 y ss. , p. 157; PINTO, Leite – Liberdade de Imprensa e Vida Privada». Revista da Ordem dos Advogados, ano 54, I, Abril 1994 (p. 27-147), p. 142.

[484] BÉJAR, H. – «La génesis de la *privacidad* en el pensamiento liberal». *Sistema: Revista de Ciencias Sociales*, n.º 76, 1987, p. 60.

[485] Ibidem.

choupanas restauradas: decorativa mas sem utilidade real para a solidez do edifício»[486]), procurar «ter maior conhecimento sobre quem nos observa, sobre quem sabe o que e para que, e se isso é ou não essencial para algum controlo sobre o que sabem acerca de nós»[487].

O *direito à intimidade* tem valor de direito fundamental nos ordenamentos jurídicos ibéricos[488], sendo um direito de criação constitucional directamente invocável e, em Espana, protegido especialmente com o recurso de amparo, o que seria desejável que, também, pudesse vir a ocorrer em próxima revisão constitucional em Portugal[489].

Embora assim seja, acerca do *vocábulo*, como referimos, há a dificuldade de precisar o conceito, que divide a doutrina[490], a qual tem procurado «formular um conceito de intimidade» viabilizador de «uma construção doutrinal coerente com o mesmo», num esforço de interpretação que parece ainda não conseguido[491], pois, como diz MOTA PINTO, «definir com rigor 'privacidade' é uma tarefa que parece raiar os limites do impossível»[492]. Também FIGUEIREDO DIAS, para

---

[486] Apud MOTA, Magalhães – Alocução proferida pelo Dr. Magalhães Mota». In *Colóquio Direito à Vida Privada e Liberdade.*Auditório da Torre do Tombo, 25 de Novembro 1997.Lisboa; Comissão Nacional de Protecção de dados Pessoais Informatizados, 1998, p. 25

[487] A y o.c., p. 27

[488] En Portugal rige el artículo 26.1 (*derecho a la reserva de intimidad*). Y está, también, reconocido en todos los Estados de la Unión Europea, aunque no siempre expresamente consagrado, como ocurre v.g. en Alemania, donde este derecho es construído a partir de dos artículos de la *Grundgesetz*, del artículo 2.1. que prevé el derecho al libre desarrollo de la personalidad (expresión también usada en el artículo 48 de la Ley española 5/1992, LORTAD, en vez de privacidad: HEREDERO HIGUERAS, M. – *La Ley orgánica 5/1992, de Regulación del tratamiento automatizado de los datos de caracter personal: vcomenmtario y textos.* Madrid: Tecnos, 1996, p.285) y del artículo 1.1 que consagra la inviolabilidad de la dignidad humana.

[489] Derecho que no existe en Portugal, aunque el autor, en cuanto miembro de una Comisión de Revisión ordinaria Constitucional en la primera parte de la década de novienta, que no há llegado al fin, tenga propuesto un recurso de directo de constitucionalidad.

[490] A relativismo de la noción a construyer y de las ambigüidades que envuelven este término jurídico impreciso se refiere PISÓN CAVERO, José Martínez de – *El derecho a la intimidad en la Jurisprudencia constitucionl.* Madrid: Civitas, 1993, p. 80.

[491] LUCAS DURÁN, Manuel – «La Configuración Constitucional del derecho a la Intimidad». In *El Acceso a los datos en poder de la Administración Tributaria.* Pamplona: Aranzadi Ed., 1997, p. 103. El autor se propone resolver la cuestión considerando la intimidad e la privacidad como conceptos simetricos, referiendose indistintamente a uno o otro término en el estudio referido.

[492] Oc, p.504.

Direito dos Jornalistas à Informação e Documentação...

quem o essencial é «entender os valores que estão protegidos por este direito», depois de referir que a polémica doutrinal concernente à definição do conceito de privacidade[493], perdura há mais de um século, usa indistintamente os vocábulos «privacidade», «intimidade da vida privada», «vida privada»[494], considerando que o facto do conceito ser de «criação jurisprudencial» dificulta uma teoria unitária sobre a privacidade, direito que COSTA ANDRADE, embora reconhecendo funções significativas também para a própria sociedade[495], considera como a concretização de um «direito ao livre desenvolvimento da personalidade»[496], dado que só «a privacidade protege o indivíduo do perigo de sucumbir física e psiquicamente perante a avalanche de perturbações e ruídos e a pletora de estímulos da sociedade moderna»[497].

Como referem CLEMENTE CHECA GONZÁLEZ e ISAAC MERINO JARA, estamos aqui perante uma construção «estático-negativa» do direito, por contraposição a uma construção dinâmico-positiva[498]. Esta defi-

---

[493] Y otros conceptos que aparecen usados indistintamente por el legislador y la doctrina, como analisa PINTO, Leite – oc, p. 66 y ss.

[494] DIAS, José Eduardo Figueiredo – «Direito à Informação, Protecção da Intimidade e Autoridades Independentes». In Boletim daa faculdade de Direito: Stvdia Ivridica 61, Ad Honorem – 1: Estudos em Homewnagem ao çprof. Doutor Rogério Soares. Coimbra Editora, 2001, p. 626 y ss..

[495] En efecto, el autor refiere que «menos manifestas, no son menos importantes las funciones de la privacidad para el sistema social», al destacar la funcionalidad reciproca entre la privacidad y el sistema social- sólo uno sistema social diferenciado y pluralizado abre espacio a la privacidad»: ANDRADE, M. Costa – Consentimento e Acordo em Direito Penal. Coimbra: Coimbra Editora, 1991, nota 27, p. 372. También, entre otros, anteriormente referidos, FIGUEIRO DIAS destaca la «valencia o dimensión social y comunitaria de la privacidad» (oc, p. 628).

[496] ANDRADE, M. Costa – «Sobre a Reforma do Código Penal Português: Dos crimes contra as pessoas, em geral, e das gravações e fotografias ilícitas, em partricular». RPCC, n.º 3, n.ᵒˢ 2 a 4, 1993, p. 437.

[497] ANDRADE, M. Costa – Consentimento e Acordo em Direito Penal. Coimbra: Coimbra Editora, 1991, nota 27, p. 372. Obra fundamental de analisis entre la privacidad y su interacción socialdestando además su mayor importancia que la dimensión personal, vide FELDMAN, David – «Privacy-related and their Social Value».In Privacy and Loyalty. Oxford: Ed. by Peter Birks, Clarence Press, 1997 (15-50), p. 15 y 49.

[498] CLEMENTE CHECA GONZÁLEZ y ISAAC MERINO JARA – «El derecho a la intimidad como límite a las funciones investigadoras de la Administración tributaria». In Impuestos, 1988, Tomo II, p.741. Vidé, aun, sobre el tema, PÉREZ LUÑO, A.E. – Derechos Humanos, Estado de Derecho y Constitución. 4.ª Ed., Madrid: Tecnos, 1991, p. 330.

nição não deixa de receber a influência de certos *autores norte-americanos* que têm andado próximo dela, desde logo, há que destacar afirmações sobre a *determinabilidade pessoal da informação* que captamos já mesmo em WARREN e BRANDEIS, que defenderam que a intimidade é «o direito do individuo de determinar, ordinariamente, em que medida os seus pensamentos, sentimentos e emoções devem ser comunicados a outros»[499]. Com efeito, a referência mais célebre a este direito e que acabaria por difundir a sua problemática e impô-lo nos nossos direitos, como *pilar da defesa da vida privada*, parte de um artigo publicado no final do século XIX por dois jovens americanos, SAMUEL WARREN e LOUIS BRANDEIS[500], depois de, num estudo «recompilatório de grande numero de pronunciamentos judiciais», analisar casos anteriores numa evolução presente, «com o lento fogo dos séculos», na *common law,* de aplicação do direito à intimidade, e fazendo-se porta vozes da revolta da sociedade de Bóston, perante a imiscuição da imprensa, mexendo na vida privada das famílias, designadamente de um deles. O artigo saiu na *Harvard Law Review*, com o nome de «The right to privacy», proclamando «the right to be let alone», ou seja o direito a ser-se deixado em paz[501]. A *construção histórica*, que este primeiro estudo sistemático tornou clássica, de este direito subjectivo cujas limitações devem pautar-se pela «exacta fronteira em que a dignidade e a conveniência do individuo devem ceder perante as exigências do bem-estar geral ou da equidade», preocupa-se, na sua essência, em configurar o isolamento do individuo

---

[499] A. y oc, p.198. En la misma línea conceptual norte-americana, la define WESTIN como la pretensión de un individuo, grupo o institución de determinar por sí mismo cuando, cómo y en qué grado puede comunicarse a otros información sobre él». Y PARKER como el «control sobre cuándo y quién puede percibir diferentes aspectos de nuestra persona», encuanto FREÍD, como «control sobre la información que nos concierne»: apud GARCÍA SAN MIGUEL RODRÍGUEZ-ARANGO, Luis – «Reflexiones sobre la intimidad como límite de la libertad de expresión». In Estudios sobre el derecho a la intimidad. García San Miguel García San Miguel Rodríguez-Arango, Luis, L.(Ed.). Madrid:Tecnos, 1992 ,p.17.

[500] Ya estos autores llamavan la atención para la dificultad en delimitar el derecho. WARREN, S. y BRANDEIS, L. – *El derecho a la intimidad.* (Traducción de PENDÁS, Benigno y BASELGA, Pilar). Madrid: Cuadernos Civitas, 1995, p. 61 y ss..

[501] LOPES, Seabra – «Alocução proferida pelo Dr. Seabra Lopes». In *Colóquio Direito à Vida Privada e Liberdade.*Auditório da Torre do Tombo, 25 de Novembro 1997.Lisboa; Comissão Nacional de Protecção de dados Pessoais Informatizados, 1998, p.29.

Direito dos Jornalistas à Informação e Documentação... 243

face à curiosidade exterior, a negar, em princípio, «que entrem na esfera do íntimo (...) aquelas pessoas que não tenham sido autorizadas»[502].

Hoje a doutrina avançou na densificação da defesa da privacidade, a través da «ideia de controlo de informações» referentes a um mesmo conceito (como conceito dinâmico, por contraposição ao estático: exclusão do conhecimento alheio[503]), incorporando a ideia de que pertence ao individuo «decidir basicamente por si mesmo quando e dentro de que limites cabe revelar situações referentes à própria vida», enformada no conceito de «direito à autodeterminação informacional»[504], que considera que é necessário limitar o uso de dados de carácter pessoal[505], pois importa integrar, neste direito, o seu lado activo, isto é, o status positivo do individuo resultante da visão dinâmica da informação sobre ele, que significa a faculdade de conhecer a informação que exista acerca de uma pessoa e a sua utilização conforme ao previsto e compatível com os fins da sua recolecção e armazenamento por técnicas e meios de tratamento automatizado, que implicam obrigações de fazer por parte da Administração[506].

---

[502] LUCAS DURÁN – oc, p. 105.

[503] NOGUEROLES PEIRÓ, Nicolás – «La intimidad económica del Tribunal Constitucional». *REDA*, n.º 52, 1986, p. 559 y 560 y ss, que refiere que los avances de la informatica y del Estado social imponen la importancia del concepto de intimidad economica y de las facultades de conocer, acceder y de cancelar información referente a los datos economicos de la persona.

[504] Sentencia del Tribunal Constitucional Federal Alemán sobre la Ley del Censo, de 15.12.1983, in *BVerfGE*, Tomo 65, p.1 y ss., apud RUIZ MIGUEL, Carlos – *La configuración constitucional del derecho a la intimidad*. Madrid: Tecnos, 1995, p. 77; PÉREZ LUÑO, A. E. – oc, 155. Vidé, v.g., ARROYIO YANES, Luis Miguel – «El derecho de autodeterminación informativa frente a las Administraciones Públicas». *Revista Andaluza de Administración Pública*, n.º 16, octubre-noviembre-diciembre 1993; VILLAVERDE MENÉNDEZ, Ignacio – «Protección de datos personales, derecho a ser informado y autodeterminación informativa del individuo. A proposito de la STC 254/1993». *Revista Española de Derecho Constitucional*, año 14, n.º 41, mayo-agosto 1994; GONZÁLEZ MURÚA, Ana Rosa – «Comentario a la STC 254/1993, de 20 de julio: Algunas reflexiones en torno alínea artículo 18.4 de la Constitución y la\ protección de los datos personales». *RVAP*, n.º 37, septiembre 1993,

[505] Ley portuguesa de Protección de Datos Personales y LO española 5/1992 (artículo 1 – objeto).

[506] GAY FUENTES, Celeste – *Intimidad y tratamiento de datos en las administraciones públicas*. Madrid: Editorial Compluense, 1995, p. 27.

244 *Direito da Comunicação Social*

Assim, estas *concepções subjectivas da protecção da vida privada* passariam pela ideia de «protecção da informação»[507].

Na doutrina espanhola, perante o artigo 18.º da Constituição, cujo «núcleo»[508] é o direito à intimidade, é debatida a questão de «saber se existe um ou vários direitos distintos» à intimidade, não faltando quem considere que é «um direito complexo ou direito de direitos», isto é, «uno na sua concepção e múltiplo quanto aos seus conteúdos»[509]. Na doutrina e também com expressa afirmação em textos legislativos (segundo parágrafo do ponto 1 da Exposição de Motivos da LORTAD), aparecem claramente duas acepções, referentes à densificação da protecção de aspectos da vida particular do indivíduo: a privacidade e a intimidade, que alguns autores preferem referir como a concepção ampla e a concepção restrita, minimalista, do conceito de intimidade, termo assim muitas vezes usado indistintamente com o de privacidade. Segundo esta construção, no conceito de intimidade (o de intimidade em sentido estrito), a que se refeririam os três primeiros parágrafos do artigo 18.º da Constituição Espanhola, cabe aí integrar «o mais reservado do ser humano», «núcleo mais interno da vida privada», «a esfera onde se desenvolvem as facetas mais singularmente reservadas da vida da pessoa – o domicílio onde realiza a sua vida quotidiana, as comunicações em que se expressam sentimentos, por exemplo», enquanto que no conceito de privacidade (ou de intimidade em sentido amplo, para quem quer fazer equivaler intimidade e privacidade e assim meter no artigo 18.º da Constituição Espanhola todos os aspectos referentes à vida privada) cabem «os demais aspectos da vida privada do indivíduo», incluindo «todo aquilo que é extensão do mesmo»[510], formado por um «conjunto, mais amplo, mais global, de facetas da sua personalidade que, isoladamente consideradas, podem carecer de significação intrínseca mas que, coerentemente enlaçadas entre si, forjam na sua conjugação um

---

[507] SCHMITT-GLAESER, W. – «Schtz...», p. 44, apud RUIZ MIGUEL, C. – «Contenido del derecho a la intimidad». In su libro *La configuración constitucional del derecho a la intimidad*. Madrid: Tecnos, 1995, p. [77], nota 8.

[508] RUIZ MIGUEL, Carlos – «Contenido del derecho a la intimidad». In *La configuración constitucional del derecho a la intimidad*. Madrid: Tecnos, 1995, p. [76].

[509] Ibidem.

[510] NOGUEROLES PEIRÓ, Nicolás – «La intimidad economica...», oc, p. 566-568.

Direito dos Jornalistas à Informação e Documentação...   245

retrato da personalidade do indivíduo, que este tem direito a manter reservado». Assim, o «núcleo íntimo da privacidade», a intimidade (ou intimidade em sentido estrito, para quem use o termo também fora desse núcleo íntimo, equivalente ao de privacidade, normalmente para meter todo o conjunto de dados da vida privada na protecção de os artigos 18.º e excepção da alínea b) do artigo 105.º da Constituição Espanhola[511]), só é densificável com aspectos que protegem valores que uma pessoa em geral, objectivamente, não deixa de considerar como os mais importantes. A LORTAD, Lei Orgânica TAD, dá sem carácter taxativo, os dois exemplos mais marcantes e que são indiscutíveis. Mas, a que deveria acrescentar-se, além dos dados referentes à liberdade sexual dos indivíduos e os sanitários[512], outros com um mínimo de carácter objectivo, que teria que procurar-se a partir de um critério fundamental: aqueles a que a Constituição ou o *ius cogens* internacional impedem de todo o acesso não autorizado, ou como diz POMED SÁNCHEZ a que a Constituição «nega que possa existir em nenhum caso uma penetração legítima». Aqui caberia integrar as informações que nos termos do n.º 2 do artigo 16.º não há obrigação de declarar (crenças, religião e ideologia). Alguns autores incluem também os dados a que se reportam os artigos 14.º da C.E. e 6.º da Convenção Europeu da Protecção da Informação, de 1981 (origem racial, social, circunstâncias de nascimento)

Numa *linha objectiva do vocábulo*, dado o seu étimo latino *intimus,* que é o superlativo de interior, «o que está mais dentro, o mais interior»[513], temos, em Espanha, a teoria das esferas de PEDRO MANUEL HERRERA MOLINA[514], inspirada na *Spherentheorie*, teoria priva-

---

[511] Como es el caso de NOGUEROLES PEIRÓ, que, en su versión maximalista, integra, así, en el concepto de datos de la intimidad, con la protección del artículo 18, dentro del derecho a la intimidad, los datos economicos, esto es, sus bienes materiales.

[512] Ciertos datos referentes a enfermedades, v.g., SIDA: PARADA VASQUEZ, Ramon – *Régimen Jurídico de las Administraciones Públicas y del Procedimiento Administrativo Común (Estudio, comnetarios y texto de la Ley 30/1992 , de 26 de noviembre).* Madrid: marcial Pons, 1993, p.157 y 158.

[513] RUIZ MIGUEL, C. – *oc*, p. [77])..

[514] La *teoría de las trés esferas de desarrollo de la personalidad* (dentro de un concepto objetivo) puede sintetisarse así: la *Intimspha re*, el núcleo más pequeño, interior, ocupa la zona de protección máxima, intocable, de la libertad del hombre en que las autoridades no pueden acceder (comportamientos humanos que tocan en el pudor natural, integrando especialmente la vida sexual, según PODLECH; reservado a la curiosidad pública,

246 *Direito da Comunicação Social*

tista das três esferas, atribuída a HENRICH HUBMANN[515], visando densificar distintas áreas de desenvolvimento da personalidade perante as necessidades maiores ou menores da sua protecção e por isso de defesa de diferentes graus de resistência à ingerência externa, e que foi adaptada ao campo do direito público pelo TCFA (*Dreistufentheorie*)[516].

como âmbito personal de desarrollo y fomento de la personalidad y, por eso, defendido del mundo exterior: VVAA – *Comentarios a la legislación penal*. BAJO FERNÁNDEZ, Miguel (Coord.). Tomo I, Madrid: Edersa, 1982, p.100 y 101); PODLECH, Adalbert – *kommentar zum Grundgesetz fu r die Bundesrepublik Deutschland: Reihe Alternatikommentar*. Band 1 (arts.1-37), 2 Auflage, Neuwied: Luchterhand, 1989, p. 264-265), circulo intermedio, de la zona de protección moderada, de secreto, privada, admitiendo limitaciones con acceso en téminos proporcionales a los objetivos del conocimiento justificativo; la *Sozialspha re*, circulo exterior, zona de protección mínima, del deber de sigilo pero accesible sob condiciones regladas (Vidé, tambiém, una sintesís en PIEROTH, Bodo y SCHLINK, Bernhard – *Grundrecht Staatsrecht II*.10 Auflage, Heiderberg: C.F.Mu ller juristischer Verlag, 1994, p. 100).

Tambіén LÓPEZ ARANGUREN distingue trés conceptos conexos en las conductas del individuo: la vida interior (de la intimidad), la vida privada (de la privacidad) y la vida pública (de la publicidad): LÓPEZ ARANGUREN, José Luis – «El âmbito de la intimidad». In *De la intimidad*.Barcelona:Editorial Crítica – Grupo Editorial Grijaldo, 1989, p. 20 y 21.

En la jurisprudencia de EUA, donde el *right to privacy* es considerado resultante de la cuarta enmienda constitucional (seguridad de las personas, domicilios y pertenencias ante cualquiera intromisión indebida), este aparece como un sombrero que integra varios derechos identificados, desde el derecho a estar solo al derecho a la protección del secreto de las comunicaciones, pasando por el derecho al anonimato dentro de cualquier asociación a que pertenezca, al derecho a la intimidad familiar y al derecho a decidir por sí mismo acerca de asuntos que toquen la intimidad personal (Vidé sobre el tema, SERRANO ALVERCA, José Manuel, in *Comentarios a la Constitución*. GARRIDO FALLA, Fernando (Coord.). Madrid: Civitas, 1985, p. 357; LUCAS DURÁN – *oc*, p. 102, nota 3).

[515] HUBMANN, H – *Das Personalichkeitsrecht*. 2 Auflage, Koln: Bohlau Verlag, 1967, p. 168 y ss., apud LUCAS DURÁN – oc, p. 115, nota 34. En España puede consultarse (además de HERRERA MOLINA), BARREIRO, Alberto Jorge – «El delito de reveleción de secretos (profisionales y laborales)». *La Ley*, 17 de mayo de 1996, p. 2; GIMENO SENDRA, Vicente – «El registro de la rpopriedad y el derecho a la intimidad». *La Ley*, 11 de junio de 1997, p. 3. Algunos autores entienden que el núcleo básico es el de la intimidad, como núcleo limitado más estricto que el del privado y indefinido, cambiando su radio de acción con la realidad social, conjunctural en términos de tiempo (VIDAL MARTÍNEZ, Jaime – «Manifestaciones del derecho a la intimidad personal y familial».*Revista General del Derecho*,n.os 433 y 434, 1980, p.1167) y cultura del lugar (CASTILLA DEL PINO, CARLOS – «Público, privado, íntimo». In *De la Intimidad*.Barcelona:Editorial Crítica-Grupo Editorial Grijaldo, 1989, p. 26) en que la protección del derecho deba ser aplicada.

[516] Sobre o tema, vidé sintesís de COSTA ANDRADE, Manuel – *A Liberdade de Imprensa y Inviolabilidade Pessoal: Uma perspectiva jurídico-criminal*. Coimbra: Coimbra Editora, 1996, p.95 y ss.; – *Sobre a Valoração como meio de Prova em Processo Penal das gravações produzidas por Particulares*. Coimbra, 1987, p.46 y ss.

Direito dos Jornalistas à Informação e Documentação... 247

HELENA BÉJAR define privacidade como a esfera «livre de interferências externas», de «coerção», de «separação da comunidade», de «afastamento, no retiro da esfera privada»[517].

A *minha posição* é que na vida privada há actos que integram *dois círculos concêntricos*, com um *núcleo que merece objectivamente uma interdição legal* de acesso por terceiros, de *vida íntima ou assimilada, zona essencial da privacidade*, que merece uma *protecção especial*, e um *círculo mais amplo*, que deixa de fora daquelas certas actuações, passível de construção de um *regime mais flexível*. Tudo o que possa colocá-lo em geral, usando as expressões da Conferência Nórdica de Estocolmo de 1967, promovida pela *International Commission of Jurists*, «debaixo de um prisma erróneo» ou traduza «a revelação de factos irrelevantes e embaraçosos da sua vida privada», «ingerências na sua correspondência», e a «revelação de informação, dada ou recebida por ele, coberta pelo segredo profissional», etc. São actos a proteger pela reserva da intimidade os actos do indivíduo que, *em si e no plano da interpersonalidade*, mereçam, segundo as *culturas dominantes em todo o mundo*[518], *objectivamente, instintos de pudor*, de quem os pratica e de quem possa observá-los, isto é, os realizados dentro de uma habitação ou de um outro lugar que sirva de habitação, os actos desenvolvidos nas suas relações familiares e, em geral, em qualquer sítio, os comportamentos que se refiram a manifestações da sua vida animal, conexos com o nascimento, sexualidade e morte, a doença (física ou psíquica) e a higiene, o comer e o beber, o descanso e o dormir, o urinar e o evacuar, o amar e, ainda, todos os hábitos que, marcando a sua diferença individual, possam merecer juízos de desconsideração com marginalização social. Todos os outros actos que marquem a sua individualidade e que não sejam públicos (naturalmente, por vontade do próprio, ou

---

[517] BÉJAR, H. – «Individualismo, privacidad e intimidad: precisiones y andaduras». *De la intimidad*. Barcelona: Editorial Crítica-Grupo Editorial Grijaldo, 1989, p. 35 y 39.

[518] Como refiere mismo JAMES MICHAEL, reflexionando en una cultura jurídica asiente en la *common law*, de casuistica jurisprudencial, la necesidad de intimidad es universal, esto es, hay actos del individuo que son considerados, en general en cualquier lado, universalmente, como necesitando de ser mantenidos reservados (MICHAEL, J. – *Privacy and Human Rights: an international and comparative study, with especial reference to developments in information technology*. Hampshire: Unesco Publishing, Dartmouth Publising Company Limited, 1994, p. 1, apud LUCAS DURÁN – *oc*, p. 123, nota 57).

248 *Direito da Comunicação Social*

porque legalmente publicitáveis), que devam merecer protecção perante terceiros, *com mais ou menos limitações*, e segundo princípios de *interdição de desproporcionalidade*, segundo *ponderações valorativas* a efectuar em cada matéria, e caso a caso, integram o mundo da sua vida privada e não o da sua vida íntima, mesmo que alguns deles, por *razões de protecção do individuo*, perante experiências históricas de perseguição, mereçam a *extensão da protecção concedida à intimidade*, como acontece com os dados sobre a ideologia ou religião, caso em que poderíamos falar de dados de *reserva da intimidade por atribuição legal* (no fundo, de dados de atribuição maior ou menor do regime legal da intimidade), ao lado dos outros, que são de *reserva de intimidade por natureza*, de reserva material de acessibilidade sem autorização, por pertencerem ao *núcleo essencial da vida privada*, ditos da intimidade do individuo e família, embora mereçam, portanto, o mesmo regime, e assim possam ou devam integrar o *conceito legal de intimidade*, só os desse núcleo essencial são indiscutíveis objectivamente, enquanto os *dados assimilados* depende do *consenso social* sobre a atribuição do mesmo grau de protecção, dependendo menos de argumentos ideológicos teóricos e mais de insofismáveis razões ponderosas para isso, em princípio retiradas de necessidades lidas no *percurso histórico da humanidade*.

Em síntese e em geral, no direito de acesso português e isso parece ser a melhor densificação na matéria, perante os *objectivos de transparência geral* de que os valores da intimidade são, em sentido mínimo, *stricto*, a excepção referente à vida particular das pessoas, há que entender que se interdita só *dados referentes a um conceito de privacidade em sentido restrito ou de intimidade, dados negativos ou da vida com direito «absoluto» a ser ocultada, vida intima da pessoa e sua família*, isto é, que se trata de *informações excepcionais sobre uma pessoa singular, contrárias à sua dignidade*, por propiciar a *degradação da consideração perante os outros*, tendo presente os *usos sociais e o modo de comportar-se em público* da pessoa em causa. Trata-se de informações relacionadas com as facetas mais singularmente reservadas da vida da pessoa, ou que impliquem uma avaliação negativa.

De qualquer modo, a Lei de Acesso aos Documentos Administrativos permite, em princípio, *não a interdição de documentos*, mas de *informações com dados pessoais existentes em documentos*, sombreando estes ou reduzindo, com respeito pelo *principio do acantonamento*, a parte que os contenha. Mas *não o documento, que em si é, em princípio, sempre comunicável*, pois só não o é quando o *expurgo dos dados pessoais* exige à Administração Pública um *esforço de reconstrução* do próprio documento, *reescrevendo-o*, especialmente no caso de suporte de papel, em que esse ónus poderia prejudicar a sua actividade decisória ou executiva normal.

A Lei de Acesso aos Documentos Administrativos, na sua última redacção, eliminou os incisos finais do então n.º 5 do artigo 8.º, mas deve seguir entendendo-se que a *denegação da parte incomunicável não é absoluta*, pois pode ser revelado integramente sem ocultar tal dado pessoal, se este já é do conhecimento do público, ao não necessitar de se ocultar aquilo que já é do domínio público[519].

Tal como pode ser *comunicada toda a informação nominativa, despersonalizando-a*, ou seja, *ocultando a identidade da pessoa* a que os dados se referem, se não há perigo de fácil identificação da mesma ou combinando a despersonalização com o acantonamento ou sombreamento, se tal se impuser e não prejudicar os objectivos do investigador[520/521].

---

[519] É o caso do pedido de acesso ao processo de um terceiro contendo informações segundo as quais ele tem SIDA, que, em si, traduz uma pretensão de conhecimento de um documento com uma informação objectivamente nominativa, mas acessível porque já era público.

[520] Há certos dados pessoais com um regime de acesso especial, os dados sobre a saúde das pesoas, em que, na Lei de Acesso aos Documentos Administrativos se optou, tal como posteriormente em legislação específica (), por considerá-los acessíveis aos titulares ou terceiros, apenas através da intermediação de um médico. Quanto aos documentos hospitalares, o novo n.º 3 do artigo 8.º vem modificar o regime de acesso aos dados clínicos por parte de terceiros, agora dispensados de tal intermediação, havendo autorização ou sendo demonstado o interesse pessoal directo nisso, isto é, salvo melhor opinião, que o acesso ou não tem repercussão na sua posição jurídica, ou seja provando ou pelo menos alegando, de modo verossímil, que o seu desconhecimento pode prejudicar o requerente ou o seu conhecimento pode beneficiá-lo legitimamente. Assim, dispõe-se que «A comunicação de dados de saúde, incluindo dados genéticos, ao respectivo titular se faz por intermédio de médico por ele designado». Portanto, os terceiros, com autorização do doente ou com demonstração de interesse pessoal e directo não necessitam da mediação de um médico, podendo ter conhecimento directo desses dados. De qualquer modo, uma coisa são as informações de natureza clínica e outra, toda a restante informação existente num hospital, muita da qual pode ter interesse para efeito de verificação do cumprimento de normas sobre defesa da

250   *Direito da Comunicação Social*

Fora disso, os *dados pessoais ou documentos com dados pessoais* não expurgáveis só podem ser objecto de comunicação a terceiros desde que autorizados pelo próprio ou através de comprovação de interesse legítimo, previamente sindicado pela Comissão de Acesso aos Documentos Administrativos[522], tratando-se, aliás, de um

---

saúde das pessoas e do ambiente (vg. sobre os resíduos hospitalares; e esta é toda de livre acesso por qualquer cidadão).

[521] V.g., se um sociólogo, na sua investigação, necessitar de analisar os dados referentes à evolução da SIDA, em certa região, e requerer o acesso a todos os dossiers de um hospital com informações sobre pessoas afectadas com a doença, num dado período de tempo, tal terá que merecer um despacho da Administração hospitalar recusando esse acesso directo e personalizado, mas fica-lhe aberta a possibilidade de receber fotocópias dos documentos em causa, após sombreamento dos dados sobre a identidade dos doentes, individualmente considerados, e quaisquer outros elementos que possam razoavelmente considerar-se passíveis de conduzir à sua fácil identificação.

[522] ANDRADE, José Carlos Vieira de – *Justiça Administrativa* (Licções). 2.ª Edición, Coimbra: Almedina, 1999. Neste domínio do aceso dos cidadãos a documentos nominativos de terceiros, segundo o novo articulado (que mantém o essencial da disciplina anterior, embora organizado de modo diferente), estes documentos são comunicáveis, mediante prévio requerimento, à pessoa a quem os dados afectem e a terceiros que desta obtenham autorização escrita (artículo 8.1.º). O *princípio da preferência pelo acesso autorizado,* em relação a dados justificados, perante a Administração, já resultava da redacção inicial do diploma. Sucede que, agora poderá parecer que o legislador se tornou mais restritivo, ao acrescentar a exigência de interesse legítimo.Com efeito, no n.º 2 do artigo, diz-se que, inexistindo autorização, os documentos nominativos «são também comunicados a terceiros que demonstrem interesse directo, pessoal e *legítimo*». Há que entender que o acrescento em causa não modifica a doutrina vigente na matéria. Para que haja um interesse pessoal e directo que seja legítimo, não é necessário que este se baseie na titularidade de una posição jurídica substantiva, bastando que não seja contrário à lei. Como refere um Acórdão do Tribunal Central Administrativo, de 6 de Abril de 2000, deve entender-se por *directamente interessados* «todas as pessoas cuja esfera jurídica resulta alterada pela própria instauração do procedimento ou aquelas que saiam (ou sairão provavelmente) beneficiadas ou desfavorecidas nessa sua esfera pela respectiva decisão final» (*Cadernos de Justiça Administrativa,* n.º 31, Janeiro/Fevereiro de 2002, p. 36). O *interesse legítimo no acesso,* na expressão de um outro Acórdão deste mesmo Tribunal, pode definir-se como «um interesse atendível ou um interesse específico que justifique, dentro de determinados e razoáveis critérios, analisados casuisticamente, a obtenção dessa informação» (Acórdão de 7 de Junho de 2001, p. 5461, *Cadernos de Justiça Administrativa,* n.º 33, Maio/Junho de 2002, p. 32).

Se, v.g., os familiares de alguém falecido quiserem saber sobre as causas da sua doença, para efeitos de informação a uma Companhia de Seguros, necessária à obtenção de montante de seguro de vida, podem obter fotocópia do dossier médico? Não o poderia o doente, mesmo que médico, senão indirectamente, mas os familiares não terão um interesse legítimo? Assim o deliberou a Comissão de Acesso aos Documentos Administrativos, v.g.,

Direito dos Jornalistas à Informação e Documentação...

acesso condicionado a um *parecer positivo da Comissão de Acesso aos Documentos Administrativos* que deve ter-se por contenciosamente impugnável, porquanto condicionante, se negativo, da decisão da Administração comunicante, pedido directamente pelo particular. Isso sucede quando os dados traduzem interesses cujos prejuízos possam ser evitados ou melhor defendidos com conhecimento de certas informações nominativas ou de documentos, que não são de acesso geral por conterem informações nominativas. Neste caso de acesso sem autorização, exige-se, como condição, a obtenção de um parecer favorável da Comissão de Acesso aos Documentos Administrativos. A Lei de Acesso aos Documentos Administrativos, como se referiu, na sua actual redacção, permite que seja a própria Administração a solicitar directamente estes pareceres[523], na falta de junção pelo próprio requerente da informação[524]. Além disso, a al. b) do n.º 4 do artigo 8.º vem também autorizar o acesso quando a comunicação dos dados pessoais tenha em vista salvaguardar o interesse legítimo da pessoa a quem respeitam se esta estiver impossibilitada de conceder autorização para tal, sempre que obtido o parecer da Comissão de Acesso aos Documentos Administrativos.

---

em parecer, já deste ano, em ordem à comunicação de informação documental existente no Centro Regional de Oncologia de Coimbra, reveladora, além da data da morte de esposa, «as suas causas e circunstâncias, bem como a data (certa ou provável) de início e a duração da doença ou lesão que a provocou» (Parecer n.º 14/2005, Processo n.º 3198, de 12.1.2005, em que é requerente do parecer o próprio Centro Regional de Oncologia de Coimbra).

[523] O artigo 15.º traduz uma alteração substantiva do regime da obtenção do parecer da Comissão de Acesso aos Documentos Administrativos sobre o invocado interesse de terceiro, o qual até à alteração de 1999, era obrigatório previamente ao requerimento de aceso. O seu n.º 2 passa a ter a seguinte redacção: «A entidade a que foi dirigido requerimento de aceso a documento nominativo de terceiro, desacompanhado de autorização escrita deste, solicita o parecer da Comissão de Aceso aos Documentos Administrativos sobre a possibilidade de revelação do documento, enviando ao requerente cópia do pedido».

[524] O artigo 8.º refere-se aos documentos nominativos, desenvolvendo e enquadrando a regra geral consagrada no n.º 2 do artigo anterior, segundo o qual o direito de aceso somente existe em relação «a terceiros que demonstrem interesse directo e pessoal», cuja invocabilidade o n.º 3 do artigo 8.º vem precisamente condicionar à apresentação de um parecer favorável da Comissão de Acesso aos Documentos Administrativos. O n.º 3 do artigo 8.º estipula que a invocação do interesse directo e pessoal deve estar acompanhada de parecer favorável da Comissão de Aceso, solicitado pelo terceiro que pretenda exercer o direito.

252   *Direito da Comunicação Social*

Quanto ao n.º 3 do artigo 8.º, mantém-se a disciplina já consagrada do *parecer facultativo a pedido da entidade administrativa* que tenha dúvidas sobre a comunicabilidade do documento[525/526].

B) Investigação criminal e segredo de justiça

Vejamos, agora, a questão da *investigação criminal e do segredo de justiça.*

a) *Investigação criminal*

Quanto à *reserva de dados de investigação administrativa em matéria passível de actuação criminalizadora*, fora de processo judicial, tal como dos referentes a processos de averiguações, sindicâncias, processos disciplinares, em princípio tal está já protegido pela *cláusula geral legal de acesso condicionado a documentos em procedimento não findo*, mas, neste caso de informações em documentos com matéria eventualmente penal, constantes de processos administrativos, sejam ligados a agentes com funções de polícia exterior, sejam relacionados com a organização e o emprego público, a interdição de acesso vai mesmo para além do ano da sua elaboração, dada a natureza nominativa das informações e, posteriormente, a sua eventual inclusão no regime do segredo de justiça.

b) *Segredo de justiça*

Quanto ao regime do *segredo de justiça*, ele resulta dos artigos 86.º e seguintes do Código do Processo Penal. Para que o mesmo possa ser invocado pela Administração Pública é necessário que esta demonstre verificarem-se os respectivos requisitos. Com efeito, no que se refere ao segr*edo de justiça*, imagine-se que alguém pede fotocópias de um documento e que a Administração Pública se limita

---

[525] Embora com uma redacção mais prolixa, que não traz qualquer inovação: «O mesmo parecer pode também solicitar-se sempre que a entidade a que foi dirigido requerimento de acesso tenha dúvidas sobre a qualificação do documento, sobre a natureza dos dados a revelar ou sobre a possibilidade da sua revelação».

[526] Este pedido de parecer, formulado pela Administração ou pelo particular, deve estar acompanhado de cópia do requerimento e de todas as informações e documentos que facilitem a sua conveniente instrução (n.º 4).

a responder que não as pode comunicar porque contêm referências a um funcionário que foi objecto de processo disciplinar e que, nesse âmbito, o documento em causa também foi enviado ao Ministério Público para procedimento criminal, *quid juris*? Ou que, v.g., o presidente de uma câmara municipal recusa comunicar um documento com fundamento em que ele faz parte de um processo com informações enviadas ao tribunal para efeitos de investigação criminal e, portanto, está coberto pela excepção do segredo de justiça, questão que foi apreciada num dos primeiros pareceres da Comissão de Acesso aos Documentos Administrativos, em meados da década de noventa, *quid juris*? Esta entidade não poderia senão considerar insubsistente a recusa, a menos que a Administração Pública comprovasse que o MP tinha efectivamente já aberto inquérito e o mesmo não tinha terminado por arquivamento ou por decisão instrutória, nos termos do Código de Processo Penal.

É importante comentar que este *regime limitador da ideia da transparência* da *jurisdictio*, apareceu justificada na necessidade de defender tanto a honra do arguido como a investigação face a este (v.g. quem sabe que «vai» ser detido, pode fugir, etc.). Por isso, mantêm-se fechados ao conhecimento público certos momentos do desenvolvimento processual (e inclusive ao arguido, na fase de investigação), sendo somente os autos passíveis de consulta e de entrega de cópias ao público, a partir da fase do juízo ou, então, a partir do momento em que a decisão instrutora já não possa ser requerida.

c) *Considerações sobre a comunicação social e as recentes polémicas sobre o segredo de justiça*

Sobre este tema, recentemente tem ocorrido com frequência nos últimos tempos na cena nacional a polémica à volta do papel do MP e juízes enquanto guardiães do segredo de justiça. Com efeito, certos sectores da opinião pública têm considerado que sobretudo a PGR e o MP têm protagonizado um dos aspectos mais graves de infuncionalidade do Estado e embora este sejam apenas um dos fenómenos reveladores da crise do sistema que vivemos, tal assume uma tal importância, por mexer com o sistema de justiça e dos direito fundamentais, com suspeição sobre o funcionamento do Ministério Público e em geral dos agentes de investigação criminal, ou seja, sobre o exercício dos poderes das instâncias oficiais de controlo social e, em termos mais amplos, sobre a problemática do sistema penal, em que tem sobressaído o debate sobre o *segredo de justiça e a sua violação seleccionada* pelos seus guardiães, que trouxeram a questão do segredo de justiça para o debate nacional, parecendo exigir uma reflexão e medidas adequadas em ordem à devida formulação de adequadas recomendações reformistas. Os referidos sectores têm destacado o facto de o Ministério Público, sendo um corpo autónomo da Administração pública, por vezes se comportar como independente, governando-se a si mesmo, e ao fim e ao cabo impondo orientações genéricas ou casuísticas conformadoras de uma política criminal, qual Ministério (Público) da Justiça, substituindo-se à política anti-criminal que caberia ao governo traçar e, portanto, à revelia do eleitorado, sem qualquer sufrágio popular. A juntar a esta questão sobre o segredo, temos ainda a afirmada independência face ao Governo, com uma sistemática invocação da sujeição única ao princípio da legalidade, como se toda a Administração Pública não estivesse sujeita a este princípio, as difíceis relações entre MP e Polícia Judiciária, etc., O que seria de todos os funcionários públicos e serviços do Estado, se invocando este princípio fundante de qualquer Administração pública, se servissem dessa invocação para se furtarem a cumprir as políticas dos governantes sufragados (boas ou más, ao eleitorado em democracia cabe pronunciar-se, o que não pode fazer em relação à actuação do MP)? O que exige a clarificação do *Estatuto funcional do Ministério Público*, para se saber onde colocar funcionalmente estes funcionários públicos da PGR, um dos sectores orgânicos da Administração Pública do Estado, autónomo mas integrado no Ministério da Justiça. A continuar assim, onde está o espaço da governação democrática na imposição de uma política anti-criminal eleitoralmente controlável?

Realmente, as questões à volta do *segredo de justiça e sua gestão pelos agentes de investigação*, que têm levantado polémica em Portugal, nada indica que não venha a repetir-se, não só em termos do seu regime legal, mas sobretudo da sua aplicação em concreto, mesmo que se considere ultrapassada a dificuldade vivida nas últimas décadas, de substituir os titulares da PGR (sem promoções acordadas e aceitações prévias de sucessores dinásticos), ou seja, sobre a manutenção ou não dos PGR, independentemente do juízo sobre o seu modo de exercer funções, sendo certo que o *princípio legitimador do exercício do poder* democrático ou de órgãos dependentes dos seus titulares tem que assentar não apenas na regularidade constitucional da nomeação, mas também na ideia da *legitimidade funcional*, tão importante como a da originária, como bem discorreu São Tomás de Aquino, o que exige visibilidade e apreciação permanente da sua actuação. Aquela garante necessariamente a democraticidade do início das funções, mas só actuação tida em geral como correcta, medida adequadamente através da visibilidade resultante da transparência, justifica a sua continuidade. Por isso, é de difícil aceitação que um cargo cuja titularidade dependa da vontade de vários órgãos eleitoralmente legitimados, democraticamente investido, se possa manter quando entra em *crise de legitimidade funcional*, perdendo a confiança de um deles e de outros sectores sociais que garantem a *respeitabilidade geral do múnus* em que se integram. Como admitir que, por exemplo, um director da PJ saia de funções porque quebrou o segredo de processos investigatórios e um juiz não seja afastado do processo ou o PGR se mantenha, quando os assessores (que não são funcionários públicos impostos por lei no cargo, mas pessoas da sua escolha ou do seu gabinete pessoal, que só têm o cargo por sua livre vontade e com delegação de amplos poderes, por serem da sua confiança, por cuja actuação respondem perante ele), praticam exactamente os mesmos comportamentos ilegais[527].

Em *regime de responsabilidade funcional representativa* perante os nomeantes de confiança responde o órgão de escalão máximo e *maxime* se os subordinados nas suas funções dependem e só dele. Os PGR nunca têm sido afastados, nem quando ocorrem as situações mais criticáveis. A PGR e o MP têm protagonizado um dos aspectos mais graves de infuncionalidade do Estado e embora estes sejam apenas um dos fenómenos reveladores da crise do sistema que vivemos, assumem uma tal importância, por mexer com o *sistema de justiça e dos direito fundamentais*, que parece aconselhar a dedicar-se um pouco mais de atenção à questão da *suspeição sobre o exercício dos poderes das instâncias oficiais de controlo social* ou, em termos mais amplos, à *problemática do sistema penal*, em que tem

---

[527] Quão esquecidos estão exemplos históricos que nos deveriam orientar, v.g., o de WILLY BRAND.

sobressaído o debate sobre o *segredo de justiça* (e prisão preventiva, matéria de que não se cura aqui).

A *liberdade de dar informação* dos meios de Comunicação Social e a *liberdade de a receber* dos cidadãos são pedras angulares do regime democrático, mas *não podem ser concebidas em termos absolutos*, pois como bem escreveu ALBERT CAMUS, «a liberdade absoluta mata a justiça». Na defesa da *intimidade de um processo julgador*, não se discute que uma certa *reserva ou mesmo um mínimo de segredo se poderá impor* em certas situações, mas sem nunca se pôr em causa a *transparência da acção dos poderes públicos com o máximo de expressão possível*, sabendo-se que a *informação pública foi na concepção liberal e continuará a ser um poderoso instrumento ao serviço da eficácia e da imparcialidade do julgador* e também cada vez mais com importância acrescida da do investigador, do inquiridor e do acusador, na nossa *aldeia mediática*, em que a investigação jornalística pode desencadear, enformar, acelerar e controlar a inércia ou o agir errado e até absolvições telecomandas podem ocorrer em sentenças judiciais, embora também propicie, bem ou mal, julgamentos feitos fora e antes delas.

Se a democracia é «o Governo do poder visível, o Governo do poder público em público»[528], temos de reconhecer que a *validade e legitimidade do exercício dos poderes, do poder sancionatório* como de todos os poderes, em *sociedade de matriz democrática*, realizadora da ideia de justiça, exige controlo[529]. E a ideia de controlo público depende da *transparência geral* ao longo do próprio *iter processual*[530].

---

[528] No dizer do nosso Tribunal Constitucional: Acórdão de 15 de Setembro de 1992.

[529] Com efeito, a *ideia de justiça* não implica apenas a elaboração de lei justa pelo legislador ou a afirmação da aplicação da lei existente pelo julgador, porque a «lei real», como se disse, a aplicada, não é a feita pelo legislador, mas a dita pelo aplicador, e por isso o controlo da sua aplicação é algo de fundamental, mais fundamental até do que o controlo da sua produção. E, em democracia, na defesa da lei aplicanda e aplicada, não pode descansar-se no sistema de duplicação do julgador das instâncias oficiais, descansar-se apenas no sistema de processos e tribunais de recurso, afastando a comunicação social, os cidadãos, do seu controlo.

[530] A *construção do processo e a transparência dos procedimentos* em que se desdobra, são hoje de considerar tanto ou mais importantes do que os *julgamentos formais pois não é a sua ritualização* estigmatizante que dá o carácter de verdade aos testemunhos falsos, às investigações deficientes, às provas erradas... Não é verdade que, num mundo em que a *palavra do homem* actual perdeu valor afirmativo de comportamentos, tornada mero

Direito dos Jornalistas à Informação e Documentação... 257

Mas os políticos e a opinião pública frequentemente nos últimos tempos têm revelado estar preocupados e com razão, devido ao ruído surgido à volta dos *processos investigatórios* envolvendo figuras públicas[531], isto é, preocupados com os *julgamentos na praça pública*[532],

---

produto marcantilizado, traduzindo já não um valor do ser mas do ter, a *prova testemunhal* é correntemente fabricável, sem que o *crime de perjúrio* praticado diariamente em todos os tribunais sofre sistematicamente qualquer punição.

[531] Preocupados em evitar condenações públicas infundadas, embora também possa haver esquecimentos oficiais «pressionados», com recurso pelos aparelhos partidários aos «cadernos» dos antigos militantes das juventudes partidárias e pela via da ascensão às magistraturas destes antigos filiados, o que em teoria permite, através de registos de mero conhecimento interno, opacos à sociedade e ao governo das magistraturas, que se possa manobrar investigadores e julgadores, levando-os a evitar acusações (seja em «acidentes» de homens de Estado, seja em processos de figuras públicas, remetidos para uma qualquer comarca, onde apodrecem em gavetas esquecidas) ou mesmo para obterem absolvições, mesmo que tenham de compensá-los depois, nesta osmose corruptora de cargos públicos, com postos apetecíveis de nomeação ou de proposição pelo órgão interveniente. Neste aspecto, não sendo aceitável limitar tal ascensão às magistraturas (ilegitimamente castrando em adulto opções profissionais de quem civicamente entendeu partidarizar-se na juventude), porque não, pelo menos, impor-se, como princípio, a transparência da sua acção, com o impedimento legal de antigos militantes intervirem em investigações ou julgamentos que impliquem quadros partidários ou políticos em geral, o que só tem sentido com possibilidade de controlo público do processo e portanto a publicitação desta pertença referente a titulares de poderes sancionatórios quando iniciam a suas profissões e já agora porque não a entrega de uma genérica declaração de rendimentos e *interesses passados e actuais*, para controlo de eventuais corrupções ou simplesmente impedir suspeições.

[532] Mas o que desperta hoje mais os *medos* dos detentores de poderes públicos parece paradoxalmente ser aquilo que justificou historicamente a tese liberal da assistência às sessões do legislativo e do judicial e justificaria, ao jeito das *sunshine laws* dos Estados anglo-saxónicos fora da Europa, a abertura à imprensa e ao público em geral das sessões de todos os órgãos colegiais das Administrações públicas, é o facto de os actuais potentes meios de difusão hiperbólica da Comunicação Social virem a transformar, cada vez mais, a *visibilidade simbólica da teoria liberal*, visibilidade meramente proclamada, formal, jurídica – pois poucos cidadãos foram sempre os tinham disponibilidade profissional ou poder financeiro para se deslocar sistematicamente à capital para se sentarem nos poucos bancos dos parlamentos, ou possibilidade de assistir aos inquéritos e rituais dos julgamentos dos tribunais- numa *visibilidade geral, de toda a sociedade*, perante milhões de leitores, espectadores, ouvintes. Isto é, vivemos num mundo em que é possível uma *visibilidade real do funcionamento dos órgãos do Poder*. Os acontecimentos mais recentes mostram bem como os poderosos meios de difusão, dando a conhecer a todos, cada vez a mais gente, pelo poder da tecnologia e pela democratização de instrumentos de captação de informação, ampliando extraordinariamente o poder dos órgãos de informação de massas, podem dar, por meio deles e das inconfidências a eles feitas, com ou sem exactidão, e – quem controla o quê, com

segredo de justiça para os badalados e segredo dito «deontológico» das fontes para os jornalistas –, dizia, podem dar aos investigadores e julgadores capacidades acrescidas de intervirem publicamente no jogo anti-político, com emissões seleccionadas quando não truncadas, parcelares, dos seus segredos reais num estado inacabado dos processos, saídos antes do tempo legal e processualmente tido por correcto pelo legislador ou mesmo usando distorcidamente os factos a coberto da *garantia do desconhecimento (do segredo)* dos seus processos, por parte de terceiros e dos pretensos suspeitos, com *objectivos situados fora do tabuleiro da justiça.* No fundo podem fazer não justiça oficial nem sequer justiça extra-institucional, mas activa política anti-criminal ou, pior ainda, política anti-política ou mesmo (com *intuitus personae*) política anti-políticos, a partir de um posto privilegiado e tudo sem se sujeitarem ao julgamento e controlo *a posteriori* do eleitorado, a que só os políticos se têm de submeter – podendo assim *forjar factos* criminais ou factos jornalísticos ou factos políticos, criando *prisões de turno* (pelo juiz de turno à revelia do titular do processo e com orquestrado ruído comunicacional de massas, tudo logo desfeito no momento seguinte com estupefacção dos cidadãos) ou *libertações-show*, que se sabe não passarem do pátio da penitenciária e de um qualquer canal televisivo (avisado a tempo), mesmo que seja só para a Comunicação Social, a coberto desse segredo das fontes, ou para integração ocasional nos próprios processos, na sua fase evolutiva: para cujo ataque sejam aliciados por opositores políticos, com *assassinatos brancos e brandos* de adversários ou membros de ideologias ou de partidos de que não se sintam aderentes, tentando provocar a *alteração de ciclos de alternância democrática* ou podendo mesmo *eliminar definitivamente figuras* eventualmente fortes no plano relacional com o eleitorado. Reconheça-se pois que a crescente visibilidade real tanto pode *funcionar bem a favor da liberdade, da lei, de eficácia, da diligência funcional e da imparcialidade dos poderes instituídos*, como ser *aproveitada para a indevida e ilegal eliminação moral e política do titulares desses poderes*, ainda antes dos julgamentos *formais*, que – bem ou mal – se continua a considerar como dando maiores garantias de verdade material, pelo estatuto e hábitos de independência do julgador, pela maior transparência da produção da prova – verdadeira ou falsa, e quanta vezes o julgado ou a testemunha muda a versão inicial sob o medo da vindicta do arguido presente ou com espiões (nunca o mundo esteve tão cheio de espiões como hoje); ou sob pressão da visibili-dade social no caso de arguido «bem visto») e pela sua *definitividade horizontal,* ao situar-se na meta final de todo o procedimento averiguador. Mas desde a sua simples afirmação teórica, com sua tradicional possibilidade de vivência discreta, até à possibilidade de realiza-ção prática, pelo *poder difusor generalizado* dos potentes meios de Comunicação Social actuais, houve um longo *tempo histórico de tranquilidade* dessa realidade que não chegava a ter condições de o ser, de modo que, agora, esta afirmação dogmática parece abalada, afinal não pela ideia sempre defendida, mas pela verificação de que essa ideia afinal é verdadeiramente praticável, isto é, não pelo valor do axioma inquestionável, mas pelo ad-vento e crescendo da sua eficácia real. Será caso para dizer que uma certa *'crise'* da democracia (vivida agora na *praticabilidade do aprofundamento da transparência* e há muito sentida na *falta de controlo dos poderes* e no falhanço da sua simples divisão, assim como da representatividade organizada dos interesses) aumenta com a eficácia dos institutos que visaram historicamente a sua efectivação? Algo a fazer pensar, mas para os adequar aos apesar do proclamado[533] segredo investigatório, que não é respeitado pelos seus «tutores», e o não controlo pelos arguidos e defensores dos processos para poderem clarificar de imediato factos controversos, devido à existência desse mesmo segredo, que só funciona a favor da máquina da «justiça», isto é, gerido pelos seus guardiães, mas muitas vezes actuando contra os suspeitos ainda «presuntos» inocentes[534].

---

tempos, não para começar a pôr em causa instituições de valor permanente e universal, cuja *ratio* não pode estar em causa, apenas os abusos funcionais que delas se faça ou para os ir enquadrando melhor em face da evolução tecno-científica permanente, que faz com que os memsos objectivos possam exigir soluções diferentes. *Por isso, tal como há que condenar quem, invocando o medo do terror, queira aterrorizar, também há que condenar quem, invocando o medo do poder da imprensa, a queira calar.*

[533] Mas, em relação às elites sociais em geral e, sobretudo, à «classe» política, sempre contornado e com divina adivinhação pela televisão ou «bufado» para a imprensa escrita em momentos cirurgicamente inspirados.

[534] Preocupados em evitar *condenações públicas* infundadas, embora também possa haver esquecimentos oficiais «pressionados», com recurso pelos aparelhos partidários aos «cadernos» dos antigos militantes das juventudes partidárias e pela via da ascensão às magistraturas destes antigos filiados, o que em teoria permite, através de registos de mero conhecimento interno, opacos à sociedade e ao governo das magistraturas, que se possa manobrar investigadores e julgadores, levando-os a evitar acusações (seja em «acidentes» de homens de Estado, seja em processos de figuras públicas, remetidos para uma qualquer comarca, onde apodrecem em gavetas esquecidas) ou mesmo para obterem absolvições, mesmo que tenham de compensá-los depois, nesta osmose corruptora de cargos públicos, com postos apetecíveis de nomeação ou de proposição pelo órgão interveniente. Neste aspecto, não sendo aceitável limitar tal ascensão às magistraturas (ilegitimamente castrando em adulto opções profissionais de quem civicamente entendeu partidarizar-se na juventude), porque não, pelo menos, impor-se, como princípio, a transparência da sua acção, com o impedimento legal de antigos militantes intervirem em investigações ou julgamentos que impliquem quadros partidários ou políticos em geral, o que só tem sentido com possibilidade de controlo público do processo e portanto a publicitação desta pertença referente a titulares de poderes sancionatórios quando iniciam a suas profissões e já agora porque não a entrega de uma genérica declaração de rendimentos e *interesses passados e actuais*, para controlo de eventuais corrupções ou simplesmente impedir suspeições. Num mundo em que generalizadamente, embora ineficazmente, já toda a classe de dirigentes portugueses e da União Europeia fazem tais declarações de interesses e evolução de rendimentos, até o Presidente da República, eu, que outrora, na década de oitenta e primeira parte da de noventa – porque em clima de suspeição em que a legislação foi elaborada- fui contra a extensão deste regime aos agentes do ministério público e magistrados judiciais, entendo hoje as coisas de modo diferente. É que já *não se trata de uma instituição pensada ou alterada por se suspeitar de alguém mas para não se suspeitar das instituições.*

O segredo de justiça pode ou deve ser admitido e enquadrado, mas apenas na *medida estritamente necessária* à *realização procedimental da justiça*, isto é, em termos que não a possam pôr em causa, mas também deve ser *afastado se a contrariar ou em nada a servir*. Um sistema estereotipado de secretização, temporal e faseadamente situada, independentemente de razões substantivas casuísticas, não tem sentido[535]. E não pode permitir-se a sua *gestão política discricio-*

---

[535] Mas se a *visibilidade da justiça* é fundamental, o segredo dos processos inconclusos po ter sentido em certas situações. A *questão do segredo judiciário em face da comunicação social* significa que esta quer informar mas o legislador entende criar mundos opacos, num inerente conflito entre instituições de informação e de controlo público e instituições de investigação e de punição clássica. Reconheça-se que o *segredo judiciário* tem subsistido por colher apoios maioritários nas nossas culturas jurídicas, tal como os direitos da comunicação social a informar e o *segredo das fontes jornalísticas* também são incontestáveis, embora nenhum afirmado em termos de valor absoluto. Num Parecer da Procuradoria Geral da República de 1981, afirma-se que «o segredo judicial servindo variados interesses, da realização de *uma justiça isenta e independente, à defesa da presunção de inocência do arguido*, deve ceder se perante ele surgirem interesses processuais superiores». Justificação dual para a sua imposição: interesse da efectivação da justiça real; interesse da não condenação prévia pela opinião pública. Mas será que garante sempre ou não prejudica muitas vezes isso mesmo? Qual o *quadro jurídico* que enquadra estas preocupações e quais os problemas que levanta e suas justificações. Os factos que justificam estas interrogações são conhecidos: Os processos demoram a instruir-se, a terminar. Os investigadores, nos assuntos mais conhecidos pela opinião pública, só abrem processos a partir de eventos e relatos que conhecem pela imprensa e não do seu labor. Os suspeitos, apesar de presumidos inocentes, passam longos períodos na prisão, eufemisticamente chamada preventiva quando na maior parte dos casos se vem a concluir que nada previne e só traduz o desejo do aparelho de repressão de punir logo não vá a prova que «não» colheram não permitir punir depois ou vem permitir o funcionamento negligente das máquinas de investigação em situações de eventuais arguidos com capacidade de diversão, como se hoje não se manobrasse bem de dentro das cadeias. Isto é, passam longos períodos prisionais sem terem sido condenados, e às vezes «têm» depois de ser condenados em tempo semelhante ao da prisão preventiva, o que leva à suspeita de simetrização desresponsabilizadora dos agentes incriminadores e do Estado, pelo tempo de prisão sem condenação e à natural censura e descrédito de todo um aparelho judicial. Não vou falar da necessidade do combate à hiperbolização dos mandamentos penais ou à demora das investigações. Limito-me a perguntar se pode aceitar-se que apesar da mortandade dos casos da criminalidade pelo caminho das investigações e do *efeito de funil* até à apreciação dos delitos, de que fala a *sociologia criminal*, mesmo assim não coexiste uma tal expressão numérica de processos-crime que qualquer investigador jornalístico ou detective particular pode bater sempre recordes temporais? A prisão preventiva não traduz de facto em sofrimento e castigo social, o fim da presunção de inocência? Não será que o condenado já paga a "pena" e mesmo que preso por bagatelas aprende os vícios graves, uma vez que não havendo prisões temáticas, elas

Direito dos Jornalistas à Informação e Documentação... 261

nária por parte das instâncias investigadoras[536] com a concomitante ameaça desculpante que impende sobre os jornalistas de crime de não revelação de fontes. O segredo de justiça por fases-padrão não é uma normatividade sem conteúdo? *Quem zela pelo cumprimento do segredo de justiça* por parte dos detentores dos segredos? Os próprios agentes que o podem violar ou usar a imposição de segredo para os perseguidos para a coberto da opacidade imposta alterarem impunemente os factos apurados? O Ministério Público? A Polícia Judiciária? Quando ofendidos, devido aos agentes das instâncias oficiais, que controlo cabe aos cidadãos materialmente envolvidos, sujeitos ao mesmo desrespeito ao *princípio da interdição de indefesa* que

---

são grandes escolas de criminalidade geral? E isto não preocupa mais do que o objectivo teórico das proclamações sobre a sua necessidade? A prisão preventiva convive com um para-imperialismo do aparelho legal criminalizador e consequente excessividade conatural do trabalho dos investigadores e dos processos e serve assim sobretudo – reconheça-se- às inércias e inépcias institucionais e aos constrangimentos processuais dos investigadores, assoberbados com tanto processo e investigação de tanto crime (que irá acabar por ficar sem condenação, na esmagadora maioria). E já que falamos de prisão preventiva, esta não ataca mais a ideia de inocência que os pretensos julgamentos factuais da imprensa?

[536] A Comunicação Social desempenha também um papel importante em face do poder das polícias, das magistraturas e não apenas dos órgãos de poder político. Não importa discutir, aqui e agora, se a Comunicação Social é o *quarto poder do Estado*, ou se é também (já muito e cada vez mais controlada pelos grandes grupos económicos ou pelos poderes políticos, que fornecem os seus gestores e directores continua ainda em vez e jornalistas de carreira eufemisticamente classificados pela lei de «equiparados a jornalistas»), muito e muito, *um poder dentro do poder e ao serviço dos poderes*, pois, reconhecendo-se tudo isso, ela não deixa de manter-se a cumprir um papel essencial à vida democrática e à sua transparência, pois continua ainda a colocar em causa eficazmente o Poder, ou abatendo-se sobre ele, seja executivo ou legislador, ou *fazendo-o agir, como é frequente nos processos investigatórios e judiciais penais*, não sendo necessário recordar os mais mediáticos, seja nos EUA ou no Brasil ou em Portugal. Ainda recentemente a imprensa «condenou» eleitoralmente o PP espanhol não deixando que a contra-informação oficial do poder instalado funcionasse totalmente. Mas *certas situações recentes* permitem que se possa questionar quem faz o quê; e sempre se possa dizer que aqui nem sempre se percebe bem quando é a Comunicação Social a forçar a entrada nos tribunais para informar ou os investigadores e tribunais a querer mediatizar-se, interferindo nos outros poderes. Há que reconhecer que o investigador penal, fazendo chegar ao jornalista um acto processual, num dado momento escolhido, pode influenciar um partido ou o próprio eleitorado, pelo que a composição subjectiva dos poderes pode depender de uma *gestão política dos processos*, o que só os seus guardiães podem iniquamente fazer. Por isso, tudo o que tem acontecido exige uma reflexão que se situa no âmago do debate sobre o futuro da vivência democrática em Portugal.

262   *Direito da Comunicação Social*

vigorara nas notícias ofensivas da presunção de inocência saídas na comunicação social? Quem serve e a quem serve este sistema realmente praticado de segredo de justiça, legalmente não querido mas viabilizado pelas soluções criminalizadoras excessivas[537] e inadequadas aos objectivos a salvar?

---

[537] Para quê tanta criminalização e tantos processos? o operador primário da selecção e controlo da delinquência é o legislador, a lei, que, num vai-vém permanente, criminaliza, descriminaliza, neocriminaliza o agir desviante. A Deus parecia que à pacificidade social bastaria, alheios à dialéctica da superação e evolução de definições oficiais da realidade, o respeito de dez mandamentos e com isso evitava as críticas a este movimento constante na história das instituições penais, de que falava, em 1873, ADOLFO MERKEL. Já, em 1974, nas jornadas de Direito Comparado de Lausane, em 1975, no V Congresso da ONU para a Prevenção do Crime e Tratamento do Delinquente (Geneve), em 1982 nas Terceiras Jornadas da Europa do Sul sobre Políticas Criminais (Aix-en-Provence) ou no Relatório sobre a Discriminalização, do Conselho da Europa de 1980 (Estrasburgo) se patenteava claramente o interesse deste debate que esta década de 70 produziu sobre tema, como o revela a sua recorrência secular. Basta recordar BECCARIA ou FEUERBACH, no século XVIII, STUART MILL, século XIX ou LISZT, BEINDING, MITTERMAIER, há cerca de um século. Esta *hipertrofia fragmentária do criminalmente correcto*, fruto de uma *fisionomia cultural temporalmente situada*, concretiza uma criminologia histórica, quer dizer, relativa, bem explicita nos Relatórios de um CASTAN, SPIERENBURG, ROTH ou BAILEY, apresentados ao VI Congresso do Conselho da Europa, de Novembro de 1983, sobre Investigação Histórica (sobre a criminalidade e a justiça penal) e é fruto, no dizer de COSTA ANDRADE, de uma *visão cosmológica medieval maniqueista*, de um *teocentrismo exigente de expiação e repressão*. Mas será aceitável este *movimento conjunturalista de tendência materialmente hiperbolizadora da construção do crime* (em que tudo se passa como mais uma folha que cresce e morre na natureza, para reter o *merkeliano* e sugestivo exemplo telúrico-paisagistico, dado em 1873: tudo se passaria como as árvores que constantemente perdem folhas velhas e geram novas folhas), fora do crime transcendente do homem existencialmente preocupado, complexificador da sociedade, permanententemente insegura, nos seus parâmetros de referência.O crime é criação conjuntural da lei, isto é fora do crime natural, o crime é, não por obra do criminoso, mas do criminalizador. O crime naturalmente seria não o que o legislador impõe, mas o que se impõe ao legislador, ligado à Humanidade como questão de ser ou não ser, à dignidade do Homem, que é, mesmo que não queira ser (a convocar valores permanentes, mas já numa zona de penumbra pela redução à mera individualidade ou a necessidade de discrição não estigmatizante, realidades indisponíveis, com possível solução de não processualização ou de crime sem pena: aborto, incesto público, suicídio, eutanásia, etc.), não permitindo que nestas situações-limte ou fronteira o legislador e as sua ficções de luta fácil contra o imaginário ou o terror se afirme. Fora disso, o crime é realmente e apenas criação conjuntural da lei. Há recentemente programas reflectidos, autónomos de discriminalização. Mas não necessitamos de nenhum *programa autónomo de redução do sistema geral de desqualificação formal das condutas*, só precisamos de uma *atitude cultural. de eliminação da crença de que os medos colectivos, quando não apenas os*

Direito dos Jornalistas à Informação e Documentação...

Quanto à questão da *liberdade de informação e segredo de justiça*, dizia-se num congresso sobre o tema realizado em Avignon,

interesses das classes dominantes, se combatem pelas figuras do crime e do cárcere. LOUK HULSMAN, o maior pensador penal do século XX, defendia a abolição absoluta do sistema penal, substituindo o conceito de crime pelo de *situação-problema* (no seu manifesto *Peines Perdus*, de 1982), e a prisão por controlo social, alheio à *ideia tradicional de sanção criminal e do dialecto penal*, pois o sistema penal em si não é necessário nem bom, produzindo sofrimentos, ampliando desigualdades, *roubando os conflitos aos implicados*. Não é preferível uma solução intermédia contra o dialecto criminalizador e o repousante discurso descriminalizador, pela *abolição significativa do sistema hiperbolizador da penalização dos desvios sociais?* Por que não partir apenas de *mandamentos sociais inquestionáveis*, ligados à dignidade da vida humana em sociedade (pois quanto ao indivíduo, como diz COSTA ANDRADE, porque não há-de ter como primeiro direito o de «escolher ir para o inferno», sem que a sociedade possa sindicar pessoalmente o seu nihilismo com ou sem êxito (e não falo só do suicídio ou da eutanásia). Tanto crime codificado ou extravagante. Um gordo Código Penal em vez de uma simples e indiscutível Tábua de Mandamentos? Quanto ao resto, historicamente situado, impõe-se uma adequada ponderação assente em critérios conjuntos sobre a relatividade e consensualização incontestável dos valores que venham para permanecer, a subsidiariedade da apropriação oficial da superação dos conflitos, inexistindo outros meios eficazes de reparação-solução, sendo certo que o direito administrativo e o direito civil podem dar, muitas vezes, melhores respostas, sem alienação no conflito da auto-regulação libertadora, desalienante, equilibradora, compensadora, pedagógica, desistigmatizante, fora das soluções autoritárias, simbólicas, traumatizantes, infantis (como o banco dos réus), reduzidas a soluções de excepção, como dizia HULSMAN. Tanto crime, tanto criminoso, tanta ameaça de sanção detentiva e tanto facto penalmente sujeito, a tanta *cifra negra*, resultante do efeito de funil e da *mortalidade dos casos ao longo do sistema formal de controlo*. Quanta ineficácia de um sistema que, por ter mais olhos que barriga, depois nem para o essencial funciona. Quanta delegitimação da lei, dos agentes de investigação e do sistema! Com efeito, quanto crime sem intervenção, porque a previsão legal de penas excessivas leva o juiz não injusto a preferir esquecer os factos, porque os investigadores funcionam segundo um principio de legalidade excepcional por excesso de processos (ilegalidade por oportunidade). Por quê insistir no *princípio da legalidade* do MP quando a «regra» da oportunidade entra por todos os lados, desde logo pela gaveta da notícia, tempo dos procedimentos, dificuldades ou análise das provas, perda dos casos no funil da perseguição ou na morgue dos casos penais, com o alargamento factual das margens oficiais de tolerância a traduzirem uma renúncia ao controlo penal sem alternativa, sem expiatório, sem curativo, sem compensatório, quantas vezes em cinismo das instâncias ou das consciências, o que nem sequer permite a transformação do ambiente simbólico que poderia permitir a descriminalização ou pelo menos a despenalização rápida.Quase todos oss dez mandamentos aguentaram a história porque não criaram hipertrofia de pecados capitais, banalizadora da Tábua pelo exagero das imposições e simulação de dispendiosos e ineficazes aparelhos de controlo oficial. E que dizer do sistema penal como factor criminogéneo, o que leva o debate para além das questões da sua legitimidade e necessidade, sendo certo que o sistema penal só se justifica

264   *Direito da Comunicação Social*

há já alguns anos, que a *regra fundamental* é a de que deve haver tanto segredo quanto for necessário e tanta liberdade de informação

se não houver alternativas mais eficazes e menos disfuncionais socialmente, sendo certo que na relação custo-benefício, designadamente no plano da prisão preventiva, o sistema criminal perde em grande parte das situações. Sabemos que há sistemas alternativos perigosos, mas não falamos de um Estado terapêutico, autocrático e sem controlo judicial real.Falamos, designadamente de conciliação sem estigma.A dignidade penal, com os seus princípios da imanência social e do consenso, a carência da tutela penal não pode viver de aspirações ideológico-moralistas, como já dizia São Tomás de Aquino, devendo reduzir-se, essencialmente, núcleo irredutível mas também pouco elástico, aos desvios ligados à vida dos Direitos Humanos, embora neste conceito evolutivo não possam deixar de caber atentados difusos, como, vg, os ambientais. A dignidade penal, como aferidora da legitimidade negativa, no dizer de Hassemer, exige lesão de bens que sejam imprescindíveis à subsistência do indivíduo e da comunidade, mas a legitimidade positiva implica um mais: a carência da tutela penal como único meio eficaz para defender a ordem comunitária, dentro de um princípio da subsidiariedade das reacções. A inversão de valores é tanta que as instâncias de controlo, v.g., para punirem um pobre toxicodependente até se permitem agressões aos direitos fundamentais como condição da procedimentalização da punição, para já não falar nos agentes infiltrados, que podem ser, tantas vezes, provocadores do acto ou indutores da prova.Quem desconhece que a crise do sistema penal é muitas vezes fruto da crise penalizadora das representações sociais em que ele assentou tradicionalmente? O Direito Penal é apenas um sistema de controlo, o mais fácil para o poder político (atira para outros órgãos de soberania a solução das situações-problemas, que a sociedade devia resolver, em vez de alienar, com a ideia de castigos tranquilizantes da sua segurança). É um e o mais caro, gravoso, ineficaz, viciante e estigmatizador. Portanto, com maior efeito multiplicador da criminalidade. Arrecada temporariamente a maldade oficial deixando intacta a causa , a factoriedade carencial, cultural, relacional do mal. Como já Beccaria, o maior protocientista da criminologia, dizia: a prevenção geral não depende da representação prévia da dor-pagamento, abstractamente prevista, mas da representação da probabilidade da ameaça punitiva vir a ter alto grau de aplicação efectiva e imediata, como dor seguida no processo de acção desviante. E é isso que acontece? Nunca há crime e castigo mas, eventualmente, um dia, talvez um castigo, o que não é suficientemente preventivo.Só não haverá mais crimes porque os bloqueamentos culturais e sociais são mais preventivos. E que dizer, em face de tanta criminalização e, por vezes, penalização excessiva do mimetismo do controlo oficial em relação à tolerância do sentir colectivo. Não é corrupção, é actualização despenalizadora do criminalizado problemático. E que dizer de um sistema social, cujos meios humanos e financeiros estão essencialmente virados para a repressão, quase nada para a correcção e reinserção, e, preocupação com a vitima quem devia ser dado um maior papel no domínio do processo penalizador: o processo não pode pretender-se mais eficaz para uma solução que satisfaça a consciência punitiva da sociedade ou os interesses abstractos da sociedade punitiva, do que como ameaça para uma solução que não pode ser alheia aos interesses da vitima. A soberania e a segurança da sociedade, hoje tantas vezes mercadoria e privilégio, não se ganham na afirmação do poder punitivo, mas na organização pacifica da convivência social. Para o poder punitivo basta um carrasco, para a organização pacifica da convivência exige-se obra colectiva quanto possível. E o Ministro da Justiça LABORINHO LÚCIO, em 1992, num colóquio parlamentar sobre o tema, acrescentava que a *solução de compromisso* deve passar pela «possibilidade informativa sobre o desenvolvimento ou o desenrolar do processo». Para ajuizar sobre o *regime do segredo de justiça* importa saber se ele serve realmente os valores que o legislador é tido por tutelar, para vermos se em coerência ele se justifica ou pelo menos, se justifica como está concebido[538]? E

---

da comunidade. Não vou referir-me especificamente ao Ministério Publico mas sempre diria que o afirmado princípio da legalidade sempre escapou, disfarçada mas insuperavelmente de modo profissionalmente «impune», na afirmação da capacidade relativa da investigação e numa a ideia de oportunidade assente na leitura da existência ou do valor das provas. Por isso, mais valia um princípio de legalidade, conjugado com uma certa oportunidade (assumida, legalizada, saída assim da clandestinidade dos ocultamentos insindicáveis) da não processualização, embora controlada por instâncias oficiais e, sobretudo, pelas vítimas, desde logo em domínios de disponibilidade individual de direitos e bens, seguindo apenas e automaticamente o processo, sem necessidade de patrocínios judiciários, se a vítima manifestasse essa vontade. E o sistema civil, sem permitir a vindicta privada, pode levar a uma justiça comunitária, com entrega, organizadamente, do conflito aos interessados, sem alienação do sistema público de controlo, mas mais vigilante que actor.

[538] O n.º 1 do artigo 86.º do Código do processo Penal impõe o segredo de justiça, desde o início do processo até à decisão instrutória ou ao momento em que esta podia ser requerida, a menos que apenas o arguido a requeira e ele se opuser à publicidade. Em geral, a publicidade que se segue não abrange os dados relativos à *reserva de vida privada* que não constituam meios de prova (n.º 3), porque é como se não estivessem no processo, podendo mesmo ser destruídos ou entregues à pessoa a quem digam respeito. Os actos processuais posteriores são públicos, como as audiências (n.º 1 do artigo 87.º do CPP), embora possa ser afastada a assistência das pessoas em geral por apreciação casuística do juiz. Os actos processuais envolvendo ofendidos por crime sexual a menores de dezasseis anos são sempre secretos (n.º 3 do artigo 87 do CPP). Quanto aos meios de *Comunicação Social*, rege o artigo 88.º do CPP, que permite a «crónica judiciária» (narração circunstanciada do teor de actos processuais fora da fase do segredo ou em momento em que o público em geral possa assistir: n.º 1 do art.º 88.º do CPP), embora com limitações, não de informação, mas, a menos que seja concedida autorização para tal, da *reprodução de peças processuais ou de documentos do processo* até à sentença da primeira instância (alínea a do n.º 2 do artigo 88.º) ou da *transmissão de imagens ou de som* (a menos que a pessoa envolvida de oponha: alínea b do n.º 2 do art.º 88.º). Em face do articulado legal, e pela sua exegese, deve considerar-se que das razões aduzidas no Parecer da Procuradoria Geral da República, inicialmente citado, nas interdições declaradas pela lei como regra, *em causa não estão preocupações com a vida privada, o bom nome, em geral os direitos de personalidade constitucionalizados*, que aparecem acauteláveis caso a caso, em qualquer fase do processo e, por vezes, pelo próprio. E *nem a presunção de inocência* aparece a dar relevo ao instituto do segredo de justiça, pois este segredo é imposto indiscriminadamente, genericamente, *de plano*, na fase inicial: a publicidade, sob pena de nulidade do processo, brota com a simples

266   *Direito da Comunicação Social*

isto significa que nem sempre os segredos são bom instrumento da investigação, no seu desencadear minimamente consistente, e de obtenção de provas, sendo certo que ele só não estaria guardado contra os seus guardadores. Temos um regime preocupante em que o S*egredo sem segredos* fica guardado e os segredos do Segredo são instrumentalizados. Mas tal nada tem que ver com a Comunicação Social e só com os guardiães do suposto Segredo. Por quê este regime anacrónico em vez de um defensável *critério material, instrumental,* de acordo

---

acusação, ou seja, antes do julgamento e não após sentença firme. Se o segredo defendesse a presunção de inocência, só terminando esta com a condenação em julgamento, e não com a acusação, ele manter-se-ia sempre em todo o decurso do processo? Com a acusação, deixa então de haver presunção de inocência? Tal como o segredo está regulado, com a acusação, deixamos de ter presunção de inocência e passamos, num novo e estranho conceito, atentatório dos direitos fundamentais, a ter *presunção de culpa,* dado que então já não se impõe em geral o segredo de justiça? Tudo visto, há que considerar que o *critério do segredo,* imposto por lei, nas fases referidas, visaria quando muito tutelar a qualidade da investigação, embora de facto normalmente, à custa dos cidadãos mesmo que inocentes, da ineficácia e de atrasos do aparelho investigador (sobrecarregado com excessos de processos e gente a menos). Na construção da lei portuguesa, esse é o único bem ou mal realmente protegido pela regra do segredo, que é um mero instrumento de espera para o labor da prova, tal como essencialmente a prisão preventiva, ou seja, estamos perante configurações de interesse ou desinteresse estritamente público. Não se pode condenar a imprensa pela informação anterior ao inquérito (o segredo vive no processo e dele, não antes ou ao lado dele, pelo que a informação pode servir para o processo e assim levar a posterior segredo, lá onde nem sequer haveria processo sem a imprensa e a investigação pré-oficial que a motivou). Mas pode condenar-se a informação que retira o monopólio do saber aos agentes de investigação, permitindo que estes não corram atrás da realidade (como faz a comunicação social, para poder noticiar), e possam aguardar que a realidade vá atrás deles? E o recurso «sistemático» à prisão preventiva não tem sido o interruptor «paradescricionário» para as instâncias oficiais encontrarem a «sua» luz, não passando o segredo da escuridão que funciona essencialmente como a *prisão preventiva da liberdade de imprensa*? E onde é que, em geral, o segredo melhora a qualidade da investigação, quando a Comunicação Social investiga mais rápida e mais profundamente, mesmo «sem» os meios financeiros dos contribuintes e sem poderes de autoridade policial ou judicial? Quantas vezes, não é a investigação jornalística que, não tendo sido aberto inquérito pelas instâncias oficiais de controlo, por dificuldades investigatórias ou «esquecimentos» (caso de ofensas ao Presidente da República, em carta anónima, só mandadas investigar muito tempo depois do devido, por pressão da Comunicação Social e dos meios políticos e jurídicos, exteriores à PGR), que obriga a abrir os processos? Felizmente, porque ainda não há segredo sem processos, sem o início dos processos! Quantas vezes, a investigação jornalística não acelera ou melhora a investigação, levando a investigação oficial a ir atrás dela? E não pode ajudar a descobrir paradeiros, capturar criminosos, libertar vitimas em perigo, etc.?

com os interesses e direitos em conflito nos actos processuais, sem *fases-padrão* e não o *critério formal*, cego, com faseamento processual rígido, alheio aos interesses ligados à sua *ratio legis?* Então, importa perguntar porque não *inverter a regra do segredo* em todas as fases? Por quê argumentar com a afirmação de uma *capitus diminutio* intelectual de que os agentes de investigação ou os juízes não estão preparados para nãos se deixarem influenciar com a Comunicação Social? Numa Europa sem «prosecutor» ou investigadores eleitos, nem «plea bargaining» americanos[539], eles não são independentes das pressões do eleitorados, da opinião pública, podendo e sabendo resistir à informação que corre extra-instâncias oficiais, apenas efectivando recolhas e fazendo as triagens aceleradoras da investigação que considerem adequadas discricionariamente ou mesmo arbitrariamente? Como dizia o juiz Sérgio Betício, do Conselho Superior de Magistratura italiana, este argumento da pressão, da influência incontornável maléfica sobre os juízes não colhe, pois o juiz não se deixa instrumentalizar por fins estranhos à Administração da justiça. E a comunicação social «julga» antes do julgamento? Mas a lei permite-lhe que continue sempre a julgar ainda antes dos julgamentos após a simples acusação, sendo certo que os julgamentos, decorrido tanto tempo depois da acusação, até passam despercebidos, da imprensa e do grande público sem que ninguém até hoje se tenha verdadeiramente importado com os silêncios ou a discrição generalizada da informação social no momento do veredicto, muitas vezes ilibatório ou relativizador da acusação. E aqui é que haveria que regular cuidadosamente, diferentemente, a notícia correctora: parangonas de primeira página e repetidas na notícias sobre as suspeitas e algumas linhas no interior sobre a absolvição.

Mas e porque esquecer que a Comunicação Social também propõe que os tribunais julguem. O *direito a informar* não exerce também uma *função de controlo social* da própria Administração da justiça? Ele é uma função social a considerar como regra, mesmo no âmbito da investigação nos domínios da ordem pública e do fenómeno criminal desde que implique a obrigação do proporcionar um

---

[539] DIAS, Jorge Figueiredo e ANDRADE, Manuel da Costa – Criminologia: O homem delinquente e a sociedade criminógena, 2.ª reimpressão, Coimbra Editora, 1997, p. 487 e ss.

contraditório sério, a exercer pelos agentes de defesa, enquadrado em termos mais eficazes do que o do *regime do direito geral de resposta ou de correcção, que não está redigido em termos adequados à matéria processual judicial.* O critério só pode ser o da *publicidade sempre como regra*, porque o segredo, mesmo que funcionasse – e não funciona onde por ser mais difícil mantê-lo mais necessário era garanti-lo-, gera mais desvantagens do que vantagens. Também a Administração da justiça deve ser conhecida, transparente, exigindo pois um direito à informação sobre a própria Administração da justiça.

Parece defensável como mais correcto um *segredo de investigação policial e judicial* traduzido na discrição dos agentes da investigação com eventuais infracções administrativas disciplinares, mas não na perseguição criminal dos agentes da Comunicação Social. Não um segredo (com distinções pouco eficazes, de conhecimento apenas interno, dos agentes), nas fases de inquérito (em que melhor seria, instalando uma *lógica de duplo processo*, este ficar por simples processo administrativo, a que nem o tribunal deveria ter acesso, evitando não só a difusão do seu conteúdo na opinião pública em qualquer momento procedimental e processual, como *técnicas policiais ilegais de influência sobre o poder judicante* (muito mais eficazes do que as crónicas da imprensa), em situações em que se prevê que este não venha a ter ou a aceitar provas; ou de conhecimento externo mas restrito aos agentes de defesa, na fase de instrução). Mas um segredo não ligado aos momentos ou a fases processuais, indiscriminadamente declarado, incondicionalmente *ex lege,* em todo e qualquer processo e assunto, mas tendo presente os riscos objectivos, ponderados caso a caso, limitado designadamente pelo *princípio da interdição do excesso*, segundo a *clássica tríade de juízos de idoneidade, necessidade efectiva da protecção da investigação e proporcionalidade*, em face dos fins da investigação e dos riscos da informação[540].

---

[540] Diga-se, aliás, que nas situações em que o segredo tem sido uma solução excessiva, não necessária – e mesmo que idóneo pode não ser necessário- ferindo o princípio da proporcionalidade, não pode deixar de se entender que estamos perante uma agressão ao n.º 2 do artigo 10.º da Convenção Europeia dos Direitos do Homem. E isto apesar do que dissesse a Constituição, dado o *princípio do primado do direito internacional dos Direitos do Homem* (independentemente de se considerar que esta os recebe pela via do n.º 1 ou do

Direito dos Jornalistas à Informação e Documentação... 269

Mas enquanto o segredo é o que é, independentemente de qualquer regime aplicável no futuro, como ver a gestão do segredo de justiça reiteradamente desrespeitado pelos seus guardiãs? Podem a PGR e a PJ continuar neste caminho? Pode aceitar-se, no caso recente, que o Director da Polícia Judiciária tenha de deixar «sancionatoriamente» funções e o PGR se mantenha quando se sabe quem prevaricou? Pode aceitar-se que não se saiba quem transgrediu nem quem favoreceu ou permitiu a sua transgressão? E, de qualquer modo, nem se responsabilize funcionalmente o responsável máximo da organização transgressora? E nada se faça, orgânica e funcionalmente, para corrigir o sistema que tal permite?[541].

Estas questões, que partem da experiência relacionada com situações que ocorreram em tempos ainda bem recentes, parecem justifi-

---

n.º 2 do artigo 8.º, ou mesmo que, ante a sua natureza transcendente à positividade nacional, não existisse artigo algum), sendo certo que, de qualquer maneira, ele está constitucionalmente admitido mas não imposto nem regulado aí. Como refere EDUARDO ESPÍN TEMPLADO, jurista do Tribunal Constitucional espanhol, a propósito da STC 13/85, a lei não respeita este princípio constitucional, atentando assim contra o direito à informação. Por isso, acrescenta este autor que deve ser o tribunal, casuisticamente, a decidir, considerando que, *praeter legem*, é isso que na prática ocorre, ou porque o segredo não é respeitado, ou porque o tribunal dá informação sobre certos actos judiciais de modo mais ou menos oficioso, ou porque não se sancionam as violações pelas partes e pessoas ligadas ao processo. Mas, então, esta constatação não mostra que algo está legalmente errado? E estas práticas informativas contra o regime estabelecido do segredo não revelam *portas de arbitrariedade* e espaços de gestão com possíveis fins alheios à *lógica do segredo-informação*? Não é precisamente isto que tem criado a polémica e exige que se elimine a *clandestinidade da ponderação destas «razõezinhas de Estado»*, que, porque desreguladas no hábito continuado da prática do incumprimento impune, podem funcionar precisamente contra os interesses do processo penal e do Estado? Por quê a criminalização da difusão de informações tanto em processos de homicídio ou de colarinho branco, como em processos de trânsito ou de furto-uso de bicicleta; ou por meras infrações contra-ordenacionais ou em processos de averiguações e inquérito pré-disciplinar? Como justificar segredos informativos onde estes não se imponham, por não servirem nenhum escopo instrumental, por os factos se considerarem investigados, se tratar de *factos-evidência*, de provas já recolhidas ou de provas periciais com dados guardados, isto é, em geral, situações sem riscos para a investigação ou danos previsíveis para qualquer direito individual ou para a independência do tribunal? Quanto *segredo sobre o segredo* não é uma muralha sem nada dentro. Só é defensável um *critério material, instrumental*, de acordo com os interesses e direitos em conflito nos actos processuais, sem *fases-padrão* e não o *critério formal*, cego, com faseamento processual rígido, alheio aos interesses desligados à sua *ratio legis*, como o actualmente existente.

[541] O Movimento de Intervenção Radical tomou posição pública sobre o tema no início do ano.

car uma reflexão sobre o modo mais adequado a evitá-las, corrigi-las prontamente ou sancioná-las, através de meios orgânicos não dependentes funcionalmente de nenhum órgão e com total liberdade de movimentos, de interrogatório e de consulta de processos, capazes de elaborar um relatório construtivo que liberte estas entidades de comportamentos que configuram muitas vezes a existência de um estado não democratizado, opaco, sem lei nem roca, dentro do Estado português.

Com efeito, falar de *meios de controlo* não pode ser só falar de controlos estaduais dependentes dos membros dos governos ou dos grupos parlamentares, controlados pelos partidos, com comissões parlamentares presididas e dominadas pelos grupos políticos apoiantes do governo, em cujos resultados pré-fabricados já ninguém acredita. Há que caminhar mais no sentido de exigência de *entidades de natureza independente* mesmo que de existência conjuntural, sobretudo em procedimentos de reapreciação de actividades contestadas ou debaixo de polémica e suspeição, como é o caso da polémica à volta do comportamento das magistraturas no caso da gestão (pública e política) do segredo de investigação criminal ou de justiça.

C) Segredo de Estado

No que se refere às *informações oficiais*, o n.º 2 do artigo 268.º da Constituição da República Portuguesa prevê, além das referentes à investigação criminal, a referente à *segurança interna e externa do Estado*, que em conjunto constituem os verdadeiros segredos do Estado.

Quanto às informações de segurança e outras com dados oficiais, interditáveis ao conhecimento público nos términos da Lei do Segredo de Estado, deve dizer-se que não há classificações secretizadoras de matérias, dossiers ou documentos. A interdição passa por uma apreciação casuística da informação em causa. Apreciação prévia à manifestação de qualquer interesse de acesso à mesma por parte de qualquer pessoa, em que se analisa se a difusão dessa concreta informação pode ou não vir a causar dano ao Estado, em termos de existência e de subsistência. Usa-se, aqui, uma técnica que combina simultaneamente o manejo de conceitos imprecisos e a atribuição de um poder discricionário[542]. Pode-se interditar no caso da difusão da informação poder levar a esta consequência: «por em risco ou causar dano à segurança do Estado».

Não há *interdições originárias*, mas unicamente um poder discricionário para efectuar uma classificação documental secretizadora, o que significa a possibilidade de una interdição temporal controlada. E, para ajudar a Administração a não abusar da cláusula permissiva, o n.º 3 do artigo 2.º da lei do Segredo enuncia os âmbitos materiais normais de produção de informação ocultável. Trata-se de exemplos-padrão materiais. Ou seja, trata-se da explicitação de matérias cujo conhecimento parecia ao legislador, à partida, que pela sua natureza, normalmente, podem implicar o referido risco[543].

No plano da *política de segurança civil*, é de considerar incomunicável, v.g., a lista de túneis e cavidades subterrâneas, podendo servir de abrigo às populações em caso de conflito armado, estudos sobre águas subterrâneas ou procedimentos de mensagens radiotelefónicas da polícia. Quanto a informações referentes à segurança pública, não é qualquer parecer, instrução ou processo policial que está interdito, excepto se formar parte de um dado procedimento administrativo ainda sem decisão final. No fundo, é sempre preciso verificar se uma determinada comunicação informativa em concreto pode por em causa a segurança de pessoas e de bens ou por em causa a acção em favor da manutenção da ordem e da segurança públicas[544].

---

[542] V.g., SOARES, Rogério Ehrhardt – *Derecho Administrativo*. Lições ao Curso Complementar de Ciências Jurídico-Políticas da Faculdade de Direito de Coimbra, ano lectivo de 1977/78. Coimbra, 1978, p. 299-303.

[543] Tendo presentes as matérias previstas na lei, cito, tendo presentes casos apreciados na doutrina e jurisprudência comparada, apontam-se alguns exemplos entre os segredos de defesa nacional: informações referentes a instalações de carácter ou com uso militar, procedimentos de actuação relacionados com a defesa nacional, actividades de centros de estudos e investigação militares, dispositivos de segurança de centros e instalações, planos de segurança de instalações, documentos com pareceres e relatórios de segurança de fábricas em sectores económicos estratégicos.

[544] Nesta perspectiva, foram considerados comunicáveis, pela Comissão de Acesso aos Documentos Administrativos francesa, o organigrama de uma prisão, as orientações do emprego de aparelhos medidores de alcóol para condutores, circulares relativas ao controlo de velocidade, ou actas de comandos de bombeiros sobre intervenções de socorro já efectuadas. Mas já são considerados incomunicáveis os documentos ou parte deles em que constem informações que possam por em perigo uma futura testemunha ou uma pessoa

No entanto, há que distinguir entre actos de *classificação de documentos*, sem eficácia externa directa, e o acto administrativo de denegação de acesso. O acto classificador interno é um acto aplicador de conceitos imprecisos e até mesmo de natureza discricionária (n.º 3 do artigo 2.º da lei n.º 6/94). Efectiva-se, obviamente, num dado documento, mas isso não impede a aplicação do princípio do acantonamento informativo. A sua localização num documento não significa que toda a informação aí existente seja secretizável, mas unicamente que nesse documento existe informação secretizável. E a classificação tem que ser fundamentada, através de despacho que ofereça a devida justificação para as decisões posteriores de recusa da informação em causa. A sua *validade é relativamente curta*, podendo afirmar-se que está em vigor aqui um simples princípio do deferimento do acesso à informação. A sua duração está limitada a 4 anos, no máximo, salvo revisão com justificação da prorrogação efectuada[545]. São poucas as entidades competentes para efectuar as classificações. A Lei do Segredo de Estado permite-o hoje, unicamente ao Presidente da República, Primeiro-Ministro e Ministros[546]. Provisoriamente, podem fazer classificações, por 10 dias, sujeitas a

---

deslocada confidencialmente, devido ao facto de que o seu testemunho anterior por em perigo, um quadro de pessoal de serviço numa prisão, um processo de transferência de um preso, as orientações sobre o fluxo de correspondência governamental, os documentos que permitam identificar os informadores de certas entidades de investigação criminal actuando legalmente, as orientações para melhorar a segurança pessoal policial na sua actividade, principalmente intervenções em estradas, registros de passagem de comboios com indicação de mercadorias transportadas, medidas de segurança de áreas residenciais ou andares, relatórios de inspecção bancária referentes a agressões e roubos de caixas de agências, ou medidas de intervenção previstas por corporações de bombeiros, como dispositivos de segurança colocados previamente.

[545] Há um regime especial para as classificações feitas anteriormente à entrada em vigor da Lei. As classificações anteriores a 25 de abril de 1974, caducaran um ano depois da entrada em vigor da Lei do Segredo de Estado, se não foram revistas. As classificações efectuadas entre 25 de abril de 1974 e a vigência da Lei n.º 6/94, caducaran 4 anos depois, excepto se ocorreu uma revisão da classificação, no sentido da sua manutenção. Não há ainda um diploma regulando as classificações nos termos da LSE.

[546] As classificações efectuadas pelo Governador de Macau, território recentemente devolvido à República da China, na medida em que haja documentos transportados para Portugal, manteve a sua validade apenas durante quatro anos, pelo que tendo estes findado caducaram, a menos que, entretanto, a classificação existente dessa documentação tenha sido objecto de renovação por uma destas entidades nacionais.

Direito dos Jornalistas à Informação e Documentação... 273

ratificação, o Chefe do Estado Maior Geral das Forças Armadas e o Director do Serviço de Informações da República[547]. Dito isto, há que clarificar que somente o acto classificador pode justificar, desde que correctamente efectuado, as decisões concretas de recusa de acesso, face a requerimentos posteriores. No entanto, tal classificação por si só não ofende directamente os direitos subjectivos na matéria. Por isso, o acto de classificação não é impugnável directamente. Somente o acto que nele se fundamente. Mas já a recusa sem prévia classificação é ilegítima. E assim, independentemente da eventual verificação dos requisitos estatuídos na lei n.º 6/94. E também a denegação com repetição indevida de fundamentos da classificação é inválida. Face a isto, há que concluir pelo carácter decisivo da classificação para efeitos da validade da recusa de acesso. Se a classificação não impede o acesso, a sua falta impede a recusa de acesso. E a sua fundamentação incorrecta leva à anulação das decisões de recusa de acesso. É portanto um acto «decisivo» na perspectiva da administração do segredo. À Comissão de Fiscalização do Segredo de Estado (CFSE), cabe, legalmente, apreciar os pedidos de parecer fundados na denegação por segredo de Estado (artigo 14.º da lei n.º 6/94 de 7 de Abril), embora a Comissão de Acesso aos Documentos Administrativos deva apreciar as denegações de acesso fundadas nas outras excepções para que remete a lei n.º 65/93. Isto impõe a formulação de *critérios diferenciadores* das respectivas competências, que não passem por procedimentos subjectivos. Mas que se baseiem em *razões objectivas*, face aos valores a proteger nas respectivas legislações[548]. As funções da Comissão de Acesso aos Documentos Admi-

---

[547] Os poderes classificatórios não podem ser objecto de delegação.

[548] Com efeito, não é possível aceitar una leitura literal das leis, remetendo para a CFSE las recusas que a Administração motive em razões de Segredo de Estado e para a Comissão de Acesso aos Documentos Administrativos as que ela tenha de fundar na Lei geral de Acesso. Seria deixar nas mãos da Administração, com ofensa dos direitos dos particulares ou mesmo nas mãos dos particulares, com ofensa dos interesses públicos envolvidos na busca da transparência, a manipulação legislativa ao serviço de estratégias de eleição subjectivas que, em um dado momento, mais convenha. Não pode ser pelo facto de um presidente de Câmara Municipal invocar o Segredo de Estado que a Comissão de Acesso aos Documentos Administrativos vai deixar de apreciar a recusa de acesso, dado que tal recusa municipal nunca poderá fundar-se legalmente em Segredo de Estado. Isto é, não basta uma recusa com fundamento em Segredo de Estado, pois é necessário que a ela

nistrativos seguem sendo as que já constavam da lei na sua versão original (artigo 20.º, n.º 1), acrescentando-se duas normas competênciais, que se limitam a introduzir na lei o que já era doutrina firme na Comissão de Acesso aos Documentos Administrativos à base da redacção original da lei: por um lado, «Dar parecer sobre a comunicação de documentos nominativos entre serviços e organismos da Administração no caso de dúvida sobre a admissibilidade dessa revelação, salvo nos casos em que o acesso deva ser autorizado nos termos da lei n.º 67/98, de 26 de Outubro», e, por outro, «Contribuir com a aclaração e divulgação das diferentes vias de acesso aos documentos administrativos, no âmbito do princípio da administração aberta». Quanto ao resto, mantêm-se as diferentes normas: apreciar as queixas que lhes sejam dirigidas pelos interessados ao abrigo da presente lei,

---

esteja subjacente una classificação e uma classificação não caducada, independentemente da legalidade dessa classificação. Uma invocação indevida não basta, pois não é uma qualquer invocação do Segredo de Estado que coloca a apreciação do requerimento de acesso dentro da Lei n.º 6/94, para efeito da concretização da Comissão competente para dar parecer. Da mesma maneira que não é qualquer invocação da Lei referente ao conhecimento dos dados pessoais com tratamento automatizado ou do tratamento informatizado ou para informatização que fará deslocar a competencia da Comissão de Acesso aos Documentos Administrativos para a CPDP. A discussão só se efectuará na CFSE se a recusa de difusão da documentação estiver ou puder estar relacionada com um provável risco ou dano para a segurança nacional, interna ou externa. Se o documento não estiver classificado como Segredo de Estado, a recusa de acesso não pode colocar-se em termos de Segredo de Estado e por tanto será a Comissão de Acesso aos Documentos Administrativos a apreciá-la. Como o será se o documento for anterior a 25 de Abril sem reclassificação entre a entrada em vigor da Lei, ou seja entre 7 de Abril de 1994 e 7 de Abril de 1995. Ou se o documento estiver classificado há mais de 4 anos sem reclassificação tempestiva (7 de Abril de 1998 ou posteriormente), se o documento tiver sido classificado por entidade indevida, v.g. um Director Geral, etc., se o documento tiver sido classificado por urgencia a título provisório sem ratificação no prazo de 10 dias (mas já não se se quiser apreciar a urgencia da classificação provisória dentro dos 10 días de interdição válida), se se tratar de recusa de parte do documento não classificada sem invocação estrita de necessidade da mesma para proteger devidamente a parte classificada, se a classificação do documento em que assenta a recusa não estiver sequer fundamentada, se a recusa do documento classificado ou parte deste se processar sem invocação da argumentação classificatória que possa situar a recusa no âmbito do Segredo de Estado, a menos que se juntem elementos de informação que façam constatar a existência de uma classificação não caducada. Já a motivação errónea, independentemente de corresponder ou não a da classificação, deve ser apreciada pela CFSE (CONDESSO, F. – «A fiscalização do Segredo de Estado». In *Direito à Informação Administrativa*. Lisboa: PF, Janeiro 1995, p.441-455).

dar parecer sobre o acesso aos documentos nominativos, nos casos de invocação de interesse por parte de terceiros, a pedido do interessado ou do serviço requerido[549]. Face à nova redacção da lei dada pela lei n.º 94/99, de 6 de Julho, o procedimento de acesso pode iniciar-se sem o parecer prévio favorável. O parecer da Comissão de Acesso aos Documentos Administrativos integra-se no procedimento. Por isso, para que se estivesse a introduzir um esquema co-decisor seria necessário que o legislador o dissesse, o que não sucede. Sendo assim, há que entender que a Administração pode superar o parecer da Comissão de Acesso aos Documentos Administrativos. Tem que pedi-lo, mas não está obrigada a segui-lo[550].

D) Segredos económicos

Vejamos a questão do enquadramento dos segredos económicos ou segredos empresariais, referentes às informações comerciais, industriais e da vida interna das empresas.

---

[549] No concernente ao funcionamento da Comissão de Acesso aos Documentos Administrativos, a modificação mais importante reporta-se ao n.º 3 do artigo 20.º, que veio afastar a possibilidade de assinatura dos pareceres elaborados pelos funcionários e jurisconsultos da Comissão de Acesso aos Documentos Administrativos, eliminou, incorrectamente, pois a responsabilidade da aprovação final e portanto em relação ao seu conteúdo sempre é do órgão Comissão de Acesso aos Documentos Administrativos, a possibilidade flexibilizadora neste plano, segundo a qual os juristas, ao serviço da Comissão, podiam ser relatores, isto é, assumir a autoria de pareceres. Estes, agora, terão que ser sempre assinados pelos membros, titulares ou suplentes, da Comissão de Acesso aos Documentos Administrativos, sejam seus autores ou não, escondendo assim a autoria intelectual (doutrinal) dos mesmos, o que não deixa de ser atentatório da ética e em certas situações do próprio direito de autor, dado tratar-se de pareceres técnicos escritos. Com efeito, agora, os pareceres apenas «são elaborados pelos membros da Comissão de Acesso aos Documentos Administrativos, que podem solicitar para tal efeito o adequado apoio dos serviços» em termos anónimos.

[550] Recorde-se o disposto no artigo 15.º: «2 – A entidade a quem foi dirigido requerimento de acesso a documento nominativo de terceiro, desacompanhado de autorização escrita deste, solicita o parecer da Comisão de Acesso aos Documentos Administrativos sobre a possibilidade de revelação do documento, (...)». Aqui, é obrigatório solicita-lo e não solicitar ao cidadão que o faça, enquanto no número seguinte, o pedido da Administração é facultativo: «3 – O mesmo parecer pode ainda ser solicitado sempre que a entidade a quem foi dirigido requerimento de acesso tenha dúvidas sobre a qualificação do documento, sobre a natureza dos dados a revelar ou sobre a possibilidade da sua revelação».

Eles podem não ser livremente comunicados[551], ou, mesmo que a Administração Pública entenda comunicá-los, numa leitura ponderada da prevalência do interesse da transparência e controlo da actividade administrativa, está interditada a sua publicação e difusão em geral.

Há dados económicos, cuja interdição de acesso derivará da invocação do segredo de Estado, sempre que, no exercício do seu poder discricionário, a Administração Pública leve a cabo a respectiva classificação, em matérias de natureza comercial, industrial, científica, técnica e financeira, que interessem à preparação da defesa militar do Estado[552]. Mas há que reconhecer que o n.º 2 do artigo 268.º da Constituição não prevê esta excepção como tal, pelo que se pode colocar a questão da constitucionalidade da sua consagração autónoma na legislação ordinária. No entanto, esta problemática parece

---

[551] Sobre o conceito de «vida interna de uma empresa», vejam-se dois pareceres. O n.º 86/96, de 12.12.1996, referente a um pedido de um presidente de Câmara Municipal: síntese apresentada na Internet (*www.cada.pt*): «Pedido de parecer 'sobre a natureza nominativa ou não nominativa da declaração de rendimentos – modelo 22 – apresentado pelos concorrentes aos concursos de empreitadas de obras públicas à luz da Lei 65/93, a Comissão de Acesso aos Documentos Administrativos é de parecer que a declaração de rendimentos modelo 22 não constitui documento nominativo, por não conter informações relativas a pessoa singular. Porém, como o documento deve traduzir com veracidade dados reveladores do rendimento empresarial e porque esses dados configuram a noção de secretos sobre a vida interna das empresas, a Administração pode recusar o respectivo acesso, de acordo com o art. 10.º da Lei 65/93, com a redacção introduzida pela Lei n.º 8/95». E o parecer n.º 32/98, processo n.º 311, 4.3.1998, trata de um «Pedido de parecer sobre a possibilidade de revelar 'cópia do contrato celebrado entre o Ministério da Economia e a Grão-Pará, AS, englobando o Autódromo do Estoril, face à eventualidade de serem criados constrangimentos à vida interna das empresas envolvidas, nomeadamente no que diz respeito a outros credores. Face à concreta objecção levantada pelo Ministério da Economia, a Comissão de Acesso aos Documentos Administrativos foi de parecer que da leitura do acordo global não transparece que a sua divulgação constitua revelação de secretos sobre a vida interna das empresas nele envolvidas, pelo que deve ser facultado o acesso ao referido contrato (síntese difundida na INTERNET: *www.cada.pt*). Mas, de qualquer modo, caberá aos tribunais ir preenchendo um conceito tão impreciso, donde não pode sair um saco sem fundo que sirva para ocultar todo que diga respeito à organização e actividade das empresas.

[552] Diga-se, além disso, que a ligação das informações desta natureza aos aspectos militares de defesa denota uma concepção restrita e imperfeita de defesa nacional. Veja-se, em várias directrizes nacionais, as cláusulas de ordem pública de contratos internacionais, em domínios tecnológicos desligados do plano militar. A própria Constituição, no artigo 88.º, deu à economia um dado papel garantístico da independência nacional.

Direito dos Jornalistas à Informação e Documentação... 277

estar, hoje, superada, em face da aceitação, no caso, da aplicação da *doutrina dos limites imanentes aos direitos fundamentais*, no Acórdão do Tribunal Constitucional n.º 245/99, de 4 de Maio de 1999[553], sobre o direito de acesso a *informações económicas*. Com efeito, esta teoria foi apreciada e aplicada com grande desenvolvimento pelo Tribunal Constitucional, que admitiu uma leitura constitucional equilibrada, que o n.º 2 do artigo 268.º não exclui, segundo a qual *não há inconstitucionalidade da norma* constante do n.º 1 do artigo 10.º da Lei de Acesso aos Documentos Administrativos, que admite a recusa de documentos com *informações comerciais, industriais e da vida interna das empresas*, embora este último conceito, demasiado impreciso, só possa vir sendo densificado com segurança, casuisticamente, pela jurisprudência. Diga-se, aliás, que em geral se trata de uma *excepção difícil de delimitar*, cujo conteúdo, por isso, só poderá ir sendo preenchido de modo casuístico.

O caso levado a tribunal teve por base de recurso de inconstitucionalidade das normas constantes dos artigos 17.º do Decreto-Lei n.º 72/91[554], artigo 62.º do Código de Procedimento Administrativo[555],

---

[553] Embora com doutrina que, no futuro, poderá ter de ser, em parte, revista, se o legislador se atrever a querer aproveitá-la para admitir outras excepções, pelo que convém ter, também, presente a argumentação dos conselheiros vencidos. Independentemente da posição concreta, teria sido possível uma doutrina compromissória, menos permissiva, e que poderia ter evitado a clivagem tão profunda operada no TC. O «Acórdão» venceu, apenas, por um voto.

[554] O artigo 17.º do Decreto-Lei n.º 72/91 classifica como confidenciais os elementos apresentados para instrução dos processos de autorização de introdução no mercado, de fabrico e de comercialização de medicamentos de uso humano e sujeita ao dever de sigilo os funcionários que deles tenham conhecimento. O recorrente requereu o acesso a todos os documentos dos processos de autorização de introdução no mercado, incluindo os de renovação de autorização e de alteração de medicamento. E requereu-o como titular de um direito procedimental e instrumental ao acesso, com o fim de possibilitar o uso de meios administrativos ou contenciosos, nos termos do artigo 82.º da Lei de Processo dos Tribunais Administrativos. A decisão recorrida entendeu que o recorrente tinha um interesse procedimental ao acesso, nos termos do artigo 62.º do CPA, por aplicação extensiva deste artigo, por força do artigo 64.º da mesma Lei, não por ter um interesse directo no procedimento, mas por ter um interesse legítimo no conhecimento dos elementos que pretende, porque esse interesse só era tutelado, nos termos desse artigo 62.º, do artigo 82.º da LPTA e do artigo 17.º do Decreto-Lei n.º 72/91, relativamente a certos documentos e não a outros. Em especial foi proibida a consulta integral de qualquer dos processos de autorização no mercado, de renovação da autorização e de alteração de medicamento, dos elementos que

278 *Direito da Comunicação Social*

artigo 10.º da Lei nº 65/93 (na redacção dada pela Lei n.º 8/95[556]), e artigo 82.º, n.º 3 da Lei de Processo dos Tribunais Administrativos (Decreto-Lei n.º 267/85, de 16 de Julho)[557], com fundamento de que seriam «incompatíveis com os n.º 1, 2 e 4 do artigo 268.º da Consti-

---

contem, com excepção dos certificados relativos à composição qualitativa e quantitativa dos componentes, à documentação toxicológica ou farmacológica, aos ensaios clínicos, aos pareceres de inspecção, e com excepção ainda da consulta dos documentos relativos às matérias assim delimitadas e dos certificados dos pedidos de renovação de autorização e de alteração de medicamento e respectivas decisões fundamentadas. Fica assim abrangida pela proibição de consulta e de emissão de certificado toda a restante documentação científica, nomeadamente a relativa ao modo de preparação, ao controlo das matérias primas, ao controlo efectuado nas fases intermédias do processo de fabrico, ao controlo do produto acabado, aos ensaios de estabilidade, de biodisponibilidade/ bioequivalência, e a de farmacologia clínica.

[555] Artigo 62.º do Código de Procedimento Administrativo (*Consulta do processo e passagem de certificados*): «1. Os interessados têm direito de consultar o processo que não contenha documentos classificados, ou que revelem secreto comercial ou industrial ou secreto relativo à propriedade literária, artística ou científica. 2. O direito referido no número anterior abrange os documentos nominativos relativos a terceiros, desde que excluídos os dados pessoais que não sejam públicos, nos termos legais. 3. Os interessados têm o direito, mediante o pagamento das importâncias que forem devidas, de obter certificado, reprodução ou declaração autenticada dos documentos que constem dos processos a que tenham acesso».

[556] Artigo 10.º da Lei n.º 65/93 (Uso ilegítimo de informações): «1 – A Administração pode recusar o acesso a documentos cuja comunicação ponha em causa secretos comerciais, industriais ou sobre a vida interna das empresas. 2 – É vedada a utilização de informações com desrespeito dos direitos de autor e dos direitos de propriedade industrial, assim como a reprodução, difusão e utilização de estes documentos e respectivas informações que possam configurar práticas de concorrência desleal. 3 – Os dados pessoais comunicados a terceiros não podem ser utilizados para fins diversos dos que determinaram o acesso, sob pena de responsabilidade por perdas e danos, nos termos legais».

[557] Artigo 82.º da Lei de Processo nos Tribunais Administrativos (*Intimação para consulta de documentos ou passagem de certificados; Pressupostos*): «1. A fim de permitir o uso de meios administrativos ou contenciosos, devem as autoridades públicas facultar a consulta de documentos ou processos e passar certificados, a requerimento do interessado ou do Ministério Público, no prazo de 10 dias, salvo em matérias secretas ou confidenciais. 2. Decorrido esse prazo sem que os documentos ou processos sejam facultados ou as certificados passadas, pode o requerente, dentro de um mês, pedir ao tribunal administrativo de círculo a intimação da autoridade para satisfazer o seu pedido. 3. Só podem considerar-se matérias secretas ou confidenciais aquelas em que a reserva se imponha para a prossecução de interesse público especialmente relevante, designadamente em questões de defesa nacional, segurança interna e política externa, ou para a tutela de direitos fundamentais dos cidadãos, em especial o respeito da intimidade da sua vida privada e familiar.» (Sentença do TC n.º 254/99, de 4 de Maio de 1999: *www.tribunalconstitucional.pt*).

Direito dos Jornalistas à Informação e Documentação... 279

tuição, na medida em que excluíam ou poderiam ser interpretados como excluindo do direito «à informação procedimental e instrumental – documentos cuja comunicação ponha em causa segredos comerciais, industriais ou sobre a vida interna das empresas, ou segredos relativos à propriedade literária, artística ou científica»[558/559], o que o

---

[558] Nesta sentença, estava em causa o direito de acesso, na forma de directo de consulta e de direito de obter um certificado do documento administrativo, por parte de una pessoa com interesse legítimo no conhecimento dos elementos que lhes permitam usar meios administrativos ou contencioso-administrativos, aos documentos de um processo administrativo, tidos como relevantes para o fim jurisdicional. Segundo indica o n.º 7 da sentença, a recorrente «pretende que os limites do direito de acesso do n.º 2 do artigo 268.º são só os que resultam da reserva de lei em matérias relativas à segurança interna e externa, à investigação criminal e à intimidade das pessoas e que estes limites valham para todos os direitos de informação consagrados explícita ou implicitamente no mesmo artigo. Não tem razão em nenhum destes pontos».

[559] Este acórdão foi tirado por um único voto de diferença, o que permite crer em possíveis repetições da reflexão sobre o tema. A Declaração de voto de Bravo Serra foi compartilhada pelo vice-presidente do Tribunal, Luís Nunes de Almeida, e por mais quatro juízes, Maria dos Prazeres Pizarro Beleza, Maria Helena Brito, Artur Maurício, Guilherme da Fonseca. Vencidos por um voto, quanto à decisão e à motivação, declararam claramente a sua oposição à aplicação da doutrina dos limites imanentes, neste caso. Como refere Bravo Serra, «a questão que se coloca é, justamente, a de saber se tal direito pode ser restringido pelas normas em apreço, quando interpretadas de sorte a salvaguardarem 'segredos comerciais, segredos industriais, segredos sobre a vida interna das empresas ou segredos relativos à propriedade literária, artística ou científica'.» Acrescentando a declaração de voto: «(...) não acompanho, porém, a fundamentação – e conclusões doa extraídas (...), no particular em que se refere a que o estatuído na parte final do nº 2 do artículo 268º da Constituição não constitui, em rectas contas, qualquer restrição ao derecho aí consagrado, antes se perspectivando como o estabelecimento de limites resultantes da reserva de lei (em matérias conexionadas com a segurança interna e externa, investigação criminal e intimidade das pessoas). (...), pelo contrário, aquele direito – o direito de acesso aos arquivos e registos administrativos –, de natureza análoga aos direitos, liberdades e garantias enunciados no Título II da Parte I da Lei Fundamental, deve ser visualizado como de 'livre expansão'. Todavia, tal como estes últimos, admite-se a possibilidade da respectiva restrição, conquanto, como é óbvio, isso esteja expressamente previsto na Constituição. Neste contexto, leio a parte final do nº 2 do aludido artículo 268º como um expresso estabelecimento, pela própria Constituição, de restrições à 'livre expansão' do direito de acesso aos arquivos e registos administrativos, caso estejam em causa aquelas matérias. Simplesmente, a meu ver, nem tudo o que, em abstracto, com elas se relacione ou possa relacionar, veda esse direito, mas sim, e só, o que, sendo incluível em tais matérias, a lei ordinária venha a prescrever». e acrescenta o juiz que é inaceitável considerar que «a parte final do nº 2 do artículo 268º mais não estabelece do que uma remissão para a lei ordinária ou, se se quiser, de uma enunciação, por esta, dos limites do próprio direito. Não se nega que, havendo conflitos ou 'pontos de

280   *Direito da Comunicação Social*

contacto' tendencialmente contraditórios entre direito fundamentais ou outros a eles análogos, e postando-se situações de não existência de relações de hierarquia ou especialidade, se lance mão de critérios de harmonização tendente ao melhor equilíbrio possível. Contudo (...), não faria sentido que, por apelo à teoria dos 'limites a posteriori' ou dos 'limites imanentes' (*recte,* 'limites imanentes' não expressos), pudesse um tal exercício, para além daquelas restrições, ser objecto de uma eventual «compressão' ou 'diminuição' da sua livre 'expansão', ditada pela casuística ponderação de bens e interesses constitucionalmente protegidos, (...) tendo levado a efeito aquela prescrição, ainda admita situações que, na prática e vista uma eventual concorrência com outros direitos ou interesses constitucionalmente protegidos, redundem na ocorrência de outras 'compressões' ou 'limitações', já não fundadas numa concretização ou doimitação legal do texto constitucional onde expressamente se previram aqueles modos». Mismo que se conceda «que existam bens ou interesses, nomeadamente tutelados pela Constituição, que imporiam a necessidade de serem ressalvados do livre exercício de um direito análogo a um direito fundamental como o em causa, tendo em conta que o legislador constituinte apenas estatuiu a possibilidade de um dado corte de ressalvas, não se me afigura lícito que aquele operador possa ir para além da vontade do mencionado legislador (cfr., sobre a dificuldade advinda para o legislador ordinário no estabelecimento de restrições ao livre acceso aos registos e arquivos administrativos, face ao que se estabelece na parte final do n° 2 do artículo 268° da Constituição, FERNANDO CONDESSO, *Direito à Informação Administrativa,* 1995, 359).» Y sigue el juez su argumntación deciendo que la conclusión aun se torna más clara «(...) quando em causa está o exercício do direito de acesso aos registos e arquivos administrativos como condição instrumental indispensável, quer para a formação da vontade de impugnar determinada decisão administrativa, quer para o exercício da garantia da tutela jurisdicional efectiva dos seus derechos e interesses legalmente protegidos», pues «nesses casos, em nome de uma 'harmonização' dos dois direitos em conflito – de uma banda, o direito de propriedade e, de outra, o direito de acesso aos arquivos e registos administrativos –, suportada na consideração que o primeiro apresenta determinados limites cuja enunciação é 'degradada' pela Constituição para a lei ordinária, vai-se, ao fim e ao resto, para além da diminuição de um dado conteúdo do primeiro, postergar irremediavelmente aqueloutro direito que o próprio Acórdão reconhece não apresentar limites a priori.» En efecto, considerase que «uma limitação ao direito de acesso aos registos e arquivos administrativos em nome da resolução de situações de conflito em matéria de secreto comercial ou industrial, (...) vai, de todo, impedir a possibilidade de o interessado formar a sua vontade de impugnação do acto administrativo – por isso que aquele acceso se desenha, como se viu, como uma condição indispensável para tanto – e, em consequência, essa limitação posta-se, na minha perspectiva, como desnecessária e desproporcionada, indo, porventura, ao ponto de diminuir o conteúdo essencial da garantia de tutela prescrita no n° 4 do artículo 268° da Constituição, com o que se desenhará a violação do n° 2 do seu artículo 18°». E, así, concluye que, en el caso, deveriam julgar inconstitucionais, por violação da conjugação dos números 2 e 4 do artículo 268° da Lei Fundamental, as normas constantes dos artículos 17°, do Decreto-Lei n° 72/91, de 8 de Fevereiro, 62°, do Código de Procedimento Administrativo, aprovado pelo Decreto-Lei n° 442/91, de 15 de Novembro, na redacção introduzida pelo Decreto-Lei n° 6/96, de 31 de Janeiro, e 82°, n° 3, da Lei de Processo nos Tribunais Administrativos, aprovada pelo

Direito dos Jornalistas à Informação e Documentação... 281

acórdão do Tribunal Constitucional afasta[560/561], procurando demonstrar a possibilidade em abstracto de restrições aos direitos de infor-

Decreto-Lei nº 267/85, de 16 de Julho, quando interpretadas no sentido de que, por razões de protecção de propriedade intelectual e respectivos secretos comerciais e industriais, é possível restringir o acceso aos arquivos e registos administrativos, quando esse acceso se configure como condição instrumental indispensável para o eventual exercício da tutela jurisdicional efectiva de derechos ou interesses legalmente protegidos de quem quer aceder a tais arquivos e registos.» (ibidem)

[560] N.º 11.

[561] Sobre as razões da admissão tão ampla de limites, mesmo em relação ao acesso para fins impugnatórios administrativos e jurisdicionais, a sentença, no n.º7, diz o seguinte: «Em primeiro lugar, a Constituição claramente diz o contrário, ao dispor apenas no caso do direito de acesso do nº 2 que limites podem ser estabelecidos por uma reserva de lei, o que representa uma degradação ou uma hipoteca (usando a terminologia de Gomes Canotilho, *Revista de Legislação e Jurisprudência*, 125, 1992, p. 254), relativamente ao regime do direito à informação procedimental do nº 1 e do direito instrumental à informação derivado do direito do administrado à tutela jurisdicional dos nº 4 e 5 do artículo 268º. Estes direitos são reconhecidos sem limites explícitos. A formulação da reserva de lei, ao dizer que o direito de acesso é reconhecido «sem prejuízo do disposto na lei em matérias relativas à segurança interna e externa, à investigação criminal e à intimidade das pessoas», implica até uma prevalência de princípio dos interesses na confidencialidade regulados nessas matérias sobre o direito ao acesso que podem, porventura em nome do critério do melhor equilíbrio possível entre os direitos em conflito (invocado no acórdão recorrido), justificar nas circunstâncias dadas o sacrifício da confidencialidade (ver as cautelas do Acórdão n.º 177/92, l. c., p. 405). Nada disto se aplica aos outros direitos à informação consagrados no artículo 268º. Em segundo lugar, sem exceptuar o do nº 2, todos os direitos de informação frente à Administração Pública consagrados no artículo 268º estão limitados por outros direitos ou bens constitucionalmente protegidos que com eles conflituam (assim Gomes Canotilho, ibidem). Tais limites, ditos a posteriori, por se determinarem depois da determinação do conteúdo do direito por via de interpretação (a qual poderá determinar limites desse conteúdo), sempre seriam admissíveis, quer no direito de informação procedimental do nº 1, quer no direito de informação instrumental do direito de tutela jurisdicional. Os dois direitos estão, aliás, estreitamente ligados na sua regulação legal, na medida em que o CPA e a LPTA integram o último no regime do direito de informação procedimental do artículo 62º do CPA e do artículo 82º do LPTA, e ainda na medida em que se considera, como o acórdão aqui recorrido, que o interesse na informação pretendida para uso administrativo ou procedimental é um interesse legítimo no conhecimento dos elementos pretendidos a que se refere o 64º do CPA para o efeito de considerar o direito de informação procedimental reconhecido no artículo 62º extensivo às pessoas que provem ter tal interesse. Ora não há nenhuma razão para que limites do mesmo género não existam no caso do direito de acesso do nº 2. É que se trata de um género de limites que existe qualquer que seja o modo de definição de um direito na Constituição, porque resultam simplesmente da existência de outros direitos ou bens, igualmente reconhecidos na Constituição e que em certas circunstâncias com eles conflituam, bem como da possibilidade de conflitos em certas

282   *Direito da Comunicação Social*

circunstâncias entre direitos idênticos na titularidade de diferentes pessoas. Os conflitos não podem ser evitados a não ser pela previsão na Constituição dessas circunstâncias e pela consequente transformação dos elementos do conflito em elementos da definição dos direitos ou bens constitucionais em jogo. Ora a previsão exaustiva das circunstâncias que podem dar lugar a conflitos deste tipo é praticamente impossível pela imprevisibilidade das situações de vida e pelos limites da linguagem que procura prevê-las em normas jurídicas, além de que a Constituição nunca pretendeu regular pormenorizadamente, ou tão exaustivamente quanto possível, os direitos que consagra. Estas considerações aplicam-se a todos os direitos fundamentais reconhecidos na Constituição. Todos esses direitos podem ser limitados ou comprimidos por outros direitos ou bens constitucionalmente protegidos, sem excluir a possibilidade de conflitos entre direitos idênticos na titularidade de diferentes pessoas (pense-se, quanto ao direito à vida, no regime legal de legítima defesa e do conflito de deveres, e no dever fundamental de defesa da Pátria – artigo 276º nº 1 da Constituição), sendo sempre necessário fundamentar a necessidade da limitação ou compressão quando ela não se obtém por interpretação das normas constitucionais que regulam esses direitos». E no número 8, a sentença volta à questão dos limites expressos e implícitos, argumentando-se que: «Não vale dizer, em contrário, que quando a Constituição consagra um limite expresso, seja ele uma reserva de lei, implica que nenhum outro limite foi desejado. Este argumento obviamente não procede. Ele subentende que o limite expresso, ou a reserva de lei, é uma excepção e que existe uma regra que proíbe a existência de outras excepções além das expressas. A primeira premissa não é verdadeira. A reserva de lei do nº 2 é uma remissão da Constituição para a lei e não uma excepção constitucional a normas constitucionais. É certo que da existência de uma remissão explícita não se deduz qualquer outra remissão e pode deduzir-se o carácter excepcional da remissão. Assim o nº 2 do artigo 268º implica que em matérias que não sejam relativas à segurança interna e externa, à investigação criminal e à intimidade das pessoas, o direito de acesso aos arquivos e registos administrativos não tem à partida (*prima facie, a priori*) os limites que resultam da lei nestas matérias. Nessas outras matérias apenas pode ter a posteriori os limites que resultam da solução constitucional das situações de conflito com outros bens ou interesses constitucionalmente protegidos, que são os únicos que valem para os direitos de informação procedimental ou instrumental do direito de tutela jurisdicional dos nºs 1,4 e 5 do artigo 268º. Assim, em relação a direitos que formula à partida sem qualquer limite, para além do que resulta imediatamente da definição constitucional do seu objecto como a liberdade de expressão e informação (artigo 37º, nº 1), a própria Constituição admite que o seu exercício pode constituir infracção criminal, ilícito de mera ordenação social e ilícito civil (nºs 3 e 4 do artigo 37º) e o Tribunal Constitucional entendeu que o seu exercício poderia ainda constituir ilícito disciplinar (Acórdão nº 81/84, Acórdãos cit., 4, pp. 225 ss., especialmente 233-234; cfr. sobre conflitos com o mesmo direito, o Acórdão nº 113/97, *Diário da República*, II série de 15-4-1997, pp. 4478, 4481). Temos aqui um direito fundamental sem explícitos limites *a priori*, que a Constituição reconhece ter limites a posteriori em certas áreas e em que a lei criou limites a posteriori em outras áreas. Também o direito à reserva da intimidade da vida privada e familiar é consagrado à partida no nº 1 do artigo 25º da Constituição sem qualquer limite e, no entanto, o Tribunal Constitucional admitiu que em hipóteses de grande interesse para a descoberta da verdade ou para a prova (e, portanto, de conflito com o

Direito dos Jornalistas à Informação e Documentação...   283

mação[562], mas válida em geral em situações de conflitos «entre direitos fundamentais (ou interesses constitucionalmente protegidos), tanto em matérias relativas à segurança interna e externa, à investigação criminal e à intimidade das pessoas, como noutras matérias[563].»

---

interesse na prossecução penal e com o princípio da verdade material) pode haver intercepção e gravação de comunicações telefónicas (Acórdão nº 7/87, Acórdãos cit., 9, pp. 7 ss., 35; cfr., de modo semelhante, quanto ao uso, não consentido pelo visado, de fotografia como prova em processo de divórcio, o Acórdão nº 263/97, Diário da República, II série, de 1-7-1997, pp. 7567, 7569). É certo que no acórdão nº 7/87 o Tribunal invocou a reserva de lei em matéria de processo criminal que limita à partida o direito ao sigilo da correspondência e dos outros meios de comunicação privada (arts. 34º, nᵒˢ 1 e 4), mas estava em causa apenas a hipótese em que o sigilo diz respeito a matéria de reserva da intimidade, em que não há reserva de lei. Também o direito de acesso a cargos públicos electivos (artículo 50º, nº 1 da Constituição) era, antes da revisão de 1989, consagrado sem limites à partida além dos que resultavam de outros preceitos constitucionais directamente para os magistrados judiciais (artículo 221º, nº 3, hoje 216 nº 3) ou através de reservas de lei para os militares e agentes militarizados (artículo 270º) e para as eleições para a Assembleia da República (artículo 153º, hoje 150º). Mas nos acórdãos nºs 225/85 e 244/85 (Acórdãos cit., 6, pp.793 ss., 798-801 e pp. 211 ss., 217-228) o Tribunal admitiu restrições legais para os funcionários judiciais (em vista do interesse na separação e independência das funções autárquica e judicial) e para os funcionários e agentes da administração autárquica directa da mesma autarquia (em vista do interesse na independência e imparcialidade do poder local). Em ambos os casos as restrições expressas na Constituição ou resultantes das reservas de lei em certas matérias fundaram argumentos no sentido da admissibilidade de outras restrições, em hipóteses de conflito de derechos ou interesses constitucionalmente reconhecidos» (ibidem).

[562] Previstos tanto no n.º 2 do artigo 268.º – que não está directamente em causa –, como no n.º 1 do artigo 268.º, ou derivados dos n.º 4 e 5 do mesmo artigo.

[563] Além disso, vencido o principio dos limites imanentes, haveria também que saber, se, em concreto, o tribunal *a quo* teria ofendido o princípio da interdição de excesso, por que que se reflecte sobre tal, fazendo-se as seguintes considerações: «falta demonstrar a necessidade e a proporcionalidade de restrições determinadas por situações de conflito em matéria de secreto comercial ou industrial, de direitos de autor ou de direitos de propriedade industrial, e de concorrência desleal, tendo em vista os critérios dos nᵒˢ 2 e 3 do artículo 18º. Como se disse no acórdão nº 282/86 (Acórdãos cit., 8, p.223), o princípio da necessidade e da proporcionalidade – esta não é mais do que a necessidade não apenas da existência de restrição, mas de certa medida ou modo de restrição -enunciado no artículo 18º, nº 2 vale directamente para todas as medidas restritivas dos direitos fundamentais. A sua aplicação exige a definição genérica ("tem de revestir carácter geral e abstracto": nº 3 do artículo 18º) das situações de conflito entre direitos fundamentais ou interesses constitucionalmente pro-tegidos, o que equivale à enunciação das circunstâncias ou dos pressupostos de facto em que o direitos prevalece e das circunstâncias ou dos pressupostos de facto em que o direito é restringido. As longas demonstrações da existência ou inexistência de necessidade e de

Mas certas informações são apenas objecto de proibição de uso fora dos fins da legislação do acesso, em nome do respeito pelos direitos de autor e da propriedade industrial[564]. Em geral, a razão de ser destas proibições pretende impedir o aproveitamento do direito de acesso para fins comerciais, o *uso indevido ou abuso do direito de acesso*.

De qualquer modo, quando entenda não comunicar uma dada informação nestas matérias, a Administração não está isenta do comprimento do princípio geral consagrado na lei, do ocultamento através de acantonamento ou sombreamento da informação a interditar, revelando toda a restante informação, que se recolha no dossier ou documento em causa. Com esta possibilidade de que a Administração não efectue a comunicação, pretende-se a protecção da confidencialidade dos negócios, quando tal possa causar dano às empresas implicadas, e evitar a difusão de informações prejudiciais aos interesses comerciais e ao crédito das empresas[565].

No fundo, podemos distinguir informações que, desde o princípio, aparecem como, naturalmente, interditáveis, sem necessidade de apreciações sobre a sua confidencialidade, e, portanto, as que a Administração deverá, em princípio, sob pena de responsabilidade civil por danos, tratar «automaticamemte» como confidenciáveis, não sendo conhecidas ou difundíveis por outros meios e inexistindo autorização da empresa para que as informações sejam públicas, e outras

---

proporcionalidade da restrição em determinados pressupostos constituem a substância quer das opiniões que fizeram vencimento como das vencidas no referido Acórdão nº 282/86 (sobre a suspensão e o cancelamento dos direitos emergentes dos técnicos de contas), assim como, também por exemplo, no Acórdão nº 103/87 (sobre restrições aos direitos fundamentais dos agentes da Polícia de Segurança Pública).

[564] Veja-se o artigo 10.º da Lei n.º 65/93 (*Uso ilegítimo de informações*), transcrito na nota 755.

[565] SCOFFONI, Guy – *Le Droit a l'information Administrative aux États-Unis:Du modèle americain au sistéme français de transparence*. Paris: Economica, 1992, p.192 e ss. Quanto aos *segredos comerciais e industriais*, directamente invocáveis para recusar o acesso, temos as informações não indiferentes à concorrência, como os segredos de dados económicos e financeiros ou das estratégias comerciais, segredos fiscais sobre la situação económico-financeira das empresas, segredos de negócios, procedimentos e técnicas de fabrico, operações e métodos de trabalho, dados estatísticos confidenciais, ficheiros de clientes, informações sobre lucros e cargas, inventários, resultados de investigações, relaciones comerciais, pareceres sobre quotas de mercado, etc.

Direito dos Jornalistas à Informação e Documentação...

informações, que somente são interditáveis se tratam de inconfidências passíveis de, em concreto, poder causar prejuízos às empresas, implicam uma apreciação caso a caso[566].

Em alguns casos, o poder de não comunicar corresponde a um dever de ocultar, de reserva. A lei deixou, em geral, à *apreciação casuística da Administração* a questão da comunicabilidade ou não. E este enquadramento é correcto, na medida em que as soluções rígidas sacrificariam, sobretudo, o âmbito material de informação, no que o interesse particular é relativo e o interesse da fiscalização pública pode ser grande, como sucederá em situações de risco ambiental ou de suspeita de actuação parcial de a Administração[567]. Portanto, o *critério interditador* do acesso, a praticar pela Administração, independentemente do atribuído «poder discricionário», efectuado em termos genéricos, tem que partir da ideia de que existem documentos confidenciais por natureza e outros documentos que somente o serão, ao admitir-se que a sua difusão possa causar prejuízo. Isto pressupõe um juízo de apreciação no que aparece como relevante a efectivação de uma ponderação conjunta de três elementos. Por um lado, naturalmente, o eventual valor comercial do documento ou da informação. Depois, a não comprovação de que a informação já é do domínio público. É importante que esta todavia não seja conhecida fora do âmbito da empresa implicada na informação e da Administração detentora do documento solicitado, onde esta se insere. E, finalmente, a não verificação da possibilidade de a obtenção da informação constante deste documento, por outras vias. Podemos decompor o conjunto de informações comerciais e industriais interditáveis, essen-

---

[566] Isto, por cautela, deverá levar a Administração Pública a ouvir, previamente à sua decisão, as próprias empresas, a que se referem as informações envolvidas nos documentos solicitados, como eventuais contra-interessados na comunicação, nos termos da intenção decisória a proferir. Nestas situações, havendo conflitualidade e duvidas, a decisão da Administração, ponderados os distintos interesses, e sobretudo se forem meramente económicos, o que não ocorre com a defesa do ambiente e dos interesses difusos em geral, não deveria ser executada, existindo declaração de intenção de interposição de recurso administrativo ou contencioso e os mesmos ocorram dentro dos respectivos prazos procedimentais e processuais.

[567] De qualquer modo, qualquer comunicação que cause danos a particulares é justificativa da responsabilidade civil extracontratual.

286   *Direito da Comunicação Social*

cialmente em três grandes grupos temáticos[568]: o dos procedimentos técnicos de fabricação o de comercialização, o de as informações económicas e financeiras de carácter relacional concreto e o de as estratégias comerciais de a empresa em causa. Enquanto a as informações referentes a procedimentos de actividade, v.g. as técnica de fabricação usadas o os trabalhos de investigação em curso, não devem ser comunicados, pois isso seria desvendar o saber-fazer da empresa. Aqui estamos perante segredos vinculados a patentes de invenção, equipamentos usados, partes de pareceres de inspecção de instalações, quando descrevam procedimentos de fabrico e de contratos de ajuda à inovação, entre uma empresa e um instituto público de apoio à investigação. E no âmbito de questões ambientais, são interditáveis as análise de resíduos de uma fábrica, quando a composição destes possa permitir chegar aos procedimentos de fabrico, ou análises periódicas com informações sobre o volume das produções ou técnicas usadas, etc.. De qualquer modo, em geral, em relação a todas estas situações, deve entender-se que esta orientação não somente não prejudica, naturalmente, a divulgação prevista em leis especiais como «sanções» pela prática de irregularidades, como, independentemente disto, não pode impor-se sempre que esteja em causa a saúde pública ou grave atentado contra valores ambientais. Em nome de uma cláusula vital, tal deve ter primazia sobre qualquer tipo de regras de secretismo. Quanto às informações económico-financeiras, ou seja, aos dados sobre a situação económica de una empresa, a sua saúde financeira e o seu crédito, não devem ser livremente comunicáveis documentos que revelem o volume de negócios e o nível de actividade empresarial. A doutrina da Comissão de Acesso aos Documentos Administrativos francesa revelou-se desfavorável à revelação de, v.g. estatísticas referentes ao consumo de farinha por parte dos padeiros, ao consumo de electricidade ou relatórios de auditorias. Obviamente, que esta interdição se refere aos cidadãos em geral e não a pessoas que justifiquem ter um interesse legítimo no acesso à referida informação.

---

[568] Castro Martins, A. – «Acesso à informação do Sector Público: Princípios Gerais». In *Comissão de Acesso aos Documentos Administrativos: 3.º Relatório da Actividades*. Lisboa:Comissão de Acesso aos Documentos Administrativos, 1997, p. 20-21; Condesso, F. – «O direito à informação administrativa». In *Cadernos de Ciência da Legislação*. Oeiras: INA, 1996, p. 92-5.

Direito dos Jornalistas à Informação e Documentação... 287

Quanto às *estratégias comerciais*, esta temática ganha acuidade no domínio dos contratos de concessão da Administração Pública. Não está em causa o acesso a toda a documentação referente aos concursos públicos ou determinando as condições de preço acordadas entre a Administração Pública e a empresa, que afectam o custo do serviço público ou a facturas ou documentos de execução contabilística[569]. Somente a análise de cada caso pode permitir concluir sobre a razoabilidade de uma eventual interdição de acesso ou, pelo contrário, da ofensa ao princípio da interdição do excesso administrativo, com tal comportamento[570].

Quanto à *dimensão dos documentos empresariais ocultáveis*, estamos perante um tema da máxima importância no plano da defesa do ambiente. O n.º 5 do artigo 8.º passou com a revisão de 1999 a ter a redacção que consta do n.º 6 do artigo 7.º, nos termos da qual «Os documentos a que se refere a lei são objecto de comunicação parcial sempre que seja possível expurgar a informação relativa à matéria reservada». Disciplina que já constituía a regra, por *três ordens de argumentos*. Por um lado, dada a necessidade de, em geral, se observar o *princípio da proporcionalidade na interdição documental*. Por outro, dada a vigência de um princípio geral, na matéria, o *princípio do acantonamento ou do sombreamento*, aplicável também aos do-

---

[569] Mas, por exemplo, os resultados das empresas concessionárias foram considerados inacessíveis no Parecer Bisson, da Comissão de Acesso aos Documentos Administrativos francesa, emitido en 26.4.1990. Em França, o segredo das estratégias comerciais também protege as empresas, quanto aos documentos remitidos para obter autorizaçõs ou subvençães, o que em termos genéricos parece contraditório com os objectivos de transparência que justificam o direito geral de acceso, precisamente nas áreas onde ela mais se exige.

[570] Das Onga, a Geota e a Liga para a Protecção da Natureza solicitaram ao Presidente do Gattel cópias do contrato de concessão e construção da nova ponte sobre o Tejo, celebrado entre o Governo y a Lusoponte (*Caso LPN contra Gattel*). A Comissão de Acesso aos Documentos Administrativos pronunciou-se desfavoravelmente ao accesso a uma parte desses documentos: anexo 1 (Contrato de Projecto e de Construção); anexo 2 (Contrato de Exploração e Manutenção); anexo 3 (Contrato de Financiamento); anexo 9 (Caso Base); anexo 11 (Acordo de Subscrição e Realização do Capital). Esta parte era constituída por minutas de contratos de direito privado em que o Estado não é parte, pois neles intervieram só a concessionária e terceiros. E o Anexo 9 refere-se ao sistema de engenharia financeira do empreendimento (Veja-se Comisão de Acceso aos Documentos Administrativos – «Parecer n.º 17/95, de 20.61995». In *Relatório de Actividades da Comisão de Acceso os Documentos Administrativos 1994-1995*. Lisboa:Comissão de Acesso aos Documentos Administrativos, 1996, p.136-142).

288   *Direito da Comunicação Social*

cumentos com dados empresariais, que a Administração pretendesse ocultar. E, finalmente, porque a *lei tem de ser interpretada de acordo com o princípio da transparência*, onde não se imponha a incomunicabilidade. E depois porque a alteração em causa, referente a informações comerciais, industriais e da vida interna das empresas, nem sequer vedava à Administração a interdição de acesso, mas unicamente lhe dava em relação a essas informações (não aos documentos em geral de onde estas constam) a possibilidade de as mesmas serem ocultadas.

Em geral, em relação ao acesso a estes *dados empresariais*, deixa-se a possibilidade de *interdição ao critério da Administração*, para evitar a *interdição sistemática*, que não se pode justificar em muitas situações. Assim, estamos perante um *poder discricionário* de interditar, e não frente a uma obrigação de interdição. Por tudo isto, por maioria de razão, não poderia colocar-se qualquer questão de possibilidade de interdição em relação com a matéria que não só não é confidenciável, isto é, nem sequer é informação do género da indicada, donde claramente, apesar da sua inserção no substrato conjunto, nenhuma razão pode haver para a incomunicabilidade, como tendo a Administração um poder discricionário, a exercer com respeito pelo princípio da proporcionalidade, sob pena de vício de «violação de lei», não poderia interditar as informações que não tenham natureza comercial, industrial ou referente à vida interna das empresas. Esta regra devia já considerar-se também aplicável às situações enquadradas na norma, resultante da alteração efectuada pela Lei n.º 8/95, de 29 de Março, embora esta haja evitado dizer expressamente, que se faz agora. Resumindo, esta norma não vem acrescentar nada, que já não resultasse do regime da Lei de Acesso aos Documentos Administrativos.

6.4. Consequências da interdição de informações em face da existência de excepções

E, em geral, a *recusa do acesso directo à documentação* pode ser substituída pela *comunicação de fotocópia*, quando for possível aplicar os princípios do sombreamento ou do acantonamento. No caso de, v.g., um pedido de acesso directo a um dossier hospitalar de um doente ou funcionário, com anotações de desvalor, em certo documento, em termos de competência ou de natureza temperamental, para a actuação de um dirigente ou médico interveniente na relação médica ou laboral, haverá recusa de acesso a esse exame, mas o interessado tem a possibilidade de requerer fotocópia com ocultação de parte do texto ou sombreamento dos trechos em causa, se tal for possível, embora nunca possa exigir-se a reelaboração do mesmo, para efeito de expurgo manual das anotações em causa. A este respeito, diga-se que, normalmente, o acesso de uma pessoa a uma agenda, lista telefónica ou caderno de apontamentos de alguém que exerça funções na Administração pública e que contenha informações sobre actos seus, no exercício das mesmas, não está excluído do acesso, a menos que sejam documentos de utilização conjunta na sua vida privada, pois na prática não será possível eliminar os dados privados sem reconstituição da informação noutro substrato documental, o que a lei não obriga.

Acrescente-se, desde já, que, em geral, qualquer administrado que constate que a Administração Pública detém *dados sobre si, de natureza pessoal, incorrectos, ou seja, inexactos, insuficientes ou excessivos*, tem direito a exigir a sua correcção, quer o tratamento seja automatizado ou não, só sendo possível depois aos serviços públicos usar ou comunicar a versão corrigida (artigo 9.º).

Caso a reprodução por fotocópia cause *dano ao documento*, pode o interessado optar pelo exame directo do documento e registo pessoal das informações ou, se preferir ou haver dados a ocultar, pela fotocópia de uma fotocópia detida pelos serviços para o efeito, com direito a conferimento visual do original. Assim, em relação a um documento deteriorado constante de substrato passível de cópia, em fase de arquivo activo ou intermédio, a Administração Pública deve tirar uma fotocópia para reprodução ao abrigo da Lei de Acesso aos Documentos Administrativos, sendo em princípio ilegal a mera recusa de acesso.

Os documentos que obrem em *procedimentos administrativos sem decisão* ainda tomada estão sujeitos a comunicação diferida para depois desta, com as excepções em geral previstas no C.P.A., ligadas à demonstração de interesses legítimos nesse acesso pré-decisional e em legislação específica, designadamente ambiental. No que diz respeito, v.g., a concursos de empreitadas, se um cidadão qualquer

290   *Direito da Comunicação Social*

requerer uma fotocópia de documentos que constem de um processo em fase final de ponderação das propostas, terá um despacho de recusa de acesso, mas nada impede que exija a comunicação dos dados que, em geral, constam do mesmo, uma vez a adjudicação efectivada, com eventual reserva, sendo terceiro ao concurso, de dados de complexa engenharia financeira ou outros segredos empresariais, cuja divulgação possa causar dano económico e que a Administração Pública, eventualmente após consulta aos próprios, entenda manter em sigilo, nos termos do n.º 1 do artigo 10.º da Lei de Acesso aos Documentos Administrativos.

Mas aqueles que contem *mais de um ano de elaboração, em procedimentos com prazos decisórios decorridos*, são em geral acessíveis, como dissemos já, portanto mesmo operando num processo ainda não resolvido. Por exemplo, num procedimento de inquérito ao funcionamento de serviços, visando o apuramento de responsabilidades, ainda não terminado, iniciado há mais de dois anos, desencadeado por chefias militares num quartel, por descuidos ocorridos nas suas oficinas na revisão de uma viatura, causa de acidente, pode um conterrâneo de um dos militares acidentados solicitar fotocópia da documentação aí apensa com mais de um ano após a sua redacção.

Em geral, a *recusa legítima de parte da documentação* resulta da previsão de uma *comunicação condicionada* ou da *eliminação da possibilidade de exame ou de certidão, ou seja, da previsão de comunicação limitada, e quer a recusa parcial quer a recusa total significam apenas uma imposição de comunicação diferida*, mesmo no campo do segredo de Estado.

E além disto, em certos casos nem sequer há um *poder vinculado da Administração para classificar os documentos*, nas matérias enunciadas na Lei do Segredo de Estado (meros *exemplos-padrão*: n.º 3 do artigo 2.º), embora depois só possa não comunicar havendo classificação prévia, originariamente válida e posteriormente não caducada (deve comunicar se, apesar da classificação, já decorreu o prazo de validade da mesma: 4 anos, segundo o artigo 6.º da Lei n.º 6/94), existindo aqui tal como no *domínio dos segredos comerciais* um poder discricionário de comunicação[571]. Há uma *margem de liber-*

---

[571] Sem prejuízo de não se dever causar danos em face da comunicação de segredos comerciais, industriais e da vida interna das empresas e da interdição do uso das informações

dade de apreciação sobre a oportunidade de comunicar. E no caso do Segredo de Estado há uma Comissão parlamentar específica, a *Comissão de Fiscalização do Segredo de Estado*, presidida por um juiz da jurisdição administrativa.

6.5. Acesso a documentos registrais

A Lei de Acesso aos Documentos Administrativos declara que não se aplica a informações constantes de *registos públicos*[572]. Sucede que a inaplicabilidade da Lei de Acesso aos Documentos Administrativos deve ser entendida como uma demissão do legislador para regular estas áreas, remetendo-se à disciplina prevista na matéria, ou por que é desnecessário, porque a regra já é a do livre acesso, ou na medida em que, excepcionalmente, o legislador entendeu que existiam razões para um regime especial de interdição ou um regime diferente de procedimento de acesso, alheio aos enquadramentos gerais da Lei de Acesso aos Documentos Administrativos que, no caso de um dado diploma sobre registos nada diz (v.g. o referente ao registo das pessoas colectivas, às quais não se aplicam as interdições sobre a nominatividade singular, nem são pertinentes as dos segredos comerciais das empresas), o entendimento a seguir, hoje, não é o da secretização destes dados, mas o do novo princípio administrativo geral, consagrado na Constituição e regulamentado na Lei de Acesso aos Documentos Administrativos, o da transparência. A especificidade existente, com a declarada inaplicabilidade, em princípio, da disciplina da Lei de Acesso aos Documentos Administrativos, acabaria

---

para fins diferentes do controlo da actividade administrativa e da responsabilidade civil extracontratual da Administração Pública que comunique dados «económicos» cuja difusão manifestamente prejudique interesses atendíveis dos empresários envolvidos, o que aconselha a ouvi-los previamente e até a emitir uma notificação com a decisão administrativa favorável ao acesso, permitindo a possibilidade de impugnação jurisdicional.

[572] N.º 7 do artigo 7.º: «O acesso aos documentos notariais e registrais, aos documentos de identificação civil e criminal, aos documentos referentes a dados pessoais com tratamento automatizado e aos documentos depositados em arquivos históricos rege-se por legislação própria». N.º 3 do mesmo artigo: «O depósito dos documentos administrativos em arquivos não perjudica o exercício, a todo o tempo, do direito de acesso aos referidos documentos».

292   *Direito da Comunicação Social*

por ser, na versão original da Lei de Acesso aos Documentos Administrativos, a da não exigência, nestes casos, de um parecer pré--contencioso da Comissão de Acesso aos Documentos Administrativos, como condição de recurso ao tribunal, especialidade de regime que já perdeu interesse perante a nova redacção da Lei de Acesso aos Documentos Administrativos, de 1999, que acabou com a sua obrigatoriedade[573].

6.6. Direito de acesso internacional e comunitário

No que se refere ao direito da União Europeia, aplicável aos documentos detidos pelos Estados, no seguimento do direito internacional e comunitário, tal é hoje regulado pela *Tratado de Aärhus*, de 25.6.1999, elaborado no âmbito da Comissão Económica para a Europa das Nações Unidas[574], e pela Directiva 2003/4/CE, de 28.1.2003, que aplica este tratado, tudo implicando alterações nas leis nacionais, restringindo limitações materiais e temporais, e precisando conceitos. O tratado visa levar a um maior envolvimento dos cidadãos na política do ambiente, em conformidade com o princípio 10.º da Declaração do Rio sobre o Ambiente e o Desenvolvimento. E visa uma *intervenção em três domínios: acesso à informação, participação do público e acesso à justiça no domínio do ambiente.* A recusa comunicacional só é possível quando a autoridade pública não dispõe da informação; a questão é manifestamente abusiva ou formulada de maneira demasiado geral; o pedido diz respeito a documentos em fase de elaboração; se imponha o *segredo das deliberações das autoridades públicas*; em matérias de defesa nacional e segurança pública; para permitir o bom funcionamento da justiça; garantir a conformidade com o segredo comercial e industrial, protecção dos direitos de propriedade

---

[573] Novo artigo 7.º da Lei n.º 65/93, de 26 de Agosto, que eliminou o inciso anterior que impunha o pré-contencioso da apreciação prévia pela Comissão de Acesso aos Documentos Administrativos, como condição para o acesso aos tribunais.

[574] Aprovado por Resolução da Assembleia da República nº 11/2003, publicada no DR I Série-A, nº 47, de 25.2.2003, que vigora em Portugal desde 7.9.2003, e recentemente também em vigor para a Comunidade desde 18.5.2005, segundo Aviso nº 188/2005 do Ministério dos Negócios Estrangeiros, publicado no DR I Série-A, nº 86, de 2005.05.04.

Direito dos Jornalistas à Informação e Documentação... 293

intelectual; e em caso do *carácter confidencial dos dados.* Tudo motivos a serem interpretados de forma restritiva, tendo em conta o interesse público da divulgação da informação. As entidades públicas detentoras dos documentos devem manter as informações «actualizadas e, para tal, elaborar listas, registos e ficheiros, acessíveis ao público», além de que «deve ser favorecida a utilização de bases de dados electrónicas, incluindo relatórios sobre o estado do ambiente, legislação, planos e políticas nacionais e convenções internacionais».

O *acesso aos tribunais* tem de estar garantido nos casos de recusa expressa ou tácita de um pedido de informação, recusa abusiva, acesso apenas parcial ou insuficiente, assim como nos de incumprimento de normas referentes ao procedimento de participação ou para a regulação de litígios derivados da prática de actos ou de omissões, por parte de particulares ou de organismos públicos, quando constituam infracções a normas ambientais (embora só às de fonte nacional).

Que *comentário crítico*, em muito aplicável também ao própria Convenção de Aärhus, em que se inspira, merece esta nova Directiva? A referência a um custo razoável é demasiado imprecisa (artigo 5.º), permitindo integrar valores, para além do custo da reprodução, quando mesmo estes já podem ser impeditivos do exercício do direito de acesso, motivo que levou a legislação americana a comunicar gratuitamente as fotocópias até ao limite de 100, o que também desestimulou pedidos unitários volumosos. Falar em separação e não também sombreamento, ocultamento gráfico, passível de informação parcial parece ser muito impreciso (n.º 4 do artigo 4.º). A interdição generalizada de documentos comerciais ou com direitos de propriedade intelectual, e não só da sua utilização comercial indevida, como nas leis francesa e portuguesa, é restritivo. As disposições práticas para fazer efectivamente disponível a informação ficam à discrição dos Estados, sem implicar a criação de um organismo administrativo independente de controlo de aplicação das normas. Mas, há dois pontos que, de qualquer modo, importa destacar: os números 1 e 2 do artigo 6.º e a parte final do número 2 do artigo 4.º. A referência aqui feita expressamente a uma Entidade Administrativa Independente, aparece, na economia transliteral do texto, tanto mais necessária quanto os motivos de recusa nunca são vinculativos, pois devem ser ponderados, caso a caso, com o interesse da transparência; e porque os terceiros poderão vir sistematicamente a interferir na resolução do

294 *Direito da Comunicação Social*

pedido, com recurso administrativo, quando se sentem prejudicados com a comunicação.

A transcrição da Directiva Comunitária em vigor, embora se refira obrigatoriamente apenas a matéria ambiental, poderia ter propiciado as *modificações de aperfeiçoamento desejável*, mas, por um lado, o facto de se ter optado, desta vez, não por uma lei unitária, mas por um diploma específico para a matéria ambiental, solução que nada obrigava a seguir, e, por outro, a *simples transcrição das exigências mínimas de uma Directiva*, ainda fruto de bloqueamentos e arranjos interestaduais, temporal e culturalmente situados, que, em certos aspectos, parece mesmo, embora cumprindo os objectivos comunitários, não chegar a preencher os objectivos do legislador nacional concretizador do direito fundamental à informação administrativa, traduzidos para a lei geral, agora «tida» como aplicável nos aspectos nela regulados, por lei especial sobre acesso à informação de ambiente, não permitiu conter essa virtualidade.

6.7. Direito nacional de acesso à informação ambiental

Com efeito, em face do direito supranacional, hoje, temos publicada a Lei n.º 19/2006, de 12 de Junho[575], que passou a regular o acesso à *informação sobre ambiente*, transpondo para a ordem jurídica interna a Directiva n.º 2003/4/CE, do Parlamento Europeu e do Conselho, de 28 de Janeiro, relativa ao acesso do público às informações sobre ambiente[576].

Esta lei visa não só garantir o *direito de acesso à informação* sobre ambiente na posse pelas *autoridades públicas ou detida em seu nome*, como ainda assegurar que a informação sobre ambiente seja *divulgada e disponibilizada* ao público e promover o acesso à informação, através da utilização de *tecnologias telemáticas ou electrónicas.* (artigos 1.º e 2.º).

A LAIA atribui o direito de acesso à informação ambiental com a *máxima amplitude subjectiva activa* e sem que o requerente tenha

---

[575] D.R., I Série-A, n.º 113, p. 4140 e ss.

[576] Que veio, precisamente, revogar a Directiva n.º 90/313/CEE, do Conselho.

Direito dos Jornalistas à Informação e Documentação... 295

de justificar o seu interesse (n.º 1 do artigo 6.º), enuncia quem são as *entidades sujeitas* à aplicação da lei, também com a máxima amplitude, independentemente de serem entidades de direito público ou não, e prevê expressamente as *restrições ao acesso* (e, portanto, os fundamentos para o indeferimento do pedido de acesso à informação), que são apenas as estabelecidos aqui (n.º 6) e não as da Lei de Acesso aos Documentos Administrativos. Aliás, naturalmente e como diz o artigo 18.º, esta só é legislação subsidiária em tudo o que não se encontrar *especialmente regulado* na LAIA. Diga-se, também, que é à Comissão de Acesso aos Documentos Administrativos que cabe zelar pelo cumprimento das normas constantes desta lei, sendo as suas funções nesta matéria exactamente as que constam da Lei de Acesso aos Documentos Administrativos (artigo 15.º).

Transcrevendo a Directiva, o artigo 3.º dá a definição dos conceitos fundamentais com que opera: *autoridade pública, informação sobre ambiente, informação detida por uma autoridade pública e informação detida em nome de uma autoridade pública.*

Os *sujeitos passivos* implicados pela obrigação de fornecer informação são todas as autoridades públicas, quer se trate de órgãos de administração activa, quer de *órgãos consultivos*, integrando quaisquer outros órgãos da administração pública directa, indirecta, autónoma, independente e ainda órgãos de entidades de direito privado e regime jurídico misto (entidades particulares de interesse colectivo), quer tenham fins lucrativos (empresas de interesse público) ou não (associações e fundações, quer assumam a natureza de *pessoas colectivas de mera utilidade pública, pessoas colectivas de utilidade pública administrativa e instituições particulares de solidariedade social).*

Na *administração directa do Estado* (administração geral do país), temos o governo e no âmbito das Administração territorialmente circunscritas, a Administração infra-estadual (regional e local), abarca os órgãos de *governo próprio das Regiões Autónomas* e das autarquias.

Quando às Administrações indirectas destas entidades, onde se integram os *institutos públicos, as associações públicas, as empresas públicas, as entidades públicas empresariais, as empresas participadas* e as *empresas concessionárias*, a lei abrange qualquer *pessoa, singular ou colectiva* e respectivos órgãos, que tenham atribuições e competências para o exercício de *funções administrativas públicas ou a prestação de serviços públicos relacionados com o ambiente*.

No plano dos conceitos que definem a densificação do conteúdo da massa informativa a que deve facultar-se o acesso, deve considerar-se como *informação sobre ambiente* «quaisquer informações, sob forma escrita, visual, sonora, electrónica ou qualquer outra forma material de suporte, que se refiram ao *estado dos elementos do ambiente* (como o ar e a atmosfera, a água, o solo, a terra, a paisagem e as áreas de interesse natural, incluindo as zonas húmidas, as zonas litorais e marinhas, a *diversidade biológica e seus componentes*, incluindo os *organismos geneticamente modificados*, e a *interacção entre esses elementos); a*os *factores* (como as substâncias, a energia, o ruído, as radiações ou os resíduos, incluindo os resíduos radioactivos, emissões, descargas e outras libertações para o ambiente, que afectem ou possam afectar esses *elementos do ambiente*; às medidas políticas, legislativas e administrativas (designadamente planos, programas, acordos ambientais e acções que afectem ou possam afectar esses elementos ou factores) e às medidas ou acções destinadas a protegê-los; a relatórios sobre a implementação da legislação ambiental; a *análises custo-benefício* e outras análises e cenários económicos utilizados no âmbito das medidas referidas e actividades destinadas à sua protecção; ao *estado da saúde e à segurança das pessoas*, incluindo a *contaminação da cadeia alimentar*, quando tal seja relevante, as condições de vida, os *locais de interesse cultural e construções*, na medida em que sejam ou possam ser afectados pelo estado dos elementos do ambiente, ou, através desses elementos, por qualquer dos factores ou medidas também antes referidos.

A *informação detida por uma autoridade pública* é aquela que esteja na *posse de uma autoridade pública* e que tenha sido *elaborada ou recebida* por ela, enquanto a *informação detida em nome de uma autoridade pública* é a materialmente mantida por uma pessoa singular ou colectiva por conta de uma autoridade pública. O vocábulo *público,* referente a um dado ente, integra «uma ou mais pessoas, singulares ou colectivas, associações, grupos e organizações representativas, designadamente organizações não governamentais de ambiente (ONGA).

Em termos de medidas a adoptar pelas autoridades públicas (artigo 4.º), estatui-se que o *direito de acesso à informação ambiental*

Direito dos Jornalistas à Informação e Documentação... 297

seja assegurado pelas próprias autoridades públicas, que estão obrigadas não só a facultar «informação sobre o direito de acesso à informação e *prestar apoio no exercício desse direito*» e a adoptar «procedimentos que garantam a *uniformização da informação* sobre ambiente, de forma a assegurar *informação exacta, actualizada e comparável*» e, ainda, à *disponibilização ao público* de «listas com a designação das autoridades públicas» e «listas ou registos de informação de ambiente na posse das autoridades públicas ou detidas em nome das autoridades públicas ou indicação onde a informação está acessível, medidas que devem ser adoptadas com *recurso a meios electrónicos* (n.º 2 do artigo 4.º), como também estão obrigados a ter uma *organização específica do acesso à informação*, o que implica a designação, «em cada autoridade pública», do *responsável* pela informação e a divulgação da sua *identidade* e à criação e manutenção de «instalações para consulta da informação, ou seja, impõe, no plano orgânico, a existência de uma Administração do acesso. E, em ordem a garantir a futura disponibilização de toda a informação ambiental, obriga-se as autoridades públicas a assegurar a *manutenção da informação* sobre ambiente, na sua posse ou detida em seu nome, sob formas ou formatos facilmente reproduzíveis e acessíveis, através de redes de telecomunicações de dados ou outros meios electrónicos.

Quanto à *informação* a divulgar (n.º 3 do artigo 5.º), que deve estar sempre actualizada, ela integra todas as normas nacionais e supranacionais, ou seja, de legislação nacional, comunitária e de tratados internacionais, sobre ambiente ou com ele relacionados; de políticas, planos e programas relativos ao ambiente; relatórios sobre a execução dos instrumentos referidos nestes textos e o relatório nacional sobre o estado do ambiente, a publicar anualmente e que deve incluir a informação sobre a qualidade do ambiente e as pressões sobre ele exercidas (n.º 4)[577]; os dados ou resumos dos dados resultantes do controlo das actividades que afectam ou podem afectar o ambiente; licenças e autorizações com impacto significativo sobre o ambiente, acordos sobre ambiente ou referência ao local onde tais

---

[577] Artigo 17.º (*Relatório*): «1 – O Instituto do Ambiente elabora, até 15 de Fevereiro de 2009, um relatório sobre a aplicação da presente lei, devendo para o efeito consultar a Comissão de Acesso aos Documentos Administrativos. 2 – O relatório referido no número anterior é apresentado à Comissão Europeia até 15 de Agosto de 2009.»

298 Direito da Comunicação Social

informações podem ser solicitadas ou obtidas e *estudos de impacte ambiental e avaliações de risco* relativas ao estado dos elementos ambientais ou ao local onde tais informações podem ser solicitadas ou obtidas.

No âmbito da obrigação de *divulgação desta informação,* as autoridades públicas «devem garantir que, em caso de *ameaça iminente para a saúde humana ou o ambiente,* causada por acção humana ou por fenómenos naturais, sejam *divulgadas imediatamente* todas as informações na sua posse ou detidas em seu nome, que permitam às *populações em risco* tomar medidas para evitar ou reduzir os danos decorrentes dessa ameaça (n.º 5). E a obrigação de divulgação implica, em geral, que as autoridades públicas tenham de recolher e organizar a informação sobre ambiente que esteja na sua posse ou por outrem detida em seu nome, no âmbito das suas atribuições, e assegurar a sua divulgação ao público, de forma activa e sistemática, através, nomeadamente, de *tecnologias telemáticas ou electrónicas,* quando disponíveis, a qual informação deve ser disponibilizada progressivamente em *bases de dados electrónicas,* que sejam facilmente acessíveis ao público, através de *redes públicas de telecomunicações,* designadamente através da criação de *ligações a sítios da Internet.*

No que se refere ao direito de acesso à informação sobre ambiente (artigo 6.º), o requerente deve apresentar o pedido de informação por *escrito,* do qual constem os *elementos essenciais à identificação* da mesma, e o seu *nome, morada e assinatura,* podendo ser efectuado, designadamente através de *consulta* junto da autoridade pública, o que já estava previsto na lei geral portuguesa, e a que há que acrescentar a reprodução, certificada ou não, através de simples fotocópia. Ou seja, o acesso pode efectivar-se na *forma ou formato solicitados pelo requerente,* excepto se a informação já se encontrar *publicamente disponível* sob outra forma ou formato facilmente acessível ao requerente, nomeadamente na Internet (artigo 5.º), ou a autoridade pública considerar *razoável disponibilizar a informação sob outra forma ou formato,* devendo, nesse caso, comunicar as razões por que o faz (n.º 1 do artigo 10.º).

Se o pedido for formulado em termos genéricos, no prazo máximo de 10 dias úteis contados da data da recepção, a autoridade pública, em ordem ser ultrapassada tal deficiência do pedido, *«convida e assiste»* o requerente para o formular de forma precisa, fornecendo designadamente informações sobre a utilização dos registos (artigo 8.º).

O pedido de acesso à informação *pode ser recusado* se a sua divulgação prejudicar (n.º 6 do artigo 11.º) a confidencialidade, desde que prevista na lei, do processo ou da informação que esteja na posse ou seja detida em nome das autoridades públicas; as relações internacionais, a segurança pública ou a defesa nacional; o segredo de justiça; a confidencialidade das informações comerciais ou industriais, sempre que essa confidencialidade esteja prevista na legislação nacional ou comunitária para proteger um *interesse económico legítimo*, e o interesse público em manter a *confidencialidade estatística ou o sigilo fiscal*; os *direitos de propriedade intelectual*; a confidencialidade de *dados pessoais ou ficheiros* relativos a uma pessoa singular nos termos da Lei de Protecção de Dados Pessoais.

A LAIA acrescenta ainda outras duas excepções à comunicação: se tal for necessário para a protecção do ambiente a que a informação se refere, designadamente a localização de espécies protegidas e se os interesses ou a protecção de quem tenha *fornecido voluntariamente a informação*, sem que esteja ou venha a estar legalmente obrigado a fazê-lo, excepto se essa pessoa tiver autorizado a divulgação dessa informação.

Quanto a esta última motivação, ela *não tem qualquer base constitucional* e não é também integrável em qualquer possível argumento sobre um *limite imanente*, e por isso já havia sido afastado da Lei de Acesso aos Documentos Administrativos, traduzindo hoje a transcrição do direito da EU, designadamente da minimalista Directiva sobre a matéria, sem que o legislador tenha reflectido sobre os limites do direito interno, sendo claramente uma norma inaplicável por inconstitucionalidade óbvia. Permitido (e não imposto) pelo direito da União Europeia, tal possibilidade não é passível de ser aproveitada por defensores de posturas mais opacitantes, porquanto tal agride o quadro das *excepções explícitas ou meramente imanentes face ao texto constitucional*. A sua admissão deve ser rejeitada pelos tribunais e, por isso, desde logo, afastada pelos dirigentes máximos da Administração pública, dentro dos princípios norteadores da aplicação condicionada do princípio da constitucionalidade. Quanto à excepção do *acesso com base na protecção do ambiente,* apesar de não considerado expressamente no n.º 2 do artigo 268.º da Constituição da

300   *Direito da Comunicação Social*

República Portuguesa, tal resulta da necessidade de proteger os próprios valores ambientais que estão especialmente consagrados na Constituição no clausulado sobre a defesa do ambiente e, portanto, é um limite constitucional extravagante. No entanto, há fundamentos de indeferimento de acesso ambiental, não podem ser invocados quando o pedido de informação incida sobre *emissões para o ambiente:* confidencialidade do processo ou da informação na posse ou detida em nome das autoridades públicas, quando tal confidencialidade esteja prevista na lei; confidencialidade das informações comerciais ou industriais, sempre que essa confidencialidade esteja prevista na legislação nacional ou comunitária para proteger um interesse económico legítimo, bem como o interesse público em manter a confidencialidade estatística ou o sigilo fiscal; confidencialidade de dados pessoais ou ficheiros relativos a uma pessoa singular nos termos da legislação aplicável; interesses ou a protecção de quem tenha fornecido voluntariamente a informação, sem que esteja ou venha a estar legalmente obrigado a fazê-lo, excepto se essa pessoa tiver autorizado a divulgação dessa informação; protecção do ambiente a que a informação se refere, designadamente a localização de espécies protegidas.

Os fundamentos de indeferimento devem ser interpretados de forma restritiva pelas autoridades públicas, ponderando o interesse público servido pela divulgação da informação e os interesses protegidos que fundamentam o indeferimento (n.º 8 do artigo 11.º).

E a *informação sobre ambiente* deve ser sempre parcialmente disponibilizada sempre que for possível *expurgar* a informação passível de ocultamento (artigo 12.º)

O pedido de acesso à informação ambiental pode, em geral, ser recusado (sem prejuízo do convite e apoio para a sua reformulação[578]), se a informação solicitada não está nem tinha que estar na posse da autoridade pública ou não for detida em nome da autoridade pública a quem o pedido for dirigido (n.º 1 do artigo 11.º). No entanto, quando a autoridade pública não tenha nem deva ter a disposição em relação ao documento, mas tenha conhecimento de que a

---

[578] Artigo 8.º (Deficiência do pedido): «Se o pedido for formulado em termos genéricos, no prazo máximo de 10 dias úteis contados da data da recepção, a autoridade pública convida e assiste o requerente a formulá-lo de forma precisa, fornecendo designadamente informações sobre a utilização dos registos referidos no artigo 4.º».

Direito dos Jornalistas à Informação e Documentação... 301

informação solicitada está na *posse de outra autoridade pública*, ou é detida em seu nome, deve, de imediato, remeter o pedido a essa autoridade e informar o requerente disso.

Se o pedido se referir a documentos e dados *incompletos* ou a *comunicações internas*, o acesso é diferido até à tomada de decisão ou ao arquivamento do processo. Mas se o pedido se referir a *comunicações internas*, apenas é deferido quando o interesse público subjacente à divulgação da informação se deva considerar prevalecente.

Regime opacitante a destacar nesta matéria do ambiente, encontra-se previsto nos n.º 2 a 8.º do artigo 11.º. Trata-se do acesso a informações na fase endoprocedimental da informação requerida. Com efeito, há no âmbito do ambiente, a afirmação geral do direito de acesso aos documentos e informação, contrariamente ao que se prevê no regime de acesso à informação em geral. Também aqui se segue o mesmo regime, pois diz a LAIA que, se o pedido se referir a *procedimentos em curso,* a autoridade pública deve remetê-lo à *autoridade coordenadora do procedimento*, a qual informa o requerente do prazo previsível para a sua conclusão, e as disposições legais previstas no respectivo procedimento relativas ao acesso à informação.

No que se refere ao *prazo para a comunicação* da informação (artigo 9.º), contado a partir da data de recepção do pedido pela autoridade pública, ela deve processar-se *o mais rapidamente possível*, e sem que possa ultrapassar o prazo máximo de 10 dias úteis sempre que o pedido tenha por objecto informação que a autoridade pública, no âmbito das respectivas atribuições e por determinação legal, deva ter tratada e coligida, ou, se não for o caso, no prazo máximo de um mês. Só em casos excepcionais, justificados com fundamento no *volume* ou *complexidade* da informação, estes prazos podem ser prorrogados, até ao máximo de dois meses, devendo o requerente ser informado desse facto com indicação dos respectivos fundamentos, dentro dos dez 10 dias úteis (n.º 2). E no caso de recusa de acesso, total ou parcial, às informações, sob a forma ou formato pedidos, devem os respectivos fundamentos ser comunicados no referido prazo máximo de 10 dias úteis, contados da data de recepção do pedido (n.º 2 do artigo 10.º).

302 Direito da Comunicação Social

As autoridades públicas devem indicar, quando tal estiver disponível, onde se pode obter informação sobre os *procedimentos de medição*, designadamente sobre os métodos de *análise, de amostragem e de tratamento prévio das amostras* utilizados para a recolha da informação, ou a referência ao procedimento normalizado utilizado na recolha (artigo 7.º).

O indeferimento tem de ser notificado no prazo de 10 dias úteis, contados da recepção do pedido. O requerente é notificado por escrito do indeferimento total ou parcial do pedido de informação, expondo os motivos do indeferimento bem como a informação relativa aos mecanismos de impugnação previstos na presente lei (artigo 13.º).

O requerente de informação que considere que o seu pedido de informação foi *ignorado, indevidamente indeferido, total ou parcialmente*, que obteve uma *resposta inadequada* ou que *não foi dado cumprimento* à presente lei, tal como um terceiro lesado pela divulgação de informação podem impugnar a legalidade da *decisão, acto ou omissão* nos termos do CPTA, sem prejuízo de poderem igualmente apresentar queixa à Comissão de Acesso aos Documentos Administrativos, nos termos e prazos previstos na Lei de Acesso aos Documentos Administrativos[579].

No que concerne a taxas a pagar pelo acesso à informação ambiental, o acesso a eventuais *registos ou listas públicas,* elaborados e mantidos pela Administração Pública, e a *consulta da informação* são gratuitos.

Já quanto aos outros meios de acesso, diz expressamente a lei que as autoridades públicas podem cobrar uma taxa pelo fornecimento de informação sobre o ambiente, nos termos do n.º 2 do artigo 12.º da Lei n.º 65/93, de 26 de Agosto, com as alterações introduzidas pelas Leis n.º 8/95, de 29 de Março, e 94/99, de 16 de Julho. Embora entendamos que tal norma foi incumprida através de um decreto-lei não autorizado, que deslegalizou a matéria, pelo que sendo a questão do valor das taxas de natureza constitucional e de fundamental importância na economia do exercício do direito de acesso, é inconstitucional, pela razões aduzidas no respectivo local de tratamento da matéria, cremos que a menos que o legislador venha a

---

[579] Artigo 14.º (Meios de impugnação).

rever a sua posição regulando-a por um Decreto-Lei autorizado pela Lei de Acesso aos Documentos Administrativos e não por portaria, quanto a taxas aplicar-se-á, para já, no que se refere ao Estado, o *mesmo regime do acesso à documentação em geral* (embora também ele substancialmente desconforme com o critério da Lei de Acesso aos Documentos Administrativos), constante da portaria aplicadora do decreto-lei deslegalizador. As ONGA *e equiparadas* (Lei n.°35/98, de 18 de Julho), gozam de uma redução de 50% no pagamento das taxas devidas pelo acesso à informação sobre ambiente. As autoridades públicas devem afixar em *local visível e no sítio da Internet*, quando disponível, a *tabela de taxas*, bem como informação sobre *isenção, redução ou dispensa de pagamento* (artigo 16.°).

6.8. Direito de acesso à informação em geral detida pelas instituições europeias

Quanto ao *direito da União Europeia*, aplicável aos próprios documentos detidos pelas Instituições e outros organismos da União, tal está hoje disciplinado pelo Regulamento n.° 1046/2001, de 30.5.2001, que veio melhorar a questão do prazo de resposta, que é de 15 dias (comparativamente melhor que a EFOIA americana, de 20, e com ampliação casuística), ou, se os pedidos forem complexos ou volumosos, de 30 dias, mas merece algumas críticas essenciais: quanto ao que podemos designar como «excepção oculta», a financeira, na Comissão, até 20 páginas não há *custos* (nos EUA, até 100), mas depois cada folha a 0,10 euros traduz um montante excessivo como meio de incentivar a transparência. E em suportes diferentes do papel prevê-se um «montante razoável». Não se trata aqui de uma cláusula permissiva de algo mais do que o custo real? No Parlamento Europeu, órgão legislativo, cada pedido importa em 10 euros, mais 0,030 por cada página a mais do que as 20? E que dizer quanto às *excepções unionistas*, umas imperativas (interesses particulares) outras facultativas (funcionamento interno, interesses públicos), invocáveis durante 30 anos ou mais, se são sensíveis, domínios da intimidade individual e assuntos comerciais? O *regime dos arquivos históricos* é inadequado por ser excessivo o tempo de reserva dos documentos. Em geral, prevê-se a *interdição quando o segredo da informação for*

304 Direito da Comunicação Social

imposto pela legislação de um Estado membro, sujeitando-se ao *dictamen* das normas nacionais mais restritivas os próprios órgãos supranacionais, contra o princípio da igualdade no tratamento dos cidadãos europeus? Assim, o Regulamento não regula, antes cria um direito unionista «a la carte». Onde está a cidadania europeia? E mesmo em matéria regulada pela União? E o que significa a *cláusula da estabilidade da ordem jurídica comunitária*? Quanto à *protecção do indivíduo*, a excepção abarca dados entregues com vista a contratações ou nomeações? E que são dados pessoais sobre uma pessoa? Perante tudo isto, não basta só um *comité interinstitucional* de apoio à efectivação do regime de acesso, é necessário um *comité europeu, interinstitucional e supranacional*, para zelar pela *adequada interpretação, não restritiva, destas normas e pela sua efectiva aplicação*. Além de ser inaceitável a interdição de documentos detidos por instituições europeias, por mera vontade dos Estados sem base material justificativa, incontrolável pelo Tribunal da Comunidade, acontece que a permissão de os Estados não comunicarem informação, com o fundamento de que foi junta pelos cidadãos voluntariamente, é bloqueante dos objectivos da transparência. Se essa informação foi decisiva para as actuações públicas a seu favor ou podem implicar negativamente actuações administrativas e, desde logo, no âmbito ambiental, como é possível permitir ocultá-las? E como compreender que os *Estados não possam aplicar as suas normas de comunicação de documentos com origem nas instituições da União se estas não quiserem*, desde que por si detidos (artigos 5.º e n.º 5 do 9.º), obrigando a mudanças normativas restritivas, com interpretação segundo os princípios do Regulamento e impondo-se uma consulta prévia, sendo certo que a normação nacional pode ir além da matéria ambiental e mesmo sobre esta muito além das imposições minimalistas da Directiva e do direito europeu em geral, como acontece no caso da legislação portuguesa.

6.9. Avaliação sobre o exercício do direito de acesso

Vários inquéritos e os dados dos registos de acesso, designadamente na União e Portugal, mostram um relativo desinteresse no exercício deste direito, que nem é conhecido nem tem em geral

Direito dos Jornalistas à Informação e Documentação... 305

convencido à sua utilização, exercido com a intermediação de funcionários que não informam sobre a lei, ciosos do poder do segredo e da impunidade do conhecimento ocultado, assim continuando a procurar fechar a Administração. E isto pese embora o aumento percentual da actividade da Comissão de Acesso aos Documentos Administrativos ou o registo crescente de pedidos e reclamações de recusa nas Instituições europeias.

Tomando como referência a Comissão Europeia, vemos que do Anexo ao Relatório sobre a matéria se constata que em 2004 entraram apenas 2600 pedidos (de toda a União Europeia e até de fora desta), com base no Regulamento n.º 1049/2001. Portugal ocupa apenas 1, 38% do total dos pedidos, no ano transacto. Interessante nesta abordagem das motivações, é reparar no *perfil profissional* dos solicitantes (com cerca de 50% dos requerentes ligados a Organizações Não Governamentais, empresas, advocacia e ensino superior) e na *natureza das informações* que lhes despertaram interesse:

Perfil profissional dos requerentes (em percentagens)	2002	2003	2004
Cidadãos sem perfil preciso	31.8	30.16	32.15
Sociedade civil (grupos de interesses económicos, Organizações Não Governamentais, etc.)	17.8	23.48	27.31
Advogados	22.4	20.46	13.65
Meios académicos	12.3	11.15	11.23
Autoridades públicas (não organismos União Europeia)	8.6	5.57	10.15
Outros organismos da EU	3.1	6.16	5
Jornalistas	3.8	3.02	0.5

Fonte: Quadro adaptado de Commission des Communautés Européennes-*SEC (2005) 1025, DOCUMENT DE TRAVAIL DES SERVICES DE LA COMMISSION, Annexe au Rapport concernant l'application au cours de l'année 2004 du règlement (CE) n° 1049/ 2001 relatif à l'accès du public aux documents du Parlement européen, du Conseil et de la Commission {COM(2005) 348 final}.* Bruxelles: CE, 29.7.2005, p.2 3.

Por domínios de interesse, destacam-se as matérias referentes a assuntos do *direito da concorrência* (14,58%), mercado interior (8,5%), fiscalidade (7,5%) e *ambiente* (7,23%), com clara minorização de outros temas também importante para a vida comunitária, de que destacaria, v.g., a saúde e protecção dos consumidores, com apenas com 2,38%.

Matérias Objecto de Requerimento	2002	2003	2004
Concorrência	12.7	13.7	14.58
Secretariado-Geral	15.9	10.62	8.66
Mercado interno	10.3	8.79	8.5
Fiscalidade e união aduaneira	10.6	10.82	7.5
Ambiente	6.2	7.41	7.23
Transportes e energia	2.9	3.54	5.54
Agricultura	4.8	4.59	5.15
Emprego e assuntos sociais	3.2	3.48	4.15
Justiça, liberdades e segurança	2.2	2.3	3.81
Política estrangeira	3.9	3.08	3.31
Política regional	0.8	2.36	2.96
Questões jurídica	3	2.3	2.81
Relações exteriores	2.1	2.16	2.5
Saúde e protecção consumidores	4.4	4	2.38
Ajuda exterior e cooperação para o desenvolvimento (PVD)	0.9	2.56	2.39
Comércio exterior	1.1	2.03	2.27
Luta anti-fraude	2.4	2.23	2.12
Orçamento e auditorias internas	2.9	2.82	2.19
Administração e pessoal	3.2	3.21	2.35
Assuntos económicos e financeiros	1.1	1.57	1.92
Investigação e tecnologia	1.7	1.97	1.92
Educação e cultura	0.5	1.18	1.38

Fonte: Quadro elaborado a partir do documento de trabalho da Comissão sobre a matéria:Commission des Communautés Européennes -*SEC(2005) 1025, o.c.,*, p. 26-27.

No concernente ao exercício do direito em Portugal, nota-se um crescendo de processos entrados e tratados pela Comissão de Acesso aos Documentos Administrativos (com um total nestes 10 anos de 3.253 queixas e 2.149 pareceres emitidos):

Anos	Queixas	Pareceres	Resolvidos sem de parecer	Processos Pendentes
1995	72	38	13	21
2000	431	333	69	66
2004	527	330	197	61

Fonte: Quadro elaborado com base nas Estatísticas da Comissão de Acesso aos Documentos Administrativos portuguesa, com representação do ano de início de funções, o ano de 2000 e os dados constantes do último Relatório: www.cada.pt.

No entanto, como se vê pelas estatísticas de 2004, de 614 processo a resolver, só 330 foram objecto de emissão de parecer e se apenas ficaram pendentes 61, número excessivo, memo admitindo algumas entradas em fim de ano, foi porque 197 foram entretanto resolvidas sem necessidade de parecer, funcionando de qualquer modo a Comissão de Acesso aos Documentos Administrativos como elemento que levou à reponderação do requerimento em segunda leitura e comunicação posterior dos documentos, o que tudo revela, por um lado, a força de influência desta só pelo facto de existir, mas, por outro, também as suas deficiências funcionais.

Estatísticas da Comissão de Acesso aos Documentos Administrativos: actividade no ano 2004:

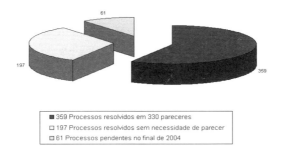

Processos transitados de 2003	Processos entrados	Pareceres emitidos	Resolvidos sem necessidade de parecer	Proc.pendentes: final 2004
87	527 a)	330 b)	197 c)	61

Fonte: Estatísticas da Comissão de Acesso aos Documentos Administrativos, actividade no ano 2004, www.cada.pt.

*

O problema fundamental não é de falta de legislação substantiva, mas sobretudo o de falta da sua aplicação, de ineficácia na prática da vigência do sistema de transparência, o que desmotiva os administrados (criado desde cima pelo legislador, não houve posteriormente a devida preocupação com a aculturação e formação adequada da Administração). E, naturalmente, também falta uma educação e fomento do espírito participativo dos cidadãos nos assuntos públicos.

As experiências de contacto com as Administrações, não formadas nestas obrigações de apoiar e comunicar, juntamente com as excessivas restrições legais, são frequentemente decepcionantes. A experiência portuguesa revela que a Comissão de Acesso aos Documentos Administrativos tem ainda uma eficácia reduzida e por isso uma procura diminuta, pois, alem de pouco conhecida, não está dotada de poderes resolutórios ou pré-contenciosos obrigatórios e, além disso, não são ouvidas as entidades da Administração detentoras da documentação, que devem ter participação, embora sem direito a voto, nos debates pré-deliberativos, como acontece em França e é letra morta em Portugal.

Este desinteresse não implica a revisão dos *conceitos de documento administrativo e de informação ambiental* que, em geral, são amplos, embora importe também consagrar em geral (que não somente no âmbito dos municípios, onde de qualquer modo deve ser generalizado), o acesso aos debates dos órgãos colegiais, na linha das *sunshine laws* americanas.

Perante a experiência adquirida, parece ser de se fazer alterações ao regime do acesso num sentido menos restritivo, desde logo, no campo das limitações, dos prazos de resposta, custos e criação de uma Entidade Independente com poderes resolutórios, perante o desafio de dar informação atempada.

Só excepcionalmente se poderia admitir a consagração de soluções mais restritivas, em cláusulas precisas, na fase de formação do procedimento, pré-decisional, devidamente controlado pela jurisdição.

E, mesmo assim, em matérias ambientais, desde logo, consagrando o princípio tendencial da «gratuitidade», ou seja, com reprodução gratuita de pequenas quantidades de fotocópias, e nas demais com soluções de simples pagamento dos custos (encargo financeiro definido por lei para todas as Administrações, pois o custo é elemento essencial à efectivação deste direito fundamental, e meramente à base do custo do papel, tinta e amortização da máquina, sem poder integrar custos de procura dos documentos, porquanto a obrigação de bem organizar os arquivos cabe à Administração Pública).

O acesso às Administrações nacionais e infranacionais, independentemente da anterior Directiva comunitária ter sido ou da nova vir a ser bem transposta, são hoje *insuficientes, incoerentes e ineficazes*, formando um sistema global de transparência que não funciona adequadamente para a realização da finalidade que o impõe:

Direito dos Jornalistas à Informação e Documentação...

- *insuficientes*, porque só são semi-abertas, e normalmente com custos superiores aos dos materiais, não permitindo obter dados necessários nas várias situações, para evitar danos e regenerar prontamente o ambiente, ou evitar ineficácias, ilegalidades, parcialidades e corrupções do sistema;
- *incoerentes*, porque com normas estaduais de transparência muito desiguais com muitas restrições na matéria ambiental e fechando alguns Estados, mais ou menos, as Administrações não ambientais, onde horizontalmente há muitas interligações de interesse para a defesa do ambiente (princípio da horizontalidade);
- e *ineficazes*, porque o sistema sancionatório e orgânico garantidor é incipiente, contraditório, dispendioso e na prática demorado.

A adequação das normas exige uma reforma segundo um *critério de perspectivação teleológica do sistema da transparência*, reconformado num *tríplice sentido*:

1.º maior abertura;

2.º maior eficácia; e

3.º maior democratização.

Maior abertura, ou seja, um acesso a mais informações: em todas as matérias ou, pelo menos, em matéria ambiental, em todas as necessárias para defender os interesses ambientais; e com menos excepções; reduzindo e interpretando muito restritivamente os campos secretizáveis, com uma ponderação legislativa segundo o princípio da supremacia dos valores em presença, designadamente os ambientais, com acesso geral a entidades do poder, a documentos e a todas as informações que interesses muito fortes em conflito não obriguem a não comunicar.

Além disso, também mais acesso a todas as entidades, públicas ou privadas, e independentemente do seu funcionamento com aplicação de direito público ou privado; ou, pelo menos, às que tenham implicações ambientais, atendendo ao princípio da verticalidade e da horizontalidade da problemática ambiental; mais acesso a documentos detidos por todas as Administrações, rigorosamente independentes da sua autoria, de elaboração pública ou privada; e mais acesso a informação documentada, sobre a existência de documentos e inclusive independentemente da existência de documentos, pois muitas vezes a linguagem do documento não é acessível ao cidadão.

Maior eficácia: o que exige prazos curtos para o acesso e mecanismos que ajudem a garantir o sistema. Um cumprimento pronto, no próprio dia, se possível. Um mês, em matéria ambiental, como permitem a Convenção Europeia e a Directiva, é excessivo, perante os desafios preventivos. Nos ordenamentos ibéricos, as excepções procedimentais e materiais, a que acresce normalmente o uso de conceitos imprecisos, criando, v.g., distinções entre processos terminados e não terminados e as causas excessivas de incomunicabilidade, nas mãos da Administração, são bloqueantes do dispositivo de acesso.

Tudo que vá para lá do segredo de Estado (originariamente permitido através de classificações devidas, temporalmente balizadas, e casuisticamente ponderado a quando do pedido de comunicação), confidencialidade de dados sobre investigação criminal e sobre a vida íntima de pessoas e famílias, e dados comerciais e industriais cujo conhecimento possa causar dano às empresas, não é razoável num modelo de Administração que vise ser transparente.

Além disso, se bem que nos ordenamentos ibéricos, o critério do acesso seja o da mera detenção, na União Europeia admite-se a fuga arbitrária ao acesso de documentos nacionais, em «benefício» dos Estados sem legislação de acesso geral, ou mesmo que, com regras abertas, o que, pelo menos, sempre atrasa o acesso, para quem, cidadão de outro Estado, se tenha dirigido primeiro às instituições europeias.

A *insuficiência* só se ultrapassa com a previsão de reformas administrativas, generalizando o princípio da transparência, que uma real eficácia constitutiva e aplicativa, do direito de acesso, mesmo no campo do ambiente e outros domínios sensíveis, exige a eliminação de regimes diferentes conformes as matérias em análise, em ordem à criação de uma nova e generalizada mentalidade funcional, de uma nova cultura geral anti-opacidade e de participação e colaboração de todos, com a extensão do direito de acesso a todos os sectores, organismos e matérias da Administração pública, que não só as especificamente ambientais, porque hoje tudo está interligado, como o revela o princípio da horizontalidade consagrado no âmbito do ambiente e ordenamento do território.

Direito dos Jornalistas à Informação e Documentação... 311

A *incoerência* está, desde logo, na possibilidade de normas materiais e sistemas orgânicos de transparência distintos, na União Europeia e nos Estados, com documentos inacessíveis numa instituição, no âmbito do Estado ou da União, a poderem ser legalmente comunicados em outra, respectivamente da União ou de outro Estado. A possibilidade de as instituições da União Europeia invocarem o *privilégio da não comunicação informativa*, fora de *cláusulas de confidencialidade, taxativas e a interpretar restritivamente*, em relação com quaisquer documentos, com origem no âmbito estatal, frustra a coerência e funcionamento uniforme do sistema europeu de transparência mesmo no âmbito ambiental. Para isto, não basta unificar as normas aplicáveis às diferentes Instituições da União Europeia, como ocorreu com o Regulamento (CE) n.º 1049/2001, do Parlamento Europeu e do Conselho, de 30 de Maio de 2001.

Como refere a Comissão, a propósito da actual Directiva, o procedimento de recurso contencioso deve ser tão rápido como barato, mas, mesmo assim, ela não deixa de declarar que «não está persuadida que o recurso judicial seja por si só a melhor solução», assim apontando o caminho do pré-contencioso independente, ao insinuar claramente, embora em leitura sistemática do texto, a necessidade de se avançar na solução de entidades administrativas independentes).

Impõe-se um *sistema orgânico de cúpula de controlo independente das Administrações da União Europeia e suas Administrações indirectas* (as nacionais e infranacionais) da aplicação do direito europeu, desde logo, o ambiental. Isto é, com a criação, na União e não só nos Estados, como já acontece em Portugal, de entidades administrativas, separadas e funcionalmente independentes de todos os poderes públicos, com funções de sensibilização e informação sobre o sistema para os cidadãos, e pedagógica para os funcionários, para ajudar a sair de uma cultura de Administração opaca e vivendo com receio de sanções (por indiscrição) ou de responsabilização civil extracontratual (por comunicar informações). Com efeito, as entidades administrativas independentes têm servido, nos sistemas que as criaram, para ajudar a vencer os obstáculos sociológicos e psicológicos à difusão e aplicação massiva do sistema de acesso e falta do conhecimento deste direito que é normalmente o responsável da sua pouca aplicação, sendo certo que a inefectividade de um direito resulta da falta de consciência da sua importância e de seu desconhecimento, inadequação, complexidade e incumprimento pela Administração.

Em Portugal, e em geral nos diferentes países, com Administrações secularmente opacas, demorará a fazer normas eficazes, na sua aplicação e sobretudo aplicação tempestiva, sem a criação ou manutenção de entidades administrativas verdadeiramente independentes da Administração activa, ajudando nas suas dúvidas, unificando casuisticamente interpretações normativas e decidindo em segunda e última instância administrativa, sem o que o livre e rápido acesso, sem formalismo, gratuito, e o princípio da preferência pela prevenção, especialmente em matéria ambiental, ficarão normalmente letra morta.

A experiência actual, nos vários países, mostra o seu poder relativo, depois de séculos de secretismo, mas é útil para zelar pelo acesso à informação, mesmo que, transitoriamente, com poderes meramente consultivos, como ainda ocorre em França e Portugal, embora não seja esta a solução mais eficaz.

A sua *independência funcional* exige que sejam dotadas de regras estatutárias de ordem orgânica e funcional adequadas. Órgãos sem legitimidade democrática directa, nem tendo que receber personalidade jurídica (como admite, numa construção equivoca, a Lei sobre os Institutos Públicos), as características e as garantias da sua independência resultam do quadro legal, com um modelo funcional e orgânico concebido de modo a garantir a aplicação imparcial e eficaz das normas. Para «vencer» e convencer, devem ser compostas por especialistas, designadamente professores de direito público (para ajudar, com o seu estudo permanente e saber, à necessária reflexão doutrinal e teorizadora), dado tratar-se normalmente da aplicação de normas jurídicas públicas, designados com mandato de duração fixada, não podendo os seus titulares ser demitidos; com um estatuto pessoal semelhante ao do Provedor de Justiça ou ao dos juízes, com um regime de incompatibilidades e sobretudo de imunidades adequado para o efeito. E, como revela a experiência de outros países, serem compostas também por representantes de sectores judiciais (mesmo que jubilados, que dão a sua experiência de imparcialidade no exercício de funções públicas), do poder legislativo (para fazer a ligação com o Parlamento, propiciando uma maior capacidade de

Direito dos Jornalistas à Informação e Documentação... 313

fiscalização sobre a Administração) e por representantes das principais Administrações (que é necessário convencer a ultrapassar hábitos seculares e ajudar à interpretação uniforme da aplicação da lei).

Mas, sobretudo, e, no âmbito funcional, pela inexistência de qualquer poder hierárquico, de superintendência ou tutela e pela dotação de meios suficientes e de autonomia da sua organização e funcionamento que a sua eficácia se revelará.

*

Em *conclusão*, o acesso à informação administrativa está longe de ser um direito efectivamente adquirido, permanecendo ainda hoje, pese embora a existência de normas sobre a matéria, e as nossas alinham comparativamente com os sistemas mais evoluídos, como um direito a aperfeiçoar e cujo exercício deve ser incentivado.

Por um lado, é importante alterar certas normas permitindo um sistema globalmente adequado e coerente com o seu objectivo, articuladas segundo princípios de transparência, de aplicação uniforme na União, Estados e entidades infra-estatais, e *criar mecanismos e instituições que os tornem mais eficazes.*

Por outro lado, e é isto que mais nos importa agora, o direito comparado aponta caminhos, já experimentados que podem ser aperfeiçoados, ao criar soluções garantidoras pré-jurisdicionais, com recurso ou queixa administrativa dirigidos a una comissão independente, seja no âmbito da União, seja dos Estados e Regiões, com poderes efectivos para garantir o respeito pelo direito de acesso, sem o qual haverá só um direito formal e não real.

1.º – Perante a importância e necessidade da transparência nas Administração Pública, em todos os domínios e formas de intervenção, e especialmente nas referentes à problemática ambiental. decisiva para o futuro da vida e da sua qualidade;

2.º – Perante os problemas de inefectividade em geral e especialmente da do direito comunitário, internacional e nacional do ambiente,

3.º – Perante a indiferença, desconhecimento, inércia ou mesmo conivência das autoridades públicas na imposição e cumprimento das normas vigentes:

a) É necessário um regime regulador e potenciador do acesso à informação, designadamente ambiental, *num sistema de regras materiais regidas pela uniformidade global*, sem a que a sua coerência e funcionalidade falhará, exigindo-se a integração e a harmonização dos mesmos princípios nas normas da União, Directiva e leis nacionais, para não permitir dar aos Estados mais opacos a última palavra sobre o acesso à informação.

b) E é necessário um regime de *acesso livre, rápido, quase gratuito, amplo e eficazmente garantido*, dos cidadãos a toda a informação administrativa, para viabilizar a sua actuação *uti cives*, especialmente em matéria ambiental e outras sensíveis para a vida das pessoas, para ajudar à aplicação dos princípios da prevenção e precaução, e da correcção dos danos ambientais, e à fiscalização da aplicação do direito comunitário, especialmente o ambiental, no interior dos Estados, com uma lógica garantidora do controlo da sua efectividade, num modelo institucional imparcial com amplos poderes de intervenção.

Com efeito, na *União Europeia*, além da legislação não apenas aplicável às instituições desta, mas também em todas as matérias e a todas as Administrações dos Estados enquanto *Administrações indirectas* de aplicação do direito da União, poderia potenciar-se uma maior *eficiência, conhecimento e aproveitamento do sistema*, através da criação de uma *entidade colegial administrativa independente*, única no plano das instituições e supranacional, com representação de todas as instituições e organismos, e Estados, também com poderes de apreciação de recusas em matérias de aplicação do direito comunitário pelas Administrações estatais enquanto Administrações indirectas da União Europeias. Uma entidade que *difunda, zele, apoie e imponha o sistema de acesso*, em matérias reguladas pela União, sem a «parcialidade funcional» dos secretários-gerais das Instituições, a dispersão temática do Defensor do Povo ou a morosidade da Comissão de Petições do Parlamento Europeu, e sem as demoras e os custos da jurisdição, a que se apela só em último recurso. Esta entidade, que poderia partir evolutivamente do *Comité interinstitucional*, ganharia maior eficácia se integrasse na sua composição, para

Direito dos Jornalistas à Informação e Documentação... 315

compatibilizar e uniformizar a interpretação aplicativa das regras em todos os âmbitos da União e Estados, especialistas, designados também pelos Estados.

Em Portugal, onde o direito de acesso tem consagração constitucional como *direito fundamental de natureza análoga aos direito, liberdades e garantias*, e onde existe já, desde meados da década anterior, uma *Comissão de Acesso aos Documentos Administrativos*, a *eficácia do sistema* deveria ser *reforçada funcionalmente*, pois parece difícil poder motivar os cidadãos sem potenciar a sua acção a favor da transparência, sem uma *reformulação activadora da função e dos poderes globais do organismo*, que deveria (mais do que dar pareceres eventualmente contrários às divisões primárias dos órgãos do poder, passíveis de incumprimento), poder *decidir*, sem encargos, em última instância administrativa (instância que, de qualquer modo, deveria voltar a ser *obrigatória*, em caso de *recusa total o parcial* de informação, como condição de acesso ao contencioso, *uniformizando o sistema de recurso à acção administrativa especial*, tendo presente a solução da *Lei do Segredo de Estado*). Além disso, impõe-se a *formação dos agentes administrativos* para o conhecimento e prática da *Administração aberta*.

Dito isto, conclui-se que há *correcções a efectuar no ordenamento jurídico português* (tal como no espanhol e no de outros Estados da europeus), e nas *normas da União* referentes ao acesso às informações, quer no âmbito das Administrações estaduais, quer no das próprias Instituições comunitárias.

O *carácter inovador e complexo* de muitas normas, quer sobre as matérias referentes a novos ramos do direito ou em que eles tem ganho maior importância como acontece no âmbito dos interesses difusos), quer sobre o acesso à informação, não tem tido correspondência com o grau de aplicação efectiva das mesmas, sejam elas substantivas ou procedimentais, constituindo estas matérias, juntamente com outras, também dotadas de normas que sofreram não só alterações recentes mas também inovadoras (designadamente no do ambiente, património cultural, urbanismo e ordenamento do território, saúde e alimentação, concursos, obras e concessões públicas em geral), *sectores de grande importância* no que se refere ao interesse na *difusão, controlo e acesso à informação* administrativa.

VII – DIREITOS DE ENTIDADES EXTERIORES EM FACE DA COMUNICAÇÃO SOCIAL

Sumário analítico: 7.1. Direito de resposta e de rectificação. 7.1.1. Conceito. 7.1.2. Caracterização. 7.1.3. Teoria justificativas. 7.1.4. Regime de exercício do direito de resposta. 7.1.5. Denegação do direito de resposta e intervenção da Entidade Reguladora da Comunicação e dos tribunais. 7.1.6. Apontamento sobre a prática do exercício deste direito. 7.2.Direito de antena. 8.3 Direito de réplica política dos partidos da oposição.

7.1. Direito de resposta e de rectificação

7.1.1. *Conceito*

VITAL MOREIRA define o *direito de resposta* e de rectificação como o poder que «assiste a todo aquele que seja pessoalmente afectado por notícia, comentário ou referência saída num órgão de comunicação social, de fazer publicar ou transmitir nesse mesmo órgão, gratuitamente, um texto seu contendo um desmentido, rectificação ou defesa»[580].

7.1.2. *Caracterização*

Estamos perante uma limitação à liberdade editorial, traduzindo-se numa obrigação de efectivar um desmentido, rectificação ou propiciar

---

[580] *O Direito de Resposta na Comunicação Social*. Coimbra Editora, 1994, p. 9.

318   *Direito da Comunicação Social*

defesa, quando está em causa uma pessoa ofendida ou prejudicada com uma notícia falsa, incorrecta ou incompleta, independentemente do direito a indemnização do ofendido ou de procedimento criminal.

7.1.3. *Teorias justificativas*

A *doutrina* tem concebido várias teses a propósito da imposição deste direito, ora entendendo que ele visa defender *direitos de personalidade*, ora que ele é parte integrante do direito à imprensa, como *direito individual de acesso aos meios de informação e à participação na formação da opinião pública*, ora como *instrumento ao serviço do pluralismo e da garantia da verdade informativa* (*a priori* ou *a posteriori*), ou, ainda, com uma *dupla função*, de reparação individual e de pluralismo informativo.

7.1.4. *Regime de exercício do direito de resposta*

a) Os titulares do direito são os envolvidos ou os seus representantes legais ou seus herdeiros, que, em seu juízo, considerem, em termos não abusivos, que foram mencionados na notícia, ainda que de maneira indirecta, em termos que possam *afectar a sua reputação, bom nome ou boa fama*, ou que a mesma apareça como *inverídica, incorrecta ou errónea*.

b) A *forma de exercício* tem de respeitar o princípio da igualdade de armas. Ou seja, deve ser efectivado gratuitamente com o mesmo relevo em termos de extensão, inserção e forma, isto é, «em condições de igualdade e eficácia» (n.º 4 do artigo 37.º da Constituição da República Portuguesa).

O *princípio da gratuitidade* assegura a capacidade de resposta a todos e garante a justiça de que os órgãos não lucram com situações que devem e que, por isso, lhes cabe evitar. Só deve ser um exercício oneroso quando a gratuitidade, não sendo necessária, por ir para além dois parâmetros legais, não deve ser exigível.

O *princípio da igualdade de armas* realiza-se com a aplicação de soluções de paridade de meios e condições dos titulares do direito

Direitos de Entidades Exteriores em Face da Comunicação Social 319

face ao órgão. A resposta deve assumir o mesmo relevo noticioso, em termos de notoriedade e equiparação de localização.

O *princípio da eficácia da resposta,* ligado à ideia de utilidade real, realiza-se com a aplicação de dois corolários: *imediatividade* e *equivalência, ou seja, respectivamente, concomitantemente ou em prazo muito reduzido,* e *difusão em local e forma* de publicação ou transmissão por rádio ou televisão em termos semelhantes aos do texto, voz ou imagem em questão.

c) Os prazos:
– para o seu exercício: são 30 ou 60 dias, a partir da publicação ou difusão, conforme a periodicidade das publicações seja ou não menor do que um semanário, e 20 dias no caso da rádio e televisão, nestes casos com direito de audição e visionamento no prazo máximo de 24 horas;
– dados ao órgão para integrar a resposta: dois dias no caso dos jornais diários; no primeiro número impresso após o segundo dia posterior à recepção, no caso de publicação semanal; no primeiro número após o sétimo dia posterior à recepção, no caso das outras publicações periódicas; até 24 horas após a recepção, no caso da rádio e televisão;
– dados ao órgão para recusar a integração da resposta: 3 ou 10 dias, conforme periodicidade for inferior ou não a um semanário; 24 horas, no caso da rádio e televisão;

d) os requisitos procedimentais reduzem-se ao envio de uma carta reclamando o exercício do direito de resposta, devidamente assinada, cautelarmente acompanhada de um meio que permita comprovar a recepção da resposta por parte do órgão.

e) O órgão pode recusar a publicação ou difusão quando não haja relação directa e útil entre o referido por si e o conteúdo da resposta; esta carecer manifestamente de todo e qualquer fundamento (*manifesta carência de razão:* sem ofensa, inidoneidade para produção de dano, falta de relação); for intempestiva; for de extensão excessiva ou contiver expressões desnecessariamente desprimorosas para o referido órgão, sem prejuízo de dever ser dada oportunidade de correcção ou, com concordância do titular do direito de resposta, se efectivarem amputações ou sínteses da resposta em causa.

320 *Direito da Comunicação Social*

Portanto, há direito de *recusa relativa* da resposta, se o *conteúdo* for *excessivo*, em termos de extensão ou nas expressões usadas

f) os limites, extensão e conteúdo do direito são os seguintes: quanto ao conteúdo, relação directa e útil com o escrito, oração ou imagem do órgão em causa; quanto à forma, texto igual ao respondido, mas com garantia do mínimo de 300 palavras. A lei da televisão não tem limite de palavras. A lei da imprensa permite ainda a publicação do texto excessivo se o titular do direito de resposta o quiser corrigir (prazo de 24 horas para a eliminação das passagens ou expressões sem relação directa ou com termos desproporcionalmente desprimorosos) ou no caso de excesso de palavras quiser pagar a parte excedente, tal como atrás se referiu.

7.1.5. *Denegação do direito de resposta e intervenção da Entidade Reguladora da Comunicação e dos tribunais*

A recusa infundada da resposta permite ao titular do direito recorrer, no prazo de 10 dias, ao tribunal para que ordene a publicação. Também pode pode dirigir-se, directamente, logo, à Entidade Reguladora da Comunicação, cujas deliberações incumpridas constituem crime de desobediência.

No caso de, por sentença transitada em julgado, se provar a falsidade do conteúdo da resposta e a veracidade do escrito jornalístico na imprensa, o autor da resposta deve pagar o espaço ocupado pelo preço igual ao triplo da tabela de publicidade, além de responder em termos de responsabilidade civil.

Portanto, em situações de recusa pelos órgãos de comunicação social ao normal exercício do direito de resposta, o seu titular pode *recorrer administrativamente*, para a *Entidade Reguladora da Comunicação*. E, neste caso, tem o prazo de 30 dias para o fazer, a contar da data da recusa ou do termo do prazo legal para a satisfação do direito, podendo esta entidade independente solicitar às partes interessadas quaisquer elementos necessários ao conhecimento do «recurso», os quais lhe devem ser remetidos no prazo de três dias a contar da recepção do pedido.

Os *operadores de rádio e de televisão*, que tenham denegado o exercício do direito de resposta, ficam obrigados a *preservar os registos dos materiais* que estiveram na sua origem, independentemente dos prazos gerais de conservação dos mesmos, até à decisão do recurso interposto perante a ERC ou, no caso de ele não ter lugar, até ao termo do prazo que os titulares do direito de resposta têm para recorrer. Esta autoridade pública deve proferir a sua deliberação no prazo de 15 dias a contar da apresentação do recurso ou até ao 5.º dia útil posterior à recepção dos elementos necessários para conhecer do «recurso».

O não acatamento, pelos directores das publicações periódicas ou pelos responsáveis pela programação dos operadores de rádio ou de televisão, assim como por quem os substitua, de deliberação da ERC que ordene a *publicação ou transmissão da resposta* constitui *crime de desobediência* (al. a) do n.º 1 do artigo 66.º dos Estatutos da ERC).

7.1.6. *Apontamento sobre a prática do exercício deste direito*

A importância deste direito e do papel da anterior Alta Autoridade para a Comunicação Social pode constar-se pelos números expressos nos gráficos seguintes[581]:

Desde o início do funcionamento da Alta Autoridade para a Comunicação Social até 30 de Junho de 2004, esta tratou 735 processos de direito de resposta e rectificação, dos quais cerca de 10% (77) tiveram que ver com a televisão, menos de 5% (32) com a rádio e os restantes, em número de 626, com a imprensa.

Os processos decididos com provimento dos queixosos foram 295 (imprensa: 260, isto é, quase todos, o que revela um incumprimento extremamente significativo deste direito, 20% – 6 processos – da rádio e cerca de 10% – 29 processos – da televisão), quase o dobro dos que não o mereceram (159, dos quais 127 da imprensa, 9 da rádio e 23 da televisão), e com 258 objecto de arquivamento por razões várias (220 da imprensa, 15 da rádio e 23 da televisão):

---

[581] O direito de resposta e o direito de rectificação na alta autoridade: Relatório ao plenário da AACS.

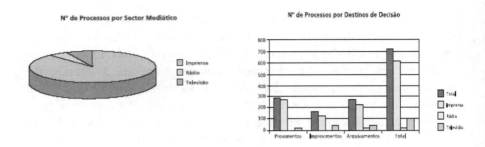

7.2. Direito de antena

Os partidos políticos, o Governo, as organizações sindicais, as organizações profissionais e representativas das actividades económicas e as Organizações Não Governamentais de defesa do ambiente e do consumidor têm direito a um *espaço gratuito de programação*, da sua responsabilidade, e como tal expressamente mencionado no seu início e termo, no serviço público de televisão (*tempo de antena*).

O direito de antena, que é intransmissível, não é exercitável aos sábados, domingos, feriados nacionais e um mês antes da data fixada para o início do período de campanha em qualquer acto eleitoral ou referendário.

Os titulares do direito de antena têm assegurados os meios técnicos necessários para a realização dos programas, em condições de absoluta igualdade, devendo solicitar a *reserva do tempo de antena* até 15 dias antes da data da transmissão e devendo entregar a gravação ou os materiais pré-gravados até 72 horas antes da hora da emissão, ou, no caso de programas prontos para emissão, até 48 horas antes da hora dessa transmissão.

Os tempos de antena são emitidos no canal de cobertura nacional de maior audiência, imediatamente antes ou após o principal jornal nacional difundido entre as 19 e as 22 horas. Contabilizado em termos anuais, ele permite a cada partido parlamentar (representado na Assembleia da República) ocupar 10 minutos, acrescidos de mais 30 segundos, por cada deputado eleito, e a partido não representado na Assembleia da República, com participação nas mais recentes eleições legislativas, também 10 minutos acrescidos de 30 segundos

Direitos de Entidades Exteriores em Face da Comunicação Social   323

por cada 15.000 votos nelas obtidos. Permite ao Governo ocupar 60 minutos. E permite o mesmo tempo aos partidos representados na Assembleia da República que não façam parte do Governo, a ratear segundo a sua representatividade. As organizações sindicais e as organizações profissionais e representativas das actividades económicas têm direito a 90 minutos. As Organizações Não Governamentais de defesa do ambiente e do consumidor, 30 minutos, a ratear de acordo com a sua representatividade. Outras entidades, que legalmente tenham direito de antena, podem gozá-lo até 15 minutos. O titular deste direito só pode utilizar o direito de antena uma vez em cada 15 dias e nunca em emissões com duração superior a dez ou inferior a três minutos, a menos que o seu tempo de antena seja globalmente inferior.

Os responsáveis pela programação devem acordar com os titulares do direito de antena, a organização de *planos gerais* da sua utilização. Se tal acordo for impossível, cabe à Entidade Reguladora da Comunicação o exercício da arbitragem, a requerimento dos interessados[582].

7.3. Direito de réplica política dos partidos da oposição

Os partidos representados na Assembleia da República e que não façam parte do Governo têm direito de réplica, seja no serviço público de televisão, seja no serviço público de radiodifusão e no mesmo serviço de programas, às *declarações políticas do Governo*[583] proferidas no mesmo operador, que directamente os atinjam.

A duração e o relevo concedidos para o exercício deste direito, serão iguais aos das declarações que lhes tiverem dado origem. Quando mais de um partido tiver solicitado, através do respectivo repre-

---

[582] Artigo 49.º a 52.º. Artigo 52.º (*Direito de antena em período eleitoral*): «Nos períodos eleitorais, a utilização do direito de antena é regulada pela Lei Eleitoral, abrangendo todos os canais generalistas de acesso não condicionado».

[583] *Declarações de política geral ou sectorial* são as que são feitas pelo Governo em seu nome e como tal identificáveis, não relevando enquanto tais outras que se lhe refiram ou o refiram, designadamente declarações de membros do Governo sobre assuntos relativos à gestão dos respectivos departamentos.

sentante, o exercício do direito, o tempo é rateado em partes iguais pelos vários titulares, nunca podendo ser inferior a um minuto por cada interveniente.

Ao direito de réplica política são aplicáveis, com as adaptações necessárias, os procedimentos previstos nas normas da rádio e da televisão referentes ao exercício do direito de resposta[584].

---

[584] Artigo 57.º da LR e 58.º da LTV.

VIII – DIREITO SANCIONATÓRIO DA COMUNICA-ÇÃO SOCIAL

Sumário analítico: 8.1. Considerações gerais. 8.2. Direito contraordenacional comunicacional. 8.3. Direito civil, responsabilidade comunicacional e sua titularidade. 8.4. Direito penal comunicacional. 8.4.1. Responsáveis criminais. 8.4.2. Difusão das decisões. 8.4.3. Crimes previstos na legislação da comunicação social. A) Actividade ilegal de produção de televisão ou de radiodifusão. B) Crime de desobediência qualificada por desrespeito de certas decisões judiciais relacionadas com obrigações de informação. C) Atentado contra a liberdade de programação e informação na televisão e radiodifusão. 8.4.4. Crimes contra a honra, memória de pessoa falecida ou credibilidade, prestígio ou confiança de entidade pública. A) Difamação. B) Injúrias. C) Crimes equiparados à difamação e injúria. D) Crime de ofensa a pessoa colectiva, organismo ou serviço. E) Crime de ofensa à memória de pessoa falecida. F) Punição destes crimes contra a honra, memória de pessoa falecida ou credebilidade, prestígio ou confiança de entidade pública.- G) Causas de exclusão da ilicitude. H) Dispensa do cumprimento da pena. I) Conhecimento público da sentença condenatória. 8.4.5. Crimes contra a reserva da vida privada. A) Crime de devassa da vida privada. B) Violação de correspondência ou de telecomunicações. C) Crime de violação de segredo. 8.4.6. Crime de gravações e fotografias ilícitas. 8.4.7. Crime de violação de segredos de Estado e de justiça. A) Violação do segredo de Estado. B) Violação do segredo de justiça.

8.1. Considerações gerais

Há *limites à liberdade de informação* dos jornais, operadores de rádio e televisão e jornalistas, cujo desrespeito umas vezes é sancionado com *coimas*, através de previsões em legislação administrativa de carácter contra-ordenacional, outras, nos termos de legislação de direito privado, com *responsabilidade civil*, e outras ainda, com *multas e penas de prisão*, quer se se está perante razões de interesse privado (*crimes contra a honra, contra a reserva da vida privada ou contra a realização de outros bens jurídicos pessoais*), quer se se está perante razões de interesse público (*crimes contra a realização da justiça, por violação do segredo de Estado, etc.*)[585].

8.2. Direito contra-ordenacional comunicacional

No que diz respeito ao regime geral das contra-ordenações, importa começar por referir que o direito de mera ordenação social ou direito contra-ordenacional tem o seu regime geral consagrado no Decreto-Lei n.º 433/82, de 27 de Outubro[586].

Em geral, diga-se que o direito de sancionamento contra-ordenacional aparece para arredar do âmbito do direito penal matérias que não deviam ter essa dignidade, por não traduzirem condutas de gravidade social, em termos de desvalor que ponha em causa a própria subsistência da sociedade, mas simples *infracções de natureza administrativa*, mesmo que antes já classificáveis como contravenções, categoria aparecida há cerca de dois séculos, mas hoje condenada ao desaparecimento. A hipercriminalização, a que sobretudo a dinâmica de intervenção social do Estado de Direito conduzira, levou a uma reacção, que começa na Alemanha, por força do pensamento de EBERHARD SCHMIDT, com a promulgação, em 1949, da Lei Penal da

---

[585] Não inserimos aqui os termos da responsabilidade civil e contra-ordenacional, de que os alunos tomarão apontamentos orais

[586] Vide, legislação com anotações básicas, v.g., PEREIRA, António Beça – *Regime Geral das Contra-Ordenações: Decreto-Lei n.º 433/82 (actualizado pelos Decreto-Lei n.º 356/89 de 17 de Outubro, e Decreto-Lei n.º 244/95 de 14 de Setembro. 2.ª Ed.*, Coimbra: Almedina, 1996.

Economia e, em 1952, da Lei das Contra-Ordenações. Com esta figura sancionatória afirma-se o *carácter de subsidiariedade*, de *ultima ratio* das normas criminais e das penas que lhes estão ligadas, isto é, a prisão. Visa-se descriminalizar infracções legais, *sem especial relevância em termos de censura ético-social*, resultando normas de carácter dissuasor de comportamentos que desregulam a vida social, o «projecto estadual de organização comunitária». As *normas contra-ordenacionais* são aplicáveis em termos mais céleres pela própria Administração, encarregada do controlo habitual do seu cumprimento, numa postura doutrinal de aceitação de *espaços de auto-tutela sancionatória*. Tudo sem prejuízo da *garantia da intervenção final dos tribunais* e da efectivação da interdição de indefesa e do *princípio da tutela judicial efectiva,* nos termos dos n.º 1 e 5 do artigo 20.º da Constituição da República Portuguesa.

O designado *direito contra-ordenacional* (por traduzir a previsão, regime substantivo, procedimental e processual, dos ilícitos de mera ordenação social), enquadrando *advertências sociais* que visam dissuadir o infractor para não repetir os comportamentos em causa[587], e que o legislador considera como um direito (de recepção das anteriores) «bagatelas penais»[588], leva à aplicação de coimas, que são *sanções financeiras*, não convertíveis em prisão, e sanções acessórias, impostas em processo contraditório e aplicadas directamente por entidades administrativas, embora sempre passíveis de reapreciação final, em termos factuais e jurídicos, pelos tribunais. A maioria das infracções ao direito da comunicação constituem infracções contra-ordenacionais, com sanções a aplicar pela Entidade Reguladora da Comunicação (liberdade de informação e expressão, segundo o n.º 3 do artigo 37.º da Constituição da República Portuguesa; recusa infundada de acesso às fontes de informação oficiais, segundo o Estatuto do Jornalista, etc.), Comissão da Carteira Profissional dos Jornalistas (de acordo com o Estatuto do Jornalista, as matérias relativas ao exercício da profissão jornalística), Instituto da Comunicação Social, Instituto do Consumidor e Comissão de Aplicação de Coimas em matéria de publicidade (Código Penal).

---

[587] Como refere o preâmbulo do Decreto-Lei n.º 232/79, de 24.7, posteriormente revogado pelo DL n.º 433/82, de 27.10, modificado pelos Decretos-Leis 356/89, de 27.10, 244/95, de 14.9, n.º 109/2001, de 24.12.

[588] Como se exprime o preâmbulo do Decreto-Lei n.º 244/95, de 14.9.

Direito da Comunicação Social

Na lei da imprensa[589], destaquem-se os artigos 35.º e 36.º, com sanções aplicáveis por recusa ilegal do direito de resposta ou rectificação, e a não publicação de sentenças condenatórias, com coimas que podem ir até quase a 15.000 euros. Na lei da rádio[590], as infracções mais graves podem implicar coimas de quase 100.000 euros, além das penas acessórias de suspensão da licença ou autorização por um período de tempo até três meses. Na lei da televisão, podem ir até 375.000 euros, com suspensão ou mesmo revogação das licenças ou autorizações de emissão.

8.3. Direito civil, responsabilidade comunicacional e sua titularidade

São várias as disposições do Código Civil com relevância no âmbito da Comunicação Social, desde a que protege, em vida, a personalidade moral em geral[591/592], assim como após a morte[593]; até

---

[589] Artigo 35.º LI (*Contra-ordenações*): «(…) 4 – Pelas contra-ordenações previstas no presente diploma respondem as *entidades proprietárias das publicações* que deram causa à infracção. 5 – No caso previsto na parte final da alínea b) do n.º 1, e não sendo possível determinar a entidade proprietária, responde quem tiver intervindo na redacção, impressão ou difusão das referidas publicações. 6 – A tentativa e a negligência são puníveis. 7 – No caso de comportamento negligente, os limites mínimos e máximos das coimas aplicáveis são reduzidos para metade». No caso da televisão, respondem os operadores de televisão em cujo canal tenha sido cometida a infracção

[590] Artigo 68.º.

[591] Artigo 70.º (*Tutela geral da personalidade*): «1 – A lei protege os indivíduos contra qualquer *ofensa ilícita ou ameaça de ofensa* à sua personalidade física ou moral. 2 – Independentemente da responsabilidade civil a que haja lugar, a pessoa ameaçada ou ofendida pode requerer as providências adequadas às circunstâncias do caso, com o fim de *evitar a consumação da ameaça ou atenuar os efeitos da ofensa já cometida*.

[592] Artigo 81.º (*Limitação voluntária dos direitos de personalidades*):«1 – Toda a limitação voluntária ao exercício dos direitos de personalidade é nula, se for contrária aos princípios da ordem pública. 2 – A limitação voluntária, quando legal, é sempre revogável, ainda que com obrigação de indemnizar os prejuízos causados às legitimas expectativas da outra parte».

[593] Artigo 71.º (*Ofensa a pessoas já falecidas*): «1 – Os direitos de personalidade gozam igualmente de protecção depois da morte do respectivo titular. 2 – Tem legitimidade, neste caso, para requerer as providências previstas no n.º 2 do artigo anterior o cônjuge sobrevivo ou qualquer descendente, ascendente, irmão, sobrinho ou herdeiro do falecido.

Direito Sancionatório da Comunicação Social 329

às referentes ao direito ao nome e pseudónimo[594], ofensa do crédito ou do bom nome[595], direito à imagem[596], direito à reserva sobre a intimidade da vida privada[597], reserva sobre o conteúdo e publicação de cartas ou outros escritos confidenciais ou com dados da intimidade pessoal ou familiar, sem o consentimento do autor ou seu suprimento judicial, a menos que sejam considerados documentos literários, históricos ou biográficos[598], e, mesmo que não confidenciais,

---

3 – Se a ilicitude da ofensa resultar de falta de consentimento, só as pessoas que o deveriam prestar têm legitimidade, conjunta ou separadamente, para requerer as providências a que o número anterior se refere.

[594] Artigo 72.º (*Direito ao nome*):«1 – Toda a pessoa tem direito a usar o seu nome, completo ou abreviado, e a opor-se a que outrem o use ilicitamente para sua identificação ou outros fins. 2 – O titular do nome não pode, todavia, especialmente no exercício de uma actividade profissional, usá-lo de modo a prejudicar os interesses de quem tiver nome total ou parcialmente idêntico; nestes casos, o tribunal decretará as providências que, segundo juízos de equidade, melhor conciliem os interesses em conflito». Artigo 74.º (Pseudónimo): «O pseudónimo, quando tenha notoriedade, goza da protecção conferida ao próprio nome». Artigo 73.º (Legitimidade): «As acções relativas à defesa do nome podem ser exercidas não só pelo respectivo titular, como, depois da morte dele, pelas pessoas referidas no n.º 2 do artigo 71.º».

[595] Artigo 80.º (*Direito à reserva sobre a intimidade da vida privada*):«1 – Todos devem guardar reserva quanto à intimidade da vida privada de outrem. 2 – A extensão da reserva é definida conforme a natureza do caso e a condição das pessoas».

[596] Artigo 79.º (*Direito à imagem*).«1 – O retrato de uma pessoa não pode ser exposto, reproduzido ou lançado no comércio sem o consentimento dela; depois da morte da pessoa retratada, a autorização compete às pessoas designadas no n.º 2 do artigo 71.º, segundo a ordem nele indicada. 2 – Não é necessário o consentimento da pessoa retratada quando assim o justifiquem a sua notoriedade, o cargo que desempenhe, exigências de polícia ou de justiça, finalidades científicas, didácticas ou culturais, ou quando a reprodução da imagem vier enquadrada na de lugares públicos, ou na de factos de interesse público ou que hajam decorrido publicamente. 3 – O retrato não pode, porém, ser reproduzido, exposto ou lançado no comércio, se do facto resultar prejuízo para a honra, reputação ou simples decoro da pessoa retratada».

[597] Artigo 484.º (*Ofensa do crédito ou do bom nome*): «Quem afirmar ou difundir um facto capaz de prejudicar o crédito ou o bom nome de qualquer pessoa, singular ou colectiva, responde pelos danos causados».

[598] Artigo 75.º (*Cartas-missivas confidenciais*): «1 – O destinatário de carta-missiva de natureza confidencial deve guardar reserva sobre o seu conteúdo, não lhe sendo lícito aproveitar os elementos de informação que ela tenha levado ao seu conhecimento. 2 – Morto o destinatário, pode a restituição da carta confidencial ser ordenada pelo tribunal, a requerimento do autor dela ou, se este já tiver falecido, das pessoas indicadas no n.º 2 do artigo 71.º; pode também ser ordenada a destruição da carta, o seu depósito em mão de pessoa idónea ou qualquer outra medida apropriada». Artigo 76.º (Publicação de cartas confidenciais):

330 Direito da Comunicação Social

desde que tal publicação se processe nos seus objectivos em termos anormais, inesperados pelo autor[599];

Quanto às causas e formas de efectivação da *responsabilidade civil* por factos cometidos por meio da comunicação social, elas são as do *regime geral*, constantes designadamente dos artigos 483.º e seguintes do direito civil[600/601]. Nos termos do artigo 483º do Código

---

«1 – As cartas-missivas confidenciais só podem ser publicadas com o consentimento do seu autor ou com o suprimento judicial desse consentimento; mas não há lugar ao suprimento quando se trate de utilizar as cartas como documento literário, histórico ou biográfico. 2 – Depois da morte do autor, a autorização compete às pessoas designadas no n.º 2 do artigo 71.º, segundo a ordem nele indicada». Artigo 77.º (Memórias familiares e outros escritos confidenciais).«O disposto no artigo anterior é aplicável, com as necessárias adaptações, às memórias familiares e pessoais e a outros escritos que tenham carácter confidencial ou se refiram à intimidade da vida privada».

[599] Artigo 78.º (*Cartas-missivas não confidenciais*): «O destinatário de carta não confidencial só pode usar dela em termos que não contrariem a expectativa do autor».

[600] O *instituto jurídico da responsabilidade civil extracontratual* nasce, em Roma, em 286 antes de Cristo, com a *Lex Aquilia de Damno*, tendo provado a sua imprescindibilidade ao longo de mais de vinte e dois séculos, em que se foi aperfeiçoando.

[601] Segundo o artigo 487º, «É ao lesado que incumbe provar a culpa do autor da lesão, salvo havendo presunção legal de culpa». E «A culpa é apreciada, na falta de outro critério legal, pela *diligência de um bom pai de família*, em face das circunstâncias de cada caso». Além disso, «As simples omissões dão lugar à obrigação de reparar os danos, quando, independentemente dos outros requisitos legais, havia, por força da lei ou do negócio jurídico, o dever de praticar o omitido» (artigo 486º). Também nos casos em que o legislador admite a imposição de sacrifícios a alguém em proveito, directo ou indirecto, da comunidade, ou seja por interesses reconhecidos como devendo sobrepor-se a outros de menor significado, há a obrigação de indemnizar. E, segundo o disposto no artigo 562.º, o princípio geral vigente em matéria do conteúdo do dever de indemnizar, exigindo o *nexo de causalidade adequada*, é formulado do seguinte modo: «Quem estiver obrigado a reparar um dano deve *reconstituir a situação* que existiria, se não se tivesse verificado o evento que obriga à reparação». E há só obrigação de indemnização em relação aos «*danos que o lesado provavelmente não teria sofrido* se não fosse a lesão» (artigo 563.º: nexo de causalidade). Acrescentando o artigo 564º, referente ao cálculo da indemnização, que «O dever de indemnizar compreende não só o *prejuízo causado*, como os *benefícios que o lesado deixou de obter em consequência da lesão*» (n.º 1), embora na fixação da indemnização se possa «atender aos *danos futuros*» previsíveis (ou a determinar mais tarde pelo tribunal). Além disso, o artigo 496º manda atender aos *danos não patrimoniais*. Com efeito, na *fixação da indemnização,* há que atender aos «danos não patrimoniais que, pela sua gravidade, mereçam a tutela do direito» (n.º 1). É necessária a *imputação a alguém de um facto voluntário, acto ou omissão*, que traduza uma violação de um direito alheio ou de uma norma que vise proteger interesse alheio, e que se tenham seguido prejuízos, sejam eles danos patrimoniais ou não, a outrem, em termos que se possa considerar que há, segundo as regras da experiência (que,

Direito Sancionatório da Comunicação Social 331

Civil, o princípio geral sobre a responsabilização por danos é que «Aquele que, com dolo ou mera culpa, violar ilicitamente o direito de outrem ou qualquer disposição legal destinada a proteger interesses alheios fica obrigado a indemnizar o lesado pelos danos resultantes da violação» (n.º 1)[602].

Mas, para além da responsabilidade natural do autor, no caso de uma publicação periódica, o facto de o director ou seu substituto legal terem conhecimento de texto escrito ou de imagem inseridos com conhecimento e sem a sua oposição, as empresas jornalísticas também são, e solidariamente, responsáveis pelos danos causados. De igual modo, respondem solidariamente quer os operadores radiofónicos e os responsáveis pela transmissão de programas previamente gravados, com excepção dos transmitidos ao abrigo dos direitos de antena, de réplica política ou de resposta e de rectificação, quer os operadores de televisão e os responsáveis pela transmissão de programas previamente gravados, com excepção dos transmitidos ao abrigo do direito de antena[603].

8.4. Direito penal comunicacional

O elenco factual das actuações jornalísticas tidas como mais graves e, assim, passíveis de ser subsumidas e punidas em termos criminais, obedece a uma *ampla tipologia*, da qual só alguns tipos são específicos da actuação da comunicação social.

Antes de entramos na tipificação dos crimes passíveis de serem cometidos através da comunicação social, vamos referir a problemática da configuração da *autoria e comparticipação* pelos actos ofensivos dos valores que lhes estão subjacentes e da possível imposição de publicidade das sentenças que se prendam com o tema.

---

no caso de factos ilícitos, uma pessoa normal não possa deixar de conhecer), uma ligação adequada entre o comportamento em causa (em princípio ilícito, ou independentemente da ilicitude, quando a lei a não exija) e a consequência concretamente verificada.

[602] Artigo 29.º da LI.

[603] Artigo 63.º da LR e artigo 59.º da LTV.

8.4.1. *Responsáveis criminais*

No que se refere à autoria dos crimes comunicacionais, começaremos por referir que a legislação portuguesa da imprensa consagra uma *solução original*, que se demarca quer do modelo da «responsabilidade *concorrente* quer do da *sucessiva ou em cascata* (previsão de uma ordem de responsáveis únicos, pois a punição de um dos pré-ordenados afastava a punição dos seguintes), na medida em que o *director* enquanto tal *nunca é punido* em termos de *responsabilidade objectiva*, como autor destes crimes, mesmo que este seja desconhecido, cabendo a *autoria* ao criador do texto ou da imagem, cuja difusão levou à ofensa legalmente punível ou promoveu essa difusão, no caso de publicação não consentida (n.º 1 e 2 do artigo 31.º da LI). Mas há uma *responsabilidade subjectiva* deste, na medida em que responde a título de culpa pela *omissão de dever de exercer o controlo diligente de natureza preventiva* sobre o conteúdo do periódico (n.º 3).

Portanto, na *imprensa*, a menos que outra coisa resulte da norma penal, considera-se que a autoria dos crimes cometidos é de quem «tiver *criado o texto ou a imagem*, cuja publicação constitua ofensa dos bens jurídicos protegidos pelos vários tipos legais de crime. Se a publicação do texto ou imagem não foi consentida, então considera-se como autor do crime quem a tiver promovido, mas é punido o director (o director-adjunto, o subdirector ou quem concretamente os substitua), e mesmo o editor (no caso de publicações não periódicas), que não se oponha, através da acção adequada, à sua comissão, podendo fazê-lo. Neste âmbito, dispõe o artigo 39.º da LI que logo que instaurado o procedimento criminal, o Ministério Público deve ordenar a *notificação do director*, caso o autor do escrito ou da imagem seja desconhecido, para vir, no prazo de cinco dias, declarar no inquérito a identidade do seu autor, sendo certo que se não responder, fizer falsas declarações quer referindo desconhecer essa identidade quer indicando como autor outra pessoa que não a que o foi, comete *crime de desobediência qualificada* (n.º 1 do artigo 360.º do Código Penal), sem prejuízo de procedimento autónomo por crime de *denúncia caluniosa*.

Tratando-se de *declarações correctamente reproduzidas* ou *artigos de opinião* da autoria de pessoas devidamente identificadas, só estas são responsáveis, excepto se o seu teor constituir *instigação à prática de um crime* (o que é crime punível pelo artigo 297.º do Código Penal), em que o director também é responsável (n.º 4 e 5 do artigo 31.º da LI).

Em geral, estão isentos de responsabilidade criminal todas as pessoas que, no *exercício da profissão*, tenham tido uma *intervenção meramente técnica, subordinada ou rotineira* no processo de *elaboração ou difusão da publicação,* contendo o escrito ou imagem controvertidos, assim como os *distribuidores e vendedores* ficam isentos de responsabilidade penal (n.º 6 do artigo 31.º da LI)[604].

Na *rádio* e na *televisão*, os responsáveis pelo conteúdo das emissões de rádio e o director do canal de televisão só são responsabilizados pelo cometimento de crimes através destes órgãos se, podendo, por meio de actuação adequada, não evitaram a sua efectivação, omitindo o dever de *vigilância funcional* (n.º 2 do artigo 64.º da LR e n.º 2 do artigo 60.º da LT), e são ainda co-responsáveis de declarações prestadas pelos jornalistas se não se opuserem às mesmas quando constituam crime, como acontecerá, pelo menos, com a difusão de *programas previamente gravados.* Os *técnicos ao serviço dos operadores de televisão ou da rádio* também não são responsáveis pelas emissões a que derem o seu contributo profissional, se não lhes for exigível a consciência do carácter criminoso do seu acto[605].

Portanto, quanto à *problemática da autoria e da comparticipação*, pelos actos lesivos de um dado interesse a que corresponda um tipo legal de crime, o regime actual, no caso da rádio, implica os responsáveis pelos serviços de programas da *radiodifusão* e, no caso da *televisão*, por esses actos, cometidos através do canal ou da informação, implica a punição do *director responsável* pela orientação e supervisão do conteúdo das emissões do respectivo canal de televisão ou o responsável pela *programação informativa* do canal em causa (artigo 27.º da Lei da Televisão), sempre que, podendo evitar a comissão dos crimes efectivados, com actuações adequadas a evitá-los,

---

[604] Artigo 31.º da LI.
[605] Artigo 64.º da LR e 60.º da LTV.

não se tenha oposto. No entanto, nestes casos, são reduzidas de um terço nos seus limites máximo e mínimo as penas cominadas nos tipos legais pertinentes.

No caso de *emissões não consentidas*, responde quem tiver determinado a transmissão.

8.4.2. *Difusão das decisões*

As sentenças condenatórias por crimes cometidos através da televisão, uma vez transitadas em julgado, devem ser difundidas, na parte decisória, pela entidade emissora, com a respectiva identidade das partes, quando tal seja decidido judicialmente, a requerimento do Ministério Público ou do ofendido[606].

8.4.3. *Crimes previstos na legislação da comunicação social*

A) Actividade ilegal de produção de televisão ou de radiodifusão

O legislador pune criminalmente o exercício da actividade de televisão sem a devida habilitação. Os operadores ilegais são puníveis com prisão até 3 anos ou com multa até 320 dias, sendo, simultaneamente, os bens utilizados nesse exercício *declarados perdidos,* a favor do Estado, embora devam ser prevenidos os direitos de terceiros que estejam de boa fé[607].

B) Crime de desobediência qualificada por desrespeito de certas decisões judiciais relacionadas com obrigações de informação

O não acatamento da decisão judicial que ordene a transmissão de *resposta ou de rectificação*[608], a recusa da *difusão de decisões judiciais*[609] e o não cumprimento das deliberações da Entidade Reguladora da Comunicação relativas ao exercício dos *direitos de antena,*

---

[606] Artigo 70.º da LTV.
[607] Artigo 61.º da LTV e artigo 65.º.
[608] N.º 6 do artigo 56.º da LTV.
[609] Artigo 70.º da LTV e artigos 66.º e 76.º da LR.

Direito Sancionatório da Comunicação Social 335

de resposta, de rectificação e de réplica política, implica a responsabilidade dos *responsáveis pela programação* ou quem os substitua, como autores do crime de desobediência qualificada[610/611].

Em termos de *regime de prova dos pressupostos* do exercício dos direitos de resposta ou de rectificação, a entidade emissora, uma vez notificada para o efeito, deve apresentar, no prazo da contestação, as gravações do programa respectivo em face de requerimento do interessado, nos termos do artigo 528.º do Código de Processo Civil, sem prejuízo de outros meios admitidos por lei, mas só é admitida prova documental que se junte com o requerimento inicial ou com a contestação[612].

C) Atentado contra a liberdade de programação e informação na televisão e radiodifusão

Fora dos casos legalmente previstos, qualquer pessoa que, com o intuito de atentar contra a liberdade de programação e informação, impeça ou perturbe uma emissão televisiva ou radiofónica, apreenda ou danifique materiais necessários ao exercício da actividade de televisão, é punível, se outra pena mais grave não couber nos termos da lei penal, com pena de prisão, que se o infractor for agente ou funcionário do Estado ou de pessoa colectiva pública e agir no exercício das suas funções, vai até 3 anos ou multa até 320 dias[613], ou, não sendo essa a situação, até 2 anos ou multa até 240 dias[614/615].

Na lei da imprensa, existe tipificação do *atentado à liberdade de imprensa,* punível com pena de prisão de 3 meses a 2 anos ou multa de 25 a 100 dias, incorrendo neste crime quem, fora dos casos pre-

---

[610] Artigo 62.º da LTV.

[611] Artigo 32.º (*Desobediência qualificada*):«Constituem crimes de desobediência qualificada: a) O não acatamento, pelo director do periódico ou seu substituto, de decisão judicial ou de deliberação da Alta Autoridade para a Comunicação Social que ordene a publicação de resposta ou rectificação, ao abrigo do disposto no artigo 27.º; b) A recusa, pelos mesmos, da publicação de decisões a que se refere o artigo 34.º; c) A edição, distribuição ou venda de publicações suspensas ou apreendidas por decisão judicial»

[612] V.g., artigo 69.º da LTV.

[613] Artigo 63.º da Artigo 63.º LTV.

[614] A aplicação desta sanção não prejudica a efectivação da responsabilidade civil pelos prejuízos causados à entidade emissora.

[615] Artigo 67.º da LR.

336 Direito da Comunicação Social

vistos na lei e com o intuito de atentar contra a liberdade de imprensa, impedir ou perturbar a composição, impressão, distribuição e livre circulação de publicações, apreender quaisquer publicações ou apreender ou danificar quaisquer materiais necessários ao exercício da actividade jornalística. E, também nestes casos, se o infractor for agente do Estado ou de pessoa colectiva pública e agir nessa qualidade, a punição é maior: prisão de 3 meses a 3 anos ou multa de 30 a 150 dias, se pena mais grave lhe não couber nos termos da lei penal[616].

8.4.4. *Crimes contra a honra, memória de pessoa falecida ou credibilidade, prestígio ou confiança de entidade pública*

A) Difamação

Há crime de difamação quando alguém, «dirigindo-se a terceiro, imputar a outra pessoa, mesmo sob a forma de suspeita, um facto, ou formular sobre ela um juízo, ofensivos da sua *honra ou consideração*, ou *reproduzir uma tal imputação ou juízo*».

B) Injúrias

Uma pessoa que injuriar outra pessoa, «imputando-lhe factos, mesmo sob a forma de *suspeita*, ou dirigindo-lhe *palavras, ofensivos da sua honra ou consideração*, comete o crime de injúrias (n.º 1 do artigo 181.º do Código Penal).

C) Crimes equiparados à difamação e injúria

A imputação de factos a terceiros ou ao próprio, a formulação de juízos, a sua reprodução, mesmo sob a forma de suspeita, sempre que tal seja ofensivo da honra ou consideração de alguém, através de *escrito, gestos, imagens ou qualquer outro meio de expressão* é equiparado aos crimes de difamação e injúrias, e sujeito ao mesmo regime sancionatório (artigo 182.º).

---

[616] Artigo 33.º.

D) Crime de ofensa a pessoa colectiva, organismo ou serviço

Alguém que, *sem ter fundamento* para, *em boa fé*, os *reputar verdadeiros, afirmar ou propalar factos inverídicos*, capazes de (idóneos para) ofenderem a *credibilidade, o prestígio ou a confiança*, que sejam devidos a pessoa colectiva, instituição, corporação, organismo ou serviço que exerça *autoridade pública*, comete o crime previsto no artigo 187.º[617].

E) Crime de ofensa à memória de pessoa falecida

Alguém que, *por qualquer forma*, cometa ofensa grave à memória de uma *pessoa falecida* comete um crime previsto no artigo 185.º do Código Penal.

F) Punição destes crimes contra a honra, memória de pessoa falecida ou credibilidade, prestígio ou confiança de entidade pública

O crime de ofensa a pessoa colectiva, organismo ou serviço com funções dotadas de autoridade pública é punido com pena de prisão até 6 meses ou com pena de multa até 240 dias, os crime de *difamação* e de *ofensa à memória de pessoa falecida* (neste caso, com a excepção de a ofensa ter sido cometida em relação alguém falecido há mais de 50 anos), são punidos com pena de prisão até 6 meses ou com pena de multa até 240 dias e o de *injúrias*, com 3 meses ou multa até 120 dias.

No entanto, uma punição superior está prevista, em geral, para os crimes contra a honra (ou seja, de difamação, injúrias, seus equiparados, ofensa à memória de pessoa falecida e ofensa a pessoa colectiva, organismo ou serviço que exerça autoridade pública), quando são cometidos com *publicidade*, isto é, praticados através de meios ou em circunstâncias que facilitem a sua divulgação, e com *calúnia*, isto é, tratando-se de imputação de factos, conhecendo o agente a *falsidade da imputação*; em que as penas são elevadas de um terço nos seus limites mínimo e máximo.

---

[617] Sobre o tema, *vide*, v.g., CARDOSO, Adelino – «Informação Aprisionada». *Expresso*, de 30.7.1994

338   *Direito da Comunicação Social*

E se estes crimes contra a honra forem cometidos, caluniosamente, *através de meio de comunicação social*, o agente é punido com pena de prisão até 2 anos ou com pena de multa não inferior a 120 dias (n.º 2 do artigo 183.º).

A ofensa à honra do Presidente da República é punida com prisão de 6 meses a 3 anos ou multa não inferior a 60 dias (artigo 328.º).

E as penas referentes aos *crimes de difamação, injúrias, seus equiparados e ofensa a pessoa colectiva, organismo ou serviço que exerça autoridade pública, em todos os casos, cometidos designadamente com publicidade ou calúnia, e caluniosamente através da comunicação social* (já, por isso, à partida, sobrepunidos) são elevadas de metade, nos seus limites mínimo e máximo, se a *vítima* for membro de órgão de soberania, do Conselho de Estado, Ministro da República, magistrado, membro de órgão do governo próprio das Regiões Autónomas, Provedor de Justiça, governador civil, membro de órgão das autarquias locais ou de serviço ou organismo que exerça autoridade pública, comandante de força pública, jurado, testemunha, advogado, agente das forças ou serviços de segurança, funcionário público, civil ou militar, agente de força pública ou cidadão encarregado de serviço público, docente ou examinador público, ou ministro de culto religioso, no exercício das suas funções ou por causa delas (artigo 180.º, n.º1; 132.º, n.º 2, alínea h e j); e 184.º: *agravação*). A mesma elevação da moldura penal ocorre se ou se o agente for funcionário e praticar o facto com grave abuso de autoridade (parte final do artigo 184.º).

G) Causas de exclusão da ilicitude no direito penal da comunicação

No *regime penal português* sobre esta matéria, os *comportamentos jornalísticos tipificados* podem ficar *excluídos da punição* como crimes contra a *honra*, em certas situações, por existência de *causa específica de justificação* (caso de imputação originária ou reprodução de factos), através da *prova da verdade* ou de demonstração de *fundamentação séria consequente a uma actuação adequadamente diligente* no cumprimento do dever de investigação informativa), ou de *causa genérica de justificação* (caso de formulação

Direito Sancionatório da Comunicação Social 339

de juízos ofensivo, ligados ao direito à crítica ou direito à opinião), prevista na alínea b) do n.º 2 do artigo 31.º do Código Penal.

Todos os crimes contra a honra, cometidos pela comunicação social, que se traduzam em *imputação de factos* podem ficar sem punição, porque estamos perante *função pública* de exercício do direito fundamental de informação (desde que não se trate de actuações, pelo órgão de comunicação, consistentes em meros exercícios de entretenimento, notícias de mera sensacionalismo ou para pura satisfação da curiosidade das pessoas[618]), com excepção dos que se traduzam em *ofensa a pessoa colectiva, organismo ou serviço que exerça autoridade pública* (por a própria tipicidade penal já se reduzir apenas a situações classificadas à partida como falsas e propaladas sem boa fé).

Quer a *imputação,* quer a *formulação do juízo,* quer a propalação de um e outro, são sempre puníveis, excepto quando, cumulativamente, se comprovar que não só a imputação foi feita para realizar *interesses legítimos*, situação normalmente aplicável à comunicação social, e o autor ou propagador conseguir «*provar a verdade* da mesma imputação (*exceptio veritatis*) ou demonstrar que existiu *fundamento sério para a reputar verdadeira*».

No entanto, esta impunidade da imputação exclui-se nos seguintes casos:

- não existir *boa fé*, ou seja, quando o agente não tiver cumprido o *dever de informação*, que as circunstâncias do caso impunham, sobre a verdade da imputação (alínea b) do n.º 2 e n.º 4); e
- o facto imputado ser relativo à *intimidade da vida privada e familiar* (n.º 3 do artigo 181.º). Neste caso só fica *afastada a ilicitude* se o acto for praticado no exercício de um direito, cumprimento de um dever imposto por lei ou por ordem legítima da autoridade ou com o consentimento do titular do interesse jurídico lesado (alíneas b), c) e d) do n.º 2 do artigo 31.º do Código Penal).

Quando se tratar de *imputação de facto legalmente tipificado como crime*, embora o jornalista possa apresentar livremente, em sua «defesa», a qualquer momento (dentro dos prazos em geral previstos no Código de Processo Penal) as *provas da verdade da imputação,* independentemente do decurso e da sorte de qualquer processo-crime sobre o caso, em que o visado seja arguido, nada impede que também recorra à própria sentença de condenação nos factos, especialmente valiosa quando já transitada em julgado.

Ao crime de *devassa da vida privada*, a sua tipificação é efectivada no n.º 1 do artigo 192.º[619] e 193.º do Código Penal[620], e a ela nos referiremos pormenorizadamente mais a abaixo.

Mas, em geral, que dizer destas normações?

O choque entre o exercício da liberdade de comunicação social e a exigência de *respeito pela dignidade da pessoa humana* revela-se, sobretudo, em relação a certos bens jurídicos, que integram domínios de *inviolabilidade pessoal*, como *bens jurídico-penais de étimo pessoal*, como são a honra, a privacidade e intimidade, a palavra e a imagem, matéria que nos remete, desde logo, para o direito penal da comunicação social, que é uma área material complexa[621], onde, ao lado da *factualidade típica*, com o seu *rol de interdições* (que, aqui, por vezes, têm respostas especiais, de sancionamento mais grave, ou de exclusão da tipicidade factual em função do estatuto das pessoas), importa ponderar todo um conjunto de *causas de justificação*[622], passíveis de dirimir a ilicitude criminal que pareça resultar da conduta típica contra essa inviolabilidade pessoal, sendo

---

[618] DIAS, J. Figueiredo – «Direito de Informação e Tutela da Honra no Direito Penal da Imprensa em Portugal». *RLJ*, ano 115.º, p. 100 e ss.;

[619] Artigo 192.º: (*Devassa da vida privada*): «1 – Quem, sem consentimento e com intenção de devassar a vida privada das pessoas, designadamente a intimidade da vida familiar ou sexual: a)Interceptar, gravar, registar, utilizar, transmitir ou divulgar conversa ou comunicação telefónica; b) Captar, fotografar, filmar, registar ou divulgar imagem das pessoas ou de objectos ou espaços íntimos; c) Observar ou escutar às ocultas pessoas que se encontrem em lugar privado; ou d) Divulgar factos relativos à vida privada ou a doença grave de outra pessoa; é punido com pena de prisão até 1 ano ou com pena de multa até 240 dias. 2 – O facto previsto na alínea d) do número anterior não é punível quando for praticado como meio adequado para realizar um interesse público legítimo e relevante.

[620] Artigo 198.º (Queixa): «Salvo no caso do artigo 193.º, o procedimento criminal pelos crimes previstos no presente capítulo depende de queixa ou de participação».

[621] Nestas considerações doutrinais, seguimos de perto COSTA ANDRADE, Manuel – *o.c.*, especialmente p. 152 e ss.

[622] Sobre a doutrina geral: LANCKNER, Noll-GS – *o.c.*, p. 248, apud ANDRADE, M.C., idem.

Direito Sancionatório da Comunicação Social

certo que, como refere Costa Andrade, é «difícil encontrar na expressão jurídico-penal uma fenomenologia mais vocacionadamente centrífuga e rebelde à rede de categorias abstractas e de construções ao alcance da elaboração doutrinal»[623], reclamando «uma intervenção decididamente conformadora e co-criadora do julgador na definição do direito a verter sobre o caso concreto».

O conjunto de *princípios e critérios abstractos de valoração* são «tópicos hermenêuticos» que concorrem nesta colisão entre liberdade de informação e protecção de tais bens jurídico-penais, a *ponderar casuisticamente*, por mais que a análise de casos semelhante possa apontar abstractamente a existência de situações análogas[624], numa *postura metodológica* que tem limites[625], mas que exige a assunção das *circunstâncias relevantes e em termos conjugados*[626], em ordem a, considerando-se adequadamente os *factores positivos ou negativos* de valoração ou os critérios de preferência[627], se obter devidamente a *preferência valorativa definitiva*[628].

Uma palavra especial em termos destes crimes e da eventual prática da factualidade típica no âmbito do exercício da Comunicação Social, merece a dirimente de prossecução de interesses legítimo, quer no domínio da criminalidade contra a honra (tutelando o bom nome e consideração), como das condutas referentes à devassa da vida privada e a doença grave.

O exercício da liberdade de comunicação social entra na constelação dos *interesses legítimos* (aliás, não apenas públicos, mas também privados, segundo resulta do artigo 164.º do Código Penal), para efeitos de possível aplicação desta *dirimente de ilicitude*, enquanto manifestação arquetípica de um *interesse público legítimo e relevante*, dada a *dignidade constitucionalmente atribuída à actividade jornalística,* exercida no âmbito da sua *função pública* própria, no contexto do Estado democrático.

---

[623] ANDRADE, M. da Costa – o.c., p. 152.

[624] Sobre a questão da inultrapassável singularidade do caso concreto, *vide* LARENS – *Metodologia*, p. 501 e ss.

[625] ANDRADE, Manuel da Costa – *o.c.*, p. 154.

[626] GÓMEZ PAVON – *La intimidad*, p. 78 e ss., apud ANDRADE, M.C., idem.

[627] HUBMANN – *ACP*, 1956, p. 92, apud ANDRADE, M.C., idem.

[628] LARENS – *Metodologia da Ciência do direito*. 3.ª Edição. Lisboa: Fundação Calouste Gulbenkian, 1997, p. 492 e ss.

Desde já se esclarece que a dirimente da prossecução de interesses legítimos se situa apenas no domínio da imputação de factos, abarcando os *crimes contra a honra* (artigos 180.º e ss. do Código Penal) e o *crime de devassa da vida privada* (n.º 2 do artigo 192.º do Código Penal) e também o de *violação de segredo profissional*[629], sendo uma causa de justificação de tipo diferente das outras, designadamente do *direito de necessidade*, pois configura uma «intencionalidade claramente dinâmica e inovadora», aberta a «novos valores e interesses», e sem exigência dos princípios da «eminência do perigo ou da superioridade qualificada («sensível superioridade») dos valores ou interesses a salvaguardar, promover ou realizar», mas com exigência de *interdição de excesso* («idoneidade, adequação, necessidade ou proporcionalidade») e, no que se refere ao crime contra a honra, do *dever de informação* e respectiva *comprovação* jurisdicional (n.º 2 e 4 do artigo 180.º do Código Penal[630]).

A fundamentação axiológico-normativa para esta dirimente, em que a imputação do facto está ao serviço de um *interesse superior* tido como legítimo, encontra-se, nos crimes contra a honra, no cruzamento dos *princípios do risco permitido e da ponderação de interesses*, dando-se a este último «um peso» relativamente acrescido nos crimes contra a honra, em face do risco em relação à prova da verdade, embora ela própria sem valor absoluto.

No entanto, a *factualidade escandalosa e sensacionalista* não justificam a invocação do interesse legítimo relevante, independentemente da legitimidade da publicação em geral de notícias deste tipo, não sendo aliás fundamento punitivo qualquer conceito de «excesso de publicação», chamado a funcionar como limite à liberdade da comunicação[631].

No que se refere aos *crimes de devassa*, a sua fundamentação justificativa assenta apenas no princípio geral da *ponderação de inte-*

---

[629] Sobre esta questão, designadamente em face das alterações legislativas, vide a judiciosa argumentação de Manuel da Costa Andrade (– *o.c.*, p. 381 e 382).

[630] N.º 4 do artigo 180.º: «A boa fé referida na alínea b) do n.º 2 exclui-se quando o agente não tiver cumprido o *dever de informação*, que as circunstâncias do caso impunham, sobre a verdade da imputação»; al.b) do n.º 2 do artigo: «A conduta não é punível quando: O agente provar a verdade da mesma imputação ou tiver tido fundamento sério para, em boa fé, a reputar verdadeira».

[631] Sobre o conceito e o tema, vide, Andrade, M . Costa – oc, p. 385.

resses, dado que o *topos* do risco permitido não pode deixar de ser irrelevante, não se integrando na dirimente da prossecução do interesse público, por não fazer «sentido erigir a prova da verdade ou da confiança na verdade em elemento de justificação», nem, por isso, também tem sentido provar o cumprimento do dever de informação, nos termos analisáveis no campo da factualidade desonrosa[632], embora, quanto ao mais valha tudo o que se diga em geral sobre o tema, designadamente a irrelevância da qualquer factualidade reconduzível a um perigo iminente ou a sensível superioridade do interesse a salvaguardar. Portanto, neste domínio da configuração da prossecução de interesses legítimos neste âmbito da devassa, afasta-se as possibilidades/exigências de prova da verdade ou confiança na «verdade» (elemento da factualidade típica; e, aliás, a prova da verdade não determina por si só a exclusão da responsabilidade criminal) e o dever de informação ou comprovação (portanto, afasta a lógica do princípio do risco permitido).

De qualquer modo, por um lado, a dirimente da prossecução de interesses legítimos *não atinge a área nuclear e inviolável da vida íntima*, não subsumível ao princípio da ponderação de interesses, a não ser no caso de doença grave, no resto tendo eficácia limitada a condutas típicas referentes à mera vida privada.

Por outro lado, a lógica da dirimente da prossecução de interesses legítimos não chega, em princípio, a funcionar nos casos em que se trate de pessoas que foram partícipes em acontecimentos que se revistam de carácter público, pois, verificando-se «a rarefacção da sua esfera privada», por serem ou aparecerem como homens públicos (*Zeitgeschichte*: «*pessoas da história do tempo*»)[633], em sentido absoluto (v.g., dirigente político, em actuações abertas à visibilidade e conhecimento de estranhos, v.g., almoço em restaurante em momento aberto ao público, visita a um jardim zoológico, viagem de avião, etc.) ou em sentido relativo (mesmo que se trate de pessoas mais ou menos anónimas e desconhecidas do público, por ocorrer que, em certas situações, foram consciente – apresentaram uma exposição num congresso – ou inconscientemente – estavam no meio de um

---

[632] ANDRADE, M.Costa – *o.c.*, p. 388, 254 ess..
[633] Sobre o conceito e suas implicações, vide a obra citada de M. da Costa Andrade.

344 *Direito da Comunicação Social*

choque em cadeia numa auto-estrada, ou ajudaram a salvar vidas e haveres num incêndio ou outra calamidade pública), a responsabilidade criminal da comunicação social fica logo afastada, por razões de *atipicidade*, excepto na medida em que, nalgumas situações e casos concretos, se entenda que ainda permaneciam resíduos desta esfera a proteger; e, de qualquer modo, sempre em relação à sua área inviolável da *esfera de intimidade*, que não é passível de ponderação de interesses, em que também não é aplicável a dirimente da prossecução de interesses legítimos.

H) Dispensa do cumprimento da pena

O tribunal, *após a condenação e sem prejuízo da publicitação desta,* deve ou pode dispensar a pena em três situações:

a) se o agente que, em juízo, prestar *esclarecimentos ou explicações* do seu comportamento e o ofendido (ou quem o represente ou integre a sua vontade, como titular do direito de queixa ou de acusação particular), os aceitar, considerando-os satisfatórios, deve efectivar a dispensa;

b) se a ofensa tiver sido *provocada* por uma conduta ilícita ou repreensível do ofendido, pode efectivar a dispensa;

c) se o ofendido *ripostar, no mesmo acto,* com uma ofensa a outra ofensa, pode efectivar a dispensa a ambos ou só a um deles, conforme as circunstâncias do caso o justificar (artigo 186.°).

I) Conhecimento público da sentença condenatória

Se o titular do direito de queixa ou de acusação particular o requerer até ao encerramento da audiência em 1.ª instância, o tribunal deve ordenar o conhecimento público adequado da sentença de condenação, fixando os seus termos concretos, a expensas do agente do crime, mesmo que este tenha sido dispensado do cumprimento da respectiva pena (artigo 189.°).

8.4.5. Crimes contra a reserva da vida privada

Trata-se de crimes que intentam evitar a *intromissão de estranho na esfera privada* (de protecção relativa) e *esfera íntima* (de protecção absoluta ou quase) da vida das pessoas e famílias e impedir a divulgação de informações sobre essas esferas ligadas à dignidade humana e ao desenvolvimento da personalidade[634].

A punição destes crimes sofre uma agravação, que se traduz na sua elevação de um terço, nos seus limites mínimo e máximo, se o facto for praticado através de meio de comunicação social (alínea b) artigo 197º)[635].

A) Crime de devassa da vida privada

Este crime de indiscrição, que só abrange factos, acontecimentos ou dados que façam parte da *vida privada* e da *intimidade das pessoas*, *não admite a prova da verdade*, dado que o *bem jurídico protegido* (desde logo, n.º 1 do artigo 26.º da Constituição da República Portuguesa, artigo 12.º da Declaração Universal dos Direitos do Homem e n.º 1 do artigo 8.º da Convenção Europeia dos Direitos do Homem[636], embora de densificação histórica evolutiva, porque de conteúdo culturalmente deslizante) é a própria privacidade, o direito à privacidade do indivíduo, mas, por isso mesmo, exige a sua *lesão efectiva*, em face da conduta tipificada na obtenção de informações e sua transmissão ou divulgação

---

[634] Artigo 80.º do CCV (*Direito à reserva sobre a intimidade da vida privada*): «1. Todos devem guardar reserva quanto à intimidade da vida privada de outrem. 2. A extensão da reserva é definida conforme a natureza do caso e a condição das pessoas».

[635] Ou para se «obter recompensa ou enriquecimento, para o agente ou para outra pessoa, ou para causar prejuízo a outra pessoa ou ao Estado» (alínea a) do artigo em causa.

[636] Convenção Europeia dos Direitos Do Homem, Secção I (*Direitos e Liberdades*), Artigo 8 (direito ao respeito pela vida privada e familiar): «1. Todos têm o direito do respeito pela sua vida privada e familiar, a sua casa e a sua correspondência. 2. Não haverá interferência da parte de autoridade pública no exercício deste direito excepto tal como é estabelecido pela lei e é necessário numa sociedade democrática de acordo com os interesses da segurança nacional, segurança pública ou bem-estar económico do país, para a prevenção da desordem ou do crime, para a protecção da saúde e da moral, ou para a protecção dos direitos e liberdades de outros»

Com efeito, o n.º 1 do artigo 192.º do Código Penal interdita que, «sem consentimento e com *intenção de devassar* a vida privada das pessoas, designadamente a intimidade da vida familiar ou sexual», se intercepte, grave, registe, utilize, transmita ou divulgue «conversa ou comunicação telefónica»; capte, fotografe, filme, registe ou divulgue «imagem das pessoas ou de objectos ou espaços íntimos»; observe ou escute às ocultas pessoas que se encontrem em lugar privado, ou divulgue factos relativos à vida privada ou a doença grave de outra pessoa»

Quando a revelação por um jornalista de *factos relativos à vida privada* (v.g., revelação de relação íntima entre um governante e um agente secreto estrangeiro, ou entre o Procurador-Geral da República e uma advogada objecto de investigação por suspeita de crime de violação de segredo de Estado) ou *doença grave* de outra pessoa (revelação de doença do Presidente da República ou Primeiro-Ministro, que os tornem incapazes de continuar a exercer devidamente o cargo) se mostre que não ofende o *princípio da interdição de excesso*, ponderados os interesses em presença, segundo critérios de adequação (idoneidade), necessidade e equilíbrio (proporcionalidade em sentido estrito), «meio adequado para a realização de um interesse público legítimo e relevante» não é punível por então ser aplicável a causa específica de exclusão de ilicitude, prevista no n.º 2 do artigo 192.º.

O princípio geral de interdição de excesso na actuação pública ou em função de interesse público, como a jornalística, impede a limitação deste direito à privacidade por actos que, embora necessários e idóneos para atingir os fins concretos de interesse público legítimos, se estes não forem relevantes e, de qualquer modo, esses actos sacrificadores de bens ou interesses privados, colocados na balança da relatividade dos valores em presença, ou seja, quando comparados com os fins a atingir, não apareçam como socialmente aceitáveis.

Pode, também, cometer-se crime de devassa por *meio de informática*. Com efeito, nos termos do artigo 193º, qualquer pessoa, designadamente um jornalista, que *utilize* ou, mesmo que não chegue a utilizar, crie ou mantenha *ficheiro automatizado*[637] *de dados indivi-*

---

[637] Ficheiro automatizado de dados individualmente identificáveis ou *ficheiro de dados pessoais* automatizados é o conjunto estruturado de dados pessoais, com tratamento informatizado, «acessível segundo critérios determinados, quer seja centralizado, descentralizado

dualmente identificáveis, e referentes a convicções políticas, religiosas ou filosóficas, à filiação partidária ou sindical, à vida privada ou à origem étnica, comete um crime[638].

B) Violação de correspondência ou de telecomunicações

O segredo das comunicações, que pressupõe a liberdade das comunicações, é mais uma garantia de natureza formal (incide na obrigação de manutenção da opacidade da própria comunicação, independentemente do conteúdo concreto do suporte, que é irrelevante[639]), visando, por princípio, a protecção legal da vida privada, em ordem a preservar ao indivíduo um âmbito de actuação livre de ingerências não só dos poderes públicos, como dos terceiros em geral. Por isso, se compreende que afecte qualquer procedimento de intercomunicação particular, praticada através dos meios técnicos em uso e outros que se venham a inventar no futuro, desde logo, actualmente, os mais habituais, correio (cartas, telegramas, encomendas), telefone, telégrafo, telemóveis, Internet, fax, videotelex.

Comete o crime de violação de correspondência ou de telecomunicações[640] quem quer que seja que, *sem consentimento*, e independentemente do conteúdo dos mesmos e mesmo que não chegue a tomar conhecimento deste:

a) *abrir encomenda, carta ou qualquer outro escrito que se encontre fechado* e lhe não seja dirigido;

b) *tomar conhecimento, por processos técnicos, do seu conteúdo, ou impedir, por qualquer modo, que seja recebido pelo destinatário*;

c) *se intrometer no conteúdo de telecomunicação ou dele tomar conhecimento*.

---

ou repartido de modo funcional ou geográfico» (al.c do artigo 3.º da Lei da Protecção de Dados Pessoais),.

[638] Punível com pena de prisão até 2 anos ou com pena de multa até 240 dias, sendo igualmente punível a tentativa.

[639] V.g., Acórdão do TC espanhol n.º 114/84, de 29.11.1984, no caso *Poveda Navarro v. diário «Información»*, pelo que, se, numa dada comunicação, houver vários participantes envolvidos, a obrigação de não revelar dados alheios não traduz ofensa ao segredo de comunicações; essa revelação por um deles de dados da vida íntima de outro ofende o direito à reserva da vida íntima alheia, devassando-a.

[640] Punível com pena de prisão até 1 ano ou com pena de multa até 240 dias.

348   *Direito da Comunicação Social*

d) *divulgar o conteúdo* dessas cartas, encomendas, escritos fechados, ou telecomunicações (artigo 194.°)[641].

C) Crime de violação de segredo

Quem, sem consentimento, *revelar segredo* (factos não conhecidos senão por um número reduzido de pessoas, desde que não considerados como acessíveis a um número indeterminado e incontrolável de outras pessoas, concomitantemente com a vontade do próprio de manter a sua confidencialidade sendo tal correspondente a um interesse de reserva da privacidade tido como legítimo[642]) *alheio,* de que tenha tomado conhecimento *em razão do seu estado, ofício, emprego, profissão ou arte,* comete o crime de violação de segredo[643] (artigo 195.°).

8.4.6. Crime de gravações e fotografias ilícitas

O Código Penal também sanciona todos os que, sem consentimento do próprio, gravar palavras proferidas por outra pessoa e não destinadas ao público, mesmo que lhe sejam dirigidas, ou utilizar ou permitir que se utilizem essas gravações, mesmo que licitamente produzidas, assim como quem, contra a sua vontade, fotografar ou filmar outra pessoa, mesmo em eventos em que tenha legitimamente participado, e utilizar ou permitir que se utilizem fotografias ou filmes em causa, mesmo que licitamente obtidos[644/645].

---

[641] Punível com pena de prisão até 1 ano ou com pena de multa até 240 dias.

[642] CARVALHO, A.A., CARDOSO, A.M. e FIGUEIREDO, J.P. – *Direito da Comunicação Social.* 2.ª Ed., Lisboa: Casa das Letras, 2005, p. 219.

[643] Punível com pena de prisão até 1 ano ou com pena de multa até 240 dias.

[644] Punível com pena de prisão até 1 ano ou com pena de multa até 240 dias

[645] Código Civil (artigo 79.°: *Direito à imagem*): «1. O retrato de uma pessoa não pode ser exposto, reproduzido ou lançado no comércio sem o consentimento dela; depois da morte da pessoa retratada, a autorização compete às pessoas designadas no n° 2 do artigo 71°, segundo a ordem nele indicada. 2. Não é necessário o consentimento da pessoa retratada quando assim o justifiquem a sua notoriedade, o cargo que desempenhe, exigências de polícia ou de justiça, finalidades científicas, didácticas ou culturais, ou quando a reprodução da imagem vier enquadrada na de lugares públicos, ou na de factos de interesse público ou que hajam decorrido publicamente. 3. O retrato não pode, porém, ser reproduzido, exposto

Direito Sancionatório da Comunicação Social 349

A punição deste crime também sofre uma agravação que se traduz na sua elevação de um terço nos seus limites mínimo e máximo, se o facto for praticado através de meio de comunicação social (alínea b) do artigo 197°)[646].

8.4.7. *Crime de violação de domicílio e de introdução em lugar vedado ao público*

Entre os crimes contra a reserva da vida privada (artigos 190.° e 191.°), temos, ainda, o de violação de domicílio e o de introdução em lugar vedado ao público, que se aplicam às pessoas em geral e, naturalmente, também aos jornalistas que tenham tais condutas com o objectivo de obterem ou confirmarem notícias, a palavra ou a imagem de outrem.

Por um lado, o Código Penal pune[647] todo aquele que, sem consentimento do próprio, se «introduzir na *habitação* de outra pessoa ou aí permanecer depois de intimado a retirar-se, assim como, quem, com *intenção de perturbar a vida privada, a paz e o sossego* de outra pessoa, telefonar para a sua habitação», além de que há uma agravação das penas se estes actos forem cometidos de *noite ou em lugar ermo*, por meio de *violência ou ameaça de violência, com uso de arma ou por meio de arrombamento, escalamento ou chave falsa*, ou por três ou mais pessoas[648].

E não só estão em causa actos em relação à devassa de habitação, como, não havendo consentimento nem autorização de quem de direito, se eles se traduzirem na entrada ou permanência em «*pátios, jardins ou espaços vedados anexos a habitação, em barcos ou outros meios de transporte, em lugar vedado e destinado a serviço ou a empresa públicos, a serviço de transporte ou ao exercício de profissões ou actividades*, ou em qualquer outro *lugar vedado e não*

---

ou lançado no comércio, se do facto resultar prejuízo para a honra, reputação ou simples decoro da pessoa retratada»

[646] Ou para se «obter recompensa ou enriquecimento, para o agente ou para outra pessoa, ou para causar prejuízo a outra pessoa ou ao Estado» (alínea a) do artigo em causa.

[647] A pena de prisão pode ir a um ano ou então a pena ser de multa até 240 dias.

[648] O agente é punido com pena de prisão até 3 anos ou com pena de multa.

350   *Direito da Comunicação Social*

livremente acessível ao público»[649], a menos que, naturalmente, no caso dos jornalistas, haja direito de acesso nos termos e nas situações previstas no Estatuto do Jornalista.

8.4.8. *Crimes de violação de segredos de Estado e de justiça*

A) Violação do segredo de Estado

Segundo o artigo 316.º do Código Penal, comete o crime de violação de Segredo de Estado quem transmitir, tornar acessível a pessoa não autorizada, ou *tornar público facto ou documento, plano ou objecto*, que deva manter-se secreto, *pondo em perigo os interesses do Estado Português relativos à independência nacional, à unidade e à integridade do Estado ou à sua segurança interna ou externa.*

Ou seja, além da factualidade relacionada com informações e documentos classificados nos termos previstos na Lei do Segredo de Estado, há que comprovar que no caso em apreço a divulgação indevida pôs ou não em perigo os interesses do Estado nas matérias em causa. De qualquer modo, este tipo de crime está construído em termos desfasados da normação secretizadora da posterior Lei do Segredo de Estado, na medida em que aqui a questão da classificação é indiferente para o preenchimento do crime, enquanto na Lei do Segredo de Estado, em consonância com o disposto na Lei de Acesso aos Documentos Administrativos, a interdição da difusão pela Administração Pública, depende da prévia classificação dos documentos de onde constem tais informações, por parte dos ministros, que têm um poder discricionário para o fazer, mas podendo fazê-lo apenas nas situações referidas na Lei do Segredo de Estado e mesmo assim tal acto valendo apenas por períodos curtos, sem prejuízo da sua renovação expressa, caso a caso. A referência a documento, plano ou objecto corresponde ao conceito de documento da Lei de Acesso aos Documentos Administrativos e Lei do Segredo de Estado, na medida em que significa qualquer suporte de informação, mas já a inexigência da classificação assim como o facto de bastar o pôr em

---

[649] Tais actos são punidos com pena de prisão até 3 meses ou com pena de multa até 60 dias.

risco os interesses do Estado na área da defesa nacional e segurança interna, sofre desvio desconformador com o texto da Lei do Segredo de Estado.

Aqui, no Código Penal, por um lado, *não se exige o acto de classificação* gráfica do material, pelo que sendo certo que a Administração Pública deve comunicar documentos não classificados, não se entende como pode a sua difusão, mesmo que ponha em perigo os valores a proteger, mas negligentemente desprezados pelas autoridades competentes para classificar, ser objecto de incriminação e punição. E, por outro, a Lei do Segredo de Estado pune a difusão dos documentos, que, contendo informações que sendo consideradas pelas entidades competentes passíveis de pôr em perigo esses valores, sejam classificados, o que significa que há um espaço de ilegalidade livre de incriminação e portanto de punição, contrariamente à vontade do legislador da Lei do Segredo de Estado, a difusão de documentos que apesar de, posteriormente se comprovar que a sua difusão não põe em perigo esses valores, no entanto a ponderação feita por quem de direito em termos fundamentados e passíveis, em cada caso, em face de recusa de acesso, de revisão jurisdicional, foram considerados secretizáveis.

Sobre a questão da difusão de documentos desclassificados, alguma doutrina já tomou posição, afirmando-se[650] que, nesta situação de desclassificação formal ou decurso do prazo de validade da classificação, «despenalizam a divulgação dos elementos abrangidos».

B) Crime de violação do segredo de justiça

Nos termos do artigo 371.º do Código Penal, importa distinguir entre segredo referente a actos de processo penal, actos de processo contra-ordenacional e actos de processo disciplinar, tendo aquele uma punição mais grave do que estes. Assim, qualquer pessoa que, em termos ilegítimos, *der conhecimento, no todo ou em parte, do teor de acto de processo penal* que se encontre coberto por segredo de justiça, nos termos do artigo 86.º e seguintes do *Código de Processo Penal*, ou a cujo decurso *não for permitida a assistência do*

---

[650] SEIÇA, Medina de – *Comentários (...).* tomo I, p. 115 e ss, apud CARVALHO, A.A. e outros – o.c., p. 221, nota 61.

público em geral, é punido com pena de prisão até 2 anos ou com pena de multa até 240 dias, se outra pena não for cominada para o caso pela lei do processo. E se esta actuação respeitar a um *processo por contra-ordenação*, até à decisão da autoridade administrativa; ou a *processo disciplinar*, enquanto se mantiver legalmente o segredo, o agente é punido com pena de prisão até 6 meses ou com pena de multa até 60 dias.

IX – DIREITO RELATIVO À ACTIVIDADE CRIATIVA NOS MEIOS DE COMUNICAÇÃO SOCIAL

Sumário analítico: 9.1. Nomologia temática actual, enquadramento sistemático e natureza da matéria. 9.2. Regime geral do direito de autor. 9.2.1. Fundamentos conceptuais e âmbito objectivo de protecção. A) Conceito de obra. a) *Critério do conteúdo.* b) Critério do *modo de difusão.* c) Critério do *grau de originalidade.* d) Critério da *iniciativa da criação. e)* Critério do *número de autores.* 9.3. Condições de protecção de obra e título de obra. 9.4. Poderes integrantes do direito de autor. 9.4.1. Faculdades, direitos irrenunciáveis, duração da protecção e papel do Estado após caducidade do direito. 9.4.2. Faculdades patrimoniais e regime de utilização e exploração económica de obra protegida. A) Identificação das faculdades patrimoniais. B) Regime de utilização sem necessidade de autorização do autor. C) Requisitos da mera autorização. D) Presunção de onerosidade e de não exclusividade da autorização. E) Regime de transmissão ou oneração do conteúdo patrimonial da obra. F) Fontes de remuneração autoral. a) Casos de remuneração especial. b) Casos de remuneração suplementar. c) Casos de *remuneração equitativa.* d) Caso de remuneração pelo *direito de sequência.* 9.4.3. Direitos pessoais ou morais. 9.4.4. Âmbito subjectivo do regime. A) Titularidade dos direitos autorais. B) Excepções. a) Obra subsidiada ou financiada. b) Obra por encomenda. c) Obra por conta de outrem. d) Obra plural. α) Obra feitas em colaboração. β) Obra colectiva. γ) obra compósita. 9.5. Regime de representação voluntária do autor. 9.6. Protecção das *criações jornalísticas.* 9.6.1. Regra geral. 9.6.2. Obra excluída em geral de protecção e obra de utilização livre. 9.6.3. Titularidade do direito de autor dos jornalistas no Código de Direito de Autor e Estatuto do Jornalista. 9.7. Tutela do

354   *Direito da Comunicação Social*

direito de autor e dos direitos conexos. 9.7.1. Considerações gerais. 9.7.2. Direito penal autoral. 9.8. Direito autoral das contra-ordenações. 9.9. Direito da responsabilidade civil no âmbito dos direitos de autor, medidas cautelares e cessação de uso de identificação ilegítima.

9.1. **Nomologia temática actual, enquadramento sistemático e natureza da matéria**

Nos termos do n.º 1 e 2 artigo 37.º da Constituição da República Portuguesa (*Liberdade de expressão e informação*), o direito de exprimir e divulgar livremente o pensamento seja pela palavra, seja pela imagem ou outro meio, e de *informar, se informar e ser informados* é atribuído a qualquer pessoa, independentemente de qualquer qualificação subjectiva especial, com interdição de quaisquer impedimentos ou discriminações, ou de impedimento ou limitação ao seu exercício através de qualquer tipo ou forma de censura. E ficando as *infracções* cometidas contra esse exercício legal sujeitas a sanções, pelos tribunais judiciais nos termos do *direito penal*, (e «princípios gerais de direito criminal») ou do *direito de mera ordenação social* (no caso da Comunicação Social, a apreciar e decretar por *entidade administrativa independente*, nos termos da lei, independentemente da garantia da sua apreciação final pela jurisdição, que, nos termos da legislação respectiva, é a judicial).

Mas a Constituição da República Portuguesa não só consagra e *liberdade de expressão e informação*, com especificação cuidada dos seus corolários, como vem estipular (no artigo 42.º, em sede de liberdade de criação cultural) o direito à «produção e divulgação da *obra científica, literária ou artística*, incluindo a protecção legal dos direitos de autor», além do *direito à invenção*, numa cabal afirmação consequente ao princípio da liberdade de «criação intelectual, artística e científica», numa manifestação espelhadora do *direito internacional sobre a participação na vida cultural* (artigo 27.º da Declaração Universal dos Direitos do Homem), segundo o qual, sendo um *direito do homem* «tomar parte livremente na vida cultural da comunidade», «fruir as artes» e «participar no progresso científico e nos benefícios que deste resultam» (n.º 1), cabe a qualquer pessoa o *direito à pro-*

tecção dos interesses morais e materiais, ligados à produção científica, literária ou artística da sua autoria (n.º 2).

Também o Estatuto do Jornalista, no seu artigo 7.º, referente à liberdade de expressão e de criação, estatui que essa liberdade, no que se refere aos *jornalistas*, «não está sujeita a impedimentos ou discriminações, nem subordinada a qualquer forma de censura», tendo estes «o *direito de assinar*, ou *fazer identificar com o respectivo nome profissional, registado* na Comissão da Carteira Profissional de Jornalista, os trabalhos da sua criação individual ou em que tenham colaborado» (n.º 2), tal como têm, nos termos legais aplicáveis, «o direito à *protecção dos textos, imagens, sons ou desenhos,* resultantes do exercício da liberdade de expressão e criação» (n.º 3).

O *direito de autor* é um direito nomeado frequentemente como sendo *direito de propriedade intelectual,* de onde se pode concluir por uma concepção de base implícita que o considera como um direito de natureza semelhante ao da propriedade, embora referente a um *bem intelectual ou espiritual.* Nesta linha de reflexão, poderia ser considerado como um *direito complexo,* comungando do conceito tradicional de propriedade e do de *direito de personalidade,* quer agregando-os num *conceito unitário* (onde se inserem autores alemães, como EUGEN ULMER, HEINRICH HUBMANN e LEHMANN), mesmo que de *face dupla* (RUFFINI), quer analisando-o como um direito não unitário mas duplo (KOHLER, LUIZ FRANCISCO REBELO[651]).

É um direito que garante a utilização e disposição patrimonial exclusiva, de duração temporária, e a paternidade, genuinidade e integridade permanente da obra em termos pessoais *inalienáveis e imprescritíveis.*

A *face dupla* deste direito revela-se claramente no facto de ele se traduzir no livre e exclusivo poder do autor para utilizar e explorar a obra, retirando daí todas as *vantagens financeiras,* directamente ou através de terceiro, com mera autorização para o fazer ou mesmo de transmissão deste poder, mas em qualquer circunstância com respeito pela sua *paternidade e integridade,* cuja protecção continua sempre a pertencer ao criador[652].

---

[651] Oc, 1994, p. 57.
[652] CARVALHO, Arons e outros – oc, p. 84.

356 *Direito da Comunicação Social*

Esta matéria é disciplinada em geral pelo Código dos Direitos de Autor e Direitos Conexos[653].

9.2. Regime geral do direito de autor

9.2.1. *Fundamentos conceptuais e âmbito objectivo de protecção*

A) Conceito de obra

O *objecto protegido* pelos direitos autorais é a *obra*.

Por isso, em termos de *fundamentos conceptuais*, importa começar por elucidar o que é uma *obra*, enquanto *exteriorização material de uma criação intelectual*, para efeitos da legislação protectora dos direitos de autor. E, logo de seguida, efectivar algumas *classificações*, segundo os vários *critérios legalmente operativos*, das várias obras passíveis de protecção. Assim como avançar perfunctoriamente com os *conceitos densificadores dos direitos de autor*, em sentido amplo e estrito: *direitos pessoais (ou morais)*, ligados à exigência de respeito da paternidade e genuinidade da obra e *direitos patrimoniais*, ligados ao aproveitamento das vantagens financeiras pela sua utilização, inicial ou mediata.

Podemos apontar vários *critérios e sub-critérios* para essa classificação, adequada a cobrir as diferentes abordagens de análise das diferentes obras, em função do *conteúdo, modo de difusão* (suporte, meio de expressão e técnica de difusão), *grau ou intensidade da sua originalidade (amplitude de criatividade), iniciativa da sua produção* e *número de autores*.

---

[653] Decreto-Lei n.º 63/85, de 14 de Março, alterado pela Lei n.º 45/85, de 17 de Setembro, pela Lei n.º 114/91, de 3 de Setembro, pelo Decreto Lei n.º 332/97, de 27 de Novembro, e pelo Decreto Lei n.º 334/97, de 27 de Novembro; Lei n.º 45/85, de 17 de Setembro (Altera por ratificação o Decreto Lei n.º 63/85, de 14 de Março, e o Código do Direito de Autor e dos Direitos Conexos; Lei n.º 114/91, de 3 de Setembro (Altera o Código do Direito de Autor e dos Direitos Conexos); Decreto Lei n.º 332/97 e 334/97, de 27 de Novembro, alteração ao Código do Direito de Autor e dos Direitos Conexos). *Vide* texto enquadrador do diploma governamental sobre a matéria: Lei n.º 99/97, de 3 de Setembro (Autoriza o Governo a legislar em matéria de direito de autor e direitos conexos), Rectificação à Lei 99/97.

a) Critério do conteúdo

O Código do Direito de Autor e dos Direitos Conexos, no seguimento da classificação da Convenção Mundial, e divergindo da Convenção de Berna (que integra as obras científicas no grupo das literárias), estabelece a seguinte classificação:

– *Obras literárias*
– *Obras científicas*
– *Obras artísticas*

A lei protege qualquer forma literária, desenhada ou em imagem, assim como fórmulas numéricas.

b) Critério do modo de difusão

O modo de difusão pode reportar-se ao seu suporte físico, meio de expressão, ou às respectivas técnicas.

a) Segundo o *suporte físico*, temos *obras escritas, sons e imagens, estáticas ou em movimento* (artigo 2.º), onde cabem os livros, como cabem o *ballet, o cinema, os lemas publicitários* e *os programas de computador.*

b) Segundo o *meio de expressão*, temos os diferentes meios de comunicação social (artigo 10.º): *imprensa, rádio, televisão, meio electrónico.*

c) Segundo a *técnica de difusão* usada, temos a *obra publicada* e a *obra divulgada.*

O legislador define, ainda, o que é obra publicada e obra divulgada (artigo 6.º).

Publicada é a obra reproduzida, em vários exemplares, pelo autor ou com o seu consentimento, qualquer que seja o modo de fabrico dos respectivos exemplares, ou seja, por qualquer técnica, designadamente a imprensa, desde que efectivamente postos à disposição do público, em termos que satisfaçam razoavelmente as necessidades deste, tendo em consideração a natureza da obra, sem o que a utilização ou divulgação de uma obra que não importe a sua reprodução não constitui publicação.

E *obra divulgada* é a que foi licitamente trazida ao conhecimento do público por quaisquer meios, como sejam a representação da obra dramática ou dramático-musical, a execução de obra musical, a recitação de obra literária, a transmissão ou a radiodifusão, a construção de obra de arquitectura ou de obra plástica nela incorporada e a exposição de qualquer obra artística.

c) *Critério do grau de originalidade*

Este critério para ser legalmente operativo não pode aceitar uma distinção teórica, mesmo que mais perfeita, alheada do contexto normativo vigente, pelo que a distinção entre *obra original* e *obra derivada* só tem interesse se tomar em conta que os artigos 2.º e 3.º do Código do Direito de Autor e dos Direitos Conexos, que distingue entre obra original (em que também cabem obras que pressupõem obras anteriores) e *obra equiparada a original* (em que, portanto, não podem integrar-se todas as obras originadas noutras obras, o que exige que comece por se dar a noção das últimas, sendo certo que as primeiras apenas se podem definir totalmente de modo residual).

Tendo isto em conta, devemos distinguir entre:

– *Obras derivadas* ou *equiparadas a originais:* são exteriorizações de criações intelectuais, nos domínios literário, científico e artístico, cuja componente de criatividade individualizadora assenta substancialmente no tratamento próprio de obras anteriores.

– *Obras originais:* são as que ou não pressupõem uma obra anterior ou apenas se inspiram num tema ou motivo de obra anterior.

Uma obra é uma *criação intelectual* (desde que original), qualquer que seja o género, a forma de expressão, o mérito, o modo de comunicação e o objectivo, de natureza *literária, científica e artística*, desde que *exteriorizada por qualquer modo* (materializada por uma qualquer forma, mesmo que inacabada), independente da sua divulgação, publicação, utilização ou exploração, mas não, «por si só e enquanto tais», as simples ideias, processos, sistemas, métodos operacionais, conceitos, princípios ou descobertas, os quais não chegam a merecer protecção (artigos 1º e 2.º).

Exemplificativamente, o legislador destaca os casos e suportes categoriais mais importantes e de utilização frequente, desde os escritos («livros, folhetos, *revistas, jornais* e outros escritos»); conferências, lições, alocuções e sermões; composições musicais, com ou sem palavras; *ilustrações* e cartas geográficas; projectos, esboços e obras plásticas respeitantes à arquitectura, ao urbanismo, à geografia ou às outras ciências; *lemas ou divisas, ainda que de carácter publicitário*, se se revestirem de originalidade; *obras de desenho*, tapeçaria, pintura, escultura, cerâmica, azulejo, *gravura, litografia* e arquitectura; *obras fotográficas ou produzidas por quaisquer processos análogos aos da fotografia*; obras *cinematográficas, televisivas, fonográficas, videográficas e radiofónicas*; obras dramáticas e dramático-musicais e a sua encenação; obras coreográficas e pantominas, cuja expressão se fixa por escrito ou por qualquer outra forma; obras de arte aplicadas, desenhos ou modelos industriais e obras de design que constituam criação artística (independentemente da protecção relativa à propriedade industrial); paródias e outras *composições literárias ou musicais*, ainda que inspiradas num tema ou motivo de outra obra.

E, sem prejuízo dos direitos reconhecidos aos autores da correspondente obra original, equipara a obras originais (artigo 3°) as *traduções, arranjos*, instrumentações, dramatizações, cinematizações e outras transformações de qualquer obra, ainda que esta não seja objecto de protecção; os *sumários e as compilações* de obras, protegidas ou não (selectas, enciclopédias e antologias, etc.), que, pela escolha ou disposição das matérias, constituam criações intelectuais; as *compilações sistemáticas ou anotadas* de textos de convenções, de leis, de regulamentos e de relatórios ou de decisões administrativas, judiciais ou de quaisquer órgãos ou autoridades do Estado ou da Administração.

As *criação de obras derivadas*, excepto quando se trate de *compilações ou anotações de textos oficiais* (artigo 8.°; normas jurídicas, actos administrativos ou sentenças), exige autorização do titular das obras originais (nos 2 dos artigos 9.° e 20.°, 124.° e n.° 1 e 2 do 169.°), que, de qualquer modo, mantém sempre na íntegra os seus direitos autorais em relação a estas, pelo que se impõe nas obras derivadas um tratamento daquelas em que assentam que seja respeitador da sua integridade e genuinidade (artigo 59.°, n.° 3 e 4 do 169.° e n.° 3 do 172.°).

d) Critério da iniciativa da criação

Segundo esta perspectiva, temos:

a) *Obras de iniciativa do próprio criador*

b) *Obras da iniciativa de terceiros*, dividindo-se estas em *obras por encomenda* (sob a forma de prestação de serviços ou de empreitadas, etc.) *e obras por conta de outrem.*

Vejamos o enquadramento das obras efectivadas por iniciativa de terceiros:

a) *Obra por encomenda* é a resultante de um acordo, que pode assumir várias formas de vinculação pessoal para o criador, designadamente um *contrato de prestação de serviços* (artigos 1154.°-1156.° do CCV, v.g., ASTJ de 2.2.1988, BMJ n.° 374, p. 449), tendo por objecto principal a criação intelectual, ou seja, pelo menos com prevalência do elemento criativo, com indiferença ou relativização do elemento material (regulado nos termos dos artigos 1207 a 1230.° do CCV) ou *contrato de empreitada*, tendo por objecto directo a transformação de coisa corpórea (em que o elemento criativo conta, mas está subordinado à dinâmica valorativa do elemento corpóreo, ou seja, há prevalência do elemento material);

b) *Obra por conta de outrem* é aquela que é criada em resultado de um vínculo jurídico que a imponha, seja um contrato de trabalho ou um outro acto jurídico, contrato ou acto administrativo, que implique um dever, designadamente funcional (artigos 14.°,15.°, n.° 2 do 165.°, 173.°, 174.°).

e) Critério do número de autores

Segundo este critério, diz-se *obra singular*, a que tem um só titular, e *obra em co-autoria*, a que conta com uma pluralidade de criadores, dividindo-se estas, por sua vez, em *obras feitas em colaboração, obras colectivas e obras compósitas.*

Vejamos a diferença entre estas diferentes criações:

a) *Obra feita em colaboração* é a criação publicada ou divulgada em nome de vários colaboradores (todos ou alguns), quer as suas prestações intelectuais apareçam discriminadas quer não (al. a) do n.º 1 e n.º 2 do artigo 16.º do Código do Direito de Autor e dos Direitos Conexos);

b) *Obra colectiva* é a criação da iniciativa de uma entidade que a organiza e publica ou divulga apenas em seu nome como director, coordenador ou organizador, quer tenha um contributo no seu próprio conteúdo quer não (al. b): v.g., jornal);

c) *Obra compósita* é aquela em que o seu criador incorpora, no todo ou em parte, com autorização dos autores mas sem a sua colaboração, obras anteriormente publicadas ou divulgadas (artigo 21.º do Código do Direito de Autor e dos Direitos Conexos; v.g., colectânea de poesias).

9.3. Condições de protecção de obra e título de obra

As condições gerais são:

a) a *exteriorização*;
b) a *originalidade*; e
c) a *existência de um autor*, mesmo que não identificado.

Trata-se de protecção não à criação em si mas à *forma ou modo da sua revelação*, que, em caso de obra sem novidade, semelhante ou inspirada em outra, tem que ter uma *marca pessoal clara* do seu autor, uma individualidade própria, sob pena da contrafacção, traduzindo um dado esforço criador, num elemento suficientemente diferenciador, tocando o desenvolvimento de situações, a estrutura, o modo de expressão ou de narração dos factos, ou seja, um dado grau de originalidade na forma adoptada.

Há *plágio* quando há cópia de obra concreta, já existente, e não apenas de uma ideia, mesmo escrita, de obra futura. No caso da televisão são, os tribunais já se pronunciaram pelo plágio em caso de cópia da estrutura de sequências e estilo de apresentação de série televisiva, mas já não, se se trata de mera cópia de uma ideia, mesmo que tenha assumido forma de um plano de ordenação escrita da ideia para programa de televisão (v.g., concepção de jogo para televisão).

E tanto se protege uma *obra acabada* como uma obra *incompleta ou partes* dela [al. i) do n.º 2 do artigo 2.º].

362 *Direito da Comunicação Social*

Basta que tenha havido por parte do autor *intenção inequívoca de a difundir ou publicar* para ela ganhar valor patrimonial e entrar no «comércio jurídico» (n.º 2 do artigo 50.º do Código do Direito de Autor e dos Direitos Conexos), ficando protegida[654].

Nos temos do n.º 1 do artigo III da Convenção Mundial de 1952, basta que se coloque o símbolo C (inicial de *copyright*), dentro de uma circunferência, seguido do *nome* do autor e *ano* da publicação[655].

*

Há, depois, aspectos que envolvem o tratamento jurídico da matéria, mas que em princípio *não interferem com a protecção das obras*, sendo em geral irrelevantes neste âmbito.

Temos a irrelevância de:

– *publicação, divulgação, utilização e exploração* da obra (n.º do artigo 1.º);
– *tipologia* em termos de género e substrato de expressão (n.º 1 do artigo 2.º);
– *valoração* estética, científica ou ética:
– *finalidade* da criação;
– *formalidades*, v.g., registo ou depósito (regulado pelo Decreto-Lei n.º 74/82, de 3.3), mesmo que legalmente exigidas (artigos 12.º e 213.º do Código do Direito de Autor e dos Direitos Conexos),

Em geral, há *facultatividade* e, portanto, também, *irrelevância de registo* (artigo 12.º).

Mas aqui entramos na consideração de *condições modificativas da protecção*, porquanto, em certas circunstâncias, a protecção da obra pode levar ao cumprimento de certas exigências.

Há *excepções ao regime geral* de inexistência de condições quanto a:

a) *títulos* de obras não publicadas ou de publicações periódicas (214.º e n.º 3 do artigo 4.º), que ficam sujeitos a *registo*, acto praticável, respectivamente na Inspecção-Geral das Actividades

---

[654] CARVALHO, A.A. – oc, p. 45.
[655] Vide, CARVALHO – oc, p. 50.

Culturais e no Instituto da Comunicação Social, mas, fora destas situações, a protecção da obra é extensiva ao título, desde que seja *original e inconfundível* com o de outra obra anterior do mesmo género;

- *obras coreográficas e pantominas*, em que, para que mereçam protecção, se exige fixação em qualquer substrato (escrito, videograma, etc.);
- *obras fotográficas*, em que se exige o nome do fotógrafo e a indicação do ano da fotografia (Convenção MDA de 1952) e, se se trata de fotografia de *obra de arte plástica*, é necessário repor um duplo nome, não só do seu autor como também o nome do criador desta.

O *título da obra*, se for original (isto é, sem poder confundir-se com um título de outra obra do mesmo género de outro autor, já objecto de divulgação ou publicação, ou de registo), integra o *conteúdo do direito de autor*, estendendo-se a ele a protecção atribuída à obra.

Para tal, desde que a obra tenha sido divulgada ou publicada, não é necessário que ele tenha sido objecto de *registo*, mas se assim não for só fica protegido se a obra tiver sido registada juntamente com o respectivo título (n.º 3 do artigo 4.º).

No entanto, o título nunca é protegido se se tratar de uma *designação genérica, necessária ou usual do tema ou objecto* de obras de certo género (v.g., Direito da Comunicação Social); ou se for composto apenas por *nomes de personagens históricas, histórico-dramáticas, literárias e mitológicas ou por nomes de personalidades vivas*.

O *título* de jornal ou de qualquer outra *publicação periódica* (artigo 5.º) está protegido, enquanto a respectiva publicação se efectuar com *regularidade*, desde que devidamente *inscrito* na competente repartição de registo do departamento governamental com tutela sobre a comunicação social (Divisão de Registos do Instituto da Comunicação Social). Neste caso, só é possível a sua utilização por uma outra publicação congénere depois de decorrido um ano após a extinção do direito à publicação, anunciado por qualquer modo, ou decorridos três anos sobre a *interrupção da publicação*.

Quanto ao *requisito da existência de autor*, acontece que pode haver «obra sem autor», ou seja, com autoria desconhecida (v.g., obra de folclore), que, por isso, não merece protecção, mas, no entanto, tais como as *obras baseadas nestas obras sem direitos de autor*, as *obras anónimas* (sem identificação) e as *obras identificadas com pseudónimo* (artigo 33.º do Código do Direito de Autor e dos Direitos Conexos) merecem protecção nos termos gerais.

Quanto à *identificação do criador da obra*, importa referir que é autor, sem prejuízo da possibilidade de publicar obra com anonimato (e salvo erro, incumprimento da regra expressa no n.º 3 do artigo 29.º – falsa indicação – ou, em geral, prova credível em contrário), é aquela pessoa cuja identificação seja inconfundível, quer utilize um nome (facultativamente registável: al.a) do n.º 1 do artigo 215 e artigo 216.º Código do Direito de Autor e dos Direitos Conexos, mas sempre protegido com providências judiciais civis e penais: n.º 2 e 4 do artigo 29.º do Código do Direito de Autor e dos Direitos Conexos; 196.º do Código Penal e 1474.º e 1475.º do Código de Processo Civil), em sentido amplo (nome civil completo ou abreviado), quer use iniciais, pseudónimos, ou meros sinais convencionais, desde que tal permita determinar o criador da obra em causa (n.º 2 do artigo 27.º, artigo 28..º, n.º 1 do artigo 29 e artigo 30.º).

No caso de *obra de autor anónimo* ou dada a conhecer com *pseudónimo*, quem a publicar ou divulgar fica, em princípio, a representar o autor, enquanto este não der a conhecer a sua identidade (artigo 30.º Código do Direito de Autor e dos Direitos Conexos).

Assim, em *conclusão*, em termos de matérias abrangidas e *condições positivas de protecção*, quanto ao conteúdo, exige-se a exteriorização (n.º 1 do artigo 1.º), a originalidade (artigos 2-4.º) e a existência de autor da obra, mesmo que não «identificado».

Mas não há exigências de *formas de expressão (modos de exteriorização)* e de *formalidades* (registos, depósitos, etc.), pois há *irrelevância* ou indiferença, quer quanto ao seu modo de exteriorização (n.º 3 do artigo 3.º), quer quanto à *apreciação estética* (artística), *científica* (e tecnológica) e de objecto ou *conteúdo concreto da obra*.

E a protecção, independentemente de eventuais multas a aplicar, não depende do cumprimento das obrigações legais de depósito (previstas no DL 74/82, de 3.3).

9.4. Poderes integrantes do direito de autor

9.4.1. *Faculdades, direitos irrenunciáveis, duração da protecção e papel do Estado após caducidade do direito*

A duração dos direitos de autor é *limitada*, terminada a qual a obra cai no *domínio público*, cessando o exclusivo da exploração económica, passando a obra a ser de *utilização livre*, com excepção dos direitos morais, que passam a dever ser defendidos pelo Estado (n.º 2 e 3 do 57 e n.º 2 do 200.º)[656].

Eles caducam após um dado prazo, que, actualmente, está fixado em 70 anos, como regra, pois no caso de obras com origem em país estrangeiro alheio à União Europeia, cujo autor não seja originário deste espaço, só gozam do prazo previsto na lei do seu país, se for menor (artigo 37.º).

No caso de *obras inéditas* publicadas ou divulgadas licitamente ou de *publicações críticas e científicas*, após a caducidade do prazo dos direitos do autor, os seus editores ou divulgadores gozam de 25 anos de protecção a contar da data da primeira difusão (n.º 1 do artigo 39.º). Trata-se de prazo aplicável mesmo em relação a *obra póstuma*.

Nuns casos, conta-se após a morte do criador ou do último dos criadores em caso de obra feita em colaboração (artigo 31.º), designadamente em *obra cinematográfica ou audiovisual*, se o último for o realizador, o autor do argumento ou da adaptação, o autor dos diálogos ou das composições musicais especialmente criadas para a obra em causa. Noutros casos, a partir da publicação ou divulgação, da obra no seu todo ou, se publicada ou divulgada por partes (parte, volume, episódio, fascículos, números de publicações periódicas, v.g., jornais), como prevê a lei em relação a obras anónimas (artigo 33.º), obras colectivas ou atribuídas a pessoa colectiva, desde que as contribuições individuais não sejam descrimináveis (n.º 2 e 3 do artigo 32.º), e programas de computador originariamente atribuído a pessoa distinta do autor (n.º 2 do artigo 36.º).

---

[656] Artigo 9.º.

Após o decurso dos prazos de vigência do *direito autoral*, a obra cai no domínio público quanto aos *direitos patrimoniais*, sendo livre a sua utilização. Mas os direitos pessoais não só permanecem sempre na titularidade do próprio enquanto vivo, como se mantêm após a sua morte, sendo exercidos pelos herdeiros ou legatários no período em que se mantêm os direitos patrimoniais da obra (n.º 1 do artigo 70 e 114.º) e pelo Estado a partir da queda no domínio público (artigo 56.º e 57.º do Código do Direito de Autor e dos Direitos Conexos), a quem cabe defender a genuinidade e integridade da obra e a referência à sua paternidade (n.º 2 do artigo 57.º). No entanto, quando após a morte do autor, uma obra ainda não caída no domínio público, se encontre *ameaçada, na sua autenticidade ou dignidade cultural, e os sucessores do direito de autor, uma vez notificados para a defenderem, o não façam, sem invocarem um motivo atendível* (n.º 3), o Ministério da Cultura pode, desde logo, chamar a si essa defesa, através dos meios tidos por adequados.

No caso de *obra feita em colaboração*, o direito de autor caduca 70 anos após a morte do último dos autores, nos termos do artigo 51.º do Código do Direito de Autor e dos Direitos Conexos (*direito de autor incluído em herança vaga*), que, no seu n.º 3, reza o seguinte: «Se, *por morte de algum dos autores de obra feita em colaboração*, a sua herança dever ser devolvida ao Estado, o direito de autor sobre a obra na sua unidade ficará pertencendo apenas aos restantes».

Em geral, dispõe ainda o legislador um regime especial de tratamento de direito de autor em *herança declarada vaga*, designadamente encurtando extraordinariamente o prazo de queda no domínio público perante eventual inércia no aproveitamento da obra por parte do Estado. Assim, dispõe que se, em herança que for declarada vaga para o Estado, estiver incluído um direito de autor, tal *direito será excluído da liquidação* e, *decorridos dez anos* sobre a data da vacatura da herança, sem que o Estado tenha utilizado ou autorizado a utilização da obra, cairá esta no *domínio público* (n.º 2).

Direito Relativo à Actividade Criativa nos Meios... 367

9.4.2. **Faculdades patrimoniais e regime de utilização e exploração económica de obra protegida**

A) Identificação das faculdades patrimoniais

O Código do Direito de Autor e dos Direitos Conexos fixa (em termos não exclusivos, como se constata pelo n.º 3 do artigo 9.º) as *faculdades patrimoniais* em que se decompõe o direito de autor, que são as seguintes:

- direito de *fruir e utilizar* a obra (artigo 68.º);
- direito de *autorizar* a fruição, utilização, transformação, modificação e exploração económica da obra por parte de terceiro, total ou parcialmente, onerosa ou gratuitamente (artigo 67.º e 59.º);
- direito de *dispor dos direitos patrimoniais* sobre a obra (artigo 9.º);
- direito de *sequência* (artigo 54.º);
- direito a *compensação adequada* pela fixação e reprodução incontrolada por aparelhos e materiais de venda pública (artigo 82.º);
- direito de *compensação suplementar* por lesão: apurada supervenientemente (enorme lesão: artigo 49.º), especial (artigo 14.º) e equitativa (artigos 75.º e 76.º);
- direito de *acesso ao suporte*, à fixação ou comunicação, quer do original, quer de cópias, em poder legítimo de terceiro, como corolário geral dos seus direitos patrimoniais e morais.

Estas faculdades resultam do *poder exclusivo de fruir ou utilizar* a obra, sem prejuízo das *situações originárias de obras não protegidas*, *obras caídas no domínio público*, *obras protegidas de utilização livre* e *obras sujeitas a dispensa de autorização de utilização*[657].

As *faculdades patrimoniais* traduzem-se na possibilidade de o seu titular divulgar, publicar e, em geral, explorar economicamente a obra, por qualquer forma, ou seja, directamente ou por terceiro[658], através de uma simples autorização ou de transmissão de direitos

---

[657] Neste caso, o autor é «expropriado» dos seus direitos por motivo de utilidade pública.

[658] N.º 3 do artigo 68.º: «escolher livremente os processos e as condições de utilização e exploração».

368   *Direito da Comunicação Social*

(artigo 67.º do Código do Direito de Autor e dos Direitos Conexos), em termos totais ou parciais, sendo certo que os *modos de exploração* da obra são independentes entre si (n.º 1 do artigo 68.º do Código do Direito de Autor e dos Direitos Conexos)[659].

A *utilização da obra* sem autorização ou sem a aquisição dos direitos resultantes da transmissão do direito autoral, se não se estiver perante situações de utilização livre, tal como o *desrespeito dos limites acordados*, constitui *crime de usurpação*[660].

B) Regime da utilização sem necessidade de autorização do autor

Existem situações, todavia, em que a utilização da obra protegida não carece de *autorização do autor*, sendo por isso *livre* e *não dando lugar, na maior parte dos casos, ao pagamento* de qualquer remuneração.

Elas constam, na sua maioria, do artigo 75.º do Código do Direito de Autor e dos Direitos Conexos e assentam em razões de *interesse público*, podendo salientar-se:

- a *reprodução*, por extracto ou em forma de resumo, *e a colocação à disposição do público, pela comunicação social, para fins de informação*, de discursos, alocuções e conferências pronunciadas em público, mesmo que essa utilização de obras estivesse protegida pelo direito de autor, o que em geral já não ocorre em relação a *discursos políticos* ou comunicações «feitas perante assembleias ou outros órgãos colegiais políticos e administrativos sobre assuntos de interesse comum[661]» (artigo 7.º, n.º 1, al. c) e d), do Código do Direito de Autor e dos Direitos Conexos).
- a *selecção regular de artigos de imprensa periódica*, sob forma de *revista de imprensa*;
- a *fixação, reprodução e comunicação pública de curtos fragmentos* de obras literárias ou artísticas, quando a sua inclusão em *relatos de acontecimentos de actualidade* for justificada pelo fim de informação perseguido;

---

[659] Exploração directa: artigos 67 e 68-1; Autorização: 41, 88,108,128-1; Transmissão: 41,48,43; Onerosidade: 41-2,43-3,44,67,14,49,76-1-bcd-75,54,82..

[660] Punido pelos artigos 195.º e 197.º do Código do Direito de Autor e dos Direitos Conexos.

[661] CARVALHO, A. A. e outros – *oc*, nota 55, p. 98.

Direito Relativo à Actividade Criativa nos Meios... 369

– a *inserção de citações ou resumos de obras alheias* em apoio das próprias posições ou com fins de crítica, discussão ou ensino, designadamente em manuais escolares ou teses e outros trabalhos de investigação bibliográfica;
– a *reprodução, comunicação ao público ou colocação à sua disposição de artigos de actualidade*, de discussão económica, política ou religiosa, de obras radiodifundidas ou de outros materiais da mesma natureza, se não tiverem sido expressamente reservados.

E há *situações de utilização livre*, em que o autor tem *direito a uma remuneração*, o que acontece nos casos de «reprodução de obra para fins exclusivamente privados, cuja retribuição é assegurada por via de uma *quantia incluída no preço de venda ao público de aparelhos ou suportes* que a possibilitem[662], com a reprodução de obras por instituições que prossigam um interesse público, sem carácter comercial e tendo em vista as suas necessidades próprias, com a inclusão de *fragmentos de obras alheias* em obras próprias destinadas ao ensino e com a reprodução de obra radiodifundida por instituições sociais sem fins lucrativos»[663].

C) Requisitos da mera autorização

A simples *autorização de utilização,* que não implica a transmissão de direitos patrimoniais, *só pode ser efectivada dentro dos limites, condições e fins expressamente acordados* e está sujeita a *requisitos* estritos de *validade*[664]:

Com efeito, deve:

– ser *efectivada por escrito;*
– *conter menção* especificada da forma autorizada de divulgação, publicação e utilização, apontando a lei um elenco *exemplificativo* de formas de utilização das obras (n.º 1 do

---

[662] A remuneração pela cópia privada: esta *remuneração pela cópia privada* consiste numa quantia a incluir no preço de venda ao público de aparelhos e suportes materiais que permitam a fixação e reprodução de obras (v.g., gravadores, cassetes, etc.: artigo 82.º do Código do Direito de Autor e dos Direitos Conexos). Não se aplica às obras jomalísticas.

[663] Síntese de CARVALHO – oc, p. 98.

[664] REBELLO, Luiz Francisco – oc, 1994, p. 137, com base no artigo 238.º do CCV.

artigo 68.º do Código do Direito de Autor e dos Direitos Conexos), dado que, sendo as diversas formas de utilização da obra independentes umas das outras, a adopção de qualquer delas «pelo autor ou pessoa habilitada não prejudica a adopção das restantes pelo autor ou terceiros» (n.º 4 do artigo 68.º);

– dispor sobre as *condições de tempo e lugar da sua utilização* (artigo 41.º do Código do Direito de Autor e dos Direitos Conexos).

D) Presunção de onerosidade e de não exclusividade da autorização

A lei também exige a *especificação expressa* não só do seu carácter oneroso como do próprio preço e do carácter exclusivo ou não da exploração, mas, na sua falta, o contrato salva-se de invalidade na medida em que se comina que a cedência a terceiro, no primeiro caso, se considera efectuada com a *presunção (elidível) da sua onerosidade*, excepto no caso do *direito de representação cénica* da obra se a autorização tiver sido concedida a *amadores*, que se presume gratuita (n.º 3 do artigo 108.º do Código do Direito de Autor e dos Direitos Conexos) e, no segundo, se considera que deve presumir--se a *não exclusividade da sua exploração*, excepto se se tratar de *contratos de edição* ou *contratos de produção de obras cinematográficas*, as únicas situações em que se presume atribuído o exclusivo da sua exploração (n.º 3 do artigo 88.º e n.º 1 do artigo 128.º do Código do Direito de Autor e dos Direitos Conexos).

Mas, no plano da exigência destes *elementos formais*, importa referir que a falta de *indicação de preço,* acordado ou não, tal como a ausência de clara identificação da obra, na situação em que se pretende a *transmissão definitiva* do direito de autor, tal como a falta de *escritura pública,* exigível neste caso, acarreta a sanção jurídica de *nulidade* do contrato, o (artigo 41.º do Código do Direito de Autor e dos Direitos Conexos).

E) Regime de transmissão ou oneração do conteúdo patrimonial da obra

Comecemos por referir a cessão dos Direitos Patrimoniais de Autor. O *titular originário dos direitos de autor* pode ceder a outrem a sua *exploração económica,* ou seja, apenas os seus *direitos patrimoniais,* pois há direitos não passíveis de cessão, desde logo, os direitos pessoais (n.º 2 do 56.º Código do Direito de Autor e dos Direitos Conexos). Com efeito, não só não podem ser objecto de *transmissão nem oneração, voluntárias ou forçadas,* os poderes concedidos para a *tutela* dos direitos morais como quaisquer outros que sejam excluídos por lei (n.º 2 do artigo 42.º Código do Direito de Autor e dos Direitos Conexos).

Para operar essa cessão, há ao seu dispor várias *técnicas jurídicas,* das quais destacaria as duas usadas em termos mais correntes: a *autorização de utilização* e a *transmissão dos direitos patrimoniais* (art. 40.º Código do Direito de Autor e dos Direitos Conexos).

A simples autorização, que só pode ser concedida por *escrito,* com conteúdo determinado e obrigatório, presumindo-se onerosa e não exclusiva, vai permitir que o terceiro efectiva a *utilização e a exploração da obra,* mas apenas nos termos e para os fins determinados contratualmente e não implicando nunca a transmissão do direito de autor (n.º 1 do artigo 41.º Código do Direito de Autor e dos Direitos Conexos)[665].

Esta transmissão pode ser *total ou pode ser* limitada a determinadas formas de utilização (*parcial*), e *temporária* ou *definitiva.* Mas é nula a transmissão como *total e definitiva se* não for efectuada por *escritura pública e* com identificação expressa da obra e indicação do seu preço (artigo 44.º), tal como o é se for a título de *transmissão ou oneração parciais* sem constar de documento *escrito,* com reconhecimento notarial das assinaturas e com certo conteúdo (n.º 2 e 3 do art. 43.º).

O conteúdo das transmissões e onerações parciais é preenchido com *diferentes modos de utilização,* enunciáveis no acto que as efec-

---

[665] Com efeito, diz o n.º 3 do artigo 41.º que dessa autorização deve constar «obrigatória e especificamente a forma autorizada de divulgação, publicação e utilização, bem como as respectivas *condições de tempo, lugar e preço.* REBELLO, L.F. – o.c.., 1994, p. 135 e ss.

372 *Direito da Comunicação Social*

tiva, e o contrato em causa, que sob pena de nulidade tem de constar de documento *escrito*, com reconhecimento notarial das assinaturas, (n.º 2), deve determinar as *faculdades* que são objecto de disposição e as suas *condições de exercício* (tempo e lugar, em negócio oneroso, o preço, etc.).

No caso de transmissão ou oneração transitórias sem estipulação da duração, presume-se que a *vigência máxima* é de *vinte e cinco anos* em geral e de *dez anos* nos casos de obra fotográfica ou de arte aplicada (n.º 4 do artigo 44.º Código do Direito de Autor e dos Direitos Conexos), sem prejuízo de o direito ao exclusivo da exploração cedida caducar se, decorrido o prazo de *sete anos*, a obra ainda não tiver sido utilizada (n.º 5 do artigo 44.º Código do Direito de Autor e dos Direitos Conexos).

A *transmissão ou oneração* do direito de autor sobre *obras futuras* só pode abranger as que o autor vier a produzir no prazo máximo de *10 anos* (artigo 48.º Código do Direito de Autor e dos Direitos Conexos).

Assim, a autorização, transmissão e oneração podem ser objecto de *vários tipos de contratos*, nominados e inominados (art. 405.º CCV)[666], mas o *conteúdo dos contratos* não é inteiramente livre, havendo limitações resultantes da *tipicidade dos direitos de autor*[667].

A *autorização, transmissão e oneração* podem ser objecto não só de *contratos tipificados* no Código do Direito de Autor e dos Direitos Conexos [*edição* (artigo 83.º), *representação* (artigo 109.º), *produção cinematográfica* (artigo 139.º), *fixação fonográfica e videográfica* (artigo 141.º), *reprodução de obras de artes plásticas, gráficas e aplicadas* (artigo 159.º) e outros], como de *contratos comuns* (compra e venda, aluguer, comodato, sociedade, trabalho, prestação de serviço, empreitada, usufruto, etc.[668]), e são passíveis

---

[666] CORREIA, Luís Brito – *Direito da Comunicação Social*. Vol. II, Coimbra: Almedina, 2005, p. 82; ASCENSÃO, Oliveira – *Direito Civil: Direitos de Autor e Direitos Conexos*. Coimbra: Coimbra Editora, 1992, p. 377 e ss.

[667] ASCENSÃO, J.O. – oc, p. 417 e ss.

[668] Ao *aluguer* e *comodato* aplica-se também o Dec.-Lei n.º 332/97, de 27.11, que transpôs para a ordem jurídica interna portuguesa a Directiva comunitária n.º 92/1OO/CEE, do Conselho, de 19.11.1992. sobre a *empreitada*, ASCENSÃO, J. O. – oc, p. 421 e ss. O artigo 45.º admite o *usufruto*, tanto legal como voluntário (em geral, artigos 1439.º a 1483.º CCV), dispondo que, «Salvo declaração em contrário, só com autorização do titular do direito de autor pode o usufrutuário utilizar a obra objecto do usufruto por qualquer forma que envolva transformação ou modificação desta».

(artigos 45.º, 46.º, 47.º e 50.º Código do Direito de Autor e dos Direitos Conexos) de *penhor* (em geral, artigos 666.º a 685.º CCV), *penhora de direitos* (artigo 856.º e ss. do CPC) e *arresto* (artigo 406.º do CPC)[669].

O contrato de *edição* (artigo 83.º) é o tipo contratual através do qual o autor autoriza um terceiro a produzir, por conta própria, um número determinado de exemplares de uma obra ou de um conjunto de obras suas nos termos acordados (ou, não cominando a lei a sanção de nulidade para a omissão, segundo disposições e presunções legais, meramente *iuris tantum* ou mesmo *iuris et de iure*), assumindo a outra parte a obrigação de os distribuir e vender.

Deste tipo contratual distinguem-se outras situações materialmente sintonizadas com a prestação de serviços ou a associação em participação.

Assim, se se tratar da produção, *por conta de um terceiro,* de um determinado número de exemplares de uma obra, assegurando ele o seu *depósito, distribuição e venda*, com divisão entre ambos não apenas dos lucros mas também dos *prejuízos* da *exploração*, o contrato rege-se pelo acordado, e, nas situações omissas, pelas normas sobre *associação em participação* e, supletivamente, pelos *usos correntes.*

Da mesma maneira, rege-se pelo estipulado e, subsidiariamente pelas normas legais relativas ao *contrato de prestação de serviços*, e, na falta destas, também pelos *usos correntes, a produção por um terceiro* de um determinado número de exemplares da obra, assegurando ele o seu *depósito, distribuição e venda por conta e risco do titular do direito*, contra o pagamento de certa quantia fixa ou proporcional; ou o encargo de este terceiro assegurar o *depósito, distribuição e venda dos exemplares da obra* por ele mesmo produzidos, mediante pagamento de comissão ou qualquer outra forma de retribuição (artigo 84.º).

---

[669] Artigo 46º (Penhor): «2 – Em caso de execução, recairá especificamente sobre o direito ou direitos que o devedor tiver oferecido em garantia relativamente à obra ou obras indicadas. 3 – O credor pignoratício não adquire quaisquer direitos quanto aos suportes da obra».. Artigo 47.º (Penhora e arresto): «Os direitos patrimoniais do autor sobre todas ou algumas das suas obras podem ser objecto de penhora ou arresto, observando-se relativamente à arrematação em execução o disposto no 46º quanto à venda do penhor».

O contrato de *representação* (artigo 109.°) autoral é aquele em que o autor autoriza um terceiro[670] a promover, nos termos estipulados (designadamente, sobre o prazo, lugar, retribuição do autor e modalidades de pagamento), a representação da sua obra.

O contrato de *produção cinematográfica* (artigo 139.°) traduz-se num acordo a que, em termos adaptados, se aplicam as regras do *contrato de edição, representação e execução*[671].

O contrato de *produção fonográfica e videográfica* (artigo 141.°[672]), é aquele em que o autor autoriza a incorporação de sons ou de imagens, separadas ou cumulativamente, num suporte material suficientemente estável e duradouro[673] (fixação da obra) e a sua reprodução e venda dos exemplares produzidos[674].

O *contrato de exposição pública de obras de arte* (artigo 157.°) é o contrato em que o criador (ou o seu legítimo proprietário, no caso de ele a ter alienado sem excluir expressamente tal direito) autoriza um terceiro a promover a sua exposição, com obrigação da sua devolução no final do prazo fixado para o efeito[675].

O contrato de *reprodução de obras de artes plásticas, gráficas e aplicadas, design, projectos de arquitectura e planos de urbanização* (artigo 159.°) é aquele em que o criador autoriza um terceiro a efectivar essa reprodução, ao qual é aplicável em geral o regime do

---

[670] Sem o exclusivo da comunicação directa da obra por esse meio, a menos que este seja acordado.

[671] N.º 2: «Aplica-se à exibição pública da obra cinematográfica, com as devidas adaptações, o regime previsto nos artigos 122° e 123° para a recitação e a execução».

[672] Artigo 141.° (Contrato de fixação fonográfica e videográfica).

[673] Suporte que permita a sua percepção, reprodução ou comunicação de qualquer modo, em período não efémero.

[674] A autorização de fixação deve ser dada por escrito. E para executar em público, radiodifundir ou transmitir de qualquer modo a obra fixada, a autorização deve igualmente ser dada por escrito, podendo aliás ser dada a entidade diversa da que fez a fixação. Refira-se que a «compra de um fonograma ou videograma não atribui ao comprador o direito de os utilizar para quaisquer fins de execução ou transmissão públicas, reprodução, revenda ou aluguer com fins comerciais».

[675] Artigo 158.° (Responsabilidade pelas obras expostas): «A entidade promotora de exposição de obras de arte responde pela integridade das obras expostas, sendo *obrigada a fazer o seguro* das mesmas contra incêndio, transporte, roubo e quaisquer outros riscos de destruição ou deterioração, bem como a conservá-las no respectivo recinto até ao termo do prazo fixado para a sua devolução».

Direito Relativo à Actividade Criativa nos Meios... 375

contrato de edição, mas em que é fixado obrigatoriamente um número mínimo de exemplares a vender anualmente, sob pena de o reprodutor poder ser coagido a completar a edição em relação ao número de exemplares em falta e, não o fazendo, além do direito a exigir uma indemnização por perdas e danos, poder o titular do direito de autor contratar com outrem, a expensas do editor, a produção dessa quantidade de exemplares[676].

O *contrato de compra e venda* (artigo 874.º) é o «contrato pelo qual se transmite a propriedade de uma obra, ou um direito sobre ela, mediante um preço». A alínea a) do artigo 3.º do Decreto-Lei n.º 332/97, de 27 de Novembro, define a venda, para efeitos de direitos autorais, como o «acto de colocar à disposição do público, para utilização, o original ou cópias da obra, sem limite de tempo e *com benefícios comerciais (directos ou indirectos).*

O *contrato-promessa de compra e venda* (artigo 410.º) de uma obra é o acordo através do qual um criador unilateralmente ou um criador e um terceiro se obriga(m) a celebrar no futuro um contrato de compra e venda, a que são aplicáveis as disposições legais relativas a este, exceptuadas as normas relativas à forma e as que, por sua razão de ser, não se devam considerar extensivas ao contrato-promessa[677]. Recorde-se que, nos termos do artigo 48.º do Código do Direito de Autor e dos Direitos Conexos, sobre disposição antecipada do direito de autor, a «transmissão ou oneração do direito de autor

---

[676] Artigos 159.º e e 86.º, designadamente o seu n.º4. Deve ser dada por escrito, presumindo-se oneroso, sem prejuízo de poder ser condicionado.

[677] Artigo 410.º, n.º 2: «Porém, a promessa respeitante à celebração de contrato para o qual a lei exija documento, quer autêntico, quer particular, só vale se constar de documento assinado pela parte que se vincula ou por ambas, consoante o contrato-promessa seja unilateral ou bilateral. 3. No caso de promessa relativa à celebração de contrato oneroso de transmissão ou constituição de direito real sobre edifício, ou fracção autónoma dele, já construído, em construção ou a construir, o documento referido no número anterior deve conter o reconhecimento presencial da assinatura do promitente ou promitentes e a certificação, pelo notário, da existência da licença respectiva de utilização ou de construção; contudo, o contraente que promete transmitir ou constituir o direito só pode invocar a omissão destes requisitos quando a mesma tenha sido culposamente causada pela outra parte». Artigo 411.º (Promessa unilateral): «No caso de o contrato-promessa vincular só uma das partes e não se fixar o prazo dentro do qual o vínculo é eficaz, pode o tribunal, a requerimento do promitente, fixar à outra parte um prazo para o exercício do direito, findo o qual este caducará».

sobre obra futura só pode abranger as que o autor vier a produzir no prazo máximo de dez anos», de tal modo que se o contrato visar obras em prazo mais dilatado, deve considerar-se reduzido a esses limites temporais, diminuindo proporcionalmente a remuneração estipulada, sem prejuízo de ser nulo o contrato de transmissão ou oneração de obras futuras sem prazo limitado.

Os *contratos de aluguer e de comodato* foram objecto de regulação por parte do direito comunitário, através da Directiva 92/100/CE (relativa ao direito de aluguer, ao direito de comodato e a certos direitos conexos aos direitos de autor em matéria de propriedade intelectual), que foi transposta pelo Decreto-Lei n.º 332/97, de 27 de Novembro, que alterou em conformidade o Código do Direito de Autor e dos Direitos Conexos, introduzindo o *direito de comodato*, aplicável às obras protegidas pelo direito de autor, dentro dos limites admitidos na legislação comunitária e no respeito pela específica situação cultural e de desenvolvimento do nosso país e das medidas e orientações de política cultural daí decorrentes. Este diploma veio estipular, como regras comuns a estes dois tipos de contratos, que os direitos de aluguer e de comodato não se esgotam com a venda ou qualquer outro acto de distribuição do original ou de cópias da obra, além de que exclui as obras de arquitectura e de artes aplicadas do objecto dos direitos de aluguer e de comodato.

Nos termos do CCV (artigo 1022 e 1223.º), diz-se contrato de *locação* o contrato pelo qual uma das partes se obriga a proporcionar à outra o *gozo temporário* de uma coisa, mediante retribuição, recebendo este contrato, em geral, a designação de *aluguer* quando incide sobre uma coisa móvel.

O *contrato de aluguer* de uma criação com direitos autorais é definido pela alínea b) do artigo 3.º do Decreto-Lei n.º 332/97, como «o acto de colocar à disposição do público, para utilização, o original ou cópias da obra, durante um período de tempo limitado e *com benefícios comerciais*, directos ou indirectos»[678].

---

[678] Artigo 5.º:(Direito de aluguer): 1 – Sempre que o autor transmita ou ceda o direito de aluguer relativo a um fonograma, videograma ou ao original ou cópia de um filme a um produtor de fonogramas ou de filmes, é-lhe reconhecido um direito irrenunciável a remuneração equitativa pelo aluguer. 2 – Para os efeitos do disposto no número anterior, o produtor é responsável pelo pagamento da remuneração, a qual, na falta de acordo, será fixada por via arbitral, nos termos da lei».

Direito Relativo à Actividade Criativa nos Meios... 377

O *contrato de comodato* autoral é o *contrato gratuito,* em que o criador de uma coisa a entrega a outra pessoa para que ela se sirva dela, com a obrigação de a restituir (artigo 1129.º). A alínea c) do artigo 3.º do Decreto-Lei n.º 332/97 define comodato, para efeitos de direito de autor, como o «acto de colocar à disposição do público, para utilização, o original ou cópias da obra, durante um período de tempo limitado e *sem benefícios económicos ou comerciais,* directos ou indirectos, quando efectuado *através de estabelecimento acessível ao público.* Nos termos do artigo 6.º do DL de aplicação da Directiva comunitária em causa, no caso de comodato público do original ou de cópias da obra, o autor tem *direito a remuneração* (que, na falta de acordo entre as partes, será fixada por via arbitral), sendo responsável pelo seu pagamento o proprietário do estabelecimento que coloque à disposição do público o original ou as cópias da obra (artigo 6.º[679]).

O *contrato de sociedade* (artigo 980.º) é «aquele em que duas ou mais pessoas se obrigam a contribuir com bens ou serviços para o exercício em comum de certa actividade económica, que não seja de mera fruição, a fim de repartirem os lucros resultantes dessa actividade».

O *contrato de trabalho* autoral é aquele em que uma pessoa se obriga, sob a autoridade e direcção desta e mediante uma dada retribuição, a prestar a outra pessoa a sua actividade intelectual ou manual, na criação de uma obra materialmente integrada no regime dos direitos de autor (artigo 1152.º).

O *contrato de prestação de serviço* autoral é aquele em que um criador de uma obra, sujeita ao regime do direitos de autor, se obriga a proporcionar a outra o resultado acordado do seu trabalho intelectual ou manual, com ou sem retribuição (artigo 1154.º).

O *contrato de empreitada* autoral é o contrato em que uma das partes, mediante um preço, se compromete com outra pessoa a realizar uma obra, materialmente sujeita ao regime dos direitos de autor (artigo 1207.º).

O *contrato de usufruto* (artigo 1439.º) é aquele que se traduz na atribuição a um terceiro, sem poder alterar a sua forma ou substância, do direito de gozar temporária e plenamente uma criação sua, sujeita

---

[679] N.º 3: «O disposto neste artigo não se aplica às bibliotecas públicas, escolares, universitárias, museus, arquivos públicos, fundações públicas e instituições privadas sem fins lucrativos.

378 *Direito da Comunicação Social*

aos direitos de autor[680]. Nos termos do artigo 45.º do Código do Direito de Autor e dos Direitos Conexos, o direito de autor pode ser objecto de usufruto, tanto legal como voluntário, mas, salvo declaração em contrário, só com autorização do titular do direito de autor pode o usufrutuário utilizar a obra objecto do usufruto por qualquer forma que envolva transformação ou modificação desta.

O *penhor* é um instituto jurídico que confere ao credor do criador de uma obra ou titular de direitos sobre ela, que dele beneficie (a obrigação garantida pode ser futura ou condicional; portanto, face de uma obrigação, actual ou futura, mesmo que condicional), com preferência sobre os outros credores, o direito não só à satisfação do seu crédito, como, sendo o caso, dos respectivos juros, pelo valor dessa obra ou pelo valor de créditos ou outros direitos não susceptíveis de hipoteca, pertencentes ao devedor ou a terceiro, seus titulares[681]. Considera-se como tal, a prestação de caução por meio de depósito de dinheiro, títulos de crédito, pedras ou metais preciosos, desde que tal possibilidade derive de obrigação ou autorização do credor[682]. O artigo 46.º do Código do Direito de Autor e dos Direitos Conexos dispõe que, podendo o conteúdo patrimonial do direito de autor ser dado em penhor, em caso de execução, ele recairá especificamente sobre o direito ou direitos que o devedor tiver oferecido em garantia relativamente à obra ou obras indicadas, não adquirindo o credor pignoratício quaisquer direitos quanto aos suportes da obra.

No que diz respeito à *penhora de direitos* (ou expectativas da aquisição de bens determinados pelo executado) esta matéria rege-se, com as adaptações necessárias, pelas regras da *penhora de créditos*, mas quando o objecto a adquirir for uma coisa que esteja na posse ou detenção do executado, cumprem-se as regras da penhora de imóveis ou de móveis, conforme o caso, e, consumada a aquisição, a penhora passa a incidir sobre o próprio bem transmitido (artigo 860.º-A). E, aliás, em geral, à penhora de direitos aplicam-se subsidiariamente as regras da penhora das coisas imóveis e das coisas móveis (artigo 863.º.)

---

[680] Artigo 1440.º (Constituição): «O usufruto pode ser constituído por contrato, testamento, usucapião ou disposição da lei». Artigo 1441º (Usufruto simultâneo e sucessivo): «O usufruto pode ser constituído em favor de uma ou mais pessoas, simultânea ou sucessivamente, contanto que existam ao tempo em que o direito do primeiro usufrutuário se torne efectivo».

Vejamos, pois, o regime-regra da penhora de créditos.

Se a penhora tiver por objecto quinhão em património autóno-mo ou direito a bem indiviso não sujeito a registo, a diligência consiste unicamente na *notificação do facto ao administrador dos bens, se o houver, e aos contitulares*, com a expressa advertência de que o direito do executado fica à ordem do agente de execução, desde a data da primeira notificação efectuada, sendo lícito aos notificados fazer as declarações que entendam quanto ao direito do executado e ao modo de o tornar efectivo, podendo ainda os contitulares dizer se pretendem que a venda tenha por objecto todo o património ou a totalidade do bem. E quando o *direito seja contestado*, a penhora subsistirá ou cessará conforme a resolução do exequente e do executado, nos termos do artigo 858.º do CCV. Quando *todos os contitulares* façam a declaração prevista na segunda parte do n.º 2, procede-se à venda do património ou do bem na sua totalidade, salvo se o juiz, para tal solicitado, o entender inconveniente para o fim da execução (artigo 862.º).

A penhora de créditos (artigo 856.º) consiste na *notificação ao devedor, feita com as formalidades da citação pessoal e sujeita ao regime desta*, de que o crédito fica à ordem do agente de execução, cabendo ao devedor declarar se o crédito existe, quais as garantias que o acompanham, em que data se vence e quaisquer outras circunstâncias que possam interessar à execução[683].

---

[681] Artigos 666.º a 685.º CCV.

[682] N.º2 do artigo 666 e nº 1 do artigo 623º.

[683] Não podendo ser feitas no acto da notificação, serão as declarações prestadas, por meio de termo ou de simples requerimento, no prazo de 10 dias, prorrogável com fundamento justificado. Se o devedor nada disser, entende-se que ele reconhece a existência da obrigação, nos termos da indicação do crédito à penhora. Se faltar conscientemente à verdade, o devedor incorre na responsabilidade do litigante de má fé. O exequente, o executado e os credores reclamantes podem requerer ao juiz a prática, ou a autorização para a prática, dos actos que se afigurem indispensáveis à conservação do direito de crédito penhorado. Se o crédito estiver garantido por penhor, faz-se apreensão do objecto deste, aplicando-se as disposições relativas à penhora de coisas móveis, ou faz-se a transferência do direito para a execução; se estiver garantido por hipoteca, faz-se no registo o averbamento da penhora. Se o devedor contestar a existência do crédito, são notificados o exequente e o executado para se pronunciarem, no prazo de 10 dias, devendo o exequente declarar se mantém a penhora ou desiste dela. Se o exequente mantiver a penhora, o crédito passa a considerar-se litigioso e como tal será adjudicado ou transmitido. Ms se o devedor declarar que a exigibilidade da

380   *Direito da Comunicação Social*

O *arresto* de uma criação literária, científica ou artística traduz-se na sua apreensão judicial, quando haja justificado receio de perda da garantia patrimonial do seu crédito, por parte do credor do titular dos direitos patrimoniais sobre ela (artigo 406.º e seguintes do Código de Processo Civil). O artigo 47.º do Código do Direito de Autor e dos Direitos Conexos permite que os direitos patrimoniais do autor sobre todas ou algumas das suas obras sejam objecto de penhora ou arresto, mas observando-se relativamente à arrematação em execução o disposto no Código do Direito de Autor e dos Direitos Conexos quanto à venda do penhor.

---

obrigação depende de prestação a efectuar pelo executado e este confirmar a declaração, é notificado o executado para que, dentro de 15 dias, satisfaça a prestação. Quando o executado não cumpra, pode o exequente ou o devedor exigir o cumprimento, promovendo a respectiva execução. Pode também o exequente substituir-se ao executado na prestação, ficando neste caso sub-rogado nos direitos do devedor. 3 – Se o executado impugnar a declaração do devedor e não for possível fazer cessar a divergência, observar-se-á, com as modificações necessárias, o disposto no artigo anterior. 4 – Nos casos a que se refere o n.º 2, pode a prestação ser exigida, por apenso no mesmo processo, sem necessidade de citação do executado, servindo de título executivo o despacho que haja ordenado o cumprimento da prestação (artigo 859.º)

Entretanto, logo que a dívida se vença, o devedor que não a haja contestado é obrigado a depositar a respectiva importância em instituição de crédito, à ordem do solicitador de execução ou, na sua falta, da secretaria, e a apresentar no processo o documento do depósito, ou a entregar a coisa devida ao agente de execução, que funcionará como seu depositário. 2 – Se o crédito já estiver vendido ou adjudicado e a aquisição tiver sido notificada ao devedor, será a prestação entregue ao respectivo adquirente. 3 – Não sendo cumprida a obrigação, pode o exequente ou o adquirente exigir a prestação, servindo de título executivo a declaração de reconhecimento do devedor, a notificação efectuada e a falta de declaração ou o título de aquisição do crédito. 4 – Verificando-se, em oposição à execução, no caso do n.º 3 do artigo 856.º, que o crédito não existia, o devedor responde pelos danos causados, nos termos gerais, liquidando-se a sua responsabilidade na própria oposição, quando o exequente faça valer na contestação o direito à indemnização. 5 – É aplicável o disposto no n.º 3 do artigo 861.º (artigo 860.º).

Em termos do *regime de oposição à penhora* e seus fundamentos (artigo 863.º-A), importa destacar que, o executado pode este opor-se à penhora com algum dos seguintes fundamentos: a) Inadmissibilidade da penhora dos bens concretamente apreendidos ou da extensão com que ela foi realizada; b) Imediata penhora de bens que só subsidiariamente respondam pela dívida exequenda; c) Incidência da penhora sobre bens que, não respondendo, nos termos do direito substantivo, pela dívida exequenda, não deviam ter sido atingidos pela diligência. 2 – Quando a oposição se funde na existência de patrimónios separados, deve o executado indicar logo os bens, integrados no património autónomo que responde pela dívida exequenda, que tenha em seu poder e estejam sujeitos à penhora» (artigo 860.º)

Em geral, os *negócios de disposição* de direitos de autor, em regra onerosos (embora com variados *critérios de determinação da remuneração*[684]) estão sujeitos, como vimos, a forma escrita, exigindo-se, para a transmissão e oneração parciais, a redução a *escrito com reconhecimento notarial* das assinaturas e para a transmissão total a *escritura pública*[685].

Portanto, a transmissão do direito de autor é um contrato de *transferência da titularidade do direito autoral, na sua vertente patrimonial*, total ou parcialmente (ou seja, em relação a todas ou apenas a algumas das utilizações possíveis), com duração limitada (temporária) ou em termos definitivos. Mas, para que o adquirente possa *dispor a título exclusivo*, nas condições de tempo negociadas, das faculdades transferidas, o contrato, sob pena de nulidade, tem de ser escrito[686]. Este contrato é inválido se se concretizar através da *atribuição genérica ou não especificada* das faculdades de utilização de obras protegidas, com recurso a expressões imprecisas[687], sendo necessário que contenha a *discriminação das faculdades* que são objecto de disposição e o seu modo de exercício (n.º 2 e 3 do artigo 43.º do Código do Direito de Autor e dos Direitos Conexos).

O prazo limite para a transmissão de direitos de autor sobre *obras futuras* é de *dez anos*.

As *obras futuras* são as que se venham a produzir após a assinatura do contrato, e sejam pré-especificadas ou determinadas como conteúdo contratual possível, o que é aceitável face ao artigo 48.º do CDA, desde que, como considera OLIVEIRA ASCENSÃO, tal não se refira a transmissões totais[688]. Se ocorrer a ausência de fixação de qualquer

---

[684] N.º 2 do artigo 41.º, n.º 3 do 43.º e artigo 44.º do Código do Direito de Autor e dos Direitos Conexos.

[685] N.º 2 e 3 do artigo 41.º, n.º 2 e 3 do artigo 43.º, e artigo 44.º do Código do Direito de Autor e dos Direitos Conexos. ASCENSÃO, J. O. -oc., p. 424 e ss.

[686] Mas não é necessário o *reconhecimento notarial* de assinaturas: Decreto-Lei n.º 250/96, de 24 de Dezembro.

[687] Tais como, v.g., a referência a obras que, «não existindo à data da conclusão do contrato, venham a ser descobertas no futuro»:, no exemplo dado por CARVALHO, A.A. de e outros – *o.c.*, p. 95: «A utilização *on-line* de textos jornalísticos que tenham sido produzidos ao abrigo de contratos celebrados antes da massificação da Internet exige a renovação do acordo do autor».

[688] ASCENSÃO, Oliveira – *Direito Civil: Direitos de Autor e Direitos Conexos*. Coimbra: Coimbra Editora, 1992, p. 379.

prazo, há nulidade do contrato (artigo 48.º do Código do Direito de Autor e dos Direitos Conexos). Se o *prazo fixado* for superior a dez anos, considera-se reduzido a esse limite, devendo neste caso, também, naturalmente, a remuneração acordada ser proporcionalmente reduzida.

Quanto à *questão das obras produzidas com base na existência de um contrato de trabalho*, não é possível fugir, por esta especificidade contratual de sujeição a um contrato de trabalho, à aplicação do regime legal das *obras futuras* de um criador (artigo 48.º do Código do Direito de Autor e dos Direitos Conexos). Há um *interesse público* prevalecente, no sentido de nenhum autor poder comprometer a sua capacidade criativa para sempre ou, pelo menos, indefinidamente, por aproveitamento de quaisquer fragilidades de vontade, qualquer que seja a razão (frequentemente, por motivos financeiros, mas neste caso acrescidamente também por razões de subordinação laboral e dependência de emprego), que leve à «renúncia» indefinida, à «expropriação» dessa capacidade criativa, razão pela qual se impede que a sua capacidade criativa geral seja hipotecada por uma transmissão por prazo superior a 10 anos. Diga-se, aliás, que, mesmo assim, na opinião de OLIVEIRA ASCENSÃO[689], não deixa de ser um *prazo manifestamente exagerado*, o que servindo já para enquadrar razoavelmente situações de relações contratuais previsivelmente longas, como a de trabalho por conta de outrem, deve apontar desde logo para a consideração[690] de que não pode, pela via da adopção de um certo modelo contratual, conseguir-se frustrar o objectivo de ordem pública, que levou à adopção sem excepções da opção legislativa imperativa.

F) Fontes de remuneração autoral

Como dissemos, a autorização de utilização e a transmissão das faculdades compreendidas no direito de autor supõem normalmente uma remuneração (presunção de onerosidade: artigos 67.º, n.º 2 do

---

[689] A. e o.c., 1992, p. 428.

[690] Na esteira da posição de BERTRAND, André: – *Le Droit d'Auteur et les Droits Voisins.* Ed. Masson: Paris: 1991, p. 277; compartilhada, também, por CARVALHO, A.A. – *o.c.*, p. 96.

Direito Relativo à Actividade Criativa nos Meios...

41.°, n.° 3 do 43.° e 44.° do Código do Direito de Autor e dos Direitos Conexos), embora nada impeça a cessão gratuita. Para além da sua fixação contratual, o Código do Direito de Autor e dos Direitos Conexos contempla *outras fontes de remuneração* pela utilização das obras protegidas. Assim:

a) *Casos de remuneração especial*

No caso de *obra feita por encomenda ou obra por conta de outrem*, o autor pode exigir, em certas situações, ao seu destinatário uma *remuneração especial*, independentemente da titularidade do direito continuar ou não com ele, e mesmo que a obra não tenha sido objecto de divulgação ou publicação (artigo 14.°).

Isto pode acontecer quando:

– o conteúdo da *criação tenha excedido claramente o desempenho* da função ou tarefa em causa, independentemente do maior ou *menor zelo colocado nessa realização;* ou

– a obra vier a ser objecto de *utilizações ou dela se retiraram vantagens não incluídas nem previstas* na fixação da remuneração ajustada.

b) *Casos de remuneração suplementar*

No caso de a *transmissão do direito de exploração* a título oneroso concorrer com situações de *lesão patrimonial grave*, pode haver, também, direito a uma *compensação suplementar*. Tudo depende de se poder *comprovar* uma «manifesta desproporção entre os seus proventos e os lucros auferidos pelo beneficiário daqueles actos». Esta desproporção deve ser aferida objectivamente pelos resultados da exploração em causa (artigo 49.°). Com efeito, o n.° 2 do artigo 49.° do Código do Direito de Autor e dos Direitos Conexos impõe que, na falta de acordo, o montante concreto da compensação suplementar seja fixado tendo em conta os *«resultados normais de exploração do conjunto das obras congéneres do autor».*

Este *direito a uma justa compensação por benefícios supervenientes imprevistos* deve ser exercido no *prazo de dois anos,* sob pena de caducidade, contando-se o seu início a partir da data da tomada de *conheci-mento da lesão patrimonial grave* sofrida pelo autor (n.° 3).

c) Casos de remuneração equitativa

No caso de obras utilizadas *sem autorização,* prevê-se a atribuição de uma *remuneração equitativa* ao seu autor e editor, em certos casos em que há licitude nas suas utilizações, mesmo sem o consentimento do autor, ou seja, nos casos de:

– reprodução «para *fins exclusivamente privados, em papel ou suporte similar*, realizada através de qualquer tipo de técnica fotográfica ou processo com resultados semelhantes, com excepção das partituras;

– reprodução em qualquer meio, realizada por *pessoa singular para uso privado e sem fins comerciais,* directos ou indirectos;

– reprodução «no todo ou em parte, de uma obra que tenha sido *previamente tornada acessível ao público*, desde que tal reprodução seja realizada por uma *biblioteca pública, um arquivo público, um museu público, um centro de documentação não comercial ou uma instituição científica ou de ensino*, e que essa reprodução e o respectivo número de exemplares *se não destinem ao público*, se limitem às necessidades das actividades próprias dessas instituições e *não* tenham por objectivo a obtenção de uma *vantagem económica ou comercial*, directa ou indirecta, incluindo os actos de reprodução necessários à preservação e arquivo de quaisquer obras»;

– «inclusão de *peças curtas ou fragmentos de obras alheias em obras próprias* destinadas ao ensino;

– reprodução de obra, efectuada por *instituições sociais sem fins lucrativos*, tais como hospitais e prisões, quando a mesma seja transmitida por radiodifusão»[691].

d) Caso de remuneração pelo direito de sequência

Como já se referiu, anteriormente, existe um direito de sequência (irrenunciável, imprescritível e inalienável) por parte do autor em certas situações, consagrado na Convenção de Berna de 1968 e regulamentado (e ampliado) no artigo 54.º do Código do Direito de Autor e dos Direitos Conexos, e, também, regulado por uma Directiva

---

[691] Al. h), c) e d) do n.º 1 do artigo 76.º e al. a), e), h) e p) do n.º 2 do artigo 75.º do Código do Direito de Autor e dos Direitos Conexos.

europeia, de 27.9.2001. Este direito é aplicável a *artistas, compositores e escritores*, mas não aos arquitectos e autores de arte aplicada.

Segundo o direito da União, em relação a uma obra de *arte original*, sucessivamente transaccionada, os Estados devem fixar um *valor mínimo* de venda, nunca acima de 3000 €, a que se aplica o direito de sequência, numa percentagem escalonada entre 0,25% e 5%, conforme a grandeza dos valores em causa.

O chamado *direito de sequência* traduz-se, em concreto, nos termos do artigo 54.° do Código do Direito de Autor e dos Direitos Conexos, no auferimento de uma participação de 6% em relação ao preço de cada transacção (abatidas sempre nestas as despesas comprovadas com *a promoção, representação e venda da obra e o correspondente aos índices de inflação*) por parte de um criador intelectual que tenha alienado definitivamente uma obra de arte original, um manuscrito ou direito de autor sobre uma obra, quando tal criação for insusceptível de um aproveitamento múltiplo[692].

9.4.3. *Direitos pessoais ou morais*

As *faculdades de carácter não patrimonial*, ligadas ao titular do direito de autor, são designadas genericamente como *direitos morais ou pessoais* de autor.

A obra, fruto das capacidades, saberes, experiências, investigações e reflexões do autor, tem a marca indelével da *personalidade* do seu criador, como criação do seu espírito, pelo que, independentemente da sua exploração económica, e mesmo após a cessão dos direitos patrimoniais sobre ela, há direitos pessoais que se mantêm na sua esfera jurídica pessoal.

Por isso, o *direito moral de autor* é, na expressão de ORLANDO DE CARVALHO, algo que «*não é redutível a um equivalente pecuniário*», por não poder «*isolar-se da pessoa do autor*». Como direito essencial e de carácter estritamente pessoal, ele é, naturalmente, *absolutamente* «*indisponível*, na medida em que é indissolúvel da situação de auto-

---

[692] REBELLO, Luiz Francisco – oc, 1994, p. 143 e 144.

386   *Direito da Comunicação Social*

ria», e portanto «*inalienável, inereditável e irrenunciável*»[693] e, também, imprescritível.

Os direitos e obrigações que o seu carácter pessoal implica perpetuam-se depois da morte do autor, na pessoa dos seus herdeiros e mesmo no Estado, após a obra cair no *domínio público*[694].

Os direitos de autor são compostos por:

– o *direito de revelação* (faculdade de divulgar ou publicar, ou seja, de dar a conhecer);

– o *direito ao inédito* (como se constata pelo *direito exclusivo a autorizar a utilização* (n.º 2 do artigo 68.º), *direito a interditar reprodução* não consentida (n.º 1 do artigo 6.º);

– direito a *fazer punir a divulgação ou publicação abusiva* de uma obra ainda não divulgada ou publicada pelo autor, ou não destinada a tal (artigo 195.º do Código Penal);

– o *direito de colocar a obra fora do comércio* (por razões morais atendíveis, embora com o dever de indemnizar os eventuais danos causados a terceiro por isso (artigo 62.º);

– o *direito de reivindicar a paternidade* da obra (direito ao *reconhecimento da sua autoria*);

– o *direito à genuinidade* da obra (ou seja, respectivamente, de assegurar o sentido original da criação);

– o *direito à integridade* da obra (a manter a sua estrutura);

– o *direito à transformação* da obra (de lhe efectuar *modificações,* em qualquer dos seus aspectos, estruturais ou de conteúdo).

Neste âmbito dos direitos morais, pode considerar-se que o *direito de sequência*, apesar de assumir concretamente uma vertente patrimonial, não deixa de ser ainda algo que segue uma lógica resultante deste direito moral, pois no plano estritamente patrimonial o autor já se havia locupletado financeiramente com o valor pretendido na primeira alienação, directamente feita por si.

Os *direitos ao reconhecimento da sua autoria*, a assegurar o sentido original da obra e a *integridade* da sua estrutura, permitem ao autor opor-se à sua *destruição, mutilação, deformação ou qualquer*

---

[693] CARVALHO, Orlando de – «Os Direitos de Personalidade de Autor». In *Num Novo Mundo do Direito de Autor?*, Tomo 11, Edição Cosmos, 1995, p. 542.

[694] N.º 3 do artigo 9.º, 42.º, n.º 2 do 56.º, e 57.º do Código do Direito de Autor e dos Direitos Conexos.

modificação e, de um modo geral, a qualquer acto que a desvirtue ou possa afectar a sua *honra e reputação*, através de várias medidas, quer de natureza penal, previstas no Código do Direito de Autor e dos Direitos Conexos (artigo 195.°: crime de *usurpação*, e artigo 198.°: crime de *violação do direito moral*), quer de *providências civilistas relacionadas com a tutela geral da personalidade* (artigo 70.° do CCV[695]), invocáveis em *processo especial de tutela* (regulado nos artigos 1474.° e 1475.° do Código Processo Civil).

9.4.4. *Âmbito subjectivo do regime*

Os sujeitos a quem se aplica o regime do Código dos Direitos de Autor são os seus titulares ou sujeitos activos, a que se contrapõem como sujeitos passivos, em geral todas as pessoas e, especialmente, as que efectivaram contratos com o titular dos direitos de autor sobre a obra ou direitos patrimoniais inerentes a ela.

A) Titularidade dos direitos autorais

O n.° 2 do artigo 27.° da Declaração Universal dos Direitos do Homem, nos termos da qual a nossa Constituição da República Portuguesa manda interpretar os preceitos referentes aos direitos fundamentais, afirma que «todos têm direito à *protecção dos interesses morais* e materiais *ligados a qualquer produção científica, literária ou artística da sua autoria»*, enquanto que o artigo 42.° da Constituição da República Portuguesa dispõe que a liberdade de criação intelectual «compreende o direito à *invenção, produção* e divulgação da obra científica, literária ou artística, incluindo a protecção legal dos direitos de autor».

A *regra geral* sobre o exercício da liberdade de criação é, pois, a de que a protecção legal do direito de autor está intrinsecamente ligada ao acto de criação dessa obra, como criação intelectual, pelo

---

[695] Artigo 70.° (Tutela geral da personalidade): «1.A lei protege os indíviduos contra qualquer ofensa ilícita ou ameaça de ofensa à sua personalidade física ou moral. 2.Independentemente da responsabilidade civil a que haja lugar, a pessoa ameaçada ou ofendida pode requerer as providências adequadas às circunstâncias do caso, com o fim de evitar a consumação da ameaça ou atenuar os efeitos da ofensa já cometida».

que a titularidade dos direitos sobre a obra não pode deixar de se fixar originariamente na esfera jurídica do seu próprio criador, pessoa singular que a gera, unindo-se os *conceitos de titularidade originária e genialidade*, ficando o ser ligado à sua génese, ao *processo psicogenético*.

E o artigo 11.º do Código do Direito de Autor e dos Direitos Conexos, quando dispõe que *«o direito de autor pertence ao criador intelectual da obra*, salvo disposição expressa em contrário», aqui abarcando quer os direitos pessoais quer os patrimoniais, independentemente da importância relativa destes na lógica do legislador, sendo certo que, naturalmente, no plano das *questões financeiras ou económicas* envolvidas, é, como refere o disposto no n.º 2 do artigo 67.ºdo Código do Direito de Autor e dos Direitos Conexos, a garantia das vantagens patrimoniais resultantes dessa exploração que constitui «o objecto fundamental da protecção legal». Isto é, do ponto de vista económico. Mas há as outras preocupações a proteger que são, precisamente, as morais, também tituláveis nele e de maneira mais forte, como vimos.

Nos termos do artigo 27.º do Código do Direito de Autor e dos Direitos Conexos, referente à paternidade da obra, é *autor* o *criador intelectual da obra*, salvo disposição em contrário (n.º 1), presumindo-se como tal quem tiver o seu *nome indicado* na obra, conforme o uso consagrado, ou anunciado em qualquer forma de utilização ou comunicação ao público (n.º 2).

No entanto, uma coisa é a *titularidade natural, originária* (consagrada nos artigo 11.º e 27.º do Código do Direito de Autor e dos Direitos Conexos), outra a *titularidade derivada* (de sucessor ou transmissário), seja por vontade do criador, em vida, ou seja em face da possibilidade legal de transmissão entre vivos, seja mediante sucessão por morte, através de legado, ou, na sucessão legítima, por imposição legal.

A *titularidade de obra feita em colaboração*, no caso de morte de algum ou alguns dos autores, fica a pertencer na íntegra aos autores vivos, havendo-os, ou aos seus sucessores, enquanto não cair no domínio público.

B) Excepções

Além das situações de transmissão em vida ou por morte, importa considerar as situações em que, apesar da qualidade de autor e titularidade originária serem conaturais à sua criação, os direitos de titularidade ou não podem ser assacados apenas a uma pessoa singular, ou serão exercidos por outrem, por tal dever resultar de considerações e ponderações mais complexas, que, sendo casos excepcionais, implicam uma diferente determinação legal da titularidade.

a) *Obra subsidiada ou financiada*

Um terceiro que efective uma doação (subsídio a fundo perdido) ou um empréstimo de um dado montante (reembolsável), relacionados com o processo de criação e difusão de uma obra, pode, através de acordo, sob a forma escrita, adquirir a titularidade de direitos patrimoniais, como transmissário, dentro dos limites da finalidade acordada, sem a poder alterar, salvo cláusula em contrário, em ordem a se garantir a defesa da integridade e genuinidade da obra (artigo 13.º e 15.º do Código do Direito de Autor e dos Direitos Conexos).

b) *Obra por encomenda*

Neste caso, pode ser acordado, mesmo oralmente, a transmissão dos direitos, contra a remuneração do seu criador, que se presume querida (artigo 14.º).

c) *Obra por conta de outrem*

Em geral, também aqui a titularidade do direito de autor relativo à obra se determina de harmonia com o que tiver sido convencionado (n.º 1 do artigo 14.º), mas, neste caso, na falta desta convenção, presume-se que a titularidade do direito de autor pertence ao seu criador intelectual (n.º 2), sem prejuízo de, na circunstância de o seu nome não vir mencionado nela ou não figurar no local destinado para o efeito, segundo o uso universal, constituir presunção de que o direito de autor fica a pertencer à entidade por conta de quem a obra é feita (n.º 3).

No entanto, mesmo nas situações em que se apure que a titularidade do conteúdo patrimonial do direito de autor pertence à entidade para quem a obra é realizada, o criador intelectual pode, em certas situações, sempre *exigir uma remuneração especial, independentemente do facto da divulgação ou publicação e para além da remuneração ajustada.*

Isto pode acontecer sempre que:

– a criação intelectual *exceder claramente o desempenho*, ainda que zeloso, da função ou tarefa que lhe estava confiada;
– da obra vierem a fazer-se utilizações ou a retirar-se vantagens não incluídas nem previstas na fixação da remuneração ajustada (n.º 4).

No entanto, o artigo 174.º fixa um *regime especial para os trabalhos jornalísticos* por conta de outrem, que depende de os mesmos estarem ou não assinados pelo jornalista ou identificados na publicação.

Esse regime especial é o seguinte:

a) se o trabalho não estiver assinado ou não contiver identificação do autor, o direito de autor sobre os mesmos será *atribuído à empresa*, a que pertence o jornal ou a publicação em que tiver sido inserido.

Neste caso, só com autorização desta, o jornalista o pode publicar em separado (n.4 do artigo 174.º).

b) se o trabalho comportar a *identificação do criador*, por assinatura ou outro meio, o direito de autor pertence-lhe.

Neste caso, o autor não pode publicar em separado o trabalho, antes de decorridos *três meses* sobre a data em que tiver sido posta a circular a publicação em que haja sido inserido, excepto se para tal for *autorização* pela empresa proprietária do jornal ou publicação congénere. E se o trabalho tiver sido objecto de *publicação em série*, o prazo de livre utilização pelo autor tem início na data da distribuição do número da publicação em que tiver sido inserido o último trabalho da série (n.º 1-3 do artigo 174.º).

d) *Obra plural*

α) Obra feita em colaboração

Obra em colaboração é a obra tornada pública em nome de vários, mas não necessariamente todos os colaboradores (alínea a) do n.º 1 do artigo 16.º).

De qualquer modo, todos os colaboradores ficam submetidos ao regime geral de *compropriedade* (artigos 1403-1413.º do CCV), embora com presunções (*iuris tantum*) distintas quanto aos valores das prestações de cada um, em caso de inexistência de cláusula contratual escrita em sentido contrário:

O regime de presunções elidíveis obedece às seguintes regras:

a) Presumem-se de valor igual, se a obra for publicada ou divulgada em nome de todos (n.º 1 e 2 do artigo 17.º);

b) Presumem-se sem direitos os colaboradores não nomeados, tidos como cedidos aos outros (n.º 3 do artigo 17.º).

Os *colaboradores* são os co-titulares do direito de autor devido à sua participação individual na criação intelectual de uma obra. Não integram a categoria os meros auxiliares técnicos (sem tarefas criativas intrínsecas) do modo de produção, divulgação e publicação (n.º 4 do artigo 17.º e 26.º, sem prejuízo de eventuais direitos conexos).

São legalmente considerados como co-titulares de obras futuras em colaboração:

a) na *obra radiodifundida*, os criadores do texto, da música, seus realizadores e, eventualmente, os adaptadores de obra pré-existente (n.º 2 do artigo 21.º Código do Direito de Autor e dos Direitos Conexos);

b) na *obra fonográfica*, os criadores do texto ou da música (artigo 24.º Código do Direito de Autor e dos Direitos Conexos);

c) na *obra videográfica*, os criadores do texto ou da música e os realizadores (artigo 24.º Código do Direito de Autor e dos Direitos Conexos);

d) na *obra cinematográfica*, o criador do argumento, da banda musical, o realizador, e incidindo sobre obra pré-existente, os adaptadores e criadores dos diálogos (artigo 22.º Código do Direito de Autor e dos Direitos Conexos);

392 *Direito da Comunicação Social*

e) no caso de *obra de design, arquitectura ou urbanismo*, o criador da sua concepção global e respectivo projecto (artigo 24.º Código do Direito de Autor e dos Direitos Conexos).

A titularidade dos direitos de autoria comporta os seguintes direitos[696]:

a) No caso de contributos descrimináveis:

Qualquer dos autores, sem prejuízo da exploração em comum da obra, pode exercer os direitos autorais sobre a parte resultante da sua colaboração (n.º 2 do artigo 18.º);

b) No caso de contributos não descrimináveis:

Os autores só por acordo (ou, na falta dele, segundo as regras da boa fé, podem proceder à divulgação, publicação, exploração económica ou modificação da obra (n.º 1 do artigo 18.º).

β) Obra colectiva

A obra colectiva, que é aquela que uma entidade organiza e dirige ou coordena, tornando-a pública em seu único nome, e para quem (ou para cujo proprietário ou editor), só, em princípio, cria direitos autorais (em compensação pelo vultoso investimento efectuado: v.g., empresa de uma publicação jornalística periódica (n.º 1 e 3 do artigo 19.º Código do Direito de Autor e dos Direitos Conexos), sem prejuízo de se aplicar o regime da compropriedade da obra feita em colaboração, caso as contribuições singulares sejam descrimináveis (n.º 2 do artigo 19.º e n.º 1 do 174.º Código do Direito de Autor e dos Direitos Conexos).

Em princípio, se a colaboração resultar de contrato de trabalho e for identificada na sua autoria, o direito autoral cabe em geral ao colaborador, mas ele só pode exercer o direito de publicação em separado depois de decorrer três meses após a data do início da circulação da publicação em causa (n.º 1 e 2 do artigo 174.º Código do Direito de Autor e dos Direitos Conexos).

E, embora os números das publicações periódicas possam ser reproduzidos pela entidade titular dos direitos autorais, já a *reprodu-*

---

[696] Os direitos de autor caducam 70 anos após a morte do colaborador que falecer em último lugar (vide artigos 32 e 51.º do Código do Direito de Autor e dos Direitos Conexos).

ção em separado ou noutra publicação de cada uma das contribuições dos colaboradores exige a autorização de cada um deles, só podendo ser feita pelo próprio (artigo 173.º).

γ) obra compósita

O *regime da obra compósita* (v.g., colectânea de textos alheios), enquanto incorporação, pelo menos parcial, de obras pré-existentes, efectivada sem a colaboração dos seus autores, cria novos direitos de autor a favor do «compositor», sem prejuízo dos direitos autorais dos criadores das obras originais, se protegidas, caso em que se exige a sua autorização (n.º 1 do artigo 2 e n.º 2 do artigo 20.º).

9.5. **Regime de representação voluntária do autor**

Em ordem à defesa dos direitos autorais, permite-se que a prática de actos jurídicos e de gestão, necessários para o efeito, possa ser efectivada por outras pessoas, singulares ou colectivas, em substituição dos respectivos autores, aplicando-se o regime geral de representação, com algumas especificidades:

Assim:

a) a simples *inscrição numa entidade de gestão de direitos de autor*, associação ou organismo de outro tipo (nacional ou internacional), traduz um acto de transferência deste exercício de direitos, desde que a instituição em causa faça registar o facto na Direcção-Geral das Actividades Culturais (artigo 73.º e DL n.º 80/97, de 8.4);

b) o *produtor cinematográfico* representa os co-autores na medida em que estes não efectivem a defesa dos direitos da obra (n.º 3 do artigo 126.º Código do Direito de Autor e dos Direitos Conexos);

c) quem tornar pública uma *obra de autor anónimo* ou dada a conhecer com *pseudónimo* fica, em princípio, a representar o autor enquanto ele pretender manter oculta a sua identidade (artigo 30.º Código do Direito de Autor e dos Direitos Conexos).

394   *Direito da Comunicação Social*

9.6. Protecção das *criações jornalísticas*

9.6.1. *Regra geral*

A muitos trabalhos jornalísticos, mas não a todos, aplicam-se as regras de protecção de obra criativa, referentes aos direitos de autor em geral ou com algumas especificidades, embora algumas delas, mesmo que protegidas, possam ser utilizadas sem autorização e re- muneração ao seu autor.

Vejamos, pois, essas especificidades, quer em termos de obras sem protecção de direito de autor ou de utilização sem necessidade de autorização, quer as referentes aos casos em que se mantêm os direitos autorais.

9.6.2. *Obra excluída em geral de protecção e obra de utilização livre*

Há obras que não são protegidos, mas em que a sua utilização por terceiro, sendo livre, não pode deixar de se limitar ao exigido para o fim a atingir com a sua divulgação[697].

Assim, como já foi dito, não beneficiam de tal protecção, po- dendo os jornalistas utilizá-los livremente os *requerimentos, alega- ções, queixas e outros textos apresentados por escrito ou oralmente perante autoridades ou serviços públicos,* embora não seja permitida a sua comunicação, se forem por natureza *confidenciais* ou dela possa resultar *prejuízo para a honra ou reputação do autor* ou de qualquer outra pessoa, salvo *decisão judicial* em contrário proferida em face da prova da existência de *interesse legítimo superior* ao subjacente à proibição, o que pode ser o caso em situações ligadas ao direito à informação[698].

Igualmente estão excluídos de tal protecção as *propostas apre- sentadas e discursos* proferidos em quaisquer órgãos colegiais, polí- ticos e administrativos, de âmbito nacional, regional ou local, ou em

---

[697] N.º 3 do artigo 7.º do Código do Direito de Autor e dos Direitos Conexos.
[698] N.º 4 do artigo 7.º do Código do Direito de Autor e dos Direitos Conexos..

debates públicos sobre assuntos de interesse comum e os *discursos políticos* (alínea a) do n.º 1 do artigo 7.º). No entanto, a reprodução integral destes documentos, quer seja feita em separata, quer em colecção ou noutra utilização conjunta, só pode ser efectivada por terceiro com o consentimento do autor.

Também não beneficiam, em princípio, de protecção autoral as *notícias do dia* e os *relatos de acontecimentos* com carácter meramente informativo (relações meramente descritivas, impessoais, de notícias do dia ou puros relatos de diversos acontecimentos, *fait divers*[699]) qualquer que seja o seu modo de divulgação, uma vez que não são dados originais, sobre os quais não se justificariam direitos exclusivos autorais[700]. A menos que se trate de narração que contenha uma grande parte de originalidade[701].

De qualquer modo, apesar da inexistência de protecção em termos do artigo 7.º do Código dos Direitos de Autor, não só a legislação anti-concorrencial pode levar a punir uma empresa de comunicação social que, em vez de adquirir as notícias do dia ou os relatos de acontecimentos diversos a uma agência noticiosa, as retire de um seu concorrente[702], como as regras da responsabilidade civil em geral[703] permitem sancionar a utilização «para fim diverso ou com desrespeito pelo sentido dessas obras»[704].

Quanto às obras objecto de protecção mas de utilização livre, a matéria, como já havíamos referido, é enquadrada pelo artigo 75.º do Código do Direito de Autor e dos Direitos Conexos.. Com efeito, segundo o n.º 1 do artigo 75.º do Código do Direito de Autor e dos Direitos Conexos, e para além das obras excluídas de protecção segundo o artigo 7.º do Código do Direito de Autor e dos Direitos Conexos, não necessita do consentimento do autor nem está sujeita a qualquer remuneração por isso, a reprodução pelos meios de comunicação social e para *fins de informação*, através de *extracto ou em*

---

[699] Masouyé, Claude – *Guia da Convenção de Berna.* Genebra: OMPI, 1980.

[700] Lipszyc, Delia – «Utilizaciones Libres y Uso Privado». In *Num Novo Mundo do Direito de Autor.* Vol I, Edições Cosmos, 1995, p. 297.

[701] Masouyé, Cl – o.c..

[702] A.e o.c.

[703] Artigo 483.º e ss. do CCV.

[704] Rebello, Luís Francisco – oc, 1994, p. 102.

forma de resumo, de *discursos, alocuções e conferências* pronunciadas em público; a selecção regular dos artigos da imprensa periódica, sob forma de *revista de imprensa*; a fixação, reprodução e comunicação pública, por quaisquer meios, de curtos fragmentos de obras literárias ou artísticas, quando a sua inclusão em relatos de acontecimentos de actualidade for justificada pelo fim de informação prosseguido; a inserção de citações ou resumos de obras alheias[705], quaisquer que sejam o seu género e natureza, em apoio das próprias doutrinas ou com fins de crítica, discussão ou ensino; a reprodução de artigos de actualidade, de discussão económica, política ou religiosa, se não tiver sido expressamente reservada, caso em que só com autorização dos autores a sua reprodução é permitida[706].

9.6.3. *Titularidade do direito de autor dos jornalistas no Código de Direito de Autor e Estatuto do Jornalista*

Os autores do texto, da música e da respectiva realização (e da adaptação, se não se tratar de obra inicialmente produzida para a comunicação audiovisual), *de obra radiodifundida* consideram-se *co-autores*[707] de obra feita em colaboração[708/709]. Ou seja, às obras radiodifundidas aplica-se o regime dos artigos 17.º e 18.º do Código do Direito de Autor e dos Direitos Conexos., uma vez que são tidas como obras feitas em colaboração (artigo 21.º), pertencendo o direito

---

[705] O *direito de citação* também se aplica em relação a textos protegidos de jornalistas, quer seja efectuado por outros jornalistas, quer por quaisquer outros autores (nostermos gerais da al.f) do artigo 75.º).

[706] Artigo 75.º, al. a, b, i e f).

[707] N.º 1 do artigo 21.º: «Entende-se por *obra radiodifundida* a que foi criada segundo as condições especiais da utilização pela radiodifusão, sonora ou visual e, bem assim as adaptações a esses meios de comunicação de obras originariamente criadas para outra forma de utilização».

[708] N.º 2 do artigo 21.º

[709] Artigo 23.º: «Utilização de outras obras na obra cinematográfica: Aos direitos dos criadores que não sejam considerados co-autores, nos termos do artigo 22.º, é aplicável o disposto no artigo 20.º».

Direito Relativo à Actividade Criativa nos Meios... 397

de autor, na sua unidade, a todos os jornalistas que nela tenham colaborado, segundo as regras da compropriedade[710].

No entanto, não se vêm razões para, uma vez verificadas as respectivas circunstâncias, não se aplicarem as regras próprias das *obras feitas por encomenda ou por conta de outrem* (artigo 14.º do Código do Direito de Autor e dos Direitos Conexos), e as regras das *obras colectivas* (nas situações previstas no n.º 1 do artigo 19.º)[711].

Quanto às *obras fotográficas* efectuadas em cumprimento de contrato de trabalho ou por encomenda, que são as situações normais nas empresas de Comunicação Social, presume-se que o direito autoral pertence em exclusivo para a reproduzir, difundir e pôr à venda, à empresa de Comunicação Social que lhe fez a encomenda ou de que o fotógrafo é empregado, a menos que, neste caso, se trate de entidade patronal detentora de publicação periódica e a fotografia seja identificada, cabendo então ao seu criador os direitos autorais (artigo 174.º)[712/713].

---

[710] Artigo 17.º (Obra feita em colaboração): «1 – O direito de autor de obra feita em colaboração, na sua unidade, pertence a todos os que nela tiverem colaborado, aplicando-se ao exercício comum desse direito as regras da compropriedade. 2 – Salvo estipulação em contrário, que deve ser sempre reduzida a escrito, consideram-se de valor igual as partes indivisas dos autores na obra feita em colaboração. 3 – Se a obra feita em colaboração for divulgada ou publicada apenas em nome de algum ou alguns dos colaboradores, presume-se, na falta de designação explícita dos demais em qualquer parte da obra, que os não designados cederam os seus direitos àqueles ou àqueles em nome de quem a divulgação ou publicação é feita. 4 – Não se consideram colaboradores e não participam portanto, dos direitos de autor sobre a obra aqueles que tiverem simplesmente auxiliado o autor na produção e divulgação ou publicação desta, seja qual for o modo por que o tiverem feito. Artigo 18.º (Direitos individuais dos autores de obra feita em colaboração): «1 – Qualquer dos autores pode solicitar a divulgação, a publicação, a exploração ou a modificação de obra feita em colaboração, sendo, em caso de divergência, a questão resolvida segundo as regras da boa-fé. 2 – Qualquer dos autores pode, sem prejuízo da exploração em comum de obra feita em colaboração, exercer individualmente os direitos relativos à sua contribuição pessoal, quando esta possa discriminar-se».

[711] Ascensão, Oliveira – *o.c.*, Apud Carvalho, A. A. – *o.c.*, p. 103.

[712] Rebello, L. F. – *oc*, 226.

[713] Artigo 164.º (Condições de protecção): «1 – Para que a fotografia seja protegida é necessário que pela escolha do seu objecto ou pelas condições da sua execução possa considerar-se como *criação artística pessoal* do seu autor. 2 – Não se aplica o disposto nesta secção às *fotografias de escritos, de documentos, de papéis de negócios, de desenhos técnicos e de coisas semelhantes*. 3 – Consideram-se fotografias os *fotogramas das películas cinematográficas*».

O direito de autor sobre obra publicada, ainda que sem assinatura, *em jornal ou publicação periódica*, pertence ao respectivo titular e só ele pode fazer ou autorizar a reprodução em separado ou em publicação congénere, salvo convenção escrita em contrário, sem prejuízo de o proprietário ou editor da publicação poder reproduzir os números em que foram publicadas as contribuições referidas (artigo 173.º).

Recapitulando, também, o que havíamos dito sobre os trabalhos jornalísticos por *conta de outrem* (artigo 174.º) e agora limitando-me a citar o articulado legal, o direito de autor sobre trabalho jornalístico produzido em cumprimento de um contrato de trabalho que comporte identificação de autoria, por assinatura ou outro meio, pertence ao autor. E, salvo autorização da empresa proprietária do jornal ou publicação congénere, o autor não pode publicar em separado este trabalho antes de decorridos três meses sobre a data em que tiver sido posta a circular a publicação em que haja sido inserido. Tratando-se de *trabalho publicado em série*, o prazo tem início na data da distribuição do número da publicação em que tiver sido inserido o último trabalho da série. Se estes trabalhos não estiverem assinados ou não contiverem identificação do autor, o direito de autor sobre os mesmos será atribuído à empresa a que pertencer o jornal ou a publicação em que tiverem sido inseridos, e só com autorização desta poderão ser publicados em separado por aqueles que os escreveram.

Finalmente, lembro que o*s jornais e outras publicações periódicas* se presumem obras colectivas, em que o direito de autor sobre as mesmas pertence às empresas de comunicação social. Ou seja, aplica-se-lhe o regime da obra colectiva, a menos que, no seu conjunto, seja possível discriminar a produção pessoal dos jornalistas que os produzem, caso em que se aplicará, relativamente aos direitos sobre essa produção pessoal, o regime da obra feita em colaboração[714].

Mesmo no âmbito do *contrato de trabalho*, uma coisa é a «prestação da actividade intelectual e manual», outra o «resultado dessa actividade, nomeadamente quanto às obras protegidas pelo direito de autor», pelo que a *criação da obra em si*, enquanto resultado com um certo *conteúdo concreto*, nunca é uma elaboração sob a autoridade

---

[714] N.º 2 e 3 do artigo 19.º.

e direcção da empresa jornalística, incidindo a relação subordinada apenas quanto ao fazer ou mesmo sobre o que fazer, além doutros aspectos, mas não no *plano da criatividade*, que é elemento distintivo da personalidade, ou seja, meramente pessoal. Do direito à identificação de uma obra jornalística resulta o direito moral a reivindicar a sua paternidade.

9.7. Tutela do direito de autor e dos direitos conexos

9.7.1. *Considerações gerais*

O *ordenamento jurídico* prevê, para a violação dos direitos de autor, vários *instrumentos sancionatórios*, de que se destacam os de *natureza penal* (utilização e compilação ilegal de obra ou prestação alheia e exteriorização abusiva), o direito *contra-ordenacional* e a aplicação do regime da *responsabilidade civil*, além da previsão de *providências cautelares* e outras medidas destinadas a *proibir a introdução em livre prática, interditar a exportação e a reexportação e a sujeitar a um regime suspensivo de mercadorias as que sejam objecto de contrafacção e de mercadorias-pirata*, além da *apreensão e perda de coisas relacionadas com a prática do crime*.

E, de qualquer modo, a protecção prevista no Código do Direito de Autor e dos Direitos Conexos *não prejudica a tutela por outras disposições legais*[715], relativas nomeadamente às patentes, marcas registadas, modelos de utilidade, topografias de produtos semicondutores, caracteres tipográficos, acesso condicionado, acesso ao cabo de serviços de radiodifusão, protecção dos bens pertencentes ao património nacional, depósito legal, à legislação sobre acordos, decisões ou práticas concertadas entre empresas e à concorrência desleal, ao segredo comercial, segurança, confidencialidade, à protecção dos dados pessoais e da vida privada, ao acesso aos documentos públicos e ao direito dos contratos».

---

[715] Tal como, expressamente, refere o n.º 1 do artigo 228.º do Código do Direito de Autor e dos Direitos Conexos (Lei n.º 50/2004, de 24.8.

9.7.2. *Direito penal autoral*

O *procedimento criminal* relativo aos crimes previstos no Código do Direito de Autor e dos Direitos Conexos não depende de queixa do ofendido, excepto quando a infracção se reportar exclusivamente à violação de direitos morais (n.º 2).

No caso de se tratar de *obras caídas no domínio público*, a queixa deverá ser apresentada pelo Ministério da Cultura (artigo 200.º Código do Direito de Autor e dos Direitos Conexos).

Quanto à *tutela criminal*, o Código do Direito de Autor e dos Direitos Conexos considera ilícita a utilização, sem autorização do titular do direito de autor, de uma obra protegida, tipificando o cometimento dos seguintes crimes: *usurpação, contrafacção ou violação de direito moral ou aproveitamento de obra contrafeita ou usurpada* (Código do Direito de Autor e dos Direitos Conexos artigos 195.º a 199.º).

Vejamos as diferentes tipificações destes crimes:

Segundo o art. 195.º do Código do Direito de Autor e dos Direitos Conexos, comete o *crime de usurpação*, quem:

– *utilizar* (v.g. através de reprodução) uma obra ou prestação por qualquer das formas previstas neste Código, sem autorização do autor ou do artista, do produtor de fonograma e videograma ou do organismo de radiodifusão,.

– *divulgar ou publicar* abusivamente uma obra ainda não divulgada nem publicada pelo seu autor ou não destinada a divulgação ou publicação, mesmo que a apresente como sendo do respectivo autor, quer se proponha ou não obter qualquer vantagem económica;

– *coligir ou compilar* obras publicadas ou inéditas sem a autorização do autor;

– *exceder os limites da autorização* concedida para utilizar uma obra, prestação de artista, fonograma, videograma ou emissão radiodifundida, salvo nos casos expressamente permitidos neste Código.

Portanto, há usurpação de direitos autorais quando ocorre uma utilização não autorizada de uma obra ou prestação alheia ou, havendo autorização, uma utilização que exceda os limites dessa autorização.

Direito Relativo à Actividade Criativa nos Meios... 401

A *contrafacção* é a utilização como sendo própria, através de mera reprodução ou de reprodução de tal modo semelhante que não tenha individualidade própria autónoma, independentemente do processo usado, das dimensões ou do formato, em termos totais ou parciais (neste caso, só havendo contrafacção na parte ou fracção ilegalmente reproduzida), de uma criação, obra divulgada ou não divulgada ou prestação alheia (obra, prestação de artista, fonograma, videograma ou emissão de radiodifusão). O *plágio* não é senão uma das espécies de contrafacção, na medida em que é a reprodução total ou parcial de obra alheia, apresentada como própria (artigo 196.º). Mas já *não se considera haver contrafacção* se há a mera reprodução pela fotografia ou pela gravura, desde que efectuada só para efeito de *documentação da crítica artística*[716] ou se apenas há semelhança entre *traduções*, devidamente autorizadas, da mesma obra ou entre fotografias, desenhos, gravuras ou outra forma de representação do mesmo objecto, se, apesar das semelhanças decorrentes da identidade do objecto, cada uma das obras tiver individualidade própria.

Estes crimes são punidos com *pena* de prisão até três anos e multa de 150 a 250 dias, de acordo com a gravidade da infracção, uma e outra pena agravadas para o dobro em caso de *reincidência*, se o facto constitutivo da infracção não tipificar crime punível com pena mais grave. A *negligência* é punível com multa de 50 a 150 dias.

E o próprio autor que, tendo *transmitido, total ou parcialmente*, os respectivos direitos ou tendo autorizado a utilização da sua obra por qualquer dos modos previstos neste Código, a utilizar directa ou indirectamente com ofensa dos direitos atribuídos a outrem (n.º 3 do artigo 195.º) também será punido com as penas do artigo 197.º.

A *violação do direito moral* (Código do Direito de Autor e dos Direitos Conexos art. 198.º), tal como o aproveitamento de obra contrafeita ou usurpada[717], levam à punição com as mesmas penas.

---

[716] Vide CARVALHO; Alberto A. – oc, p., nota 1, p.144; e REBELLO, L. F. – oc, 1998, p. 249 e ss.

[717] Em causa está o facto de vender, por à venda, importar, exportar ou, por qualquer modo, distribuir ao público uma *obra usurpada ou contrafeita ou cópia não autorizada de fonograma ou videograma*, através de exemplares produzidos ou não em Portugal (artigo 199.º do Código do Direito de Autor e dos Direitos Conexos), será punido com as penas previstas no artigo 197.º, haja dolo ou meramente negligência (neste caso, punível com

402 *Direito da Comunicação Social*

Em causa, no caso de ofensa aos direitos morais, estão os seguintes factos:

a) alguém *arrogar-se a paternidade* de uma obra de prestação que sabe não lhe pertencer; ou

b) alguém *atentar*, através de acto que a desvirtue e possa afectar a honra ou reputação do autor ou do artista, contra a *genuinidade ou integridade* da obra ou prestação.

Há, ainda, o *crime de neutralização*, não autorizada, de qualquer medida eficaz de carácter tecnológico e o *crime de violação dos dispositivos de informação para a gestão electrónica de direitos* (artigos 217.º a 225.º do Código do Direito de Autor e dos Direitos Conexos, na redacção da Lei n.º 50/2004, de 24.8), ambos puníveis com pena de prisão até 1 ano ou multa até 100 dias.

Com efeito, é assegurada protecção jurídica, nos termos do Código, «aos titulares de direitos de autor e conexos, e ao titular do direito *sui generis* previsto no Decreto-Lei n.º 122/2000, de 4 de Julho, com a excepção dos programas de computador, contra a «neutralização de qualquer medida eficaz de carácter tecnológico» (n.º 1 do artigo 217.º) e contra a «violação dos dispositivos de informação para a gestão electrónica dos direitos» (n.º 1 do artigo 223.º).

Entende-se por *medidas de carácter tecnológico* quaisquer técnicas, dispositivos ou componentes que, no decurso do seu funcionamento normal, se destinem a impedir ou restringir actos relativos a obras, prestações e produções protegidas, que não sejam autorizados pelo titular dos direitos de propriedade intelectual, não devendo considerar-se como tais um protocolo, formato, algoritmo e método de criptografia, de codificação ou de transformação. Estas *medidas de carácter tecnológico* são consideradas eficazes quando a utilização da obra, prestação ou produção protegidas seja controlada pelos titulares de direitos, mediante a aplicação de um *controlo de acesso* ou de um *processo de protecção* como, entre outros, a *codificação, cifragem ou outra transformação da obra, prestação ou produção protegidas, ou um mecanismo de controlo da cópia*, que garanta a realização do objectivo de protecção. A aplicação de *medidas tecno-*

---

multa até cinquenta dias). Vide Ascensão, José de Oliveira – *Direito Penal de Autor*. Lisboa: Lex, 1993; Rebello, L. F. – *Código cit.*, 1998, p. 248 e ss.

lógicas de controlo de acesso é definida de forma voluntária e opcional pelo detentor dos direitos de reprodução da obra, enquanto tal for expressamente autorizado pelo seu criador intelectual (n.º 4). E quem, não estando autorizado, *neutralizar qualquer medida eficaz de carácter tecnológico*, sabendo isso, ou tendo motivos razoáveis para o saber (artigo 218.º), é punido com pena de prisão até 1 ano ou com pena de multa até 100 dias, sendo a tentativa punível com multa até 25 dias.

Quanto à violação dos dispositivos de *informação para a gestão electrónica dos direitos* (n.º 1 do artigo 223.º), esta define-se como «toda a informação prestada pelos titulares dos direitos que identifique a obra, a prestação e a produção protegidas, a informação sobre as condições de utilização destes, e quaisquer números ou códigos que representem essa informação» (n.º 2). A protecção jurídica incide sobre toda a *informação para a gestão electrónica dos direitos* presente no original ou nas cópias das obras, prestações e produções protegidas ou ainda no contexto de qualquer comunicação ao público (n.º 3). Qualquer pessoa, não autorizada, que, intencionalmente, sabendo isso ou tendo motivos razoáveis para o saber (artigo 224.º), *suprima ou altere qualquer informação* para a gestão electrónica de direitos; ou distribua, importe para distribuição, emita por radiodifusão, comunique ou ponha à disposição do público obras, prestações ou produções protegidas, das quais tenha sido suprimida ou alterada, sem autorização, a informação para a gestão electrónica dos direitos, sabendo que em qualquer das situações indicadas está a *provocar, permitir, facilitar ou dissimular a violação de direitos de propriedade intelectual*, é punido com pena de prisão até 1 ano ou com pena de multa até 100 dias, sendo a tentativa também punível com multa até 25 dias.

O Código do Direito de Autor e dos Direitos Conexos impõe, em regra, a *apreensão e perda de coisas relacionadas com a prática do crime*. Assim, segundo o artigo 201.º do Código do Direito de Autor e dos Direitos Conexos, são sempre de apreender os *exemplares ou cópias das obras usurpadas ou contrafeitas*, quaisquer que sejam a natureza da obra e a forma de violação, bem como os respectivos invólucros materiais, máquinas ou demais instrumentos ou documentos de que haja suspeita de terem sido utilizados ou destinarem-se à prática da infracção» (n.º 1).E o *destino dos objectos apre-*

endidos deve ser fixado na sentença final, independentemente de requerimento, e, quando se provar que se destinavam ou foram utilizados na infracção, consideram-se perdidos a favor do Estado, sendo as cópias ou exemplares obrigatoriamente destruídos, sem direito a qualquer indemnização (n.º 2).

Nos *casos de flagrante delito*, têm competência para proceder à apreensão as «autoridades policiais e administrativas, designadamente a Polícia Judiciária, a Polícia de Segurança Pública, a Guarda Nacional Republicana, a Guarda Fiscal e a Direcção-Geral de Inspecção Económica».

Em todo o caso, o artigo 202.º estabelece um *regime especial em caso de violação de direito moral*: com efeito, se «apenas for reivindicada a paternidade da obra, pode o tribunal, a requerimento do autor, em vez de ordenar a destruição, mandar entregar àquele os exemplares apreendidos, desde que se mostre possível, mediante adição ou substituição das indicações referentes à sua autoria, assegurar ou garantir aquela paternidade» (n.º 1). Se o autor «defender a integridade da obra, pode o tribunal, em vez de ordenar a destruição dos exemplares deformados, mutilados ou modificados por qualquer outro modo, mandar entregá-los ao autor, a requerimento deste, se for possível restituir esses exemplares à forma original» (n.º 2).

9.8. Direito autoral das contra-ordenações

Há *actos ilícitos* que são puníveis apenas com *coimas* (artigos 204.º e 205.º do Código do Direito de Autor e dos Direitos Conexos), a que é aplicável, subsidiariamente, o *regime geral das contra-ordenações sociais*, constante do Decreto-Lei n.º 433/82, de 27.10.

Nos termos do artigo 205.º do Código do Direito de Autor e dos Direitos Conexos, referindo ainda as coimas em moeda antiga, comina com a coima de 50.000$00 a 500.000$00, a «falta de comunicação pelos *importadores, fabricantes e vendedores de suportes materiais* para obras fonográficas e videográficas das quantidades importadas, fabricadas e vendidas, de harmonia com o estatuído no n.º 2 do artigo 143.º»; e a «falta de *comunicação pelos fabricantes e duplicadores* de fonogramas e videogramas das quantidades que prensarem ou duplicarem, conforme o estipulado no n.º 3 do artigo

Direito Relativo à Actividade Criativa nos Meios...   405

143.°». E com coima de 20.000$00 a 200.000$00, a inobservância do disposto nos artigos 97.°, 115.°, n.° 4, 126.°, n.° 2, 134.°, 142.°, 154.°, 160.°, n.° 3, 171.° e 185.° e, não se dispensando indicação do *nome ou pseudónimo do artista*, também no artigo 180.°, n.° 1».

A competência para o *processamento das contra-ordenações e para aplicação das coimas* pertence, em regra, à Divisão de Inspecção dos Espectáculos e Direito de Autor da Inspecção-Geral das Actividades Culturais, na dependência do Ministério da Cultura (artigo 4.° do Decreto-Lei n.° 42/96, de 7.5).

O *montante das coimas* aplicado pelas contra-ordenações reverte para o Fundo de Fomento Cultural (Código do Direito de Autor e dos Direitos Conexos, art. 208.°).

9.9. Direito da responsabilidade civil no âmbito dos direitos de autor, medidas cautelares e cessação de uso de identificação ilegítima

Independentemente da responsabilidade contratual resultante de inadimplemento no cumprimento exacto e pontual (ponto por ponto) das cláusulas contratuais estabelecidas entre as partes, o desrespeito por terceiros dos direitos de autor e conexos implica responsabilidade civil.

Com efeito, a *utilização ilícita de obra protegida* pelo direito de autor ou direito conexo pode dar também origem a *responsabilidade civil*, matéria em geral regulada pelos artigos 483.° e seguintes do Código Civil[718], cujo *princípio geral* (como referimos a propósito da responsabilidade civil extracontratual no âmbito da actividade jornalística face aos indivíduos envolvidos), obriga quem, com dolo ou mera culpa, violar ilicitamente o direito de outrem ou qualquer disposição legal destinada a proteger interesses alheios, a indemnizar o lesado pelos danos daí resultantes.

Os *requisitos* são a violação de um direito ou interesse alheio (desde que resultante, sem consentimento do lesado, de desrespeito

---

[718] V.g., no caso do art. 210.° do Código do Direito de Autor e dos Direitos Conexos.

de uma norma que visa directa e não apenas reflexamente proteger esse interesse do lesado; ou seja, que a tutela desse interesse figure entre os fins prosseguidos pela norma violada), a ilicitude, imputação subjectiva do facto na pessoa do violador da norma, dano efectivo material ou moral (produzido no bem jurídico que a norma pretende justamente proteger), nexo de causalidade concreta[719] e adequada entre o facto ilícito e o dano.

A *contrafacção* ou plágio de uma criação, mesmo parcial, é fonte de indemnização, abrangendo além dos danos patrimoniais, os danos morais, eventualmente ocasionados[720].

O seu regime é *independente do procedimento criminal* a que esta dê origem, sendo aliás certo que a culpa para efeitos da responsabilidade civil não tem que coincidir com a culpa para efeitos de responsabilidade criminal[721], podendo, contudo, ser exercida em conjunto com a acção criminal (Código do Direito de Autor e dos Direitos Conexos artigo 203.º e 226.º, na redacção da Lei n.º 50/2004, de 24.8).

O *cálculo da indemnização* devida ao autor lesado depende sempre da importância da receita resultante do espectáculo ou espectáculos ilicitamente realizados (artigo 211.º Código do Direito de Autor e dos Direitos Conexos)[722].

Quanto às *providências cautelares* e outros meios de defesa, dispõe o Código do Direito de Autor e dos Direitos Conexos que «sem prejuízo das providências cautelares previstas na lei de processo, pode o autor requerer das autoridades policiais e administrativas do lugar onde se verifique a violação do seu direito a imediata suspensão de representação, recitação, execução ou qualquer outra forma de exibição de obra protegida que se estejam realizando sem a devida autorização e, cumulativamente, requerer a apreensão da totalidade das receitas» (Código do Direito de Autor e dos Direitos Conexos art. 209.º)[723].

---

[719] VARELA, Antunes – *Revista de Legisalção e Jurisprudência*, n.º 104.º, p. 271.

[720] *Colectânea de Jurisprudência*, n.º 1984, 2.ª, p. 103

[721] SERRA, Vaz – *Revista de Legisalção e Jurisprudência*, n.º 111.º, p. 172.

[722] ASCENSÃO, J. O. – oc, 1992, p. 609 e ss. e 623 e ss.; REBELLO, L.F. – oc, 1998, p. 259 e 266.

[723] Autores e o. c., respectivamente, p. 619 e ss, 632 e 623; p. 262 e ss.. e p. 265.

Direito Relativo à Actividade Criativa nos Meios... 407

Os *titulares de direitos* podem, «em caso de *violação* dos mesmos ou quando existam *fundadas razões de que esta se vai produzir de modo iminente*, requerer ao tribunal o decretamento das medidas cautelares previstas na lei geral, que, segundo as circunstâncias, se mostrem necessárias para garantir a protecção urgente do direito (artigo 227.º Código do Direito de Autor e dos Direitos Conexos). Este regime aplica-se «no caso em que os intermediários, a que recorra um terceiro para infringir um direito de autor ou direitos conexos, possam ser destinatários das medidas cautelares previstas na lei geral, sem prejuízo da faculdade de os titulares dos direitos notificarem, prévia e directamente, os intermediários dos factos ilícitos, em ordem à sua não produção ou cessação de efeitos».

O *uso ilegítimo do nome literário ou artístico ou de qualquer outra forma de identificação* do autor confere ao interessado o direito de pedir a cessação desse uso (n.º 2 do artigo. 210.º Código do Direito de Autor e dos Direitos Conexos).

X – REGIME JURÍDICO DA PUBLICIDADE COMERCIAL NOS MEIOS DE COMUNICAÇÃO SOCIAL

> *Sumário analítico*: 10.1. Considerações gerais. 10.2. Fundamentos conceptuais e âmbito da disciplina. 10.3. Princípios gerais da actividade publicitária. 10.4. Restrições ao conteúdo publicitário. 10.5. Regime jurídico da publicidade na comunicação social

10.1. Considerações gerais

A *publicidade* tem actualmente grande importância e alcance, não só no domínio da actividade económica, e designadamente como *instrumento privilegiado do fomento da concorrência*, como também no âmbito das *empresas de comunicação social*, tendo, em geral, um grande alcance como *motor do mercado* e implicando *questões éticas,* no plano das suas relações com o mundo da comunicação social em geral.

O *enquadramento jurídico* da actividade publicitária resulta da necessidade de evitar que, no quotidiano dos cidadãos, ela possa acarretar *agressões*, que devem merecer a devida protecção e defesa, aos *consumidores e opinião pública* em geral, impondo a «definição de regras mínimas, cuja inexistência, podendo consumar situações enganosas ou atentatórias dos direitos do cidadão consumidor, permitiria, na prática, desvirtuar o próprio e intrínseco mérito da actividade publicitária»[724].

A legislação sobre a publicidade procura conciliar as várias vertentes implicadas pela sua dinâmica e relevância económica e social,

---

[724] Preâmbulo do Decreto-Lei n.º 330/90, de 23 de Outubro.

harmonizando o regime nacional com a *legislação da União e outras normas internacionais europeias*, nomeadamente com as Directivas n.º 84/450/CEE e 89/552/CEE e a *Convenção Europeia sobre a Televisão sem Fronteiras.*

O actual *Código da Publicidade*, aprovado pelo Decreto-Lei nº 61/97, de 25 de Março, preocupado com o facto de a inserção da publicidade na *televisão* se fazer, cada vez mais, «por via do *recurso a frequentes e a aleatórias interrupções da programação»*, desde logo, em face de interpretações abusivas do disposto no n.º 2 do artigo 3.º do Decreto-Lei n.º 330/90, de 23 de Outubro (que excepcionava do âmbito de aplicação de algumas normas sobre inserção de publicidade na televisão as «emissões exclusivamente destinadas ao território nacional e que não possam ser captadas, directa ou indirectamente, em outro ou outros Estados membros das Comunidades Europeias»), com uma intolerável agressão para os consumidores e um manifesto prejuízo para a integridade dos programas, emissões desportivas, manifestações, espectáculos ou obras audiovisuais transmitidos», procurou curar especialmente desta questão referente à comunicação social, sendo certo que «estes expedientes têm provocado uma relativa *banalização da mensagem publicitária*, que prejudica os interesses dos próprios anunciantes, para além de ter efeitos perversos no equilíbrio da distribuição de receitas publicitárias pelos diferentes suportes». Não devendo prevalecer as razões que levaram à consagração desta excepção, aliás sem expressivo alcance prático entre nós, e sendo conveniente harmonizar e clarificar o regime aplicável em matéria de inserção da publicidade na televisão, o legislador optou por revogar expressamente a norma excepcional do n.º 2 do artigo 3.º do Decreto-Lei n.º 330/90, de 23 de Outubro.

Os temas com importância fundamental nesta matéria, além dos conceitos, fontes e elementos históricos que apoiem uma melhor compreensão das suas normas (noção de direito da publicidade, direito da publicidade e direito da comunicação social, nomologia da publicidade, breve resenha histórica do direito da publicidade), são o âmbito objectivo e subjectivo de aplicação em geral do direito da publicidade, e, em termos de regime jurídico da *publicidade nos meios de comunicação social*, o respectivo regime na imprensa, rádio, televisão e publicações electrónicas, a problemática da publicidade

Regime Jurídico da Publicidade Comercial... 411

ilegal e da tutela dos consumidores, através do direito criminal, direito contra-ordenacional e direito civil.

Tocaremos alguns aspectos relacionados com elementos conceptuais essenciais que nos permitam captar com clareza o âmbito do direito da publicidade comunicacional, e, finalmente, o enquadramento nomológico e respectivo regime jurídico da publicidade na imprensa, rádio e televisão

10.2. Fundamentos conceptuais e âmbito da disciplina

Aqui tratamos da *publicidade comercial.*

Podemos dizer, sinteticamente e em termos introdutórios, que ela se traduz na divulgação de uma *mensagem*, que é caracterizada por poder comportar um *conteúdo eminentemente subjectivo, parcial e incompleto*, com o *objectivo de promover uma maior procura de produtos e serviços, convencendo as pessoas a adquirir bens ou utilizar serviços de outrem, em geral com a finalidade de potenciar os seus lucros ou tirar em seu proveito outras vantagens económicas.*

Mas, ao resumir esta actividade a estes elementos, não se destaca, para além de fenómeno económico[725], que substancialmente a justifica normalmente, a coexistência nela de *fenómenos de natureza e importância cultural* e o facto de ser ainda um fenómeno que envolve questões de *interesse público*, pois é um meio de informação sobre a existência e as qualidades dos produtos e serviços, devendo os poderes públicos obstarem a que seja usada em termos *enganadores, desleais para os concorrentes* ou mesmo provocadores de distorções na concorrência, em termos que prejudique *os consumidores,* as empresas e mesmo o *mercado como instituição pública*, sob pena de *danos graves* para a economia e mesmo para a *saúde e qualidade de vida*, além de poder levar à efectivação de *despesas e encargos inúteis* ou *aquisição de bens perigosos.*

---

[725] Aliás é-o não só como objectivo finalístico, mas também em si mesma, pois representa uma parcela significativa do PIB dos países. Em Portugal, em meados da anterior década já representava cerca de 0,5% do PIB: JOSÉ, Pedro Quartin Graça Simão – *O Novo Direito da Publicidade.*Lisboa: Vislis, 1999, p. 35.

412 *Direito da Comunicação Social*

Procurando dar uma *noção* relativamente mais descritiva, e tendo presente o artigo 4.º do Código da Publicidade[726], podemos dizer que a *publicidade comercial* é o conjunto de operações de concepção, criação, produção, planificação e distribuição, conduzindo à divulgação de uma mensagem, através de texto, imagem ou sons, visando influenciar as pessoas, em ordem a promover a alienação de bens, prestação de serviços ou adesão de ideias, iniciativas ou instituições, no âmbito de actividades comerciais, industriais, artesanais, liberais ou administrativas públicas, normalmente com fins lucrativos.

Da publicidade distingue-se não só o *patrocínio*, como outras actividades, sejam as *relações públicas* de uma entidade, a *promoção de vendas* ou as *técnicas de mera identificação ou apresentação* de entidades (v.g., firma) ou produtos (v.g., marca).

O *patrocínio* traduz-se na participação de pessoas singulares ou colectivas no financiamento anunciado de um programa[727] (conceito em que se integram não apenas os programas mas quaisquer obras audiovisuais, reportagens, edições, rubricas ou secções), independentemente do meio utilizado para a sua difusão, mas naturalmente, designadamente ligado à actividade de criação audiovisual ou à produção televisiva (desde que não se trate de telejornais e programas televisivos de informação política) ou, em que há meramente uma difusão promotora de «nome, marca, imagem, actividades, bens ou serviços de uma entidade alheia, mas sem qualquer apelo à compra de bens ou contratação de serviços[728]. No entanto, não pode haver patrocínio por entidade que tenha por actividade principal o fabrico ou a venda de tabaco (sem prejuízo do disposto em legislação especial, todas as formas de publicidade ao tabaco através de suportes

---

[726] Artigo 4.º (*Conceito de actividade publicitária*): «1 – Considera-se *actividade publicitária* o conjunto de operações relacionadas com a difusão de uma mensagem publicitária junto dos seus destinatários, bem como as relações jurídicas e técnicas daí emergentes entre anunciantes, agências de publicidade e entidades que explorem os suportes publicitários ou que exerçam a actividade publicitária.2-Incluem-se entre as operações referidas no número anterior, designadamente, as de concepção, criação, produção, planificação e distribuição publicitárias».

[727] N.º 4 do artigo 24.º: «Os programas patrocinados devem ser claramente identificados como tal pela indicação, no início e ou no final do programa, do nome ou logotipo do patrocinador».

[728] N.º 1 do artigo 24.º do Código Penal.

Regime Jurídico da Publicidade Comercial...

nacionais ou com sede em Portugal) e, no que respeita a programas televisivos, em relação a *tratamentos médicos e a medicamentos* que apenas possam ser obtidos mediante receita médica (com excepção da publicidade incluída em publicações técnicas destinadas a médicos e outros profissionais de saúde (artigo 18.º e n.º 1 e 2 do artigo 19.º). O fundamental do seu regime, além da interdição de incitamento «à compra ou locação dos bens ou serviços do patrocinador ou de um terceiro, designadamente através de referências promocionais específicas a tais bens ou serviços» (n.º 6), reside na proibição de o «*conteúdo e a programação de uma emissão* patrocinada» poderem «ser influenciados pelo patrocinador, por forma a afectar a responsabilidade e a independência editorial do emissor» (n.º 5).

Quanto às *relações públicas*, elas desdobram-se num conjunto de actos que visam meramente criar boa imagem e confiança numa entidade, perante o público em geral.

A *promoção de vendas* refere-se a actividades muito diversificadas, tidas por adequadas, num certo momento, a incentivar a compra de bens que estão no comércio jurídico.

Por sua vez, a *propaganda* (cuja disciplina, embora dispersa, se encontra essencialmente na legislação eleitoral e da comunicação social), refere-se a actividades de natureza política que visam a adesão a partidos políticos, listas eleitorais, ideias, programas ou pessoas.

10.3. **Princípios gerais da actividade publicitária**

Há princípios que disciplinam esta actividade comercial em relação aos seus diferentes agentes, anunciantes, agências e empresas de comunicação e seus colaboradores, para além dos *princípios constitucionais* da liberdade de exercício da *iniciativa económica* (artigo 61.º) e da *liberdade de expressão e informação* (n.º 1 do artigo 37.º) e da interdição de formas de *publicidade oculta, indirecta e dolosa ou enganosa* (interdição de, por qualquer forma, se induzir ou poder induzir em erro, independentemente de se causar prejuízo económico ou não, ou poder prejudicar um concorrente, tendo presente designa-

414 *Direito da Comunicação Social*

damente os factores enunciados no n.º 2 do artigo 11.º do CP[729]; interdição do uso de imagens subliminares – mediante o uso de técnicas que possam provocar no destinatário percepções sensoriais de que não chegue a tomar consciência – ou outros meios dissimuladores que passem publicidade sem a percepção do destinatário, proibindo-se na transmissão televisiva e fotográfica de eventos ou situações, reais ou simulados, a focagem directa e exclusiva da publicidade aí existente: n.º 2 do artigo 60.º e artigo 9.º e 11.º do CP) e desrespeito em geral pelos *direitos dos consumidores* (artigo 12.º e 13.º do Código da Publicidade, Lei n.º 214/96, de 31.7, especialmente tendo presente o elenco desses direitos, previstos no artigo 3.º), os princípios da *licitude* (v.g., interdição de mensagens atentatórias da dignidade da pessoa humana, com linguagem obscena, uso de imagem ou palavra de alguém que não seja figura pública e relacionada com tal sem a sua autorização, apele a comportamentos danosos para o ambiente ou estimulantes de violência, actividade criminosa ou em geral de natureza ilegal, contenha ideias de natureza sindical, política ou religiosa ou discriminatórias em relação a raças, línguas, religião, sexo e território de origem ou depreciativas para instituições, símbolos nacionais ou religiosos, personalidades históricas, interdição de uso isolado ou conjunto de língua estrangeira, mesmo que seja do espaço da UE, em mensagens destinadas só ou também a portugueses, a menos que o uso de palavra ou expressão se deva considerar excepcionalmente como necessário para a obtenção de certo efeito publicitário especial:

---

[729] «2 – Para se determinar se uma mensagem é enganosa devem ter-se em conta todos os seus elementos e, nomeadamente, todas as indicações que digam respeito: a) Às características dos bens ou serviços, tais como a sua disponibilidade, natureza, execução, composição, modo e data de fabrico ou de prestação, sua adequação, utilizações, quantidade, especificações, origem geográfica ou comercial, resultados e características essenciais dos testes ou controlos efectuados sobre os bens ou serviços; b) Ao preço e ao seu modo de fixação ou pagamento, bem como às condições de fornecimento dos bens ou da prestação dos serviços; c) À natureza, às características e aos direitos do anunciante, tais como a sua identidade, as suas qualificações e os seus direitos de propriedade industrial, comercial ou intelectual, ou os prémios ou distinções que recebeu; d) Aos direitos e deveres do destinatário, bem como aos termos de prestação de garantias. 3 – Nos casos previstos no número anterior, pode a entidade competente para a instrução dos respectivos processos de contraordenação exigir que o anunciante apresente provas de exactidão material dos dados de factos contidos na publicidade. 4 – Os dados referidos no número anterior presumem-se inexactos se as provas exigidas não forem apresentadas ou forem insuficientes.

Regime Jurídico da Publicidade Comercial... 415

artigo 7.º do Código da Publicidade; interdição de mensagens que na forma, objecto ou fim, agrida valores, princípios e instituições fundamentais constitucionalmente consagrados, v.g., direito ao bom nome e à reputação, devassa da intimidade da vida privada individual e familiar, honra, etc., face designadamente ao 26.º da Constituição), *veracidade* (interdição de deformação dos factos, devendo as afirmações relativas à origem, natureza, composição, propriedades e condições de aquisição dos bens e serviços ser exactas e passíveis de prova, a todo o tempo: artigos 10.º e 11.º do Código da Publicidade), *identificabilidade* (exigência de identificação da mensagem em termos inequívocos: artigo 8.º e 9.º do Código da Publicidade; texto ou imagem cuja inserção tenha sido paga identificados através da palavra «Publicidade» ou «PUB», em caixa alta, no início do anúncio contendo o nome do anunciante, quando tal não resultar da mensagem: n.º 2 e 3.º da Lei de imprensa, aplicável à TV e rádio, onde se exige uma clara separação da restante programação, com a mesma técnica na TV).

10.4. Restrições ao conteúdo publicitário

Em termos de conteúdo da publicidade, há várias restrições no que se refere às mensagens da publicidade dirigida a *menores* (respeito pela vulnerabilidade psicológica destes: artigo 14.º do Código da Publicidade[730]), *testemunhal* (regra do testemunho personalizado com possibilidade de despersonalização físico-institucional: artigo 15.º do Código da Publicidade[731]) e *comparativa* (em que se identifica

---

[730] Artigo 14.º (Menores): «1 – A publicidade especialmente dirigida a menores deve ter sempre em conta a sua vulnerabilidade psicológica, abstendo-se, nomeadamente, de: a) Incitar directamente os menores, explorando a sua inexperiência ou credulidade, adquirir um determinado bem ou serviço; b) Incitar directamente os menores a persuadirem os seus pais ou terceiros a comprarem os produtos ou serviços em questão; c) Conter elementos susceptíveis de fazerem perigar a sua integridade física ou moral, designadamente pelo incitamento à violência; d) Explorar a confiança especial que os menores depositam nos seus pais, tutores ou professores. 2 – Os menores só podem ser intervenientes principais nas mensagens publicitárias em que se verifique existir uma relação directa entre eles e o produto ou serviço veiculado.

[731] Artigo 15.º (Publicidade testemunhal):«A publicidade testemunhal deve integrar depoimentos personalizados, genuínos e comprováveis, ligados à experiência do depoente

416   *Direito da Comunicação Social*

um concorrente ou bens e serviços dele, sendo por isso condicionada para proteger essa concorrência: artigo 16.º do Código da Publicidade[732]) e no que se refere ao objecto a usar como meio de publicidade, desde as restrições ao recurso à imagem da *mulher* (em termos que ofenda a sua dignidade ou valor social: al. d) do n.º 2 do artigo 7.º do Código da Publicidade e Recomendações do Conselho da publicidade de 8.3.1984, 14.4.1984 e 8.11.1986; artigo 5.º da Convenção da ONU sobre a Eliminação de todas as formas de Discriminação contra as Mulheres, de 18.12.1979; Recomendação do Conselho da Europa sobre Igualdade das Mulheres e Homens nos Media, de 1984), restrições à utilização de *menores* (Recomendações do Conselho da Publicidade de 4.3.1987 e 26.7.1988)[733], *alimentos* (Decreto-Lei

---

ou de quem ele represente, sendo admitido o depoimento despersonalizado, desde que não seja atribuído a uma testemunha especialmente qualificada, designadamente em razão do uso de uniformes, fardas ou vestimentas características de determinada profissão.

[732] Artigo 16º ((Publicidade comparativa)): «1 – É comparativa a publicidade que identifica, explícita ou implicitamente, um concorrente ou os bens ou serviços oferecidos por um concorrente. 2 – A publicidade comparativa, independentemente do suporte utilizado para a sua difusão, só é consentida, no que respeita à comparação, desde que respeite as seguintes condições: a) Não seja enganosa, nos termos do artigo 11.; b) Compare bens ou serviços que respondam às mesmas necessidades ou que tenham os mesmos objectivos; c) Compare objectivamente uma ou mais características essenciais, pertinentes, comprováveis e representativas desses bens ou serviços, entre as quais se pode incluir o preço; d) Não gere confusão no mercado entre o anunciante e um concorrente ou entre marcas, designações comerciais, outros sinais distintivos, bens ou serviços do anunciante ou de um concorrente; e) Não desacredite ou deprecie marcas, designações comerciais, outros sinais distintivos, bens, serviços, actividades ou situação de um concorrente; f) Se refira, em todos os casos de produtos com denominação de origem, a produtos com a mesma denominação; g) Não retire partido indevido do renome de uma marca, designação comercial ou outro sinal distintivo de um concorrente ou da denominação de origem de produtos concorrentes; h)Não apresente um bem ou serviço como sendo imitação ou reprodução de um bem ou serviço cuja marca ou designação comercial seja protegida. 3 – Sempre que a comparação faça referência a uma oferta especial deverá, de forma clara e inequívoca, conter a indicação do seu termo ou, se for o caso, que essa oferta especial depende da disponibilidade dos produtos ou serviços. 4 – Quando a oferta especial a que se refere o número anterior ainda não se tenha iniciado deverá indicar-se também a data de início do período durante o qual é aplicável o preço especial ou qualquer outra condição específica. 5 – O ónus da prova da veracidade da publicidade comparativa recai sobre o anunciante

[733] É interdita a promoção de bebidas alcóolicas, tabaco e material de pornografia em estabelecimentos de ensino e publicações, programas ou actividades especialmente destinados a menores.

Regime Jurídico da Publicidade Comercial...

n.º 315/70, de 8.7 – dietéticos, Decreto-Lei n.º 97/84, de 28.3, artigos 9.º e 10.º do Decreto-Lei n.º 170/92, de 8.8, artigo 8.º do Decreto-Lei n.º 115/93, de 12.4 – lactentes, Decreto-Lei n.º 560/99, de 18.12 – consumidor final), *material pornográfico e obsceno* (artigo 10.º do Código da Publicidade, Decreto-Lei n.º 254/76, de 7.4, Decreto-Lei n.º 647/76, de 31.7), *bebidas alcoólicas* (interdição absoluta na TV e rádio entre as 7h e 21h30, ou quando dirigidas a menores, encorajante de consumos excessivos, sugestões de sucesso êxito social ou especiais aptidões, propriedades terapêuticas ou efeitos estimulantes ou sedativos, associe o consumo ao exercício físico ou condução de veículos, promova a qualidade do teor do álcool: artigo 17.º do Código da Publicidade), *estupefacientes e substâncias psicotrópicas* (artigo 39.º, 40.º e 60.º do Decreto Regulamentar n.º 71, de 7.9), *tabaco* (artigo 18.º do Código da Publicidade e legislação específica), *tratamentos e medicamentos* (artigo 19.º do Código da Publicidade, artigos 68.º a 78.º do do Decreto-Lei n.º 72/91, de 8.2, Decreto-Lei n.º 100/94, de 19.4., Portaria n.º 123/96, de 17.4.), *produtos fitofarmacêuticos* (Decreto-Lei n.º 47.082, de 19.7.1967), *substâncias perigosas* (Decreto-Lei n.º 120/92, de 30.6), *vendas a prestações* (Decreto-Lei n.º 359791, de 21.9), *brinquedos* (Decreto-Lei n.º 140/90, de 30.4), *animais* (artigo 17.º do Código da Publicidade) na medida que isso implique dor ou sofrimento considerável, salvo experiência científica de comprovada necessidade (al.e) do n.º 3 do artigo 1.º da Lei n.º 92/95, de 12.9, artigos 69.º a 74.º do Decreto-Lei n.º 184/97, de 26.7), *águas minerais (naturais e gaseificadas*: Decreto-Lei n.º 45.551, de 30.1.1964, artigos 9.º a 12.º do Decreto-Lei n.º 156/98, de 6.6, artigos 10.º e 11.º do Decreto Regulamentar n.º 18/92, de 13.8), *cosméticos* (artigo 11.º do Decreto-Lei n.º 296/98, de 25.9), *cursos* (artigo 28.º do Decreto-Lei n.º 271/89, de 19.8; natureza de acordo ou quaisquer outras acções de formação ou aperfeiçoamento intelectual, cultural ou profissional com a designação dos serviços competentes e sua duração, expressão sem reconhecimento oficial quando habilitação não atribuída pelas entidades oficiais competentes: artigo 22.º do Código da Publicidade), *veículos automóveis* (situações ou sugestões de utilização do veículo que possam por em risco a segurança pessoal do condutor ou terceiros, perturbadoras do ambiente, situações de infracção do Código da Estrada: artigo 22.º-A

418   *Direito da Comunicação Social*

do Código da Publicidade), *vendas a prestações* (Decreto-Lei n.º 359/91, de 21.9), *seguros* (artigo 7.º do Decreto-Lei n.º 176/95, de 26.6, artigo 197.º do Decreto-Lei n.º 94-B/98, de 17.4.), *instituições de crédito e sociedades financeiras* (artigo 89 e 90.º do Decreto-Lei n.º 298/92, de 31.12, artigo 7.º do Decreto-Lei n.º 220/94, de 23.8), *investimento imobiliário* (Portaria n.º 130/73, de 24.2, Decreto-Lei n.º 284/87, de 25.7, artigo 33.º do Decreto-Lei n.º 130/89, de 18.4 e artigo 43.º do Decreto-Lei n.º 275/93, de 5.10 (ambos sobre timesharing), *oferta de prédios para habitação* (Decreto-Lei n.º 68/2004, de 25.3.), *serviços de telecomunicações* (artigo 7.º da Portaria n.º 160/94, de 22.3), *espectáculos e divertimentos públicos* (artigo 20.º do Decreto-Lei n.º 396/82, de 21.9), *jogos de fortuna e azar* (interdição enquanto objecto essencial da mensagem, excepto se promovidos pela Santa Casa da Misericórdia de Lisboa: artigo 21.º do Código da Publicidade), etc. Também a rotulagem de produtos sofre limitações neste âmbito[734].

10.5. Regime jurídico da publicidade na comunicação social

Em *termos nomológicos*, é aplicável à *publicidade mediática* o regime geral da matéria, com suas normas constitucionais e legais, mas não deixam de existir normas especiais, quer comuns à comunicação social em geral quer referentes à diferente tipologia destes.

Com efeito, há *normas sobre os limites da publicidade* na imprensa e na rádio, embora seja a televisão que merece uma regulamentação mais detalhada e restritiva. Quanto às normas mediáticas comuns, temos as que concretizam o *princípio da isenção e imparcialidade* (ou *da não descriminação*) na publicidade pública (Estado, regiões políticas e autarquias: n.º 4 do artigo 38.º da Constituição da República Portuguesa, matéria a zelar pela Entidade Reguladora da Comunicação), a que há que acrescentar interdições nesta matéria[735].

---

[734] Vide, legislação variada publicada por José, P.Q.G. Simão – O novo direito da publicidade, 1999.

[735] Face ao disposto, quer no Código da Publicidade, quer em diploma próprio quanto ao Estado: n.º 2 do artigo 5.º e artigo 27.º do DL 224/2004, de 4.12.

E, no que se refere à *publicidade estatal* (governo, administração directa ou indirecta; com exclusão das universidades e politécnicos, entidade administrativa independente, empresas públicas, instituições de solidariedade social, serviço nacional de saúde, regiões de turismo, Banco de Portugal e fundos que agem junto dele), as suas acções informativas e publicitárias, prevista trimestralmente na radiodifusão e imprensa, de valor igual ou superior a 15.000 €, implica a afectação de pelo menos 25.º do custo total em rádios locais e imprensa regional (suporte de papel e electrónico)[736]. E, quanto às *autarquias*, a menos que o anunciante seja uma empresa de capitais, total ou maioritariamente públicos, ela está proibida em publicações periódicas informativas editadas pelos órgãos das autarquias. A publicidade comercial em salas de cinemas e na televisão está sujeita a uma *taxa de exibição* de 4% sobre os montantes pagos, a cargo do anunciante, abrangendo os patrocínios, teletexto, televendas, anúncios publicitários, colocação produtos em cena e a incluída em guias electrónicos de programação[737].

No que concerne à *televisão*[738], importa enquadrar o *regime da publicidade e do patrocínio televisivos*, em face do objectivo da protecção dos telespectadores enquanto tais e enquanto eventuais consumidores, em obediência a um princípio essencial, que é o da limitação em geral à liberdade de programação, e, em nome do *princípio da identificação*, com *distinções básicas*, quer quanto à inserção da publicidade, com especial e rigorosa protecção dos programas noticiosos, políticos, para crianças, cinematográficos, religiosos (além da publicidade directa, autopromoção, extractos de promoção e televenda; regime especial no serviço público[739]; regime vertical – pro-

---

[736] O Decreto-Lei n.º 231/2004, de 13.12, que se refere ao tema, atribui ao Instituto da comunicação Social a tarefa de fiscalizar o regime estabelecido neste diploma, que inclui ainda critérios de distribuição da publicidade, situação fiscal dos beneficiários, procedimento de adjudicação destes (com contratação pública) e requisitos para a criação das agências de publicidade, etc..

[737] Artigo 28.º do Decreto-lei n.º 42/2004, de 18.8.

[738] A fonte material e formal do direito da publicidade é o direito supranacional: ADLER, Henri et alteri – *Droit de l'audiovisuel*. Paris:Lamy, 1995, p.107 e ss..Neste plano, são aplicáveis a Directiva do CM n.º 89/552/CE, de 3.10.1089, alterada pela Directiva n.º 97/36/CE, de 30.6.1997, e ainda a Convenção Europeia sobre a Televisão sem Fronteiras., de 5.5.1089..

[739] N.º 4 do artigo 43.º da LTV; n.º 2 do artigo 6.º do contrato Estado-RTP.

420   *Direito da Comunicação Social*

gramas de publicidade- sobre a publicidade e regime horizontal da publicidade – publicidade noutros programas –)[740], quer quanto à sua duração temporal, com limitações de tempos máximos[741/742].

E se é verdade que as normas sobre a inserção da publicidade na televisão resultam da disciplina do artigo 25.º da Lei da Televisão, que trata da sua localização e duração, não pode esquecer-se que lhe são aplicáveis os *limites substantivos à liberdade de programação*, na medida em que o n.º 5 do artigo 21.º da Lei da Televisão integra, no *conceito basilar de emissão*, para efeitos dos referidos limites, a publicidade ou os extractos com vista à promoção de programas.

Começando por distinguir a *publicidade no serviço público* de televisão e *fora dele*, o regime ali impõe que, na RTP1, não possa exceder-se os sete minutos e trinta segundo por cada hora de emissão e, na RTP2, não possa hoje haver qualquer publicidade comercial.

Dito isto, vejamos, em geral, em todas as outras situações, as regras em vigor.

Quanto às *regras materiais sobre limites* aplicáveis, elas podem sintetizar-se em duas. A primeira regra é negativa, de natureza interditadora em absoluto: proíbe-se «qualquer emissão» violadora dos direitos, liberdades e garantias fundamentais, atentatória da dignidade da pessoa humana ou incitadora à prática de crimes. A segunda, pelo contrário, é de natureza impositiva, vindo condicionar os programas: obriga-se, por um lado, à colocação em horário posterior às 22 horas e, por outro, à precedência da advertência expressa e com «a difusão permanente de um identificativo apropriado» das emissões não interditas mas que sejam «susceptíveis de influir, de modo negativo, na *formação da personalidade* das crianças ou adolescentes ou de afectar outros *públicos mais vulneráveis*, designadamente pela exibição de *imagens particularmente violentas ou chocantes*[743].

---

[740] Artigo 21.º, 32.º e 33.º da LTV e artigos 25.º e 26.º do Código Penal.

[741] Artigos 32 e 33.º do LTV.

[742] 21.º da LTV.

[743] No entanto, as imagens susceptíveis de influir, de modo negativo, na *formação da personalidade* das crianças ou adolescentes ou de afectar outros *públicos mais vulneráveis*, designadamente pela exibição de *imagens particularmente violentas ou chocantes* podem ser transmitidas em quaisquer serviços noticiosos quando, revestindo importância

As *regras locativas* sobre as mensagens publicitárias televisivas são as seguintes:

a) excepcionalidade em termos isolados;

b) inserção entre programas, a menos que não atente contra a sua integridade e tenha em conta as suas interrupções naturais, a sua duração e natureza, e de forma a não lesar os direitos de quaisquer titulares, e mesmo assim com exclusão da transmissão de serviços religiosos.

c) interdição de interrupção de telejornais, programas de informação política, revistas de actualidade, emissões religiosas e programas para crianças, cuja duração programada seja inferior a 30 minutos;

d) interdição da sua inserção entre partes autónomas ou nos intervalos de programas compostos por partes autónomas, nas emissões desportivas e nas manifestações ou espectáculos de estrutura semelhante, que compreendam intervalos.

e) interdição de inserção de publicidade entre duas interrupções sucessivas do mesmo programa, se não mediar um período mínimo de 20 minutos.

f) interdição da interrupção mais do que uma vez, por cada período completo de 45 minutos, de transmissões de *obras audiovisuais* (longas metragens cinematográficas e filmes concebidos para a televisão, etc., com excepção de séries, folhetins, programas de diversão e documentários), por um tempo efectivo, descontando o período dedicado às interrupções, publicitárias e outras (*duração programada*), superior a 45 minutos, a menos que tal duração programada da transmissão exceda em, pelo menos, 20 minutos, dois ou mais períodos completos de 45 minutos, em que é admitida uma outra interrupção.

---

jornalística, sejam apresentadas com respeito pelas normas éticas da profissão e antecedidas de uma advertência sobre a sua natureza. A difusão televisiva de obras que tenham sido projecto de classificação etária, para efeitos da sua distribuição cinematográfica ou videográfica, deve ser precedida da menção que Ihes tiver sido atribuída pela comissão competente, ficando obrigatoriamente sujeita às demais exigências a que se refere o n.º 2 sempre que a classificação em causa considerar desaconselhável o acesso a tais obras por menores de 16 anos (n.º 3 e 4 do artigo 21.º LTV, sobre limites à programação em geral).

422   *Direito da Comunicação Social*

Portanto, *a publicidade televisiva* só pode processar-se, em regra, em blocos publicitários (ou de anúncios: *spots*) entre programas, e só excepcionalmente, durante os programas[744].

Quanto ao *tempo reservado* para as mensagens publicitárias nos canais de cobertura nacional e acesso não condicionado, ele não pode exceder 15% do período diário de emissão, a menos que inclua outras formas de publicidade ou mensagens de *televenda* (ofertas directas ao público, visando o fornecimento de produtos ou prestação de serviços, incluindo imóveis, direitos, obrigações, a troco de remunerações), caso em que esse limite pode elevar-se a 20%.

E, nos *canais de cobertura nacional de acesso condicionado*, a difusão de publicidade ou de mensagens de *televenda* só pode ocupar 10% do período diário de emissão.

Nos *canais temáticos de televenda ou de auto-promoção*, o tempo destinado à publicidade não pode ultrapassar 10% do período diário de emissão.

O *tempo de emissão* destinado às mensagens publicitárias e de televenda em cada período compreendido entre duas unidades de hora não pode exceder 10% ou 20%, consoante se trate ou não de canais de acesso condicionado.

Excluem-se destes limites as mensagens informativas difundidas pelos operadores televisivos relacionadas com os seus *próprios programas e produtos* directamente deles derivados e os blocos de televenda. Com efeito, nos canais de cobertura nacional de acesso não condicionado, podem transmitir-se diariamente até oito blocos de televenda, desde que a sua duração total não exceda três horas, cumprido que seja a disciplina anteriormente referida. Os *blocos de televenda* devem ter uma duração ininterrupta de, pelo menos, quinze minutos. Mas, nos *canais de autopromoção* (feita pelo operador televisivo em relação aos seus produtos, serviços, canais e programas), é proibida a transmissão de blocos de televenda[745].

---

[744] José, Pedro Q.G.Simão – *O Novo Direito da Publicidade*. Lisboa:Visilis, 1999, p. 210 e ss.

[745] Artigo 32.º e 33.º da LTV.

XI – ENTIDADE REGULADORA PARA A COMUNICA-ÇÃO SOCIAL

> *Sumário analítico*: 11.1. Referência genérica às entidades administrativas independentes. 11.2. Caracterização da Entidade Reguladora da Comunicação. 11.3. Competências do Conselho Regulador. 11.4. Segredo e publicidade das deliberações da Entidade Reguladora da Comunicação. 11.5. Direito de queixa e procedimento de apreciação. 11.6. Exercício do poder regulamentar. 11.7. Poder sancionatório. 11.8. Controlo da actividade da Entidade Reguladora da Comunicação.

11.1. Referência genérica às entidades administrativas independentes

Nos termos da recente Lei n.º 53/2005, de 8 de Novembro, foi criada a *Entidade Reguladora para a Comunicação Social* (extinguindo-se a Alta Autoridade para a Comunicação Social), que se designou pelas siglas de Entidade Reguladora da Comunicação, que tem a natureza de uma entidade administrativa independente.

Resumidamente, e a título introdutório ao tema, direi que a ideia da criação de autoridades públicas independentes tem vingado a uma grande velocidade, na Europa, mesmo em países sem tradições neste tipo de organismos, como acontece com Portugal.

Nalguns países este fenómeno começou mesmo por implicar *problemas constitucionais*, aliás só resolvidos pelo *consenso do silêncio* em face da utilidade e eficácia destas fórmulas de controlo da Administração Pública, normalmente apadrinhadas, por princípio, pelos Parlamentos. Em Portugal é a própria Constituição que as prevê expressamente.

O seu êxito inscreve-se numa *lógica de administração indepen-dente da direcção da Administração activa*, do governo, num con-texto global de recurso quer aos juristas, designadamente juízes ou antigos juízes quer de sábios ou seja de pessoas sabedoras em dife-rentes áreas, numa época em que quer a credibilidade quer os méto-dos de actuação tradicionais do Estado são postos em causa. Elas traduzem uma *resposta diferente a exigências dos novos e comple-xos tempos*. Esta resposta não deixa de ser a prova da insuficiência das estruturas que tradicionalmente vinham respondendo aos proble-mas da sociedade. Intervindo em domínios diversificados, têm de comum a sua inserção em *sectores de actividade sensíveis,* que me-xem com as *liberdades dos cidadãos*. E daí a repercussão de receptividade da sua independência em relação à Administração for-mal, no plano da sua composição e em relação aos governos, no plano do seu funcionamento[746].

Os *mecanismos legais e estatutários* devem garantir-lhes a inde-pendência em relação ao governo, aos partidos políticos e aos grupos de pressão. É assim que, num Estudo de 1983 do Conselho de Estado francês sobre o futuro das autoridades administrativas independentes, se aponta a criação destas entidades quando estejam em causa objec-tivos que visem «assegurar o *jogo regular dos mecanismos democrá-ticos, controlar o financiamento dos partidos políticos ou apreciar os méritos e aptidões das entidades colocadas sobre a tutela gover-namental*». Ou seja, domínios em que a complexificação da vida social, devido à aceleração dos progressos técnicos, juntamente com o contínuo crescimento nos últimos tempos do poder administrativo, devido à intervenção da Administração em todos os domínios da vida social, e com o reforço dos poderes económico, científico e mediático e de opacidades teledirigidas dos partidos, em face do poder político e administrativo, implica novos controlos e transparên-cias na defesa das liberdades individuais e de um real Estado de Direito democrático.

---

[746] Elas, devido à sua autonomia, são sobretudo importantes em domínios sensíveis à intervenção política em que está em causa a garantia da protecção das liberdades dos cida-dãos, indo desde o controlo das sociedades privadas de televisão (BBC) até a tarefas de repartição de verbas entre as universidades, promoção de actividades culturais, acção cultu-ral no estrangeiro, etc.

Estas entidades são dotadas de funções que são cumpridas com grande *flexibilidade*, e cuja eficácia resulta da *multiplicidade dos métodos de actuação* de que dispõem. São, por natureza, autoridades independentes dos poderes tradicionais, e, por isso, admitem na sua composição a *participação de pessoas indicadas pelos vários órgãos de soberania*, na medida em que tem de haver a garantia estatutária de que, uma vez empossados, podem agir sem sujeição a orientações nem a ordens de ninguém[747]. Elas, ao *neutralizarem a lógica da separação de poderes*, ficando «acima» de todos que tenham base partidária, desempenham uma *função sociológica de regulação*, conceito que se insere numa *visão sistémica da sociedade e das suas relações com o Estado*, em que o valor do respeito pela lei a que estas entidades também estão obrigadas, se concilia com a procura de soluções que se estabilizam em tipos de equilíbrio que satisfaçam simultaneamente, em termos dialogados ou casuisticamente verificados, o exercício dos direitos de uns e o cumprimento das obrigações de outros.

A sua *ideia-força* relaciona-se com a sua independência em relação ao poder executivo-administrativo e mesmo parlamentar, suspeitos de propensões liberticidas ou, talvez mais, de partidarismo, «sectarismo» ou corporativismo, o que exige, através da recorrência semântica ao termo independência e ao próprio estatuto do órgão e das pessoas, que apreciam as reclamações, a procura de novos modos de compor os conflitos com a Administração e de conseguir uma nova legitimidade, refrescada, para o próprio Estado. A sua existência e proliferação parte da ideia de que o Estado não tem de ser concebido através de um modelo orgânico em que o desenvolvimento de actividades administrativas é determinantemente efectivado por um corpo administrativo de tipo hierarquizado e centralizado.

A *generalizada proliferação actual* destas organizações resulta de uma *crise profunda do Estado e do seu modelo jusadministrativo tradicional*, levando à procura de *novas formas de administração*, através de técnicas de consulta e participação. Estes órgãos sem personalidade jurídica ou institutos com personalidade, como o admite a

---

[747] Na verdade, o governo não exerce em relação a elas quaisquer poderes, nem de direcção, nem de superintendência nem de controlo concretizável através do regime de tutela.

426 *Direito da Comunicação Social*

recente Lei dos Institutos Públicos, impõem-se sobretudo ao nível da aplicação dos *direitos sensíveis*[748]. Elas não estão sujeitas a ordens ou instruções, não pedem autorizações e as suas decisões não dependem de aprovações. A sua independência pretende garantir ao cidadão uma *actividade administrativa exercida com neutralidade, um tratamento de igualdade e objectividade*, retirando ao poder público a suspeita de arbitrariedade ou parcialidade, sem deixar de assegurar uma efectiva intervenção nos sectores em que actuam.

A sua *independência* deriva essencialmente de *regras de ordem orgânica e funcional*. As características e as garantias da sua independência resultam do enquadramento legal específico e medem-se, no plano orgânico, pelo modo como são compostas, modo de designação, regras relativas ao mandato, designadamente, sobre a sua duração e condições de revogação, da maior ou menos extensão do *regime de incompatibilidades e de imunidades* e, no plano funcional, quer da ausência de qualquer poder hierárquico quer da autonomia de organização e funcionamento. E como a independência exclui a subordinação, *não estão sujeitos a qualquer poder hierárquico*, designadamente, o seu principal componente que é o *poder de instrução,* nem sujeitas ao seu *poder disciplinar* ou *sancionatório*[749].

Podemos considerar que se está perante uma *fórmula de Administração* ou de ajuda à *composição pré-contenciosa ou apolítica de conflitos*. São criadas em termos casuísticos, sem obedecer a uma política de conjunto sobre o seu papel e os seus poderes dentro da organização futura dos Estados, que deve ocorrer sobretudo nos domínios sensíveis de aplicação de leis sobre liberdades individuais, pelo que continuarão a impor-se, o que pode significar uma desejável *reorientação dos modelos administrativos e do estilo de Administração, menos opaca, menos corporativa, menos partidarizada, mais participada e menos bloqueada às reformas.*

---

[748] Nas experiências dos diferentes países, as entidades independentes cobrem um vasto campo de acção do Estado, podendo mesmo entrar em domínios de tutela das entidades de direcção da Administração pública.

[749] Os seus membros devem ter um mandato determinado, não revogável, com sujeição a inelegibilidades e incompatibilidades e são, em princípio, escolhidos oriundos quer na alta função pública quer de entre outras personalidades reformadas ou em fim de carreira, o que é pressuposto ajudar a melhor resistir a todo o tipo de pressões, por se considerar que nesta fase as ambições pessoais de tipo político e administrativo decrescem enormemente.

Regime Jurídico da Publicidade Comercial... 427

De qualquer modo, criadas pelo poder constitucionalmente instituído, são independentes dos poderes tradicionais existentes, comungando destes em muitas das suas funções no plano normativo, da aplicação da lei e executivo, quase como um outro poder do Estado institucionalizado nos tempos modernos, para evitar as parcialidades e ineficiências previsíveis ou evitar as suspeições e, assim ajudar, a relegitimar os outros poderes.

11.2. Caracterização da Entidade Reguladora da Comunicação

Vejamos, pois, o caso da Entidade Reguladora da Comunicação, que é uma entidade independente que foi dotada de *personalidade jurídica*.

---

[750] A comissão executiva é órgão responsável pela direcção dos serviços e pela gestão administrativa e financeira da Entidade Reguladora da Comunicação enquanto a função do conselho consultivo é ser o «órgão de consulta e de participação na definição das linhas gerais de actuação da Entidade Reguladora da Comunicação, contribuindo para a articulação com as entidades públicas e privadas representativas de interesses relevantes no âmbito da comunicação social e de sectores com ela conexos». Artigo 38.º, sobre a função do Conselho consultivo. Artigo 39.º (Composição e designação): «1 – O conselho consultivo é composto por: a) Um representante da Autoridade da Concorrência; b) Um representante do Instituto da Comunicação Social; c) Um representante do ICP-ANACOM; d) Um representante do Instituto do Consumidor; e) Um representante do Instituto do Cinema, Audiovisual e Multimédia; f) Um representante do CRUP – Conselho de Reitores das Universidades Portuguesas; g) Um representante do Conselho Coordenador dos Institutos Superiores Politécnicos; h) Um representante do CENJOR – Centro Protocolar de Formação Profissional para Jornalistas; i) Um representante da associação sindical de jornalistas com maior número de filiados; j) Um representante da confederação de meios de comunicação social com maior número de filiados; l) Um representante da associação de consumidores do sector da comunicação social com maior número de filiados; m) Um representante da associação de agências de publicidade com maior número de filiados; n) Um representante da associação de anunciantes com maior número de filiados; o) Um representante do ICAP – Instituto Civil da Autodisciplina da Publicidade; p) Um representante da APCT – Associação Portuguesa para o Controlo de Tiragem e Circulação; q) Um representante da CAEM – Comissão de Análise e Estudos de Meios. 2 – Os representantes indicados no número anterior e os respectivos suplentes são designados pelos órgãos competentes das entidades representadas, por um período de três anos, podendo ser substituídos a qualquer tempo». Artigo 40.º (Competências). «1 – Compete ao conselho consultivo emitir pareceres não vinculativos sobre as linhas gerais de actuação da Entidade Reguladora da Comunicação ou sobre quaisquer outros assuntos que o conselho regulador decida submeter à sua apreciação».

428   *Direito da Comunicação Social*

O *Conselho Regulador*, que é órgão de realização das atribuições desta entidade personalizada[750], tem poderes de *supervisão e intervenção* em relação a «todas as entidades que, sob jurisdição do Estado Português, prossigam actividades de comunicação social, desde as agências noticiosas, quaisquer editoras de publicações periódicas, operadores de rádio e de televisão (relativamente aos serviços de programas que difundam ou aos conteúdos complementares que forneçam, sob sua responsabilidade editorial, por qualquer meio, incluindo por via electrónica), entidades que disponibilizem ao público, através de redes de comunicações electrónicas, serviços de programas de rádio ou de televisão, na medida em que lhes caiba decidir sobre a sua selecção e agregação, ou que disponibilizem regularmente ao público, através de redes de comunicações electrónicas, conteúdos submetidos a tratamento editorial e organizados como um todo coerente, etc.[751].

Os *objectivos* que presidem à existência desta entidade de regulação do sector da comunicação social, e se repercutiram na formulação legal das respectivas *atribuições*, são variados[752].

Entre estes, temos a defesa do *pluralismo cultural e a diversidade de expressão das várias correntes de pensamento*, através das entidades sujeitas à sua supervisão e intervenção, e a garantia, de forma transparente e não discriminatória, da *livre difusão de conteúdos* e o *livre acesso aos conteúdos* por parte dos destinatários da respectiva oferta de conteúdos de comunicação social, o assegurar que a informação fornecida pelos *prestadores de serviços de natureza editorial* se pauta por *critérios de exigência e rigor jornalísticos*, efectivando a *responsabilização editorial* perante o público em geral dos que se encontram sujeitos à sua jurisdição, no caso de violação das normas legais aplicáveis, garantindo o princípio da não verificação de nenhum tipo de exclusão social ou económica e zelando pela eficiência na atribuição de recursos. Para o efeito, cabe-lhe assegurar o *livre exercício do direito à informação e à liberdade de imprensa,* zelar pela *não concentração da titularidade* das entidades que prosseguem actividades de comunicação social com vista à *salvaguarda do pluralismo*

---

[751] Artigo 6.º: *âmbito de intervenção.*
[752] Artigo 7.º: Objectivos da regulação; artigo 8.º: atribuições.

e da diversidade, sem prejuízo das competências expressamente atribuídas por lei à Autoridade da Concorrência e pela *independência das entidades* que prosseguem actividades de comunicação social perante os poderes político e económico, garantindo, ainda, o respeito pelos *direitos, liberdades e garantias* e a efectiva *expressão e o confronto das diversas correntes de opinião*, em respeito pelo *princípio do pluralismo e pela linha editorial* de cada órgão de comunicação social, bem como o *exercício dos direitos de antena, de resposta e de réplica política, devendo* assegurar em geral a protecção dos *direitos de personalidade individuais*, sempre que os mesmos estejam em causa no âmbito da prestação de serviços de conteúdos de comunicação social. Outro objectivo expresso pelo legislador prende-se com a necessidade da *protecção dos públicos mais sensíveis*[753]. Ainda outro é assegurar a protecção dos destinatários dos serviços de conteúdos de comunicação social enquanto *consumidores*, no que diz respeito a comunicações de *natureza ou finalidade comercial*, distribuídas através de comunicações electrónicas, por parte de prestadores de serviços sujeitos à sua actuação, no caso de *violação das leis sobre a publicidade*. Para o efeito, deve em conformidade assegurar, em articulação com a Autoridade da Concorrência, o regular e eficaz funcionamento dos *mercados de imprensa* escrita e de audiovisual em condições de transparência e equidade e cabe-lhe também fiscalizar a conformidade das *campanhas de publicidade do Estado*, das Regiões Autónomas e das autarquias locais com os princípios constitucionais da imparcialidade e isenção da Administração Pública. Cabe-lhe, ainda, colaborar na *definição das políticas e estratégias sectoriais* que fundamentam a planificação do espectro radio-eléctrico, sem prejuízo das atribuições cometidas por lei ao ICP – ANACOM, e, em geral, também lhe cabe assegurar o *cumprimento de todas as normas reguladoras das actividades de comunicação social*.

---

[753] Designadamente os menores, em face de conteúdos e serviços susceptíveis de prejudicar o respectivo desenvolvimento.

430 · Direito da Comunicação Social

11.3. Competências do Conselho Regulador. Complexidade orgânica e especificidade institucional da ERC

Em concreto, são *competências* do conselho regulador[754], no exercício de funções de regulação e supervisão tão importantes como sejam impor o respeito pelos *princípios e limites legais, quer aos conteúdos* difundidos pelas entidades de comunicação social, designadamente em matéria de *rigor informativo* e de *protecção dos direitos, liberdades e garantias pessoais*; quer aos conteúdos publicitários[755]; a apreciação e decisão sobre *queixas relativas aos direitos de resposta, de antena e de réplica política*; a apreciação, a pedido do interessado, da ocorrência de *alteração profunda na linha de orientação ou na natureza dos órgãos* de comunicação social, quando invocada a *cláusula de consciência dos jornalistas*; a fiscalização da *isenção e imparcialidade das campanhas publicitárias de entidades* públicas territoriais ou entidades destas dependentes[756], incluindo o poder de decretar a *suspensão provisória da sua difusão*, até decisão da autoridade judicial competente; zelar pelo *rigor e isenção das sondagens e inquéritos* de opinião; pronunciar-se, nos termos da lei, sobre as *aquisições de propriedade ou práticas de concertação* das entidades de comunicação social; proceder à identificação dos *poderes de influência* sobre a opinião pública e adoptar as medidas necessárias à salvaguarda da defesa do pluralismo e da diversidade; pronunciar-se previamente sobre o objecto e as condições dos *concursos públicos* para atribuição de títulos habilitadores do exercício da actividade de rádio e de televisão; a atribuição dos títulos habilitadores do exercício da actividade de rádio e de televisão e a decisão, fundamentadamente, sobre os pedidos de alteração dos projectos aprovados, os pedidos de renovação daqueles títulos ou, sendo o caso, sobre a

---

[754] Além de, no exercício das suas *funções de definição e condução de actividades* da ERCS, lhe caber a aprovação de *regulamentos, directivas e decisões*, e outras *deliberações* que lhe são atribuídas pela lei e Estatutos; a elaboração de um *Relatório* anual sobre a situação das actividades de comunicação social e sobre a sua actividade de regulação e supervisão, e respectiva divulgação pública; a constituição de mandatários e designação de representantes junto de outras entidades (artigo 24.º).

[755] Nas matérias cuja competência não se encontre legalmente conferida ao Instituto do Consumidor e à Comissão de Aplicação das Coimas em Matéria Económica e de Publicidade ou a quaisquer outras entidades previstas no regime jurídico da publicidade.

[756] Empreendidas pelo Estado, pelas Regiões Autónomas ou pelas autarquias locais.

Entidade Reguladora para a Comunicação Social 431

necessidade de realização de novo concurso público; a condução do *processamento das contra-ordenações*, cometidas através de meio de comunicação social[757], aplicando as respectivas coimas e sanções acessórias, aplicando, designadamente, as *normas sancionatórias* previstas em legislação sectorial específica, v.g.., efectivando a *suspensão ou a revogação dos títulos habilitadores do exercício da actividade de rádio e de televisão* e outras sanções previstas nas Leis n.º 4/2001, de 23 de Fevereiro, e n.º 32/2003, de 22 de Agosto; a verificação do cumprimento, por parte dos operadores de rádio e de televisão, dos *fins genéricos e específicos das respectivas actividades*, e das obrigações fixadas nas respectivas *licenças ou autorizações*[758]; a emissão de *parecer prévio e vinculativo sobre a nomeação e destituição dos directores* e directores-adjuntos de órgãos de meios de comunicação social pertencentes ao Estado e a outras entidades públicas que tenham a seu cargo as áreas da programação e da informação; a emissão de parecer prévio e não vinculativo sobre os contratos de concessão de serviço público de rádio e de televisão e sobre as respectivas alterações; a promoção da realização e posterior *publicação integral de auditorias anuais às empresas concessionárias* dos serviços públicos de rádio e de televisão e a verificação da boa execução dos contratos de concessão; a arbitragem e a resolução dos litígios que surjam no âmbito das actividades de comunicação social, nos termos definidos pela lei, incluindo os conflitos de interesses relacionados com a cobertura e transmissão de acontecimentos qualificados como de interesse generalizado do público que sejam objecto de direitos exclusivos e as situações de desacordo sobre o direito de acesso a locais públicos[759] e, no âmbito da competência consultiva,

---

[757] A menos que tal competência não lhe seja atribuída pelos Estatutos ou por outro diploma legal.

[758] A menos que se trate de competências legalmente cometidas ao ICP-ANACOM.

[759] Cabem-lhe, ainda, outras tarefas importantes, tais como: proceder à classificação dos órgãos de comunicação social nos termos da legislação aplicável; assegurar a realização de estudos e outras iniciativas de investigação e divulgação nas áreas da comunicação social e dos conteúdos, no âmbito da promoção do livre exercício da liberdade de expressão e de imprensa e da utilização crítica dos meios de comunicação social; a participação e intervenção nas iniciativas que envolvam os organismos internacionais congéneres; a definição dos parâmetros para o acesso e ordenação dos guias electrónicos de programas de rádio ou de televisão; a especificação dos serviços de programas de rádio e de televisão que devem ser

que lhe é dada pelo artigo 25.º, pronunciar-se sobre *todas as iniciativas legislativas* relativas à sua esfera de atribuições, obrigatoriamente submetidas pela Assembleia da República ou pelo Governo, sem prejuízo de poder, por sua iniciativa, sugerir ou propor *medidas de natureza política ou legislativa* nessas matérias.

A Entidade Reguladora da Comunicação, nos *procedimentos de regulação e supervisão*, pode proceder a *averiguações e exames* em qualquer entidade ou local, no quadro da prossecução das atribuições que lhe estão cometidas, cabendo aos operadores de comunicação social alvo de supervisão facultar o acesso a todos os meios necessários para o efeito. Para tal efeito, pode credenciar pessoas ou entidades especialmente qualificadas e habilitadas, integrantes de uma listagem a publicar anualmente. Estas diligências respeitam o princípio da proporcionalidade, o *sigilo profissional* e o *sigilo comercial*[760]. Em caso de suspeita sobre a ausência de fundamento da invocação de sigilo comercial, a Entidade Reguladora da Comunicação tem de solicitar ao tribunal judicial competente que autorize o prosseguimento das diligências pretendidas[761]. As entidades que prosseguem actividades de comunicação social devem prestar à Entidade Reguladora da Comunicação toda a colaboração necessária ao desempenho

---

objecto de obrigações de transporte por parte de empresas que ofereçam redes de comunicações electrónicas, nos termos do n.º 1 do artigo 43.º da Lei n.º 5/2004, de 10 de Fevereiro, e os que constituem objecto de obrigações de entrega, sem prejuízo das competências neste caso detidas pela Autoridade da Concorrência e pelo ICP-ANACOM; a restrição da circulação de serviços da sociedade da informação que contenham conteúdos submetidos a tratamento editorial e que lesem ou ameacem gravemente qualquer dos valores previstos no n.º 1 do artigo 7.º do Decreto-Lei n.º 7/2004, de 7 de Janeiro, sem prejuízo da competência do ICP-ANACOM em matéria de comunicações electrónicas de natureza privada, comercial ou publicitária; a verificação e a promoção da conformidade dos estatutos editoriais dos órgãos de comunicação social, em das pessoas singulares ou colectivas mencionadas nas alíneas d) e e) do artigo 6.º dos Estatutos, com as correspondentes exigências legais; a participação, em articulação com a Autoridade da Concorrência, na determinação dos mercados economicamente relevantes no sector da comunicação social. E, finalmente, fiscalizar, em geral, o cumprimento das leis, regulamentos e requisitos técnicos aplicáveis no âmbito das suas atribuições, proceder aos registos previstos na lei, podendo para o efeito realizar auditorias para fiscalização e controlo dos elementos fornecidos e efectivar a organização e a manutenção de bases de dados para a avaliação do cumprimento da lei pelas entidades e serviços sujeitos à sua supervisão.

[760] N.º 1 a 3 do artigo 53.º (*Exercício da supervisão*).
[761] N.º 4 do mesmo artigo.

Entidade Reguladora para a Comunicação Social

das suas funções, devendo *fornecer as informações e os documentos* solicitados, no prazo máximo de *30 dias*, sem prejuízo da salvaguarda do sigilo profissional e do sigilo comercial. O *dever de colaboração* pode compreender a comparência de administradores, directores e demais responsáveis perante o conselho regulador ou quaisquer serviços da Entidade Reguladora da Comunicação.

Em geral, o *conselho regulador* pode reunir e deliberar desde que tenha a *presença de três dos seus membros,* sendo as deliberações tomadas *por maioria*, desde que some pelo menos o *voto favorável de três membros*. No entanto, há situações em que se exige a *presença da totalidade dos membros* em efectividade de funções. Trata-se, entre outras matérias, as referente à aprovação de *regulamentos vinculativos* e à atribuição de *títulos habilitadores* para o exercício da actividade de televisão (n.º 3 do artigo 29.º dos EERCS).

Para o cumprimento das suas tarefas, a Entidade Reguladora da Comunicação necessita de efectivar *funções de fiscalização*, pelo que quer os seus funcionários e agentes, quer mandatários, e as pessoas ou entidades qualificadas, devidamente credenciadas, que desempenhem *funções de fiscalização*[762], quando se encontrem no exercício das suas funções e apresentem título comprovativo dessa qualidade, são *equiparados a agentes de autoridade* e gozam de várias prerrogativas, destacando-se, entre outras, a de poderem *aceder às instalações, equipamentos e serviços* das entidades sujeitas à sua supervisão e regulação, *requisitar documentos,* para análise, e solicitar *informações escritas*; *identificar os indivíduos* que infrinjam a legislação e regulamentação, cuja observância devem respeitar, para posterior abertura de procedimento; reclamar a *colaboração das autoridades competentes*.

No plano do *direito orgânico da Entidade Reguladora da Comunicação*, dado que assumiu personalidade jurídica, não se reduz a um único órgão, mas a vários: além do Conselho Regulador[763], tam-

---

[762] Artigo 45.º. Todas estas pessoas com poderes de fiscalização possuirão cartões de identificação

[763] Artigo 28.º (*Funcionamento*): «1 – O conselho regulador reúne ordinariamente uma vez por semana e extraordinariamente quando for convocado pelo seu presidente, por iniciativa sua ou a solicitação de dois dos restantes membros».. O presidente e o vice-presidente são eleitos pelo próprio conselho regulador, de entre os seus membros (artigo 24.º.).

bém uma Direcção Executiva, um Conselho Consultivo e um fiscal único[764]. Nesta organização, cabe ao Conselho Regulador, a função de ser o «responsável pela *definição e implementação da actividade* reguladora da instituição.

A *caracterização da entidade* como ente dotado de independência resulta do estatuto dos seus membros. Estes devem exercer o cargo com *isenção*, rigor, *independência* e elevado sentido de responsabili-

---

Artigo 15.º.«1 – O conselho regulador é composto por um presidente, por um vice-presidente e por três vogais. 2 – A Assembleia da República designa quatro dos membros do conselho regulador, por resolução. 3 – Os membros designados pela Assembleia da República cooptam o quinto membro do conselho regulador». Artigo 16.º (*Processo de designação*): «1 – As candidaturas em lista completa, devidamente instruídas com as respectivas declarações de aceitação, podem ser apresentadas por um mínimo de 10 deputados e um máximo de 40 deputados, perante o Presidente da Assembleia da República, até 10 dias antes da reunião marcada para a eleição. 2 – As listas de candidatos devem conter a indicação de candidatos em número igual ao dos mandatos a preencher. 3 – Até cinco dias antes da reunião marcada para a eleição, os candidatos propostos serão sujeitos a audição parlamentar, a realizar perante a comissão competente, para verificação dos requisitos necessários ao desempenho do cargo. 4 – Até dois dias antes da reunião marcada para a eleição, o Presidente da Assembleia da República organiza a relação nominal dos candidatos, ordenada alfabeticamente, a qual é publicada no Diário da Assembleia da República, podendo este prazo ser prorrogado no caso de se verificarem alterações na lista após a audição pela comissão competente. 5 – Os boletins de voto contêm todas as listas apresentadas, integrando cada uma delas os nomes de todos os candidatos, por ordem alfabética. 6 – Ao lado de cada lista de candidatura figura um quadrado em branco destinado a ser assinalado com a escolha do eleitor. 7 – Cada deputado assinala com uma cruz o quadrado correspondente à lista de candidatura em que vota, não podendo votar em mais de uma lista, sob pena de inutilização do boletim de voto. 8 – Consideram-se eleitos os candidatos que integram a lista que obtiver o voto de dois terços dos deputados presentes, desde que superior à maioria absoluta dos deputados em efectividade de funções. 9 – A lista dos eleitos é publicada na 1.ª série-A do Diário da República, sob a forma de resolução da Assembleia da República, nos cinco dias seguintes ao da eleição da totalidade dos membros designados do conselho regulador». Artigo 17.º (*Cooptação*): «1 – No prazo máximo de cinco dias contados da publicação da respectiva lista na 1.ª série-A do Diário da República, os membros designados reunirão, sob convocação do membro mais velho, para procederem à cooptação do quinto membro do conselho regulador. 2 – Após discussão prévia, os membros designados devem decidir por consenso o nome do membro cooptado. 3 – Caso não seja possível obter consenso, será cooptada a pessoa que reunir o maior número de votos. 4 – A decisão de cooptação é publicada na 1.ª série-A do Diário da República nos cinco dias seguintes à sua emissão». Artigo 18.º (Garantias de independência e incompatibilidades): «1 – Os membros do conselho regulador são nomeados e cooptados de entre pessoas com reconhecida idoneidade, independência e competência técnica e profissional».

[764] Artigo 13.º.

Entidade Reguladora para a Comunicação Social 435

dade (não podendo emitir publicamente juízos de valor gravosos sobre o conteúdo das deliberações aprovadas)[765]. E, apesar de a lei, ao atribuir personalidade jurídica à ERC, lhes mandar aplicar o estatuto dos membros de órgãos directivos dos institutos públicos[766], ela não é uma administração indirecta do governo, pois tal subsunção à lei geral dos institutos públicos processa-se em termos que não podem ofender a sua independência em face do próprio governo, e portanto a sua natureza de EAI. Como diz a lei estatutária específica, só se lhe aplica tais regras «em tudo o que não resultar dos presentes Estatutos»[767].

Neste plano, é de destacar, neste aspecto, o facto de serem independentes no exercício das suas funções, para as quais são *nomeados por um período relativamente longo* (cinco anos), em que são, em princípio, *inamovíveis*[768], mas com mandato *não renovável*, e declarar-se que *não estão sujeitos a instruções ou orientações* (específicas).

Além disso, não pode fazer parte desta entidade quem tenha exercido funções, nos últimos dois anos, em órgãos executivos de empresas, de sindicatos, de confederações ou associações empresariais do sector da comunicação social, ou no Governo, nos órgãos executivos das Regiões Autónomas ou no das autarquias locais. E estão sujeitos às incompatibilidades e impedimentos dos titulares de altos cargos públicos.

Os membros deste conselho *cessam o exercício de funções*, não só ao fim dos cinco anos do mandato, mas também por morte, incapacidade permanente ou incompatibilidade superveniente do titular, renúncia, ausência a três reuniões consecutivas ou nove reuniões interpoladas[769], intervenção da Assembleia da República, ou através de demissão (em situações de *grave violação dos seus deveres estatutários*, «comprovadamente cometida *no desempenho de funções*

---

[765] N.º 3 do artigo 20.º.

[766] N.º 1 do artigo 20.º e LIP.

[767] N.º1 do artigo 20.º (*Estatuto e deveres*).

[768] Sem prejuízo do disposto nas alíneas d), e) e f) do n.º 1 do artigo 22.º

[769] Excepto se tiver apresentado justificação que seja aceite pelo plenário do conselho regulador.

ou no cumprimento de qualquer obrigação inerente ao cargo)[770] ou através da própria dissolução do conselho regulador (em caso de graves irregularidades no funcionamento do órgão)[771].

Durante o *exercício do mandato*, a lei interdita aos membros do conselho regulador terem *interesses de natureza financeira ou participações* nas entidades que prosseguem actividades de comunicação social, desempenhar qualquer outra função pública ou actividade profissional (excepto no que se refere ao exercício de funções docentes no ensino superior, em tempo parcial). E mesmo após o fim de funções, não podem, durante um período de dois anos, contados desde essa data, nenhum cargo com funções executivas em empresas, em sindicatos, em confederações ou em associações empresariais do sector da comunicação social[772/773].

O *regime da prática concreta das diferentes tarefas* comporta algumas especificidades que importa destacar. Por um lado, há uma *legalidade excepcional assumida com normalidade*, na medida em que se permite que, em caso de urgência devidamente fundamentada, quem exerça funções de presidente possa praticar quaisquer actos da competência do conselho regulador[774].

---

[770] Artigo 22.º: «2-Em caso de cessação individual de mandato, é escolhido um novo membro, que cumprirá um mandato integral de cinco anos, não renovável. 3 – O preenchimento da vaga ocorrida é assegurado, consoante os casos, através de cooptação, de acordo com o processo previsto no artigo 17.º, ou de designação por resolução da Assembleia da República adoptada no prazo máximo de 10 dias, de acordo com o processo previsto no artigo 16.º, ressalvadas as necessárias adaptações». Artigo 23.º: «Em caso de dissolução, a designação dos novos membros do conselho regulador assume carácter de urgência, devendo aqueles tomar posse no prazo máximo de 30 dias a contar da data de aprovação da resolução de dissolução».

[771] Artigo 22.º.

[772] Artigo 18.º.

[773] Artigo 22.º: «2 – Em caso de cessação individual de mandato, é escolhido um novo membro, que cumprirá um mandato integral de cinco anos, não renovável. 3 – O preenchimento da vaga ocorrida é assegurado, consoante os casos, através de cooptação, de acordo com o processo previsto no artigo 17.º, ou de designação por resolução da Assembleia da República adoptada no prazo máximo de 10 dias, de acordo com o processo previsto no artigo 16.º, ressalvadas as necessárias adaptações».

[774] Os actos urgentes, praticados do presidente, em matéria da competência do CR «(...), deverão, no entanto, ser sujeitos a ratificação na primeira reunião ordinária seguinte do conselho» (artigo 26.º, n.º 3), sob pena de caducidade..

E, por outro lado, também encontramos *especificidades, contrariando o princípio geral da publicidade, no plano da habilitação de delegação de poderes*, no âmbito do Conselho Regulador, dado que as deliberações nesse sentido produzem *efeitos a contar da data de adopção* e não da publicação das respectivas deliberações, embora devam ser objecto de publicação na 2.ª Série do Diário da República. Com efeito, há uma habilitação genérica para o conselho regulador delegar. E pode mesmo delegar *todos seus poderes, sem restrições*, em qualquer dos seus membros ou em funcionários e agentes da Entidade Reguladora da Comunicação, com o estabelecimento, em cada caso, dos seus limites e condições. E o presidente pode, também, delegar o exercício parcial da sua competência em qualquer dos restantes membros do conselho[775].

11.4. Segredo e publicidade das deliberações da Entidade Reguladora da Comunicação

Os *titulares dos órgãos* da Entidade Reguladora da Comunicação, os seus mandatários, as pessoas ou entidades credenciadas por ela, os seus trabalhadores e outras pessoas ao seu serviço, independentemente da natureza do respectivo vínculo, ficam obrigados a *guardar sigilo de factos* cujo conhecimento lhes advenha exclusivamente pelo exercício das suas funções, sem prejuízo da possibilidade de se proceder à divulgação de informações relevantes para a regulação da Comunicação Social ou à identificação dos operadores sob investigação (n.º 7 e 8 do artigo 53.º), sob pena de *violação do dever de segredo profissional* que é, para além da passível de responsabilidade disciplinar e civil, punível também nos termos do Código Penal[776].

Este *dever geral e indiscriminado*, em função da sensibilidade ou não das informações, explica o regime de abertura das reuniões. Ainda não foi com a ERC que o legislador entendeu seguir as pisadas das *sunshine laws americanas*, embora com condicionantes em relação a deliberações em matérias que, nos termos da Constituição

---

[775] Artigo 27.º (*delegação de poderes*).
[776] Artigo 54.º.

438   *Direito da Comunicação Social*

da República Portuguesa e da Lei de Acesso aos Documentos Administrativos, devessem ser consideradas confidenciais. Sem a transparência no funcionamento dos órgãos colegiais da Administração Pública, e, sobretudo no caso de Entidades Administrativas Independentes, alheias a qualquer direcção ou superintendência administrativa, pois o seu único controlo efectivo depende *a posterior* e essencialmente dos tribunais, por razões de legalidade, a transparência na Administração Pública, que o n.º 2 do artigo 268.º da Constituição da República Portuguesa, e a Lei de Acesso aos Documentos Administrativos pretenderiam instalar, ficará sempre longe da sua efectivação real. Com efeito, segundo a lei estatutária, as suas reuniões não têm nunca de ser públicas. Tudo depende da vontade do próprio Conselho Regulador. Ele funciona, em princípio, em reunião fechada. Embora o CR possa decidir, não em geral, no seu regimento, mas apenas caso a caso, que as suas *reuniões sejam públicas*, tal como pode também casuisticamente *convidar eventuais interessados a comparecerem nas referidas reuniões*[777].

Registe-se, no entanto, a *obrigação de as deliberações*, que afectem interessados, serem tornadas públicas, *imediatamente após o termo da reunião*, sob a forma de resumo, independentemente da necessidade da sua publicação ou notificação quando legalmente exigida[778]. E, também, que a ERC pode proceder à *divulgação das informações* obtidas, sempre que isso seja relevante para a regulação do sector, desde que esta se revele proporcionada face aos direitos eventualmente detidos pelos operadores. E pode *divulgar a identidade dos operadores* sujeitos a processos de investigação e a matéria a investigar (n.º 7 e 8.º do artigo 53.º).

11.5. Direito de queixa e respectivo procedimento de apreciação

Os cidadãos podem apresentar *queixas* directamente à Entidade Reguladora da Comunicação[779]. Aliás, qualquer pessoa, qualquer interessado, pode apresentar queixa relativa a comportamento susceptível

---

[777] Artigo 28.º, n.º 3.

[778] N.º 4 do artigo 28.º.

[779] Artigo 55.º (Prazo de apresentação).

Entidade Reguladora para a Comunicação Social 439

de configurar *violação de direitos, liberdades e garantias* ou de quaisquer *normas legais ou regulamentares* aplicáveis às actividades de comunicação social.

Quanto ao respectivo *procedimento*, o queixoso deve apresentar a sua queixa no prazo máximo de 30 dias, a contar do *conhecimento dos factos* e sempre dentro dos 120 dias após a ocorrência dessa violação. O denunciado, uma vez notificado, no prazo máximo de cinco dias, sobre o conteúdo da queixa apresentada, tem o *direito de se defender, apresentando oposição* à queixa, no prazo de 10 dias a contar da notificação da queixa[780].

Se o fizer, nestes casos de *queixa contra comportamentos violadores da normatividade jurídica comunicacional* e, especialmente, estando em causa direitos, liberdades e garantias (mas não noutros casos[781], designadamente, nos procedimentos de direito de resposta, de antena e de réplica política), haverá uma *audiência de conciliação*[782]. Mas não há audiência de conciliação, no caso de *falta de apresentação de oposição*, na medida em que esta implica a *confissão* dos factos alegados pelo queixoso, o que leva à emissão imediata de *decisão sumária*, sem mais diligências. Havendo contestação à queixa, a ERCS deve proceder, obrigatoriamente, a essa diligência entre o queixoso e o denunciado, no prazo máximo de 10 dias, a contar da apresentação da oposição. A falta de comparência do queixoso, do denunciado ou de qualquer dos mandatários destes não implica a sua repetição. Se a conferência conciliadora tiver sucesso, os termos do acordo são reduzidos a escrito e assinados pelo queixoso e pelo denunciado ou mandatários com poderes especiais para isso[783].

Findo o *procedimento instrutório*, em face da conciliação ou não, o conselho regulador deve proferir uma *decisão fundamentada*, no prazo máximo de 30 dias, a contar da entrega da oposição ou, na

---

[780] Artigo 56.º (*direito de defesa*).

[781] Não há audiências conciliatórias nos procedimentos previstos na Secção IV e V desta lei estatutária.

[782] Esta audiência de conciliação pode ser presidida por um membro do conselho regulador ou por um licenciado em Direito designado pelo conselho regulador (n.º 3 do artigo 57.º).

[783] Artigo 57.º.

440 *Direito da Comunicação Social*

sua falta, do último dia do respectivo prazo[784]. Mas, tendo havido acordo em audiência de conciliação, a decisão pode consistir numa mera *remissão para esse acordo*, com a condição do seu cumprimento integral.

Quanto ao *direito de resposta e de rectificação, direito de antena e direito de réplica política*, a sua disciplina é a seguinte:

Exercido um destes direitos, a denegação da resposta, o cumprimento deficiente do seu exercício ou a expiração do prazo legal para o efeito, por parte do orgão da comunicação social, tal permite ao interessado *recorrer* para o conselho regulador, no prazo de 30 dias, a contar da data desse facto, o qual pode solicitar às partes interessadas todos os *elementos necessários ao conhecimento do recurso*, a remeter-lhe no prazo de três dias, a contar da data da recepção do pedido.

Os orgãos de comunicação social que *recusarem o direito de resposta ou o direito de réplica política* ficam obrigadas a *preservar os registos dos materiais* que estiveram na origem do respectivo pedido até perfazer 30 dias após a data da recusa, cumprimento deficiente ou expiração do prazo legal para publicitar a resposta, ou, caso seja apresentada queixa, até ao proferimento de decisão pelo conselho regulador[785].

A *decisão que ordene a publicação ou transmissão de resposta ou de rectificação, de direito de antena ou de réplica política* pode fixar o prazo para o seu cumprimento, mas, não o fazendo, se referir a uma publicação diária, ela deve ser cumprida no prazo de *quarenta e oito horas*, a contar da sua notificação. Se não for uma publicação diária, o seu cumprimento deverá ocorrer na edição ultimada imediatamente a seguir à notificação[786]. Em geral, ficam pessoalmente responsabilizados pelo cumprimento legal da decisão, os membros dos órgãos executivos das entidades de comunicação social e os directores de publicações e directores de programação e informação dos operadores de rádio e de televisão.

---

[784] Artigo 58.º.
[785] Artigo 59.º.
[786] Artigo 60.º (*Garantia de cumprimento*).

Em termos de *procedimento*, os pareceres referentes a *queixas relativas aos direitos de resposta, de antena e de réplica política*[787] devem ser emitidos no prazo de *10 dias,* a contar da data de entrada da respectiva solicitação, presumindo-se *favoráveis* os que não sejam emitidos dentro do prazo, excepto se as diligências instrutórias não puderem ser realizadas dentro desse prazo, e mesmo assim, o conselho regulador não pode adiar o parecer para além de *20 dias.*

11.6. **Exercício do poder regulamentar**

Quanto aos *procedimentos sobre regulamentos exteriores,* a Entidade Reguladora da Comunicação em relação aos *regulamentos* que não sejam destinados a regular exclusivamente a organização e o funcionamento interno dos seus serviços, deve observar os *princípios da legalidade, da necessidade, da clareza, da participação e da publicidade*[788], e neste duplo aspecto, a Entidade Reguladora da Comunicação deve mesmo, através da publicação no seu sítio electrónico, *divulgar previamente à aprovação ou alteração* de quaisquer *projectos de regulamentos os diferentes textos,* de modo a permitir o seu conhecimento nesta fase, devendo os interessados ter o prazo de 30 dias para emitirem parecer não vinculativos. O *relatório preambular* dos regulamentos devem fundamentar as decisões tomadas, com a necessária referência às *críticas ou sugestões* que tenham sido feitas ao projecto[789]. Em termos da *publicidade dos regulamentos* da Entidade Reguladora da Comunicação que contenham *normas de eficácia externa, eles* são publicados na 2.ª Série do Diário da República, além da sua publicitação por outros meios considerados mais adequados à situação[790].

Em termos de *poderes regulamentares e decisórios* da Entidade Reguladora da Comunicação e seu carácter jurídico, *referentes às directivas, recomendações e decisões,* o conselho regulador pode,

---

[787] Alínea l) do n.º 3 do artigo 24.º.

[788] Os *regulamentos, directivas, recomendações e decisões* da Entidade Reguladora da Comunicação são obrigatoriamente divulgados no seu sítio electrónico (n.º 6 do artigo 65.º.).

[789] Artigo 62.º.

[790] N.º 1 do artigo 65.º.

442 *Direito da Comunicação Social*

oficiosamente ou mediante *queixa* de um interessado, adoptar as *decisões* pertinentes em relação a uma entidade individualizada de comunicação social, as quais têm *carácter vinculativo,* entrando em vigor, uma vez notificadas aos seus destinatários, no prazo por elas fixado ou, na sua ausência, no prazo de cinco dias após a sua notificação, sendo responsáveis pessoalmente pelo cumprimento das decisões da ERCS os membros dos órgãos executivos das entidades que prossguem actividades de comunicação social e os directores de publicações e directores de programação e informação dos operadores de rádio e de televisão[791].

O *conselho regulador*, também oficiosamente ou a requerimento de um interessado, pode adoptar *directivas genéricas* destinadas a incentivar *padrões de boas práticas* no sector da comunicação social, tal como pode dirigir *recomendações concretas* a um meio de comunicação social individualizado, umas e outras *sem carácter vinculativo[792].*

No que se refere à *publicidade das recomendações e decisões*, elas são obrigatoriamente divulgadas a título gratuito nos órgãos de comunicação social a que digam respeito, com *expressa identificação da sua origem,* não podendo exceder 500 palavras para a informação escrita e 300 palavras para a informação sonora e televisiva. As recomendações e decisões da Entidade Reguladora da Comunicação são divulgadas na *imprensa escrita*, incluindo o seu suporte electrónico, numa das cinco primeiras páginas dos jornais a que se reportem, se a própria recomendação não dispuser diferentemente, em corpo de fácil leitura e normalmente utilizado para textos de informação; na *rádio e na televisão*, no serviço noticioso de maior audiência do operador, sendo, na televisão, o respectivo texto simultaneamente exibido e lido; nos *serviços editoriais* disponibilizados através de redes de comunicações electrónicas, em local que lhes assegure a necessária visibilidade.

Na imprensa diária, na rádio, na televisão e nos serviços editoriais, as recomendações e decisões da Entidade Reguladora da Comunicação são divulgadas nas *quarenta e oito horas* após a sua recepção. Na imprensa não diária, as recomendações e decisões da Entida-

---

[791] Artigo 64.º.
[792] Artigo 63.º.

de Reguladora da Comunicação são divulgadas na primeira edição ultimada após a respectiva notificação.

Os regulamentos, as directivas, as recomendações e as decisões da Entidade Reguladora da Comunicação são obrigatoriamente divulgados no seu sítio electrónico[793].

11.7. Poder sancionatório

No que concerne ao *poder sancionatório*, constitui *crime de desobediência qualificada,* punido nos termos do n.º 2 do artigo 348.º do Código Penal, a recusa de acatamento ou o cumprimento deficiente, com o intuito de impedir os efeitos por ela visados, de decisão que ordene a publicação ou transmissão de resposta, de rectificação, de direito de antena ou de réplica política, no prazo fixado pela própria decisão ou, na sua ausência, no prazo de quarenta e oito horas a contar da sua notificação, salvo quando a decisão se reporte a publicação não diária, cujo cumprimento ocorrerá na primeira edição ultimada após a respectiva notificação; decisão que imponha o cumprimento das obrigações inerentes ao licenciamento e autorização do acesso às actividades de comunicação social, sejam estas decorrentes da lei, de regulamento ou de contrato administrativo, e de decisão que imponha a rectificação de sondagem ou de inquérito de opinião, nos termos do artigo 14.º da Lei n.º 10/2000, de 21 de Junho[794].

No âmbito das sanções por ilícitos de mera ordenação social, cabe à Entidade Reguladora da Comunicação processar e punir a prática das contra-ordenações previstas nos seus Estatutos, bem como aquelas que lhe forem atribuídas por qualquer outro diploma, em matéria de comunicação social. Estes procedimentos sancionatórios regem-se pelo disposto no regime do ilícito de mera ordenação social e, subsidiariamente, pelo disposto no Código de Processo Penal. Incumbe ainda à Entidade Reguladora da Comunicação participar às autoridades competentes a prática de ilícitos penais de que tome conhecimento no desempenho das suas funções[795].

---

[793] N.º 2 do artigo 65.º.

[794] Artigo 66.º.

[795] Artigo 67.º.

444   *Direito da Comunicação Social*

Constituem *infracções administrativa*s sujeitas ao direito contra-ordenacional e ficam sujeitos a *sanção pecuniária compulsória as situações de incumprimento das decisões da Entidade Reguladora da Comunicação.*

Assim, são sancionadas as seguintes situações de incumprimento tempestivo e pontual (ponto por ponto):

a) a *recusa de colaboração*, a quando do exercício de funções de fiscalização, em que os agentes em causa podem reclamar a *colaboração* necessária ao desempenho das suas funções *às autoridades* competentes assim como às entidades de comunicação social, que, além do mais, devem fornecer as informações e os documentos solicitados, integrando este dever de colaboração a obrigação comparência solicitada de administradores, directores e demais responsáveis perante o conselho regulador ou quaisquer serviços da Entidade Reguladora da Comunicação[796/797].

b) a *recusa de acesso a entidade ou local* para realização de *averiguações e exames*[798].

c) a *não preservação de registo,* mesmo que por mera *negligência*[799].

d) a r*ecusa de acatamento e cumprimento deficiente de deci-são*[800], com o intuito de impedir os efeitos por ela visados, quando esteja em causa uma ordem de *publicação ou transmissão de resposta, de rectificação, de direito de antena ou*

---

[796] Mas não há sanção contra-ordenacional dos agentes da Administração pública que tenham igualmente deveres de colaboração, nos termos da alínea d) do n.º 1 do artigo 45.º (*funções de fiscalização*).

[797] Nos termos impostos, para viabilizar o *exercício da supervisão,* pelo n.º 5 e 6 do artigo 53.º dos Estatutos: artigo 68.º. Punível com coima de 5000 a 25000 €, quando cometida por pessoa singular, e de 50000 a 250000 €, quando cometida por pessoa colectiva.

[798] Nos termos previstos no n.º 1 do artigo 53.º dos Estatutos: artigo 69.º. Punível com coima de 5000 a 25000 €, quando cometida por pessoa singular, e de 50000 a 250000 €, quando cometida por pessoa colectiva

[799] Desrespeito do n.º 3 do artigo 59.º dos Estatutos: artigo 70.º. Punível com coima de 5000 a 50000•.

[800] Punível com coima de (euro) 5000 a (euro) 25000 €, quando cometida por pessoa singular, e de (euro) 50000 a (euro) 250000 €, quando cometida por pessoa colectiva: corpo do artigo 71.º.

de réplica política[801]; obrigações inerentes ao *licenciamento e autorização* do acesso às actividades de comunicação social (qualquer que seja a base jurídica: lei, regulamento ou contrato administrativo); e obrigação de *rectificação de sondagem ou de inquérito de opinião*[802].

E, para além disso, ficam, ainda, sujeitos a *sanção pecuniária de valor diário*[803] *e pagamento compulsório, até à efectivação da decisão incumprida*, aplicável aos destinatários de uma decisão, aprovada pela Entidade Reguladora da Comunicação, *em termos individualizados*, ou seja, com destinatário concreto[804/805].

Ficam, também, sujeitos a r*esponsabilidade jurídica* todos os titulares de órgãos da Entidade Reguladora da Comunicação ou trabalhadores e agentes desta, como já resultaria quer da Constituição da República Portuguesa quer do Decreto-Lei n.º 48.051, de 21.11.1967. Pelos *actos praticados e omissões* verificadas no exercício de funções públicas, eles *respondem civil, criminal, disciplinar e financeiramente*[806].

11.8. **Controlo da actividade da Entidade Reguladora da Comunicação**

As informações relevantes sobre a vida da Entidade Reguladora da Comunicação e a sua actividade deve constar de sítio próprio na *Internet*[807], cuja página electrónica deve, ainda, conter *modelos e formulários* para a apresentação de requerimentos, dando cabal satisfação aos pedidos relacionados com as tarefas da instituição, queixas dos particulares e também à *obtenção de informações*, designada-

---

[801] Como se disse anteriormente, o prazo é o fixado pela decisão jurisdicional ou, nada dizendo esta, quarenta e oito horas a partir do momento da sua notificação, excepto se se reportar a uma publicação não diária, a cumprir na primeira edição ultimada após a respectiva notificação.

[802] Nos termos previstos no artigo 14.º da Lei n.º 10/2000, de 21 de Junho.

[803] Valor fixado em 100 €/dia, quando o infractor for uma pessoa singular ou em 500•/dia, se for uma pessoa colectiva.

[804] Contada por cada dia de atraso no cumprimento, a partir da data da entrada em vigor da decisão da Entidade Reguladora da Comunicação.

446   *Direito da Comunicação Social*

mente as solicitadas nos termos da Lei n.º 65/93, de 26 de Agosto, que lhe é totalmente aplicável.

Como é normal, no que se refere às EAI, o legislador impôs o *acompanhamento parlamentar*, nos termos do qual a Entidade Reguladora da Comunicação tem de informar a Assembleia da República sobre as suas *deliberações e actividades*. Acontece que, neste caso, a intensidade de tal exigência é maior e é regulada em termos mais pormenorizados. A Entidade Reguladora da Comunicação, além do *relatório anual sobre as suas actividades de regulação*, deve elaborar e enviar-lhe uma *colectânea mensal* e os membros do conselho regulador estão obrigados a comparecer perante a comissão parlamentar que integre a matéria da comunicação social, para prestar informações ou esclarecimentos sobre as suas actividades, sempre que ela lho solicite. O Relatório anual, que abrange não apenas as suas actividades de regulação, mas também o relatório geral de actividade e contas, deve ser enviado até ao dia 31 de Março de cada ano[808], para apreciação da Assembleia da República, que é precedida de uma primeira leitura em audição dos membros do conselho regulador na Comissão de Assuntos Constitucionais, Direitos, Liberdades e Garantias[809].

---

[805] No que diz respeito ao sistema orgânico para resolução de litígios e sistema de executoriedade das decisões da Entidade Reguladora da Comunicação, seguem-se as normas gerais, que os Estatutos repetem no artigo 75.º *(controlo judicial):* «1 – A actividade dos órgãos e agentes da Entidade Reguladora da Comunicação fica sujeita à *jurisdição administrativa*, nos termos e limites expressamente previstos pelo Estatuto dos Tribunais Administrativos e Fiscais. 2 – As *sanções por prática de ilícitos de mera ordenação social* são impugnáveis junto dos tribunais judiciais competentes. 3 – Das decisões proferidas no âmbito da *resolução de litígios* cabe recurso para os *tribunais judiciais ou arbitrais*, nos termos previstos na lei. 4 – A instauração de *acção administrativa para impugnação de decisão* da Entidade Reguladora da Comunicação ou a *interposição de recurso* para os tribunais judiciais ou arbitrais *não suspende os efeitos da decisão impugnada ou recorrida*, salvo decretação da correspondente providência cautelar».

[806] Artigo 74.º.

[807] Não só o *teor das sentenças ou acórdãos dos tribunais comunicados à Entidade Reguladora da Comunicação* (n.º 2 do artigo 10.º dos Estatutos), devem ser obrigatoriamente publicados no sítio electrónico da Entidade Reguladora da Comunicação. (n.º 3 do artigo 77.º), como o diploma de criação, os Estatutos, os regulamentos, as decisões e orientações, bem como a composição dos seus órgãos, os planos, os orçamentos, os relatórios e contas referentes aos dois últimos anos da sua actividade e ainda todas as deliberações que não digam respeito à sua gestão corrente, etc.

[808] Artigo 73.º: (*Relatório à Assembleia da República e audições parlamentares*).

[809] N.º 2 do artigo 73.º.

Anexo
NORMAS DOS PRINCIPAIS DIPLOMAS LEGISLATIVOS

I – CONSTITUIÇÃO DA COMUNICAÇÃO SOCIAL

Artigo 37.ª (Liberdade de expressão e informação)

1 – Todos têm o direito de exprimir e divulgar livremente o seu pensamento pela palavra, pela imagem ou por qualquer outro meio, bem como o direito de informar, de se informar e de ser informados, sem impedimentos nem discriminações.

2 – O exercício destes direitos não pode ser impedido ou limitado por qualquer tipo ou forma de censura.

3 – As infracções cometidas no exercício destes direitos ficam submetidas aos princípios gerais de direito criminal ou do ilícito de mera ordenação social, sendo a sua apreciação respectivamente da competência dos tribunais judiciais ou de entidade administrativa independente, nos termos da lei.

4 – A todas as pessoas, singulares ou colectivas, é assegurado, em condições de igualdade e eficácia, o direito de resposta e de rectificação, bem como o direito a indemnização pelos danos sofridos.

Artigo 38.º (Liberdade de imprensa e meios de comunicação social)

1 – É garantida a liberdade de imprensa.

2 – A liberdade de imprensa implica: a)A liberdade de expressão e criação dos jornalistas e colaboradores, bem como a intervenção dos primeiros na orientação editorial dos respectivos órgãos de comunicação social, salvo quando tiverem natureza doutrinária ou confessional; b) O direito dos jornalistas, nos termos da lei, ao acesso às fontes de informação e à protecção da independência e do sigilo profissionais, bem como o direito de elegerem conselhos de redacção; c) O direito de fundação de jornais e de quaisquer outras publicações, independentemente de autorização administrativa, caução ou habilitação prévias.

3 – A lei assegura, com carácter genérico, a divulgação da titularidade e dos meios de financiamento dos órgãos de comunicação social.

4 – O Estado assegura a liberdade e a independência dos órgãos de comunicação social perante o poder político e o poder económico, impondo o princípio da especialidade das empresas titulares de órgãos de informação geral, tratando-as e apoiando-as de forma não discriminatória e impedindo a sua concentração, designadamente através de participações múltiplas ou cruzadas.

5 – O Estado assegura a existência e o funcionamento de um serviço público de rádio e de televisão.

450   *Direito da Comunicação Social*

6 – A estrutura e o funcionamento dos meios de comunicação social do sector público devem salvaguardar a sua independência perante o Governo, a Administração e os demais poderes públicos, bem como assegurar a possibilidade de expressão e confronto das diversas correntes de opinião.

7 – As estações emissoras de radiodifusão e de radiotelevisão só podem funcionar mediante licença, a conferir por concurso público, nos termos da lei.

Artigo 40.º (Direitos de antena, de resposta e de réplica política)

1 – Os partidos políticos e as organizações sindicais, profissionais e representativas das actividades económicas, bem como outras organizações sociais de âmbito nacional, têm direito, de acordo com a sua relevância e representatividade e segundo critérios objectivos a definir por lei, a tempos de antena no serviço público de rádio e de televisão.

2 – Os partidos políticos representados na Assembleia da República, e que não façam parte do Governo, têm direito, nos termos da lei, a tempos de antena no serviço público de rádio e televisão, a ratear de acordo com a sua representatividade, bem como o direito de resposta ou de réplica política às declarações políticas do Governo, de duração e relevo iguais aos dos tempos de antena e das declarações do Governo, de iguais direitos gozando, no âmbito da respectiva região, os partidos representados nas Assembleias Legislativas das regiões autónomas.

3 – Nos períodos eleitorais os concorrentes têm direito a tempos de antena, regulares e equitativos, nas estações emissoras de rádio e de televisão de âmbito nacional e regional, nos termos da lei.

II – REGIME DA TELEVISÃO E RÁDIO

2.1. LEI DA TELEVISÃO (Lei n.º 32/2003, de 22 de Agosto)

A Assembleia da República decreta, nos termos da alínea c) do artigo 161.º da Constituição, para valer como lei geral da República, o seguinte:

CAPÍTULO I (Disposições gerais)

Artigo 1.º (Objecto)

A presente lei tem por objecto regular o acesso à actividade de televisão e o seu exercício no território nacional.

Anexo: Normas dos Principais Diplomas Legislativos

ARTIGO 2.º (Definições)

1 – Para efeitos da presente lei, entende-se por: a) "Televisão", a organização de serviços de programas sob a forma de imagens não permanentes e sons através de ondas electromagnéticas ou de qualquer outro veículo apropriado, propagando-se no espaço ou por cabo, e susceptível de recepção pelo público em geral, com exclusão dos serviços de telecomunicações apenas disponibilizados mediante solicitação individual; b) "Operador de televisão", a pessoa colectiva legalmente habilitada para o exercício da actividade televisiva; c) "Serviço de programas televisivo", o conjunto dos elementos da programação, sequencial e unitário, fornecido por um operador de televisão; d) "Autopromoção", a publicidade difundida pelo operador de televisão relativamente aos seus próprios produtos, serviços, serviços de programas televisivos ou programas; e) "Televenda", a difusão de ofertas directas ao público, tendo como objectivo o fornecimento de produtos ou a prestação de serviços mediante remuneração.

2 – Exceptua-se do disposto na alínea a) do número anterior: a) A transmissão pontual de eventos, através de dispositivos técnicos instalados nas imediações dos respectivos locais de ocorrência e tendo por alvo o público aí concentrado; b) A mera retransmissão de emissões alheias.

ARTIGO 3.º (Â mbito de aplicação)

1 – Estão sujeitas às disposições da presente lei as emissões de televisão transmitidas por operadores de televisão sob a jurisdição do Estado Português.

2 – Consideram-se sob jurisdição do Estado Português os operadores de televisão que satisfaçam os critérios definidos no artigo 2.º da Directiva n.º 89/552/CEE, do Conselho, de 3 de Outubro, na redacção que lhe foi dada pela Directiva n.º 97/36/CE, do Parlamento e do Conselho, de 30 de Junho.

3 – Poderá ser impedida a retransmissão em território português de serviços de programas fornecidos por um operador de televisão que não esteja sujeito à jurisdição de Estados que se encontrem vinculados pela Directiva n.º 89/552/CEE, do Conselho, de 3 de Outubro, na redacção que lhe foi dada pela Directiva n.º 97/36/CE, do Parlamento e do Conselho, de 30 de Junho, ou à Convenção Europeia sobre a Televisão Transfronteiras, aberta para assinatura em Estrasburgo em 5 de Maio de 1989 e respectivo Protocolo de Alteração, quando tais serviços de programas desrespeitem gravemente o disposto no n.º 1 do artigo 24.º ou quaisquer outras normas de direito interno português que tutelem imperativos de interesse geral.

ARTIGO 4.º (Concorrência e concentração)

1 – É aplicável aos operadores de televisão o regime geral de defesa e promoção da concorrência, nomeadamente no que diz respeito às práticas proibidas, em especial o abuso de posição dominante, e à concentração de empresas.

2 – As operações de concentração entre operadores de televisão sujeitas a intervenção da Autoridade da Concorrência são por esta comunicadas à entidade reguladora, que emite parecer prévio vinculativo, o qual só deverá ser negativo quando tais operações apresentarem fundados riscos para a livre expressão e confronto das diversas correntes de opinião.

3 – Estão sujeitas a notificação à entidade reguladora as aquisições, por parte dos operadores de televisão, de quaisquer participações noutras entidades legalmente habilitadas, ou candidatas ao exercício da actividade de televisão, que não configurem uma operação de concentração sujeita a notificação prévia nos termos da legislação da concorrência.

4 – A transmissão de serviços de programas televisivos não pode ficar dependente de qualquer exigência de participação dos operadores de televisão no capital social dos titulares das redes, assim como da participação destes no capital dos primeiros.

5 – A transmissão de serviços de programas televisivos por operadores de redes de telecomunicações deve processar-se com respeito pelos princípios da igualdade, da transparência e da não discriminação, nomeadamente quanto a acesso e condições de remuneração.

6 – As obrigações de transporte de serviços de programas serão fixadas por decreto-lei, ouvidas as entidades reguladoras da comunicação social e das telecomunicações.

Artigo 5.º (Transparência da propriedade)

1 – As acções representativas do capital social dos operadores de televisão que devam revestir a forma de sociedade anónima têm obrigatoriamente nature-za nominativa.

2 – A relação dos detentores de participações qualificadas no capital social dos operadores de televisão e dos titulares de direitos especiais e a respectiva discriminação, bem como a indicação das participações sociais daqueles noutras entidades congéneres, são divulgadas, conjuntamente com o relatório e contas e o respectivo estatuto editorial, em cada ano civil, numa das publicações periódi-cas de expansão nacional e de informação geral de maior circulação.

3 – Para os efeitos da presente lei, considera-se participação qualificada a participação, directa ou indirecta, isolada ou conjunta, que por qualquer motivo possibilite ao seu detentor, por si mesmo ou em virtude de especiais relações existentes com os direitos de voto de outro participante, exercer influência signifi-cativa na gestão de um operador de televisão.

4 – Para o apuramento da existência de participação qualificada deve ter-se em consideração o disposto nos artigos 20.º e 21.º do Código dos Valores Mobiliários, aprovado pelo Decreto-Lei n.º 142-A/91, de 10 de Abril.

Anexo: Normas dos Principais Diplomas Legislativos 453

5 – Presume-se haver influência significativa na gestão sempre que o participante detenha, pelo menos, 10% do capital ou dos direitos de voto da entidade participada.

Artigo 6.º (Serviço público)
O Estado assegura a existência e o funcionamento de um serviço público de televisão, nos termos do capítulo IV, assim como o cumprimento, pelos operadores que actuem ao abrigo de concessão do serviço público de televisão, das obrigações específicas previstas no artigo 47.º

Artigo 7.º (Princípio da cooperação)
O Estado, os concessionários do serviço público e os restantes operadores de televisão devem colaborar entre si na prossecução dos valores da dignidade da pessoa humana, do Estado de direito, da sociedade democrática e da coesão nacional e da promoção da língua e da cultura portuguesas, tendo em consideração as necessidades especiais de certas categorias de espectadores.

Artigo 8.º (Á reas de cobertura)
1 – Os serviços de programas televisivos podem ter cobertura de âmbito internacional, nacional, regional ou local.

2 – São considerados de âmbito internacional os serviços de programas que visem abranger, predominantemente, audiências situadas noutros países.

3 – São considerados de âmbito nacional os serviços de programas televisivos que visem abranger, ainda que de forma faseada, a generalidade do território nacional, incluindo as Regiões Autónomas, desde que na data de apresentação da candidatura ofereçam garantias de efectivação daquela cobertura.

4 – A área geográfica consignada a cada serviço de programas televisivo deve ser coberta com o mesmo programa e sinal recomendado, salvo autorização em contrário, a conceder por deliberação da entidade reguladora.

5 – A deliberação referida no número anterior fixará o limite horário de descontinuidade da emissão até ao máximo de uma hora por dia.

6 – As condições específicas do regime da actividade de televisão com cobertura regional ou local serão definidas por decreto-lei.

7 – As classificações a que se refere o presente artigo competem à entidade reguladora e são atribuídas no acto da licença ou autorização.

Artigo 9.º (Tipologia de serviços de programas televisivos)
1 – Os serviços de programas televisivos podem ser generalistas ou temáticos e de acesso condicionado ou não condicionado.

2 – Consideram-se generalistas os serviços de programas televisivos que apresentem uma programação diversificada e de conteúdo genérico.

454 *Direito da Comunicação Social*

3 – São temáticos os serviços de programas televisivos que apresentem um modelo de programação predominantemente centrado num determinado conteúdo, em matérias específicas ou dirigidas a um público determinado.

4 – Os serviços de programas televisivos temáticos de autopromoção e de televenda não podem integrar quaisquer outros elementos de programação convencional, tais como serviços noticiosos, transmissões desportivas, filmes, séries ou documentários.

5 – São de acesso condicionado os serviços de programas televisivos que transmitam sob forma codificada e estejam disponíveis apenas mediante contrapartida específica, não se considerando como tal a quantia devida pelo acesso à infra-estrutura de distribuição, bem como pela sua utilização.

6 – As classificações a que se refere o presente artigo competem à entidade reguladora e são atribuídas no acto da licença ou da autorização.

Artigo 10.º (Fins dos serviços de programas generalistas)

1 – Constituem fins dos serviços de programas televisivos generalistas: a) Contribuir para a informação, formação e entretenimento do público; b) Promover o exercício do direito de informar e de ser informado, com rigor e independência, sem impedimentos nem discriminações; c) Favorecer a criação de hábitos de convivência cívica própria de um Estado democrático e contribuir para o pluralismo político, social e cultural; d) Promover a cultura e a língua portuguesas e os valores que exprimem a identidade nacional.

2 – Constituem ainda fins dos serviços de programas televisivos generalistas de âmbito regional ou local: a)Alargar a programação televisiva a conteúdos de índole regional ou local;b)Preservar e divulgar os valores característicos das culturas regionais ou locais; c)Difundir informações com particular interesse para o âmbito geográfico da audiência.

Artigo 11.º (Normas técnicas)

A definição das condições técnicas do exercício da actividade televisiva assim como a fixação das quantias a pagar pela emissão das licenças ou autorizações a que haja lugar e pela autorização dos meios técnicos necessários à transmissão constam de diploma regulamentar.

Artigo 12.º (Registo dos operadores)

1 – O registo dos operadores de televisão é organizado pela entidade reguladora e deve conter os seguintes elementos: a) Pacto social; b) Composição nominativa dos órgãos sociais; c) Relação dos titulares do capital social e valor das respectivas participações, devendo identificar-se os detentores de participações qualificadas; d) Discriminação das participações de capital em outras empresas de comunicação social e do sector das comunicações; e) Serviços de

Anexo: Normas dos Principais Diplomas Legislativos 455

programas; f) Identidade dos responsáveis pela programação e pela informação, quando exista; g)Estatuto editorial.

2 – Os operadores de televisão estão obrigados a comunicar, no 1.º trimestre de cada ano, à entidade reguladora os elementos referidos no número anterior, para efeitos de registo, bem como a proceder à sua actualização nos 30 dias subsequentes à ocorrência que lhe deu origem.

3 – A entidade reguladora pode, a qualquer momento, efectuar auditorias para fiscalização e controlo dos elementos fornecidos pelos operadores de televisão.

CAPÍTULO II (Acesso à actividade)

Artigo 13.º (Requisitos dos operadores)

1 – A actividade de televisão apenas pode ser prosseguida por sociedades ou cooperativas que tenham como objecto principal o seu exercício nos termos da presente lei.

2 – O capital mínimo exigível é de € 1 000 000 ou de € 5 000 000, consoante se trate de operadores que forneçam serviços de programas temáticos ou generalistas.

3 – Exceptuam-se do disposto no n.º 1 os operadores televisivos que apenas explorem, sem fins lucrativos, serviços de programas destinados à divulgação científica e cultural, os quais podem revestir a forma de associação ou fundação.

4 – O capital dos operadores de televisão deve ser realizado integralmente nos oito dias após a notificação das decisões referidas nos artigos 15.º e seguintes, sob pena de caducidade da licença ou autorização.

Artigo 14.º (Restrições)

A actividade de televisão não pode ser exercida ou financiada por partidos ou associações políticas, autarquias locais ou suas associações, organizações sindicais, patronais ou profissionais, directa ou indirectamente, através de entidades em que detenham capital ou por si subsidiadas.

Artigo 15.º (Modalidades de acesso)

1 – O acesso à actividade televisiva é objecto de licenciamento, mediante concurso público, ou de autorização, consoante as emissões a realizar utilizem ou não o espectro hertziano terrestre.

2 – Sem prejuízo do disposto no número anterior, o estabelecimento, a gestão, a exploração de redes de transporte e a difusão do sinal televisivo obedecem ao disposto em diploma próprio.

456   *Direito da Comunicação Social*

3 – As licenças ou autorizações são individualizadas de acordo com o número de serviços de programas televisivos a fornecer por cada operador candidato.

4 – Exceptua-se do disposto no n.º 1 o serviço público de televisão, nos termos previstos no capítulo IV.

ARTIGO 16.º (Licenciamento e autorização de serviços de programas televisivos)

Compete à entidade reguladora atribuir as licenças e as autorizações para o exercício da actividade de televisão.

ARTIGO 17.º (Instrução dos processos)

Os processos de licenciamento ou de autorização são instruídos pela entidade reguladora, que promoverá para o efeito a recolha do parecer do ICP - ANACOM, Autoridade Nacional das Comunicações, no que respeita às condições técnicas da candidatura.

ARTIGO 18.º (Atribuição de licenças ou autorizações)

1 – A atribuição de licenças ou autorizações fica condicionada à verificação da qualidade técnica e da viabilidade económica do projecto.

2 – A atribuição de novas licenças ou autorizações bem como a modificação do quadro legislativo existente não constituem fundamento para que os operadores de televisão aleguem alteração das condições de exercício da actividade, em termos de equilíbrio económico e financeiro, nem conferem direito a qualquer indemnização.

3 – Na atribuição de licenças para emissões terrestres digitais de cobertura nacional será reservada capacidade de transmissão para os serviços de programas televisivos detidos pelos operadores licenciados ou concessionados à data da entrada em vigor da presente lei.

4 – No licenciamento de serviços de programas televisivos de acesso condicionado são objecto de especial ponderação os custos de acesso, quando existam, bem como as condições e as garantias de prestação do serviço aos consumidores.

ARTIGO 19.º (Observância do projecto aprovado)

1 – O operador de televisão está obrigado ao cumprimento das condições e termos do projecto licenciado ou autorizado, ficando a sua modificação sujeita a aprovação da entidade reguladora.

2 – A modificação dos serviços de programas só pode ocorrer dois anos após a atribuição da licença ou um ano após a atribuição da autorização.

3 – O pedido de modificação deve ser fundamentado tendo em conta, nomeadamente, a evolução do mercado e as implicações para a audiência potencial do serviço de programas em questão.

Anexo: Normas dos Principais Diplomas Legislativos 457

4 – No caso de a entidade reguladora não se pronunciar no prazo de 60 dias, considera-se a modificação tacitamente aprovada.

Artigo 20.º (Prazo das licenças ou autorizações)
As licenças ou autorizações para o exercício da actividade televisiva de âmbito nacional são emitidas pelo prazo de 15 anos, renovável por iguais períodos.

Artigo 21.º (Extinção e suspensão das licenças ou autorizações)
1 – As licenças ou autorizações podem ser suspensas e extinguem-se pelo decurso do prazo ou por revogação.
2 – A revogação e a suspensão das licenças ou autorizações são da competência da entidade à qual incumbe a sua atribuição.

Artigo 22.º (Regulamentação)
1 – O Governo aprovará, por decreto-lei, o desenvolvimento normativo aplicável ao licenciamento e à autorização de serviços de programas televisivos.
2 – Do diploma previsto no n.º 1 devem constar, nomeadamente:
a) Os critérios de selecção das candidaturas;
b) A documentação exigível e o prazo para apresentação das candidaturas;
c) O valor da caução;
d) As fases de cobertura e especificação das garantias da sua efectivação, bem como o prazo da respectiva execução;
e) O prazo para início das emissões;
f) Os prazos de instrução dos processos e de emissão da respectiva deliberação.

CAPÍTULO III (Programação e informação)

SECÇÃO I (Liberdade de programação e de informação)

Artigo 23.º (Autonomia dos operadores)
1 – A liberdade de expressão do pensamento através da televisão integra o direito fundamental dos cidadãos a uma informação livre e pluralista, essencial à democracia e ao desenvolvimento social e económico do País.
2 – Salvo os casos previstos na presente lei, o exercício da actividade de televisão assenta na liberdade de programação, não podendo a Administração Pública ou qualquer órgão de soberania, com excepção dos tribunais, impedir, condicionar ou impor a difusão de quaisquer programas.

458   *Direito da Comunicação Social*

Artigo 24.º **(Limites à liberdade de programação)**

1 – Todos os elementos dos serviços de programas devem respeitar, no que se refere à sua apresentação e ao seu conteúdo, a dignidade da pessoa humana, os direitos fundamentais e a livre formação da personalidade das crianças e adolescentes, não devendo, em caso algum, conter pornografia em serviço de acesso não condicionado, violência gratuita ou incitar ao ódio, ao racismo e à xenofobia.

2 – Quaisquer outros programas susceptíveis de influírem de modo negativo na formação da personalidade das crianças ou de adolescentes ou de afectarem outros públicos vulneráveis só podem ser transmitidos entre as 23 e as 6 horas e acompanhados da difusão permanente de um identificativo visual apropriado.

3 – A difusão televisiva de obras que tenham sido objecto de classificação etária, para efeitos da sua distribuição cinematográfica ou videográfica, deve ser precedida da menção que lhes tiver sido atribuída pela entidade competente, ficando sujeita às demais exigências a que se refere o número anterior sempre que a classificação em causa considere desaconselhável o acesso a tais obras por menores de 16 anos.

4 – Exceptuam-se do disposto nos n.ᵒˢ 2 e 3 as transmissões em serviços de programas de acesso condicionado.

5 – O disposto nos números anteriores abrange quaisquer elementos de programação, incluindo a publicidade e as mensagens, extractos ou quaisquer imagens de autopromoção.

6 – As imagens com características a que se refere o n.º 2 podem ser transmitidas em serviços noticiosos quando, revestindo importância jornalística, sejam apresentadas com respeito pelas normas éticas da profissão e antecedidas de uma advertência sobre a sua natureza.

7 – O disposto no n.º 1 é aplicável à retransmissão de serviços de programas, designadamente por meio de rede de distribuição por cabo.

Artigo 25.º **(Anúncio da programação)**

O anúncio da programação prevista para os serviços de programas televisivos é obrigatoriamente acompanhado da advertência e da menção de classificação a que se referem os n.ᵒˢ 2 a 4 do artigo 24.º

Artigo 26.º **(Divulgação obrigatória)**

1 – São obrigatoriamente divulgadas através do serviço público de televisão, com o devido relevo e a máxima urgência, as mensagens cuja difusão seja solicitada pelo Presidente da República, pelo Presidente da Assembleia da República e pelo Primeiro-Ministro.

2 – Em caso de declaração do estado de sítio ou do estado de emergência, a obrigação prevista no número anterior recai também sobre os restantes operadores de televisão.

Anexo: Normas dos Principais Diplomas Legislativos   459

Artigo 27.º (Propaganda política)

É vedada aos operadores de televisão a cedência de espaços de propaganda política, sem prejuízo do disposto no capítulo V.

Artigo 28.º (Aquisição de direitos exclusivos)

1 – É nula a aquisição, por quaisquer operadores de televisão, de direitos exclusivos para a transmissão de acontecimentos de natureza política.

2 – Em caso de aquisição, por operadores de televisão que emitam em regime de acesso condicionado ou sem cobertura nacional, de direitos exclusivos para a transmissão, integral ou parcial, directa ou em diferido, de outros acontecimentos que sejam objecto de interesse generalizado do público, os titulares dos direitos televisivos ficam obrigados a facultar, em termos não discriminatórios e de acordo com as condições normais do mercado, o seu acesso a outro ou outros operadores interessados na transmissão que emitam por via hertziana terrestre com cobertura nacional e acesso não condicionado.

3 – Na falta de acordo entre o titular dos direitos televisivos e os demais operadores interessados na transmissão do evento, haverá lugar a arbitragem vinculativa da entidade reguladora, mediante requerimento de qualquer das partes.

4 – Os eventos a que se referem os números anteriores, bem como as condições da respectiva transmissão, constam de lista a publicar na 2.ª série do Diário da República, até 31 de Outubro de cada ano, pelo membro do Governo responsável pelo sector, ouvida a entidade reguladora, sem prejuízo da publicação de aditamentos excepcionais determinados pela ocorrência superveniente e imprevisível de factos da mesma natureza.

5 – Os titulares de direitos exclusivos para a transmissão de quaisquer eventos ficam obrigados a ceder o respectivo sinal, em directo ou em diferido se assim o exigirem, aos operadores que disponham de emissões internacionais, para utilização restrita a estas, em condições a definir em diploma regulamentar, que estabelecerá os critérios da retribuição pela cedência, havendo lugar, na falta de acordo entre os interessados, a arbitragem vinculativa da entidade reguladora.

6 – Aos operadores de televisão sujeitos à presente lei é vedado o exercício de direitos exclusivos adquiridos após 30 de Julho de 1997 em termos que impeçam uma parte substancial do público de outro Estado membro da União Europeia de acompanhar, na televisão de acesso não condicionado, eventos constantes das listas a que se refere o n.º 8, nas condições nelas fixadas.

7 – A inobservância do disposto nos n.ºs 2 ou 6 não dará lugar à aplicação das respectivas sanções sempre que o titular do exclusivo demonstre a impossibilidade de cumprimento das obrigações neles previstas.

8 – Para efeito do disposto no n.º 6, a lista definitiva das medidas tomadas pelos Estados membros, tal como divulgada no Jornal Oficial da União

460 *Direito da Comunicação Social*

Europeia, será objecto de publicação na 2.ª série do Diário da República por iniciativa do membro do Governo responsável pela área da comunicação social.

ARTIGO 29.º (Direito a extractos informativos)

1 – Os responsáveis pela realização de espectáculos ou outros eventos públicos, bem como os titulares de direitos exclusivos que sobre eles incidam, não podem opor-se à transmissão de breves extractos dos mesmos, de natureza informativa, por parte de qualquer operador de televisão, nacional ou não.

2 – Para o exercício do direito à informação previsto no número anterior, os operadores podem utilizar o sinal emitido pelos titulares dos direitos exclusivos, suportando apenas os custos que eventualmente decorram da sua disponibilização, ou recorrer, em alternativa, à utilização de meios técnicos próprios, nos termos legais que asseguram o acesso dos órgãos de comunicação social a locais públicos.

3 – Os extractos a que se refere o n.º 1 devem:

a) Limitar-se à duração estritamente indispensável à percepção do conteúdo essencial dos acontecimentos em questão, desde que não exceda noventa segundos, salvo período superior acordado entre os operadores envolvidos, tendo em conta a natureza dos eventos;

b) Ser difundidos exclusivamente em programas regulares de natureza informativa geral, e em momento posterior à cessação do evento, salvo acordo para utilização diversa, a estabelecer entre as partes;

c) Identificar a fonte das imagens, caso sejam difundidas a partir do sinal transmitido pelo titular do exclusivo.

SECÇÃO II (Obrigações dos operadores)

ARTIGO 30.º (Obrigações gerais dos operadores de televisão)

1 – Todos os operadores de televisão devem garantir, na sua programação, designadamente através de práticas de auto-regulação, a observância de uma ética de antena, consistente, designadamente no respeito pela dignidade da pessoa humana e pelos demais direitos fundamentais, com protecção, em especial, dos públicos mais vulneráveis, designadamente crianças e jovens.

2 – Constituem, nomeadamente, obrigações gerais de todos os operadores de televisão que explorem serviços de programas generalistas:

a) Garantir o exercício do direito de antena em períodos eleitorais, nos termos constitucional e legalmente previstos;

b) Emitir as mensagens referidas na alínea i) do n.º 2 do artigo 47.º, em caso de declaração do estado de sítio ou do estado de emergência;

c) Garantir o exercício dos direitos de resposta e de rectificação, nos termos constitucional e legalmente previstos;

d) Garantir o rigor, a objectividade e a independência da informação.

Anexo: Normas dos Principais Diplomas Legislativos

ARTIGO 31.º (Director)

1 – Cada serviço de programas televisivo deve ter um director responsável pela orientação e supervisão do conteúdo das emissões.

2 – Cada serviço de programas televisivo que inclua programação informativa deve ter um responsável pela informação.

ARTIGO 32.º (Estatuto editorial)

1 – Cada serviço de programas televisivo deve adoptar um estatuto editorial que defina claramente a sua orientação e objectivos e inclua o compromisso de respeitar os direitos dos espectadores, bem como os princípios deontológicos dos jornalistas e a ética profissional.

2 – O estatuto editorial é elaborado pelo responsável a que se refere o n.º 1 do artigo anterior, ouvido o conselho de redacção, e sujeito a aprovação da entidade proprietária, devendo ser remetido, nos 60 dias subsequentes ao início das emissões, à entidade reguladora.

3 – As alterações introduzidas no estatuto editorial seguem os termos do disposto no número anterior.

4 – O estatuto editorial dos serviços de programas televisivos deve ser publicado nos termos do n.º 2 do artigo 5.º

ARTIGO 33.º (Serviços noticiosos)

Os serviços de programas generalistas devem apresentar, durante os períodos de emissão, serviços noticiosos regulares, assegurados por jornalistas.

ARTIGO 34.º (Conselho de redacção e direito de participação dos jornalistas)

Nos serviços de programas televisivos com mais de cinco jornalistas existe um conselho de redacção, a eleger segundo a forma e com as competências definidas por lei.

ARTIGO 35.º (Número de horas de emissão)

1 – Os serviços de programas televisivos de cobertura nacional devem emitir programas durante pelo menos seis horas diárias.

2 – Excluem-se do apuramento do limite fixado no número anterior as emissões de publicidade e de televenda, sem prejuízo do disposto no n.º 4 do artigo 9.º, bem como as que reproduzam imagens fixas ou meramente repetitivas.

ARTIGO 36.º (Tempo reservado à publicidade)

1 – Nos serviços de programas televisivos de cobertura nacional e acesso não condicionado, o tempo reservado às mensagens publicitárias não pode exceder 15% do período diário de emissão, salvo quando inclua outras formas de publicidade ou mensagens de televenda, caso em que esse limite pode elevar-se a 20%.

462   *Direito da Comunicação Social*

2 – Nos serviços de programas televisivos de cobertura nacional e acesso condicionado, a difusão de publicidade ou de mensagens de televenda não deve exceder 10% do período diário de emissão.

3 – Nos serviços de programas televisivos temáticos de televenda ou de autopromoção, o tempo destinado à publicidade não deve exceder 10% do período diário de emissão.

4 – O tempo de emissão destinado às mensagens publicitárias e de televenda, em cada período compreendido entre duas unidades de hora, não pode exceder 10% ou 20%, consoante se trate ou não de serviços de programas televisivos de acesso condicionado.

5 – Excluem-se dos limites fixados no presente artigo as mensagens difundidas pelos operadores de televisão relacionadas com os seus próprios programas e produtos directamente deles derivados, os patrocínios, os blocos de televenda a que se refere o artigo seguinte, bem como as que digam respeito a serviços públicos ou fins de interesse público e apelos de teor humanitário, transmitidas gratuitamente.

Artigo 37.º (Blocos de televenda)

1 – Os serviços de programas televisivos de cobertura nacional e de acesso não condicionado podem transmitir diariamente até oito blocos de televenda, desde que a sua duração total não exceda três horas, sem prejuízo do disposto no artigo anterior.

2 – Os blocos de televenda devem ter uma duração ininterrupta de, pelo menos, quinze minutos.

3 – Nos serviços de programas televisivos de autopromoção é proibida a transmissão de blocos de televenda.

Artigo 38.º (Identificação dos programas)

Os programas devem ser identificados e conter os elementos relevantes das respectivas fichas artística e técnica.

Artigo 39.º (Gravação das emissões)

1 – Independentemente do disposto no artigo 86.º, as emissões devem ser gravadas e conservadas pelo prazo mínimo de 90 dias, se outro mais longo não for determinado por lei ou por decisão judicial.

2 – A entidade reguladora pode, em qualquer momento, solicitar aos operadores as gravações referidas no número anterior, devendo as mesmas, em caso de urgência devidamente fundamentada, ser enviadas no prazo máximo de quarenta e oito horas.

Anexo: Normas dos Principais Diplomas Legislativos 463

SECÇÃO III (Difusão de obras áudio-visuais)

ARTIGO 40.º (Defesa da língua portuguesa)

1 – As emissões devem ser faladas ou legendadas em português, sem prejuízo da eventual utilização de qualquer outra língua quando se trate de programas que preencham necessidades pontuais de tipo informativo ou destinados ao ensino de idiomas estrangeiros.

2 – Os serviços de programas televisivos de cobertura nacional, com excepção daqueles cuja natureza e temática a tal se opuserem, devem dedicar pelo menos 50% das suas emissões, com exclusão do tempo consagrado à publicidade, televenda e teletexto, à difusão de programas originariamente em língua portuguesa.

3 – Sem prejuízo do disposto no número anterior, os operadores de televisão devem dedicar pelo menos 15% do tempo das suas emissões à difusão de programas criativos de produção originária em língua portuguesa.

4 – As percentagens previstas nos n.ºs 2 e 3 podem ser preenchidas, até um máximo de 25%, por programas originários de outros países lusófonos para além de Portugal.

5 – Os operadores de televisão devem garantir que o cumprimento das percentagens referidas nos n.os 2 e 3 não se efectue em períodos de audiência reduzida.

ARTIGO 41.º (Produção europeia)

1 – Os operadores de televisão que explorem serviços de programas televisivos de cobertura nacional devem incorporar uma percentagem maioritária de obras de origem europeia na respectiva programação, uma vez deduzido o tempo de emissão consagrado aos noticiários, manifestações desportivas, concursos, publicidade, televenda e teletexto.

2 – A percentagem a que se refere o número anterior deve ser obtida progressivamente, tendo em conta os critérios a que se referem os n.ºs 1 e 3 do artigo 4.º da Directiva n.º 89/552/CEE, do Conselho, de 3 de Outubro, na redacção que lhe foi dada pela Directiva n.º 97/36/CE, do Parlamento e do Conselho, de 30 de Junho.

3 – A qualificação prevista no n.º 1 processa-se de acordo com os instrumentos do direito internacional que vinculam o Estado Português.

ARTIGO 42.º (Produção independente)

Os operadores de televisão que explorem serviços de programas televisivos de cobertura nacional devem assegurar que pelo menos 10% da respectiva programação, com exclusão dos tempos consagrados aos noticiários, manifestações desportivas, concursos, publicidade, televenda e teletexto, sejam preenchidos

464 *Direito da Comunicação Social*

através da difusão de obras europeias, provenientes de produtores independentes dos organismos de televisão, produzidas há menos de cinco anos.

Artigo 43.º (Critérios de aplicação)

O cumprimento das percentagens referidas nos artigos 40.º a 42.º é avaliado anualmente, devendo ser tidas em conta a natureza específica dos serviços de programas televisivos temáticos, as responsabilidades do operador em matéria de informação, educação, cultura e diversão e, no caso dos serviços de programas televisivos não concessionários do serviço público, as condições do mercado ou os resultados de exercício apresentados no ano anterior.

ARTIGO 44.º (Apoio à produção)

O Estado deve assegurar a existência de medidas de incentivo à produção áudio-visual de ficção, documentário e animação de criação original em língua portuguesa, tendo em vista a criação de condições para o cumprimento do disposto nos artigos 40.º e 42.º, através da adopção dos mecanismos jurídicos, financeiros, fiscais ou de crédito apropriados.

ARTIGO 45.º (Dever de informação)

Os operadores de televisão estão obrigados a prestar, no 1.º trimestre de cada ano, à entidade reguladora, de acordo com modelo por ela definido, todos os elementos necessários para o exercício da fiscalização do cumprimento das obrigações previstas nos artigos 40.º a 42.º relativamente ao ano transacto.

CAPÍTULO IV (Serviço público de televisão)

ARTIGO 46.º (Princípios a observar)

O serviço público de televisão observa os princípios da universalidade e da coesão nacional, da excelência da programação e do rigor, objectividade e independência da informação, bem como do seu funcionamento e estrutura.

Artigo 47.º (Obrigações específicas dos operadores que actuem ao abrigo de concessão do serviço público de televisão)

1 – Os operadores que actuem ao abrigo de concessão do serviço público de televisão devem assegurar uma programação de qualidade, equilibrada e diversificada, que contribua para a formação cultural e cívica dos telespectadores, promovendo o pluralismo político, religioso, social e cultural, e o acesso de todos os telespectadores à informação, à cultura, à educação e ao entretenimento de qualidade.

Anexo: Normas dos Principais Diplomas Legislativos 465

2 – Aos operadores referidos no número anterior incumbe, designadamente: a) Fornecer uma programação pluralista e que tenha em conta os interesses das minorias e a promoção da diversidade cultural; b) Proporcionar uma informação rigorosa, independente e pluralista; c) Garantir a cobertura noticiosa dos principais acontecimentos nacionais e internacionais; d) Garantir a produção e transmissão de programas destinados ao público jovem e infantil, educativos e de entretenimento, contribuindo para a sua formação; e) Emitir programas destinados especialmente aos portugueses residentes fora de Portugal e aos nacionais de países de língua oficial portuguesa, igualmente residentes fora de Portugal; f) Promover a possibilidade de acompanhamento das emissões por pessoas surdas ou com deficiência auditiva; g) Apoiar a produção nacional, no respeito pelos compromissos internacionais que vinculam o Estado Português, e a co-produção com outros países, em especial europeus e da comunidade de língua portuguesa; h) Garantir o exercício dos direitos de antena, de resposta e de réplica política, nos termos constitucional e legalmente previstos; i) Emitir as mensagens cuja difusão seja solicitada pelo Presidente da República, pelo Presidente da Assembleia da República ou pelo Primeiro-Ministro; j) Ceder tempo de emissão à Administração Pública, com vista à divulgação de informações de interesse geral, nomeadamente em matéria de saúde e segurança públicas.

3 – Ao operador ao qual seja confiada a exploração do serviço de programas a que se refere o artigo 51.º incumbe, especialmente: a) Promover a emissão de programas em língua portuguesa e reservar à produção portuguesa uma percentagem considerável do seu tempo de emissão, dentro dos horários de maior audiência; b) Garantir a transmissão de programas de carácter cultural, educativo e informativo para públicos específicos.

ARTIGO 48.º (Concessão geral de serviço público de televisão)

1 – A concessão geral do serviço público de televisão é atribuída à Rádio e Televisão de Portugal, SGPS, S. A., pelo prazo de 16 anos, nos termos de contrato de concessão a celebrar entre o Estado e essa sociedade.

2 – A concessão geral do serviço público de televisão realiza-se por meio de serviços de programas de acesso não condicionado, incluindo necessariamente: a) Um serviço de programas generalista e distribuído em simultâneo em todo o território nacional, incluindo as Regiões Autónomas; b) Um ou mais serviços de programas que transmitam temas com interesse para telespectadores de língua portuguesa residentes no estrangeiro e temas especialmente vocacionados para os países de língua oficial portuguesa, que promovam a afirmação, valorização e defesa da imagem de Portugal no mundo.

3 – Para cumprimento das obrigações legal e contratualmente estabelecidas, a concessão geral do serviço público de televisão pode integrar ainda serviços de programas que tenham por objecto, designadamente: a) A divulgação do

466 *Direito da Comunicação Social*

acervo documental proveniente dos arquivos da Radiotelevisão Portuguesa, S. A.; b) A divulgação de temas com interesse para regiões e comunidades locais específicas.

4 – A concessão geral do serviço público de televisão inclui ainda a obrigação de transmitir dois serviços de programas, especialmente destinados, respectivamente, à Região Autónoma dos Açores e à Região Autónoma da Madeira.

5 – O contrato de concessão a que alude o n.º 1 estabelece os direitos e obrigações de cada uma das partes, tendo em conta os objectivos respeitantes aos serviços de programas mencionados nos n.ºs 2, 3 e 4, devendo os actos ou contratos através dos quais se atribua a terceiros a exploração dos referidos serviços de programas, nos termos dos artigos seguintes, prever a necessidade de assegurar o cumprimento desses mesmos objectivos.

6 – O conteúdo do contrato de concessão e dos actos ou contratos referidos no número anterior deve ser objecto de parecer da entidade reguladora.

Artigo 49.º (**Serviços de programas a explorar pela Radiotelevisão Portuguesa – Serviço Público de Televisão, S. A.**)

1 – Por deliberação do conselho de administração da Rádio e Televisão de Portugal, SGPS, S. A., nos termos do contrato de concessão, os serviços de programas particularmente vocacionados para a transmissão da programação referida nos n.ºs 2 e 3 do artigo anterior serão explorados pela Radiotelevisão Portuguesa - Serviço Público de Televisão, S. A., ou por sociedade por esta exclusivamente detida.

2 – A programação referida no n.º 3 do artigo anterior pode ser assegurada por apenas um serviço de programas ou por mais de um serviço de programas, de acordo com deliberação do conselho de administração da Rádio e Televisão de Portugal, SGPS, S. A., nos termos do contrato de concessão.

Artigo 50.º (**Serviços de programas regionais**)

1 – Sem prejuízo do disposto no n.º 2, os serviços de programas referidos no n.º 4 do artigo 48.º serão explorados, em cada Região Autónoma, nos termos do contrato de concessão, por uma sociedade constituída para esse fim específico.

2 – Até à constituição da sociedade referida na parte final do número anterior, o conselho de administração da Rádio e Televisão de Portugal, SGPS, S. A., determinará, nos termos do contrato de concessão, que os serviços de programas referidos no n.º 1 sejam transitoriamente explorados, directa ou indirectamente, pela Radiotelevisão Portuguesa – Serviço Público de Televisão, S. A.

3 – O capital da sociedade referida no n.º 1 será maioritariamente detido pela respectiva Região autónoma e pela Rádio e Televisão de Portugal, SGPS, S. A., podendo nela participar outras entidades públicas ou privadas.

Anexo: Normas dos Principais Diplomas Legislativos 467

4 – Os estatutos da referida sociedade devem prever mecanismos de garantia do equilíbrio financeiro da respectiva actividade e devem conferir à Rádio e Televisão de Portugal, SGPS, S. A., direitos ou prerrogativas especiais que a habilitem a garantir o respeito das obrigações da concessão.

Artigo 51.º (Concessão especial de serviço público)
1 – Integrará igualmente o serviço público de televisão um serviço de programas particularmente vocacionado para a cultura, a ciência, a investigação, a inovação, a acção social, o desporto amador, as confissões religiosas, a produção independente, o cinema português, o ambiente e a defesa do consumidor e o experimentalismo áudio-visual.

2 – O serviço de programas a que se refere o número anterior será objecto de concessão autónoma, pelo prazo de oito anos, a qual ficará na titularidade da Rádio e Televisão de Portugal, SGPS, S. A.

3 – Findo o prazo referido no número anterior, o serviço de programas será concedido a uma entidade constituída para esse fim específico, cuja organização reflicta a diversidade da sociedade civil, nos termos a definir por lei e pelo respectivo contrato de concessão.

4 – O conselho de administração da Rádio e Televisão de Portugal, SGPS, S. A., determinará, nos termos do respectivo contrato de concessão, que o serviço de programas a que se refere o presente artigo seja explorado pela Radiotelevisão Portuguesa – Serviço Público de Televisão, S. A., ou por sociedade por si exclusivamente detida, a qual, para este efeito, deve integrar um órgão consultivo representativo dos parceiros da sociedade civil cuja actividade se relacione, directa ou indirectamente, com a actividade deste serviço de programas.

Artigo 52.º (Financiamento)
1 – O Estado assegura o financiamento do serviço público de televisão, nos termos estabelecidos na lei e nos contratos de concessão.

2 – O financiamento público deverá respeitar os princípios da proporcionalidade e da transparência.

3 – Os contratos de concessão devem estabelecer um sistema de controlo que verifique o cumprimento das missões de serviço público e a transparência e a proporcionalidade dos fluxos financeiros associados, designadamente através de auditoria externa anual a realizar por entidade especializada a indicar pela entidade reguladora.

4 – Com o objectivo de permitir uma adequada e eficaz gestão de recursos, de acordo com a evolução previsível da conjuntura económica e social, os encargos decorrentes do financiamento do serviço público de rádio e de televisão serão previstos num horizonte plurianual, com a duração de quatro anos.

468   *Direito da Comunicação Social*

5 – A previsão referida no número anterior deve identificar, além dos custos totais para o período de quatro anos, a parcela anual desses encargos.

CAPÍTULO V (Direitos de antena, de resposta e de réplica política)

SECÇÃO I (Direito de antena)

ARTIGO 53.º (Acesso ao direito de antena)

1 – Aos partidos políticos, ao Governo, às organizações sindicais, às organizações profissionais e representativas das actividades económicas e às associações de defesa do ambiente e do consumidor é garantido o direito a tempo de antena no serviço público de televisão.

2 – As entidades referidas no número anterior têm direito, gratuita e anualmente, aos seguintes tempos de antena: a) Dez minutos por partido representado na Assembleia da República, acrescidos de trinta segundos por cada deputado eleito; b) Cinco minutos por partido não representado na Assembleia da República com participação nas mais recentes eleições legislativas, acrescidos de trinta segundos por cada 15000 votos nelas obtidos; c) Sessenta minutos para o Governo e sessenta minutos para os partidos representados na Assembleia da República que não façam parte do Governo, a ratear segundo a sua representatividade; d) Noventa minutos para as organizações sindicais, noventa minutos para as organizações profissionais e representativas das actividades económicas e trinta minutos para as associações de defesa do ambiente e do consumidor, a ratear de acordo com a sua representatividade; e) Quinze minutos para outras entidades que tenham direito de antena atribuído por lei.

3 – Por tempo de antena entende-se o espaço de programação própria da responsabilidade do titular do direito, facto que deve ser expressamente mencionado no início e no termo de cada programa.

4 – Cada titular não pode utilizar o direito de antena mais de uma vez em cada 15 dias, nem em emissões com duração superior a dez ou inferior a três minutos, salvo se o seu tempo de antena for globalmente inferior.

5 – Os responsáveis pela programação devem organizar, com a colaboração dos titulares do direito de antena e de acordo com a presente lei, planos gerais da respectiva utilização.

6 – A falta de acordo sobre os planos referidos no número anterior dará lugar a arbitragem pela entidade reguladora.

ARTIGO 54.º (Limitação ao direito de antena)

1 – O exercício do direito de antena não pode ocorrer aos sábados, domingos e feriados nacionais, devendo ainda ser suspenso um mês antes da data fixada para o início do período de campanha em qualquer acto eleitoral ou referendário, nos termos da legislação respectiva.

2 – O direito de antena é intransmissível.

ARTIGO 55.º (Emissão e reserva do direito de antena)

1 – Os tempos de antena são emitidos no serviço de programas televisivo de cobertura nacional de maior audiência, imediatamente antes ou após o principal jornal nacional difundido entre as 19 e as 22 horas.

2 – Os titulares do direito de antena devem solicitar a reserva do tempo de antena a que tenham direito até 15 dias antes da transmissão, devendo a respectiva gravação ser efectuada ou os materiais pré-gravados entregues até setenta e duas horas antes da emissão do programa.

3 – No caso de programas prontos para emissão, a entrega deve ser feita até quarenta e oito horas antes da transmissão.

4 – Aos titulares do direito de antena são assegurados os indispensáveis meios técnicos para a realização dos respectivos programas em condições de absoluta igualdade.

ARTIGO 56.º (Caducidade do direito de antena)

O não cumprimento dos prazos previstos no artigo anterior determina a caducidade do direito, salvo se tiver ocorrido por facto não imputável ao seu titular, caso em que o tempo não utilizado pode ser acumulado ao da utilização programada posterior à cessação do impedimento.

Artigo 57.º (Direito de antena em período eleitoral)

Nos períodos eleitorais, o exercício do direito de antena é regulado pela legislação eleitoral aplicável, abrangendo todos os serviços de programas televisivos generalistas de acesso não condicionado.

SECÇÃO II (Direito de réplica política)

ARTIGO 58.º (Direito de réplica política dos partidos da oposição)

1 – Os partidos representados na Assembleia da República e que não façam parte do Governo têm direito de réplica, no mesmo serviço de programas, às declarações políticas proferidas pelo Governo no serviço público de televisão que directamente os atinjam.

2 – A duração e o relevo concedidos para o exercício do direito referido no número anterior serão iguais aos das declarações que lhes tiverem dado origem.

470   *Direito da Comunicação Social*

3 – Quando mais de um partido tiver solicitado, através do respectivo representante, o exercício do direito, o tempo é rateado em partes iguais pelos vários titulares, nunca podendo ser inferior a um minuto por cada interveniente.

4 – Ao direito de réplica política são aplicáveis, com as devidas adaptações, os procedimentos previstos na presente lei para o exercício do direito de resposta.

5 – Para efeitos do presente artigo, só se consideram as declarações de política geral ou sectorial feitas pelo Governo em seu nome e como tal identificáveis, não relevando, nomeadamente, as declarações de membros do Governo sobre assuntos relativos à gestão dos respectivos departamentos.

SECÇÃO III (Direitos de resposta e de rectificação)

ARTIGO 59.º (Pressupostos dos direitos de resposta e de rectificação)

1 – Tem direito de resposta nos serviços de programas televisivos qualquer pessoa singular ou colectiva, organização, serviço ou organismo público que neles tiver sido objecto de referências, ainda que indirectas, que possam afectar a sua reputação ou bom nome.

2 – As entidades referidas no número anterior têm direito de rectificação nos serviços de programas em que tenham sido feitas referências inverídicas ou erróneas que lhes digam respeito.

3 – O direito de resposta e o de rectificação ficam prejudicados se, com a concordância expressa do interessado, o operador de televisão tiver corrigido ou esclarecido o texto ou imagem em causa ou lhe tiver facultado outro meio de expor eficazmente a sua posição.

4 – O direito de resposta e o de rectificação são independentes de procedimento criminal pelo facto da emissão, bem como do direito à indemnização pelos danos por ela causados.

ARTIGO 60.º (Direito ao visionamento)

1 – O titular do direito de resposta ou de rectificação, ou quem legitimamente o represente nos termos do n.º 1 do artigo seguinte, pode exigir, para efeito do seu exercício, o visionamento do material da emissão em causa, o qual deve ser facultado ao interessado no prazo máximo de vinte e quatro horas.

2 – O pedido de visionamento suspende o prazo para o exercício do direito de resposta ou de rectificação, que volta a correr vinte e quatro horas após o momento em que a entidade emissora o tiver facultado.

3 – O direito ao visionamento envolve igualmente a obtenção de um registo da emissão em causa, mediante pagamento do custo do suporte que for utilizado.

Anexo: Normas dos Principais Diplomas Legislativos

ARTIGO 61.º (Exercício dos direitos de resposta e de rectificação)

1 – O direito de resposta e o de rectificação devem ser exercidos pelo próprio titular, pelo seu representante legal ou pelos herdeiros, nos 20 dias seguintes à emissão.

2 – O prazo do número anterior suspende-se quando, por motivo de força maior, as pessoas nele referidas estiverem impedidas de fazer valer o direito cujo exercício estiver em causa.

3 – O texto da resposta ou da rectificação deve ser entregue ao operador de televisão, com assinatura e identificação do autor, através de procedimento que comprove a sua recepção, invocando expressamente o direito de resposta ou de rectificação ou as competentes disposições legais.

4 – O conteúdo da resposta ou da rectificação é limitado pela relação directa e útil com as referências que as tiverem provocado, não podendo exceder o número de palavras do texto que lhes deu origem.

5 – A resposta ou a rectificação não podem conter expressões desproporcionadamente desprimorosas ou que envolvam responsabilidade criminal ou civil, a qual, neste caso, só ao autor da resposta ou rectificação pode ser exigida.

ARTIGO 62.º (Decisão sobre a transmissão da resposta ou rectificação)

1 – Quando a resposta ou a rectificação forem intempestivas, provierem de pessoas sem legitimidade, carecerem manifestamente de fundamento ou contrariarem o disposto nos n.ᵒˢ 4 ou 5 do artigo anterior, o operador de televisão pode recusar a sua emissão, informando o interessado, por escrito, acerca da recusa e da sua fundamentação, nas vinte e quatro horas seguintes à recepção da resposta ou rectificação.

2 – Caso a resposta ou a rectificação violem o disposto nos n.ᵒˢ 4 ou 5 do artigo anterior, o operador convidará o interessado, no prazo previsto no número anterior, a proceder à eliminação, nas quarenta e oito horas seguintes, das passagens ou expressões em questão, sem o que ficará habilitado a recusar a divulgação da totalidade do texto.

3 – No caso de o direito de resposta ou de rectificação não terem sido satisfeitos ou terem sido infundadamente recusados, o interessado pode recorrer ao tribunal judicial do seu domicílio, no prazo de 10 dias a contar da recusa ou do termo do prazo legal para a satisfação do direito, e à entidade reguladora, nos termos e prazos da legislação especificamente aplicável.

4 – Requerida a notificação judicial do operador que não tenha dado satisfação ao direito de resposta ou de rectificação, é aquele imediatamente notificado por via postal para contestar no prazo de dois dias úteis, após o que será proferida em igual prazo a decisão, da qual há recurso com efeito meramente devolutivo.

472   *Direito da Comunicação Social*

5 – Só é admitida prova documental, sendo todos os documentos juntos com o requerimento inicial e com a contestação.

6 – No caso de procedência do pedido, o operador emite a resposta ou a rectificação no prazo fixado no n.º 1 do artigo seguinte, acompanhado da menção de que aquela é efectuada por decisão judicial ou da entidade reguladora.

ARTIGO 63.º (Transmissão da resposta ou da rectificação)
1 – A transmissão da resposta ou da rectificação é feita até vinte e quatro horas a contar da entrega do respectivo texto ao operador de televisão, salvo o disposto nos n.ᵒˢ 1 e 2 do artigo anterior.

2 – A resposta ou a rectificação são transmitidas gratuitamente no mesmo programa ou, caso não seja possível, em hora de emissão equivalente.

3 – A resposta ou a rectificação devem ser transmitidas tantas vezes quantas as emissões da referência que as motivaram.

4 – A resposta ou a rectificação são lidas por um locutor da entidade emissora em moldes que assegurem a sua fácil percepção e pode incluir componentes áudio-visuais sempre que a referência que as motivaram tiver utilizado técnica semelhante.

5 – A transmissão da resposta ou da rectificação não pode ser precedida nem seguida de quaisquer comentários, à excepção dos necessários para apontar qualquer inexactidão ou erro de facto, os quais podem originar nova resposta ou rectificação, nos termos dos n.ᵒˢ 1 e 2 do artigo 59.º

CAPÍTULO VI (Responsabilidade)

SECÇÃO I (Responsabilidade civil)

ARTIGO 64.º (Responsabilidade civil)
1 – Na determinação das formas de efectivação da responsabilidade civil emergente de factos cometidos através da televisão observam-se os princípios gerais.

2 – Os operadores de televisão respondem solidariamente com os responsáveis pela transmissão de programas previamente gravados, com excepção dos transmitidos ao abrigo do direito de antena.

SECÇÃO II (Regime sancionatório)

Artigo 65.º (Crimes cometidos por meio de televisão)

1 – Os actos ou comportamentos lesivos de interesses jurídico-penalmente protegidos perpetrados através da televisão são punidos nos termos gerais, com as adaptações constantes dos números seguintes.

2 – Sempre que a lei não estabelecer agravação mais intensa em razão do meio de perpetração, os crimes cometidos através da televisão são punidos com as penas estabelecidas nas respectivas normas incriminadoras, elevadas de um terço nos seus limites mínimo e máximo.

3 – Os directores referidos no artigo 31.º apenas respondem criminalmente quando não se oponham, podendo fazê-lo, à comissão dos crimes referidos no n.º 1, através das acções adequadas a evitá-los, caso em que são aplicáveis as penas cominadas nos correspondentes tipos legais, reduzidas de um terço nos seus limites.

4 – No caso de emissões não consentidas, responde quem tiver determinado a respectiva transmissão.

5 – Os técnicos ao serviço dos operadores de televisão não são responsáveis pelas emissões a que derem o seu contributo profissional, se não lhes for exigível a consciência do carácter criminoso do seu acto.

Artigo 66.º (Actividade ilegal de televisão)

1 – Quem exercer a actividade de televisão sem para tal estar legalmente habilitado é punido com prisão até 3 anos ou com multa até 320 dias.

2 – São declarados perdidos a favor do Estado os bens utilizados no exercício da actividade de televisão sem habilitação legal, sem prejuízo dos direitos de terceiros de boa fé, nos termos do artigo 110.º do Código Penal.

3 – O disposto no n.º 1 é aplicável em caso de incumprimento da decisão de revogação da licença ou de interdição da retransmissão de serviço de programas.

Artigo 67.º (Desobediência qualificada)

Os responsáveis pela programação, ou quem os substitua, incorrem no crime de desobediência qualificada quando: a)Não acatarem a decisão do tribunal que ordene a transmissão de resposta ou de rectificação, ao abrigo do disposto no n.º 6 do artigo 62.º; b) Recusarem a difusão de decisões judiciais nos termos do artigo 85.º; c) Não cumprirem as deliberações da entidade reguladora relativas ao exercício dos direitos de antena, de réplica política, de resposta ou de rectificação; d) Não cumprirem decisão cautelar ou definitiva de suspensão da transmissão ou retransmissão.

474   *Direito da Comunicação Social*

ARTIGO 68.º (Atentado contra a liberdade de programação e informação)

1 – Quem impedir ou perturbar emissão televisiva ou apreender ou danificar materiais necessários ao exercício da actividade de televisão, fora dos casos previstos na lei e com o intuito de atentar contra a liberdade de programação e informação, é punido com prisão até 2 anos ou com multa até 240 dias, se pena mais grave lhe não couber nos termos da lei penal.

2 – A aplicação da sanção prevista no número anterior não prejudica a efectivação da responsabilidade civil pelos prejuízos causados à entidade emissora.

3 – Se o infractor for agente ou funcionário do Estado ou de pessoa colectiva pública e, no exercício das suas funções, praticar os factos descritos no n.º 1, é punido com prisão até 3 anos ou com multa até 320 dias, se pena mais grave lhe não couber nos termos da lei penal.

ARTIGO 69.º (Contra-ordenações leves)

1 – É punível com coima de € 7500 a € 37 500: a) A inobservância do disposto no n.º 2 do artigo 5.º, no n.º 2 do artigo 12.º, na segunda parte do n.º 2 e no n.º 3 do artigo 24.º, nos artigos 25.º, 32.º, 38.º, no n.º 5 do artigo 40.º e nos artigos 41.º, 42.º, 45.º e 87.º; b) O incumprimento do disposto na primeira parte do n.º 1 do artigo 54.º; c) A omissão da menção a que se refere a segunda parte do n.º 6 do artigo 62.º

2 – A negligência é punível.

ARTIGO 70.º (Contra-ordenações graves)

1 – É punível com coima de € 20 000 a € 150 000: a) A inobservância do disposto no n.º 3 do artigo 4.º, no n.º 1 do artigo 5.º, na primeira parte do n.º 2 e no n.º 6 do artigo 24.º, no n.º 5 do artigo 28.º, no n.º 3 do artigo 29.º, nos artigos 31.º, 33.º, 36.º, 37.º, 39.º, nos n.os 1 a 3 do artigo 40.º, no n.º 4 do artigo 53.º, nos n.os 1 e 4 do artigo 55.º, nos n.os 2 e 3 do artigo 58.º, no artigo 63.º e no n.º 1 do artigo 86.º; b) A omissão da informação a que se refere o n.º 1 do artigo 62.º; c) A violação do disposto na segunda parte do n.º 1 do artigo 54.º e dos prazos fixados no n.º 1 do artigo 60.º, no n.º 6 do artigo 62.º e no n.º 1 do artigo 63.º

2 – A negligência é punível.

ARTIGO 71.º (Contra-ordenações muito graves)

1 – É punível com coima de € 75 000 a € 375 000 e suspensão da transmissão ou retransmissão do serviço de programas em que forem cometidas por um período de 1 a 10 dias: a) A inobservância do disposto nos n.os 4 e 5 do artigo 4.º, no n.º 4 do artigo 8.º, no artigo 14.º, no n.º 1 do artigo 19.º, no n.º 1 do artigo 24.º, no artigo 27.º, nos n.os 2 e 6 do artigo 28.º, no n.º 1 do artigo 29.º, no n.º 1 do artigo 35.º e no n.º 2 do artigo 54.º; b) A violação, por qualquer operador, do disposto no n.º 2 do artigo 26.º e do direito previsto no n.º 1 do artigo 60.º; c) A

exploração de canais televisivos por entidade diversa do titular da licença ou da autorização.

2 – A negligência é punível.

Artigo 72.º (Responsáveis)

Pelas contra-ordenações previstas nos artigos anteriores responde o operador de televisão em cujo serviço de programas tiver sido cometida a infracção ou o operador de distribuição, designadamente por cabo, que proceder à retransmissão de conteúdos em infracção do disposto no n.º 1 do artigo 24.º

Artigo 73.º (Infracção cometida em tempo de antena)

A violação do disposto no n.º 1 do artigo 24.º e no n.º 2 do artigo 54.º, prevista na alínea a) do n.º 1 do artigo 71.º, quando cometida no exercício do direito de antena, é ainda, consoante a gravidade da infracção, punida com a sanção acessória de suspensão do exercício do mesmo direito por períodos de 3 a 12 meses, com um mínimo de 6 a 12 meses em caso de reincidência, sem prejuízo de outras sanções previstas na lei.

Artigo 74.º (Atenuação especial e dispensa da suspensão e da coima)

1 – Caso se verifiquem as circunstâncias das quais a lei penal geral faz depender a atenuação especial da pena: a) Em caso de contra-ordenação leve ou grave, aplica-se o disposto no n.º 3 do artigo 18.º do Decreto-Lei n.º433/82, de 27 de Outubro; b) Em caso de contra-ordenação muito grave, os limites da coima são reduzidos em um terço, podendo não ser decretada a suspensão da transmissão ou retransmissão.

2 – Em caso de contra-ordenação deve e pode o agente ser dispensado da coima se se verificarem as circunstâncias das quais a lei penal geral faz depender a dispensa da pena.

3 – O operador poderá ser dispensado de coima em caso de violação dos limites de tempo de publicidade estabelecidos no artigo 36.º quando o incumprimento desse limite numa dada hora ocorrer por motivos de carácter excepcional devidamente justificados, designadamente o atraso ou prolongamento imprevisto da emissão, e se verificar que, no conjunto dessa hora, da anterior e da seguinte, foi respeitado o limite acumulado da publicidade previsto naquela disposição.

Artigo 75.º (Suspensão da execução)

1 – Pode ser suspensa a execução da suspensão da transmissão ou retransmissão, por um período de três meses a um ano, caso se verifiquem os pressupostos de que a lei penal geral faz depender a suspensão da execução das penas e o operador não tiver sido sancionado por contra-ordenação praticada há menos de um ano.

476 *Direito da Comunicação Social*

2 – A suspensão da execução pode ser condicionada à prestação de caução de boa conduta, a fixar entre € 20 000 a € 150 000, tendo em conta a duração da suspensão.

3 – A suspensão da execução é sempre revogada se, durante o respectivo período, o infractor cometer contra-ordenação muito grave.

4 – A revogação determina o cumprimento da suspensão cuja execução estava suspensa e a quebra da caução.

Artigo 76.º (Agravação especial)

Se o operador cometer uma contra-ordenação depois de ter sido sancionado por outra contra-ordenação praticada há menos de um ano, os limites mínimo e máximo da coima e da suspensão da transmissão ou retransmissão são elevados para o dobro.

Artigo 77.º (Revogação da licença e restrição à retransmissão)

1 – Se o operador cometer contra-ordenação muito grave depois de ter sido sancionado por duas outras contra-ordenações muito graves, pode ser revogada a licença de televisão ou, tratando-se de infracção cometida na actividade de retransmissão, interditada definitivamente a retransmissão do serviço de programas em que tiverem sido cometidas.

2 – Qualquer contra-ordenação deixa de ser tomada em conta quando, entre a sua prática e a da contra-ordenação seguinte, tiver decorrido mais de um ano.

Artigo 78.º (Processamento das contra-ordenações)

1 – A fiscalização do cumprimento do disposto na presente lei, o processamento das contra-ordenações e a aplicação das sanções correspondentes incumbem à entidade reguladora.

2 – A suspensão ou interdição da retransmissão de serviço de programas, designadamente por operador de rede de distribuição por cabo, terá em conta, quando aplicáveis, os procedimentos previstos, para efeito de suspensão da retransmissão de programas no Estado de recepção, na Directiva n.º 89/552/ CEE, do Conselho, de 3 de Outubro, na redacção que lhe foi dada pela Directiva n.º 97/36/CE, do Parlamento e do Conselho, de 30 de Junho, bem como na Convenção Europeia sobre a Televisão Transfronteiras, aberta para assinatura em Estrasburgo em 5 de Maio de 1989, e respectivo Protocolo de Alteração, aprovados para ratificação pela Resolução da Assembleia da República n.º 50/ 2001, de 13 de Julho.

3 – A receita das coimas reverte na sua totalidade para a entidade reguladora.

Anexo: Normas dos Principais Diplomas Legislativos 477

Artigo 79.º (Processo abreviado)

1 – No caso de infracção ao disposto nos n.ᵒˢ 1 a 4 do artigo 36.º e em qualquer outro em que a entidade reguladora dispuser de gravação ou outro registo automatizado dos factos que constituem a infracção, logo que adquirida a notícia da infracção, o operador será notificado: a) Dos factos constitutivos da infracção; b) Da legislação infringida; c) Das sanções aplicáveis; d) Do prazo concedido para apresentação da defesa.

2 – O arguido pode, no prazo de 20 dias a contar da notificação, apresentar a sua defesa, por escrito, com a indicação de meios de prova que entenda deverem produzir-se.

Artigo 80.º (Suspensão cautelar da transmissão ou retransmissão)

1 – Havendo fortes indícios da prática da infracção, se, em concreto, atenta a natureza da transmissão e as demais circunstâncias, se verificar perigo de continuação ou repetição da actividade ilícita indiciada, a entidade reguladora pode ordenar a suspensão imediata da transmissão ou retransmissão do programa ou serviço de programas em que tiver sido cometida a infracção.

2 – A decisão é susceptível de impugnação judicial, que será imediatamente enviada para decisão judicial, devendo ser julgada no prazo máximo de 30 dias a contar do momento em que os autos forem recebidos no tribunal competente.

SECÇÃO III (Disposições especiais de processo)

Artigo 81.º (Forma do processo)

O procedimento pelas infracções criminais cometidas através da televisão rege-se pelas disposições do Código de Processo Penal e da legislação complementar, com as especialidades decorrentes da presente lei.

Artigo 82.º (Competência territorial)

1 – Para conhecer dos crimes previstos na presente lei é competente o tribunal da comarca do local onde o operador tenha a sua sede ou representação permanente.

2 – Exceptuam-se do disposto no número anterior os crimes cometidos contra o bom nome e reputação, a reserva da vida privada ou outros bens da personalidade, cuja apreciação é da competência do tribunal da comarca do domicílio do ofendido.

3 – No caso de transmissões televisivas por entidade não habilitada nos termos da lei, e não sendo conhecido o elemento definidor da competência nos termos do n.º 1, é competente o Tribunal Judicial da Comarca de Lisboa.

478   *Direito da Comunicação Social*

ARTIGO 83.º (Suspensão cautelar em processo por crime)

O disposto no artigo 80.º é aplicável, com as necessárias adaptações, aos processos por crime previsto na presente lei, cabendo ao Ministério Público requerer a suspensão cautelar durante o inquérito.

ARTIGO 84.º (Regime de prova)

1 – Para prova dos pressupostos do exercício dos direitos de resposta ou de rectificação, e sem prejuízo de outros meios admitidos por lei, o interessado pode requerer, nos termos do artigo 528.º do Código de Processo Civil, que a entidade emissora seja notificada para apresentar, no prazo da contestação, as gravações do programa respectivo.

2 – Para além da referida no número anterior, só é admitida prova documental que se junte com o requerimento inicial ou com a contestação.

ARTIGO 85.º (Difusão das decisões)

A requerimento do Ministério Público ou do ofendido, e mediante decisão judicial, a parte decisória das sentenças condenatórias transitadas em julgado por crimes cometidos através da televisão, assim como a identidade das partes, é difundida pela entidade emissora.

CAPÍTULO VII (Conservação do património televisivo)

ARTIGO 86.º (Depósito legal)

1 – Os registos das emissões qualificáveis como de interesse público, em função da sua relevância histórica ou cultural, ficam sujeitos a depósito legal, para efeitos de conservação a longo prazo e acessibilidade aos investigadores.

2 – O depósito legal previsto no número anterior será regulado por diploma próprio, que salvaguardará os interesses dos autores, dos produtores e dos operadores de televisão.

3 – O Estado promoverá igualmente a conservação a longo prazo e a acessibilidade pública dos registos considerados de interesse público anteriores à promulgação do diploma regulador do depósito legal, através de protocolos específicos celebrados com cada um dos operadores.

CAPÍTULO VIII (Disposições finais e transitórias)

ARTIGO 87.º (Contagem dos tempos de emissão)

Os responsáveis pelas estações emissoras de televisão asseguram a contagem dos tempos de antena, de resposta e de réplica política, para efeitos da presente lei, dando conhecimento dos respectivos resultados aos interessados.

Anexo: Normas dos Principais Diplomas Legislativos 479

Artigo 88.º (Norma transitória)

O disposto nos artigos 48.º a 51.º da presente lei entra em vigor na data da constituição da Rádio e Televisão de Portugal, SGPS, S. A., mantendo-se até essa data em vigor os artigos correspondentes da Lei n.º 31-A/98, de 14 de Julho.

Artigo 89.º (Competências de regulação)

1 – Cabem à Alta Autoridade para a Comunicação Social as competências de entidade reguladora previstas nos artigos 4.º, 8.º, 9.º, 16.º, 19.º, 28.º, 32.º, 48.º, no n.º 3 do artigo 52.º e nos artigos 53.º, 62.º, 67.º, 79.º e 80.º e ao Instituto da Comunicação Social as previstas nos artigos 12.º, 17.º e 45.º

2 – A competência de entidade reguladora prevista no artigo 39.º poderá ser exercida quer pela Alta Autoridade para a Comunicação Social quer pelo Instituto da Comunicação Social.

3 – A fiscalização do cumprimento do disposto na presente lei incumbe ao Instituto da Comunicação Social e, em matéria de publicidade, também ao Instituto do Consumidor, sem prejuízo das competências de qualquer outra entidade legalmente habilitada para o efeito.

4 – Compete ao presidente do Instituto da Comunicação Social a aplicação das coimas previstas na presente lei, com excepção das relativas à violação: a) Dos artigos 18.º, 24.º, 25.º, 53.º a 63.º, que incumbe à Alta Autoridade para a Comunicação Social; e b) Do artigo 24.º, quando cometida através de emissões publicitárias, e dos artigos 36.º e 37.º, da responsabilidade da comissão de aplicação de coimas prevista no Código da Publicidade.

5 – O processamento das contra-ordenações compete à entidade responsável pela aplicação das coimas correspondentes, excepto as relativas à violação do artigo 24.º, quando cometida através de emissões publicitárias, e dos artigos 36.º e 37.º, que incumbe ao Instituto do Consumidor.

6 – A receita das coimas reverte em 60% para o Estado e em 40% para o Instituto da Comunicação Social, quando competente para a sua aplicação, ou em 60% para o Estado, 20% para a entidade fiscalizadora e 20% para a entidade responsável pelo processamento das contra-ordenações respeitantes à violação do artigo 24.º, quando cometida através de emissões publicitárias, e dos artigos 36.º e 37.º

Artigo 90.º (Segunda alteração do Decreto-Lei n.º 241/97, de 18 de Setembro)

Os artigos 16.º e 19.º do Decreto-Lei n.º 241/97, de 18 de Setembro, alterado pela Lei n.º 192/2000, de 18 de Agosto, passam a ter a seguinte redacção: "Artigo 16.º

b) (Revogada.)

3 – No exercício da sua actividade, o operador de rede de distribuição por cabo está sujeito ao cumprimento do disposto no n.º 1 do artigo 24.º da Lei da

480   *Direito da Comunicação Social*

Televisão e, bem assim, das normas respeitantes a direitos de autor e conexos, quando aplicáveis.

Artigo 19.º

2 – É aplicável à distribuição por cabo o disposto nos artigos 65.º a 68.º e 71.º a 85.º da Lei da Televisão.

3 – (Anterior n.º 2.)

4 – (Anterior n.º 3.)"

Artigo 91.º (…)

" Artigo 40.º

2 – A fiscalização do cumprimento do disposto no artigo 24.º na actividade de televisão e, bem assim, nos artigos 25.º e 25.º-A, a instrução dos respectivos processos e a aplicação das correspondentes coimas e sanções acessórias competem à entidade administrativa independente reguladora da comunicação social.

3 – As receitas das coimas aplicadas ao abrigo do disposto nos números anteriores revertem em 40% para a entidade instrutora e em 60% para o Estado."

ARTIGO 92.º (Norma revogatória)

Sem prejuízo do disposto no artigo 88.º, é revogada a Lei n.º 31-A/98, de 14 de Julho.

Aprovada em 15 de Julho de 2003. O Presidente da Assembleia da República, João Bosco Mota Amaral.

Promulgada em 6 de Agosto de 2003.

Publique-se. O Presidente da República, JORGE SAMPAIO.

Referendada em 8 de Agosto de 2003. O Primeiro-Ministro, José Manuel Durão Barroso.

Anexo: Normas dos Principais Diplomas Legislativos

2.2. ESTRUTURA E ESTATUTOS DA CONCESSIONÁRIA DO SERVIÇO PÚBLICO DE RÁDIO E TELEVISÃO
(Lei n.º 8/2007, de 14 de Fevereiro)

A Assembleia da República decreta, nos termos da alínea c) do artigo 161.º da Constituição, o seguinte:

CAPÍTULO I (Rádio e Televisão de Portugal, S. A.)

ARTIGO 1.º (Natureza, objecto e Estatutos)

1 – A Rádio e Televisão de Portugal, SGPS, S. A., passa, por força da presente lei, a ter como objecto principal a prestação dos serviços públicos de rádio e de televisão, nos termos das Leis da Rádio e da Televisão e dos respectivos contratos de concessão e a denominar-se Rádio e Televisão de Portugal, S. A.

2 – São incorporadas na Rádio e Televisão de Portugal, S. A., a Radiotelevisão Portuguesa – Serviço Público de Televisão, S. A., a Radiodifusão Portuguesa, S. A., e a RTP – Meios de Produção, S. A.

3 – A Rádio e Televisão de Portugal, S. A., é uma sociedade de capitais exclusivamente públicos.

4 – A Rádio e Televisão de Portugal, S. A., pode ainda prosseguir quaisquer outras actividades, industriais ou comerciais, relacionadas com a actividade de rádio e de televisão, desde que não comprometam ou afectem a prossecução do serviço público de rádio e de televisão.

5 – Os Estatutos da Rádio e Televisão de Portugal, S. A., são publicados em anexo à presente lei, dela fazendo parte integrante.

6 – As disposições estatutárias relativas à composição, designação, inamovibilidade e competências do conselho de administração, às competências dos directores de programação e de informação, ao conselho de opinião, aos provedores do ouvinte e do telespectador e ao acompanhamento parlamentar da actividade da Rádio e Televisão de Portugal, S. A., apenas podem ser alteradas por lei.

Artigo 2.º (Efeitos)

1 – Em resultado do disposto nos n.ºs 1 e 2 do artigo anterior, a Rádio e Televisão de Portugal, S. A., assume a titularidade das concessões dos serviços públicos de rádio e de televisão e a exploração directa dos respectivos serviços de programas.

2 – São mantidas as marcas RDP e RTP associadas, respectivamente, à prestação do serviço público de rádio e de televisão.

482   *Direito da Comunicação Social*

3 – Os serviços públicos de rádio e de televisão funcionam com plena autonomia editorial no que respeita à sua programação e informação.

4 – As delegações da Radiotelevisão Portuguesa - Serviço Público de Televisão, S. A., e da Radiodifusão Portuguesa, S. A., nas Regiões Autónomas dos Açores e da Madeira são transformadas, em cada uma delas, num único centro regional, sendo correspondentemente aplicável o disposto nos n.ºs 2 e 3.

ARTIGO 3.º (Capital social)

1 – O capital social da Rádio e Televisão de Portugal, S. A., é de (euro) 710948965 e está integralmente realizado pelo Estado.

2 – As acções representativas do capital social da Rádio e Televisão de Portugal, S. A., são detidas directamente pela Direcção-Geral do Tesouro e a sua gestão pode ser cometida a uma pessoa colectiva de direito público ou a entidade que pertença ao sector público.

3 – Os direitos do Estado como accionista da Rádio e Televisão de Portugal, S. A., são exercidos por um representante designado por despacho conjunto dos membros do Governo responsáveis pelas áreas da comunicação social e das finanças.

ARTIGO 4.º (Órgãos sociais)

A Rádio e Televisão de Portugal, S. A., tem como órgãos sociais a assembleia geral, o conselho de administração e o fiscal único, com as competências que lhes estão cometidas pela lei e pelos Estatutos.

ARTIGO 5.º (Conselho de opinião)

A Rádio e Televisão de Portugal, S. A., dispõe ainda de um conselho de opinião, composto maioritariamente por membros indicados por associações e outras entidades representativas dos diferentes sectores da opinião pública, nos termos e com as competências previstos nos Estatutos.

ARTIGO 6.º (Provedores do ouvinte e do telespectador)

Junto da Rádio e Televisão de Portugal, S. A., exercem funções um provedor do ouvinte e um provedor do telespectador, de acordo com as competências previstas nos Estatutos.

CAPÍTULO II (Formalização e registo)

ARTIGO 7.º (Registo e isenções)

1 – A presente lei constitui título bastante para a comprovação e formalização dos actos jurídicos nela previstos, incluindo os de registo.

Anexo: Normas dos Principais Diplomas Legislativos 483

2 – Desde que verificados os pressupostos legais do regime jurídico previsto no Decreto-Lei n.º 404/90, de 21 de Dezembro, são isentos de taxas, do IMT e do imposto do selo todos os actos a praticar para execução do disposto na presente lei, incluindo o registo das transmissões de bens nela previsto e o registo dos Estatutos da Rádio e Televisão de Portugal, S. A.

3 – Os actos previstos na presente lei são praticados oficiosamente pelas repartições públicas competentes.

4 – O disposto nos n.ᵒˢ 2 e 3 não é aplicável aos actos a praticar nas conservatórias de registos.

5 – A ausência de registo não impede a produção de efeitos dos Estatutos da Rádio e Televisão de Portugal, S. A., nos termos do artigo 14.º

6 – Considerando a neutralidade fiscal das operações decorrentes do artigo 2.º e ainda o disposto no n.º 6 do artigo 69.º do Código do IRC, é autorizada a dedução ao lucro tributável da entidade incorporante dos prejuízos fiscais do grupo, ainda não deduzidos, sujeito ao regime especial de tributação dos grupos de sociedades, nos termos das normas gerais aplicáveis ao reporte de prejuízos.

ARTIGO 8.º (Deliberações sociais)

Enquanto a Rádio e Televisão de Portugal, S. A., tiver um único accionista fica dispensada a realização de assembleias gerais da sociedade, sendo suficiente que as deliberações sociais respectivas sejam registadas em acta assinada pelo representante daquele accionista.

CAPÍTULO III (Disposições finais e transitórias)

ARTIGO 9.º (Relações laborais)

1 – Transmite-se para a Rádio e Televisão de Portugal, S. A., a posição jurídica de empregador nos contratos de trabalho ou de prestação de serviços mantidos pela Rádio e Televisão de Portugal, SGPS, S. A., pela Radiotelevisão Portuguesa – Serviço Público de Televisão, S. A., pela Radiodifusão Portuguesa, S. A., e pela RTP – Meios de Produção, S. A., observando-se o disposto na legislação geral sobre os efeitos da transmissão da empresa ou estabelecimento nas relações de trabalho.

2 – Os instrumentos de regulamentação colectiva de trabalho que vinculam a Rádio e Televisão de Portugal, SGPS, S. A., a Radiotelevisão Portuguesa – Serviço Público de Televisão, S. A., a Radiodifusão Portuguesa, S. A., e a RTP - Meios de Produção, S. A., mantêm-se em vigor, nos termos e prazos neles constantes.

3 – Os trabalhadores e pensionistas da RDP, S. A., oriundos da antiga Emissora Nacional mantêm perante a Rádio e Televisão de Portugal, S. A., todos

484 *Direito da Comunicação Social*

os direitos e obrigações, continuando sujeitos ao regime jurídico que lhes era aplicável.

Artigo 10.º (Relações contratuais)

Não se considera alteração das circunstâncias a transmissão para a Rádio e Televisão de Portugal, S. A., por força da presente lei, de quaisquer contratos que vinculem as sociedades ora incorporadas.

Artigo 11.º (Aumento do capital social)

O capital social da Rádio e Televisão de Portugal, S. A., é aumentado através das dotações de capital previstas no acordo de reestruturação financeira assinado entre a Rádio e Televisão de Portugal, SGPS, S. A., e o Estado Português em 22 de Setembro de 2003.

Artigo 12.º (Remissões)

Consideram-se feitas à Rádio e Televisão de Portugal S. A., as referências efectuadas na lei à Rádio e Televisão de Portugal, SGPS, S. A., à Radiotelevisão Portuguesa – Serviço Público de Televisão, S. A., à Radiodifusão Portuguesa, S. A., e à RTP – Meios de Produção, S. A.

Artigo 13.º (Revogação)

É revogada a Lei n.º 33/2003, de 22 de Agosto.

Artigo 14.º (Produção de efeitos)

A presente lei, assim como os Estatutos anexos, produzem efeitos desde 1 de Janeiro de 2007.

Aprovada em 4 de Janeiro de 2007.

O Presidente da Assembleia da República, Jaime Gama.

Promulgada em 2 de Fevereiro de 2007.

Publique-se.

O Presidente da República, Aníbal Cavaco Silva.

Referendada em 5 de Fevereiro de 2007.

O Primeiro-Ministro, José Sócrates Carvalho Pinto de Sousa.

Anexo: *Normas dos Principais Diplomas Legislativos* 485

ANEXO
Estatutos da Rádio e Televisão de Portugal, S. A.

CAPÍTULO I (Denominação, sede, duração e objecto)

ARTIGO 1.º (Forma e denominação)
1 – A sociedade adopta a forma de sociedade anónima e a denominação de Rádio e Televisão de Portugal, S. A.
2 – A sociedade rege-se pelos presentes Estatutos e pela legislação geral ou especial que lhe seja aplicável.

ARTIGO 2.º (Sede e representações)
1 – A sociedade tem a sua sede social em Lisboa, na Avenida do Marechal Gomes da Costa, 37.
2 – Por deliberação do conselho de administração, a sociedade pode deslocar a sede social dentro do mesmo município ou para município limítrofe.
3 – A sociedade tem um centro regional em cada região autónoma, com a capacidade necessária para a produção de programas próprios dentro dos limites orçamentais respectivos e com competências para a prática de actos de gestão corrente, de acordo com as regras definidas para o conjunto da empresa.
4 – A sociedade pode criar ou extinguir, em qualquer ponto do território nacional ou fora dele, delegações ou qualquer outra forma de representação social.
5 – A duração da sociedade é por tempo indeterminado.

ARTIGO 3.º (Objecto)
1 – A Rádio e Televisão de Portugal, S. A., tem como objecto a prestação dos serviços públicos de rádio e de televisão, nos termos das Leis da Rádio e da Televisão e dos respectivos contratos de concessão.
2 – A sociedade pode prosseguir quaisquer actividades, industriais ou comerciais, relacionadas com a actividade de rádio e de televisão, na medida em que não comprometam ou afectem a prossecução do serviço público de rádio e de televisão, designadamente as seguintes: a) Exploração da actividade publicitária, nos termos dos respectivos contratos de concessão; b) Produção e disponibilização ao público de bens relacionados com a actividade de rádio ou de televisão, nomeadamente programas e publicações; c) Prestação de serviços de consultoria técnica e de formação profissional e cooperação com outras entidades, nacionais ou estrangeiras, especialmente com entidades congéneres dos países de expressão portuguesa; d) Participação em investimentos na produção de obras cinematográficas e audiovisuais.

486 *Direito da Comunicação Social*

ARTIGO 4.º (Responsabilidade pelos conteúdos)

1 – A responsabilidade pela selecção e pelo conteúdo da programação dos serviços de programas da Rádio e Televisão de Portugal, S. A., pertence aos respectivos directores.

2 – A competência referida no número anterior deve respeitar as orientações de gestão definidas pelo conselho de administração no estrito âmbito das suas competências e de acordo com os objectivos e obrigações, designadamente de serviço público, previstos nas Leis da Rádio e da Televisão e nos contratos de concessão.

3 – As orientações de gestão referidas no número anterior não incidem sobre matérias que envolvam responsabilidade editorial pela informação dos serviços de programas da Rádio e Televisão de Portugal, S. A., a qual pertence, directa e exclusivamente, ao director que chefie a respectiva área.

4 – A Assembleia da República, a Entidade Reguladora para a Comunicação Social e o conselho de opinião da Rádio e Televisão de Portugal, S. A., aferem, no âmbito das respectivas competências, do cumprimento dos objectivos e obrigações do serviço público por parte da Rádio e Televisão de Portugal, S. A.

5 – A Rádio e Televisão de Portugal, S. A., deve assegurar a contribuição dos centros regionais e das delegações para a respectiva programação e informação.

ARTIGO 5.º (Acompanhamento parlamentar)

1 – O conselho de administração da Rádio e Televisão de Portugal, S. A., mantém a Assembleia da República informada sobre o cumprimento do serviço público de rádio e de televisão, designadamente através do envio anual dos planos de actividades e orçamento, assim como dos relatórios de actividades e contas.

2 – Os membros do conselho de administração da Rádio e Televisão de Portugal, S. A., os responsáveis pela programação e informação dos respectivos serviços de programas e os provedores estão sujeitos a uma audição anual na Assembleia da República.

3 – A primeira audição parlamentar dos membros do conselho de administração realiza-se imediatamente a seguir à sua eleição.

4 – Independentemente do disposto no n.º 2, a Assembleia da República pode, a qualquer momento, convocar as entidades ali referidas para a prestação de esclarecimentos respeitantes ao funcionamento do serviço público.

5 – Os directores dos centros regionais estão sujeitos a uma audição anual na respectiva assembleia legislativa da região.

CAPÍTULO II (Do capital social e acções)

Artigo 6.º (Capital social, acções e representação do Estado)
1 – O capital social da Rádio e Televisão de Portugal, S. A., é de (euro) 710948965 e está integralmente realizado pelo Estado.

2 – O capital social é dividido em acções com o valor nominal de (euro) 5 cada, podendo haver títulos de 1, 10, 15 e 100 acções e de múltiplos de 100 até 10000.

3 – As acções são nominativas, não podendo ser convertidas em acções ao portador, ficando desde já autorizada, nos termos da legislação aplicável, a emissão ou conversão de acções escriturais, as quais seguem o regime das acções nominativas.

4 – As acções representativas do capital social pertencem exclusivamente ao Estado, a pessoas colectivas de direito público, a empresas públicas ou a sociedades de capitais exclusivamente públicos.

CAPÍTULO III (Órgãos da sociedade)

SECÇÃO I (Disposições gerais)

Artigo 7.º (Órgãos sociais)
1 – São órgãos sociais da sociedade a assembleia geral, o conselho de administração e o fiscal único.

2 – Os membros dos órgãos sociais exercem as suas funções por períodos de quatro anos civis, renováveis, contando-se como completo o ano civil da designação.

3 – Os membros dos órgãos sociais consideram-se empossados no momento em que tenham sido eleitos e permanecem no exercício de funções até à eleição dos respectivos substitutos.

SECÇÃO II (Assembleia geral)

Artigo 8.º (Composição e funcionamento)
1 – A assembleia geral é formada pelos accionistas com direito a voto.

2 – A cada 1000 acções corresponde um voto.

3 – Os membros do conselho de administração e o fiscal único devem estar presentes nas reuniões da assembleia geral e podem participar nos seus trabalhos, mas não têm, nessa qualidade, direito a voto.

488   *Direito da Comunicação Social*

4 – As deliberações são tomadas por maioria dos votos dos accionistas presentes ou representados sempre que a lei ou os Estatutos não exijam maior número.

Artigo 9.º (Competências)

Cabe à assembleia geral prosseguir as competências que lhe estão cometidas nos presentes Estatutos e na lei geral e, em especial: a) Eleger e destituir a mesa da assembleia, os membros do conselho de administração e o fiscal único; b) Deliberar sobre alterações dos Estatutos e aumentos de capital, sem prejuízo do disposto no n.º 5 do artigo 1.º da lei que aprova os presentes Estatutos; c) Deliberar, de acordo com o estatuto do gestor público, sobre as remunerações dos membros dos órgãos sociais, podendo, para o efeito, designar uma comissão de vencimentos; d) Discutir e votar o balanço e as contas e o parecer do fiscal único e deliberar sobre a aplicação dos resultados do exercício; e) Deliberar sobre a constituição de um fundo de reserva, sem limite máximo, constituído pela transferência de lucros líquidos apurados em cada exercício; f) Fixar o valor a partir do qual (icam sujeitas à sua autorização a aquisição, a alienação ou a oneração de direitos, incluindo os incidentes sobre bens imóveis ou móveis e participações sociais; g) Autorizar empréstimos com respeito pelo disposto no n.º 3 do artigo 2.º da Lei de Financiamento do Serviço Público de Radiodifusão e de Televisão; h) Deliberar sobre a emissão de obrigações; i) Deliberar, por maioria qualificada de dois terços, sobre a separação de partes do património da sociedade ou da sua actividade, tendo em vista a sua afectação a novas empresas que venha a criar ou em cujo capital venha a participar; j) Aprovar o plano anual de actividades, bem como os planos de investimento; l) Pronunciar-se sobre qualquer outro assunto para que tenha sido convocada.

Artigo 10.º (Mesa da assembleia geral)

1 – A mesa da assembleia geral é constituída por um presidente, um vice--presidente e um secretário.

2 – A assembleia geral é convocada pelo presidente com uma antecedência mínima de 30 dias, com indicação expressa dos assuntos a tratar.

3 – As faltas são supridas nos termos da lei comercial.

Artigo 11.º (Reuniões)

1 – A assembleia geral reúne, pelo menos, uma vez por ano e sempre que o conselho de administração ou o fiscal único o entenderem necessário ou quando a reunião seja requerida por accionistas que representem, pelo menos, 10% do capital social e o requeiram em carta que indique com precisão os assuntos a incluir na ordem do dia e os respectivos fundamentos.

Anexo: Normas dos Principais Diplomas Legislativos 489

2 – Para efeitos das alíneas a), b) e i) do artigo 9.º, a assembleia geral só pode reunir validamente encontrando-se presentes accionistas que representem a maioria do capital social.

SECÇÃO III (Conselho de administração)

ARTIGO 12.º (Composição)

1 – O conselho de administração é composto por cinco elementos eleitos em assembleia geral, sendo um presidente e um vice-presidente.

2 – O conselho de administração compreende apenas administradores executivos.

ARTIGO 13.º (Inamovibilidade)

1 – Os elementos do conselho de administração são inamovíveis, só podendo ser destituídos em momento anterior ao do termo do seu mandato: a) Quando comprovadamente cometam falta grave no desempenho das suas funções ou no cumprimento de qualquer outra obrigação inerente ao cargo; b) Em caso de incumprimento grave e reiterado do contrato de concessão do serviço público de rádio ou de televisão; c) Em caso de incapacidade permanente.

2 – A decisão de destituição fundamentada na alínea b) do número anterior apenas pode ocorrer após parecer favorável da Entidade Reguladora para a Comunicação Social.

ARTIGO 14.º (Competências)

Ao conselho de administração compete: a) Assegurar o cumprimento dos objectivos e obrigações previstos nas Leis da Rádio e da Televisão e nos contratos de concessão do serviço público de rádio e de televisão; b) Gerir os negócios sociais e praticar todos os actos relativos ao objecto social que não caibam na competência atribuída a outros órgãos da sociedade; c) Representar a sociedade em juízo e fora dele, activa e passivamente, podendo desistir, transigir e confessar em quaisquer pleitos e, bem assim, comprometer-se, mediante convenção de arbitragem, à decisão de árbitros; d) Adquirir, vender ou, por outra forma, alienar ou onerar direitos, incluindo os incidentes sobre bens imóveis ou móveis e participações sociais, sem prejuízo das competências atribuídas nesta matéria à assembleia geral; e) Deliberar sobre a constituição de outros fundos, para além do fundo de reserva da competência da assembleia geral, e sobre as provisões necessárias para prevenir riscos de depreciação ou prejuízos a que determinadas espécies de instalações ou equipamentos estejam particularmente sujeitas; f) Deliberar sobre a criação e extinção, em qualquer ponto do território nacional ou fora dele, de agências, delegações ou qualquer outra forma de representação social; g) Estabelecer a organização técnico-administrativa da sociedade e a

490 *Direito da Comunicação Social*

regulamentação do seu funcionamento interno, designadamente o quadro de pessoal e a respectiva remuneração; h) Nomear e destituir os responsáveis pelos conteúdos da programação e da informação, sem prejuízo das competências legalmente atribuídas neste domínio à Entidade Reguladora para a Comunicação Social; i) Constituir mandatários com os poderes que julgue convenientes; j) Exercer as demais competências que lhe sejam atribuídas por lei ou pela assembleia geral.

ARTIGO 15.º (Presidente)

1 – Compete, especialmente, ao presidente do conselho de administração: a) Representar o conselho em juízo e fora dele; b) Coordenar a actividade do conselho de administração, convocar e dirigir as respectivas reuniões; c) Exercer voto de qualidade; d) Zelar pela correcta execução das deliberações do conselho de administração.

2 – Nas suas faltas ou impedimentos, o presidente é substituído pelo vice-presidente.

ARTIGO 16.º (Reuniões)

1 – O conselho de administração deve fixar as datas ou a periodicidade das suas reuniões ordinárias e reunir extraordinariamente sempre que convocado pelo presidente, por sua iniciativa ou a solicitação de dois administradores.

2 – O conselho de administração não pode deliberar sem a presença da maioria dos seus membros em efectividade de funções, salvo por motivo de urgência como tal reconhecido pelo presidente, caso em que os votos podem ser expressos por correspondência ou por procuração passada a outro administrador.

3 – As deliberações do conselho de administração constam sempre de acta e são tomadas por maioria dos votos dos membros presentes, tendo o presidente, ou quem legalmente o substitua, voto de qualidade.

ARTIGO 17.º (Assinaturas)

1 – A sociedade obriga-se: a) Pela assinatura de dois membros do conselho de administração; b) Pela assinatura de um administrador, no âmbito dos poderes que lhe tenham sido expressamente delegados; c) Pela assinatura de mandatários constituídos, no âmbito do correspondente mandato.

2 – Em assuntos de mero expediente basta a assinatura de um administrador.

3 – O conselho de administração pode deliberar, nos termos legais, que certos documentos da sociedade sejam assinados por processos mecânicos ou por chancela.

SECÇÃO IV (Fiscal único)

Artigo 18.º (Função)

1 – A fiscalização da sociedade é exercida por um fiscal único eleito em assembleia geral, que também elege o suplente.

2 – O fiscal único e o seu suplente são revisores oficiais de contas ou sociedades de revisores oficiais de contas.

3 – O fiscal único pode ser coadjuvado por técnicos especialmente designados ou contratados para esse efeito e ainda por empresas especializadas em trabalhos de auditoria.

4 – O fiscal único deve, obrigatória e anualmente, solicitar uma auditoria sobre a aplicação dos empréstimos concedidos pelo Estado.

Artigo 19.º (Competências)

Além das competências constantes da lei geral, cabe, em especial, ao fiscal único: a) Examinar, sempre que o julgue conveniente, e, pelo menos, uma vez por mês, a escrituração da sociedade; b) Emitir parecer sobre o orçamento, o balanço, o inventário e as contas anuais; c) Pedir a convocação extraordinária da assembleia geral sempre que o entenda conveniente; d) Solicitar ao conselho de administração a apreciação de qualquer assunto que entenda dever ser ponderado; e) Pronunciar-se sobre qualquer matéria que lhe seja submetida pelo conselho de administração.

SECÇÃO V (Secretário da sociedade)

Artigo 20.º (Secretário)

O conselho de administração pode designar um secretário da sociedade e um suplente para exercer as funções previstas na lei.

CAPÍTULO IV (Conselho de opinião)

Artigo 21.º (Composição)

1 – O conselho de opinião é constituído por: a) Dez membros eleitos pela Assembleia da República segundo o método da média mais alta de Hondt; b) Um membro designado pela Assembleia Legislativa da Região Autónoma dos Açores; c) Um membro designado pela Assembleia Legislativa da Região Autónoma da Madeira; d) Um membro designado pela Associação Nacional dos Municípios Portugueses; e) Dois membros designados pelas associações sindicais e dois membros designados pelas associações patronais; f) Um membro designado pelas confissões religiosas mais representativas; g) Um membro designado pelas

492 *Direito da Comunicação Social*

associações dos espectadores de televisão; h) Um membro designado pelas associações de pais; i) Um membro designado pelas associações de defesa da família; j) Um membro designado pelas associações de juventude; l) Um membro designado pelas associações de defesa dos autores portugueses; m) Um membro designado pela secção das organizações não governamentais do conselho consultivo da Comissão para a Igualdade e para os Direitos das Mulheres; n) Um membro designado pelo Conselho Consultivo para os Assuntos da Imigração; o) Um membro designado pelas associações de pessoas com deficiência ou incapacidade; p) Um membro designado pelas associações de defesa dos consumidores; q) Dois membros de reconhecido mérito, cooptados pelos restantes membros do conselho.

2 – Os presidentes da assembleia geral, do conselho de administração e o fiscal único podem assistir às reuniões do conselho de opinião e participar nos trabalhos, sem direito a voto.

3 – Os membros do conselho de opinião exercem as suas funções por períodos de quatro anos, renováveis.

4 – Os membros do conselho de opinião são independentes no exercício das suas funções, quer perante os demais órgãos estatutários da Rádio e Televisão de Portugal, S. A., quer perante as entidades que os designam.

ARTIGO 22.º (Competência)

1 – Compete ao conselho de opinião: a) Apreciar os planos de actividade e orçamento relativos ao ano seguinte, bem como os planos plurianuais da sociedade; b) Apreciar o relatório e contas; c) Acompanhar a actividade, assim como pronunciar-se sobre o cumprimento do serviço público de rádio e de televisão, tendo em conta as respectivas bases gerais da programação e planos de investimento, podendo para tal ouvir os responsáveis pela selecção e pelos conteúdos da programação e informação da Rádio e Televisão de Portugal, S. A.; d) Apreciar a actividade da empresa no âmbito da cooperação com os países de expressão portuguesa e do apoio às comunidades portuguesas no estrangeiro; e) Emitir parecer sobre os contratos de concessão a celebrar com o Estado, designadamente quanto à qualificação das missões de serviço público; f) Eleger, de entre os seus membros, o presidente; g) Pronunciar-se sobre quaisquer assuntos que os órgãos sociais entendam submeter-lhe a parecer; h) Emitir parecer vinculativo sobre as pessoas indigitadas para os cargos de provedor do telespectador e de provedor do ouvinte.

2 – Os órgãos sociais da sociedade, assim como os responsáveis pelas áreas da programação e da informação, devem colaborar com o conselho de opinião na prossecução das suas competências.

Anexo: Normas dos Principais Diplomas Legislativos

ARTIGO 23.º (Reuniões)

O conselho de opinião reúne ordinariamente três vezes por ano para apreciação das matérias da sua competência e extraordinariamente mediante solicitação da maioria dos seus membros.

CAPÍTULO V (Provedores)

ARTIGO 24.º (Designação)

1 – O provedor do ouvinte e o provedor do telespectador são designados de entre pessoas de reconhecidos mérito profissional, credibilidade e integridade pessoal cuja actividade nos últimos cinco anos tenha sido exercida na área da comunicação.

2 – O conselho de administração da Rádio e Televisão de Portugal, S. A., indigita o provedor do ouvinte e o provedor do telespectador e comunica a referida indigitação ao conselho de opinião até 30 dias antes do final dos mandatos.

3 – Os nomes indigitados para os cargos de provedor do ouvinte e de provedor do telespectador ficam sujeitos a parecer vinculativo do conselho de opinião.

4 – Caso o conselho de opinião não emita parecer no prazo de 30 dias após a data em que lhe tenha sido comunicada a indigitação, presume-se que o respectivo parecer é favorável.

5 – Salvo parecer desfavorável do conselho de opinião, devidamente fundamentado no não preenchimento dos requisitos previstos no n.º 1 do presente artigo, o provedor do ouvinte e o provedor do telespectador são investidos pelo conselho de administração, no prazo máximo de cinco dias a contar da data de emissão de parecer pelo conselho de opinião ou, no caso da sua ausência, a contar do prazo previsto no número anterior.

ARTIGO 25.º (Estatuto)

1 – O provedor do ouvinte e o provedor do telespectador gozam de independência face aos órgãos e estruturas da concessionária do serviço público de rádio e de televisão e respectivos operadores, sem prejuízo da remuneração que lhes é devida.

2 – Os mandatos do provedor do ouvinte e do provedor do telespectador têm a duração de dois anos, renováveis por uma vez nos termos do artigo anterior.

3 – Os mandatos do provedor do ouvinte e do provedor do telespectador só cessam nas seguintes situações: a) Morte ou incapacidade permanente do titular; b) Renúncia do titular; c) Designação de novo titular, no caso de expiração do mandato.

494 *Direito da Comunicação Social*

ARTIGO 26.º (Cooperação)

1 – A Rádio e Televisão de Portugal, S. A., faculta ao provedor do ouvinte e ao provedor do telespectador os meios administrativos e técnicos necessários ao desempenho das suas funções.

2 – A remuneração do provedor do ouvinte e do provedor do telespectador é fixada pelo conselho de administração da Rádio e Televisão de Portugal, S. A., que igualmente assegura o pagamento das despesas necessárias ao prosseguimento das suas funções.

3 – Os órgãos, estruturas, serviços e trabalhadores da Rádio e Televisão de Portugal, S. A., e, em especial, os directores de programação e de informação devem colaborar com o provedor do ouvinte e com o provedor do telespectador, designadamente através da prestação e da entrega célere e pontual das informações e dos documentos solicitados, bem como da permissão do acesso às suas instalações e aos seus registos, sem prejuízo da salvaguarda do sigilo profissional.

ARTIGO 27.º (Competências)

1 – Compete ao provedor do ouvinte e ao provedor do telespectador: a) Receber e avaliar a pertinência de queixas e sugestões dos ouvintes e telespectadores sobre os conteúdos difundidos e a respectiva forma de apresentação pelos serviços públicos de rádio e de televisão; b) Produzir pareceres sobre as queixas e sugestões recebidas, dirigindo-os aos órgãos de administração e aos demais responsáveis visados; c) Indagar e formular conclusões sobre os critérios adoptados e os métodos utilizados na elaboração e apresentação da programação e da informação difundidas pelos serviços públicos de rádio e de televisão; d) Transmitir aos ouvintes e telespectadores os seus pareceres sobre os conteúdos difundidos pelos serviços públicos de rádio e de televisão; e) Assegurar a edição, nos principais serviços de programas, de um programa semanal sobre matérias da sua competência, com uma duração mínima de quinze minutos, a transmitir em horário adequado; f) Elaborar um relatório anual sobre a sua actividade.

2 – O provedor do ouvinte e o provedor do telespectador devem ouvir o director de informação ou o director de programação, consoante a matéria em apreço, e as pessoas alvo de queixas ou sugestões, previamente à adopção de pareceres, procedendo à divulgação das respectivas opiniões.

3 – Os pareceres e as conclusões referidos nas alíneas b) e c) do n.º 1 são sempre comunicados aos responsáveis pelos serviços e pessoas visados, que, no prazo fixado pelo provedor ou, na sua ausência, no prazo máximo de cinco dias, devem comunicar resposta fundamentada ao respectivo provedor e adoptar as medidas necessárias.

4 – Os relatórios anuais do provedor do ouvinte e do provedor do telespectador devem ser enviados à Entidade Reguladora para a Comunicação Social até ao dia 31 de Janeiro de cada ano e divulgados anualmente, pelos operadores que

Anexo: Normas dos Principais Diplomas Legislativos

actuem ao abrigo de concessão do serviço público de rádio e de televisão, através do respectivo sítio electrónico ou por qualquer outro meio julgado conveniente.

CAPÍTULO VI (Dos exercícios sociais e aplicação de resultados)

ARTIGO 28.º (Planos)

1 – A gestão económica e financeira da sociedade é programada e disciplinada por planos de actividade e financeiros, anuais e plurianuais, bem como por orçamentos anuais de exploração e investimentos que consignem os recursos indispensáveis à cobertura das despesas neles previstas.

2 – Os planos financeiros devem prever a evolução das despesas, os investimentos projectados e as fontes de financiamento.

3 – Os planos plurianuais são actualizados em cada ano e devem traduzir a estratégia da empresa a médio prazo, integrando-se nas orientações definidas no planeamento para o sector em que a empresa se insere.

4 – Os exercícios coincidem com os anos civis.

ARTIGO 29.º (Aplicação de lucros)

Os lucros de exercício, devidamente aprovados, têm a seguinte aplicação: a) Um mínimo de 10% para constituição ou eventual reintegração da reserva legal, até atingir o montante exigível; b) O restante para fins que a assembleia geral delibere de interesse para a sociedade.

CAPÍTULO VII (Pessoal)

ARTIGO 30.º (Regime)

Ao pessoal da sociedade aplica-se, de acordo com a natureza do respectivo vínculo jurídico, a lei geral do trabalho ou a lei civil.

496   *Direito da Comunicação Social*

2.3. LEI DA RÁDIO   (Lei n.º 4/2001, de 23 de Fevereiro)

A Assembleia da República decreta, nos termos da alínea c) do artigo 161.º da Constituição, para valer como lei geral da República, o seguinte:

CAPÍTULO I **(Disposições gerais)**

ARTIGO 1.º **(Objecto)**
A presente lei tem por objecto regular o acesso à actividade de radiodifusão sonora e o seu exercício no território nacional.

ARTIGO 2.º **(Definições)**
1 – Para efeitos da presente lei entende-se por: a) Radiodifusão, a transmissão unilateral de comunicações sonoras, por meio de ondas radioeléctricas ou de qualquer outra forma apropriada, destinada à recepção pelo público em geral; b) Operador radiofónico, a pessoa colectiva legalmente habilitada para o exercício da actividade de radiodifusão; c) Serviço de programas, o conjunto dos elementos da programação, sequencial e unitário, fornecido por um operador radiofónico e como tal identificado no título emitido na sequência de um processo administrativo de licenciamento ou de autorização; d) Serviço de programas generalista, o serviço de programas que apresente um modelo de programação universal, abarcando diversas espécies de conteúdos radiofónicos; e) Serviço de programas temático, o serviço de programas que apresente um modelo de programação centrado num determinado conteúdo, musical, informativo ou outro; f) Programação própria, a que é produzida no estabelecimento e com os recursos técnicos e humanos afectos ao serviço de programas a que corresponde determinada licença ou autorização, e especificamente dirigida aos ouvintes da sua área geográfica de cobertura; g) Emissão em cadeia, a transmissão, simultânea ou diferida, total ou parcial, de um mesmo serviço de programas por mais de um operador licenciado ou autorizado para o exercício da actividade de radiodifusão.
2 – Exceptua-se do disposto na alínea a) do número anterior: a) A transmissão pontual de comunicações sonoras, através de dispositivos técnicos instalados nas imediações dos locais de ocorrência de eventos a que respeitem e tendo por alvo o público aí concentrado, desde que não envolvam a utilização do espectro radioeléctrico; b) As transmissões através da Internet.
3 – Exceptuam-se do disposto na alínea f) do n.º 1 as emissões de carácter publicitário ou meramente repetitivas.

Anexo: Normas dos Principais Diplomas Legislativos 497

Artigo 3.º (Exercício da actividade de radiodifusão)

1 – A actividade de radiodifusão apenas pode ser prosseguida por entidades que revistam a forma jurídica de pessoa colectiva e tenham por objecto principal o seu exercício, nos termos da presente lei.

2 – O exercício da actividade de radiodifusão só é permitido mediante a atribuição de licença ou de autorização, conferidas nos termos da presente lei, salvaguardados os direitos já adquiridos por operadores devidamente habilitados.

3 – As frequências a utilizar pela empresa concessionária do serviço público de radiodifusão são atribuídas por despacho conjunto dos membros do Governo responsáveis pelas áreas da comunicação social e das comunicações.

4 – As autorizações para o fornecimento de novos serviços de programas pela concessionária do serviço público são atribuídas por despacho do membro do Governo responsável pela área da comunicação social.

5 – Os operadores radiofónicos com serviços de programas de âmbito local devem produzir e difundir as respectivas emissões a partir do estabelecimento a que corresponde a licença ou autorização.

Artigo 4.º (Tipologia dos serviços de programas de radiodifusão)

1 – Quanto ao nível da cobertura, os serviços de programas podem ser de âmbito nacional, regional ou local, consoante abranjam, com o mesmo sinal recomendado, respectivamente: a) A generalidade do território nacional; b) Um conjunto de distritos no continente ou um conjunto de ilhas nas Regiões Autónomas, ou uma ilha com vários municípios; c) Um município e eventuais áreas limítrofes, de acordo com as exigências técnicas à necessária cobertura daquele.

2 – Quanto ao conteúdo da programação, os serviços de programas podem ser generalistas ou temáticos.

3 – A classificação dos serviços de programas quanto ao nível de cobertura e conteúdo da programação compete à Alta Autoridade para a Comunicação Social (Alta Autoridade para a Comunicação Social).

Artigo 5.º (Serviços de programas universitários)

1 – As frequências disponíveis para o exercício da actividade de radiodifusão de âmbito local podem ser reservadas para a prestação de serviços de programas vocacionados para as populações universitárias, através de despacho conjunto dos membros do Governo responsáveis pelas áreas da comunicação social, das comunicações e da educação.

2 – O diploma referido no número anterior abrirá concurso público a que apenas podem candidatar-se entidades participadas por instituições do ensino superior e associações de estudantes da área geográfica correspondente às frequências a atribuir, devendo conter o respectivo regulamento.

498   *Direito da Comunicação Social*

3 – Havendo lugar a selecção de projectos apresentados ao mesmo concurso, a Alta Autoridade para a Comunicação Social terá em conta, para efeitos de graduação das candidaturas, a diversidade e a criatividade do projecto, a promoção do experimentalismo e da formação de novos valores, a capacidade de contribuir para o debate de ideias e de conhecimentos, bem como a de fomentar a aproximação entre a vida académica e a população local, e ainda a cooperação institucional alcançada pelas entidades signatárias do projecto.

4 – Os serviços de programas a que se refere o presente artigo não podem incluir qualquer forma de publicidade comercial, incluindo patrocínios.

5 – Os serviços de programas licenciados ao abrigo deste artigo não são abrangidos pelo artigo 42.º e apenas podem transmitir programação própria, sendo-lhes em tudo o mais aplicável o disposto na presente lei para os serviços de programas temáticos de âmbito local.

ARTIGO 6.º (Restrições)

A actividade de radiodifusão não pode ser exercida ou financiada por partidos ou associações políticas, autarquias locais, organizações sindicais, patronais ou profissionais, directa ou indirectamente através de entidades em que detenham capital ou por si subsidiadas.

ARTIGO 7.º (Concorrência e concentração)

1 – É aplicável aos operadores radiofónicos o regime geral de defesa e promoção da concorrência, nomeadamente no que respeita às práticas proibidas, em especial o abuso de posição dominante, e à concentração de empresas, com as especialidades previstas na presente lei.

2 – As operações de concentração entre operadores radiofónicos, sejam horizontais ou verticais, seguem ainda o disposto no artigo 18.º, devendo a Alta Autoridade para a Comunicação Social, sem prejuízo da aplicação dos critérios de ponderação aí definidos, recusar a sua realização quando coloquem manifestamente em causa a livre expressão e confronto das diversas correntes de opinião.

3 – Cada pessoa singular ou colectiva só pode deter participação, no máximo, em cinco operadores de radiodifusão.

4 – Não são permitidas, no mesmo município, participações superiores a 25% no capital social de mais de um operador radiofónico com serviços de programas de âmbito local.

ARTIGO 8.º (Transparência da propriedade)

1 – As acções constitutivas do capital social dos operadores radiofónicos que revistam a forma de sociedade anónima têm obrigatoriamente natureza nominativa.

Anexo: Normas dos Principais Diplomas Legislativos 499

2 – As alterações ao capital social dos operadores que revistam forma societária devem ser comunicadas à Alta Autoridade para a Comunicação Social, no prazo de 30 dias, pelo notário que efectivou a correspondente escritura pública.

ARTIGO 9.º (Fins da actividade de radiodifusão)

1 – Constituem fins dos serviços de programas generalistas de radiodifusão, no quadro dos princípios constitucionais vigentes: a) Promover o exercício do direito de informar e de ser informado, com rigor e independência, sem impedimentos nem discriminações; b) Contribuir para o pluralismo político, social e cultural; c) Contribuir para a formação do público, favorecendo o reconhecimento da cidadania enquanto valor essencial à democracia; d) Promover a cultura e a língua portuguesa e os valores que exprimem a identidade nacional.

2 – Constitui ainda fim específico dos serviços de programas generalistas de âmbito local a produção e difusão de uma programação destinada especificamente à audiência do espaço geográfico a que corresponde a licença ou autorização.

3 – Os serviços de programas temáticos têm como finalidade contribuir, através do modelo adoptado, para a diversidade da oferta radiofónica na respectiva área de cobertura.

ARTIGO 10.º (Serviço público)

O Estado assegura a existência e o funcionamento de um serviço público de radiodifusão, em regime de concessão, nos termos do capítulo IV.

ARTIGO 11.º (Incentivos do Estado)

Tendo em vista assegurar a possibilidade de expressão e confronto das diversas correntes de opinião, o Estado organiza um sistema de incentivos não discriminatórios de apoio à radiodifusão sonora local, baseado em critérios gerais e objectivos, determinados em lei específica.

ARTIGO 12.º (Registo)

1 – Compete ao Instituto da Comunicação Social (ICS) organizar um registo dos operadores radiofónicos e dos respectivos títulos de habilitação para o exercício da actividade de radiodifusão, bem como dos titulares do capital social, quando os operadores revistam forma societária, nos termos fixados em decreto regulamentar.

2 – Os operadores radiofónicos estão obrigados a comunicar ao ICS os elementos necessários para efeitos de registo, bem como a proceder à sua actualização, nos termos previstos no diploma referido no número anterior.

3 – O ICS pode, a qualquer momento, efectuar auditorias para fiscalização e controlo dos elementos fornecidos pelos operadores radiofónicos.

500 · *Direito da Comunicação Social*

ARTIGO 13.º (Normas técnicas)

1 – A definição das condições técnicas do exercício da actividade de radiodifusão e dos equipamentos a utilizar, dos termos e prazos da atribuição das necessárias licenças radioeléctricas e dos montantes das respectivas taxas constam de diploma regulamentar.

2 – O diploma referido no número anterior fixa os termos em que, havendo necessidade de melhorar a qualidade técnica de cobertura dos serviços de programas licenciados, é possível solicitar a utilização de estações retransmissoras e a localização da respectiva estação emissora fora do município cuja área pretende cobrir.

CAPÍTULO II (Acesso à actividade)

SECÇÃO I (Regras comuns)

ARTIGO 14.º (Modalidades de acesso)

1 – O acesso à actividade de radiodifusão é objecto de licenciamento, mediante concurso público ou de autorização, consoante os serviços de programas a fornecer utilizem ou não o espectro hertziano terrestre.

2 – As licenças ou autorizações para emissão são individualizadas de acordo com o número de serviços de programas a fornecer por cada operador.

3 – As licenças e as autorizações são intransmissíveis.

4 – Exceptua-se do n.º 1 o serviço público de radiodifusão nos termos previstos no capítulo IV.

ARTIGO 15.º (Emissão das licenças e autorizações)

1 – Compete à Alta Autoridade para a Comunicação Social atribuir as licenças e as autorizações para o exercício da actividade de radiodifusão, de acordo com o n.º 2 do artigo anterior, bem como proceder às correspondentes renovações.

2 – O título de habilitação para o exercício da actividade contém, designadamente, a denominação e o tipo do serviço de programas a que respeita, a identificação e sede do titular, bem como a área de cobertura e, se for o caso, as frequências e potência autorizadas.

3 – O modelo do título a que se refere o número anterior é aprovado por despacho conjunto dos membros do Governo responsáveis pelas áreas da comunicação social e das comunicações.

Anexo: Normas dos Principais Diplomas Legislativos 501

Artigo 16.º (Instrução dos processos)

1 – Os processos de licenciamento ou autorização são instruídos pelo ICS, que promoverá, para o efeito, a recolha dos necessários pareceres do Instituto das Comunicações de Portugal (ICP), no que respeita às condições técnicas da candidatura.

2 – Os processos que não preencham as condições legais e regulamentares de candidatura não são aceites, sendo a respectiva recusa objecto de despacho do membro do Governo responsável pela área da comunicação social.

3 – O ICS submete os processos à apreciação da Alta Autoridade para a Comunicação Social no prazo de 45 dias após o termo do prazo de apresentação das candidaturas ou após o saneamento dos processos, ou no prazo de 7 dias após a recepção e saneamento, consoante se trate, respectivamente, de licenciamento ou de autorização de serviços de programas.

4 – A Alta Autoridade para a Comunicação Social delibera no prazo de 60 ou de 15 dias, consoante se trate, respectivamente, de licenciamento ou de autorização de serviços de programas.

Artigo 17.º (Prazos)

1 – As licenças e autorizações são emitidas pelo prazo de 10 anos, renováveis por iguais períodos, mediante solicitação, com seis meses de antecedência, do respectivo titular, devendo a correspondente decisão ser proferida no prazo de três meses a contar da data da apresentação do pedido.

2 – No caso de a Alta Autoridade para a Comunicação Social não se pronunciar no prazo de três meses, considera-se o pedido de renovação tacitamente aprovado.

Artigo 18.º (Alterações subjectivas)

1 – A realização de negócios jurídicos que envolvam a alteração do controlo de empresa detentora de habilitação legal para o exercício da actividade de radiodifusão só pode ocorrer três anos depois da atribuição original da licença, ou um ano após a última renovação, e deve ser sujeita à aprovação prévia da Alta Autoridade para a Comunicação Social.

2 – A Alta Autoridade para a Comunicação Social decide no prazo de 30 dias, após verificação e ponderação das condições iniciais que foram determinantes para a atribuição do título e dos interesses do auditório potencial dos serviços de programas fornecidos, garantindo a salvaguarda das condições que a habilitaram a decidir sobre o projecto original ou sobre as alterações subsequentes.

3 – Para efeitos do n.º 1, considera-se existir controlo da empresa quando se verifique a possibilidade do exercício, isolado ou conjunto, e tendo em conta as circunstâncias de facto e de direito, de uma influência determinante sobre a sua actividade, designadamente através da existência de direitos de disposição

502   *Direito da Comunicação Social*

sobre qualquer parte dos respectivos activos ou que confiram o poder de determinar a composição ou decisões dos órgãos da empresa.

4 – O regime estabelecido nos números anteriores é aplicável, com as necessárias adaptações, à fusão de cooperativas, devendo a Alta Autoridade para a Comunicação Social, caso estejam reunidos os pressupostos para a realização da operação, promover as respectivas alterações ao título de habilitação para o exercício da actividade.

Artigo 19.º (Observância do projecto aprovado)

1 – O operador radiofónico está obrigado ao cumprimento das condições e termos do serviço de programas licenciado ou autorizado.

2 – A modificação do serviço de programas só pode ocorrer um ano após a atribuição de licença ou autorização e está sujeita a aprovação da Alta Autoridade para a Comunicação Social.

3 – O pedido de modificação deve ser fundamentado tendo em conta, nomeadamente, a evolução do mercado e as implicações para a audiência potencial do serviço de programas em questão.

4 – No caso de a Alta Autoridade para a Comunicação Social não se pronunciar no prazo de 90 dias, considera-se a modificação tacitamente aprovada.

Artigo 20.º (Extinção e suspensão)

1 – As licenças e as autorizações extinguem-se pelo decurso do prazo pelo qual foram atribuídas ou por revogação, podendo ainda ser suspensas nos termos do artigo 69.º

2 – A revogação das licenças ou autorizações é da competência da Alta Autoridade para a Comunicação Social e ocorre nos casos previstos no artigo 70.º.

Artigo 21.º (Regulamentação)

O Governo aprovará a regulamentação aplicável ao licenciamento e à autorização de serviços de programas de radiodifusão e respectiva renovação, que fixará a documentação exigível e o valor das cauções e taxas aplicáveis.

SECÇÃO II (Radiodifusão digital terrestre)

Artigo 22.º (Emissões digitais)

As licenças detidas pelos operadores de radiodifusão analógica constituem habilitação bastante para o exercício da respectiva actividade por via hertziana digital terrestre, nos termos a definir em legislação específica.

Anexo: Normas dos Principais Diplomas Legislativos

SECÇÃO III (Radiodifusão analógica)

SUBSECÇÃO I (Ondas radioeléctricas)

ARTIGO 23.º (Radiodifusão em ondas quilométricas e decamétricas)

1 – A actividade de radiodifusão em ondas quilométricas (ondas longas) e decamétricas (ondas curtas) é assegurada pela concessionária do serviço público de radiodifusão, sem prejuízo dos actuais operadores concessionários ou devidamente licenciados.

2 – Excepcionalmente, e por razões de interesse público, a actividade a que se refere o número anterior pode ser exercida por outras entidades, mediante contrato de concessão a autorizar por resolução do Conselho de Ministros.

ARTIGO 24.º (Radiodifusão em ondas hectométricas e métricas)

A actividade de radiodifusão em ondas hectométricas (ondas médias – amplitude modulada) e métricas (ondas muito curtas – frequência modulada) pode ser prosseguida por qualquer operador, nos termos do n.º 1 do artigo 3.º.

SUBSECÇÃO II (Concurso público)

ARTIGO 25.º (Abertura do concurso)

1 – As licenças para o exercício da actividade de radiodifusão são atribuídas por concurso público.

2 – O concurso público é aberto, após audição da Alta Autoridade para a Comunicação Social, por despacho conjunto dos membros do Governo responsáveis pelas áreas da comunicação social e das comunicações, o qual deve conter o respectivo objecto e regulamento.

ARTIGO 26.º (Apresentação de candidaturas)

1 – Os requerimentos para atribuição de licenças para o exercício da actividade de radiodifusão são dirigidos à Alta Autoridade para a Comunicação Social e entregues, para instrução, no ICS, no prazo fixado no despacho de abertura do concurso público.

2 – Para além de outros documentos exigidos no regulamento do concurso, os requerentes devem apresentar uma descrição detalhada dos meios técnicos e humanos afectos ao projecto e da actividade que se propõem desenvolver.

ARTIGO 27.º (Limites à classificação)

1 – Em cada um dos municípios que integram as áreas metropolitanas de Lisboa e do Porto existirá, pelo menos, uma frequência afecta a um serviço de programas de âmbito local e de conteúdo generalista.

504   *Direito da Comunicação Social*

2 – Fora das áreas metropolitanas de Lisboa e do Porto, os serviços de programas de âmbito local difundidos por via hertziana terrestre apenas podem ser classificados como temáticos se, no respectivo município, pelo menos duas frequências estiverem afectas a serviços de programas generalistas.

ARTIGO 28.º **(Preferência na atribuição de licenças)**

Havendo lugar, para atribuição de licenças, à selecção de projectos apresentados ao mesmo concurso, a Alta Autoridade para a Comunicação Social terá em conta, para efeitos de graduação de candidaturas: a) A qualidade do projecto de exploração, aferida em função da ponderação global das linhas gerais de programação, da sua correspondência com a realidade sócio-cultural a que se destina, do estatuto editorial e do número de horas dedicadas à informação de âmbito equivalente ao da área de cobertura pretendida; b) A criatividade e diversidade do projecto; c) O menor número de licenças detidas pelo mesmo operador para o exercício da actividade; d) O maior número de horas destinadas à emissão de música portuguesa.

ARTIGO 29.º **(Início das emissões)**

1 – As emissões devem iniciar-se no prazo de seis meses após a data da publicação no Diário da República da deliberação de atribuição da respectiva licença.

2 – Os operadores de radiodifusão com serviços de programas de cobertura nacional ficam obrigados a garantir, no prazo de três anos sobre a data de atribuição das respectivas licenças, a cobertura de 75% do correspondente espaço territorial, devendo o restante ser assegurado no prazo de cinco anos.

ARTIGO 30.º **(Associação de serviços de programas temáticos)**

Os serviços de programas temáticos que obedeçam a um mesmo modelo específico podem associar-se entre si, até ao limite máximo de quatro, para a difusão simultânea da respectiva programação, não podendo entre os emissores de cada um deles mediar uma distância inferior a 100 km.

SUBSECÇÃO III **(Conversão de serviços de programas)**

ARTIGO 31.º **(Alteração da classificação)**

1 – Os operadores radiofónicos cujos serviços de programas tenham sido classificados como temáticos podem solicitar, um ano após a respectiva classificação, a sua alteração para generalistas, mediante requerimento dirigido à Alta Autoridade para a Comunicação Social e entregue no ICS.

2 – O ICS notifica os operadores cujos serviços de programas tenham idêntica cobertura na área geográfica servida pelo requerente para que se pronunciem, no prazo de 30 dias, quanto à pretensão de igualmente alterar a classificação dos

Anexo: Normas dos Principais Diplomas Legislativos 505

respectivos serviços de programas, para o que poderão proceder à necessária candidatura no prazo de 60 dias a contar da mesma data.

ARTIGO 32.º (Processo)

1 – O requerimento a que se refere o n.º 1 do artigo anterior deve conter a fundamentação do projecto com a indicação dos objectivos a atingir, a descrição detalhada das linhas gerais da programação a apresentar e a indicação dos recursos humanos e dos equipamentos a utilizar.

2 – Os processos são remetidos, para decisão, à Alta Autoridade para a Comunicação Social, nos 15 dias seguintes ao termo do prazo na circunstância aplicável, de entre os referidos no n.º 2 do artigo anterior.

3 – Caso as candidaturas excedam o número admissível de serviços de programas temáticos nos termos do artigo 27.º, serão hierarquizadas de acordo com os seguintes critérios de preferência: a) Maior percentagem de tempo destinada a programas de índole informativa; b) Maior percentagem de programação própria, tal como definida na alínea g) do artigo 2.º; c) Adequação do projecto às populações que visa servir; d) Recursos humanos envolvidos.

4 – A Alta Autoridade para a Comunicação Social decide no prazo de 30 dias após a recepção dos processos.

SECÇÃO IV (Actividade de radiodifusão via satélite e por cabo)

ARTIGO 33.º (Autorização)

1 – A concessão de autorizações para o exercício da actividade de radiodifusão via satélite ou por cabo depende da verificação da qualidade técnica do projecto.

2 – O pedido de autorização deve ser acompanhado, para além dos documentos indicados no diploma a que se refere o artigo 21.º, dos elementos enunciados no n.º 2 do artigo 26.º.

3 – O estabelecimento de redes próprias de transporte e distribuição do sinal de radiodifusão por cabo ou por satélite obedece, respectivamente, ao disposto nos Decretos-Leis n.ºs 241/97, de 18 de Setembro, e 381-A/97, de 31 de Dezembro.

506   *Direito da Comunicação Social*

CAPÍTULO III (Programação)

SECÇÃO I (Liberdade de programação e de informação)

Artigo 34.º (Autonomia dos operadores)

1 – A liberdade de expressão do pensamento, através da actividade de radiodifusão, integra o direito fundamental dos cidadãos a uma informação livre e pluralista, essencial à democracia e ao desenvolvimento social e económico do País.

2 – Salvo os casos previstos na presente lei, o exercício da actividade de radiodifusão assenta na liberdade de programação, não podendo a Administração Pública ou qualquer órgão de soberania, com excepção dos tribunais, impedir, condicionar ou impor a difusão de quaisquer programas.

Artigo 35.º (Limites à liberdade de programação)

1 – Não é permitida qualquer emissão que atente contra a dignidade da pessoa humana, viole direitos, liberdades e garantias fundamentais ou incite à prática de crimes.

2 – É vedada aos operadores radiofónicos a cedência, a qualquer título, de espaços de propaganda política, sem prejuízo do disposto na presente lei em matéria de direito de antena.

Artigo 36.º (Direito à informação)

1 – O acesso a locais abertos ao público para fins de cobertura jornalística rege-se pelo disposto no Estatuto do Jornalista.

2 – A cobertura informativa de quaisquer eventos através da actividade de radiodifusão está sujeita às normas legais aplicáveis em matéria de direitos de autor e conexos, incluindo as relativas à utilização livre das obras ou prestações protegidas.

3 – Os titulares de direitos decorrentes da organização de espectáculos ou outros eventos públicos não podem opor-se à transmissão radiofónica de breves extractos que se destinem a informar sobre o conteúdo essencial dos acontecimentos em questão.

4 – O exercício do direito à informação sobre acontecimentos desportivos, nomeadamente através do seu relato ou comentário radiofónico, não pode ser limitado ou condicionado pela exigência de quaisquer contrapartidas financeiras, salvo as que se destinem a suportar os custos resultantes da disponibilização de meios técnicos ou humanos para o efeito requeridos.

5 – O disposto no número anterior aplica-se aos operadores radiofónicos licenciados ou autorizados por direito estrangeiro, desde que igual tratamento seja conferido aos operadores nacionais pela legislação ou autoridades a que estejam sujeitos, em acontecimentos desportivos de natureza semelhante.

SECÇÃO II (Obrigações dos operadores)

ARTIGO 37.º (Responsável pelo conteúdo das emissões)
Cada serviço de programas deve ter um responsável pela orientação e supervisão do conteúdo das emissões.

ARTIGO 38.º (Estatuto editorial)
1 – Cada serviço de programas deve adoptar um estatuto editorial que defina claramente a sua orientação e objectivos e inclua o compromisso de respeitar os direitos dos ouvintes, bem como os princípios deontológicos dos jornalistas e a ética profissional.

2 – O estatuto editorial é elaborado pelo responsável a que se refere o artigo anterior, ouvido o conselho de redacção e sujeito a aceitação da entidade proprietária, devendo ser remetido, nos 60 dias subsequentes ao início das emissões, à Alta Autoridade para a Comunicação Social.

3 – As alterações introduzidas no estatuto editorial seguem os termos do disposto no número anterior.

4 – No caso de serviços de programas que já tenham iniciado as suas emissões, o prazo referido no n.º 2 conta-se a partir da data da entrada em vigor da presente lei.

ARTIGO 39.º (Serviços noticiosos)
1 – Os operadores radiofónicos que forneçam serviços de programas generalistas ou temáticos informativos devem produzir, e neles difundir, serviços noticiosos regulares.

2 – Os serviços de programas referidos no número anterior devem, recorrendo a produção própria, difundir um mínimo de três serviços noticiosos respeitantes à sua área geográfica, obrigatoriamente transmitidos entre as 7 e as 24 horas, mediando entre eles um período de tempo não inferior a três horas.

ARTIGO 40.º (Qualificação profissional)
1 – Os serviços noticiosos, bem como as funções de redacção, são obrigatoriamente assegurados pelos jornalistas.

2 – Nos serviços de programas de âmbito local, os serviços noticiosos e as funções de redacção podem também ser assegurados por equiparados a jornalistas.

ARTIGO 41.º (Programação própria)
1 – Os serviços de programas de cobertura local devem transmitir um mínimo de oito horas de programação própria, a emitir entre as 7 e as 24 horas, salvo o disposto no artigo 30.º

508 *Direito da Comunicação Social*

2 – Durante o tempo de programação própria, os serviços de programas devem indicar a sua denominação, a frequência da emissão, quando exista, bem como a localidade de onde emitem, a intervalos não superiores a uma hora.

ARTIGO 42.º (Número de horas de emissão)
Os serviços de programas emitidos por via hertziana terrestre devem funcionar vinte e quatro horas por dia.

ARTIGO 43.º (Registo das emissões)
1 – As emissões devem ser gravadas e conservadas pelo período mínimo de 30 dias, se outro mais longo não for determinado por lei ou por decisão judicial.
2 – Os serviços de programas devem organizar mensalmente um registo das obras difundidas, para efeitos dos correspondentes direitos de autor e conexos, a enviar, durante o mês imediato, quando solicitado, às instituições representativas dos autores.
3 – O registo a que se refere o número anterior compreende os seguintes elementos: a) Título da obra; b) Autoria e interpretação; c) Editora ou procedência da obra; d) Data da emissão.

ARTIGO 44.º (Publicidade)
1 – A publicidade radiofónica rege-se pelo disposto no Código da Publicidade, com as especialidades previstas nos números seguintes.
2 – Os espaços de programação patrocinados devem incluir, no seu início e termo, a menção expressa desse facto.
3 – Os programas de informação geral, designadamente os serviços noticiosos, não podem ser patrocinados.
4 – A inserção de publicidade não pode afectar a integridade dos programas, devendo ter em conta as suas pausas próprias, duração e natureza.
5 – A difusão de materiais publicitários não deve ocupar, diariamente, mais de 20 % do tempo total da emissão dos serviços de programas licenciados.

SECÇÃO III (Música portuguesa)

ARTIGO 44.º-A (Difusão de música portuguesa)
1 – A programação musical dos serviços de programas de radiodifusão sonora é obrigatoriamente preenchida, em quota mínima variável entre 25% e 40%, com música portuguesa.
2 – Para os efeitos do presente artigo, consideram-se música portuguesa as composições musicais: a) Que veiculem a língua portuguesa ou reflictam o património cultural português, inspirando-se, nomeadamente, nas suas tradições, ambientes ou sonoridades características, seja qual for a nacionalidade dos seus

Anexo: Normas dos Principais Diplomas Legislativos 509

autores ou intérpretes; ou b) Que, não veiculando a língua portuguesa por razões associadas à natureza dos géneros musicais praticados, representem uma contribuição para a cultura portuguesa.

ARTIGO 44.º-B (Serviço público)

As quotas de música portuguesa no serviço público de radiodifusão sonora são fixadas no respectivo contrato de concessão, não devendo a percentagem de difusão no seu primeiro serviço de programas ser inferior a 60% da totalidade da música nele difundida.

ARTIGO 44.º-C (Música em língua portuguesa)

A quota de música portuguesa fixada nos termos do n.º 1 do artigo 44.º-A deve ser preenchida, no mínimo, com 60% de música composta ou interpretada em língua portuguesa por cidadãos dos Estados membros da União Europeia.

ARTIGO 44.º-D (Música recente)

A quota de música portuguesa fixada nos termos do n.º 1 do artigo 44.º-A deve ser preenchida, no mínimo, com 35% de música cuja 1.ª edição fonográfica ou comunicação pública tenha sido efectuada nos últimos 12 meses.

ARTIGO 44.º-E (Excepções)

1 – O regime estabelecido na presente secção não é aplicável ao serviço de programas temáticos musicais cujo modelo específico de programação se baseie na difusão de géneros musicais insuficientemente produzidos em Portugal.

2 – O disposto no artigo 44.º-D não se aplica aos serviços de programas dedicados exclusivamente à difusão de fonogramas publicados há mais de um ano.

3 – A determinação dos serviços de programas abrangidos pelo n.º 1 compete à entidade reguladora para a comunicação social, que torna públicos os critérios a seguir para efeitos da respectiva qualificação.

ARTIGO 44.º-F (Regulamentação)

Compete ao Governo, ouvidas as associações representativas dos sectores envolvidos e tendo em conta os indicadores disponíveis em matéria de consumo de música portuguesa no mercado discográfico nacional, estabelecer, através de portaria, por períodos de um ano, as quotas de difusão previstas no n.º 1 do artigo 44.º-A.

ARTIGO 44.º-G (Cálculo das percentagens)

1 – Para efeitos de fiscalização, o cálculo das percentagens previstas na presente secção é efectuado mensalmente e tem como base o número das composições difundidas por cada serviço de programas no mês anterior.

510 *Direito da Comunicação Social*

2 – As percentagens referidas na presente secção devem igualmente ser respeitadas na programação emitida entre as 7 e as 20 horas.»

CAPÍTULO IV (Serviço público)

ARTIGO 45.º (Âmbito da concessão)

1 – A concessão do serviço público de radiodifusão abrange emissões de cobertura nacional, regional e internacionais, que poderão ser redifundidas localmente, analógicas ou digitais, por via hertziana terrestre, cabo, satélite ou por outro meio apropriado, no quadro das autorizações que lhe sejam conferidas para a utilização do espectro radioeléctrico e para o fornecimento de novos serviços de programas.

2 – Os termos da concessão são definidos por contrato celebrado entre a concessionária e o Estado.

3 – O contrato a que se refere o número anterior carece de parecer da Alta Autoridade para a Comunicação Social e do conselho de opinião da empresa concessionária, previsto no artigo 51.º, no âmbito das respectivas atribuições.

ARTIGO 46.º (Concessionária do serviço público)

1 – A concessão do serviço público de radiodifusão é atribuída à Rádio e Televisão de Portugal, SGPS, S. A., nos termos do contrato de concessão celebrado entre o Estado e a Radiodifusão Portuguesa, S. A.

2 – Os serviços de programas que integram o serviço público de radiodifusão são explorados pela Radiodifusão Portuguesa, S.A.

3 – Os direitos de concessão são intransmissíveis.

ARTIGO 47.º (Missão do serviço público de radiodifusão)

1 – A Radiodifusão Portuguesa, S. A., deve assegurar uma programação de referência, inovadora e com elevados padrões de qualidade, que satisfaça as necessidades culturais, educativas, formativas, informativas e recreativas dos diversos públicos, obrigando-se, designadamente, a: a) Assegurar o pluralismo, o rigor e a imparcialidade da informação, bem como a sua independência perante quaisquer poderes, públicos ou privados; b) Emitir uma programação inovadora e variada, que estimule a formação e a valorização cultural, tendo em especial atenção o público jovem; c) Difundir uma programação agregadora, acessível a toda a população, tendo em conta os seus estratos etários, ocupações e interesses; d) Difundir uma programação que exprima a diversidade social e cultural nacional, combatendo todas as formas de exclusão ou discriminação, e que responda aos interesses minoritários das diferentes categorias do público; e) Garantir a cobertura noticiosa dos principais acontecimentos nacionais e estrangeiros;

Anexo: Normas dos Principais Diplomas Legislativos 511

f) Promover e divulgar a criação artística nacional e o conhecimento do património histórico e cultural do País; g) Emitir programas regulares vocacionados para a difusão internacional da língua e cultura portuguesas.

2 – Constitui ainda obrigação da Radiodifusão Portuguesa, S. A., incorporar as inovações tecnológicas que contribuam para melhorar a eficiência e a qualidade do serviço de que está incumbida e da actividade de radiodifusão em geral.

ARTIGO 48.º (Serviços específicos)

Além de outras obrigações constantes do contrato de concessão, a Radiodifusão Portuguesa, S. A., obriga-se a prestar os seguintes serviços específicos: a) Assegurar, com o devido relevo e a máxima urgência, a divulgação das mensagens cuja difusão seja solicitada pelo Presidente da República, pelo Presidente da Assembleia da República e pelo Primeiro-Ministro; b) Assegurar o exercício do direito de antena, bem como do direito de réplica política dos partidos da oposição, nos termos dos artigos 52.º a 57.º; c) Manter e actualizar os arquivos sonoros; d) Assegurar o funcionamento do Museu da Rádio;e) Desenvolver a cooperação com operadores radiofónicos dos países de língua portuguesa; f) Manter relações de cooperação e intercâmbio com organizações internacionais e entidades estrangeiras ligadas à actividade radiofónica».

2 – O artigo 6.º da Lei n.º 43/98, de 6 de Agosto, alterado pela Lei n.º 18-A/2002, de 18 de Julho, passa a ter a seguinte redacção:

ARTIGO 49.º (Financiamento)

1 – O financiamento do serviço público de radiodifusão é garantido pelo produto da cobrança da taxa de radiodifusão sonora, estabelecida pelo Decreto--Lei n.º 389/76, de 24 de Maio, além de outras formas de pagamento a fixar ao abrigo de protocolos firmados entre a Administração Pública e a concessionária.

2 – A taxa de radiodifusão sonora fica abrangida na alínea a) do n.º 1 do artigo 148.º do Código de Procedimento e de Processo Tributário, aprovado pelo Decreto-Lei n.º 433/99, de 26 de Outubro.

ARTIGO 50.º (Fiscalização do cumprimento do serviço público)

A fiscalização e a verificação do cumprimento do contrato de concessão entre o Estado e a concessionária do serviço público de radiodifusão, nos termos nele estabelecidos, competem ao Ministro das Finanças e ao membro do Governo responsável pela área da comunicação social.

ARTIGO 51.º (Conselho de opinião) Revogado

512   *Direito da Comunicação Social*

CAPÍTULO V (Direitos de antena e de resposta ou réplica política)

SECÇÃO I (Direito de antena)

ARTIGO 52.º (Acesso ao direito de antena)

1 – Aos partidos políticos, às organizações sindicais, profissionais e representativas das actividades económicas, bem como às associações de defesa do ambiente e do consumidor, e, ainda, às organizações não governamentais que promovam a igualdade de oportunidades e a não discriminação é garantido o direito a tempo de antena no serviço público de rádio.

2 – Por tempo de antena entende-se o espaço de programação própria da responsabilidade do titular do direito, facto que deve ser expressamente mencionado no início e no termo de cada programa.

3 – As entidades referidas no n.º 1 têm direito, gratuita e anualmente, aos seguintes tempos de antena: a) Dez minutos por partido representado na Assembleia da República, acrescidos de quinze segundos por cada Deputado eleito; b) Cinco minutos por partido não representado na Assembleia da República com participação nas mais recentes eleições legislativas, acrescidos de quinze segundos por cada 15 000 votos nelas obtidos; c) Sessenta minutos, por categoria, para as organizações sindicais, profissionais e representativas das actividades económicas e sessenta minutos para as restantes entidades indicadas no n.º 1, a ratear de acordo com a sua representatividade; d) Dez minutos por outras entidades que tenham direito de antena atribuído por lei.

4 – Cada titular não pode utilizar o direito de antena mais de uma vez em cada 15 dias, nem em emissões com duração superior a cinco ou inferior a dois minutos, salvo se o seu tempo de antena for globalmente inferior.

5 – Os responsáveis pela programação devem organizar, com a colaboração dos titulares do direito de antena e de acordo com a presente lei, planos gerais da respectiva utilização.

6 – Na impossibilidade insanável de acordo sobre os planos referidos no número anterior e a requerimento dos interessados, cabe a arbitragem à Alta Autoridade para a Comunicação Social.

ARTIGO 53.º (Limitação ao direito de antena)

1 – O exercício do direito de antena não pode ocorrer aos sábados, domingos e feriados oficiais, devendo ainda ser suspenso um mês antes da data fixada para o início do período de campanha em qualquer acto eleitoral ou referendário, nos termos da legislação respectiva.

2 – O direito de antena é intransmissível.

Anexo: Normas dos Principais Diplomas Legislativos 513

ARTIGO 54.º **(Emissão e reserva do direito de antena)**

1 – Os tempos de antena são emitidos no serviço de programas de cobertura nacional de maior audiência entre as 10 e as 20 horas.

2 – Os titulares do direito de antena devem solicitar a reserva do tempo de antena a que tenham direito até cinco dias úteis antes da transmissão, devendo a respectiva gravação ser efectuada ou os materiais pré-gravados entregues até quarenta e oito horas antes da emissão do programa.

3 – Aos titulares do direito de antena são assegurados os indispensáveis meios técnicos para a realização dos respectivos programas em condições de absoluta igualdade.

ARTIGO 55.º **(Caducidade do direito de antena)**

O não cumprimento dos prazos previstos no artigo anterior determina a caducidade do direito, salvo se tiver ocorrido por facto não imputável ao seu titular, caso em que o tempo não utilizado pode ser acumulado ao da utilização programada posterior à cessação do impedimento.

ARTIGO 56.º **(Direito de antena em período eleitoral)**

Nos períodos eleitorais, a utilização do direito de antena é regulada pela lei eleitoral.

SECÇÃO II **(Direito de resposta ou réplica política)**

ARTIGO 57.º **(Direito de réplica política dos partidos da oposição)**

1 – Os partidos representados na Assembleia da República que não façam parte do Governo têm direito de réplica, no serviço público de radiodifusão e no mesmo serviço de programas, às declarações políticas proferidas pelo Governo que directamente os atinjam.

2 – A duração e o relevo concedidos para o exercício do direito referido no número anterior serão iguais aos das declarações que lhes tiverem dado origem.

3 – Quando mais de um partido tiver solicitado, através do respectivo representante, o exercício do direito, o tempo é rateado em partes iguais pelos vários titulares, nunca podendo ser inferior a um minuto por cada interveniente.

4 – Ao direito de réplica política são aplicáveis, com as devidas adaptações, os procedimentos previstos na presente lei para o exercício do direito de resposta.

5 – Para efeitos do presente artigo, só se consideram as declarações de política geral ou sectorial feitas pelo Governo em seu nome e como tal identificáveis, não relevando, nomeadamente, as declarações de membros do Governo sobre assuntos relativos à gestão dos respectivos departamentos.

CAPÍTULO VI (Direitos de resposta e de rectificação)

Artigo 58.º (Pressupostos dos direitos de resposta e de rectificação)
1 – Tem direito de resposta nos serviços de programas de radiodifusão qualquer pessoa singular ou colectiva, organização, serviço ou organismo público que neles tiver sido objecto de referências, ainda que indirectas, que possam afectar a sua reputação ou bom nome.

2 – As entidades referidas no número anterior têm direito de rectificação na rádio sempre que aí tenham sido feitas referências inverídicas ou erróneas que lhes digam respeito.

3 – Caso o programa onde as referências aludidas nos números anteriores tenha sido difundido numa emissão em cadeia, os direitos de resposta ou de rectificação podem ser exercidos junto da entidade responsável por essa emissão ou de qualquer operador que a tenha difundido.

4 – O direito de resposta e o de rectificação ficam prejudicados se, com a concordância expressa do interessado, o responsável pelo respectivo serviço de programas tiver corrigido ou esclarecido o texto em questão, ou lhe tiver facultado outro meio de expor eficazmente a sua posição.

5 – O direito de resposta e o de rectificação são independentes de procedimento criminal pelo facto da emissão, bem como do direito à indemnização pelos danos por ela causados.

Artigo 59.º (Direito à audição da emissão)
1 – O titular do direito de resposta ou de rectificação, ou quem legitimamente o represente nos termos do n.º 1 do artigo seguinte, pode exigir, para efeito do seu exercício, a audição do registo da emissão e sua cópia, mediante pagamento do custo do suporte utilizado, que lhe devem ser facultados no prazo máximo de vinte e quatro horas.

2 – O pedido de audição suspende o prazo para o exercício do direito, que volta a correr vinte e quatro horas após o momento em que lhe tiver sido facultada.

Artigo 60.º (Exercício dos direitos de resposta e de rectificação)
1 – O exercício do direito de resposta ou de rectificação deve ser requerido pelo próprio titular, pelo seu representante legal ou pelos herdeiros nos 20 dias seguintes à emissão.

2 – O prazo do número anterior suspende-se quando, por motivo de força maior, as pessoas nele referidas estiverem impedidas de fazer valer o direito cujo exercício estiver em causa.

3 – O texto da resposta ou da rectificação deve ser entregue aos responsáveis pela emissão, com assinatura e identificação do autor, através de procedimento que comprove a sua recepção, invocando expressamente o direito de resposta ou de rectificação ou as competentes disposições legais.

Anexo: Normas dos Principais Diplomas Legislativos 515

4 – O conteúdo da resposta ou da rectificação é limitado pela relação directa e útil com as referências que as tiverem provocado, não podendo exceder 300 palavras, ou o número de palavras da intervenção que lhe deu origem, se for superior.

5 – A resposta ou a rectificação não podem conter expressões desproporcionadamente desprimorosas ou que envolvam responsabilidade criminal ou civil, na qual só o autor da resposta ou da rectificação incorre.

ARTIGO 61.º (Decisão sobre a transmissão da resposta ou da rectificação)

1 – Quando a resposta ou a rectificação forem intempestivas, provierem de pessoa sem legitimidade, carecerem manifestamente de fundamento ou contrariarem o disposto nos n.º 4 e 5 do artigo anterior, o responsável pelo serviço de programas em causa pode recusar a sua emissão, informando o interessado, por escrito, acerca da recusa e da sua fundamentação, nas vinte e quatro horas seguintes à recepção da resposta ou da rectificação.

2 – Caso a resposta ou a rectificação violem o disposto nos n.º 4 ou 5 do artigo anterior, o responsável convidará o interessado, no prazo previsto no número anterior, a proceder à eliminação, nas quarenta e oito horas seguintes, das passagens ou expressões em questão, sem o que ficará habilitado a recusar a difusão da totalidade do texto.

3 – No caso de o direito de resposta ou de rectificação não terem sido satisfeitos ou terem sido infundadamente recusados, o interessado pode recorrer ao tribunal judicial do seu domicílio no prazo de 10 dias a contar da recusa ou do termo do prazo legal para a satisfação do direito, ou à Alta Autoridade para a Comunicação Social, nos termos da legislação especificamente aplicável.

4 – Requerida a notificação judicial do responsável pela programação que não tenha dado satisfação ao direito de resposta ou de rectificação, é aquele imediatamente notificado por via postal para contestar no prazo de dois dias úteis, após o que será proferida em igual prazo a decisão, da qual cabe recurso com efeito meramente devolutivo.

5 – Só é admitida prova documental, sendo todos os documentos juntos com o requerimento inicial e com a contestação.

6 – No caso de procedência do pedido, o serviço de programas emite a resposta ou a rectificação no prazo fixado no n.º 1 do artigo seguinte, acompanhada da menção de que é efectuada por decisão judicial ou da Alta Autoridade para a Comunicação Social.

ARTIGO 62.º (Transmissão da resposta ou da rectificação)

1 – A transmissão da resposta ou da rectificação é feita até vinte e quatro horas após a recepção do respectivo texto pelo responsável do serviço de programas em causa, salvo o disposto nos n.º 1 e 2 do artigo anterior.

516 *Direito da Comunicação Social*

2 – A resposta ou a rectificação são transmitidas gratuitamente no mesmo programa ou, caso não seja possível, em hora de emissão equivalente.

3 – A resposta ou a rectificação devem ser transmitidas tantas vezes quantas as emissões da referência que as motivaram.

4 – A resposta ou a rectificação são lidas por um locutor do serviço de programas em moldes que assegurem a sua fácil percepção e pode incluir outras componentes áudio sempre que a referência que as motivar tiver utilizado técnica semelhante.

5 – A transmissão da resposta ou da rectificação não pode ser precedida nem seguida de quaisquer comentários, à excepção dos necessários para apontar qualquer inexactidão ou erro de facto, os quais podem originar nova resposta ou rectificação, nos termos dos n.os 1 e 2 do artigo 58.º.

CAPÍTULO VII (Normas sancionatórias)

SECÇÃO I (Formas de responsabilidade)

ARTIGO 63.º (Responsabilidade civil)

1 – Na determinação das formas de efectivação da responsabilidade civil emergente de factos cometidos através da actividade de radiodifusão observa-se o regime geral.

2 – Os operadores radiofónicos respondem solidariamente com os responsáveis pela transmissão de programas previamente gravados, com excepção dos transmitidos ao abrigo dos direitos de antena, de réplica política ou de resposta e de rectificação.

ARTIGO 64.º (Responsabilidade criminal)

1 – Os actos ou comportamentos lesivos de bens jurídico-penalmente protegidos, perpetrados através da actividade de radiodifusão, são punidos nos termos da lei penal e do disposto na presente lei.

2 – O responsável referido no artigo 37.º apenas responde criminalmente quando não se oponha, podendo fazê-lo, à comissão dos crimes referidos no n.º 1, através das acções adequadas a evitá-los, caso em que são aplicáveis as penas cominadas nos correspondentes tipos legais, reduzidas de um terço nos seus limites.

3 – No caso de emissões não consentidas, responde quem tiver determinado a respectiva transmissão.

4 – Os técnicos ao serviço dos operadores radiofónicos não são responsáveis pelas emissões a que derem o seu contributo profissional, se não lhes for exigível a consciência do carácter criminoso do seu acto.

Anexo: *Normas dos Principais Diplomas Legislativos* 517

ARTIGO 65.º (Actividade ilegal de radiodifusão)

1 – O exercício da actividade de radiodifusão sem a correspondente habilitação legal determina a punição dos responsáveis com prisão até três anos ou com multa até 320 dias.

2 – São declarados perdidos a favor do Estado os bens utilizados no exercício ilegal da actividade de radiodifusão, sem prejuízo dos direitos de terceiros de boa fé.

ARTIGO 66.º (Desobediência qualificada)

O responsável pela programação, ou quem o substitua, incorre no crime de desobediência qualificada quando: a) Não acatar a decisão do tribunal que ordene a transmissão da resposta ou da rectificação, ao abrigo do disposto no n.º 6 do artigo 61.º; b) Não promover a difusão de decisões judiciais nos exactos termos a que refere o artigo 76.º; c) Não cumprir as deliberações da Alta Autoridade para a Comunicação Social relativas ao exercício dos direitos de antena, de réplica política, de resposta ou de rectificação.

ARTIGO 67.º (Atentado contra a liberdade de programação e informação)

1 – Quem impedir ou perturbar a emissão de serviços de programas ou apreender ou danificar materiais necessários ao exercício da actividade de radiodifusão, fora dos casos previstos na lei e com o intuito de atentar contra a liberdade de programação ou de informação, é punido com prisão até dois anos ou com multa até 240 dias, se pena mais grave lhe não couber nos termos da lei penal.

2 – A aplicação da sanção prevista no número anterior não prejudica a efectivação da responsabilidade civil pelos prejuízos causados ao operador radiofónico.

3 – Se o infractor for agente ou funcionário do Estado ou de pessoa colectiva pública e, no exercício das suas funções, praticar os factos descritos no n.º 1, é punido com prisão até três anos ou com multa até 320 dias, se pena mais grave lhe não couber nos termos da lei penal.

ARTIGO 68.º (Contra-ordenações)

Constitui contra-ordenação, punível com coima:

a) De 250 000$00 a 2 500 000$00, a inobservância do disposto no n.º 4 do artigo 5.º, no n.º 2 do artigo 12.º, no artigo 37.º, no n.º 2 do artigo 41.º, no n.º 3 do artigo 43.º, no n.º 1 do artigo 77.º, o incumprimento do disposto na primeira parte do n.º 1 do artigo 53.º, bem como o incumprimento do prazo e a omissão da menção referidos no n.º 6 do artigo 61.º; b) De 750 000$00 a 5 000 000$00, a inobservância do disposto nos n.os 1 a 3 do artigo 38.º, no artigo 42.º, nos n.ºs 1 e 2 do artigo 43.º, nos n.ºs 2 a 5 do artigo 44.º, no n.º 4 do artigo 52.º, no n.º 1 do

518   *Direito da Comunicação Social*

artigo 54.º, no n.º 2 do artigo 57.º, no n.º 1 do artigo 61.º, no artigo 62.º, bem como o exercício da actividade de radiodifusão antes do pagamento das taxas a que se refere o n.º 1 do artigo 13.º, as violações do disposto na segunda parte do n.º 1 e no n.º 2 do artigo 53.º e do prazo fixado no n.º 1 do artigo 59.º; c) De (euro) 3000 a (euro) 15000, quando cometida por rádios de cobertura local, de (euro) 15000 a (euro) 30000, quando cometida por rádios de cobertura regional, e de (euro) 30000 a (euro) 50000, quando cometida por rádios de cobertura nacional, a inobservância do disposto no n.º 1 do artigo 44.º-A, nos artigos 44.º-B, 44.º-C e 44.º-D e no n.º 2 do artigo 44.º-G; d) De 2 000 000$00 a 20 000 000$00, a inobservância do disposto nos n.os 3 e 4 do artigo 7.º, nos n.os 1 e 2 do artigo 19.º, no artigo 30.º, nos n.os 1 e 2 do artigo 35.º, nos artigos 39.º e 40.º, no n.º 1 do artigo 41.º, no n.º 3 do artigo 71.º, a violação das obrigações de comunicação a que se referem o n.º 2 do artigo 7.º e o n.º 1 do artigo 18.º, a denegação do direito previsto no n.º 1 do artigo 59.º, assim como a violação dos limites máximos de potência de emissão fixados nos respectivos actos de licenciamento técnico.

ARTIGO 69.º (Sanções acessórias)

1 – O desrespeito reiterado das condições e termos do projecto aprovado, as participações proibidas em mais de um operador, a violação das regras sobre associação de serviços de programas temáticos e o incumprimento das obrigações relativas à produção e difusão de serviços noticiosos, bem como a repetida inobservância da transmissão do número obrigatório de horas de emissão ou de programação própria nos casos não cobertos pela previsão da alínea d) do artigo 70.º, poderão dar lugar, atenta a gravidade do ilícito, à sanção acessória de suspensão da licença ou autorização para o exercício da actividade por período não superior a três meses.

2 – A inobservância do disposto no n.º 1 do artigo 35.º, punida nos termos da alínea c) do artigo anterior, pode ainda dar lugar à sanção acessória de suspensão das emissões do serviço de programas onde se verificou a prática do ilícito por período não superior a três meses, excepto quando se trate de emissões publicitárias, a que se aplicarão as sanções acessórias e as medidas cautelares previstas no Código da Publicidade.

3 – A inobservância do disposto no n.º 1 do artigo 44.º-A e nos artigos 44.º-B, 44.º-C e 44.º-D e no n.º 2 do artigo 44.º-G, punida nos termos da alínea c) do artigo anterior, pode ainda dar lugar à sanção acessória de suspensão, por período não superior a três meses, do título de habilitação para a emissão do serviço de programas onde se verificou a prática do ilícito.

4 – A inobservância do disposto no artigo 35.º, quando cometida no exercício do direito de antena, e no n.º 2 do artigo 53.º, prevista na alínea b) do artigo anterior, pode ainda, consoante a gravidade da infracção, ser punida com

Anexo: Normas dos Principais Diplomas Legislativos 519

a sanção acessória de suspensão do exercício do mesmo direito por períodos de 3 a 12 meses, com um mínimo de 6 meses em caso de reincidência, sem prejuízo de outras sanções previstas na lei.

5 – A aplicação de coima pela violação do disposto nos n.os 1 e 2 do artigo 19.º, no artigo 30.º, nos n.os 1 e 2 do artigo 35.º, nos artigos 39.º e 40.º e no n.º 1 do artigo 41.º pode ainda dar lugar à sanção acessória de publicitação de decisão condenatória, nos termos fixados pela entidade competente.

6 – O recurso contencioso da aplicação da sanção acessória prevista nos números anteriores tem efeito suspensivo até o trânsito em julgado da respectiva decisão.

ARTIGO 70.º (Revogação das licenças ou autorizações)

A revogação das licenças ou autorizações concedidas é determinada pela Alta Autoridade para a Comunicação Social quando se verifique: a) O não início dos serviços de programas licenciados no prazo fixado no n.º 1 do artigo 29.º ou a ausência de emissões por um período superior a dois meses, salvo autorização devidamente fundamentada, caso fortuito ou de força maior; b) A exploração do serviço de programas por entidade diversa do titular da licença ou autorização; c) A realização de negócios jurídicos que impliquem uma alteração do controlo da empresa detentora da correspondente habilitação legal, sem observância das formalidades referidas no artigo 18.º ou antes de decorrido o prazo aí estabelecido; d) A realização de emissões em cadeia não autorizadas nos termos da presente lei; e) A reincidência em comportamento que tenha determinado a aplicação de medida de suspensão da licença ou autorização ou, independentemente do facto que lhe deu origem, a aplicação de duas medidas de suspensão no prazo de três anos; f) A falência do operador radiofónico.

ARTIGO 71.º (Fiscalização)

1 – A fiscalização do cumprimento do disposto na presente lei incumbe ao ICS e, em matéria de publicidade, também ao Instituto do Consumidor, sem prejuízo das competências de qualquer outra entidade legalmente habilitada para o efeito.

2 – A fiscalização das instalações das estações emissoras e retransmissoras, das condições técnicas das emissões e da protecção à recepção radioeléctrica das mesmas compete ao ICP, no quadro da regulamentação aplicável.

3 – A fiscalização do cumprimento do disposto na secção III do capítulo III da presente lei incumbe à entidade reguladora para a comunicação social.

4 – Os operadores radiofónicos devem facultar o acesso dos agentes fiscalizadores a todas as instalações, equipamentos, documentos e outros elementos necessários ao exercício da sua actividade.

520 *Direito da Comunicação Social*

ARTIGO 72.º (Processamento das contra-ordenações e aplicação das coimas)

1 – O processamento das contra-ordenações compete à entidade responsável pela aplicação das coimas correspondentes, excepto o das relativas à violação dos artigos 35.º, quando cometida através de emissões publicitárias, e 44.º, o qual incumbe ao Instituto do Consumidor.

2 – Compete ao presidente do ICS a aplicação das coimas e sanções acessórias previstas na presente lei, com excepção das relativas à violação: a) Dos artigos 18.º, 19.º, 35.º, 37.º, 38.º, 44.º-A a 44.º-G e 52.º a 62.º, que incumbe à entidade reguladora para a comunicação social; b) Do artigo 35.º, quando cometida através de emissões publicitárias, e dos n.ᵒˢ 2, 3 e 5 do artigo 44.º, da responsabilidade da comissão de aplicação de coimas prevista no Código da Publicidade.

3 – A receita das coimas reverte em 60% para o Estado e em 40% para o ICS, quando competente para a sua aplicação, ou em 60% para o Estado, 20% para a entidade fiscalizadora e 20% para a entidade responsável pelo processamento das contra-ordenações respeitantes à violação dos artigos 35.º, quando cometida através de emissões publicitárias, e 44.º.

SECÇÃO II **(Disposições especiais de processo)**

ARTIGO 73.º (Forma do processo)

O procedimento pelas infracções criminais cometidas através da actividade de radiodifusão rege-se pelas disposições do Código de Processo Penal e da legislação complementar, com as especialidades decorrentes da presente lei.

ARTIGO 74.º (Competência territorial)

1 – Para conhecer dos crimes previstos na presente lei é competente o tribunal da comarca do local onde o operador radiofónico tenha a sua sede ou representação permanente.

2 – Exceptuam-se do disposto no número anterior os crimes cometidos contra o bom nome e reputação, a reserva da vida privada ou outros bens da personalidade, cuja apreciação é da competência do tribunal da comarca do domicílio do ofendido.

3 – No caso de transmissões radiofónicas por entidade não habilitada nos termos da lei, e não sendo conhecido o elemento definidor da competência nos termos do n.º 1, é competente o Tribunal Judicial da Comarca de Lisboa.

ARTIGO 75.º (Regime de prova)

1 – Para prova dos pressupostos do exercício dos direitos de resposta ou de rectificação, e sem prejuízo de outros meios admitidos por lei, o interessado pode requerer, nos termos do artigo 528.º do Código de Processo Civil, que o

Anexo: *Normas dos Principais Diplomas Legislativos* 521

operador radiofónico seja notificado para apresentar, no prazo da contestação, as gravações da emissão em causa. 2 - Para além da referida no número anterior, só é admitida prova documental que se junte com o requerimento inicial ou com a contestação.

ARTIGO 76.º (**Difusão das decisões**)
A requerimento do Ministério Público ou do ofendido, e mediante decisão judicial que fixará os prazos e horário para o efeito, a parte decisória das sentenças condenatórias transitadas em julgado por crimes cometidos através da actividade de radiodifusão, assim como a identidade das partes, são difundidas no serviço de programas onde foi praticado o ilícito.

CAPÍTULO VIII (**Conservação do património radiofónico**)

ARTIGO 77.º (**Registos de interesse público**)
1 – Os operadores radiofónicos devem organizar arquivos sonoros e musicais com o objectivo de conservação dos registos de interesse público.
2 – A cedência e utilização dos registos referidos no número anterior são definidas por portaria conjunta dos membros do Governo responsáveis pela cultura e pela comunicação social, tendo em atenção o seu valor histórico, educacional e cultural para a comunidade, cabendo a responsabilidade pelos direitos de autor à entidade requisitante.

CAPÍTULO IX (**Disposições finais e transitórias**)

ARTIGO 78.º (**Contagem dos tempos de emissão**)
Os responsáveis pelos serviços de programas de rádio asseguram a contagem dos tempos de antena, de réplica política e de resposta ou de rectificação para efeitos da presente lei, dando conhecimento dos respectivos resultados aos interessados.

ARTIGO 79.º (**Norma transitória**)
1 – O regime decorrente do disposto no n.º 3 do artigo 14.º entra em vigor seis meses após a publicação da presente lei, mantendo-se vigentes, até essa data, as regras relativas à transmissão dos alvarás, fixadas no artigo 15.º do Decreto-Lei n.º 130/97, de 27 de Maio, no quadro da alteração da competência para a sua autorização introduzida pela Lei n.º 43/98, de 6 de Agosto.
2 – O disposto no artigo 42.º entra em vigor seis meses após a publicação da presente lei, mantendo-se vigente, até essa data, o regime estabelecido no artigo 4.º do Decreto-Lei n.º 130/97, de 27 de Maio.

522 *Direito da Comunicação Social*

3 – A Portaria n.º 931/97, de 12 de Setembro, mantém-se em vigor até à publicação da regulamentação a que se refere o artigo 21.º

Artigo 80.º (Norma revogatória)
1 – São revogados a Lei n.º 87/88, de 30 de Julho, e o Decreto-Lei n.º 130/ 97, de 27 de Maio, e respectivas alterações.
2 – A Portaria n.º 121/99, de 15 de Fevereiro, mantém-se em vigor, salvo quanto às disposições contrárias ao que se estabelece na presente lei.

O Presidente da Assembleia da República, António de Almeida Santos. Promulgada em 12 de Fevereiro de 2001.

Publique-se.

O Presidente da República, JORGE SAMPAIO.

Referendada em 15 de Fevereiro de 2001. O Primeiro-Ministro, António Manuel de Oliveira Guterres.

III – LEI DA IMPRENSA (Lei n.º 2/99, de 13 de Janeiro)

CAPÍTULO I (Liberdade de imprensa)

Artigo 1.º (Garantia de liberdade de imprensa)
1 – É garantida a liberdade de imprensa, nos termos da Constituição e da lei.
2 – A liberdade de imprensa abrange o direito de informar, de se informar e de ser informado, sem impedimentos nem discriminações.
3 – O exercício destes direitos não pode ser impedido ou limitado por qualquer tipo ou forma de censura.

Artigo 2.º (Conteúdo)
1 – A liberdade de imprensa implica: a) O reconhecimento dos direitos e liberdades fundamentais dos jornalistas, nomeadamente os referidos no artigo 22.º da presente lei; b) O direito de fundação de jornais e quaisquer outras publicações, independentemente de autorização administrativa, caução ou habilitação prévias; c) O direito de livre impressão e circulação de publicações, sem que alguém a isso se possa opor por quaisquer meios não previstos na lei.
2 – O direito dos cidadãos a serem informados é garantido, nomeadamente, através: a) De medidas que impeçam níveis de concentração lesivos do pluralismo da informação; b) Da publicação do estatuto editorial das publicações informativas;

Anexo: Normas dos Principais Diplomas Legislativos 523

c) Do reconhecimento dos direitos de resposta e de rectificação; d) Da identificação e veracidade da publicidade; e) Do acesso à Alta Autoridade para a Comunicação Social, para salvaguarda da isenção e do rigor informativos; f) Do respeito pelas normas deontológicas no exercício da actividade jornalística.

ARTIGO 3.º (Limites)

A liberdade de imprensa tem como únicos limites os que decorrem da Constituição e da lei, de forma a salvaguardar o rigor e a objectividade da informação, a garantir os direitos ao bom nome, à reserva da intimidade da vida privada, à imagem e à palavra dos cidadãos e a defender o interesse público e a ordem democrática.

ARTIGO 4.º (Interesse público da imprensa)

1 – Tendo em vista assegurar a possibilidade de expressão e confronto das diversas correntes de opinião, o Estado organizará um sistema de incentivos não discriminatórios de apoio à imprensa, baseado em critérios gerais e objectivos, a determinar em lei específica.

2 – Estão sujeitas a notificação à Alta Autoridade para a Comunicação Social as aquisições, por empresas jornalísticas ou noticiosas, de quaisquer participações em entidades congéneres.

3 – É aplicável às empresas jornalísticas ou noticiosas o regime geral de defesa e promoção da concorrência, nomeadamente no que diz respeito às práticas proibidas, em especial o abuso de posição dominante, e à concentração de empresas.

4 – As decisões da Autoridade da Concorrência relativas a operações de concentração de empresas em que participem entidades referidas no número anterior estão sujeitas a parecer prévio vinculativo da Alta Autoridade para a Comunicação Social, o qual deverá ser negativo quando estiver comprovadamente em causa a livre expressão e confronto das diversas correntes de opinião.

CAPÍTULO II (Liberdade de empresa)

ARTIGO 5.º (Liberdade de empresa)

1 – É livre a constituição de empresas jornalísticas, editoriais ou noticiosas, observados os requisitos da presente lei.

2 – O Estado assegura a existência de um registo prévio, obrigatório e de acesso público das: a) Publicações periódicas portuguesas; b) Empresas jornalísticas nacionais, com indicação dos detentores do respectivo capital social; c) Empresas noticiosas nacionais.

524 *Direito da Comunicação Social*

3 – Os registos referidos no número anterior estão sujeitos às condições a definir em decreto regulamentar.

ARTIGO 6.º (Propriedade das publicações)
As publicações sujeitas ao disposto na presente lei podem ser propriedade de qualquer pessoa singular ou colectiva.

ARTIGO 7.º (Classificação das empresas proprietárias de publicações)
As empresas proprietárias de publicações são jornalísticas ou editoriais, consoante tenham como actividade principal a edição de publicações periódicas ou de publicações não periódicas.

ARTIGO 8.º (Empresas noticiosas)
1 – São empresas noticiosas as que têm por objecto principal a recolha e distribuição de notícias, comentários ou imagens.
2 – As empresas noticiosas estão sujeitas ao regime jurídico das empresas jornalísticas.

CAPÍTULO III (Da imprensa em especial)

SECÇÃO I (Definição e classificação)

ARTIGO 9.º (Definição)
1 – Integram o conceito de imprensa, para efeitos da presente lei, todas as reproduções impressas de textos ou imagens disponíveis ao público, quaisquer que sejam os processos de impressão e reprodução e o modo de distribuição utilizado.
2 – Excluem-se boletins de empresa, relatórios, estatísticas, listagens, catálogos, mapas, desdobráveis publicitários, cartazes, folhas volantes, programas, anúncios, avisos, impressos oficiais e os correntemente utilizados nas relações sociais e comerciais.

ARTIGO 10.º (Classificação)
As reproduções impressas referidas no artigo anterior, designadas por publicações, classificam-se como: a) Periódicas e não periódicas; b) Portuguesas e estrangeiras; c) Doutrinárias e informativas, e estas em publicações de informação geral especializada; d) De âmbito nacional, regional e destinadas às comunidades portuguesas no estrangeiro.

Anexo: Normas dos Principais Diplomas Legislativos

ARTIGO 11.º (**Publicações periódicas e não periódicas**)

1 – São periódicas as publicações editadas em série contínua, sem limite definido de duração, sob o mesmo título e abrangendo períodos determinados de tempo.

2 – São não periódicas as publicações editadas de uma só vez, em volumes ou fascículos, com conteúdo normalmente homogéneo.

ARTIGO 12.º (**Publicações portuguesas e estrangeiras**)

1 – São publicações portuguesas as editadas em qualquer parte do território português, independentemente da língua em que forem redigidas, sob marca e responsabilidade de editor português ou com nacionalidade de qualquer Estado membro da União Europeia, desde que tenha sede ou qualquer forma de representação permanente em território nacional.

2 – São publicações estrangeiras as editadas noutros países ou em Portugal sob marca e responsabilidade de empresa ou organismo oficial estrangeiro que não preencha os requisitos previstos no número anterior.

3 – As publicações estrangeiras difundidas em Portugal ficam sujeitas aos preceitos da presente lei, à excepção daqueles que, pela sua natureza, lhes não sejam aplicáveis.

ARTIGO 13.º (**Publicações doutrinárias e informativas**)

1 – São publicações doutrinárias aquelas que, pelo conteúdo ou perspectiva de abordagem, visem, predominantemente divulgar qualquer ideologia ou credo religioso.

2 – São informativas as que visem predominantemente a difusão de informações ou notícias.

3 – São publicações de informação geral as que tenham por objecto predominante a divulgação de notícias ou informações de carácter não especializado.

4 – São publicações de informação especializada as que se ocupem predominantemente de uma matéria, designadamente científica, literária, artística ou desportiva.

ARTIGO 14.º (**Publicações de âmbito nacional, regional e destinadas às comunidades portuguesas**)

1 – São publicações de âmbito nacional as que, tratando predominantemente temas de interesse nacional ou internacional, se destinem a ser postas à venda na generalidade do território nacional.

2 – São publicações de âmbito regional as que, pelo seu conteúdo e distribuição, se destinem predominantemente às comunidades regionais e locais.

3 – São publicações destinadas às comunidades portuguesas no estrangeiro as que, sendo portuguesas nos termos do artigo 12.º, se ocupem predominantemente de assuntos a elas respeitantes.

526   *Direito da Comunicação Social*

SECÇÃO II (**Requisitos das publicações, estatuto editorial e depósito legal**)

Artigo 15.º (Requisitos)

1 – As publicações periódicas devem conter, na primeira página de cada edição, o título, a data, o período de tempo a que respeitam, o nome do director e o preço por unidade ou a menção da sua gratuitidade.

2 – As publicações periódicas devem conter ainda, em página predominantemente preenchida com materiais informativos, o número de registo do título, o nome, a firma ou denominação social do proprietário, o número de registo de pessoa colectiva, os nomes dos membros do conselho de administração ou de cargos similares e dos detentores com mais de 10% do capital da empresa, o domicílio ou a sede do editor, impressor e da redacção, bem como a tiragem.

3 – As publicações não periódicas devem conter a menção do autor, do editor, do número de exemplares da respectiva edição, do domicílio ou sede do impressor, bem como da data de impressão.

4 – Nas publicações periódicas que assumam a forma de revista não é obrigatória a menção do nome do director na primeira página.

Artigo 16.º (Transparência da propriedade)

1 – Nas empresas jornalísticas detentoras de publicações periódicas constituídas sob a forma de sociedade anónima todas as acções devem ser nominativas.

2 – A relação dos detentores de participações sociais das empresas jornalísticas, a discriminação daquelas, bem como a indicação das publicações que àqueles pertençam, ou a outras entidades com as quais mantenham uma relação de grupo, devem ser, durante o mês de Abril, divulgadas em todas as publicações periódicas de que as empresas sejam proprietárias, nas condições referidas no n.º 2 do artigo anterior, e remetidas para a Alta Autoridade para a Comunicação Social.

3 – As empresas jornalísticas são obrigadas a inserir na publicação periódica de sua propriedade com a maior tiragem, até ao fim do 1.º semestre de cada ano, o relatório e contas de demonstração dos resultados líquidos, onde se evidencie a fonte dos movimentos financeiros derivados de capitais próprios ou alheios.

Artigo 17.º (Estatuto editorial)

1 – As publicações periódicas informativas devem adoptar um estatuto editorial que defina claramente a sua orientação e os seus objectivos e inclua o compromisso de assegurar o respeito pelos princípios deontológicos e pela ética profissional dos jornalistas, assim como pela boa fé dos leitores.

Anexo: *Normas dos Principais Diplomas Legislativos* 527

2 – O estatuto editorial é elaborado pelo director e, após parecer do conselho de redacção, submetido à ratificação da entidade proprietária, devendo ser inserido na primeira página do primeiro número da publicação e remetido, nos 10 dias subsequentes, à Alta Autoridade para a Comunicação Social.

3 – Sem prejuízo do disposto no número anterior, o estatuto editorial é publicado, em cada ano civil, conjuntamente com o relatório e contas da entidade proprietária.

4 – As alterações introduzidas no estatuto editorial estão sujeitas a parecer prévio do conselho de redacção, devendo ser reproduzidas no primeiro número subsequente à sua ratificação pela entidade proprietária e enviadas, no prazo de 10 dias, à Alta Autoridade para a Comunicação Social.

ARTIGO 18.º (Depósito legal)

1 – O regime de depósito legal constará de decreto regulamentar, no qual se especificarão as entidades às quais devem ser enviados exemplares das publicações, o número daqueles e o prazo de remessa.

2 – Independentemente do disposto no número anterior, será remetido ao Instituto da Comunicação Social um exemplar de cada edição de todas as publicações que beneficiem do sistema de incentivos do Estado à imprensa.

CAPÍTULO IV (Organização das empresas jornalísticas)

ARTIGO 19.º (Director das publicações periódicas)

1 – As publicações periódicas devem ter um director.

2 – A designação e a demissão do director são da competência da entidade proprietária da publicação, ouvido o conselho de redacção.

3 – O conselho de redacção emite parecer fundamentado, a comunicar à entidade proprietária no prazo de cinco dias a contar da recepção do respectivo pedido de emissão.

4 – A prévia audição do conselho de redacção é dispensada na nomeação do primeiro director da publicação e nas publicações doutrinárias.

ARTIGO 20.º (Estatuto do director)

1 – Ao director compete: a) Orientar, superintender e determinar o conteúdo da publicação; b) Elaborar o estatuto editorial, nos termos do n.º 2 do artigo 17.º; c) Designar os jornalistas com funções de chefia e coordenação; d) Presidir ao conselho de redacção; e) Representar o periódico perante quaisquer autoridades em tudo quanto diga respeito a matérias da sua competência e às funções inerentes ao seu cargo.

528   *Direito da Comunicação Social*

2 – O director tem direito a: a) Ser ouvido pela entidade proprietária em tudo o que disser respeito à gestão dos recursos humanos na área jornalística, assim como à oneração ou alienação dos imóveis onde funcionem serviços da redacção que dirige; b)Ser informado sobre a situação económica e financeira da entidade proprietária e sobre a sua estratégia em termos editoriais.

ARTIGO 21.º (Directores-adjuntos e subdirectores)
1 – Nas publicações com mais de cinco jornalistas o director pode ser coadjuvado por um ou mais directores-adjuntos ou subdirectores, que o substituem nas suas ausências ou impedimentos.
2 – Aos directores-adjuntos e subdirectores é aplicável o preceituado no artigo 19.º, com as necessárias adaptações.

ARTIGO 22.º (Direitos dos jornalistas)
Constituem direitos fundamentais dos jornalistas, com o conteúdo e a extensão definidos na Constituição e no Estatuto do Jornalista: a) A liberdade de expressão e de criação; b) A liberdade de acesso às fontes de informação, incluindo o direito de acesso a locais públicos e respectiva protecção; c) O direito ao sigilo profissional; d) A garantia de independência e da cláusula de consciência; e) O direito de participação na orientação do respectivo órgão de informação.

ARTIGO 23.º (Conselho de redacção e direito de participação dos jornalistas)
1 – Nas publicações periódicas com mais de cinco jornalistas, estes elegem um conselho de redacção, por escrutínio secreto e segundo regulamento por eles aprovado.
2 – Compete ao conselho de redacção: a) Pronunciar-se, nos termos dos artigos 19.º e 21.º, sobre a designação ou demissão, pela entidade proprietária, do director, do director-adjunto ou do subdirector da publicação; b) Dar parecer sobre a elaboração e as alterações ao estatuto editorial, nos termos dos n.º 2 e 4 do artigo 17.º; c)Pronunciar-se, a solicitação do director, sobre a conformidade de escritos ou imagens publicitários com a orientação editorial da publicação; d) Cooperar com a direcção no exercício das competências previstas nas alíneas a), b) e e) do n.º 1 do artigo 20.º; e) Pronunciar-se sobre todos os sectores da vida e da orgânica da publicação que se relacionem com o exercício da actividade dos jornalistas, em conformidade com o respectivo estatuto e código deontológico; f) Pronunciar-se acerca da admissão e da responsabilidade disciplinar dos jornalistas profissionais, nomeadamente na apreciação de justa causa de despedimento, no prazo de cinco dias a contar da data em que o processo lhe seja entregue.

CAPÍTULO V (Do direitos à informação)

SECÇÃO I (Direitos de resposta e de rectificação)

ARTIGO 24.º (Pressupostos dos direitos de resposta e de rectificação)

1 – Tem direito de resposta nas publicações periódicas qualquer pessoa singular ou colectiva, organização, serviço ou organismo público, bem como o titular de qualquer órgão ou responsável por estabelecimento público, que tiver sido objecto de referências, ainda que indirectas, que possam afectar a sua reputação e boa fama.

2 – As entidades referidas no número anterior têm direito de rectificação nas publicações periódicas sempre que tenham sido feitas referências de facto inverídicas ou erróneas que lhes digam respeito.

3 – O direito de resposta e o de rectificação podem ser exercidos tanto relativamente a textos como a imagens.

4 – O direito de resposta e o de rectificação ficam prejudicados se, com a concordância do interessado, o periódico tiver corrigido ou esclarecido o texto ou imagem em causa ou lhe tiver facultado outro meio de expor a sua posição.

5 – O direito de resposta e o de rectificação são independentes do procedimento criminal pelo facto da publicação, bem como do direito à indemnização pelos danos por ela causados.

ARTIGO 25.º (Exercício dos direitos de resposta e de rectificação)

1 – O direito de resposta e o de rectificação devem ser exercidos pelo próprio titular, pelo seu representante legal ou pelos herdeiros, no período de 30 dias, se se tratar de diário ou semanário, e de 60 dias, no caso de publicação com menor frequência, a contar da inserção do escrito ou imagem.

2 – Os prazos do número anterior suspendem-se quando, por motivo de força maior, as pessoas nele referidas estiverem impedidas de fazer valer o direito cujo exercício estiver em causa.

3 – O texto da resposta ou da rectificação, se for caso disso, acompanhado de imagem, deve ser entregue, com assinatura e identificação do autor, e através de procedimento que comprove a sua recepção, ao director da publicação em causa, invocando expressamente o direito de resposta ou o de rectificação ou as competentes disposições legais.

4 – O conteúdo da resposta ou da rectificação é limitado pela relação directa e útil com o escrito ou imagem respondidos, não podendo a sua extensão exceder 300 palavras ou a da parte do escrito que a provocou, se for superior, descontando a identificação, a assinatura e as fórmulas de estilo, nem conter expressões desproporcionadamente desprimorosas ou que envolvam responsabi-

530 *Direito da Comunicação Social*

lidade criminal, a qual, neste caso, bem como a eventual responsabilidade civil, só ao autor da resposta ou da rectificação podem ser exigidas.

Artigo 26.º **(Publicação da resposta ou da rectificação)**

1 – Se a resposta exceder os limites previstos no n.º 4 do artigo anterior, a parte restante é publicada, por remissão expressa, em local conveniente à paginação do periódico e mediante pagamento equivalente ao da publicidade comercial redigida, constante das tabelas do periódico, o qual será feito antecipadamente ou assegurado pelo envio da importância consignada bastante.

2 – A resposta ou a rectificação devem ser publicadas: a) Dentro de dois dias a contar da recepção, se a publicação for diária; b) No primeiro número impresso após o segundo dia posterior à recepção, tratando-se de publicação semanal; c)No primeiro número distribuído após o 7.º dia posterior à recepção, no caso das demais publicações periódicas.

3 – A publicação é gratuita e feita na mesma secção, com o mesmo relevo e apresentação do escrito ou imagem que tiver provocado a resposta ou rectificação, de uma só vez, sem interpolações nem interrupções, devendo ser precedida da indicação de que se trata de direito de resposta ou rectificação.

4 – Quando a resposta se refira a texto ou imagem publicados na primeira página, ocupando menos de metade da sua superfície, pode ser inserida numa página ímpar interior, observados os demais requisitos do número antecedente, desde que se verifique a inserção na primeira página, no local da publicação do texto ou imagem que motivaram a resposta, de uma nota de chamada, com a devida saliência, anunciando a publicação da resposta e o seu autor, bem como a respectiva página.

5 – A rectificação que se refira a texto ou imagem publicados na primeira página pode, em qualquer caso, cumpridos os restantes requisitos do n.º 3, ser inserida em página ímpar interior.

6 – No mesmo número em que for publicada a resposta ou a rectificação só é permitido à direcção do periódico fazer inserir uma breve anotação à mesma, da sua autoria, com o estrito fim de apontar qualquer inexactidão ou erro de facto contidos na resposta ou na rectificação, a qual pode originar nova resposta ou rectificação, nos termos dos n..1 e 2 do artigo 24.º

7 – Quando a resposta ou a rectificação forem intempestivas, provierem de pessoa sem legitimidade, carecerem manifestamente de todo e qualquer fundamento ou contrariarem o disposto no n.º 4 do artigo anterior, o director do periódico, ou quem o substitua, ouvido o conselho de redacção, pode recusar a sua publicação, informando o interessado, por escrito, acerca da recusa e do seu fundamento, nos 3 ou 10 dias seguintes à recepção da resposta ou da rectificação, tratando-se respectivamente de publicações diárias ou semanais ou de periodicidade superior.

Anexo: *Normas dos Principais Diplomas Legislativos* 531

8 – No caso de, por sentença com trânsito em julgado, vir a provar-se a falsidade do conteúdo da resposta ou da rectificação e a veracidade do escrito que lhes deu origem, o autor da resposta ou da rectificação pagará o espaço com ela ocupado pelo preço igual ao triplo da tabela de publicidade do periódico em causa, independentemente da responsabilidade civil que ao caso couber.

ARTIGO 27.º **(Efectivação coerciva do direito de resposta e de rectificação)**
1 – No caso de o direito de resposta ou de rectificação não ter sido satisfeito ou haver sido infundadamente recusado, pode o interessado, no prazo de 10 dias, recorrer ao tribunal judicial do seu domicílio para que ordene a publicação, e para a Alta Autoridade para a Comunicação Social nos termos da legislação especificamente aplicável.

2 – Requerida a notificação judicial do director do periódico que não tenha dado satisfação ao direito de resposta ou de rectificação, é o mesmo imediatamente notificado por via postal para contestar no prazo de dois dias, após o que será proferida em igual prazo a decisão, da qual há recurso com efeito meramente devolutivo.

3 – Só é admitida prova documental, sendo todos os documentos juntos com o requerimento inicial e com a contestação.

4 – No caso de procedência do pedido, o periódico em causa publica a resposta ou rectificação nos prazos do n.º 2 do artigo 26.º, acompanhada da menção de que a publicação é efectuada por efeito de decisão judicial ou por deliberação da Alta Autoridade para a Comunicação Social.

SECÇÃO II **(Publicidade)**

ARTIGO 28.º **(Publicidade)**
1 – A difusão de materiais publicitários através da imprensa fica sujeita ao disposto na presente lei e demais legislação aplicável.

2 – Toda a publicidade redigida ou a publicidade gráfica, que como tal não seja imediatamente identificável, deve ser identificada através da palavra «Publicidade» ou das letras «PUB», em caixa alta, no início do anúncio, contendo ainda, quando tal não for evidente, o nome do anunciante.

3 – Considera-se publicidade redigida e publicidade gráfica todo o texto ou imagem cuja inserção tenha sido paga, ainda que sem cumprimento da tabela de publicidade do respectivo periódico.

CAPÍTULO VI (Formas de responsabilidade)

ARTIGO 29.º (Responsabilidade civil)

1 – Na determinação das formas de efectivação da responsabilidade civil emergente de factos cometidos por meio da imprensa observam-se os princípios gerais.

2 – No caso de escrito ou imagem inseridos numa publicação periódica com conhecimento e sem oposição do director ou seu substituto legal, as empresas jornalísticas são solidariamente responsáveis com o autor pelos danos que tiverem causado.

ARTIGO 30.º (Crimes cometidos através da imprensa)

1 – A publicação de textos ou imagens através da imprensa que ofenda bens jurídicos penalmente protegidos é punida nos termos gerais, sem prejuízo do disposto na presente lei, sendo a sua apreciação da competência dos tribunais judiciais.

2 – Sempre que a lei não cominar agravação diversa, em razão do meio de comissão, os crimes cometidos através da imprensa são punidos com as penas previstas na respectiva norma incriminatória, elevadas de um terço nos seus limites mínimo e máximo.

ARTIGO 31.º (Autoria e comparticipação)

1 – Sem prejuízo do disposto na lei penal, a autoria dos crimes cometidos através da imprensa cabe a quem tiver criado o texto ou a imagem cuja publicação constitua ofensa dos bens jurídicos protegidos pelas disposições incriminadoras.

2 – Nos casos de publicação não consentida, é autor do crime quem a tiver promovido.

3 – O director, o director-adjunto, o subdirector ou quem concretamente os substitua, assim como o editor, no caso de publicações não periódicas, que não se oponha, através da acção adequada, à comissão de crime através da imprensa, podendo fazê-lo, é punido com as penas cominadas nos correspondentes tipos legais, reduzidas de um terço nos seus limites.

4 – Tratando-se de declarações correctamente reproduzidas, prestadas por pessoas devidamente identificadas, só estas podem ser responsabilizadas, a menos que o seu teor constitua instigação à prática de um crime.

5 – O regime previsto no número anterior aplica-se igualmente em relação aos artigos de opinião, desde que o seu autor esteja devidamente identificado.

6 – São isentos de responsabilidade criminal todos aqueles que, no exercício da sua profissão, tiveram intervenção meramente técnica, subordinada ou rotineira no processo de elaboração ou difusão da publicação contendo o escrito ou imagem controvertidos.

Anexo: *Normas dos Principais Diplomas Legislativos* 533

ARTIGO 32.º (Desobediência qualificada)

Constituem crimes de desobediência qualificada: a) O não acatamento, pelo director do periódico ou seu substituto, de decisão judicial ou de deliberação da Alta Autoridade para a Comunicação Social que ordene a publicação de resposta ou rectificação, ao abrigo do disposto no artigo 27.º; b) A recusa, pelos mesmos, da publicação de decisões a que se refere o artigo 34.º; c) A edição, distribuição ou venda de publicações suspensas ou apreendidas por decisão judicial.

ARTIGO 33.º (Atentado à liberdade de imprensa)

1 – É punido com pena de prisão de 3 meses a 2 anos ou multa de 25 a 100 dias aquele que, fora dos casos previstos na lei e com o intuito de atentar contra a liberdade de imprensa: a) Impedir ou perturbar a composição, impressão, distribuição e livre circulação de publicações; b) Apreender quaisquer publicações; c) Apreender ou danificar quaisquer materiais necessários ao exercício da actividade jornalística.

2 – Se o infractor for agente do Estado ou de pessoa colectiva pública e agir nessa qualidade, é punido com prisão de 3 meses a 3 anos ou multa de 30 a 150 dias, se pena mais grave lhe não couber nos termos da lei penal.

ARTIGO 34.º (Publicação das decisões)

1 – As sentenças condenatórias por crimes cometidos através da imprensa são, quando o ofendido o requeira, no prazo de cinco dias após o trânsito em julgado, obrigatoriamente publicadas no próprio periódico, por extracto, do qual devem constar apenas os factos provados relativos à infracção cometida, a identidade dos ofendidos e dos condenados, as sanções aplicadas e as indemnizações fixadas.

2 – A publicação tem lugar dentro do prazo de três dias a contar da notificação judicial, quando se trate de publicações diárias, e num dos dois primeiros números seguintes, quando a periodicidade for superior, sendo aplicável o disposto no n.º 3 do artigo 26.º

3 – Se a publicação em causa tiver deixado de se publicar, a decisão condenatória é inserta, a expensas dos responsáveis, numa das publicações periódicas de maior circulação da localidade, ou da localidade mais próxima, se naquela não existir outra publicação periódica.

4 – O disposto nos números anteriores é aplicável, com as devidas adaptações, às sentenças condenatórias proferidas em acções de efectivação de responsabilidade civil.

534   *Direito da Comunicação Social*

ARTIGO 35.º (Contra-ordenações)

1 – Constitui contra-ordenação, punível com coima: a) De 100000$00 a 500000$00, a inobservância do disposto nos n.º 2 e 3 do artigo 15.º, no artigo 16.º, no n.º 2 do artigo 18.º, nos n.º 2 e 3 do artigo 19.º e no n.º 1 do artigo 26.º; b) De 200 000$00 a 1 000 000$00, a inobservância do disposto no n.º 3 do artigo 5.º, nos n.º 2 a 6 do artigo 26.º e no n.º 2 do artigo 28.º, bem como a redacção, impressão ou difusão de publicações que não contenham os requisitos exigidos pelo n.º 1 do artigo 15.º; c) De 500000$00 a 1000 000$00, a inobservância do disposto no artigo 17.º; d) De 500000$00 a 3 000 000$00, a não satisfação ou recusa infundadas do direito de resposta ou de rectificação, bem como a violação do disposto no n.º 4 do artigo 27.º e no artigo 34.º

2 – Tratando-se de pessoas singulares, os montantes mínimos e máximos constantes do número anterior são reduzidos para metade.

3 – As publicações que não contenham os requisitos exigidos pelo n.º 1 do artigo 15.º podem ser objecto de medida cautelar de apreensão, nos termos do artigo 48.º-A do Decreto-Lei n.º433/82, de 27 de Outubro, na redacção que lhe foi dada pelo Decreto-Lei n.º 244/95, de 14 de Setembro.

4 – Pelas contra-ordenações previstas no presente diploma respondem as entidades proprietárias das publicações que deram causa à infracção.

5 – No caso previsto na parte final da alínea b) do n.º 1, e não sendo possível determinar a entidade proprietária, responde quem tiver intervindo na redacção, impressão ou difusão das referidas publicações.

6 – A tentativa e a negligência são puníveis.

7 – No caso de comportamento negligente, os limites mínimos e máximos das coimas aplicáveis são reduzidos para metade.

ARTIGO 36.º (Processamento das contra-ordenações e aplicação das coimas)

1 – O processamento das contra-ordenações compete à entidade responsável pela sua aplicação.

2 – A aplicação das coimas previstas no presente diploma compete à Alta Autoridade para a Comunicação Social, excepto as relativas à violação do disposto no n.º 2 do artigo 5.º, no artigo 15.º e no n.º 2 do artigo 18.º, que cabe ao Instituto da Comunicação Social.

3 – As receitas das coimas referidas na segunda parte do número anterior revertem em 40% para o Instituto da Comunicação Social e em 60% para o Estado.

CAPÍTULO VII (Disposições especiais de processo)

ARTIGO 37.º (Forma do processo)

O procedimento por crimes de imprensa rege-se pelas disposições do Código de Processo Penal e da legislação complementar, em tudo o que não estiver especialmente previsto na presente lei.

ARTIGO 38.º (Competência territorial)

1 – Para conhecer dos crimes de imprensa é competente o tribunal da comarca da sede da pessoa colectiva proprietária da publicação.

2 – Se a publicação for propriedade de pessoa singular, é competente o tribunal da comarca onde a mesma tiver o seu domicílio.

3 – Tratando-se de publicação estrangeira importada, o tribunal competente é o da sede ou domicílio da entidade importadora ou o da sua representante em Portugal.

4 – Tratando-se de publicações que não cumpram os requisitos exigidos pelo n.º 1 do artigo 15.º, e não sendo conhecido o elemento definidor de competência nos termos dos números anteriores, é competente o tribunal da comarca onde forem encontradas.

5 – Para conhecer dos crimes de difamação ou de injúria é competente o tribunal da comarca do domicílio do ofendido.

ARTIGO 39.º (Identificação do autor do escrito)

1 – Instaurado o procedimento criminal, se o autor do escrito ou imagem for desconhecido, o Ministério Público ordena a notificação do director para, no prazo de cinco dias, declarar no inquérito qual a identidade do autor do escrito ou imagem.

2 – Se o notificado nada disser, incorre no crime de desobediência qualificada e, se declarar falsamente desconhecer a identidade ou indicar como autor do escrito ou imagem quem se provar que o não foi, incorre nas penas previstas no n.º 1 do artigo 360.º do Código Penal, sem prejuízo de procedimento por denúncia caluniosa.

ARTIGO 40.º (Norma revogatória)

São revogados: a) O Decreto-Lei n.º 85-C/75, de 26 de Fevereiro; b) O Decreto-Lei n.º 181/76, de 9 de Março; c) O Decreto-Lei n.º 645/76, de 30 de Julho; d) O Decreto-Lei n.º 377/88, de 24 de Outubro; e) A Lei n.º 15/95, de 25 de Maio; f) A Lei n.º 8/96, de 14 de Março.

536 *Direito da Comunicação Social*

IV – ESTATUTO DOS JORNALISTAS (Lei 1/99 de 13 de Janeiro)

A Assembleia da República decreta, nos termos da alínea c) do artigo 161.º da Constituição, para valer como lei geral da República, o seguinte:

CAPÍTULO I (Dos jornalistas)

ARTIGO 1.º (Definição de jornalista)

1. São considerados jornalistas aqueles que, como ocupação principal, permanente e remunerada, exercem funções de pesquisa, recolha, selecção e tratamento de factos, notícias ou opiniões, através de texto, imagem ou som, destinados a divulgação informativa pela imprensa, por agência noticiosa, pela rádio, pela televisão ou por outra forma de difusão electrónica.

2. Não constitui actividade jornalística o exercício de funções referidas no número anterior quando desempenhadas ao serviço de publicações de natureza predominantemente promocional, ou cujo objecto específico consista em divulgar, publicitar ou por qualquer forma dar a conhecer instituições, empresas, produtos ou serviços, segundo critérios de oportunidade comercial ou industrial.

ARTIGO 2.º (Capacidade)

Podem ser jornalistas os cidadãos maiores de 18 anos, no pleno gozo dos seus direitos civis.

ARTIGO 3.º (Incompatibilidades)

1. O exercício da profissão de jornalista é incompatível com o desempenho de: a) Funções de angariação, concepção ou apresentação de mensagens publicitárias; b) Funções remuneradas de marketing, relações públicas, assessoria de imprensa e consultoria em comunicação ou imagem, bem como de orientação e execução de estratégias comerciais; c) Funções em qualquer organismo ou corporação policial; d) Serviço militar; e)Funções de membro do Governo da República ou de governos regionais; f) Funções de presidente de Câmara ou de vereador, em regime de permanência, a tempo inteiro ou a meio tempo, em órgão de administração autárquica.

2. É igualmente considerada actividade publicitária incompatível com o exercício do jornalismo, o recebimento de ofertas ou benefícios que, não identificados claramente como patrocínios concretos de actos jornalísticos, visem divulgar produtos, serviços ou entidades através da notoriedade do jornalista, independentemente de este fazer menção expresssa aos produtos, serviços ou entidades.

Anexo: Normas dos Principais Diplomas Legislativos 537

3. O jornalista abrangido por qualquer das incompatibilidades previstas no número anterior fica impedido de exercer a respectiva actividade, devendo depositar junto da Comissão da Carteira Profissional de Jornalista o seu título de habilitação, o qual será devolvido, a requerimento do interessado, quando cessar a situação que determinou a incompatibilidade.

4. No caso de apresentação de mensagens publicitárias previstas na alínea a) do presente artigo, a incompatibilidade vigora por um período mínimo de seis meses e só se considera cessada com a exibição de prova de que está extinta a relação contratual de cedência de imagem, voz ou nome de jornalista à entidade promotora ou beneficiária da publicidade.

ARTIGO 4.º (Título profissional)

1. É condição do exercício da profissão de jornalista a habilitação com o respectivo título, o qual é emitido por uma Comissão da Carteira Profissional de Jornalista, com a composição e as competências previstas na lei.

2. Nenhuma empresa com actividade no domínio da comunicação social pode admitir ou manter ao seu serviço, como jornalista profissional, indivíduo que não se mostre habilitado, nos termos do número anterior, salvo se tiver requerido o título de habilitação e se encontrar a aguardar decisão.

ARTIGO 5.º (Acesso à profissão)

1. A profissão de jornalista inicia-se com um estágio obrigatório, a concluir com aproveitamento, com a duração de 24 meses, sendo reduzido a 18 meses em caso de habilitação com curso superior, ou a 12 meses, em caso de licenciatura na área da comunicação social ou de habilitação com curso equivalente, reconhecido pela Comissão da Carteira Profissional do Jornalista.

2. O regime do estágio, incluindo o acompanhamento do estagiário e a respectiva avaliação, será regulado por portaria conjunta dos membros do Governo responsáveis pelas áreas do emprego e da comunicação social.

CAPÍTULO II (Direitos e deveres)

ARTIGO 6.º (Direitos)

Constituem direitos fundamentais dos jornalistas: a)A liberdade de expressão e de criação; b)A liberdade de acesso às fontes de informação; c)A garantia de sigilo profissional; d)A garantia de independência; e)A participação na orientação do respectivo órgão de informação.

538   *Direito da Comunicação Social*

ARTIGO 7.º (Liberdade de expressão e de criação)
1. A liberdade de expressão e de criação dos jornalistas não está sujeita a impedimentos ou discriminações, nem subordinada a qualquer forma de censura.
2. Os jornalistas têm o direito de assinar, ou fazer identificar com o respectivo nome profissional registado na Comissão da Carteira Profissional do Jornalista, os trabalhos da sua criação individual ou em que tenham colaborado.
3. Os jornalistas têm o direito à protecção dos textos, imagens, sons ou desenhos resultantes do exercício da liberdade de expressão e criação, nos termos das disposições legais aplicáveis.

ARTIGO 8.º (Liberdade de acesso a fontes oficiais de informação)
1. O direito de acesso às fontes de informação é assegurado aos jornalistas: a) Pelos órgãos da Administração Pública enumerados no n.º 2 do artigo 2.º do Código do Procedimento Administrativo; b) Pelas empresas de capitais total ou maioritariamente públicos, pelas empresas controladas pelo Estado, pelas empresas concessionárias de serviço público ou do uso privativo ou exploração do domínio público e ainda por quaisquer entidades privadas que exerçam poderes públicos ou prossigam interesses públicos, quando o acesso pretendido respeite a actividades reguladas pelo direito administrativo.
2. O interesse dos jornalistas no acesso às fontes de informação é sempre considerado legítimo para efeitos do exercício do direito regulado nos artigos 61.º a 63.º do Código do Procedimento Administrativo.
3. O direito de acesso às fontes de informação não abrange os processos em segredo de justiça, os documentos classificados ou protegidos ao abrigo de legislação específica, os dados pessoais que não sejam públicos dos documentos nominativos relativos a terceiros, os documentos que revelem segredo comercial, industrial ou relativo à propriedade literária, artística ou científica, bem como os documentos que sirvam de suporte a actos preparatórios de decisões legislativas ou de instrumentos de natureza contratual.
4. A recusa do acesso às fontes de informação por parte de algum dos órgãos ou entidades referidos no n.º 1 deve ser fundamentada nos termos do artigo 125.º do Código do Procedimento Administrativo e contra ela podem ser utilizados os meios administrativos ou contenciosos que no caso couberem.
5. As reclamações apresentadas por jornalistas apresentadas por jornalistas à Comissão de Acesso aos Documentos Administrativos contra decisões administrativas que recusem acesso a documentos públicos ao abrigo da Lei nº 65/93, de 26 de Agosto, gozam de regime de urgência.

ARTIGO 9.º (Liberdade de acesso a locais públicos)
1. Os jornalistas têm o direito de acesso a locais abertos ao público desde que para fins de cobertura informativa.

Anexo: Normas dos Principais Diplomas Legislativos 539

2. O disposto no número anterior é extensivo aos locais que, embora não acessíveis ao público, sejam abertos à generalidade da comunicação social.

3. Nos espectáculos ou outros eventos com entradas pagas em que o afluxo previsível de espectadores justifique a imposição de condicionamentos de acesso, poderão ser estabelecidos sistemas de credenciação de jornalistas por órgão de comunicação social.

4. O regime estabelecido nos números anteriores é assegurado em condições de igualdade por quem controle o referido acesso.

ARTIGO 10.º (Exercício do direito de acesso)

1. Os jornalistas não podem ser impedidos de entrar ou permanecer nos locais referidos no número anterior quando a sua presença for exigida pelo exercício da respectiva actividade profissional, sem outras limitações além das decorrentes da lei.

2. Para efectivação do direito previsto no número, os órgãos de comunicação social têm direito a utilizar os meios técnicos e humanos necessários ao desempenho da sua actividade.

3. Nos espectáculos com entradas pagas, em que os locais destinados à comunicação social sejam insuficientes, será dada prioridade aos órgãos de comunicação social de âmbito nacional e aos de âmbito local do concelho onde se realiza o evento.

4. Em caso de desacordo entre os organizadores do espectáculo e os órgãos de comunicação social, na efectivação dos direitos previstos no número anterior, qualquer dos interessados pode requerer a intervenção da Alta Autoridade para a Comunicação Social, tendo a deliberação deste órgão natureza vinculativa e incorrendo em crime de desobediência quem não a acatar.

5. Os jornalistas têm direito a um regime especial que permita a circulação e estacionamento de viaturas utilizadas no exercício das respectivas funções, nos termos a estabelecer por portaria conjunta dos membros do Governo responsáveis pelas áreas da administração interna e da comunicação social.

ARTIGO 11.º (Sigilo profissional)

1. Sem prejuízo do disposto na lei processual penal, os jornalistas não são obrigados a revelar as suas fontes de informação, não sendo o seu silêncio passível de qualquer sanção, directa ou indirecta.

2. Os directores de informação dos órgãos de comunicação social e os administradores ou gerentes das respectivas entidades proprietárias, bem como qualquer pessoa que nelas exerça funções, não podem, salvo com autorização escrita do jornalista envolvido, divulgar as suas fontes de informação, incluindo os arquivos jornalísticos de texto, som ou imagem das empresas ou quaisquer documentos susceptíveis de as revelar.

540   *Direito da Comunicação Social*

3. Os jornalistas não podem ser desapossados do material utilizado ou obrigados a exibir os elementos recolhidos no exercício da profissão, salvo por mandado judicial, nos termos da lei.

4. O direito previsto no número anterior é extensivo às empresas que tenham em seu poder os materiais ou elementos ali referidos.

ARTIGO 12.º (Independência dos jornalistas e cláusula de consciência)

1. Os jornalistas não podem ser constrangidos a exprimir ou subscrever opiniões nem a desempenhar tarefas profissionais contrárias à sua consciência, nem podem ser alvo de medida disciplinar em virtude de tal recusa.

2. Em caso de alteração profunda na linha de orientação ou na natureza do órgão de comunicação social, confirmada pela Alta Autoridade para a Comunicação Social a requerimento do jornalista, apresentado no prazo de 60 dias, este poderá fazer cessar a relação de trabalho com justa causa, tendo direito à respectiva indemnização, nos termos da legislação laboral aplicável.

3. O direito à rescisão do contrato de trabalho nos termos previstos no número anterior deve ser exercido, sob pena de caducidade, nos 30 dias subsequentes à notificação da deliberação da Alta Autoridade para a Comunicação Social, que deve ser tomada no prazo de 30 dias após a solicitação do jornalista.

4. Os jornalistas podem recusar quaisquer ordens ou instruções de serviço com incidência em matéria editorial emanadas de pessoa não habilitada com título profissional ou equiparado.

ARTIGO 13.º (Direito de participação)

1. Os jornalistas têm direito a participar na orientação editorial do órgão de comunicação social para que trabalhem, salvo quando tiverem natureza doutrinária ou confessional, bem como a pronunciar-se sobre todos os aspectos que digam respeito à sua actividade profissional, não podendo ser objecto de sanções disciplinares pelo exercício desses direitos.

2. Nos órgãos de comunicação social com mais de cinco jornalistas, estes elegem um conselho de redacção, por escrutínio secreto e segundo regulamento eleitoral por eles aprovado.

3. As competências do conselho de redacção são exercidas pelo conjunto dos jornalistas existentes no órgão de comunicação social, quando em número inferior a cinco.

4. Compete ao conselho de redacção: a) Cooperar com a direcção no exercício das funções de orientação editorial que a esta incumbem; b) Pronunciar-se sobre a designação ou demissão, pela entidade proprietária, do director, bem como do subdirector e do director adjunto, caso existam, responsáveis pela informação do respectivo órgão de comunicação social; c) Dar parecer sobre a elaboração e as alterações ao estatuto editorial; d) Pronunciar-se sobre a confor-

Anexo: Normas dos Principais Diplomas Legislativos 541

midade de escritos ou imagens publicitárias com a orientação editorial do órgão de comunicação social; e) Pronunciar-se sobre a invocação pelos jornalistas do direito previsto no número 1 do artigo 12.º; f) Pronunciar-se sobre questões deontológicas ou outras relativas à actividade da redacção; g) Pronunciar-se acerca da responsabilidade disciplinar dos jornalistas profissionais, nomeadamente na apreciação da justa causa de despedimento, no prazo de cinco dias a contar da data em que o processo lhe seja entregue.

ARTIGO 14.º (Deveres)
Independentemente do disposto no respectivo código deontológico, constituem deveres fundamentais dos jornalistas: a) Exercer a actividade com respeito pela ética profissional, informando com rigor e isenção; b) Respeitar a orientação e os objectivos definidos no estatuto editorial do órgão de comunicação social para que trabalhem; c) Abster-se de formular acusações sem provas e salvaguardar a presunção de inocência; d) Não identificar, directa ou indirectamente, as vítimas de crimes contra a liberdade e autodeterminação sexual, bem como os menores que tiverem sido objecto de medidas tutelares sancionatórias; e) Não tratar discriminatoriamente as pessoas, designadamente em função da cor, raça, religião, nacionalidade ou sexo; f) Abster-se de recolher declarações ou imagens que atinjam a dignidade das pessoas; g) Respeitar a privacidade de acordo com a natureza do caso e a condição das pessoas; h) Não falsificar ou encenar situações com intuitos de abusar da boa fé do público; i) Não recolher imagens e sons com o recurso a meios não autorizados a não ser que se verifique um estado de necessidade para a segurança das pessoas envolvidas e o interesse público o justifique.

CAPÍTULO III (Dos directores de informação,
dos correspondentes e colaboradores)

ARTIGO 15.º (Directores de informação)
1. Para efeitos de garantia de acesso à informação, de sujeição às normas éticas da profissão e de incompatibilidades, são equiparados a jornalistas os indivíduos que, não preenchendo os requisitos fixados no artigo 1.º, exerçam, contudo, de forma efectiva e permanente, as funções de direcção do sector informativo de órgão de comunicação social.
2. Os directores equiparados a jornalistas estão obrigados a possuir um cartão de identificação próprio, emitido nos termos previstos no regulamento da Carteira Profissional de Jornalista.

542 *Direito da Comunicação Social*

Artigo 16.º (Correspondentes locais e colaboradores)

Os correspondentes locais, os colaboradores especializados e os colaboradores da área informativa de órgãos de comunicação social regionais ou locais, que exerçam regularmente actividade jornalística sem que esta constitua a sua ocupação principal, permanente e remunerada, estão vinculados aos deveres éticos dos jornalistas e têm direito a um documento de identificação, emitido pela Comissão da Carteira Profissional do Jornalista, para fins de acesso à informação.

Artigo 17.º (Correspondentes estrangeiros)

Os correspondentes de órgãos de comunicação social estrangeiros em Portugal estão vinculados aos deveres éticos dos jornalistas e têm direito a um cartão de identificação, emitido pela Comissão da Carteira Profissional do Jornalista, que titule a sua actividade e garanta o seu acesso às fontes de informação.

Artigo 18.º (Colaboradores nas comunidades portuguesas)

Aos cidadãos que exerçam uma actividade jornalística em órgãos de comunicação social destinados às comunidades portuguesas no estrangeiro e aí sediados é atribuído um título identificativo, nos termos e condições a determinar por portaria conjunta dos membros do Governo responsáveis pelas áreas das comunidades e da comunicação social.

CAPÍTULO IV (Formas de responsabilidade)

Artigo 19.º (Atentado à liberdade de informação)

1. Quem, com o intuito de atentar contra a liberdade de informação, apreender ou danificar quaisquer materiais necessários ao exercício da actividade jornalística pelos possuidores dos títulos previstos no presente diploma, ou impedir a entrada em locais públicos para fins de cobertura informativa nos termos do artigo 9.º e do número 1 do artigo 10.º, é punido com prisão até 1 ano ou com multa até 120 dias.

2. Se o infractor for agente ou funcionário do Estado ou de pessoa colectiva pública e agir nessa qualidade, é punido com prisão até 2 anos ou com multa até 240 dias, se pena mais grave lhe não couber nos termos da lei penal.

Artigo 20.º (Contra-ordenações)

1. Constitui contra-ordenação, punível com coima:
   a) De 100 000$ a 1 000 000$, a infracção ao disposto nos artigos 3.º;
   b) De 200 000$ a 1 000 000$, a infracção ao disposto no nº 1 do artigo 4º e a inobservância no disposto no nº 1 do artigo 8, quando injustificada;
   c) De 500 000$ a 3 000 000$, a infracção ao disposto no nº 2 do artigo 4º;

Anexo: Normas dos Principais Diplomas Legislativos

2. A infracção ao disposto no artigo 3.º pode ser objecto da sanção acessória de interdição do exercício da profissão por um período máximo de seis meses, tendo em conta a sua gravidade e a culpa do agente.

3. A negligência é punível.

4. A instrução dos processos das contra-ordenações e a aplicação das coimas por infracção dos artigos 3º e 4º deste diploma é da competência da Comissão da Carteira Profissional do Jornalista.

5. A instrução dos processos das contra-ordenações e a aplicação das coimas por infracção do artigo 8º deste diploma é da competência da Alta Autoridade para a Comunicação Social.

6. O produto das coimas reverte integralmente para o Estado.

ARTIGO 21.º (Contra-ordenações)

A definição legal da protecção dos direitos de autor dos jornalistas, prevista no artigo 7º, nº3, será aprovada no prazo de 120 dias, precedendo audição das associações representativas dos jornalistas e das empresas de comunicação social interessadas.

Aprovada em 17 de Dezembro de 1998, Promulgada em 5 de Janeiro de 1999, Referendada em 6 de Janeiro de 1999

V – DIREITO PENAL DA COMUNICAÇÃO SOCIAL (e outras disposições relevantes em matéria de Comunicação Social: crimes passíveis de ser cometidos pela comunicação social, constantes do Código Penal; as normas integradas na legislação referente aos meios de comunicação social, encontram-se nas leis respectivas)

5.1. CRIMES CONTRA A HONRA

ARTIGO 180.º (Difamação) incorrecto

1 – Quem, dirigindo-se a terceiro, imputar a outra pessoa, mesmo sob a forma de suspeita, um facto, ou formular sobre ela um juízo, ofensivos da sua honra ou consideração, ou reproduzir uma tal imputação ou juízo, é punido com pena de prisão até 6 meses ou com pena de multa até 240 dias.

2 – A conduta não é punível quando: a) A imputação for feita para realizar interesses legítimos; e b) O agente provar a verdade da mesma imputação ou tiver tido fundamento sério para, em boa fé, a reputar verdadeira.

544 *Direito da Comunicação Social*

3 – Sem prejuízo do disposto nas alíneas b), c) e d) do n.º 2 do artigo 31.º deste Código, o disposto no número anterior não se aplica quando se tratar da imputação de facto relativo à intimidade da vida privada e familiar.

4 – A boa fé referida na alínea b) do n.º 2 exclui-se quando o agente não tiver cumprido o dever de informação, que as circunstâncias do caso impunham, sobre a verdade da imputação.

Artigo 181.º (Injúria)

1 – Quem injuriar outra pessoa, imputando-lhe factos, mesmo sob a forma de suspeita, ou dirigindo-lhe palavras, ofensivos da sua honra ou consideração, é punido com pena de prisão até 3 meses ou com pena de multa até 120 dias.

2 – Tratando-se da imputação de factos, é correspondentemente aplicável o disposto nos nos n.ºs.2, 3 e 4 do artigo anterior.

Artigo 182.º (Equiparação)

À difamação e à injúria verbais são equiparadas as feitas por escrito, gestos, imagens ou qualquer outro meio de expressão.

Artigo 183.º (Publicidade e calúnia)

1 – Se no caso dos crimes previstos nos artigos 180.º, 181.º e 182.º: a) A ofensa for praticada através de meios ou em circunstâncias que facilitem a sua divulgação; ou, b) Tratando-se da imputação de factos, se averiguar que o agente conhecia a falsidade da imputação; as penas da difamação ou da injúria são elevadas de um terço nos seus limites mínimo e máximo.

2 – Se o crime for cometido através de meio de comunicação social, o agente é punido com pena de prisão até 2 anos ou com pena de multa não inferior a 120 dias.

Artigo 184.º (Agravação)

As penas previstas nos artigos 180.º, 181.º e 183.º são elevadas de metade nos seus limites mínimo e máximo se a vítima for uma das pessoas referidas na alínea j) do n.º 2 do art.º 132.º, no exercício das suas funções ou por causa delas, ou se o agente for funcionário e praticar o facto com grave abuso de autoridade.

Artigo 132.º, n.º 2, alínea j): Praticar o facto contra membro de órgão de soberania, do Conselho de Estado, Ministro da República, magistrado, membro de órgão do governo próprio das Regiões Autónomas ou do território de Macau, Provedor de Justiça, governador civil, membro de órgão das autarquias locais ou de serviço ou organismo que exerça autoridade pública, comandante de força pública, jurado, testemunha, advogado, agente das forças ou serviços de segurança, funcionário público, civil ou militar, agente de força pública ou cidadão encarregado de serviço público, docente ou examinador, ou ministro de culto religioso, no exercício das suas funções ou por causa delas.

Anexo: Normas dos Principais Diplomas Legislativos

ARTIGO 185.º (Ofensa à memória de pessoa falecida)

1 – Quem, por qualquer forma, ofender gravemente a memória de pessoa falecida é punido com pena de prisão até 6 meses ou com pena de multa até 240 dias.

2 – É correspondentemente aplicável o disposto: a) Nos n.ºs 2, 3, 4 e 5 do artigo 180.º; e b) No artigo 183.º

3 – A ofensa não é punível quando tiverem decorrido mais de 50 anos sobre o falecimento.

ARTIGO 186.º (Dispensa de pena)

1 – O tribunal dispensa de pena o agente quando este der em juízo esclarecimentos ou explicações da ofensa de que foi acusado, se o ofendido, quem o represente ou integre a sua vontade como titular do direito de queixa ou de acusação particular, os aceitar como satisfatórios.

2 – O tribunal pode ainda dispensar de pena se a ofensa tiver sido provocada por uma conduta ilícita ou repreensível do ofendido.

3 – Se o ofendido ripostar, no mesmo acto, com uma ofensa a outra ofensa, o tribunal pode dispensar de pena ambos os agentes ou só um deles, conforme as circunstâncias.

ARTIGO 187.º (Ofensa a pessoa colectiva, organismo ou serviço)

1 – Quem, sem ter fundamento para, em boa fé, os reputar verdadeiros, afirmar ou propalar factos inverídicos, capazes de ofenderem a credibilidade, o prestígio ou a confiança que sejam devidos a pessoa colectiva, instituição, corporação, organismo ou serviço que exerça autoridade pública, é punido com pena de prisão até 6 meses ou com pena de multa até 240 dias.

2 – É correspondentemente aplicável o disposto: a) No artigo 183.º; e b) Nos n.ºs 1 e 2 do artigo 186.º

ARTIGO 188.º (Procedimento criminal)

1 – O procedimento criminal pelos crimes previstos no presente capítulo depende de acusação particular, ressalvados os casos: a) Do artigo 184.º; e b) Do artigo 187.º, sempre que o ofendido exerça autoridade pública; em que é suficiente a queixa ou a participação.

2 – O direito de acusação particular pelo crime previsto no artigo 185.º cabe às pessoas mencionadas no n.º 2 do artigo 113.º, pela ordem neste estabelecida.

Artigo 113.º, n.º 2: a) Ao cônjuge sobrevivo não separado judicialmente de pessoas e bens, aos descendentes adoptados e aos e aos ascendentes e aos adoptantes; b) Aos irmãos e seus descendentes e à pessoa que com o ofendido vivesse em condições análogas às dos cônjuges.

546   *Direito da Comunicação Social*

ARTIGO 189.º (Conhecimento público da sentença condenatória)

1 – Em caso de condenação, ainda que com dispensa de pena, nos termos do artigo 183.º, da alínea b) do n.º 2 do artigo 185.º, ou da alínea a) do n.º 2 do artigo 187.º, o tribunal ordena, a expensas do agente, o conhecimento público adequado da sentença, se tal for requerido, até ao encerramento da audiência em 1.ª instância, pelo titular do direito de queixa ou de acusação particular.

2 – O tribunal fixa os termos concretos em que o conhecimento público da sentença deve ter lugar.

ARTIGO 189.º (Conhecimento público da sentença condenatória)

1 – Em caso de condenação, ainda que com dispensa de pena, nos termos do artigo 183.º, da alínea b) do n.º 2 do artigo 185.º, ou da alínea a) do n.º 2 do artigo 187.º, o tribunal ordena, a expensas do agente, o conhecimento público adequado da sentença, se tal for requerido, até ao encerramento da audiência em 1.ª instância, pelo titular do direito de queixa ou de acusação particular.

2 – O tribunal fixa os termos concretos em que o conhecimento público da sentença deve ter lugar.

5.2. CRIMES CONTRA A RESERVA DA VIDA PRIVADA

ARTIGO 190.º (Violação de domicílio)

1 – Quem, sem consentimento, se introduzir na habitação de outra pessoa ou nela permanecer depois de intimado a retirar-se é punido com pena de prisão até 1 ano ou com pena de multa até 240 dias.

2 – Na mesma pena incorre quem, com intenção de perturbar a vida privada, a paz e o sossego de outra pessoa, telefonar para a sua habitação.

3 – Se o crime previsto no n.º 1 for cometido de noite ou em lugar ermo, por meio de violência ou ameaça de violência, com uso de arma ou por meio de arrombamento, escalamento ou chave falsa, ou por três ou mais pessoas, o agente é punido com pena de prisão até 3 anos ou com pena de multa.

ARTIGO 191.º (Introdução em lugar vedado ao público)

Quem, sem consentimento ou autorização de quem de direito, entrar ou permanecer em pátios, jardins ou espaços vedados anexos a habitação, em barcos ou outros meios de transporte, em lugar vedado e destinado a serviço ou a empresa públicos, a serviço de transporte ou ao exercício de profissões ou actividades, ou em qualquer outro lugar vedado e não livremente acessível ao público, é punido com pena de prisão até 3 meses ou com pena de multa até 60 dias.

Anexo: Normas dos Principais Diplomas Legislativos

ARTIGO 192.º (Devassa da vida privada)

1 – Quem, sem consentimento e com intenção de devassar a vida privada das pessoas, designadamente a intimidade da vida familiar ou sexual: a) Interceptar, gravar, registar, utilizar, transmitir ou divulgar conversa ou comunicação telefónica; b) Captar, fotografar, filmar, registar ou divulgar imagem das pessoas ou de objectos ou espaços íntimos; c) Observar ou escutar às ocultas pessoas que se encontrem em lugar privado; ou d) Divulgar factos relativos à vida privada ou a doença grave de outra pessoa; é punido com pena de prisão até 1 ano ou com pena de multa até 240 dias.

2 – O facto previsto na alínea d) do número anterior não é punível quando for praticado como meio adequado para realizar um interesse público legítimo e relevante.

ARTIGO 193.º (Devassa por meio de informática)

1 – Quem criar, mantiver ou utilizar ficheiro automatizado de dados individualmente identificáveis e referentes a convicções políticas, religiosas ou filosóficas, à filiação partidária ou sindical, à vida privada, ou a origem étnica, é punido com pena de prisão até 2 anos ou com pena de multa até 240 dias.

2 – A tentativa é punível.

ARTIGO 194.º (Violação de correspondência ou de telecomunicações)

1 – Quem, sem consentimento, abrir encomenda, carta ou qualquer outro escrito que se encontre fechado e lhe não seja dirigido, ou tomar conhecimento, por processos técnicos, do seu conteúdo, ou impedir, por qualquer modo, que seja recebido pelo destinatário, é punido com pena de prisão até 1 ano ou com pena de multa até 240 dias.

2 – Na mesma pena incorre quem, sem consentimento, se intrometer no conteúdo de telecomunicação ou dele tomar conhecimento.

3 – Quem, sem consentimento, divulgar o conteúdo de cartas, encomendas, escritos fechados, ou telecomunicações a que se referem os números anteriores, é punido com pena de prisão até 1 ano ou com pena de multa até 240 dias.

ARTIGO 197.º (Agravação)

As penas previstas nos artigos 190.º a 195.º são elevadas de um terço nos seus limites mínimo e máximo se o facto for praticado: a) Para obter recompensa ou enriquecimento, para o agente ou para outra pessoa, ou para causar prejuízo a outra pessoa ou ao Estado; ou b) Através de meio de comunicação social.

ARTIGO 198.º (Queixa)

Salvo no caso do artigo 193.º, o procedimento criminal pelos crimes previstos no presente capítulo depende de queixa ou de participação.

5.3. CRIMES CONTRA OUTROS BENS JURÍDICOS PESSOAIS

ARTIGO 199.º (Gravações e fotografias ilícitas)
1 – Quem sem consentimento: a) Gravar palavras proferidas por outra pessoa e não destinadas ao público, mesmo que lhe sejam dirigidas; ou b) Utilizar ou permitir que se utilizem as gravações referidas na alínea anterior, mesmo que licitamente produzidas; é punido com pena de prisão até 1 ano ou com pena de multa até 240 dias.
2 – Na mesma pena incorre quem, contra vontade: a) Fotografar ou filmar outra pessoa, mesmo em eventos em que tenha legitimamente participado; ou b) Utilizar ou permitir que se utilizem fotografias ou filmes referidos na alínea anterior, mesmo que licitamente obtidos.
3 – É correspondentemente aplicável o disposto nos artigos 197.º e 198.º

5.4. CRIMES CONTRA SENTIMENTOS RELIGIOSOS

ARTIGO 251.º (Ultraje por motivo de crença religiosa)
1 – Quem publicamente ofender outra pessoa ou dela escarnecer em razão da sua crença ou função religiosa, por forma adequada a perturbar a paz pública, é punido com pena de prisão até 1 ano ou com pena de multa até 120 dias.
2 – Na mesma pena incorre quem profanar lugar ou objecto de culto ou de veneração religiosa, por forma adequada a perturbar a paz pública.

ARTIGO 252.º (Impedimento, perturbação ou ultraje a acto de culto)
Quem: a) Por meio de violência ou de ameaça com mal importante impedir ou perturbar o exercício legítimo do culto de religião; ou b) Publicamente vilipendiar acto de culto de religião ou dele escarnecer; é punido com pena de prisão até 1 ano ou com pena de multa até 120 dias.

5.5. CRIMES CONTRA A HUMANIDADE

ARTIGO 240.º (Discriminação racial)
1 – Quem: a) Fundar ou constituir organização ou desenvolver actividades de propaganda organizada que incitem à discriminação, ao ódio ou à violência raciais ou religiosas, ou que a encorajem; ou b) Participar na organização ou nas actividades referidas na alínea anterior ou lhes prestar assistência, incluindo o seu financiamento; é punido com pena de prisão de 1 a 8 anos.
2 – Quem, em reunião pública, por escrito destinado a divulgação ou através de qualquer meio de comunicação social:a)Provocar actos de violência contra

Anexo: Normas dos Principais Diplomas Legislativos

pessoa ou grupo de pessoas por causa da sua raça, cor ou origem étnica ou nacional ou religião; ou b) Difamar ou injuriar pessoa ou grupo de pessoas por causa da sua raça, cor ou origem étnica ou nacional ou religião, nomeadamente através da negação de crimes de guerra ou contra a paz e a humanidade; com a intenção de incitar à discriminação racial ou religiosa ou de a encorajar, é punido com pena de prisão de 6 meses a 5 anos.

ARTIGO 256.º (Falsificação de documento)

1 – Quem, com intenção de causar prejuízo a outra pessoa ou ao Estado, ou de obter para si ou para outra pessoa benefício ilegítimo: a) Fabricar documento falso, falsificar ou alterar documento, ou abusar da assinatura de outra pessoa para elaborar documento falso; b) Fizer constar falsamente de documento facto juridicamente relevante; ou c) Usar documento a que se referem as alíneas anteriores, fabricado ou falsificado por outra pessoa; é punido com pena de prisão até 3 anos ou com pena de multa.

2 – A tentativa é punível.

3 – Se os factos referidos no n.º 1 disserem respeito a documento autêntico ou com igual força, a testamento cerrado, a vale do correio, a letra de câmbio, a cheque ou a outro documento comercial transmissível por endosso, ou a qualquer outro título de crédito não compreendido no artigo 267.º, o agente é punido com pena de prisão de 6 meses a 5 anos ou com pena de multa de 60 a 600 dias.

4 – Se os factos referidos nos n.os 1 e 3 forem praticados por funcionário, no exercício das suas funções, o agente é punido com pena de prisão de 1 a 5 anos.

ARTIGO 255.º (Definições legais)

Para efeito do disposto no presente capítulo considera-se: a) Documento: a declaração corporizada em escrito, ou registada em disco, fita gravada ou qualquer outro meio técnico, inteligível para a generalidade das pessoas ou para um certo círculo de pessoas, que, permitindo reconhecer o emitente, é idónea para provar facto juridicamente relevante, quer tal destino lhe seja dado no momento da sua emissão quer posteriormente; e bem assim o sinal materialmente feito, dado ou posto numa coisa para provar facto juridicamente relevante e que permite reconhecer à generalidade das pessoas ou a um certo círculo de pessoas o seu destino e a prova que dele resulta; b) Notação técnica: a notação de um valor, de um peso ou de uma medida, de um estado ou do decurso de um acontecimento, feita através de aparelho técnico que actua, total ou parcialmente, de forma automática, que permite reconhecer à generalidade das pessoas ou a um certo círculo de pessoas os seus resultados e se destina à prova de facto juridicamente relevante, quer tal destino lhe seja dado no momento da sua realização quer posteriormente; c) Documento de identificação: o bilhete de identidade, o passaporte, a cédula ou outros certificados ou atestados a que a lei atribui força

550   *Direito da Comunicação Social*

de identificação das pessoas, ou do seu estado ou situação profissional, donde possam resultar direitos ou vantagens, designadamente no que toca a subsistência, aboletamento, deslocação, assistência, saúde ou meios de ganhar a vida ou de melhorar o seu nível; d) Moeda: o papel moeda, compreendendo as notas de banco, e a moeda metálica, que tenham, esteja legalmente previsto que venham a ter ou tenham tido nos últimos 20 anos curso legal em Portugal ou no estrangeiro.

5.6. CRIMES CONTRA A PAZ PÚBLICA

ARTIGO 297.º (Instigação pública a um crime)
1 – Quem, em reunião pública, através de meio de comunicação social, por divulgação de escrito ou outro meio de reprodução técnica, provocar ou incitar à prática de um crime determinado é punido com pena de prisão até 3 anos ou com pena de multa, se pena mais grave lhe não couber por força de outra disposição legal.
2 – É correspondentemente aplicável o disposto no n.º 2 do artigo 295.º
Artigo 295º, n.º 2: A pena não pode ser superior à prevista para o facto ilícito típico praticado

ARTIGO 298.º (Apologia pública de um crime)
1 – Quem, em reunião pública, através de meio de comunicação social, por divulgação de escrito ou outro meio de reprodução técnica, recompensar ou louvar outra pessoa por ter praticado um crime, de forma adequada a criar perigo da prática de outro crime da mesma espécie, é punido com pena de prisão até 6 meses ou com pena de multa até 60 dias, se pena mais grave lhe não couber por força de outra disposição legal.
2 – É correspondentemente aplicável o disposto no n.º 2 do artigo 295.º

5.7. CRIMES CONTRA A SOBERANIA NACIONAL: crimes contra a independência e a integridade nacionais

ARTIGO 316.º (Violação de segredo de Estado)
1 – Quem, pondo em perigo interesses do Estado Português relativos à independência nacional, à unidade e à integridade do Estado ou à sua segurança interna e externa, transmitir, tornar acessível a pessoa não autorizada, ou tornar público facto ou documento, plano ou objecto que devem, em nome daqueles interesses, manter-se secretos é punido com pena de prisão de 2 a 8 anos.

Anexo: Normas dos Principais Diplomas Legislativos 551

2 – Quem destruir, subtrair ou falsificar documento, plano ou objecto referido no número anterior, pondo em perigo interesses no mesmo número indicados, é punido com pena de prisão de 2 a 8 anos.

3 – Se o agente praticar facto descrito nos números anteriores violando dever especificamente imposto pelo estatuto da sua função ou serviço, ou da missão que lhe foi conferida por autoridade competente, é punido com pena de prisão de 3 a 10 anos.

4 – Se o agente praticar por negligência os factos referidos nos n.os 1 e 2, tendo acesso aos objectos ou segredos de Estado em razão da sua função ou serviço, ou da missão que lhe foi conferida por autoridade competente, é punido com pena de prisão até 3 anos.

5.8. CRIMES CONTRA ESTADOS ESTRANGEIROS E ORGANIZAÇÕES INTERNACIONAIS

ARTIGO 322.º (**Crimes contra pessoa que goze de protecção internacional**)

2 – Quem ofender a honra de pessoa que goze de protecção internacional e se encontre nas condições referidas no número anterior é punido com pena de prisão até 2 anos ou com pena de multa, se pena mais grave lhe não couber por força de outra disposição legal.

3 – Gozam de protecção internacional para efeito do disposto nos números anteriores: a) Chefe de Estado, incluindo membro de órgão colegial que exerça, nos termos constitucionais, as funções de Chefe de Estado, Chefe de Governo ou ministro dos Negócios Estrangeiros, bem como membros de família que os acompanhem; e b) Representante ou funcionário de Estado estrangeiro ou agente de organização internacional que, no momento do crime, gozem de protecção especial segundo o direito internacional, bem como membros de família que com eles vivam.

ARTIGO 323.º (**Ultraje de símbolos estrangeiros**)

Quem, publicamente, por palavras, gestos, divulgação de escrito ou outro meio de comunicação com o público, injuriar bandeira oficial ou outro símbolo de soberania de Estado estrangeiro ou de organização internacional de que Portugal seja membro é punido com pena de prisão até 1 ano ou com pena de multa até 120 dias.

ARTIGO 324.º (**Condições de punibilidade e de procedibilidade**)

1 – O procedimento criminal pelos crimes previstos nesta subsecção depende, salvo tratado ou convenção internacional em contrário, de participação do Governo Português. Tratando-se de crime contra a honra é também necessário

552   *Direito da Comunicação Social*

que seja feita participação pelo Governo estrangeiro ou pelo representante da organização internacional.

2 – Relativamente a Estado estrangeiro, seu representante ou funcionário, é necessário à aplicação das disposições da presente subsecção que: a) Portugal mantenha com o Estado estrangeiro relações diplomáticas; e b) Haja reciprocidade no tratamento penal do facto, no momento da sua prática e do seu julgamento.

5.9. OUTROS PASSÍVEIS DE COMETIMENTO NA CS

ARTIGO 326.º **(Incitamento à guerra civil ou à alteração violenta do Estado de direito)**

1 – Quem publicamente incitar habitantes do território português ou forças militares, militarizadas ou de segurança ao serviço de Portugal à guerra civil ou à prática da conduta referida no artigo anterior é punido com pena de prisão de 1 a 8 anos.

2 – Se o facto descrito no número anterior for acompanhado de distribuição de armas, o agente é punido com pena de prisão de 5 a 15 anos.

ARTIGO 328.º **(Ofensa à honra do Presidente da República)**

1 – Quem injuriar ou difamar o Presidente da República, ou quem constitucionalmente o substituir é punido com pena de prisão até 3 anos ou com pena de multa.

2 – Se a injúria ou a difamação forem feitas por meio de palavras proferidas publicamente, de publicação de escrito ou de desenho, ou por qualquer meio técnico de comunicação com o público, o agente é punido com pena de prisão de 6 meses a 3 anos ou com pena de multa não inferior a 60 dias.

3 – O procedimento criminal cessa se o Presidente da República expressamente declarar que dele desiste.

ARTIGO 330.º **(Incitamento à desobediência colectiva)**

1 – Quem, com intenção de destruir, alterar ou subverter pela violência o Estado de direito constitucionalmente estabelecido, incitar, em reunião pública ou por qualquer meio de comunicação com o público, à desobediência colectiva de leis de ordem pública, é punido com pena de prisão até 2 anos ou com pena de multa até 240 dias.

2 – Na mesma pena incorre quem, com a intenção referida no número anterior, publicamente ou por qualquer meio de comunicação com o público: a) Divulgar notícias falsas ou tendenciosas susceptíveis de provocar alarme ou inquietação na população; b) Provocar ou tentar provocar, pelos meios referidos

Anexo: Normas dos Principais Diplomas Legislativos 553

na alínea anterior, divisões no seio das Forças Armadas, entre estas e as forças militarizadas ou de segurança, ou entre qualquer destas e os órgãos de soberania; ou c) Incitar à luta política pela violência.

ARTIGO 331.º (Ligações com o estrangeiro)

Quem, com intenção de destruir, alterar ou subverter pela violência o Estado de direito constitucionalmente estabelecido, se puser em ligação com governo de Estado estrangeiro, com partido, associação, instituição ou grupo estrangeiro ou com algum dos seus agentes para: a) Receber instruções, directivas, dinheiro ou valores; ou b) Colaborar em actividades consistindo: I) Na recolha, preparação ou divulgação pública de notícias falsas ou grosseiramente deformadas; II) No aliciamento de agentes ou em facilitar aquelas actividades, fornecendo local para reuniões, subsidiando-as ou fazendo a sua propaganda; III) Em promessas ou dádivas; ou IV) Em ameaçar outra pessoa ou utilizar fraude contra ela; é punido com pena de prisão até 5 anos, se pena mais grave lhe não couber por força de outra disposição legal.

ARTIGO 332.º (Ultraje de símbolos nacionais e regionais)

1 – Quem publicamente, por palavras, gestos ou divulgação de escrito, ou por outro meio de comunicação com o público, ultrajar a República, a bandeira ou o hino nacionais, as armas ou emblemas da soberania portuguesa, ou faltar ao respeito que lhes é devido, é punido com pena de prisão até 2 anos ou com pena de multa até 240 dias. 2-Se os factos descritos no número anterior forem praticados contra as Regiões Autónomas, as bandeiras ou hinos regionais, ou os emblemas da respectiva autonomia, o agente é punido com pena de prisão até um ano ou com pena de multa até 120 dias.

ARTIGO 342.º (Violação do segredo de escrutínio)

Quem, em eleição referida no n.º 1 do artigo 338.º, realizada por escrutínio secreto, violando disposição legal destinada a assegurar o segredo de escrutínio, tomar conhecimento ou der a outra pessoa conhecimento do sentido de voto de um eleitor é punido com pena de prisão até 1 ano ou com pena de multa até 120 dias. (n.º 1 do artigo 338.º: eleição de órgão de soberania, de Região Autónoma ou de autarquia local).

ARTIGO 348.º (Desobediência)

1 – Quem faltar à obediência devida a ordem ou a mandado legítimos, regularmente comunicados e emanados de autoridade ou funcionário competente, é punido com pena de prisão até 1 ano ou com pena de multa até 120 dias se: a) Uma disposição legal cominar, no caso, a punição da desobediência simples; ou b) Na ausência de disposição legal, a autoridade ou o funcionário fizerem a correspondente cominação.

554   *Direito da Comunicação Social*

2 – A pena é de prisão até 2 anos ou de multa até 240 dias nos casos em que uma disposição legal cominar a punição da desobediência qualificada.

Artigo 365.º (Denúncia caluniosa)

1 – Quem, por qualquer meio, perante autoridade ou publicamente, com a consciência da falsidade da imputação, denunciar ou lançar sobre determinada pessoa a suspeita da prática de crime, com intenção de que contra ela se instaure procedimento, é punido com pena de prisão até 3 anos ou com pena de multa.

2 – Se a conduta consistir na falsa imputação de contra-ordenação ou falta disciplinar, o agente é punido com pena de prisão até 1 ano ou com pena de multa até 120 dias.

3 – Se o meio utilizado pelo agente se traduzir em apresentar, alterar ou desvirtuar meio de prova, o agente é punido: a) No caso do n.º 1, com pena de prisão até 5 anos; b) No caso do n.º 2, com pena de prisão até 3 anos ou com pena de multa.

4 – Se do facto resultar privação da liberdade do ofendido, o agente é punido com pena de prisão de 1 a 8 anos.

5 – A requerimento do ofendido o tribunal ordena o conhecimento público da sentença condenatória, nos termos do artigo 189.º

Artigo 366.º (Simulação de crime)

1 – Quem, sem o imputar a pessoa determinada, denunciar crime ou fizer criar suspeita da sua prática à autoridade competente, sabendo que ele se não verificou, é punido com pena de prisão até 1 ano ou com pena de multa até 120 dias.

2 – Se o facto respeitar a contra-ordenação ou ilícito disciplinar, o agente é punido com pena de multa até 60 dias.

Artigo 371.º (Violação de segredo de justiça)

1 – Quem ilegitimamente der conhecimento, no todo ou em parte, do teor de acto de processo penal que se encontre coberto por segredo de justiça, ou a cujo decurso não for permitida a assistência do público em geral, é punido com pena de prisão até 2 anos ou com pena de multa até 240 dias, salvo se outra pena for cominada para o caso pela lei do processo.

2 – Se o facto descrito no número anterior respeitar: a) A processo por contra-ordenação, até à decisão da autoridade administrativa; ou b) A processo disciplinar, enquanto se mantiver legalmente o segredo; o agente é punido com pena de prisão até 6 meses ou com pena de multa até 60 dias.

5.10. EXCLUSÃO DA ILICITUDE

ARTIGO 31.º (Exclusão da ilicitude)

1 – O facto não é punível quando a sua ilicitude for excluída pela ordem jurídica considerada na sua totalidade.

2 – Nomeadamente, não é ilícito o facto praticado: a) Em legítima defesa; b) No exercício de um direito; c) No cumprimento de um dever imposto por lei ou por ordem legítima da autoridade; ou d) Com o consentimento do titular do interesse jurídico lesado.

VI – CÓDIGO CIVIL (Disposições relevantes em matéria de Comunicação Social)

ARTIGO 70.º (Tutela geral da personalidade)

1 – A lei protege os indivíduos contra qualquer ofensa ilícita ou ameaça de ofensa à sua personalidade física ou moral.

2 – Independentemente da responsabilidade civil a que haja lugar, a pessoa ameaçada ou ofendida pode requerer as providências adequadas às circunstâncias do caso, com o fim de evitar a consumação da ameaça ou atenuar os efeitos da ofensa já cometida.

ARTIGO 71.º (Ofensa a pessoas já falecidas)

1 – Os direitos de personalidade gozam igualmente de protecção depois da morte do respectivo titular.

2 – Tem legitimidade, neste caso, para requerer as providências previstas no n.º 2 do artigo anterior o cônjuge sobrevivo ou qualquer descendente, ascendente, irmão, sobrinho ou herdeiro do falecido.

3-Se a ilicitude da ofensa resultar de falta de consentimento, só as pessoas que o deveriam prestar têm legitimidade, conjunta ou separadamente, para requerer as providências a que o número anterior se refere.

ARTIGO 72.º (Direito ao nome)

1 – Toda a pessoa tem direito a usar o seu nome, completo ou abreviado, e a opor-se a que outrem o use ilicitamente para sua identificação ou outros fins.

2 – O titular do nome não pode, todavia, especialmente no exercício de uma actividade profissional, usá-lo de modo a prejudicar os interesses de quem tiver nome total ou parcialmente idêntico; nestes casos, o tribunal decretará ao providências que, segundo juízos de equidade, melhor conciliem os interesses em conflito.

556 *Direito da Comunicação Social*

Artigo 73.º (Legitimidade)
As acções relativas à defesa do nome podem ser exercidas não só pelo respectivo titular, como, depois da morte dele, pelas pessoas referidas no n.º 2 do artigo 71.º

Artigo 74.º (Pseudónimo)
O pseudónimo, quando tenha notoriedade, goza da protecção conferida ao próprio nome.

Artigo 75.º (Cartas-missivas confidenciais)
1 – O destinatário de carta-missiva de natureza confidencial deve guardar reserva sobre o seu conteúdo, não lhe sendo lícito aproveitar os elementos de informação que ela tenha levado ao seu conhecimento.

2 – Morto o destinatário, pode a restituição da carta confidencial ser ordenada pelo tribunal, a requerimento do autor dela ou, se este já tiver falecido, das pessoas indicadas no n.º 2 do artigo 71.º; pode também ser ordenada a destruição da carta, o seu depósito em mão de pessoa idónea ou qualquer outra medida apropriada.

Artigo 76.º (Publicação de cartas confidenciais)
1 – As cartas-missivas confidenciais só podem ser publicadas com o consentimento do seu autor ou com o suprimento judicial desse consentimento; mas não há lugar ao suprimento quando se trate de utilizar as cartas como documento literário, histórico ou biográfico.

2 – Depois da morte do autor, a autorização compete às pessoas designadas no n.º 2 do artigo 71.º, segundo a ordem nele indicada.

Artigo 77.º (Memórias familiares e outros escritos confidenciais)
O disposto no artigo anterior é aplicável, com as necessárias adaptações, às memórias familiares e pessoais e a outros escritos que tenham carácter confidencial ou se refiram à intimidade da vida privada.

Artigo 78.º (Cartas-missivas não confidenciais)
O destinatário de carta não confidencial só pode usar dela em termos que não contrariem a expectativa do autor.

Artigo 79.º (Direito à imagem)
1 – O retrato de uma pessoa não pode ser exposto, reproduzido ou lançado no comércio sem o consentimento dela; depois da morte da pessoa retratada, a autorização compete às pessoas designadas no n.º 2 do artigo 71.º, segundo a ordem nele indicada.

Anexo: *Normas dos Principais Diplomas Legislativos* 557

2 – Não é necessário o consentimento da pessoa retratada quando assim o justifiquem a sua notoriedade, o cargo que desempenhe, exigências de polícia ou de justiça, finalidades científicas, didácticas ou culturais, ou quando a reprodução da imagem vier enquadrada na de lugares públicos, ou na de factos de interesse público ou que hajam decorrido publicamente.

3 – O retrato não pode, porém, ser reproduzido, exposto ou lançado no comércio, se do facto resultar prejuízo para a honra, reputação ou simples decoro da pessoa retratada.

ARTIGO 80.º (Direito à reserva sobre a intimidade da vida privada)

1 – Todos devem guardar reserva quanto à intimidade da vida privada de outrem.

2 – A extensão da reserva é definida conforme a natureza do caso e a condição das pessoas.

ARTIGO 81.º (Limitação voluntária dos direitos de personalidades)

1 – Toda a limitação voluntária ao exercício dos direitos de personalidade é nula, se for contrária aos princípios da ordem pública.

2 – A limitação voluntária, quando legal, é sempre revogável, ainda que com obrigação de indemnizar os prejuízos causados às legíimas expectativas da outra parte.

ARTIGO 484.º (Ofensa do crédito ou do bom nome)

Quem afirmar ou difundir um facto capaz de prejudicar o crédito ou o bom nome de qualquer pessoa, singular ou colectiva, responde pelos danos causados.

VII – DIREITO PROCESSUAL PENAL DA COMUNICA-ÇÃO SOCIAL (Código de Processo Penal: Decreto-Lei n.º 78/87, de 17 de Fevereiro)

7.1. DIREITO DE ACESSO À INFORMAÇÃO JURISDICIONAL

ARTIGO 86.º (Publicidade do processo e segredo de justiça)

1 – O processo penal é, sob pena de nulidade, público, a partir da decisão instrutória ou, se a instrução não tiver lugar, do momento em que já não pode ser requerida. O processo é público a partir do recebimento do requerimento a que se refere o artigo 287.º, n.º 1, alínea a), se a instrução for requerida apenas pelo arguido e este, no requerimento, não declarar que se opõe à publicidade.

558   *Direito da Comunicação Social*

2 – A publicidade do processo implica, nos termos definidos pela lei e, em especial, pelos artigos seguintes, os direitos de:

a) Assistência, pelo público em geral, à realização dos actos processuais;
b) Narração dos actos processuais, ou reprodução dos seus termos, pelos meios de comunicação social;
c) Consulta do auto e obtenção de cópias, extractos e certidões de quaisquer partes dele.

3 – A publicidade não abrange os dados relativos à reserva da vida privada que não constituam meios de prova. A autoridade judiciária especifica, por despacho, oficiosamente ou a requerimento, os elementos relativamente aos quais se mantém o segredo de justiça, ordenando, se for caso disso, a sua destruição ou que sejam entregues à pessoa a quem disserem respeito.

4 – O segredo de justiça vincula todos os participantes processuais, bem como as pessoas que, por qualquer título, tiverem tomado contacto com o processo e conhecimento de elementos a ele pertencentes, e implica as proibições de:

a) Assistência à prática ou tomada de conhecimento do conteúdo de acto processual a que não tenham o direito ou o dever de assistir;
b) Divulgação da ocorrência de acto processual ou dos seus termos, independentemente do motivo que presidir a tal divulgação.

5 – Pode, todavia, a autoridade judiciária que preside à fase processual respectiva dar ou ordenar ou permitir que seja dado conhecimento a determinadas pessoas do conteúdo de acto ou de documento em segredo de justiça, se tal se afigurar conveniente ao esclarecimento da verdade.

6 – As pessoas referidas no número anterior ficam, em todo o caso, vinculadas pelo segredo de justiça.

7 – A autoridade judiciária pode autorizar a passagem de certidão em que seja dado conhecimento do conteúdo de acto ou de documento em segredo de justiça, desde que necessária a processo de natureza criminal ou à instrução de processo disciplinar de natureza pública, bem como à dedução do pedido de indemnização civil.

8 – Se o processo respeitar a acidente causado por veículo de circulação terrestre, a autoridade judiciária autoriza a passagem de certidão:

a) Em que seja dado conhecimento de acto ou documento em segredo de justiça, para os fins previstos na última parte do número anterior e perante requerimento fundamentado no disposto no artigo 72.º, n.º 1, alínea a);
b) Do auto de notícia do acidente levantado por entidade policial, para efeitos de composição extra-judicial de litígio em que seja interessada entidade seguradora para a qual esteja transferida a responsabilidade civil.

Anexo: *Normas dos Principais Diplomas Legislativos* 559

9 – O segredo de justiça não prejudica a prestação de esclarecimentos públicos:

a) Quando necessários ao restabelecimento da verdade e sem prejuízo para a investigação, a pedido de pessoas publicamente postas em causa;

b) Excepcionalmente, nomeadamente em casos de especial repercussão pública, quando e na medida do estritamente necessário para a reposição da verdade sobre factos publicamente divulgados, para garantir a segurança de pessoas e bens e para evitar perturbação da tranquilidade pública.

Artigo 87.º (Assistência do público a actos processuais)

1 – Aos actos processuais declarados públicos pela lei, nomeadamente às audiências, pode assistir qualquer pessoa. Oficiosamente ou a requerimento do Ministério Público, do arguido ou do assistente pode, porém, o juiz decidir, por despacho, restringir a livre assistência do público ou que o acto, ou parte dele, decorra com exclusão da publicidade.

2 – O despacho referido na segunda parte do número anterior deve fundar--se em factos ou circunstâncias concretas que façam presumir que a publicidade causaria grave dano à dignidade das pessoas, à moral pública ou ao normal decurso do acto e deve ser revogado logo que cessarem os motivos que lhe deram causa.

3 – Em caso de processo por crime sexual que tenha por ofendido um menor de 16 anos, os actos processuais decorrem em regra com exclusão da publicidade.

4 – Decorrendo o acto com exclusão da publicidade, apenas podem assistir as pessoas que nele tiveram de intervir, bem como outras que o juiz admitir por razões atendíveis, nomeadamente de ordem profissional ou científica.

5-A exclusão da publicidade não abrange, em caso algum, a leitura da sentença.

6 – Não implica restrição ou exclusão da publicidade, para efeito do disposto nos números anteriores, a proibição, pelo juiz, da assistência de menor de 18 anos ou de quem, pelo seu comportamento, puser em causa a dignidade ou a disciplina do acto.

Artigo 88.º (Meios de comunicação social)

1 – É permitida aos órgãos de comunicação social, dentro dos limites da lei, a narração circunstanciada do teor de actos processuais que se não encontrem cobertos por segredo de justiça ou a cujo decurso for permitida a assistência do público em geral.

560   *Direito da Comunicação Social*

2– Não é, porém, autorizada, sob pena de desobediência simples:

a) A reprodução de peças processuais ou de documentos incorporados no processo, até à sentença de 1.ª instância, salvo se tiverem sido obtidos mediante certidão solicitada com menção do fim a que se destina, ou se para tal tiver havido autorização expressa da autoridade judiciária que presidir à fase do processo no momento da publicação;

b) A transmissão ou registo de imagens ou de tomadas de som relativas à prática de qualquer acto processual, nomeadamente da audiência, salvo se a autoridade judiciária referida na alínea anterior, por despacho, a autorizar; não pode, porém, ser autorizada a transmissão ou registo de imagens ou tomada de som relativas a pessoa que a tal se opuser;

c) A publicação, por qualquer meio, da identidade de vítimas de crimes sexuais, contra a honra ou contra a reserva da vida privada, antes da audiência, ou mesmo depois, se o ofendido for menor de 16 anos.

3 – Até à decisão sobre a publicidade da audiência não é ainda autorizada, sob pena de desobediência simples, a narração de actos processuais anteriores àquela quando o juiz, oficiosamente ou a requerimento, a tiver proibido com fundamento nos factos ou circunstâncias referidos no n.º 2 do artigo anterior.

ARTIGO 90.º (Consulta de auto e obtenção de certidão por outras pessoas)
1 – Qualquer pessoa que nisso revelar interesse legítimo pode pedir que seja admitida a consultar auto de um processo que se não encontre em segredo de justiça e que lhe seja fornecida, à sua custa, cópia, extracto ou certidão de auto ou de parte dele. Sobre o pedido decide, por despacho, a autoridade judiciária que presidir à fase em que se encontra o processo ou que nele tiver proferido a última decisão.

2 – A permissão de consulta de auto e de obtenção de cópia, extracto ou certidão realiza-se sem prejuízo da proibição, que no caso se verificar, de narração dos actos processuais ou de reprodução dos seus termos através dos meios de comunicação social.

7.2. LIMITES AO SEGREDO PROFISSIONAL DOS JORNALISTAS

ARTIGO 135.º (Segredo profissional)
1 – Os ministros de religião ou confissão religiosa, os advogados, os médicos, os jornalistas, os membros de instituições de crédito e as demais pessoas a quem a lei permitir ou impuser que guardem segredo profissional podem escusar-se a depor sobre os factos abrangidos por aquele segredo.

2 – Havendo dúvidas fundadas sobre a legitimidade da escusa, a autoridade judiciária perante a qual o incidente se tiver suscitado procede às averiguações

Anexo: *Normas dos Principais Diplomas Legislativos* 561

necessárias. Se, após estas, concluir pela ilegitimidade da escusa, ordena, ou requer ao tribunal que ordene, a prestação do depoimento.

3 – O tribunal superior àquele onde o incidente se tiver suscitado, ou, no caso de o incidente se ter suscitado perante o Supremo Tribunal de Justiça, o plenário das secções criminais, pode decidir da prestação de testemunho com quebra do segredo profissional sempre que esta se mostre justificada face às normas e princípios aplicáveis da lei penal, nomeadamente face ao princípio da prevalência do interesse preponderante. A intervenção é suscitada pelo juiz, oficiosamente ou a requerimento.

4 – O disposto no número anterior não se aplica ao segredo religioso.

5 – Nos casos previstos nos n.os 2 e 3, a decisão da autoridade judiciária ou do tribunal é tomada ouvido o organismo representativo da profissão relacionada com o segredo profissional em causa, nos termos e com os efeitos previstos na legislação que a esse organismo seja aplicável.

VIII – CÓDIGO DEONTOLÓGICO DOS JORNALISTAS PORTUGUESES (Aprovado em 4 de Maio de 1993, numa consulta que abrangeu os profissionais detentores de Carteira Profissional, resultante do projecto preliminarmente discutido e aprovado em Assembleia Geral realizada em 22 de Março de 1993)

1. O jornalista deve relatar os factos com rigor e exactidão e interpretá-los com honestidade. Os factos devem ser comprovados, ouvindo as partes com interesses atendíveis no caso. A distinção entre notícia e opinião deve ficar bem clara aos olhos do público.

2. O jornalista deve combater a censura e o sensacionalismo e considerar a acusação sem provas e o plágio como graves faltas profissionais.

3. O jornalista deve lutar contra as restrições no acesso às fontes de informação e as tentativas de limitar a liberdade de expressão e o direito de informar. É obrigação do jornalista divulgar as ofensas a estes direitos.

4. O jornalista deve utilizar meios leais para obter informações, imagens ou documentos e proibir-se de abusar da boa-fé de quem quer que seja. A identificação como jornalista é a regra e outros processos só podem justificar-se por razões de incontestável interesse público.

5. O jornalista deve assumir a responsabilidade por todos os seus trabalhos e actos profissionais, assim como promover a pronta rectificação das informações que se revelem inexactas ou falsas. O jornalista deve também recusar actos que violentem a sua consciência.

562   *Direito da Comunicação Social*

6. O jornalista deve usar como critério fundamental a identificação das fontes. O jornalista não deve revelar, mesmo em juízo, as suas fontes confidenciais de informação, nem desrespeitar os compromissos assumidos, excepto se o tentarem usar para canalizar informações falsas. As opiniões devem ser sempre atribuídas.

7. O jornalista deve salvaguardar a presunção da inocência dos arguidos até a sentença transitar em julgado. O jornalista não deve identificar, directa ou indirectamente, as vítimas de crimes sexuais e os delinquentes menores de idade, assim como deve proibir-se de humilhar as pessoas ou perturbar a sua dor.

8. O jornalista deve rejeitar o tratamento discriminatório das pessoas em função da cor, raça, credos, nacionalidade ou sexo.

9. O jornalista deve respeitar a privacidade dos cidadãos excepto quando estiver em causa o interesse público ou a conduta do indivíduo contradiga, manifestamente, valores e princípios que publicamente defende. O jornalista obriga-se, antes de recolher declarações e imagens, a atender às condições de serenidade, liberdade e responsabilidade das pessoas envolvidas.

10. O jornalista deve recusar funções, tarefas e benefícios susceptíveis de comprometer o seu estatuto de independência e a sua integridade profissional. O jornalista não deve valer-se da sua condição profissional para noticiar assuntos em que tenha interesses.

IX – CÓDIGO DO DIREITO DE AUTOR E DOS DIREITOS CONEXOS (Decreto-Lei n.º 63/85, de 14 de Março)

TÍTULO 1 (Da Obra Protegida e do Direito de Autor)

CAPÍTULO I (Da Obra Protegida)

ARTIGO 1.º (Definição)

1 – Consideram-se obras as criações intelectuais do domínio literário, científico e artístico, por qualquer modo exteriorizadas, que, como tais, são protegidas nos termos deste Código, incluindo-se nessa protecção os direitos dos respectivos autores.

2 – As ideias, os processos, os sistemas, os métodos operacionais, os conceitos, os princípios ou as descobertas não são, por si só e enquanto tais, protegidos nos termos deste Código.

Anexo: Normas dos Principais Diplomas Legislativos 563

3 – Para os efeitos do disposto neste Código, a obra é independente da sua divulgação, publicação, utilização ou exploração.

ARTIGO 2.º (Obras originais)

1 – As criações intelectuais do domínio literário, científico e artístico, quaisquer que sejam o género, a forma de expressão, o mérito, o modo de comunicação e o objectivo, compreendem nomeadamente: a) Livros, folhetos, revistas, jornais e outros escritos; b) Obras dramáticas e dramático-musicais e a sua encenação; c) Conferências, lições, alocuções e sermões; d) Obras coreográficas e pantominas, cuja expressão se fixa por escrito ou por qualquer outra forma; e) Composições musicais, com ou sem palavras; f) Obras cinematográficas, televisivas, fonográfica, videográfica e radiofónicas; g) Obras de desenho, tapeçaria, pintura, escultura, cerâmica, azulejo, gravura, litografia e arquitectura; h) Obras fotográficas ou produzidas por qualquer processo análogos aos da fotografia; i) Obras de arte aplicadas, desenho ou modelos industriais e obras de design que constituam criação artística, independentemente da protecção relativa à propriedade industrial; j) Ilustrações e cartas geográficas; l) Projectos, esboços e obras plásticas respeitantes à arquitectura, ao urbanismo, à geografia ou às outras ciências; m) Lemas ou divisas, ainda que de carácter publicitário, se se revestirem de originalidade; n) Paródias e outras composições literárias ou musicais, ainda que inspiradas num tema ou motivo de outra obra.

ARTIGO 3.º (Obras Equiparadas a originais)

1 – São equiparadas a originais: a) As Traduções, Arranjos, Instrumentações, Dramatizações, Cinematizações e Outras Transformações de qualquer obra, ainda que esta não seja objecto de protecção; b) Os Sumários e as Compilações de obras protegidas ou não, tais como Selectas, Enciclopédias e Antologias que, pela escolha ou disposição das matérias, constituam criações intelectuais; c) As Compilações Sistemáticas ou Anotadas de textos de Convenções, de leis de Regulamentos e de Relatórios ou de Decisões Administrativas, judiciais ou de quaisquer Orgãos ou Autoridades do Estado ou da Administração.

2 – A protecção conferida a estas obras não prejudica os direitos reconhecidos aos autores da correspondente obra original.

ARTIGO 4.º (Título da obra)

1 – A protecção da obra é extensiva ao título, independentemente de registo, desde que seja original e não possa confundir-se com o título de qualquer outra obra do mesmo género de outro autor anteriormente divulgada ou publicada.

2 – Considera-se que não satisfazem estes requisitos: a) Os títulos consistentes em designação genérica, necessária ou usual do tema ou objecto de obras de certo género; b) Os títulos exclusivamente constituídos por nomes de perso-

564   *Direito da Comunicação Social*

nagens históricas, histórico-dramáticas ou literárias e mitológicas ou por nomes de personalidades vivas.

3 – O título de obra não divulgada ou não publicada é protegido se, satisfazendo os requisitos deste artigo, tiver sido registado juntamente com a obra.

ARTIGO 5.º (**Título de jornal ou de qualquer outra publicação periódica**)

1 – O título de jornal ou de qualquer outra publicação é protegido, enquanto a respectiva publicação se efectuar com regularidade, desde que devidamente inscritos na competente repartição de registo do departamento governamental com tutela sobre a comunicação social.

2 – A utilização do referido título por publicação congénere só será possível um ano após a extinção do direito à publicação, anunciado por qualquer modo, ou decorridos três anos sobre a interrupção da publicação.

ARTIGO 6.º (**Obra publicada e obra divulgada**)

1 – A obra publicada é a obra reproduzida com o consentimento do seu autor, qualquer que seja o modo de fabrico dos respectivos exemplares, desde que efectivamente postos à disposição do público em termos que satisfaçam razoavelmente as necessidades deste, tendo em consideração a natureza da obra.

2 – Não constitui publicação a utilização ou divulgação de uma obra que não importe a sua reprodução nos termos do número anterior.

3 – Obra divulgada é a que foi licitamente trazida ao conhecimento do público por quaisquer meios, como sejam a representação da obra dramática ou dramático-musical, a execução de obra musical, a recitação de obra literária, a transmissão ou a radiodifusão, a construção de obra de arquitectura ou de obra plástica nela incorporada e a exposição de qualquer obra artística.

ARTIGO 7.º (**Exclusão de protecção**)

1 – Não constituem objecto de protecção: a) As notícias do dia e os relatos de acontecimentos diversos com carácter de simples informações de qualquer modo divulgadas; b) Os requerimentos, alegações, queixas e outros textos apresentados por escrito ou oralmente perante autoridades ou serviços públicos; c) Os textos propostos e os discursos proferidos perante assembleias ou outros orgãos colegiais, políticos e administrativos, de âmbito nacional, regional ou local, ou em debates públicos sobre assuntos de interesse comum; d) Os discursos políticos.

2 – A reprodução integral, em separata, em colecção ou noutra utilização conjunta, de discursos, peças oratórias e demais textos referidos nas alíneas c) e d) do nº 1 só pode ser feita pelo autor ou com o seu consentimento.

Anexo: *Normas dos Principais Diplomas Legislativos* 565

3 – A utilização por terceiro da obra referida no nº 1, quando livre, deve limitar-se ao exigido pelo fim a atingir com a sua divulgação.

4 – Não é permitida a comunicação dos textos a que se refere a alínea b) do nº 1 quando estes textos forem por natureza confidenciais ou dela possa resultar prejuízo para a honra ou reputação do autor ou de qualquer outra pessoa, salvo decisão judicial em contrário proferida em face da prova da existência de interesse legítimo superior ao subjacente à proibição.

Artigo 8.º (Compilações e anotações de textos oficiais)

1 – Os textos compilados ou anotados a que se refere a alínea c) do nº 1 do artigo 3º, bem como as suas traduções oficiais, não beneficiam de protecção.

2 – Se os textos referidos no número anterior incorporarem obras protegidas, estas poderão ser introduzidas sem o consentimento do autor e sem que tal lhe confira qualquer direito no âmbito da actividade do serviço público de que se trate.

CAPÍTULO II (do direito de autor)

SECÇÃO I (do conteúdo do direito de autor)

Artigo 9.º (Do conteúdo do direito de autor)

1 – O direito de autor abrange direitos de carácter patrimonial e direitos de natureza pessoal, denominados direitos morais.

2 – No exercício dos direitos de carácter patrimonial o autor tem o direito exclusivo de dispor da sua obra e de fruí-la e utilizá-la, ou autorizar a sua fruição ou utilização por terceiro, total ou parcialmente.

3 – Independentemente dos direitos patrimoniais, e mesmo depois da sua transmissão ou extinção destes, o autor goza de direitos morais sobre a sua obra, designadamente o direito de reivindicar a respectiva paternidade e assegurar a sua genuinidade e integridade.

Artigo 10.º (Suportes da obra)

1 – O direito de autor sobre a obra como coisa incorpórea é independente do direito de propriedade sobre as coisas materiais que sirvam de suporte à sua fixação ou comunicação.

2 – O fabricante e o adquirente dos suportes referidos no número anterior não gozam de quaisquer poderes compreendidos no direito de autor.

SECÇÃO II (Da atribuição do direito de autor)

ARTIGO 11º (Titularidade)

O direito de autor pertence ao criador intelectual da obra, salvo disposição em contrário.

ARTIGO 12.º (Reconhecimento do direito de autor)

O direito de autor é reconhecido independentemente de registo, depósito ou qualquer outra formalidade.

ARTIGO 13.º (Obra subsidiada)

Aquele que subsidie ou financie por qualquer forma, total ou parcialmente, a preparação, conclusão, divulgação de uma obra não adquire, por esse facto, sobre esta, salvo convenção escrita em contrário, qualquer dos poderes incluídos no direito de autor.

ARTIGO 14.º (Determinação da titularidade em casos excepcionais)

1 – Sem prejuízo do disposto no artigo 174º, a titularidade do direito de autor relativo a obra feita por encomenda ou por conta de outrém, quer em cumprimento de dever funcional quer de contrato de trabalho, determina-se de harmonia com o que tiver sido convencionado.

2 – Na falta de convenção, presume-se que a titularidade do direito de autor relativo a obra feita por conta de outrem pertence ao seu criador intelectual.

3 – A circunstância de o nome do criador da obra não vir mencionado nesta ou não figurar no local destinado para o efeito segundo o uso universal, constitui presunção de que o direito de autor fica a pertencer à entidade por conta de quem a obra é feita.

4 – Ainda quando a titularidade do conteúdo patrimonial do direito de autor pertença àquele para quem a obra é realizada, o seu criador intelectual pode exigir, para até da remuneração ajustada e independentemente do próprio facto da divulgação ou publicação, uma remuneração especial: a) Quando a criação intelectual exceda claramente o desempenho, ainda que zeloso, da função ou tarefa que lhe estava confiada; b) Quando da obra vierem a fazer-se utilizações ou a retirar vantagens não incluídas nem previstas na fixação da remuneração ajustada.

ARTIGO 15.º (Limites à utilização)

1 – Nos casos dos artigos 13º e 14º, quando o direito de autor pertence ao criador intelectual, a obra apenas pode ser utilizada para os fins previstos na respectiva convenção.

Anexo: Normas dos Principais Diplomas Legislativos 567

2 – A faculdade de introduzir modificações na obra depende do acordo expresso do seu criador e só pode exercer-se nos termos convencionados.

3 – O criador intelectual não pode fazer utilização da obra que prejudique a obtenção dos fins para que foi produzida.

ARTIGO 16.º (**Noção de obra feita em colaboração e de obra colectiva**)

1 – A obra que for criação de uma pluralidade de pessoas denomina-se: a) Obra feita em colaboração, quando divulgada ou publicada em nome dos colaboradores ou de alguns deles, quer possam discriminar-se quer não os contributos individuais; b) Obra colectiva, quando por iniciativa de entidade singular ou colectiva e divulgada ou publicada em seu nome.

2 – A obra de arte aleatória em que a contribuição criativa do ou dos intérpretes se ache originariamente prevista considera-se obra feita em colaboração.

ARTIGO 17.º (**Obra feita em colaboração**)

1 – O direito de autor de obra feita em colaboração, na sua unidade, pertence a todos os que nela tiverem colaborado, aplicando-se ao exercício comum desse direito as regras da compropriedade.

2 – Salvo estipulação em contrário, que deve ser sempre reduzida a escrito, consideram-se de valor igual as partes indivisas dos autores na obra feita em colaboração.

3 – Se a obra feita em colaboração for divulgada ou publicada apenas em nome de algum ou alguns dos colaboradores, presume-se, na falta de designação explícita dos demais em qualquer parte da obra, que os não designados cederam os seus direitos àqueles ou àqueles em nome de quem a divulgação ou publicação é feita.

4 – Não se consideram colaboradores e não participam portanto, dos direitos de autor sobre a obra aqueles que tiverem simplesmente auxiliado o autor na produção e divulgação ou publicação desta, seja qual for o modo por que o tiverem feito.

ARTIGO 18.º (**Direitos individuais dos autores de obra feita em colaboração**)

1 – Qualquer dos autores pode solicitar a divulgação, a publicação, a exploração ou a modificação de obra feita em colaboração, sendo, em caso de divergência, a questão resolvida segundo as regras da boa-fé.

2 – Qualquer dos autores pode, sem prejuízo da exploração em comum de obra feita em colaboração, exercer individualmente os direitos relativos à sua contribuição pessoal, quando esta possa discriminar-se.

568 *Direito da Comunicação Social*

ARTIGO 19.º (Obra Colectiva)

1 – O direito de autor sobre obra colectiva é atribuído à entidade singular ou colectiva que tiver organizado e dirigido a sua criação e em nome de quem tiver sido divulgada ou publicada.

2 – Se, porém, no conjunto da obra colectiva for possível discriminar a produção pessoal de algum ou alguns colaboradores, aplicar-se-á, relativamente aos direitos sobre essa produção pessoal, o preceituado quanto à obra feita em colaboração

3 – Os jornais e outras publicações periódicas presumem-se obras colectivas, pertencendo às respectivas empresas o direito de autor sobre as mesmas.

ARTIGO 20.º (Obra compósita)

1 – Considera-se obra compósita aquela em que se incorpora, no todo ou em parte, uma obra preexistente, com autorização, mas sem a colaboração, do autor desta.

2 – Ao autor de obra compósita pertencem exclusivamente os direitos relativos à mesma, sem prejuízo dos direitos do autor da obra preexistente.

ARTIGO 21.º (Obra radiodifundida)

1 – Entende-se por obra radiodifundida a que foi criada segundo as condições especiais da utilização pela radiodifusão sonora ou visual e, bem assim as adaptações a esses meios de comunicação de obras originariamente criadas para outra forma de utilização.

2 – Consideram-se co-autores da obra radiodifundida, como obra feita em colaboração, os autores do texto, da música e da respectiva realização, bem como da adaptação se não se tratar de obra inicialmente produzida para a comunicação audiovisual.

3 – Aplica-se à autoria da obra radiodifundida, com as necessárias adaptações, o disposto nos artigos seguintes quanto à obra cinematográfica.

ARTIGO 22.º (Obra cinematográfica)

1 – Consideram-se co-autores da obra cinematográfica: a) O realizador; b) O autor do argumento, dos diálogos, se for pessoa diferente, e o da banda musical.

2 – Quando se trate de adaptação de obra não composta expressamente para o cinema., consideram-se também co-autores os autores da adaptação e dos diálogos.

ARTIGO 23.º (Utilização de outras obras na obra cinematográfica)

Aos direitos dos criadores que não sejam considerados co-autores, nos termos do artigo 22º, é aplicável o disposto no artigo 20.º.

Anexo: Normas dos Principais Diplomas Legislativos 569

ARTIGO 24.º (Obra fonográfica ou videográfica)
Consideram-se autores da obra fonográfica ou videográfica os autores do texto ou da música fixada e ainda, no segundo caso, o realizador.

ARTIGO 25.º (Obra de arquitectura, urbanismo e «design»)
Autor de obra de arquitectura, de urbanismo ou de design é o criador da sua concepção global e respectivo projecto.

ARTIGO 26.º (Colaboradores técnicos)
Sem prejuízo dos direitos conexos de que possam ser titulares, as pessoas singulares ou colectivas intervenientes a título de colaboradores, agentes técnicos, desenhadores, construtores ou outro semelhante na produção e divulgação das obras a que se referem os artigo 21º, e seguintes não podem invocar relativamente a estas quaisquer poderes incluídos no direito de autor.

CAPÍTULO III (do autor e do nome literário ou artístico)

ARTIGO 27.º (Paternidade da obra)
1 – Salvo disposição em contrário, autor é o criador intelectual da obra.
2 – Presume-se autor aquele cujo nome tiver sido indicado como tal na obra, conforme o uso consagrado, ou anunciado em qualquer forma de utilização ou comunicação ao público.
3 – Salvo disposição em contrário, a referência ao autor abrange o sucessor e o transmissário dos respectivos direitos.

ARTIGO 28.º (Identificação do autor)
O autor pode identificar-se pelo nome próprio, completo ou abreviado, as iniciais deste, um pseudónimo ou qualquer sinal convencional.

ARTIGO 29.º (Protecção do nome)
1 – Não é permitida a utilização de nome literário, artístico ou científico susceptível de ser confundido com outro nome anteriormente usado em obra divulgada ou publicada, ainda que de género diverso, nem com nome de personagem célebre da história das letras, das artes e das ciências.
2 – Se o autor for parente ou afim de outro anteriormente conhecido por nome idêntico, pode a distinção fazer-se juntando ao nome civil aditamento indicativo do parentesco ou afinidade.
3 – Ninguém pode usar em obra sua o nome de outro autor, ainda que com autorização deste.

570   *Direito da Comunicação Social*

4 – O lesado pelo uso de nome em contravenção do disposto nos números anteriores pode requerer as providências adequadas a evitar a confusão do público sobre o verdadeiro autor, incluindo a cessação de tal uso.

ARTIGO 30.º (Obra de autor anónimo)

1 – Aquele que divulgar ou publicar uma obra com o consentimento do autor, sob nome que não revele a identidade deste ou anonimamente, considera-se representante do autor, incumbindo-lhe o dever de defender perante terceiros os respectivos direitos, salvo manifestação em contrário por parte do autor.

2 – O autor pode a todo o tempo revelar a sua identidade e autoria da obra, cessando a partir desse momento os poderes de representação referidos no número precedente.

CAPÍTULO IV (Da duração)

ARTIGO 31.º (Regra geral)

O direito de autor caduca, na falta de disposição especial, 70 anos após a morte do criador intelectual, mesmo que a obra só tenha sido publicada ou divulgada postumamente.

ARTIGO 32.º (Obra de colaboração e obra colectiva)

1 – O direito de autor sobre a obra feita em colaboração, como tal, caduca 70 anos após a morte do colaborador que falecer em último lugar.

2 – O direito de autor sobre a obra colectiva ou originariamente atribuída a pessoa colectiva caduca 70 anos após a primeira publicação ou a divulgação lícitas, salvo se as pessoas físicas que a criaram foram identificadas nas versões da obra tornadas acessíveis ao público.

3 – A duração do direito de autor atribuído individualmente aos colaboradores de obra colectiva, em relação às respectivas contribuições que possam discriminar-se, é a que se estabelece no artigo 13º.

ARTIGO 33.º (Obra anónima e equiparada)

1 – A duração da protecção de obra anónima ou licitamente publicada ou divulgada sem identificação do autor é de 70 anos após a publicação ou divulgação.

2 – Se a utilização de nome, que não o próprio, não deixar dúvidas quanto à identidade do autor, ou se este a revelar dentro do prazo referido no número anterior, a duração da protecção será a dispensada à obra publicada ou divulgada sob nome próprio.

Anexo: Normas dos Principais Diplomas Legislativos

ARTIGO 34.º (Obra cinematográfica ou audiovisual)
O direito de autor sobre obra cinematográfica ou qualquer outra obra audiovisual caduca 70 anos após a morte do último sobrevivente de entre as pessoas seguintes: a) O realizador; b) O autor do argumento ou da adaptação; c) O autor dos diálogos; d) O autor das composições musicais especialmente criadas para a obra.

ARTIGO 35.º (Obra publicada ou divulgada em partes)
1 – Se as diferentes partes, volumes ou episódios de uma obra não forem publicados ou divulgados simultaneamente, os prazos de protecção legal contam ser separadamente para cada parte, volume ou episódio.
2 – Aplica-se o mesmo princípio aos números ou fascículos de obras colectivas de publicação periódica, tais como jornais ou publicações similares.

ARTIGO 36.º (Programa de computador)
1 – O direito atribuído ao criador intelectual sobre a criação do programa extingue-se 70 anos após a sua morte.
2 – Se o direito for atribuído originariamente a pessoa diferente do criador intelectual, o direito extingue-se após a data em que o programa foi pela primeira vez licitamente publicado ou divulgado.

ARTIGO 37.º (Obra estrangeira)
As obras que tiverem como país de origem um país estrangeiro não pertencente à União Europeia e cujo autor não seja nacional de um país da União gozam da duração de protecção prevista na lei do país do país de origem, se não exceder a fixada nos artigos precedentes.

ARTIGO 38.º (Domínio público)
1 – A obra cai no domínio público quando tiverem decorrido os prazos de protecção estabelecidos neste diploma.
2 – Cai igualmente no domínio público a obra que não for licitamente publicada ou divulgada no prazo de 70 anos a contar da sua criação, quando esse prazo não seja calculado a partir da morte do autor.

ARTIGO 39.º (Obras no domínio público)
1 – Quem fizer publicar ou divulgar licitamente, após a caducidade do direito de autor, uma obra inédita beneficia durante 25 anos a contar da publicação ou divulgação de protecção equivalente à resultante dos direitos patrimoniais do autor.
2 – As publicações críticas e científicas de obras caídas no domínio público beneficiam de protecção durante 25 anos a contar da primeira publicação lícita.

CAPÍTULO V (Da transmissão e oneração do conteúdo patrimonial do direito de autor)

Artigo 40.º (Disponibilidade dos poderes patrimoniais)
O titular originário, bem como os seus sucessores ou transmissários, podem: a) Autorizar a utilização da obra por terceiros; b) Transmitir ou onerar, no todo ou em parte, o conteúdo patrimonial do direito de autor sobre essa obra.

Artigo 41.º (Regime de autorização)
1 – A simples autorização concedida a terceiro para divulgar, publicar, utilizar ou explorar a obra por qualquer processo não implica a transmissão do direito de autor sobre ela.
2 – A autorização a que se refere o numero anterior só pode ser concedida por escrito, presumindo-se a sua onerosidade e carácter não exclusivo.
3 – Da autorização escrita devem constar obrigatória e especificamente a forma autorizada de divulgação, publicação e utilização, bem como as respectivas condições de tempo, lugar e preço.

Artigo 42.º (Limites da transmissão e da oneração)
Não podem ser objecto de transmissão nem oneração, voluntárias ou forçadas, os poderes concedidos para tutela dos direitos morais nem quaisquer outros excluídos por lei.

Artigo 43.º (Transmissão ou oneração parciais)
1 – A transmissão ou oneração parciais têm por objecto os modos de utilização designados no acto que as determina.
2 – Os contratos que tenham por objecto a transmissão ou oneração parciais do direito de autor devem constar de documento escrito com reconhecimento notarial das assinaturas, sob pena de nulidade.
3 – No título devem determinar-se as faculdades que são objecto de disposição e as condições de exercício, designadamente quanto ao tempo e quanto ao lugar e, se o negócio for oneroso, quanto ao preço.
4 – Se a transmissão ou oneração forem transitórias e não se tiver estabelecido duração, presume-se que a vigência máxima é de vinte e cinco anos em geral e de dez anos nos casos de obra fotográfica ou de arte aplicada.
5 – O exclusivo outorgado caduca, porém, se, decorrido o prazo de sete anos, a obra não tiver sido utilizada.

Artigo 44.º (Transmissão total)
A transmissão total e definitiva do conteúdo patrimonial do direito de autor só pode ser efectuada por escritura pública, com identificação da obra e indicação do preço respectivo, sob pena de nulidade.

Anexo: Normas dos Principais Diplomas Legislativos 573

ARTIGO 45.º (Usufruto)

1 – O direito de autor pode ser objecto de usufruto, tanto legal como voluntário.

2 – Salvo declaração em contrário, só com autorização do titular do direito de autor pode o usufrutuário utilizar a obra objecto do usufruto por qualquer forma que envolva transformação ou modificação desta.

ARTIGO 46.º (Penhor)

1 – O conteúdo patrimonial do direito de autor pode ser dado em penhor.

2 – Em caso de execução, recairá especificamente sobre o direito ou direitos que o devedor tiver oferecido em garantia relativamente à obra ou obras indicadas.

3 – O credor pignoratício não adquire quaisquer direitos quanto aos suportes da obra.

ARTIGO 47.º (Penhora e arresto)

Os direitos patrimoniais do autor sobre todas ou algumas das suas obras podem ser objecto de penhora ou arresto, observando-se relativamente à arrematação em execução o disposto no 46º quanto à venda do penhor.

ARTIGO 48.º (Disposição antecipada do direito de autor)

1 – A transmissão ou oneração do direito de autor sobre obra futura só pode abranger as que o autor vier a produzir no prazo máximo de dez anos.

2 – Se o contrato visar obras em prazo mais dilatado, considerar-se-á reduzidos aos limites do número anterior, diminuindo proporcionalmente a remuneração estipulada.

3 – É nulo o contrato de transmissão ou oneração de obras futuras sem prazo limitado.

ARTIGO 49.º (Compensação suplementar)

1 – Se o criador intelectual ou os seus sucessores, tendo transmitido ou onerado o seu direito de exploração a título oneroso, sofrerem grave lesão patrimonial por manifesta desproporção entre os seus proventos e os lucros auferidos pelo beneficiário daqueles actos, podem reclamar deste uma compensação suplementar, que incidirá sobre os resultados da exploração.

2 – Na falta de acordo, a compensação suplementar a que se refere o número anterior será fixada tendo em conta os resultados normais da exploração do conjunto das obras congéneres do autor.

3 – Se o preço da transmissão ou oneração do direito de autor tiver sido fixado sob forma de participação nos proventos que da exploração retirar o beneficiário, o direito à compensação suplementar só subsiste no caso de a per-

574 *Direito da Comunicação Social*

centagem estabelecida ser manifestamente inferior àquelas que correntemente se praticam em transacções da mesma natureza.

4 – O direito de compensação caduca se não for exercido no prazo de dois anos a contar do conhecimento da grave lesão patrimonial sofrida.

ARTIGO 50.º **(Penhora e arresto de obra inédita ou incompleta)**

1 – Quando incompletos, são isentos de penhora e arresto, salvo oferecimento ou consentimento do autor, manuscritos inéditos, esboços, desenhos, telas ou esculturas, tenham ou não assinatura.

2 – Se, porém, o autor tiver revelado por actos inequívocos o seu propósito de divulgar ou publicar os trabalhos referidos, pode o credor obter penhora ou arresto sobre o correspondente direito de autor.

ARTIGO 51.º **(Direito de autor incluído em herança vaga)**

1 – Se estiver incluído direito de autor em herança que for declarada vaga para o Estado, tal direito será excluído da liquidação , sendo-lhe, no entanto, aplicável o regime estabelecido no nº3 do artigo 1133º do Código de Processo Civil.

2 – Decorridos dez anos sobre a data da vacatura da herança sem que o Estado tenha utilizado ou autorizado a utilização da obra, cairá esta no domínio público.

3 – Se, por morte de algum dos autores de obra feita em colaboração, a sua herança dever ser devolvida ao Estado, o direito de autor sobre a obra na sua unidade ficará pertencendo apenas aos restantes.

ARTIGO 52.º **(Reedição de obra esgotada)**

1 – Se o titular de direito de reedição se recusar a exercê-lo ou a autorizar a reedição depois de esgotadas as edições feitas, poderá qualquer interessado, incluindo o Estado, requerer autorização judicial para proceder.

2 – A autorização judicial será concedida se houver interesse público na reedição da obra e a recusa se não fundar em razão moral ou material atendível, excluídas as de ordem financeira.

3 – O titular do direito de edição não ficará privado deste, podendo fazer ou autorizar futuras edições.

4 – As disposições deste artigo são aplicáveis, com as necessárias adaptações, a todas as formas de reprodução se o transmissário do direito sobre qualquer obra já divulgada ou publicada não assegurar a satisfação das necessidades razoáveis do público

Anexo: Normas dos Principais Diplomas Legislativos

ARTIGO 53.º (Processo)

1 – A autorização judicial será dada nos termos do processo de suprimento do consentimento e indicação número de exemplares a editar.

2 – Da decisão cabe recurso, com efeito suspensivo, para a Relação. Que resolverá em definitivo.

ARTIGO 54.º (Direito de sequência)

1 – O autor de uma obra de arte original que não seja de arquitectura nem de arte aplicada tem direito a uma participação sobre o preço obtido, livre de impostos, pela venda dessa obra, realizada mediante a intervenção de qualquer agente que actue profissional e estavelmente no mercado de arte, após a sua alienação inicial por aquele.

2 – Para o efeito do disposto no número anterior, entende-se por 'obra de arte original' qualquer obra de arte gráfica ou plástica, tal como quadros, colagens, pinturas, desenhos, serigrafias, gravuras, estampas, litografias, esculturas, tapeçarias, cerâmicas, vidros e fotografias, na medida em que seja executada pelo autor ou se trate de cópias consideradas como obras de arte originais, devendo estas ser numeradas, assinadas ou por qualquer modo por ele autorizadas.

3 – O direito referido no n.º 1 é inalienável e irrenunciável.

4 – A participação sobre o preço prevista no n.º 1 é fixada do seguinte modo: a) 4% sobre o preço de venda cujo montante esteja compreendido entre (euro) 3000 e (euro) 50000; b) 3% sobre o preço de venda cujo montante esteja compreendido entre (euro) 50000,01 e (euro) 200000; c) 1% sobre o preço de venda cujo montante esteja compreendido entre (euro) 200000,01 e (euro) 350000; d) 0,5% sobre o preço de venda cujo montante esteja compreendido entre (euro) 350000,01 e (euro) 500000; e) 0,25% sobre o preço de venda cujo montante seja superior a (euro) 500000,01.

5 – O montante total da participação em cada transacção não pode exceder (euro) 12500.

6 – Exceptua-se do disposto nos números anteriores toda e qualquer transacção de obra de arte original que se destine a integrar o património de um museu sem fins lucrativos e aberto ao público.

7 – O pagamento da participação devida ao autor é da responsabilidade do vendedor da obra de arte original e, subsidiariamente, da entidade actuante no mercado de arte através da qual se operou a transacção.

8 – O autor ou o seu mandatário, em ordem a garantir o cumprimento do seu direito de participação, pode reclamar a qualquer interveniente na transacção da obra de arte original as informações estritamente úteis ao referido efeito, usando, se necessário, os meios administrativos e judiciais adequados.

9 – O direito a reclamar as informações referidas no número anterior prescreve no prazo de três anos a contar do conhecimento de cada transacção.

576 *Direito da Comunicação Social*

10 – O direito referido no n.º 1 pode ser exercido após a morte do autor pelos herdeiros deste até à caducidade do direito de autor.

11 – A atribuição deste direito a nacionais de países não comunitários está sujeita ao princípio da reciprocidade.

Artigo 55.º (Usucapião)
O direito de autor não pode adquirir-se por usucapião.

CAPÍTULO VI (Dos Direitos Morais)

Artigo 56.º (Definição)
1 – Independentemente dos direitos de carácter patrimonial e ainda que os tenha alienado ou onerado, o autor goza durante toda a vida do direito de reivindicar a paternidade da obra e de assegurar a genuinidade e integridade desta, opondo-se à sua destruição, a toda e qualquer mutilação, deformação ou outra modificação da mesma e, de um modo geral, a todo e qualquer acto que a desvirtue e possa afectar a honra e reputação do autor.

2 – Este direito é inalienável, irrenunciável e imprescritível, perpetuando-se, após a morte do autor, nos termos do artigo seguinte.

Artigo 57.º (Exercício)
1 – Por morte do autor, enquanto a obra não cair no domínio público, o exercício destes direitos compete aos seus sucessores.

2 – A defesa da genuinidade e integridade das obras caídas no domínio público compete ao Estado e é exercida através do Ministério da Cultura.

3 – Falecido o autor, pode o Ministério da Cultura avocar a si, e assegurá-la pelos meios adequados, a defesa das obras ainda não caídas no domínio público que se encontrem ameaçadas na sua autenticidade ou dignidade cultural, quando os titulares do direito de autor, notificados para o exercer, se tiverem abstido sem motivo atendível.

Artigo 58.º (Reprodução de obra "ne varietur")
Quando o autor tiver revisto toda a sua obra, ou parte dela, e efectuado ou autorizado a respectiva divulgação ou publicação ne varietur , não poderá a mesma ser reproduzida pelos seus sucessores ou por terceiros em qualquer das versões anteriores.

Artigo 59.º (Modificações da obra)
1 – Não são admitidas modificações da obra sem o consentimento do autor, mesmo naqueles casos em que, sem esse consentimento, a utilização da obra seja lícita.

Anexo: Normas dos Principais Diplomas Legislativos 577

2 – Tratando-se de colectâneas, destinadas ao ensino, são permitidas as modificações que a finalidade reclama, sob condição de não se lhes opor o autor nos termos do número seguinte.

3 – Solicitado por carta registada com aviso de recepção o consentimento do autor, dispõe este, para manifestar a sua posição, do prazo de um mês a contar da data do registo.

Artigo 60.º (Modificações do projecto arquitectónico)

1 – O autor do projecto de arquitectura ou obra plástica executada por outrem e incorporada em obra de arquitectura tem o direito de fiscalizar a sua construção ou execução em todas as fases e pormenores, de maneira a assegurar a exacta conformidade da obra com o projecto de que é autor.

2 – Quando edificada segundo projecto, não pode o dono da obra, durante a construção nem após a conclusão, introduzir nela alterações sem consulta prévia ao autor do projecto, sob pena de indemnização por perdas e danos.

3 – Não havendo acordo, pode o autor repudiar a paternidade da obra modificada, ficando vedado ao proprietário invocar para o futuro, em proveito próprio, o nome do autor do projecto inicial.

Artigo 61.º (Direitos morais no caso de penhora)

1 – Se o arrematante do direito de autor sobre obra penhorada e publicada promover a publicação desta, o direito de revisão das provas e correcção da obra e, em geral, os direitos morais não são afectados.

2 – Se, na hipótese prevista no número anterior, o autor retiver as provas sem justificação por prazo superior a sessenta dias, a impressão poderá prosseguir sem a sua revisão.

Artigo 62.º (Direito de retirada)

O autor da obra divulgada ou publicada poderá retirá-la a todo o tempo da circulação e fazer cessar a respectiva utilização, sejam quais forem as modalidades desta, contando que tenha razões morais atendíveis, mas deverá indemnizar os interessados pelos prejuízos que a retirada lhes causar.

CAPÍTULO VII (Do regime internacional)

Artigo 63.º (Competência da ordem jurídica portuguesa)

A ordem jurídica portuguesa é em exclusivo a competente para determinar a protecção a atribuir a uma obra, sem prejuízo das convenções internacionais ratificadas ou aprovadas.

578 Direito da Comunicação Social

ARTIGO 64.º (Protecção das obras estrangeiras)

As obras de autores estrangeiros ou que tiveram como país de origem um país estrangeiro beneficiam da protecção conferida pela lei portuguesa, sob reserva de reciprocidade, salvo convenção internacional em contrário a que o Estado Português esteja vinculado.

ARTIGO 65.º (País da origem da obra publicada)

1 – A obra publicada tem como país de origem o país da primeira publicação.

2 – Se a obra tiver sido publicada simultaneamente em vários países que concedam duração diversa ao direito de autor, considera-se como país de origem na falta de tratado ou acordo internacional aplicável, aquele que conceder menor duração de protecção.

3 – Considera-se publicada simultaneamente em vários países a obra publicada em dois ou mais países dentro de trinta dias a contar da primeira publicação, incluindo esta.

ARTIGO 66.º (País de origem de obra não publicada)

1 – Relativamente às obras não publicadas, considera-se país de origem aquele a que pertence o autor.

2 – Todavia, quanto às obras de arquitectura e de artes gráficas ou plásticas incorporadas num imóvel, considera-se país de origem aquele em que essas obras forem edificadas ou incorporadas numa construção.

TÍTULO II (Da utilização da obra)

CAPÍTULO I (disposições gerais)

SECÇÃO I (Das modalidades de utilização)

ARTIGO 67.º (Fruição e utilização)

1 – O autor tem o direito exclusivo de fruir e utilizar a obra, no todo ou em parte, no que se compreendem, nomeadamente, as faculdades de a divulgar, publicar e explorar economicamente por qualquer forma, directa ou indirectamente, nos limites da lei.

2 – A garantia das vantagens patrimoniais resultantes dessa exploração constitui, do ponto de vista económico, o objecto fundamental da protecção legal.

Anexo: Normas dos Principais Diplomas Legislativos 579

ARTIGO 68.º (Formas de utilização)

1 – A exploração e, em geral, a utilização da obra podem fazer-se, segundo a sua espécie e natureza, por qualquer dos modos actualmente conhecidos ou que de futuro o venham a ser.

2 – Assiste ao autor, entre outros, o direito exclusivo de fazer ou autorizar, por si ou pelos seus representantes: a) A publicação pela imprensa ou por qualquer outro meio de reprodução gráfica; b) A representação, recitação, execução, exibição ou exposição em público; c) A reprodução,adaptação, representação, execução, distribuição e exibição cinematográficas; d) A fixação ou adaptação a qualquer aparelho destinado à reprodução mecânica, eléctrica, electrónica ou química e a execução pública, transmissão ou retransmissão por esses meios; e) A difusão pela fotografia, telefotografia, televisão, radiofonia, ou por qualquer outro processo de reprodução de sinais, sons ou imagens e a comunicação pública por altifalantes ou instrumentos análogos, por fios ou sem fios, nomeadamente por ondas hertzianas, fibras ópticas, cabo ou satélite, quando essa comunicação for feita por outro organismo que não o de origem; f) Qualquer forma de distribuição do original ou de cópias da obra, tal como venda, aluguer ou comodato; g) A tradução, adaptação, arranjo, instrumentação ou qualquer outra transformação da obra; h) Qualquer utilização em obra diferente; i) A reprodução directa ou indirecta, temporária ou permanente, por quaisquer meios e sob qualquer forma, no todo ou em parte; j) A colocação à disposição do público, por fio ou sem fio, da obra por forma a torná-la acessível a qualquer pessoa a partir do local e no momento por ela escolhido; l) A construção de obra de arquitectura segundo o projecto, quer haja ou não repetições.

3 – Pertence em exclusivo ao titular do direito de autor a faculdade de escolher livremente os processos e as condições de utilização e exploração da obra.

4 – As diversas formas de utilização da obra são independentes umas das outras e a adopção de qualquer delas pelo autor ou pessoa habilitada não prejudica a adopção das restantes pelo autor ou terceiros.

5 – Os actos de disposição lícitos, mediante a primeira venda ou por outro meio de transferência de propriedade, esgotam o direito de distribuição do original ou de cópias, enquanto exemplares tangíveis, de uma obra na União Europeia.

ARTIGO 69.º (Autor incapaz)

O criador intelectual incapaz pode exercer os direitos morais desde que tenha para tanto entendimento natural.

ARTIGO 70.º (Obras póstumas)

1 – Cabe aos sucessores do autor decidir sobre a utilização das obras deste ainda não divulgadas nem publicadas.

580 *Direito da Comunicação Social*

2 – Os sucessores que divulgarem ou publicarem uma obra póstuma terão em relação a ela os mesmos direitos que lhes caberiam se o autor a tivesse divulgado ou publicado em vida.

3 – Se os sucessores não utilizarem a obra dentro de vinte cinco anos a contar da morte do autor, salvo em caso de impossibilidade ou de demora na divulgação ou publicação por ponderosos motivos de ordem moral, que poderão ser apreciados judicialmente, não podem aqueles opor-se à divulgação ou publicação da obra, sem prejuízo dos direitos previstos no número anterior.

ARTIGO 71.º (Faculdade legal de tradução)

A faculdade legal de utilização de uma obra sem prévio consentimento do autor implica a faculdade de a traduzir ou transformar por qualquer modo, na medida necessária para essa utilização.

SECÇÃO II (Da gestão do direito de autor)

ARTIGO 72.º (Poderes de gestão)

Os poderes relativos à gestão do direito de autor podem ser exercidos pelo seu titular ou por intermédio de representante deste devidamente habilitado.

ARTIGO 73.º (Representantes do autor)

1 – As associações e organismos nacionais ou estrangeiros constituídos para gestão do direito de autor desempenham essa função como representantes dos respectivos titulares, resultando a representação da simples qualidade de sócio ou aderente ou da inscrição como beneficiário dos respectivos serviços.

2 – As associações ou organismos referidos no nº 1 têm capacidade judiciária para intervir civil e criminalmente em defesa dos interesses e direitos legítimos dos seus representados em matéria de direito de autor, sem prejuízo da intervenção de mandatário expressamente constituído pelos interessados.

ARTIGO 74.º (Registo da representação)

1 – O exercício da representação a que se refere o artigo anterior, expressamente conferido ou resultante das qualidades nele mencionadas, depende de registo na Direcção-Geral de Espectáculos e do Direito de Autor.

2 – A inscrição no registo faz-se mediante requerimento do representante, acompanhado de documento comprovativo da representação, podendo ser exigida tradução, se estiver redigido em língua estrangeira.

3 – As taxas devidas pelos registos a que este artigo se refere e respectivos certificados são as que constam da tabela anexa a este Código e que dele faz parte integrante.

Anexo: Normas dos Principais Diplomas Legislativos

ARTIGO 75.º (Âmbito)

1 – São excluídos do direito de reprodução os actos de reprodução temporária que sejam transitórios ou acessórios, que constituam parte integrante e essencial de um processo tecnológico e cujo único objectivo seja permitir uma transmissão numa rede entre terceiros por parte de um intermediário, ou uma utilização legítima de uma obra protegida e que não tenham, em si, significado económico. Na medida em que cumpram as condições expostas, incluem-se os actos que possibilitam a navegação em redes e a armazenagem temporária, bem como os que permitem o funcionamento eficaz dos sistemas de transmissão, desde que o intermediário não altere o conteúdo da transmissão e não interfira com a legítima utilização da tecnologia conforme os bons usos reconhecidos pelo mercado, para obter dados sobre a utilização da informação, e em geral os processos meramente tecnológicos de transmissão.

2 – São lícitas, sem o consentimento do autor, as seguintes utilizações da obra: a) A reprodução, para fins exclusivamente privados, em papel ou suporte similar, realizada através de qualquer tipo de técnica fotográfica ou processo com resultados semelhantes, com excepção das partituras, bem como a reprodução em qualquer meio realizada por pessoa singular para uso privado e sem fins comerciais directos ou indirectos; b) A reprodução e a colocação à disposição do público, pelos meios de comunicação social, para fins de informação, de discursos, alocuções e conferências pronunciadas em público que não entrem nas categorias previstas no artigo 7.º, por extracto ou em forma de resumo; c) A selecção regular de artigos de imprensa periódica, sob forma de revista de imprensa; d) A fixação, reprodução e comunicação pública, por quaisquer meios, de fragmentos de obras literárias ou artísticas, quando a sua inclusão em relatos de acontecimentos de actualidade for justificada pelo fim de informação prosseguido; e) A reprodução, no todo ou em parte, de uma obra que tenha sido previamente tornada acessível ao público, desde que tal reprodução seja realizada por uma biblioteca pública, um arquivo público, um museu público, um centro de documentação não comercial ou uma instituição científica ou de ensino, e que essa reprodução e o respectivo número de exemplares se não destinem ao público, se limitem às necessidades das actividades próprias dessas instituições e não tenham por objectivo a obtenção de uma vantagem económica ou comercial, directa ou indirecta, incluindo os actos de reprodução necessários à preservação e arquivo de quaisquer obras; f) A reprodução, distribuição e disponibilização pública para fins de ensino e educação, de partes de uma obra publicada, contando que se destinem exclusivamente aos objectivos do ensino nesses estabelecimentos aos objectivos do ensino nesses estabelecimentos e não tenham por objectivo a obtenção de uma vantagem económica ou comercial, directa ou indirecta; g) A inserção de citações ou resumos de obras alheias, quaisquer que sejam o seu género e natureza, em apoio das próprias doutrinas ou

582 *Direito da Comunicação Social*

com fins de crítica, discussão ou ensino, e na medida justificada pelo objectivo a atingir; h) A inclusão de peças curtas ou fragmentos de obras alheias em obras próprias destinadas ao ensino; i) A reprodução, a comunicação pública e a colocação à disposição do público a favor de pessoas com deficiência de obra que esteja directamente relacionada e na medida estritamente exigida por essas específicas deficiências, e desde que não tenham, directa ou indirectamente, fins lucrativos; j) A execução e comunicação públicas de hinos ou de cantos patrióticos oficialmente adoptados e de obras de carácter exclusivamente religioso durante os actos de culto ou as práticas religiosas; l) A utilização de obra para efeitos de publicidade relacionada com a exibição pública ou venda de obras artísticas, na medida em que tal seja necessário para promover o acontecimento, com exclusão de qualquer outra utilização comercial; m) A reprodução, comunicação ao público ou colocação à disposição do público, de artigos de actualidade, de discussão económica, política ou religiosa, de obras radiodifundidas ou de outros materiais da mesma natureza, se não tiver sido expressamente reservada; n) A utilização de obra para efeitos de segurança pública ou para assegurar o bom desenrolar ou o relato de processos administrativos, parlamentares ou judiciais; o) A comunicação ou colocação à disposição de público, para efeitos de investigação ou estudos pessoais, a membros individuais do público por terminais destinados para o efeito nas instalações de bibliotecas, museus, arquivos públicos e escolas, de obras protegidas não sujeitas a condições de compra ou licenciamento, e que integrem as suas colecções ou acervos de bens; p) A reprodução efectuada por instituições sociais sem fins lucrativos, tais como hospitais e prisões, quando a mesma seja transmitida por radiodifusão; q) A utilização de obras, como, por exemplo, obras de arquitectura ou escultura, feitas para serem mantidas permanentemente em locais públicos; r) A inclusão episódica de uma obra ou outro material protegido noutro material; s) A utilização de obra relacionada com a demonstração ou reparação de equipamentos; t) A utilização de uma obra artística sob a forma de um edifício, de um desenho ou planta de um edifício para efeitos da sua reconstrução.

3 – É também lícita a distribuição dos exemplares licitamente reproduzidos, na medida justificada pelo objectivo do acto de reprodução.

4 – Os modos de exercício das utilizações previstas nos números anteriores, não devem atingir a exploração normal da obra, nem causar prejuízo injustificado dos interesses legítimos do autor.

5 – É nula toda e qualquer cláusula contratual que vise eliminar ou impedir o exercício normal pelos beneficiários das utilizações enunciadas nos n°s 1, 2 e 3 deste artigo, sem prejuízo da possibilidade de as partes acordarem livremente nas respectivas formas de exercício, designadamente no respeitante aos montantes das remunerações equitativas.

Anexo: Normas dos Principais Diplomas Legislativos

ARTIGO 76.º (Requisitos)

1 – A utilização livre a que se refere o artigo anterior deve ser acompanhada: a) Da indicação, sempre que possível, do nome do autor e do editor, do título da obra e demais circunstâncias que os identifiquem; b) Nos casos das alíneas a) e e) do n.º 2 do artigo anterior, de uma remuneração equitativa a atribuir ao autor e, no âmbito analógico, ao editor pela entidade que tiver procedido à reprodução; c) No caso da alínea h) do n.º 2 do artigo anterior, de uma remuneração equitativa a atribuir ao autor e ao editor; d) No caso da alínea p) do n.º 2 do artigo anterior, de uma remuneração equitativa a atribuir aos titulares de direitos.

2 – As obras reproduzidas ou citadas, nos casos das alíneas b), d), e), f), g) e h) do n.º 2 do artigo anterior, não se devem confundir com a obra de quem as utilize, nem a reprodução ou citação podem ser tão extensas que prejudiquem o interesse por aquelas obras.

3 – Só o autor tem o direito de reunir em volume as obras a que se refere a alínea b) do n.º 2 do artigo anterior.

ARTIGO 77.º (Comentários, Anotações e Polémicas)

1 – Não é permitida a reprodução de obra alheia sem autorização do autor sob pretexto de a comentar ou anotar, sendo, porém, lícito publicar em separata comentários ou anotações próprias com simples referências a capítulos, parágrafos ou páginas de obra alheia.

2 – O autor que reproduzir em livro ou opúsculo os seus artigos, cartas ou outros textos de polémica publicados em jornais ou revistas poderá reproduzir também os textos adversos, assistindo ao adversário ou adversários igual direito, mesmo após a publicação feita por aquele.

ARTIGO 78.º (Publicação de obra protegida)

1 – Aqueles que publicarem manuscritos existentes em bibliotecas ou arquivos, públicos ou particulares, não podem opôr-se a que os mesmos sejam novamente publicados por outrem, salvo se essa publicação for reprodução de lição anterior.

2 – Podem igualmente opor-se a que seja reproduzida a sua lição divulgada de obra não protegida aqueles que tiverem procedido a uma fixação ou a um estabelecimento ou restabelecimento do texto susceptíveis de alterar substancialmente a respectiva tradição corrente.

ARTIGO 79.º (Prelecções)

1 – As prelecções dos professores só podem ser publicadas por terceiro com autorização dos autores mesmo que se apresentem como relato da responsabilidade pessoal de quem as publica.

584 *Direito da Comunicação Social*

2 – Não havendo especificação, consideras-Se que a publicação só se pode destinar ao uso dos alunos.

ARTIGO 80.º (Processo Braille)

Será sempre permitida a reprodução ou qualquer espécie de utilização, pelo processo Braille ou outro destinado a invisuais, de obras licitamente publicadas, contando que essa reprodução ou utilização não obedeça a intuito lucrativo.

ARTIGO 81.º (Outras utilizações)

É consentida a reprodução: a) Em exemplar único, para fins de interesses exclusivamente científico ou humanitário, de obras ainda não disponíveis no comércio ou de obtenção impossível, pelo tempo necessário à sua utilização; b) Para uso exclusivamente privado, desde que não atinja a exploração normal da obra e não cause prejuízo injustificado dos interesses legítimos do autor, não podendo ser utilizada para quaisquer fins de comunicação pública ou comercialização.

ARTIGO 82.º (Compensação devida pela reprodução ou gravação de obras)

1 – No preço de venda ao público de todos e quaisquer aparelhos mecânicos, químicos, eléctricos, electrónicos ou outros que permitam a fixação e reprodução das obras e, bem assim, de todos e quaisquer suportes materiais das fixações e reproduções que por qualquer desses meios possam obter-se, incluir-se-á uma quantia destinada a beneficiar os autores, os artistas, intérpretes ou executantes, os editores e os produtores fonógrafos e videográficos.

2 – A fixação do regime de cobrança e afectação do montante da quantia referida no número anterior, é definida por decreto lei..

3 – O disposto no n.º 1 deste artigo não se aplica quando os aparelhos e suportes ali mencionados sejam adquiridos por organismos de comunicação audio-visual ou produtores de fonogramas e videogramas exclusivamente para as suas próprias produções ou por organismos que os utilizem para fins exclusivos de auxílio a diminuídos físicos visuais ou auditivos.

CAPÍTULO II (Das utilizações em especial)

SECÇÃO I (Da edição)

ARTIGO 83.º (Contrato de edição)

Considera-se de edição o contrato pelo qual o autor concede a outrem, nas condições nele estipuladas ou previstas na lei, autorização para produzir por conta própria um número determinado de exemplares de uma obra ou conjunto de obras, assumindo a outra parte a obrigação de os distribuir e vender.

Artigo 84.º (Outros contratos)

1 – Não se considera contrato de edição o acordo pelo qual o autor encarrega outrem de: a) Produzir por conta própria um determinado número de exemplares de uma obra e assegurar o seu depósito, distribuição e venda, convencionando as partes dividir entre si os lucros ou os prejuízos da respectiva exploração; b) Produzir um determinado número de exemplares da obra e assegurar o seu depósito, distribuição e venda por conta e risco do titular do direito, contra o pagamento de certa quantia fixa ou proporcional; c) Assegurar o depósito, distribuição e venda dos exemplares da obra por ele mesmo produzidos, mediante pagamento de comissão ou qualquer outra forma de retribuição.

2 – O contrato correspondente às situações caracterizadas no número anterior rege-se pelo que estipula o seu teor, subsidiariamente pelas disposições legais relativas à associação em participação, no caso da alínea a), e ao contrato de prestação de serviços, nos casos das alíneas b) e c) e supletivamente pelos usos correntes.

Artigo 85.º (Objecto)

O contrato de edição pode ter por objecto uma ou mais obras, existentes ou futuras, inéditas ou publicadas.

Artigo 86.º (Conteúdo)

1 – O contrato de edição deve mencionar o número de edições que abrange, o número de exemplares que cada edição compreende e o preço de venda ao público de cada exemplar.

2 – Se o número de edições não tiver sido contratualmente fixado, o editor só está autorizado a fazer uma.

3 – Se o contrato de edição for omisso quanto ao número de exemplares a tirar, o editor fica obrigado a produzir, pelo menos, dois mil exemplares da obra.

4 – O editor que produzir exemplares em número inferior ao convencionado pode ser coagido a completar a edição e, se não o fizer, poderá o titular do direito de autor contratar com outrem, a expensas do editor, a produção do número de exemplares em falta, sem prejuízo do direito a exigir deste indemnização por perdas e danos.

5 – Se o editor produzir exemplares em número superior ao convencionado, poderá o titular do direito de autor requerer a apreensão judicial dos exemplares a mais e apropriar-se deles, perdendo o editor o custo desses exemplares.

6 – Nos casos de o editor já ter vendido, total ou parcialmente, os exemplares a mais ou de o titular do direito de autor não ter requerido a apreensão, o editor indemnizará este último por perdas e danos.

586   *Direito da Comunicação Social*

7 – O autor tem o direito de fiscalizar, por si ou seu representante, o número de exemplares de edição, podendo, para esse efeito e nos termos da lei exigir exame à escrituração comercial do editor ou da empresa que produziu os exemplares, se esta não pertencer ao editor, ou recorrer a outro meio que não interfira com o fabrico da obra, como seja a aplicação da sua assinatura ou chancela em cada exemplar.

ARTIGO 87.º (Forma)

1 – O contrato de edição só tem validade quando celebrado por escrito.

2 – A nulidade resultante da falta de redução do contrato a escrito presume-se imputável ao editor e só pode ser invocada pelo autor.

ARTIGO 88.º (Efeitos)

1 – O contrato de edição não implica a transmissão, permanente ou temporária, para o editor do direito de publicar a obra, mas apenas a concessão de autorização para a reproduzir e comercializar nos precisos termos do contrato.

2 – A autorização para a edição não confere ao editor o direito de traduzir a obra, de a transformar ou adaptar a outros géneros ou formas de utilização, direito esse que fica sempre reservado ao autor.

3 – O contrato de edição, salvo disposto no n.º 1 do artigo 103º ou estipulação em contrário, inibe o autor de fazer ou autorizar nova edição da mesma obra na mesma língua, no País ou no estrangeiro, enquanto não estiver esgotada a edição anterior ou não tiver decorrido o prazo estipulado, excepto se sobrevierem circunstâncias tais que prejudiquem o interesse da edição e tornem necessária a remodelação ou actualização da obra.

ARTIGO 89.º (Obrigações do autor)

1 – O autor obriga-se a proporcionar ao editor os meios necessários para cumprimento do contrato, devendo, nomeadamente, entregar, nos prazos convencionados, o original da obra objecto da edição em condições de poder fazer-se a reprodução.

2 – O original referido no número anterior pertence ao autor, que tem o direito de exigir a sua restituição logo que esteja concluída a edição.

3 – Se o autor demorar injustificadamente a entrega do original, de modo a comprometer a expectativa do editor, pode este resolver o contrato, sem embargo do pedido de indemnização por perdas e danos.

4 – O autor é obrigado a assegurar ao editor o exercício dos direitos emergentes do contrato de edição contra os embargos e turbações provenientes de direitos de terceiros em relação à obra a que respeita o contrato, mas não contra embaraços e turbações provocadas por mero facto de terceiro.

Anexo: Normas dos Principais Diplomas Legislativos

ARTIGO 90.º (Obrigações do editor)

1 – O editor é obrigado a consagrar à execução da edição os cuidados necessários à reprodução das obras nas condições convencionadas e a fomentar com zelo e diligência, a sua promoção e a colocação no mercado dos exemplares produzidos, devendo, em caso de incumprimento, indemnização ao autor por perdas e danos.

2 – Não havendo convenção em contrário, o editor deve iniciar a reprodução da obra no prazo de 6 meses a contar da entrega do original e concluída no prazo de 12 meses a contar da mesma data, salvo caso de força maior devidamente comprovado, em que o editor deve concluir a reprodução no semestre seguinte à expiração deste último prazo.

3 – Não se consideram casos de força maior a falta de meios financeiros para custear a edição nem o agravamento dos respectivos custos.

4 – Se a obra versar assunto de grande actualidade ou de natureza tal que perca o interesse ou a oportunidade em caso de demora na publicação, o editor será obrigado a dar início imediato à reprodução e a tê-la concluída em prazo susceptível de evitar os prejuízos da perda referida.

ARTIGO 91.º (Retribuição)

1 – O contrato de edição presume-se oneroso.

2 – A retribuição do autor é a estipulada no contrato de edição e pode consistir numa quantia fixa, a pagar pela totalidade da edição, numa percentagem sobre o preço de capa de cada exemplar, na atribuição de certo número de exemplares, ou em prestação estabelecida em qualquer outra base, segundo a natureza da obra, podendo sempre recorrer-se à combinação das modalidades.

3 – Na falta de estipulação quanto à retribuição do autor, tem este direito a 25% sobre o preço de capa de cada exemplar vendido.

4 – Se a retribuição consistir numa percentagem sobre o preço de capa, incidirão no seu cálculo os aumentos ou reduções do respectivo preço.

5 – Exceptuado o caso do artigo 99º, o editor só pode determinar reduções do preço com o acordo do autor, a menos que lhe pague a retribuição correspondente ao preço anterior.

ARTIGO 92.º (Exigibilidade do pagamento)

O preço da edição considera-se exigível logo após a conclusão da edição, nos prazos e condições que define o artigo 90º, salvo se a forma de retribuição adoptada fizer depender o pagamento de circunstâncias ulteriores, nomeadamente da colocação total ou parcial dos exemplares produzidos.

588   *Direito da Comunicação Social*

ARTIGO 93.º (Actualização ortográfica)

Salvo por opção ortográfica de carácter estético do autor, não se considera modificação a actualização ortográfica do texto em harmonia com as regras oficiais vigentes.

ARTIGO 94.º (Provas)

1 – O editor é obrigado a facultar ao autor um jogo de provas de granel, um jogo de provas de página e o projecto gráfico da capa, devendo o autor corrigir a composição daquelas páginas e ser ouvido quanto a este projecto e obrigando-se, em condições normais, a restituir as provas no prazo de vinte dias e o projecto de capa no prazo de cinco dias.

2 – Se o editor ou o autor demorarem a remessa das provas ou a sua restituição, poderá qualquer deles notificar o outro, por carta registada com aviso de recepção, para que o editor forneça ou o autor restitua as provas dentro de novo e improrrogável prazo.

3 – A notificação referida no número anterior é condição do pedido de indemnização de perdas e danos por demora na publicação.

4 – O autor tem o direito de introduzir correcções de tipografia, cujos custos serão suportados pelo editor, tanto nos granéis, como nas provas de página.

5 – Quanto a correcções, modificações ou adiantamentos de texto que não se justifiquem por circunstâncias novas, o seu custo é suportado, salvo convenção em contrário, inteiramente pelo editor, senão exceder 5% do preço da composição, e, acima desta percentagem, pelo autor.

ARTIGO 95.º (Modificações)

1 – Sem embargo do estabelecido nas disposições anteriores, o editor de dicionários, enciclopédias ou obras didácticas, depois da morte do autor, pode actualizá-las ou completá-las mediante notas, adendas, notas de pé de página ou pequenas alterações do texto.

2 – As actualizações e alterações previstas no número anterior devem ser devidamente assinaladas sempre que os textos respectivos sejam assinados ou contenham matéria doutrinal.

ARTIGO 96.º (Prestação de contas)

1 – Se a retribuição devida ao autor depender dos resultados da venda ou se o seu pagamento for subordinado à evolução desta, o editor é obrigado a apresentar contas ao autor no prazo convencionado ou, na falta deste, semestralmente, com referência a 30 de Junho e 31 de Dezembro de cada ano.

2 – Para o efeito do disposto no número anterior, o editor remeterá ao autor, por carta registada, nos 30 dias imediatos ao termo do prazo, o mapa da situação das vendas e devoluções ocorridas nesse período, acompanhado do pagamento do respectivo saldo.

Anexo: *Normas dos Principais Diplomas Legislativos*

3 – O editor facultará sempre ao autor ou ao representante deste os elementos da sua escrita, indispensáveis à boa verificação das contas, a que se refere o número anterior.

Artigo 97.º (Identificação do autor)

O editor deve mencionar em cada exemplar o nome ou pseudónimo do autor ou qualquer outra designação que o identifique.

Artigo 98.º (Impressão)

1 – A impressão não pode ser feita sem que o autor a autorize.

2 – A restituição das provas de página e do projecto gráfico da capa, quando não acompanhada de declaração em contrário, significa autorização para impressão.

Artigo 99.º (Venda de exemplares em saldo ou a peso)

1 – Se a edição da obra se não mostrar esgotada dentro do prazo convencionado ou, na falta de convenção, em cinco anos a contar da data da sua publicação, o editor tem a faculdade de vender em saldo ou a peso os exemplares existentes ou de os destruir.

2 – O editor deve prevenir o autor para este exercer o direito de preferência na aquisição do remanescente da edição por preço fixado na base do que produziria a venda em saldo ou a peso.

Artigo 100.º (Transmissão dos direitos de autor)

1 – O editor não pode, sem consentimento do autor, transferir para terceiros, a título gratuito ou oneroso, direitos seus emergentes do contrato de edição, salvo se a transferência resultar de trespasse do seu estabelecimento.

2 – No caso de o trespasse causar ou vir a causar prejuízos morais ao outro contratante, este tem direito de resolver o contrato no prazo de seis meses a contar do conhecimento do mesmo trespasse, assistindo ao editor direito à indemnização por perdas e danos.

3 – Considera-se transmissão dos direitos emergentes de contrato de edição, nos termos deste artigo, ficando, portanto, dependente do consentimento do autor, a inclusão desses direitos na participação do editor no capital de qualquer sociedade comercial.

4 – Não se considera como transmissão dos direitos emergentes do contrato de edição a adjudicação destes a alguns dos sócios da sociedade editora por efeito de liquidação judicial ou extrajudicial desta.

590   *Direito da Comunicação Social*

Artigo 101.º (Morte ou incapacidade do autor)

1 – Se o autor morrer ou ficar impossibilitado de terminar a obra depois de entregar parte apreciável desta, os sucessores do autor poderão resolver o contrato, indemnizando o editor por perdas e danos, mas, se o não fizerem no prazo de três meses, poderá o editor resolver o contrato ou dá-lo por cumprido quanto à parte entregue, contanto que pague ao sucessor ou representante a retribuição correspondente.

2 – Se o autor tiver manifestado vontade de que a obra não seja publicada senão completa, o contrato será resolvido e não poderá a obra incompleta ser editada em caso algum, mas deverá o editor ser reembolsado dos pagamentos que tiver eventualmente efectuado a título de direito de autor.

3 – Uma obra incompleta só pode ser completada por outrem que não o autor com o consentimento escrito deste.

4 – Sem embargo do consentimento previsto no número anterior, a publicação da obra completada só pode fazer-se com clara identificação da parte primitiva e do acrescento e indicação da autoria deste.

Artigo 102.º (Falência do editor)

1 – Se, para a realização do activo no processo de falência do editor, houver que proceder à venda por baixo preço, na totalidade ou por grandes lotes, dos exemplares da obra editada existentes nos depósitos do editor, deverá o administrador da massa falida prevenir o autor, com a antecipação de vinte dias, pelo menos, a fim de o habilitar a tomar as providências que julgue convenientes para a defesa dos seus interesses materiais e morais.

2 – Ao autor é ainda reconhecido o direito de preferência para a aquisição pelo maior preço alcançado dos exemplares postos em arrematação.

Artigo 103.º (Obras completas)

1 – O autor que contratou com um ou mais editores a edição separada de cada uma das suas obras mantém a faculdade de contratar a edição completa ou conjunta das mesmas.

2 – O contrato para edição completa não autoriza o editor a editar em separado qualquer das obras compreendidas nessa edição nem prejudica o direito do autor a contratar a edição em separado de qualquer destas, salvo convenção em contrário.

3 – O autor que exercer qualquer dos direitos referidos nos números anteriores deve fazê-lo sem afectar com o novo contrato as vantagens asseguradas ao editor em contrato anterior.

Artigo 104.º (Obras futuras)

1 – Ao contrato de edição que tenha em vista obras futuras aplica-se o disposto no artigo 48º.

Anexo: Normas dos Principais Diplomas Legislativos

2 – Se a edição de obra futura tiver sido convencionada sem que no contrato se haja fixado prazo para a sua entrega ao editor, terá este o direito de requerer a fixação judicial de prazo para essa entrega.

3 – O prazo fixado em contrato pode ser judicialmente prorrogado, com motivos suficientes, a requerimento do autor.

4 – Se a obra objecto do contrato dever ser escrita à medida que for sendo publicada, em volumes ou fascículos, deverão fixar-se no contrato o número e a extensão, ao menos aproximado, dos volumes ou fascículos, adoptando-se, quanto à extensão, uma tolerância de 10%, salvo convenção que disponha diversamente.

5 – Se o autor exceder, sem prévio acordo do editor, as referidas proporções, não terá direito a qualquer remuneração suplementar e o editor poderá recusar-se a publicar os volumes, fascículos ou páginas em excesso, assistindo todavia ao autor o direito de resolver o contrato, indemnizando o editor das despesas feitas e dos lucros esperados da edição, atendendo-se aos resultados já obtidos para o cálculo da indemnização se tiver começado a venda de parte da obra.

ARTIGO 105.º (Reedições ou edições sucessivas)

1 – Se o editor tiver sido autorizado a fazer várias edições, as condições estipuladas para a edição originária deverão, em caso de dúvida, aplicar-se às edições subsequentes.

2 – Antes de empreender nova edição, o editor deve facultar ao autor a possibilidade de intervir no texto, para pequenas correcções ou apuramentos que não impliquem modificação substancial da obra.

3 – Mesmo que o preço tenha sido globalmente fixado, o autor tem ainda direito a remuneração suplementar se acordar com o editor a modificação substancial da obra, tal como refundição ou ampliação.

4 – O editor que se tiver obrigado a efectuar edições sucessivas de certa obra deve, sob pena de responder por perdas e danos, executá-las sem interrupção, de forma que nunca venham a faltar exemplares no mercado.

5 – Exceptua-se, em relação ao princípio estabelecido no número anterior, o caso de força maior, não se considerando, porém, como tal a falta de meios financeiros para custear a nova edição nem o agravamento dos respectivos custos.

ARTIGO 106.º (Resolução do contrato)

1 – O contrato de edição pode ser resolvido: a) Se for declarada a interdição do editor; b) Por morte do editor em nome individual, se o seu estabelecimento não continuar com algum ou alguns dos seus sucessores; c) Se o autor não entregar o original dentro do prazo convencionado ou se o editor não concluir a edição no prazo estabelecido no n.º 2 do artigo 90º, salvo caso de força maior devidamente comprovado; d) Em todos os demais casos especialmente

592 *Direito da Comunicação Social*

previstos e, de um modo geral, sempre que se verificar o incumprimento de qualquer das cláusulas contratuais ou das disposições legais directa ou supletivamente aplicáveis.

2 – A resolução do contrato entende-se sempre sem prejuízo da responsabilidade por perdas e danos da parte a quem for imputável.

SECÇÃO II (Da representação cénica)

ARTIGO 107.º (Noção)

Representação é a exibição perante espectadores de uma obra dramática, dramático-musical, coreográfica, pantomímica ou outra de qualquer natureza análoga, por meio de ficção dramática, canto, dança, música ou outros processos adequados, separadamente ou combinados entre si.

ARTIGO 108.º (Autorização)

1 – A utilização da obra por representação depende de autorização do autor, quer a representação se realize em lugar público, quer em lugar privado, com ou sem entradas pagas, com ou sem fim lucrativo.

2 – Se a obra tiver sido divulgada por qualquer forma, e desde que se realize sem fim lucrativo e em privado, num meio familiar, a representação poderá fazer-se independentemente de autorização do autor, princípio que se aplica, aliás, a toda a comunicação.

3 – A concessão de direito de representar presume-se onerosa, excepto quando feita a favor de amadores.

ARTIGO 109.º (Forma, conteúdos e efeitos)

1 – Pelo contrato de representação o autor autoriza um empresário a promover a representação da obra, obrigando-se este a fazê-la representar nas condições acordadas.

2 – O contrato de representação deve ser celebrado por escrito e, salvo convenção em contrário não atribui ao empresário o exclusivo da comunicação directa da obra por esse meio.

3 – O contrato deve definir com precisão as condições e os limites em que a representação da obra é autorizada, designadamente quanto ao prazo, ao lugar, à retribuição do autor e às modalidades do respectivo pagamento.

ARTIGO 110.º (Retribuição)

1 – A retribuição do autor pela outorga do direito de representar poderá consistir numa quantia global fixa, numa percentagem sobre as receitas dos espectáculos, em certa quantia por cada espectáculo ou ser determinada por qualquer outra forma estabelecida no contrato.

Anexo: Normas dos Principais Diplomas Legislativos

2 – Se a retribuição for determinada em função da receita do espectáculo, deve ser paga no dia seguinte ao do espectáculo respectivo, salvo se de outro modo tiver sido convencionado.

3 – Sendo a retribuição determinada em função da receita de cada espectáculo, assiste ao autor o direito de fiscalizar por si ou por seu representante as receitas respectivas.

4 – Se o empresário viciar as notas de receita ou fizer uso de quaisquer outros meios fraudulentos para ocultar os resultados exactos da sua exploração incorrerá nas penas aplicáveis aos correspondentes crimes e o autor terá o direito a resolver o contrato.

ARTIGO 111.º (Prova de autorização do autor)
Sempre que uma representação de obra não caída no domínio público dependa de licença ou autorização administrativa, será necessário, para a obter, a exibição perante autoridade competente de documento comprovativo de que o autor consentiu na representação.

ARTIGO 112.º (Representação não autorizada)
A representação sem autorização ou que não se conforme com o seu conteúdo confere ao autor o direito de a fazer cessar imediatamente, sem prejuízo de responsabilidade civil ou criminal do empresário ou promotor do espectáculo.

ARTIGO 113.º (Direitos do autor)
1 – Do contrato de representação derivam para o autor, salvo estipulação em contrário, os seguintes direitos: a) De introduzir na obra, independentemente do consentimento da outra parte, as alterações que julgar necessárias, contanto que não prejudiquem a sua estrutura geral, não diminuam o seu interesse dramático ou espectacular nem prejudiquem a programação dos ensaios e da representação; b) De ser ouvido sobre a distribuição dos papéis; c) De assistir aos ensaios e fazer as necessárias indicações quanto à interpretação e encenação; d) De ser ouvido sobre a escolha dos colaboradores da realização artística da obra; e) De se opôr à exibição enquanto não considerar suficientemente ensaiado o espectáculo, não podendo, porém, abusar desta faculdade e protelar injustificadamente a exibição, caso em que responde por perdas e danos; f) De fiscalizar o espectáculo, por si ou por representante, para o que tanto um como o outro têm livre acesso ao local durante a representação.

2 – Se tiver sido convencionado no contrato que a representação da obra seja confiada a determinados actores ou executantes, a substituição destes só poderá fazer-se por acordo dos outorgantes.

594 *Direito da Comunicação Social*

Artigo 114.º (Supressão de passos da obra)
Se, por decisão judicial, for imposta a supressão de algum passo da obra que comprometa ou desvirtue o sentido da mesma, poderá o autor retirá-la e resolver o contrato, sem por esse facto incorrer em qualquer responsabilidade.

Artigo 115.º (Obrigações do empresário)
1 – O empresário assume pelo contrato a obrigação de fazer representar a obra em espectáculo público dentro do prazo convencionado e, na falta de convenção, dentro do prazo de um ano a contar da celebração do contrato, salvo tratando-se de obra dramático-musical, caso em que o prazo se eleva a dois anos.
2 – O empresário é obrigado a realizar os ensaios indispensáveis para assegurar a representação nas condições técnicas adequadas e, de um modo geral, a empregar todos os esforços usuais em tais circunstâncias para o bom êxito da representação.
3 – O empresário é obrigado a fazer representar o texto que lhe tiver sido fornecido, não podendo fazer nele quaisquer modificações, como sejam eliminações, substituições ou aditamentos, sem o consentimento do autor.
4 – O empresário é obrigado a mencionar, por forma bem visível, nos programas, cartazes e quaisquer outros meios de publicidade, o nome, pseudónimo ou qualquer outro sinal de identificação adoptado pelo autor.

Artigo 116.º (Sigilo de obra inédita)
Tratando-se de obra que ainda não tenha sido representada nem reproduzida, o empresário não pode dá-la a conhecer antes da primeira representação, salvo para efeitos publicitários, segundo os usos correntes.

Artigo 117.º (Transmissão, reprodução e filmagem da representação)
Para que a representação da obra, no todo ou em parte, possa ser transmitida pela radiodifusão sonora ou visual, reproduzida em fonograma ou videograma, filmada ou exibida, é necessário, para além das autorizações do empresário do espectáculo e dos artistas, o consentimento escrito do autor.

Artigo 118.º (Transmissão dos direitos do empresário)
O empresário não pode transmitir os direitos emergentes do contrato de representação sem o consentimento do autor.

Artigo 119.º (Representação de obra não divulgada)
O autor que tiver contratado a representação de obra ainda não divulgada poderá publicá-la, impressa ou reproduzida por qualquer outro processo, salvo se outra coisa tiver sido convencionada com o empresário.

Anexo: Normas dos Principais Diplomas Legislativos

ARTIGO 120.º (Resolução do contrato)

1 – O contrato de representação pode ser resolvido:
a) Nos casos em que legal ou contratualmente for estabelecido;
b) Nos casos correspondentes aos da alíneas a) e d) do artigo 106º;
c) No caso de evidente e continuada falta de assistência do público.

2 – A resolução do contrato entende-se sempre sem prejuízo de responsabilidade por perdas e danos da parte a quem for imputável.

SECÇÃO III (Da recitação e da execução)

ARTIGO 121.º (Equiparação à representação)

1 – A recitação de uma obra literária e a execução por instrumentos ou por instrumentos e cantores de obra musical ou literário-musical são equiparadas à representação definida do artigo 107º.

2 – Ao contrato celebrado para a recitação ou para a execução de tais obras aplica-se, no que não for especialmente regulado, o disposto na secção precedente, contrato que seja compatível com a natureza da obra e da exibição.

ARTIGO 122.º (Obrigações do promotor)

1 – A entidade que promover ou organizar a execução ou a recitação de obra literária, musical ou literário-musical em audição pública deve afixar previamente no local o respectivo programa, do qual devem constar, na medida do possível, a designação da obra e a identificação da autoria.

2 – Uma cópia desse programa deve ser fornecido ao autor ou ao seu representante.

3 – Na falta de afixação do programa ou da sua comunicação nos termos dos recitação, quando demandada, fazer a prova de que obteve autorização dos autores das obras executadas ou recitadas.

ARTIGO 123.º (Fraude na organização ou realização do programa)

1 – Se a entidade que promover a execução ou a recitação organizar fraudulentamente o programa, designadamente incluindo nele obra que não se propõe fazer executar ou recitar, e promovendo, em lugar desta, a execução ou recitação de outra não anunciada, ou se, no decurso da audição, por motivo que não constitua caso fortuito ou de força maior, deixar de ser executada ou recitada obra constante do programa, poderão os autores prejudicados nos seus interesses morais ou materiais reclamar da referida entidade indemnização por perdas e danos, independentemente da responsabilidade criminal que ao caso couber.

2 – Não implica responsabilidade ou ónus para os organizadores da audição o facto de os artistas, por solicitação insistente do público, executarem ou recitarem quaisquer obras além das constantes do programa.

596   *Direito da Comunicação Social*

SECÇÃO IV (Das obras cinematográficas)

ARTIGO 124.º (Produção de obra cinematográfica)

A produção cinematográfica depende da autorização dos autores das obras preexistentes, ainda que estes não sejam considerados autores da obra cinematográfica nos termos do artigo 22º.

ARTIGO 125.º (Autorização dos autores da obra cinematográfica)

1 – Das autorizações concedidas pelos autores das obras cinematográficas nos termos do artigo 22º devem constar especificamente as condições da produção, distribuição e exibição da película.

2 – Se o autor tiver autorizado, expressa ou implicitamente, a exibição, o exercício dos direitos da exploração económica da obra cinematográfica compete ao produtor.

ARTIGO 126.º (Do produtor)

1 – O produtor é o empresário do filme e como tal organiza a feitura da obra cinematográfica, assegura os meios necessários e assume as responsabilidades técnicas e financeiras inerentes.

2 – O produtor deve ser como tal identificado no filme.

3 – Durante o período de exploração, o produtor, se o titular ou titulares do direito de autor não assegurarem de outro modo a defesa dos seus direitos sobre a obra cinematográfica, considera-se como representante daqueles para esse efeito, devendo dar-lhes conta do modo como se desempenhou do mandato.

ARTIGO 127.º (Efeitos da autorização)

1 – Da autorização deriva para o produtor cinematográfico o direito de produzir o negativo, os positivos, as cópias e os registos magnéticos necessários para exibição da obra.

2 – A autorização para a produção cinematográfica implica, salvo estipulação especial, autorização para a distribuição e exibição do filme em salas públicas de cinema, bem como para a sua exploração económica por este meio, sem prejuízo do pagamento da remuneração estipulada.

3 – Dependem da autorização dos autores das obras cinematográficas a radiodifusão sonora ou visual da película, do filme-anúncio e das bandas ou discos em que se reproduzam trechos da película, a sua comunicação ao público, por fios ou sem fios, nomeadamente por ondas hertzianas, fibras ópticas, cabo ou satélite, e a sua reprodução, exploração ou exibição sob forma de videograma.

4 – A autorização a que refere este artigo também não abrange a transmissão radiofónica da banda sonora ou do fonograma em que se reproduzem trechos de obra cinematográfica.

Anexo: Normas dos Principais Diplomas Legislativos 597

5 – Não carece de autorização do autor a difusão de obras produzidas por organismo de radiodifusão sonora ou audivisual, ao qual assiste o direito de as transmitir e comunicar ao público, no todo ou em parte, através dos seus próprios canais transmissores.

Artigo 128.º (Exclusivo)

1 – A autorização dada pelos autores para a produção cinematográfica de uma obra, quer composta especialmente para esta forma de expressão quer adaptada, implica concessão de exclusivo, salvo convenção em contrário.

2 – No silêncio das partes, o exclusivo concedido para a produção cinematográfica caduca decorridos vinte e cinco anos sobre a celebração do contrato respectivo, sem prejuízo do direito daquele a quem tiver sido atribuída a exploração económica do filme a continuar a projectá-lo, reproduzi-lo e distribuí-lo.

Artigo 129.º (Transformações)

1 – As traduções, dobragens ou quaisquer transformações da obra cinematográfica dependem de autorização escrita dos autores.

2 – A autorização para exibição ou distribuição de um filme estrangeiro em Portugal confere implicitamente autorização para a tradução ou dobragem.

3 – É admissível cláusula em contrário, salvo se a lei só permitir a exibição da obra traduzida ou dobrada.

Artigo 130.º (Conclusão da obra)

Considera-se pronta a obra cinematográfica após o realizador e o produtor estabelecerem, por acordo, a sua versão definitiva.

Artigo 131.º (Retribuição)

A retribuição dos autores de obra cinematográfica pode consistir em quantia global fixa, em percentagem sobre as receitas provenientes da exibição e em quantia certa por cada exibição ou revestir outra forma acordada com o produtor.

Artigo 132.º (Co-produção)

Não havendo em contrário, é lícito ao produtor que contratar com os autores associar-se com outro produtor para assegurar a realização e exploração da obra cineatográfica.

Artigo 133.º (Transmissão dos direitos do produtor)

É igualmente permitido ao produtor transferir a todo o tempo para terceiro, no todo ou em parte, direitos emergentes do contrato, ficando, todavia, responsável para com os autores pelo cumprimento pontual do mesmo.

Direito da Comunicação Social

ARTIGO 134.º (Identificação da obra e do autor)

1 – O autor ou co-autores de obra cinematográfica têm o direito de exigir que os seus nomes sejam indicados na projecção do filme, mencionando-se igualmente a contribuição de cada um deles para a obra referida.

2 – Se a obra cinematográfica constituir adaptação de obra preexistente deverá mencionar-se o título desta e o nome, pseudónimo ou qualquer outro sinal de identificação do autor.

ARTIGO 135.º (Utilização e reprodução separadas)

Os autores da parte literária e da parte musical da obra cinematográfica podem reproduzi-las e utilizá-las separadamente por qualquer modo, contanto que não prejudiquem a exploração da obra no seu conjunto.

ARTIGO 136.º (Prazo de cumprimento do contrato)

Se o produtor não concluir a produção da obra cinematográfica no prazo de três anos a contar da data da entrega da parte literária e da parte musical ou não fizer projectar a película concluída no prazo de três anos a contar da conclusão, o autor ou co-autores terão o direito de resolver o contrato.

ARTIGO 137.º (Provas, matrizes e cópias)

1 – O produtor só é obrigado a fazer as cópias ou provas da obra cinematográfica à medida que estas lhe forem requisitadas e a conservar a respectiva matriz, que em nenhum caso poderá destruir.

2 – Não assiste ao produtor da obra cinematográfica o direito de vender a preço de saldo as cópias que tiver produzido, ainda que alegando a falta de procura destas.

ARTIGO 138.º (Falência do produtor)

Em caso de falência do produtor, se houver de proceder-se à venda por baixo preço, na totalidade ou por lotes, de cópias da obra cinematográfica, deverá o administrador da massa falida prevenir do facto o autor ou co-autores desta com a antecedência mínima de vinte dias, a fim de os habilitar a tomar as providências que julgarem convenientes para defesa dos seus interesses materiais e morais e, bem assim, para exercerem o direito de preferência na aquisição das cópias em arrematação.

ARTIGO 139.º (Regime aplicável)

1 – Ao contrato de produção cinematográfica são aplicáveis, com as necessárias adaptações, as disposições relativas ao contrato de edição, representação e execução.

Anexo: *Normas dos Principais Diplomas Legislativos* 599

2 – Aplica-se à exibição pública da obra cinematográfica, com as devidas adaptações, o regime previsto nos artigos 122° e 123° para a recitação e a execução.

Artigo 140.º (Obras produzidas por processo análogo à cinematografia)
As disposições da presente secção são aplicáveis às obras produzidas por qualquer processo análogo à cinematografia.

SECÇÃO V (Da fixação fonográfica e videográfica)

Artigo 141.º (Contrato de fixação fonográfica e videográfica)
1 – Depende de autorização do autor a fixação da obra, entendendo-se por fixação a incorporação de sons ou de imagens, separadas ou cumulativamente, num suporte material suficientemente estável e duradouro que permita a sua percepção, reprodução ou comunicação de qualquer modo, em período não efémero.

2 – A autorização deve ser dada por escrito e habilita a entidade que a detém a fixar a obra e a reproduzir e vender os exemplares produzidos.

3 – A autorização para executar em público, radiodifundir ou transmitir de qualquer modo a obra fixada deve igualmente ser dada por escrito e pode ser conferida a entidade diversa da que fez a fixação.

4 – A compra de um fonograma ou videograma não atribui ao comprador o direito de os utilizar para quaisquer fins de execução ou transmissão públicas, reprodução, revenda ou aluguer com fins comerciais.

Artigo 142.º (Identificação da obra e do autor)
Dos fonogramas e dos videogramas devem constar, impressos directamente ou apostos em etiquetas, sempre que a sua natureza o permita, o título da obra ou o modo de a identificar, assim como o nome ou qualquer outro sinal de identificação do autor.

Artigo 143.º (Fiscalização)
1 – O autor tem o direito de fiscalizar os estabelecimentos de prensagem e duplicação de fonogramas e videogramas e armanezamento dos suportes materiais, sendo aplicável o disposto no n° 7 do artigo 86°, com as devidas adaptações.

2 – Aqueles que importam, fabricam e vendem suportes materiais para obras fonográficas e videográficas devem comunicar à Direcção-Geral dos Espectáculos e do Direito de Autor as quantidades importadas, fabricadas e vendidas, podendo os autores fiscalizar também os armazéns e fábricas dos suportes materiais.

3 – Aqueles que fabricam ou duplicam fonogramas e videogramas são obrigados a comunicar periódica e especificadamente à Direcção-Geral dos

600 *Direito da Comunicação Social*

Espectáculos e do Direito de Autor as quantidades de fonogramas e videogramas que prensarem ou duplicarem e a exibir documento do qual conste a autorização do respectivo autor.

4 – A Direcção-Geral dos Espectáculos e do Direito de Autor definirá a periodicidade e as modalidades que deve revestir a comunicação a que se referem os n° 2 e 3.

ARTIGO 144.º (Obras que já foram objecto de fixação)

1 – A obra musical e o respectivo texto que foram objecto de fixação fonográfica comercial sem oposição do autor podem voltar a ser fixados.

2 – O autor tem sempre direito a retribuição equitativa, cabendo ao Ministério da Cultura, na falta de acordo das partes, determinar o justo montante.

3 – O autor pode fazer cessar a exploração sempre que a qualidade técnica da fixação comprometer a correcta comunicação da obra.

ARTIGO 145.º (Transmissão dos direitos do produtor)

Aquele com quem tiver sido contratada a fixação não pode, salvo no caso de trespasse do estabelecimento, nomeadamente por cisão, transferir para terceiro os direitos emergentes do contrato de autorização sem consentimento dos autores.

ARTIGO 146.º (Transformações)

A adaptação, arranjo ou outra transformação de qualquer obra para efeitos de fixação, transmissão e execução ou exibição por meios mecânicos, fonográficos ou videográficos, depende igualmente de autorização escrita do autor, que deve precisar a qual ou quais daqueles fins se destina a transformação.

ARTIGO 147.º (Remissão)

1 – Ao contrato de autorização para fixação fonográfica ou videográfica são aplicáveis, com as necessárias adaptações, as disposições relativas ao contrato de edição.

2 – Aplica-se ao espectáculo consistente na comunicação pública de obra fonográfica ou videográfica, com as devidas adaptações, o regime previsto nos artigos 122° e 123° para a recitação e a execução.

ARTIGO 148.º (Âmbito)

As disposições desta secção aplicam-se à reprodução de obra intelectual obtida por qualquer processo análogo à fonografia ou videografia, já existente ou que venha a ser inventado.

Anexo: *Normas dos Principais Diplomas Legislativos* 601

SECÇÃO VI (Da radiodifusão e outros processos destinados à reprodução dossinais, dos sons e das imagens)

ARTIGO 149.º (Autorização)

1 – Depende de autorização do autor a radiodifusão sonora ou visual da obra, tanto directa como por retransmissão, por qualquer modo obtida.

2 – Depende igualmente de autorização a comunicação da obra em qualquer lugar público, por qualquer meio que sirva para difundir sinais, sons ou imagens.

3 – Entende-se por lugar público todo aquele a que seja oferecido o acesso, implícita ou explicitamente, mediante remuneração ou sem ela, ainda que com reserva declarada do direito de admissão.

ARTIGO 150.º (Radiodifusão de obra fixada)

Se a obra foi objecto de fixação para fins de comercialização com autorização do autor, abrangendo expressamente a respectiva comunicação ou radiodifusão sonora ou visual, é desnecessário o consentimento especial deste para cada comunicação ou radiodifusão, sem prejuízo dos direitos morais e do direito a remuneração equitativa.

ARTIGO 151.º (Pressupostos técnicos)

O proprietário de casa de espectáculos ou de edifício em que deva realizar-se a radiodifusão ou comunicação prevista no artigo 149º, o empresário e todo aquele que concorra para a realização do espectáculo a transmitir são obrigados a permitir a instalação dos instrumentos necessários para a transmissão, bem como as experiências ou ensaios técnicos necessários para a boa execução desta.

ARTIGO 152.º (Limites)

1 – Salvo estipulação em contrário, a autorização prevista no artigo 149º não implica autorização para fixar as obras radiodifundidas.

2 – No entanto, é licito aos organismos de radiodifusão fixar as obras a radiodifundir, mas unicamente para uso das suas estações emissoras, nos casos de radiodifusão diferida.

3 – As fixações atrás referidas devem, porém ser destruídas no prazo máximo de três meses, dentro do qual não podem ser transmitidas mais de três vezes, sem prejuízo de remuneração ao autor.

4 – As restrições dos dois números anteriores entendem-se sem prejuízo dos casos em que tais fixações ofereçam interesse excepcional a título de documentação, o qual determinará a possibilidade da sua conservação em arquivos oficiais ou, enquanto estes não existirem, nos da Radiotelevisão Portuguesa – RTP, E.P. , e Radiodifusão Portuguesa – RDP, E.P., sem prejuízo do direito de autor.

602 Direito da Comunicação Social

ARTIGO 153.º (Âmbito)

1 – A autorização para radiodifundir uma obra é geral para todas as emissões, directas ou em diferido, efectuadas pelas estações da entidade que a obteve, sem prejuízo de remuneração ao autor por cada transmissão.

2 – Não se considera nova transmissão a radiodifusão feita em momentos diferentes, por estações nacionais ligadas à mesma cadeia emissora ou pertencentes à mesma entidade, em virtude de condicionalismos horários ou técnicos.

3 – A transmissão efectuada por entidade diversa da que obteve a autorização referida no n.º 1, quando se faça por cabo ou satélite, e não esteja expressamente prevista naquela autorização, depende de consentimento do autor e confere-lhe o direito de remuneração.

ARTIGO 154.º (Identificação do autor)

As estações emissoras devem anunciar o nome ou pseudónimo do autor juntamente com o título da obra radiodifundida, ressalvando-se os casos, consagrados pelo uso corrente, em que as circunstâncias e necessidades da transmissão levam a omitir as indicações referidas.

ARTIGO 155.º (Comunicação pública da obra radiodifundida)

É devida igualmente remuneração ao autor pela comunicação pública da obra radiodifundida por altifalante ou por qualquer instrumento análogo transmissor de sinais, de sons ou de imagens.

ARTIGO 156.º (Regime aplicável)

1 – À radiodifusão, bem como à difusão obtida por qualquer outro processo que sirva para a comunicação de sinais, sons ou imagens, são aplicáveis, com as necessárias adaptações, as disposições relativas ao contrato de edição, representação e execução.

2 – Aplica-se ao espectáculo consistente na comunicação pública de obra radiodifundida, com as devidas adaptações, o regime previsto nos artigos 122º e 123º para a recitação e execução.

SECÇÃO VII (Da criação de obras plásticas, gráficas e aplicadas)

ARTIGO 157.º (Da exposição)

1 – Só o autor pode expor ou autorizar, outrem a expor publicamente as suas obras de arte.

2 – A alienação de obra de arte envolve, salvo convenção expressa em contrário, a atribuição do direito de a expor.

Anexo: Normas dos Principais Diplomas Legislativos 603

ARTIGO 158.º (Responsabilidade pelas obras expostas)

A entidade promotora de exposição de obras de arte responde pela integridade das obras expostas, sendo obrigada a fazer o seguro das mesmas contra incêndio, transporte, roubo e quaisquer outros riscos de destruição ou deterioração, bem como a conservá-las no respectivo recinto até ao termo do prazo fixado para a sua devolução.

ARTIGO 159.º (Forma e conteúdo do contrato de reprodução)

1 – A reprodução das criações de artes plásticas, gráficas e aplicadas, design, projectos de arquitectura e planos de urbanização só pode ser feita pelo autor ou por outrem com a sua autorização.

2 – A autorização referida no artigo anterior deve ser dada por escrito, presume-se onerosa e pode ser condicionada.

3 – São aplicáveis ao contrato as disposições do artigo 86º, devendo, porém, fixar-se nele o número mínimo de exemplares a vender anualmente, abaixo do qual a entidade que explora a reprodução poderá usar das faculdades nesse artigo reconhecidas.

ARTIGO 160.º (Identificação da obra)

1 – O contrato deverá conter indicações que permitam identificar a obra, tais como, a sua descrição sumária, debuxo, desenho ou fotografia, com assinatura do autor.

2 – As reproduções não podem ser postas à venda sem que o autor tenha aprovado o exemplar submetido a seu exame.

3 – Em todos os exemplares reproduzidos deve figurar o nome, pseudónimo ou outro sinal que identifique o autor.

ARTIGO 161.º (Estudos e projectos de arquitectura e urbanismo)

1 – Em cada exemplar dos estudos e projectos de arquitectura e urbanismo, junto ao estaleiro da construção da obra de arquitectura e nesta, depois de construída, é obrigatória a indicação do respectivo autor, por forma bem legível.

2 – A repetição da construção de obra de arquitectura, segundo o mesmo projecto, só pode fazer-se com o acordo do autor.

ARTIGO 162.º (Restituição dos modelos ou elementos utilizados)

1 – Extinto o contrato, devem ser restituídos ao autor os modelos originais e qualquer outro elemento de que se tenha servido aquele que fez as reproduções.

2 – Os instrumentos exclusivamente criados para a reprodução da obra devem, salvo convenção em contrário, ser destruídos ou inutilizados, se o autor não preferir adquiri-los.

604   *Direito da Comunicação Social*

ARTIGO 163.º **(Extensão da protecção)**
As disposições constantes desta secção aplicam-se igualmente às maquetas de cenários, figurinos, cartões para tapeçarias, maquetas para painéis cerâmicos, azulejos, vitrais, mosaicos, relevos rurais, cartazes e desenhos publicitários, capas de livros e, eventualmente, à criação gráfica que estes comportam, que sejam criação artística.

SECÇÃO VIII **(Da obra fotográfica)**

ARTIGO 164.º **(Condições de protecção)**
1 – Para que a fotografia seja protegida é necessário que pela escolha do seu objecto ou pelas condições da sua execução possa considerar-se como criação artística pessoal do seu autor.
2 – Não se aplica o disposto nesta secção às fotografias de escritos, de documentos, de papéis de negócios, de desenhos técnicos e de coisas semelhantes.
3 – Consideram-se fotografias os fotogramas das películas cinematográficas.

ARTIGO 165.º **(Direitos do autor de obra fotográfica)**
1 – O autor da obra fotográfica tem o direito exclusivo de a reproduzir, difundir e pôr à venda com as restrições referentes à exposição, reprodução e venda de retratos e sem prejuízo dos direitos de autor sobre a obra reproduzida, no que respeita às fotografias de obras de artes plásticas.
2 – Se a fotografia for efectuada em execução de um contrato de trabalho ou por encomenda, presume-se que o direito previsto neste artigo pertence à entidade patronal ou à pessoa que fez a encomenda.
3 – Aquele que utilizar para fins comerciais a reprodução fotográfica deve pagar ao autor uma remuneração equitativa.

ARTIGO 166.º **(Alienação do negativo)**
A alienação do negativo de uma obra fotográfica importa, salvo convenção em contrário, a transmissão dos direitos referidos nos artigos precedentes.

ARTIGO 167.º **(Indicações obrigatórias)**
1 – Os exemplares de obra fotográfica devem conter as seguintes indicações: a) Nome do fotógrafo; b) Em fotografias de obras de artes plásticas, o nome do autor da obra fotografada.
2 – Só pode ser reprimida como abusiva a reprodução irregular das fotografias em que figurem as indicações referidas, não podendo o autor, na falta destas indicações, exigir as retribuições previstas no presente Código, salvo se o fotógrafo provar má fé de quem fez a reprodução.

Anexo: *Normas dos Principais Diplomas Legislativos* 605

ARTIGO 168.º (Reprodução de fotografia encomendada)

1 – Salvo convenção em contrário, a fotografia de uma pessoa, quando essa fotografia seja executada por encomenda, pode ser publicada, reproduzida ou mandada reproduzir pela pessoa fotografada ou por seus herdeiros ou transmissários sem consentimento do fotógrafo seu autor.

2 – Se o nome do fotógrafo figurar na fotografia original, deve também ser indicado nas reproduções.

SECÇÃO IX (Da tradução e outras transformações)

ARTIGO 169.º (Autorização do autor)

1 – A tradução, arranjo, instrumentação, dramatização, cinematização e, em eral, qualquer transformação da obra só podem ser feitos ou autorizados pelo autor da obra original, sendo esta protegida nos termos do nº 2 do artigo 3º.

2 – A autorização deve ser dada por escrito e não comporta concessão de exclusivo, salvo estipulação em contrário.

3 – O beneficiário da autorização deve respeitar o sentido da obra original.

4 – Na medida exigida pelo fim a que o uso da obra se destina, é lícito proceder a modificações que não a desvirtuem.

ARTIGO 170.º (Compensação suplementar)

O tradutor tem direito a uma compensação suplementar sempre que o editor, o empresário, o produtor ou qualquer outra entidade utilizar a tradução para além dos limites convencionados ou estabelecidos neste Código.

ARTIGO 171.º (Indicação do tradutor)

O nome do tradutor deverá sempre figurar nos exemplares da obra traduzida, nos anúncios do teatro, nas comunicações que acompanham as emissões de rádio e de televisão, na ficha artística dos filmes e em qualquer material de promoção.

ARTIGO 172.º (Regime aplicável às traduções)

1 – As regras relativas à edição de obras originais constantes da secção I deste capítulo aplicam-se à edição das respectivas traduções, quer a autorização para traduzir haja sido concedida ao editor quer ao autor da tradução.

2 – Salvo convenção em contrário, o contrato celebrado entre o editor e tradutor não implica cedência nem transmissão, temporária ou permanente, a favor daquele, dos direitos deste sobre a sua tradução.

3 – O editor pode exigir do tradutor as modificações necessárias para assegurar o respeito pela obra original e, quando esta implicar determinada disposição gráfica, a conformidade do texto com ela; caso o tradutor não o faça no prazo máximo de 30 dias, o editor promoverá, por si, tais modificações.

606   *Direito da Comunicação Social*

4 – Sempre que a natureza e características da obra exijam conhecimentos específicos, o editor pode promover a revisão da tradução por técnico de sua escolha.

SECÇÃO X (Dos jornais e outras publicações periódicas)

ARTIGO 173.º (Protecção)

1 – O direito de autor sobre obra publicada, ainda que sem assinatura, em jornal ou publicação periódica pertence ao respectivo titular e só ele pode fazer ou autorizar a reprodução em separado ou em publicação congénere, salvo convenção escrita em contrário.

2 – Sem prejuízo do disposto no número precedente, o proprietário ou editor da publicação pode reproduzir os números em que foram publicadas as contribuições referidas.

ARTIGO 174.º (Trabalhos jornalísticos por conta de outrem)

1 – O direito de autor sobre trabalho jornalístico produzido em cumprimento de um contrato de trabalho que comporte identificação de autoria, por assinatura ou outro meio, pertence ao autor.

2 – Salvo autorização da empresa proprietária do jornal ou publicação congénere, o autor não pode publicar em separado o trabalho referido no número anterior antes de decorridos três meses sobre a data em que tiver sido posta a circular a publicação em que haja sido inserido.

3 – Tratando-se de trabalho publicado em série, o prazo referido no número anterior tem início na data da distribuição do número da publicação em que tiver sido inserido o último trabalho da série.

4 – Se os trabalhos referidos não estiverem assinados ou não contiverem identificação do autor, o direito de autor sobre os mesmos será atribuído à empresa a que pertencer o jornal ou a publicação em que tiverem sido inseridos, e só com autorização desta poderão ser publicados em separado por aqueles que os escreveram.

ARTIGO 175.º (Publicação fraccionada e periódica)

1 – Salvo estipulação em contrário, a autorização prevista no artigo 149º não implica autorização para fixar as obras radiodifundidas.

2 – No entanto, é lícito aos organismos de radiodifusão fixar as obras a radiodifundir, mas unicamente para uso das suas estações emissoras, nos caso de radiodifusão diferida.

3 – As fixações atrás referidas devem, porém, ser destruídas no prazo máximo de três meses, dentro do qual não podem ser transmitidas mais de três vezes, sem prejuízo de remuneração ao autor.

TÍTULO III (Dos direitos conexos)

ARTIGO 176.º (Noção)
1 – As prestações dos artistas intérpretes ou executantes, dos produtores de fonogramas e de videogramas e dos organismos de radiodifusão são protegidas nos termos deste título.

2 – Artistas intérpretes ou executantes são os actores, cantores, músicos, bailarinos e outros que representem, cantem, recitem, declamem, interpretem ou executem de qualquer maneira obras literárias ou artísticas.

3 – Produtor de fonograma ou videograma é a pessoa singular ou colectiva que fixa pela primeira vez os sons provenientes de uma execução ou quaisquer outros, ou as imagens de qualquer proveniência, acompanhadas ou não de sons.

4 – Fonograma é o registo resultante da fixação, em suporte material, de sons provenientes de uma execução ou quaisquer outros.

5 – Videograma é o registo resultante da fixação, em suporte material, de imagens, acompanhadas ou não de sons, bem como a cópia de obras cinematográficas ou audio visuais.

6 – Cópia é o suporte material em que se reproduzem sons ou imagens, separada ou cumulativamente, captados directa ou indirectamente de um fonograma ou videograma, e se incorporam, total ou parcialmente, os sons ou imagens nestes fixados.

7 – Reprodução é a obtenção de cópias de uma fixação ou de uma parte qualitativa ou quantitativamente significativa dessa fixação.

8 – Distribuição é a actividade que tem por objecto a oferta ao público, em quantidade significativa, de fonogramas ou videogramas, directa ou indirectamente, quer para venda quer para aluguer.

9 – Organismo de radiodifusão é a entidade que efectua emissões de radiodifusão sonora ou visual, entendendo-se por emissão de radiodifusão a difusão de sons ou de imagens, separada ou cumulativamente, por fios ou sem fios, nomeadamente por ondas hertzianas, fibras ópticas, cabo ou satélite, destinada à recepção pelo público.

10 – Retransmissão é a emissão simultânea por um organismo de radiodifusão de uma emissão de outro organismo de radiodifusão.

Artigo 177º (Ressalva dos direitos dos autores)
A tutela dos direitos conexos em nada afecta a protecção dos autores sobre a obra utilizada.

ARTIGO 178.º (Poder de impedir)
Os artistas intérpretes ou executantes podem impedir: a) A radiodifusão ou a comunicação ao público, por qualquer meio, sem o seu consentimento, das

608 *Direito da Comunicação Social*

prestações que tenham realizado, salvo quando se utlilizem prestações já radiodifundidas ou já fixadas; b) A fixação sem o seu consentimento, das prestações que não tenham sido fixadas; c) A reprodução, sem o seu consentimento, de fixação das suas prestações quando esta não tenha sido autorizada, quando a reprodução seja feita para fins diversos daqueles para os quais foi dado o consentimento ou quando a primeira fixação tenha sido feita ao abrigo do artigo 189° e a respectiva reprodução vise fins diferentes dos previstos nesse artigo.

ARTIGO 179.° (Autorização para radiodifundir)

1 – Na falta de acordo em contrário, a autorização para radiodifundir uma prestação implica a autorização para a sua fixação e posterior radiodifusão e reprodução dessa fixação, bem como para a radiodifusão de fixações licitamente autorizadas por outro organismo de radiodifusão.

2 – O artista tem, todavia, direito a remuneração suplementar sempre que, sem estarem previstas no contrato inicial, forem realizadas as seguintes operações: a) Uma nova transmissão; b) A retransmissão por outro organismo de radiodifusão; c) A comercialização de fixações obtidas para fins de radiodifusão.

3 – A retransmissão e a nova transmissão não autorizadas de uma prestação dão aos artistas que nela intervêm o direito de receberem, no seu conjunto, 20% da remuneração primitivamente fixada.

4 – A comercialização dá aos artistas o direito de receberem, no seu conjunto, 20% da quantia que o organismo da radiodifusão que fixou a prestação receber do adquirente.

5 – O artista pode estipular com o organismo de radiodifusão condições diversas das referidas nos números anteriores, mas não renunciar aos direitos nela consignados.

ARTIGO 180.° (Identificação)

1 – Em toda a divulgação de prestação será indicado, ainda que abreviadamente, o nome ou pseudónimo do artista, salvo convenção em contrário ou se a natureza do contrato dispensar a indicação.

2 – Exceptuando-se os programas sonoros exclusivamente musicais sem qualquer forma de locução e os referidos no artigo 154°.

ARTIGO 181.° (Representação dos artistas)

1 – Quando na prestação participem vários artistas, os seus direitos serão exercidos, na falta de acordo, pelo director do conjunto.

2 – Não havendo director do conjunto, os actores serão representados pelo encenador e os membros da orquestra ou os membros do coro pelo maestro ou director respectivo.

Anexo: Normas dos Principais Diplomas Legislativos

ARTIGO 182.º (Utilizações ilícitas)

São ilícitas as utilizações que disfigurem uma prestação, que a desvirtuem nos seus propósitos ou que atinjam o artista na sua honra ou na sua reputação.

ARTIGO 183.º (Duração)

1 – Os direitos conexos caducam decorrido um período de 50 anos: a) Após a representação ou execução pelo artista intérprete ou executante; b) Após a primeira fixação, peleo produtor, do fonograma, videograma ou filme; c) Após a primeira emssão peleo organismo de radiodifusão, quer a emissão seja efectuada com ou sem fio, incluindo cabo ou satélite.

2 – Se, no decurso do período referido no número anterior, forem objecto de publicação ou comunicação lícita ao público uma fixação da representação ou execução do artista intérprete ou executante, o fonograma, o videograma ou o filme protegidos, o prazo de caducidade do direito conta-se a partir destes factos e não a partir dos factos referidos, respectivamente, nas alíneas a) e b) do mesmo número.

3 – O termo "filme" designa uma obra cinematográfica ou audio-visual e toda e qualquer sequência de imagens em movimento, acompanhadas ou não de som.

4 – É aplicável às entidades referidas nas alíneas a), b), e c) do nº 1 o disposto no artigo 37º.

ARTIGO 184.º (Autorização do produtor)

1 – Carecem de autorização do produtor do fonograma ou do videograma a reprodução e a distribuição ao público de cópias dos mesmos, bem como a respectiva importação ou exportação.

2 – Carecem também de autorização do produtor do fonograma ou videograma a difusão por qualquer meio e a execução pública dos mesmos.

3 – Quando um fonograma ou videograma editado comercialmente, ou uma reprodução dos mesmos, for utilizado por qualquer forma de comunicação pública, o utilizador pagará ao produtor e aos artistas intérpretes ou executantes uma remuneração equitativa, que será dividida entre eles em partes iguais, salvo acordo em contrário.

4 – Os produtores de fonogramas ou de videogramas têm a faculdade de fiscalização análoga à conferida nos nᵒˢ 1 e 2 do artigo 143º.

ARTIGO 185.º (Identificação dos fonogramas ou videogramas)

1 – É condição da protecção reconhecida aos produtores de fonogramas ou videogramas que em todas as cópias autorizadas e no respectivo invólucro se contenha uma menção constituída pelo símbolo P (a letra P rodeada por um círculo), acompanhada da indicação do ano da primeira publicação.

610   *Direito da Comunicação Social*

2 – Se a cópia ou o respectivo invólucro não permitirem a identificação do produtor ou do seu representante, a menção a que se refere o número anterior deve incluir igualmente essa identificação.

ARTIGO 186.º (revogado pelo artigo nº 4 do dl 334/97, de 27 de Novembro)

ARTIGO 187.º (Direitos dos organismos de radiodifusão)
1 – Os organismos de radiodifusão gozam do direito de autorizar ou proibir: a) A retransmissão das suas emissões por ondas radioeléctricas; b) A fixação em suporte material das suas emissões, sejam elas efectuadas com ou sem fio; c) A reprodução de fixações das suas emissões, quando estas não tiverem sido autorizadas ou quando se tratar de fixação efémera e a reprodução visar fins diversos daqueles com que foi feita; d) A comunicação ao público das suas emissões, quando essa comunicação é feita em lugar público e com entradas pagas.
2 – Ao distribuidor por cabo que se limita a efectuar a retransmissão de emissões de organismos de radiodifusão não se aplicam os direitos previstos neste artigo.

ARTIGO 188.º (revogado pelo artigo nº 4 do dl 334/97, de 27 de Novembro)

ARTIGO 189.º (Utilizações livres)
1 – A protecção concedida neste título não abrange: a) O uso privado; b) Os excertos de uma prestação, um fonograma, um videograma ou uma emissão de radiodifusão, contanto que o recurso a esses excertos se justifique por propósito de informação ou crítica ou qualquer outro dos que autorizam as citações ou resumos referidos na alínea f) do artigo 75º; c) A utilização destinada a fins exclusivamente científicos ou pedagógicos; d) A fixação efémera feita por organismo de radiodifusão; e) As fixações ou reproduções realizadas por entes públicos ou concessionários de serviços públicos por algum interesse excepcional de documentação ou para arquivo; f) Os demais casos em que a utilização da obra é lícita sem o consentimento do autor.
2 – A protecção outorgada neste capítulo ao artista não abrange a prestação decorrente do exercício de dever funcional ou de contrato de trabalho.

ARTIGO 190.º (Requisitos da protecção)
1 – O artista, intérprete ou executante é protegido desde que se verifique uma das seguintes condições: a) Que seja de nacionalidade portuguesa ou de Estado membro das Comunidades Europeias; b) Que a prestação ocorra em território português; c) Que a prestação original seja fixada ou radiodifundida pela primeira vez em território português.

Anexo: Normas dos Principais Diplomas Legislativos 611

2 – Os fonogramas e os videogramas são protegidos desde que se verifique uma das seguintes condições: a) Que o produtor seja de nacionalidade portuguesa ou de um Estado membro das Comunidades Europeias ou que tenha a sua sede efectiva em território português ou em qualquer ponto do território comunitário; b) Que a fixação de sons e imagens, separada ou cumulativamente, tenha sido feita lícitamente em Portugal; c) Que o fonograma ou videograma tenha sido publicado pela primeira vez ou simultaneamente em Portugal, entendendo-se por simultânea a publicação definida no nº 3 do artigo 65º.

3 – As emissões de radiodifusão são protegidas desde que se verifique uma das seguintes condições: a) Que a sede efectiva do organismo esteja situada em Portugal ou em Estado membro das Comunidades Europeias; b) Que a emissão de radiodifusão tenha sido transmitida a partir de estação situada em território português ou de Estado membro das Comunidades Europeias.

ARTIGO 191.º (Presunção de anuência)

Quando apesar da diligência do interessado, comprovada pelo Ministério da Cultura, não for possível entrar em contacto com o titular do direito ou este se não pronunciar num prazo razoável que para o efeito lhe for assinado, presume-se a anuência, mas o interessado só pode fazer a utilização pretendida se caucionar o pagamento da remuneração.

ARTIGO 192.º (Modos de exercício)

As disposições sobre os modos de exercício dos direitos de autor aplicam-se no que couber aos modos de exercício dos direitos conexos.

ARTIGO 193.º (Extensão da protecção)

Beneficiam também de protecção os artistas, os produtores de fonogramas ou videogramas e os organismos de radiodifusão protegidos por convenções internacionais ratificadas ou aprovadas.

ARTIGO 194.º (Retroactividade)

1 – A duração da protecção e a contagem do respectivo prazo determinam-se nos termos dos artigos 183º, 186º e 188º, ainda que os factos geradores da protecção tenham ocorrido anteriormente à entrada em vigor deste Código.

2 – No caso de os titulares de direitos conexos beneficiarem, por força de disposição legal, de um prazo de protecção superior aos previstos neste Código, prevalecem estes últimos.

TÍTULO IV (Da violação e defesa do direito de autor e dos direitos conexos)

ARTIGO 195.º (Usurpação)

1 – Comete o crime de usurpação quem, sem autorização do autor ou do artista, do produtor de fonograma e videograma ou do organismo de radiodifusão, utilizar uma obra ou prestação por qualquer das formas previstas neste Código.

2 – Comete também o crime de usurpação: a) Quem divulgar ou publicar abusivamente uma obra ainda não divulgada nem publicada pelo seu autor ou não destinada a divulgação ou publicação, mesmo que a apresente como sendo do respectivo autor, quer se proponha ou não obter qualquer vantagem económica; b) Quem coligir ou compilar obras publicadas ou inéditas sem a autorização do autor; c) Quem, estando autorizado a utilizar uma obra, prestação de artista, fonograma, videograma ou emissão radiodifundida, exceder os limites da autorização concedida, salvo nos casos expressamente previstos neste Código.

3 – Será punido com as penas previstas no artigo 197º o autor que, tendo transmitido, total ou parcialmente, os respectivos direitos ou tendo autorizado a utilização da sua obra por qualquer dos modos previstos neste Código, a utilizar directa ou indirectamente com ofensa dos direitos atribuídos a outrem.

ARTIGO 196.º (Contrafacção)

1 – Comete o crime de contrafacção quem utilizar, como sendo criação ou prestação sua, obra, prestação de artista, fonograma, videograma ou emissão de radiodifusão que seja mera reprodução total ou parcial de obra ou prestação alheia, divulgada ou não divulgada, ou por tal modo semelhante qua não tenha individualidade própria.

2 – Se a reprodução referida no número anterior representar apenas parte ou fracção da obra ou prestação, só essa parte ou fracção se considera como contrafacção.

3 – Para que haja contrafacção não é essencial que a reprodução seja feita pelo mesmo processo que o original, com as mesmas dimensões ou com o mesmo formato.

4 – Não importam contrafacção: a) A semelhança entre traduções, devidamente autorizadas, da mesma obra ou entre fotografias, desenhos, gravuras ou outra forma de representação do mesmo objecto se, apesar das semelhanças decorrentes da identidade do objecto, cada uma das obras tiver individualidade própria; b) A reprodução pela fotografia ou pela gravura efectuada só para o efeito de documentação da crítica artística.

ARTIGO 197.º (Penalidades)

1 – Os crimes previstos nos artigos anteriores são punidos com pena de prisão até três anos e multa de 150 a 250 dias, de acordo com a gravidade da infracção, agravadas uma e outra para o dobro em caso de reincidência, se o facto constitutivo da infracção não tipificar crime punível com pena mais grave.

2 – Nos crimes previstos neste título a negligência é punível com multa de 50 a 150 dias.

3 – Em caso de reincidência, não há suspensão de pena.

ARTIGO 198.º (Violação do direito moral)

É punido com as penas previstas no artigo anterior: a) Quem se arrogar a paternidade de uma obra de prestação que sabe não lhe pertencer; b) Quem atentar contra a genuinidade ou integridade da obra ou prestação, praticando acto que a desvirtue e possa afectar a honra ou reputação do autor ou do artista.

ARTIGO 199.º (Aproveitamento de obra contrafeita ou usurpada)

1 – Quem vender, puser à venda, importar, exportar ou por qualquer modo distribuir ao público obra usurpada ou contrafeita ou cópia não autorizada de fonograma ou videograma, quer os respectivos exemplares tenham sido produzidos no País quer no estrangeiro, será punido com as penas previstas no artigo 197º.

2 – A negligência é punível com multa até cinquenta dias.

ARTIGO 200.º (Procedimento criminal)

1 – O procedimento criminal relativo aos crimes previstos neste Código não depende de queixa do ofendido, excepto quando a infracção disser exclusivamente respeito à violação dos direitos morais.

2 – Tratando-se de obras caídas no domínio público, a queixa deverá ser apresentada pelo Ministério da Cultura.

ARTIGO 201.º (Apreensão e perda de coisas relacionadas com a prática do crime)

1 – Serão sempre apreendidos os exemplares ou cópias das obras usurpadas ou contrafeitas, quaisquer que sejam a natureza da obra e a forma de violação, bem como os respectivos invólucros materiais, máquinas ou demais instrumentos ou documentos de que haja suspeita de terem sido utilizados ou destinarem-se à prática da infracção.

2 – O destino de todos os objectos apreendidos será fixado na sentença final, independentemente de requerimento, e, quando se provar que se destinavam ou foram utilizados na infracção, consideram-se perdidos a favor do Estado, sendo as cópias ou exemplares obrigatoriamente destruídos, sem direito a qualquer indemnização.

614   *Direito da Comunicação Social*

3 – Nos casos de flagrante delito, têm competência para proceder à apreensão as autoridades policiais e administrativas, designadamente a Polícia Judiciária, a Polícia de Segurança Pública, a Guarda Nacional Republicana, a Guarda Fiscal e a Direcção-Geral de Inspecção Económica.

ARTIGO 202.º (Regime especial em caso de violação de direito moral)
1 – Se apenas for reivindicada a paternidade da obra, pode o tribunal, a requerimento do autor, em vez de ordenar a destruição, mandar entregar àquele os exemplares apreendidos, desde que se mostre possível, mediante adição ou substituição das indicações referentes à sua autoria, assegurar ou garantir aquela paternidade.
2 – Se o autor defender a integridade da obra, pode o tribunal, em vez de ordenar a destruição dos exemplares deformados, mutilados ou modificados por qualquer outro modo, mandar entregá-los ao autor, a requerimento deste, se for possível restituir esses exemplares à forma original.

ARTIGO 203.º (Responsabilidade civil)
A responsabilidade civil emergente da violação dos direitos previstos neste Código é independente do procedimento criminal a que esta dê origem, podendo, contudo, ser exercida em conjunto com a acção criminal.

ARTIGO 204.º (Regime das contra-ordenações)
Às contra-ordenações, em tudo quanto não se encontre especialmente regulado, são aplicáveis as disposições do Decreto-lei nº 433/82, de 27 de Outubro.

ARTIGO 205.º (Das contra-ordenações)
1 – Constitui contra-ordenação punível com coima de 50 000$ a 500 000$: a) A falta de comunicação pelos importadores, fabricantes e vendedores de suportes materiais para obras fonográficas e videográficas das quantias importadas, fabricadas e vendidas, de harmonia com o estatuído no nº 2 do artigo 143º; b) A falta de comunicação pelos fabricantes e duplicadores de fonogramas e videogramas das quantidades que prensarem ou duplicarem, conforme o estipulado no nº 3 do artigo 143º.
2 – Constitui contra-ordenação punível com coima de 20 000$ a 200 000$ a inobservância do disposto nos artigos 97º, 115º nº 4, 126º nº 2, 134º, 142º, 154º, 160º nº 3, 171º e 185º e, não se dispensando indicação do nome ou pseudónimo do artista, também no artigo 180º nº 1.
3 – A negligência é punível.

Anexo: *Normas dos Principais Diplomas Legislativos*

ARTIGO 206.º (Competência para o processamento das contra-ordenações e aplicação das coimas)

A competência para o processamento das contra-ordenações e para aplicação das coimas pertence ao director-geral dos Espectáculos e do Direito de Autor.

ARTIGO 207.º (Efeito do recurso)

Não tem efeito suspensivo o recurso da decisão que aplicar coima de montante inferior a 80 000$.

ARTIGO 208.º (Destino do produto das coimas)

O montante das coimas aplicada pelas contra-ordenações reverte para o Fundo de Fomento Cultural.

ARTIGO 209.º (Providências cautelares)

Sem prejuízo das providências cautelares previstas na lei de processo, pode o autor requerer das autoridades policiais e administrativas do lugar onde se verifique a violação do seu direito a imediata suspensão de representação, recitação, execução ou qualquer outra forma de exibição de obra protegida que se estejam realizando sem a devida autorização e, cumulativamente, requerer a apreensão da totalidade das receitas.

ARTIGO 210.º (Identificação ilegítima)

O uso ilegítimo do nome literário ou artístico ou de qualquer outra forma de identificação do autor confere ao interessado o direito de pedir, além da cessação de tal uso, indemnização por perdas e danos.

ARTIGO 211.º (Indemnização)

Para o cálculo da indemnização devida ao autor lesado, atender-se-á sempre à importância da receita resultante do espectáculo ou espectáculos ilicitamente realizados.

ARTIGO 212.º (Concorrência desleal)

A protecção prevista no presente Código não prejudica a protecção assegurada nos termos da legislação sobre concorrência desleal.

TÍTULO V (Do registo)

ARTIGO 213.º (Regra geral)

O direito de autor e os direitos deste derivados adquirem-se independentemente de registo, sem prejuízo do disposto no artigo seguinte:

616   *Direito da Comunicação Social*

Artigo 214.º (Registo constitutivo)

Condiciona a efectividade da protecção legal o registo: a) Do título da obra não publicada nos termos do nº 3 do artigo 4º; b) Dos títulos dos jornais e outras publicações periódicas.

Artigo 215.º (Objecto do registo)

1 – Estão sujeitos a registo: a) Os factos que importem constituição, transmissão, oneração, alienação, modificação ou extinção do direito de autor; b) O nome literário ou artístico; c) O título de obra ainda não publicada; d) A penhora e o arresto sobre o direito de autor; e) O mandato nos termos do artigo 74º.

2 – São igualmente objecto de registo: a) As acções que tenham por fim principal ou acessório a constituição, o reconhecimento, a modificação ou a extinção do direito de autor; b) As acções que tenham por fim principal ou acessório a reforma, a declaração de nulidade ou a anulação de um registo ou do seu cancelamento; c) As respectivas decisões finais, logo que transitem em julgado.

Artigo 216.º (Nome literário ou artístico)

1 – O nome literário ou artístico só é registável em benefício do criador de obra anteriormente registada.

2 – O registo do nome literário ou artístico não tem outro efeito além da mera publicação do seu uso.

Disposições finais

Artigo 217.º (Litígios)

A resolução de qualquer litígio que não incida sobre direitos indisponíveis, surgido na aplicação das disposições do presente Código, pode ser sujeita pelas partes a arbitragem, nos termos da lei geral.

Artigo 218.º (Regime das entidades de gestão colectiva do direito de autor e direitos conexos)

O regime das entidades de gestão colectiva do direito de autor e direitos conexos será regulamentado por lei.

Anexo: Normas dos Principais Diplomas Legislativos 617

X – CÓDIGO DA PUBLICIDADE (Decreto-Lei n.º 330/90, de 23 de Outubro)

CAPÍTULO I (Disposições gerais)

ARTIGO 1.º (Âmbito do diploma)
O presente diploma aplica-se a qualquer forma de publicidade, independentemente do suporte utilizado para a sua difusão.

ARTIGO 2.º (Direito aplicável)
A publicidade rege-se pelo disposto no presente diploma e, subsidiariamente, pelas normas de direito civil ou comercial.

ARTIGO 3.º (Conceito de publicidade)
1 – Considera-se publicidade, para efeitos do presente diploma, qualquer forma de comunicação feita por entidades de natureza pública e privada, no âmbito de uma actividade comercial, industrial, artesanal ou liberal, com o objectivo directo ou indirecto de: a) Promover, com vista à sua comercialização ou alienação, quaisquer bens ou serviços; b)Promover ideias, princípios, iniciativas ou instituições.
2 – Considera-se, também, publicidade qualquer forma de comunicação da Administração Pública, não prevista no número anterior, que tenha por objectivo, directo ou indirecto, promover o fornecimento de bens ou serviços.
3 – Para efeitos do presente diploma, não se considera publicidade a propaganda política.
4 – A denominada «publicidade de Estado ou oficial», em qualquer das suas formas, é equiparada a publicidade para efeitos de sujeição ao disposto no presente diploma.
5 – Para efeitos de presente diploma, considera-se publicidade de Estado ou oficial toda aquela que é feita por organismos e serviços da administração central e regional, bem como por institutos públicos nas modalidades de serviços personalizados e de fundos públicos.

ARTIGO 4.º (Conceito de actividade publicitária)
1 – Considera-se actividade publicitária o conjunto de operações relacionadas com a difusão de uma mensagem publicitária junto dos seus destinatários, bem como as relações jurídicas e técnicas daí emergentes entre anunciantes, profissionais, agências de publicidade e entidades que explorem os suportes publicitários ou que efectuem as referidas operações.
2 – Incluem-se entre as operações referidas no número anterior, designadamente, as de concepção, criação, produção, planificação e distribuição publicitárias.

618   *Direito da Comunicação Social*

ARTIGO 5.º **(Anunciante, agência de publicidade, suporte publicitário e destinatário)**

Para efeitos do disposto no presente diploma, considera-se: a) Anunciante: a pessoa singular ou colectiva no interesse de quem se realiza a publicidade; b) Profissional ou agência de publicidade: pessoa singular que exerce a actividade publicitária ou pessoa colectiva que tenha por objecto exclusivo o exercício da actividade publicitária; c) Suporte publicitário: o veículo utilizado para a transmissão da mensagem publicitária; d) Destinatário: a pessoa singular ou colectiva a quem a mensagem publicitária se dirige ou que por ela, de qualquer forma, seja atingida.

CAPÍTULO II **(Regime geral da publicidade)**

SECÇÃO I **(Princípios gerais)**

ARTIGO 6.º **(Princípios da publicidade)**

A publicidade rege-se pelos princípios da licitude, identificabilidade, veracidade e respeito pelos direitos do consumidor.

ARTIGO 7.º **(Princípio da licitude)**

1 – É proibida a publicidade que, pela sua forma, objecto ou fim, ofenda os valores, princípios e instituições fundamentais constitucionalmente consagrados.

2 – É proibida, nomeadamente, a publicidade que: a) Se socorra, depreciativamente, de instituições, símbolos nacionais ou religiosos ou personagens históricas; b) Estimule ou faça apelo à violência, bem como a qualquer actividade ilegal ou criminosa; c) Atente contra a dignidade da pessoa humana; d) Contenha qualquer discriminação em relação à raça, língua, território de origem, religião ou sexo; e) Utilize, sem autorização da própria, a imagem ou as palavras de alguma pessoa; f) Utilize linguagem obscena; g) Encoraje comportamentos prejudiciais à protecção do ambiente. h) Tenha como objecto ideias de conteúdo sindical, político ou religioso.

3 – Só é permitida a utilização de línguas de outros países na mensagem publicitária, mesmo que em conjunto com a língua portuguesa, quando aquela tenha os estrangeiros por destinatários exclusivos ou principais, sem prejuízo do disposto no número seguinte.

4 – É admitida a utilização excepcional de palavras ou de expressões em línguas de outros países quando necessárias à obtenção do efeito visado na concepção da mensagem.

Anexo: Normas dos Principais Diplomas Legislativos — 619

ARTIGO 8.º (Princípio da identificabilidade)

1 – A publicidade tem de ser inequivocamente identificada como tal, qualquer que seja o meio de difusão utilizado.

2 – A publicidade efectuada na rádio e na televisão deve ser claramente separada da restante programação, através da introdução de um separador no início e no fim do espaço publicitário.

3 – O separador a que se refere o número anterior é constituído na rádio, por sinais acústicos, e, na televisão, por sinais ópticos ou acústicos, devendo, no caso da televisão, conter, de forma perceptível para os destinatários, a palavra «Publicidade» no separador que precede o espaço publicitário.

ARTIGO 9.º (Publicidade oculta ou dissimulada)

1 – É vedado o uso de imagens subliminares ou outros meios dissimuladores que explorem a possibilidade de transmitir publicidade sem que os destinatários se apercebam da natureza publicitária da mensagem.

2 – Na transmissão televisiva ou fotográfica de quaisquer acontecimentos ou situações, reais ou simulados, é proibida a focagem directa e exclusiva da publicidade aí existente.

3 – Considera-se publicidade subliminar, para os efeitos do presente diploma, a publicidade que, mediante o recurso a qualquer técnica, possa provocar no destinatário percepções sensoriais de que ele não chegue a tomar consciência.

ARTIGO 10.º (Princípio da veracidade)

1 – A publicidade deve respeitar a verdade, não deformando os factos.

2 – As afirmações relativas à origem, natureza, composição, propriedades e condições de aquisição dos bens ou serviços publicitados devem ser exactas e passíveis de prova, a todo o momento, perante as instâncias competentes.

ARTIGO 11.º (Publicidade enganosa)

1 – É proibida toda a publicidade que, por qualquer forma, incluindo a sua apresentação, e devido ao seu carácter enganador, induza ou seja susceptível de induzir em erro os seus destinatários, independentemente de lhes causar qualquer prejuízo económico, ou que possa prejudicar um concorrente.

2 – Para se determinar se uma mensagem é enganosa devem ter-se em conta todos os seus elementos e, nomeadamente, todas as indicações que digam respeito: a) Às características dos bens ou serviços, tais como a sua disponibilidade, natureza, execução, composição, modo e data de fabrico ou de prestação, sua adequação, utilizações, quantidade, especificações, origem geográfica ou comercial, resultados que podem ser esperados da utilização ou ainda resultados e características essenciais dos testes ou controlos efectuados sobre os bens ou serviços; b) Ao preço e ao seu modo de fixação ou pagamento, bem como às

620   *Direito da Comunicação Social*

condições de fornecimento dos bens ou da prestação dos serviços; c) À natureza, às características e aos direitos do anunciante, tais como a sua identidade, as suas qualificações e os seus direitos d e propriedade industrial, comercial ou intelectual, ou os prémios ou distinções que recebeu; d) Aos direitos e deveres do destinatário, bem como aos termos de prestação de garantias.

3 – Considera-se, igualmente, publicidade enganosa, para efeitos do disposto no n.º 1, a mensagem que por qualquer forma, incluindo a sua apresentação, induza ou seja susceptível de induzir em erro o seu destinatário ao favorecer a ideia de que determinado prémio, oferta ou promoção lhe será concedido, independentemente de qualquer contrapartida económica, sorteio ou necessidade de efectuar qualquer encomenda.

4 – Nos casos previstos nos números anteriores, pode a entidade competente para a instrução dos respectivos processos de contra-ordenação exigir que o anunciante apresente provas de exactidão material dos dados de facto contidos na publicidade.

5 – Os dados referidos nos números anteriores presumem-se inexactos se as provas exigidas não forem apresentadas ou forem insuficientes.

Artigo 12.º (Princípio do respeito pelos direitos do consumidor)
É proibida a publicidade que atente contra os direitos do consumidor.

Artigo 13.º (Saúde e segurança do consumidor)
1 – É proibida a publicidade que encoraje comportamentos prejudiciais à saúde e segurança do consumidor, nomeadamente por deficiente informação acerca da perigosidade do produto ou da especial susceptibilidade da verificação de acidentes em resultado da utilização que lhe é própria.

2 – A publicidade não deve comportar qualquer apresentação visual ou descrição de situações onde a segurança não seja respeitada, salvo justificação de ordem pedagógica.

3 – O disposto nos números anteriores deve ser particularmente acautelado no caso da publicidade especialmente dirigida a crianças, adolescentes, idosos ou deficientes.

SECÇÃO II (Restrições ao conteúdo da publicidade)

Artigo 14.º (Menores)
1 – A publicidade especialmente dirigida a menores deve ter sempre em conta a sua vulnerabilidade psicológica, abstendo-se nomeadamente, de: a) Incitar directamente os menores, explorando a sua inexperiência ou credulidade, a adquirir um determinado bem ou serviço; b) Incitar directamente os menores a persuadirem os seus pais ou terceiros a comprarem os produtos ou serviços em

Anexo: *Normas dos Principais Diplomas Legislativos* 621

questão; c) Conter elementos susceptíveis de fazerem perigar a sua integridade física ou moral, bem como a sua saúde ou segurança, nomeadamente através de cenas de pornografia ou do incitamento à violência; d) Explorar a confiança especial que os menores depositam nos seus pais, tutores ou professores.

2 – Os menores só podem ser intervenientes principais nas mensagens publicitárias em que se verifique existir uma relação directa entre eles e o produto ou serviço veículado.

ARTIGO 15.º (Publicidade testemunhal)

A publicidade testemunhal deve integrar depoimentos personalizados, genuínos e comprováveis, ligados à experiência do depoente ou de quem ele represente, sendo admitido o depoimento despersonalizado, desde que não seja atribuído a uma testemunha especialmente qualificada, designadamente em razão do uso de uniformes, fardas ou vestimentas características de determinada profissão.

ARTIGO 16.º (Publicidade comparativa)

1 – É comparativa a publicidade que identifica, explícita ou implicitamente, um concorrente ou os bens ou serviços oferecidos por um concorrente.

2 – A publicidade comparativa, independentemente do suporte utilizado para a sua difusão, só é consentida, no que respeita à comparação, desde que respeite as seguintes condições: a) Não seja enganosa, nos termos do artigo 11.; b) Compare bens ou serviços que respondam às mesmas necessidades ou que tenham os mesmos objectivos; c) Compare objectivamente uma ou mais características essenciais, pertinentes, comprováveis e representativas desses bens ou serviços, entre as quais se pode incluir o preço; d) Não gere confusão no mercado entre o anunciante e um concorrente ou entre marcas, designações comerciais, outros sinais distintivos, bens ou serviços do anunciante ou de um concorrente; e) Não desacredite ou deprecie marcas, designações comerciais, outros sinais distintivos, bens, serviços, actividades ou situação de um concorrente; f) Se refira, em todos os casos de produtos com denominação de origem, a produtos com a mesma denominação; g) Não retire partido indevido do renome de uma marca, designação comercial ou outro sinal distintivo de um concorrente ou da denominação de origem de produtos concorrentes; h) Não apresente um bem ou serviço como sendo imitação ou reprodução de um bem ou serviço cuja marca ou designação comercial seja protegida.

3 – Sempre que a comparação faça referência a uma oferta especial deverá, de forma clara e inequívoca, conter a indicação do seu termo ou, se for o caso, que essa oferta especial depende da disponibilidade dos produtos ou serviços.

4 – Quando a oferta especial a que se refere o número anterior ainda não se tenha iniciado deverá indicar-se também a data de início do período durante o qual é aplicável o preço especial ou qualquer outra condição específica.

622 *Direito da Comunicação Social*

5 – O ónus da prova da veracidade da publicidade comparativa recai sobre o anunciante.

SECÇÃO III (Restrições ao objecto da publicidade)

ARTIGO 17.º (Bebidas alcoólicas)

1 – A publicidade a bebidas alcoólicas, independentemente do suporte utilizado para a sua difusão, só é consentida quando: a)Não se dirija especificamente a menores e, em particular, não os apresente a consumir tais bebidas; b) Não encoraje consumos excessivos; c) Não menospreze os não consumidores; d) Não sugira sucesso, êxito social ou especiais aptidões por efeito do consumo; e) Não sugira a existência, nas bebidas alcoólicas, de propriedades terapêuticas ou de efeitos estimulantes ou sedativos; f) Não associe o consumo dessas bebidas ao exercício físico ou à condução de veículos; g) Não sublinhe o teor de álcool das bebidas como qualidade positiva.

2 – É proibida a publicidade de bebidas alcoólicas, na televisão e na rádio, entre as 7 e as 21 horas e 30 minutos.

ARTIGO 18.º (Tabaco)

São proibidas, sem prejuízo do disposto em legislação especial, todas as formas de publicidade ao tabaco através de suportes sob a jurisdição do Estado Português.

ARTIGO 19.º (Tratamentos e medicamentos)

É proibida a publicidade a tratamentos médicos e a medicamentos que apenas possam ser obtidos mediante receita médica, com excepção da publicidade incluída em publicações técnicas destinadas a médicos e outros profissionais de saúde.

ARTIGO 20.º (Publicidade em estabelecimentos de ensino)

Publicidade em estabelecimentos de ensino ou destinada a menores.

É proibida a publicidade a bebidas alcoólicas, ao tabaco ou a qualquer tipo de material pornográfico em estabelecimentos de ensino, bem como em quaisquer publicações, programas ou actividades especialmente destinados a menores.

ARTIGO 21.º (Jogos de fortuna ou azar)

1 – Não podem ser objecto de publicidade os jogos de fortuna ou azar enquanto objecto essencial da mensagem.

2 – Exceptuam-se do disposto no número anterior os jogos promovidos pela Santa Casa da Misericórdia de Lisboa.

Anexo: Normas dos Principais Diplomas Legislativos

ARTIGO 22.º (Cursos)

A mensagem publicitária relativa a cursos ou quaisquer outras acções de formação ou aperfeiçoamento intelectual, cultural ou profissional deve indicar: a) A natureza desses cursos ou acções, de acordo com a designação oficialmente aceite pelos serviços competentes, bem como a duração dos mesmos; b) A expressão «sem reconhecimento oficial», sempre que este não tenha sido atribuído pelas entidades oficiais competentes.

ARTIGO 22.º-A (Veículos automóveis)

1 – É proibida a publicidade a veículos automóveis que: a) Contenha situações ou sugestões de utilização do veículo que possam pôr em risco a segurança pessoal do utente ou de terceiros; b) Contenha situações ou sugestões de utilização do veículo perturbadoras do meio ambiente; c) Apresente situações de infracção das regras do Código da Estrada, nomeadamente, excesso de velocidade, manobras perigosas, não utilização de acessórios de segurança e desrespeito pela sinalização ou pelos peões.

2 – Para efeitos do presente Código, entende-se por veículos automóveis todos os veículos de tracção mecânica destinados a transitar pelos seus próprios meios nas vias públicas.

ARTIGO 22.-B (Produtos e serviços milagrosos)

1 – É proibida, sem prejuízo do disposto em legislação especial, a publicidade a bens ou serviços milagrosos.

2 – Considera-se publicidade a bens ou serviços milagrosos, para efeitos do presente diploma, a publicidade que, explorando a ignorância, o medo, a crença ou a superstição dos destinatários, apresente quaisquer bens, produtos, objectos, aparelhos, materiais, substâncias, métodos ou serviços como tendo efeitos específicos automáticos ou garantidos na saúde, bem-estar, sorte ou felicidade dos consumidores ou de terceiros, nomeadamente por permitirem prevenir, diagnosticar, curar ou tratar doenças ou dores, proporcionar vantagens de ordem profissional, económica ou social, bem como alterar as características físicas ou a aparência das pessoas, sem uma objectiva comprovação científica das propriedades, características ou efeitos propagandeados ou sugeridos.

3 – O ónus da comprovação científica a que se refere o número anterior recai sobre o anunciante.

4 – As entidades competentes para a instrução dos processos de contra-ordenação e para a aplicação das medidas cautelares e das coimas previstas no presente diploma podem exigir que o anunciante apresente provas da comprovação científica a que se refere o n. 2, bem como da exactidão material dos dados de facto e de todos os benefícios propagandeados ou sugeridos na publicidade.

624 *Direito da Comunicação Social*

5 – A comprovação científica a que se refere o n. 2 bem como os dados de facto e os benefícios a que se refere o número anterior presumem-se inexistentes ou inexactos se as provas exigidas não forem imediatamente apresentadas ou forem insuficientes.

SECÇÃO IV (Formas especiais da publicidade)

Artigo 23.º (Publicidade domiciliária)

1 – Sem prejuízo no disposto em legislação especial, a publicidade entregue no domicílio do destinatário, por correspondência ou qualquer outro meio, deve conter, de forma clara e precisa: a) O nome, domicílio e os demais elementos necessários para a identificação do anunciante; b) A indicação do local onde o destinatário pode obter as informações de que careça; c) A descrição rigorosa e fiel do bem ou serviço publicitado e suas características; d) O preço do bem ou serviço e a respectiva forma de pagamento, bem como as condições de aquisição, de garantia e de assistência pós-venda.

2 – Para efeitos das alíneas a) e b) do número anterior, não é admitida a indicação, em exclusivo, de um apartado ou de qualquer outra menção que não permita a localização imediata do anunciante.

3 – A publicidade indicada no n. 1 só pode referir-se a artigos de que existam amostras disponíveis para exame do destinatário.

4 – O destinatário da publicidade abrangida pelo disposto nos números anteriores não é obrigado a adquirir, guardar ou devolver quaisquer bens ou amostras que lhe tenham sido enviados ou entregues à revelia de solicitação sua.

Artigo 24.º (Patrocínio)

1 – Entende-se por patrocínio, para efeitos do presente diploma, a participação de pessoas singulares ou colectivas que não exerçam a actividade televisiva ou de produção de obras áudio-visuais no financiamento de quaisquer obras áudio-visuais, programas, reportagens, edições, rubricas ou secções, adiante designados abreviadamente por programas, independentemente do meio utilizado para a sua difusão, com vista à promoção do seu nome, marca ou imagem, bem como das suas actividades, bens ou serviços.

2 – Os programas televisivos não podem ser patrocinados por pessoas singulares ou colectivas que tenham por actividade principal o fabrico ou a venda de cigarros ou de outros produtos derivados do tabaco.

3 – Os telejornais e os programas televisivos de informação política não podem ser patrocinados.

4 – Os programas patrocinados devem ser claramente identificados como tal pela indicação do nome ou logótipo do patrocinador no início e, ou, no final do programa, sem prejuízo de tal indicação poder ser feita, cumulativamente,

Anexo: *Normas dos Principais Diplomas Legislativos* 625

noutros momentos, de acordo com o regime previsto no artigo 25. para a inserção de publicidade na televisão.

5 – O conteúdo e a programação de uma emissão patrocinada não podem, em caso algum, ser influenciados pelo patrocinador, por forma a afectar a responsabilidade e a independência editorial do emissor.

6 – Os programas patrocinados não podem incitar à compra ou locação dos bens ou serviços do patrocinador ou de terceiros, especialmente através de referências promocionais específicas a tais bens ou serviços.

CAPÍTULO III (Publicidade na Televisão)

Artigo 25.º (Inserção de publicidade na televisão)

1 – A publicidade televisiva deve ser inserida entre programas.

2 – A publicidade só pode ser inserida durante os programas, desde que não atente contra a sua integridade e tenha em conta as suas interrupções naturais, bem como a sua duração e natureza, e de forma a não lesar os direitos de quaisquer titulares.

3 – A publicidade não pode ser inserida durante a transmissão de serviços religiosos.

4 – Os telejornais, os programas de informação política, os programas de actualidade informativa, as revistas de actualidade, os documentários, os programas religiosos e os programas para crianças com duração programada inferior a trinta minutos não podem ser interrompidos por publicidade.

5 – Nos programas compostos por partes autónomas, nas emissões desportivas e nas manifestações ou espectáculos de estrutura semelhante, que compreendam intervalos, a publicidade só pode ser inserida entre aquelas partes autónomas ou nos intervalos.

6 – Sem prejuízo do disposto no número anterior, entre duas interrupções sucessivas do mesmo programa, para emissão de publicidade, deve mediar um período igual ou superior a vinte minutos.

7 – A transmissão de obras áudio-visuais com duração programada superior a 45 minutos, designadamente longas metragens cinematográficas e filmes concebidos para a televisão, com excepção de séries, folhetins, programas de diversão e documentários, só pode ser interrompida uma vez por cada período completo de 45 minutos, sendo admitida outra interrupção se a duração programada da transmissão exceder em, pelo menos, 20 minutos dois ou mais períodos completos de 45 minutos.

8 – As mensagens publicitárias isoladas só podem ser inseridas a título excepcional.

626 *Direito da Comunicação Social*

9 – Para efeitos do disposto no presente artigo, entende-se por duração programada de um programa o tempo efectivo do mesmo, descontando o período dedicado às interrupções, publicitárias e outras.

Artigo 25.º-A (Televenda)
1 – Considera-se televenda, para efeitos do presente diploma, a difusão de ofertas directas ao público, realizada por canais televisivos, com vista ao fornecimento de produtos ou à prestação de serviços, incluindo bens imóveis, direitos e obrigações mediante remuneração.
2 – São aplicáveis à televenda, com as necessárias adaptações, as disposições previstas neste Código para a publicidade, sem prejuízo do disposto nos números seguintes.
3 – É proibida a televenda de medicamentos sujeitos a uma autorização de comercialização, assim como a televenda de tratamentos médicos.
4 – A televenda não deve incitar os menores a contratarem a compra ou aluguer de quaisquer bens ou serviços.

Artigo 26.º (Tempo reservado à publicidade)
1 – O tempo consagrado à publicidade não pode ultrapassar 15% do período diário de transmissão, salvo se incluir formas de publicidade referidas no número seguinte, caso em que essa percentagem pode ir até 20%, desde que o volume das mensagens publicitárias propriamente ditas não exceda 15%.
2 – As ofertas directas ao público com vista à venda, compra ou aluguer de produtos, ou à prestação de serviços, não podem exceder uma hora por dia.
3 – O tempo de emissão consagrado às mensagens publicitárias em cada período de uma hora não pode exceder 20%.
4 – Para efeitos de cômputo horário da publicidade, será tomado como referência o período compreendido entre duas unidades de hora, sem desdobramentos em minutos ou segundos.

CAPÍTULO IV (Actividade publicitária)

SECÇÃO I (Publicidade de Estado)

Artigo 27.º (Publicidade do Estado)
1 – A publicidade do Estado deve ser feita por profissionais ou agências de publicidade certificados, sem prejuízo do disposto no número seguinte.
2 – Quando não seja possível dar cumprimento ao número anterior, a adjudicação da campanha publicitária em causa deve ser precedida de autorização por decisão fundamentada do membro do Governo competente.

Anexo: Normas dos Principais Diplomas Legislativos 627

3 – Uma percentagem da publicidade a que se referem os números anteriores, desde que a tal não se oponham os respectivos objectivos ou condicionalismos técnicos, deve ser colocada em rádios locais e na imprensa regional, nos termos e quantitativos a definir por portaria do membro do Governo responsável pela área da comunicação social.

SECÇÃO II (Relações entre sujeitos da actividade publicitária)

ARTIGO 28.º (Respeito pelos fins contratuais)
É proibida a utilização para fins diferentes dos acordados de qualquer ideia, informação ou material publicitário fornecido para fins contratuais relacionados com alguma ou algumas das operações referidas no n.º 2 do artigo 4.º.

ARTIGO 29.º (Criação publicitária)
1 – As disposições legais sobre direitos de autor aplicam-se à criação publicitária, sem prejuízo do disposto nos números seguintes.

2 – Os direitos de carácter patrimonial sobre a criação publicitária presumem-se, salvo convenção em contrário, cedidos em exclusivo ao seu criador intelectual.

3 – É ilícita a utilização de criações publicitárias sem a autorização dos titulares dos respectivos direitos.

ARTIGO 30.º (Responsabilidade civil)
1 – Os anunciantes, os profissionais, as agências de publicidade e quaisquer outras entidades que exerçam a actividade publicitária, bem como os titulares dos suportes publicitários utilizados ou os respectivos concessionários, respondem civil e solidariamente, nos termos gerais, pelos prejuízos causados a terceiros em resultado da difusão de mensagens publicitárias ilícitas.

2 – Os anunciantes eximir-se-ão da responsabilidade prevista no número anterior caso provem não ter tido prévio conhecimento da mensagem publicitária veiculada.

CAPÍTULO V (Revogado pelo Decreto-Lei n.º 6/95, de 17 de Janeiro)

628   *Direito da Comunicação Social*

CAPÍTULO VI (Fiscalização e sanções)

ARTIGO 34.º (Sanções)

1 – A infracção ao disposto no presente diploma constitui contra-ordenação punível com as seguintes coimas: a) De 350 000$ a 750 000$ ou de 700 000$ a 9 000 000$, consoante o infractor seja pessoa singular ou colectiva, por violação do preceituado nos artigos 7., 8., 9., 10., 11., 12., 13., 14., 16., 20., 22.-B, 23., 24., 25. e 25.-A; b) De 200 000$ a 700 000$ ou de 500 000$ a 5 000 000$, consoante o infractor seja pessoa singular ou colectiva, por violação do preceituado nos artigos 17., 18. e 19.; c) De 75 000$ a 500 000$ ou de 300 000$ a 1 600 000$, consoante o infractor seja pessoa singular ou colectiva, por violação do preceituado nos artigos 15., 21., 22. e 22.-A.

2 – A negligência é sempre punível, nos termos gerais.

ARTIGO 35.º (Sanções acessórias)

1 – Sem prejuízo do disposto no artigo anterior, podem ainda ser aplicadas as seguintes sanções acessórias: a) Apreensão de objectos utilizados na prática das contra-ordenações; b) Interdição temporária, até um máximo de dois anos, de exercer a actividade publicitária; c) Privação do direito a subsídio ou benefício outorgado por entidades ou serviços públicos; d) Encerramento temporário das instalações ou estabelecimentos onde se verifique o exercício da actividade publicitária, bem como cancelamento de licenças ou alvarás.

2 – As sanções acessórias previstas nas alíneas b), c) e d) do número anterior só podem ser aplicadas em caso de dolo na prática das correspondentes infracções.

3 – As sanções acessórias previstas nas alíneas c) e d) do n.º 1 têm a duração máxima de dois anos.

4 – Em casos graves ou socialmente relevantes pode a entidade competente para decidir da aplicação da coima ou das sanções acessórias determinar a publicidade da punição por contra-ordenação, a expensas do infractor.

ARTIGO 36.º (Responsabilidade pela contra-ordenação)

São punidos como agentes das contra-ordenações previstas no presente diploma o anunciante, o profissional, a agência de publicidade ou qualquer outra entidade que exerça a actividade publicitária, o titular do suporte publicitário ou o respectivo concessionário, bem como qualquer outro interveniente na emissão da mensagem publicitária.

ARTIGO 37.º (Fiscalização)

Sem prejuízo da competência das autoridades policiais e administrativas, compete especialmente ao Instituto do Consumidor a fiscalização do cumprimento do disposto no presente diploma, devendo-lhe ser remetidos os autos de notícia levantados ou as denúncias recebidas.

Anexo: *Normas dos Principais Diplomas Legislativos* 629

ARTIGO 38.º (Instrução dos processos)
A instrução dos processos pelas contra-ordenações previstas neste diploma compete ao Instituto do Consumidor.

ARTIGO 39.º (Aplicação de sanções)
1 – Aplicação das coimas previstas no presente diploma compete a uma comissão, constituída pelos seguintes membros: a) O presidente da comissão referida no n.º 2 do artigo 52.º do Decreto-Lei n.º 28/84, de 20 de Janeiro, que presidirá; b) O presidente do Instituto do Consumidor; c) O presidente do Instituto da Comunicação Social; d)O presidente do Instituto do Consumidor.

2 – À comissão mencionada no número anterior aplica-se, com as devidas adaptações, o Decreto-Lei n. 214/84, de 3 de Julho, sendo apoiada pelo Instituto do Consumidor.

3 – Sempre que a comissão entenda que conjuntamente com a coima é de aplicar alguma das sanções acessórias previstas no presente diploma, remeterá o respectivo processo, acompanhado de proposta fundamentada, ao membro do Governo que tenha a seu cargo a tutela da protecção do consumidor, ao qual compete decidir das sanções acessórias propostas.

4 – As receitas das coimas revertem: a) Em 20% para a entidade autuante; b) Em 20% para o Instituto do Consumidor; c) Em 60% para o Estado.

ARTIGO 40.º (Regras especiais sobre competências)
1 – A fiscalização do cumprimento do disposto no artigo 19.º, bem como a instrução dos respectivos processos de contra-ordenação e a aplicação das correspondentes coimas e sanções acessórias, competem à Direcção-Geral dos Cuidados de Saúde Primários, à Direcção-Geral dos Assuntos Farmacêuticos e aos respectivos serviços competentes nas regiões Autónomas dos Açores e da Madeira.

2 – As receitas das coimas aplicadas ao abrigo do disposto no número anterior revertem em 40% para a entidade instrutora e em 60% para o Estado.

ARTIGO 41.º (Medidas Cautelares)
1 – Em caso de publicidade enganosa, publicidade comparativa ilícita ou de publicidade que, pelo seu objecto, forma ou fim, acarrete ou possa acarretar riscos para a saúde, a segurança, os direitos ou os interesses legalmente protegidos dos seus destinatários, de menores ou do público a entidade competente para a aplicação das coimas previstas no presente diploma, sob proposta das entidades com competência para a fiscalização das infracções em matéria de publicidade, pode ordenar medidas cautelares de suspensão, cessação ou proibição daquela publicidade, independentemente de culpa ou da prova de uma perda ou de um prejuízo real.

630   *Direito da Comunicação Social*

2 – A adopção das medidas cautelares a que se refere o número anterior deve, sempre que possível, ser precedida da audição do anunciante, do titular ou do concessionário do suporte publicitário, conforme os casos, que dispõem para o efeito do prazo de três dias úteis.

3 – A entidade competente para ordenar a medida cautelar pode exigir que lhe sejam apresentadas provas de exactidão material dos dados de facto contidos na publicidade, nos termos do disposto nos n. 4 e 5 do artigo 11.

4 – A entidade competente para ordenar a medida cautelar pode conceder um prazo para que sejam suprimidos os elementos ilícitos da publicidade.

5 – O acto que aplique a medida cautelar de suspensão da publicidade terá de fixar expressamente a sua duração, que não poderá ultrapassar os 60 dias.

6 – O acto que aplique as medidas cautelares a que se refere o n. 1 poderá determinar a sua publicitação, a expensas do anunciante, do titular ou do concessionário do suporte publicitário, conforme os casos, fixando os termos da respectiva difusão.

7 – Quando a gravidade do caso o justifique ou daí possa resultar a minimização dos efeitos da publicidade ilícita, pode a entidade referida no n. 1 ordenar ao anunciante, ao titular ou ao concessionário do suporte publicitário, conforme os casos, a difusão, a expensas suas, de publicidade correctora, determinando os termos da respectiva difusão.

8 – Do acto que ordena a aplicação das medidas cautelares a que se refere o n. 1 cabe recurso, nos termos da lei geral.

9 – O regime previsto no presente artigo também se aplica à publicidade de ideias de conteúdo político ou religioso.

XI – REGIME DO ACESSO À INFORMAÇÃO E DOCUMEN-TAÇÃO DETIDA PELA ADMINISTRAÇÃO PÚBLICA

11.1. LEI DO ACESSO AOS DOCUMENTOS ADMINISTRATIVOS
(Lei nº 65/93, de 26 de Agosto)

CAPITULO I (Disposições gerais)

Artigo 1.º (Administração aberta)

O acesso dos cidadãos aos documentos administrativos é assegurado pela Administração Pública de acordo com os princípios da publicidade, da transparência, da igualdade, da justiça e da imparcialidade.

Anexo: *Normas dos Principais Diplomas Legislativos* 631

ARTIGO 2.° **(Objecto)**

1 – A presente lei regula o acesso a documentos relativos a actividades desenvolvidas pelas entidades referidas no artigo 3°, sem prejuízo do disposto na legislação relativa ao acesso à informação em matéria de ambiente.

2 – O regime de exercício do direito dos cidadãos a serem informados pela Administração sobre o andamento dos processos em que sejam directamente interessados e a conhecer as resoluções definitivas que sobre eles forem tomadas consta de legislação própria.

ARTIGO 3.° **(Âmbito)**

1 – Os documentos a que se reporta o artigo anterior são os que têm origem ou são detidos por órgãos do Estado e das Regiões Autónomas que exerçam funções administrativas, órgãos dos institutos públicos e das associações públicas e órgãos das autarquias locais, suas associações e federações e outras entidades no exercício de poderes de autoridade, nos termos da lei.

ARTIGO 4.° **(Documentos administrativos)**

1 – Para efeito do disposto no presente diploma, são considerados:

a) Documentos administrativos: quaisquer suportes de informação gráficos, sonoros, visuais, informáticos ou registos de outra natureza, elaborados ou detidos pela Administração Pública, designadamente processos, relatórios, estudos, pareceres, actas, autos, circulares, ofícios-circulares, ordens de serviço, despachos normativos internos, instruções e orientações de interpretação legal ou de enquadramento da actividade ou outros elementos de informação;

b) Documentos nominativos: quaisquer suportes de informação que contenham dados pessoais;

c) Dados pessoais: informações sobre pessoa singular, identificada ou identificável, que contenham apreciações, juízos de valor ou que sejam abrangidas pela reserva da intimidade da vida privada.

Não se consideram documentos administrativos, para efeitos do presente diploma: a) As notas pessoais, esboços, apontamentos e outros registos de natureza semelhante; b) Os documentos cuja elaboração não releve da actividade administrativa, designadamente referentes à reunião do Conselho de Ministros e de Secretários de Estado, bem como à sua preparação.

ARTIGO 5.° **(Segurança interna e externa)**

1 – Os documentos que contenham informações cujo conhecimento seja avaliado como podendo pôr em risco ou causar dano à segurança interna e externa do Estado ficam sujeitos a interdição de acesso ou a acesso sob autorização, durante o tempo estritamente necessário, através da classificação nos termos de legislação específica.

632 *Direito da Comunicação Social*

2 – Os documentos a que se refere o número anterior podem ser livremente consultados, nos termos da presente lei, após a sua desclassificação ou o decurso do prazo de validade do acto de classificação.

ARTIGO 6.° (Segredo de justiça)

O acesso a documentos referentes a matérias em segredo de justiça é regulado por legislação própria.

ARTIGO 7.° (Direito de acesso)

1 – Todos têm direito à informação mediante o acesso a documentos administrativos de carácter não nominativo.

2 – O direito de acesso aos documentos administrativos compreende não só o direito de obter a sua reprodução, bem como o direito de ser informado sobre a sua existência e conteúdo.

3 – O depósito dos documentos administrativos em arquivos não prejudica o exercício, a todo o tempo, do direito de acesso aos referidos documentos.

4 – O acesso a documentos constantes de processos não concluídos ou a documentos preparatórios de uma decisão é diferido até à tomada da decisão, ao arquivamento do processo ou ao decurso de um ano após a sua elaboração.

5 – O acesso aos inquéritos e sindicâncias tem lugar após o decurso do prazo para eventual procedimento disciplinar.

6 – Os documentos a que se refere a presente lei são objecto de comunicação parcial sempre que seja possível expurgar a informação relativa à matéria reservada.

7 – O acesso aos documentos notariais e registrais, aos documentos de identificação civil e criminal, aos documentos referentes a dados pessoais com tratamento automatizado e aos documentos depositados em arquivos históricos rege-se por legislação própria.

ARTIGO 8.° (Acesso aos documentos nominativos)

1 – Os documentos nominativos são comunicados, mediante prévio requerimento, à pessoa a quem os dados digam respeito, bem como a terceiros que daquela obtenham autorização escrita.

2 – Fora dos casos previstos no número anterior os documentos nominativos são ainda comunicados a terceiros que demonstrem interesse directo, pessoal e legítimo.

3 – A comunicação de dados de saúde, incluindo dados genéticos, ao respectivo titular faz-se por intermédio de médico por ele designado.

Anexo: Normas dos Principais Diplomas Legislativos 633

ARTIGO 9.º (Correcção de dados pessoais)

1 – O direito de rectificar, completar ou suprimir dados pessoais inexactos, insuficientes ou excessivos é exercido nos termos do disposto na legislação referente aos dados pessoais com tratamento automatizado, com as necessárias adaptações.

2 – Só a versão corrigida dos dados pessoais é passível de uso ou comunicação.

ARTIGO 10.º (Uso ilegítimo de informações)

1 – A Administração pode recusar o acesso a documentos cuja comunicação ponha em causa segredos comerciais, industriais ou sobre a vida interna das empresas.

2 – É vedada a utilização de informações com desrespeito dos direitos de autor e dos direitos de propriedade industrial, assim como a reprodução, difusão e utilização destes documentos e respectivas informações que possam configurar práticas de concorrência desleal.

3 – Os dados pessoais comunicados a terceiros não podem ser utilizados para fins diversos dos que determinaram o acesso, sob pena de responsabilidade por perdas e danos, nos termos legais.

ARTIGO 11.º (Publicações de documentos)

1 – A Administração Pública publicará, por forma adequada:

a) Todos os documentos, designadamente despachos normativos internos, circulares e orientações, que comportem enquadramento da actividade administrativa;

b) A enunciação de todos os documentos que comportem interpretação de direito positivo ou descrição de procedimento administrativo, mencionando, designadamente, o seu título, matéria, data, origem e local onde podem ser consultados.

2 – A publicação e o anúncio de documentos deve efectuar-se com a periodicidade máxima de seis meses e em moldes que incentivem o regular acesso dos interessados.

CAPITULO II (Exercício do direito de acesso)

Artigo 12.º (Forma do acesso)

1 – O acesso aos documentos exerce-se através de:

a) Consulta gratuita, efectuada nos serviços que os detêm;

b) Reprodução por fotocópia ou por qualquer meio técnico, designadamente visual ou sonora;

c) Passagem de certidão pelos serviços da Administração.

634   *Direito da Comunicação Social*

2 – A reprodução nos termos da alínea b) do número anterior far-se-á num exemplar, sujeito a pagamento, pela pessoa que a solicitar, do encargo financeiro estritamente correspondente ao custo dos materiais usados e do serviço prestado, a fixar por decreto-lei ou decreto legislativo regional, consoante o caso.

3 – Os documentos informatizados são transmitidos em forma inteligível para qualquer pessoa e em termos rigorosamente correspondentes ao do conteúdo do registo, sem prejuízo da opção prevista na alínea b) do n.° 1.

4 – Quando a reprodução prevista no n.° 1 puder causar dano ao documento visado, o interessado, a expensas suas e sob a direcção do serviço detentor, pode promover a cópia manual ou a reprodução por qualquer outro meio que não prejudique a sua conservação.

Artigo 13.° (Forma do pedido)

O acesso aos documentos deve ser solicitado por escrito através de requerimento do qual constem os elementos essenciais à sua identificação, bem como o nome, morada e assinatura do interessado.

Artigo 14.° (Responsável pelo acesso)

Em cada departamento ministerial, secretaria regional, autarquia, instituto e associação pública existe uma entidade responsável pelo cumprimento das disposições da presente lei.

Artigo 15.° (Resposta da Administração)

1 – A entidade a quem foi dirigido o requerimento de acesso a um documento deve, no prazo de 10 dias: a) Comunicar a data, local e modo para se efectivar a consulta, efectuar a reprodução ou obter a certidão; b) Indicar, nos termos do artigo 268.°, n.° 2, da Constituição e da presente lei, as razões da recusa, total ou parcial, do acesso ao documento pretendido; c) Informar que não possui o documento e, se for do seu conhecimento, qual a entidade que o detém ou remeter o requerimento a esta, comunicando o facto ao interessado; d) Enviar ao requerente cópia do pedido, dirigido à Comissão de Acesso aos Documentos Administrativos, para apreciação da possibilidade de acesso à informação registada no documento visado.

2 – A entidade a quem foi dirigido requerimento de acesso a documento nominativo de terceiro, desacompanhado de autorização escrita deste, solicita o parecer da Comissão de Acesso aos Documentos Administrativos sobre a possibilidade de revelação do documento, enviando ao requerente cópia do pedido.

3 – O mesmo parecer pode ainda ser solicitado sempre que a entidade a quem foi dirigido requerimento de acesso tenha dúvidas sobre a qualificação do documento, sobre a natureza dos dados a revelar ou sobre a possibilidade da sua revelação.

Anexo: Normas dos Principais Diplomas Legislativos 635

4 – O pedido de parecer formulado nos termos dos n.ᵒˢ 2 e 3 deve ser acompanhado de cópia do requerimento e de todas as informações e documentos que contribuam para convenientemente o instruir.

Artigo 16.° (Direito de queixa)

1-O interessado pode dirigir à Comissão de Acesso aos Documentos Administrativos, no prazo de 20 dias, queixa contra o indeferimento expresso, a falta de decisão ou decisão limitadora do exercício do direito de acesso. 2 - A Comissão de Acesso aos Documentos Administrativos tem o prazo de 30 dias para elaborar o correspondente relatório de apreciação da situação, enviando-o, com as devidas conclusões, a todos os interessados.3 - Recebido o relatório referido no número anterior, a Administração deve comunicar ao interessado a sua decisão final, fundamentada, no prazo de l5 dias, sem o que se considera haver falta de decisão.

Artigo 17.° (Recurso)

A decisão ou falta de decisão podem ser impugnadas pelo interessado junto dos tribunais administrativos, aplicando-se, com as devidas adaptações, as regras do processo de intimação para consulta de documentos ou passagem de certidões.

CAPITULO III (Da Comissão de Acesso aos Documentos Administrativos)

Artigo 18.° (Comissão)

1 – É criada a Comissão de Acesso aos Documentos Administrativos (Comissão de Acesso aos Documentos Administrativos), a quem cabe zelar pelo cumprimento das disposições da presente lei.

2 – A Comissão de Acesso aos Documentos Administrativos é uma entidade pública independente, que funciona junto da Assembleia da República e dispõe de serviços próprios de apoio técnico e administrativo.

Artigo 19.° (Composição da Comissão de Acesso aos Documentos Administrativos)

1 – A Comissão de Acesso aos Documentos Administrativos é composta pelos seguintes membros:

a) Um juiz conselheiro do Supremo Tribunal Administrativo, designado pelo Conselho Superior dos Tribunais Administrativos e Fiscais, que preside;

636   *Direito da Comunicação Social*

b) Dois deputados eleitos pela Assembleia da República, sendo um sob proposta do grupo parlamentar do maior partido que apoia o Governo e o outro sob proposta do maior partido da oposição;

c) Um professor de Direito designado pelo Presidente da Assembleia da República;

d) Duas personalidades designadas pelo Governo; e) Um representante de cada uma das Regiões Autónomas, designados pelos respectivos Governos das Regiões;

f) Uma personalidade designada pela Associação Nacional dos Municípios Portugueses;

g) Um advogado designado pela Ordem dos Advogados;

h) Um membro designado, de entre os seus vogais, pela Comissão Nacional de Protecção de Dados.

2 – Todos os titulares podem fazer-se substituir por um membro suplente, designado pelas mesmas entidades.

3 – Os mandatos são de dois anos, renováveis, sem prejuízo da sua cessação quando terminem as funções em virtude das quais foram designados.

4 – O presidente aufere a remuneração e outras regalias a que tem direito como juiz conselheiro do Supremo Tribunal Administrativo.

5 – À excepção do presidente, todos os membros podem exercer o seu mandato em acumulação com outras funções.

6 – Os direitos e regalias dos membros da Comissão de Acesso aos Documentos Administrativos são fixados no diploma regulamentar da presente lei, sendo aplicáveis à Comissão de Acesso aos Documentos Administrativos as disposições do n.º 1 do artigo 11.º, dos n.ºs 2, 4 e 5 do artigo 13.º, do artigo 15.º, das alíneas a) e c) do n.º 1 e do n.º 2 do artigo 16.º e do n.º 1 do artigo 18.º da Lei n.º 43/98, de 6 de Agosto.

7 – Nas sessões da Comissão em que sejam debatidas questões que interessam a uma dada entidade pode participar, sem direito de voto, um seu representante.

8 – Os membros da Comissão de Acesso aos Documentos Administrativos tomam posse perante o Presidente da Assembleia da República nos 10 dias seguintes à publicação da respectiva lista na 1.ª série do Diário da República.

ARTIGO 20.º (Competência)

1 – Compete à Comissão de Acesso aos Documentos Administrativos:

a) Elaborar a sua regulamentação interna;

b) Apreciar as queixas que lhe sejam dirigidas pelos interessados ao abrigo da presente lei;

c) Dar parecer sobre o acesso aos documentos nominativos, nos termos do n.º 2 do artigo 15.º, a solicitação do interessado ou do serviço requerido;

Anexo: Normas dos Principais Diplomas Legislativos 637

d) Dar parecer sobre a comunicação de documentos nominativos entre serviços e organismos da Administração em caso de dúvida sobre a admissibilidade dessa revelação, salvo nos casos em que o acesso deva ser autorizado nos termos da Lei n.º 67/98, de 26 de Outubro;
e) Pronunciar-se sobre o sistema de classificação de documentos;
f) Dar parecer sobre a aplicação do presente diploma e bem como sobre a elaboração e aplicação de diplomas complementares, a solicitação da Assembleia da República, do Governo e dos órgãos da Administração;
g) Elaborar um relatório anual sobre a aplicação da presente lei e a sua actividade, a enviar à Assembleia da República para publicação e apreciação e ao Primeiro-Ministro;
h) Contribuir para o esclarecimento e divulgação das diferentes vias de acesso aos documentos administrativos no âmbito do princípio da administração aberta.

2 – O regulamento interno da Comissão de Acesso aos Documentos Administrativos é publicado na 2.ª série do Diário da República.

3 – Os pareceres são elaborados pelos membros da Comissão de Acesso aos Documentos Administrativos, que podem solicitar para tal efeito o adequado apoio dos serviços.

4 – Os pareceres são publicados nos termos do regulamento interno.

ARTIGO 21.º (Cooperação da Administração)
Os agentes da Administração Pública estão sujeitos ao dever de cooperação com a Comissão de Acesso aos Documentos Administrativos, sob pena de responsabilidade disciplinar.

11.2. LEI DE ACESSO À INFORMAÇÃO SOBRE AMBIENTE (Lei n.º 19/2006, de 12 de Junho, transpondo para a ordem jurídica interna a Directiva n.º 2003/4/CE, do Parlamento Europeu e do Conselho, de 28 de Janeiro)

A Assembleia da República decreta, nos termos da alínea c) do artigo 161.º da Constituição, o seguinte:

ARTIGO 1.º (Âmbito e objecto)
A presente lei regula o acesso à informação sobre ambiente, na posse de autoridades públicas ou detida em seu nome, e estabelece as condições para o seu exercício, transpondo para a ordem jurídica interna a Directiva n1.º 2003/4/ CE, do Parlamento Europeu e do Conselho, de 28 de Janeiro, relativa ao acesso do público às informações sobre ambiente e que revoga a Directiva n1.º 90/313/ CEE, do Conselho.

638 *Direito da Comunicação Social*

Artigo 2.º (Objectivos)

A presente lei tem por objectivos: a)Garantir o direito de acesso à informação sobre ambiente detida pelas autoridades públicas ou em seu nome; b)Assegurar que a informação sobre ambiente é divulgada e disponibilizada ao público; c)Promover o acesso à informação através da utilização de tecnologias telemáticas ou electrónicas.

Artigo 3.º (Definições)

Para efeitos da presente lei, entende-se por: a) «Autoridade pública»: i) O Governo ou outros órgãos da administração pública central, regional ou local, bem como os órgãos de governo próprio das Regiões Autónomas, incluindo órgãos consultivos; ii) Qualquer pessoa singular ou colectiva que pertença à administração indirecta das entidades referidas na subalínea i) e que tenha atribuições, competências, exerça funções administrativas públicas ou preste serviços públicos relacionados com o ambiente, nomeadamente institutos públicos, associações públicas, empresas públicas, entidades públicas empresariais e empresas participadas, bem como as empresas concessionárias; b) «Informação sobre ambiente» quaisquer informações, sob forma escrita, visual, sonora, electrónica ou qualquer outra forma material, relativas: i) Ao estado dos elementos do ambiente, como o ar e a atmosfera, a água, o solo, a terra, a paisagem e as áreas de interesse natural, incluindo as zonas húmidas, as zonas litorais e marinhas, a diversidade biológica e seus componentes, incluindo os organismos geneticamente modificados, e a interacção entre esses elementos; ii)A factores como as substâncias, a energia, o ruído, as radiações ou os resíduos, incluindo os resíduos radioactivos, emissões, descargas e outras libertações para o ambiente, que afectem ou possam afectar os elementos do ambiente referidos na alínea anterior; iii) A medidas políticas, legislativas e administrativas, designadamente planos, programas, acordos ambientais e acções que afectem ou possam afectar os elementos ou factores referidos nas subalíneas i) e ii), bem como medidas ou acções destinadas a protegê-los; iv) A relatórios sobre a implementação da legislação ambiental; v) A análise custo-benefício e outras análises e cenários económicos utilizados no âmbito das medidas e actividades referidas na subalínea iii); vi)Ao estado da saúde e à segurança das pessoas, incluindo a contaminação da cadeia alimentar, quando tal seja relevante, as condições de vida, os locais de interesse cultural e construções, na medida em que sejam ou possam ser afectados pelo estado dos elementos do ambiente referidos na subalínea i), ou, através desses elementos, por qualquer dos factores ou medidas referidos nas subalíneas ii) e iii); c) «Informação detida por uma autoridade pública» qualquer informação sobre o ambiente na posse de uma autoridade pública e que tenha sido elaborada ou recebida pela referida autoridade; d) «Informação detida em nome de uma autoridade pública» a informação sobre

Anexo: *Normas dos Principais Diplomas Legislativos* 639

ambiente materialmente mantida por uma pessoa singular ou colectiva por conta de uma autoridade pública; e) «Público» uma ou mais pessoas singulares ou colectivas, associações, grupos e organizações representativas, designadamente organizações não governamentais de ambiente; f) «Requerente» qualquer pessoa singular ou colectiva que solicite informações sobre o ambiente.

ARTIGO 4.º (**Medidas a adoptar pelas autoridades públicas**)

1 – O direito de acesso à informação ambiental é assegurado pelas autoridades públicas, que devem, para o efeito: a) Disponibilizar ao público listas com a designação das autoridades públicas; b) Disponibilizar ao público listas ou registos de informação de ambiente na posse das autoridades públicas ou detidas em nome das autoridades públicas ou indicação onde a informação está acessível; c) Designar, em cada autoridade pública, o responsável pela informação e divulgar ao público a sua identidade; d) Criar e manter instalações para consulta da informação; e) Informar o público sobre o direito de acesso à informação e prestar apoio no exercício desse direito; f) Adoptar procedimentos que garantam a uniformização da informação sobre ambiente de forma a assegurar informação exacta, actualizada e comparável.

2 – As medidas referidas no número anterior devem ser adoptadas, quando aplicável, com recurso a meios electrónicos.

ARTIGO 51.º (**Divulgação da informação**)

1 – As autoridades públicas recolhem e organizam a informação sobre ambiente na sua posse ou detida em seu nome no âmbito das suas atribuições e asseguram a sua divulgação ao público de forma activa e sistemática, através, nomeadamente, de tecnologias telemáticas ou electrónicas, quando disponíveis.

2 – As autoridades públicas devem assegurar que a informação referida no número anterior seja progressivamente disponível em bases de dados electrónicas facilmente acessíveis ao público através de redes públicas de telecomunicações, designadamente através da criação de ligações a sítios da Internet.

3 – A informação a que se refere o presente artigo deve estar actualizada e incluir, pelo menos: a) Textos de tratados, convenções ou acordos internacionais, da legislação nacional e comunitária sobre ambiente ou com ele relacionados; b) Políticas, planos e programas relativos ao ambiente; c) Relatórios sobre a execução dos instrumentos referidos nas alíneas anteriores; d) Relatório nacional sobre o estado do ambiente; e) Dados ou resumos dos dados resultantes do controlo das actividades que afectam ou podem afectar o ambiente; f) Licenças e autorizações com impacto significativo sobre o ambiente, acordos sobre ambiente ou referência ao local onde tais informações podem ser solicitadas ou obtidas; g) Estudos de impacte ambiental e avaliações de risco relativas a elementos ambientais mencionados na subalínea i) da alínea b) do artigo 3.º ou referência ao local onde tais informações podem ser solicitadas ou obtidas.

640   *Direito da Comunicação Social*

4 – O relatório nacional sobre o estado do ambiente inclui informação sobre a qualidade do ambiente e as pressões sobre ele exercidas e é publicado anualmente.

5 – As autoridades públicas devem garantir que, em caso de ameaça iminente para a saúde humana ou o ambiente, causada por acção humana ou por fenómenos naturais, sejam divulgadas imediatamente todas as informações na posse das autoridades públicas ou detidas em seu nome que permitam às populações em risco tomar medidas para evitar ou reduzir os danos decorrentes dessa ameaça.

6 – À divulgação da informação aplicam-se os fundamentos de indeferimento do pedido de acesso à informação estabelecidos pela presente lei.

ARTIGO 6.º **(Direito de acesso à informação sobre ambiente)**

1 – As autoridades públicas estão obrigadas a disponibilizar ao requerente informação sobre ambiente na sua posse ou detida em seu nome, sem que o requerente tenha de justificar o seu interesse.

2 – Para efeitos do disposto no número anterior, o requerente deve apresentar o pedido de informação por escrito, do qual constem os elementos essenciais à identificação da mesma, bem como o seu nome, morada e assinatura.

3 – O acesso à informação de ambiente pode ainda ser efectuado através de consulta junto da autoridade pública.

ARTIGO 7.º **(Informação sobre procedimentos de medição)**

As autoridades públicas, quando solicitado, fornecem a informação de ambiente referida nas subalíneas i) e ii) da alínea b) do artigo 31.º da presente lei, indicando, quando disponível, onde pode ser obtida a informação sobre os procedimentos de medição, incluindo os métodos de análise, de amostragem e de tratamento prévio das amostras utilizados para recolha da informação, ou referência ao procedimento normalizado utilizado na recolha.

ARTIGO 8.º **(Deficiência do pedido)**

Se o pedido for formulado em termos genéricos, no prazo máximo de 10 dias úteis contados da data da recepção, a autoridade pública convida e assiste o requerente a formulá-lo de forma precisa, fornecendo designadamente informações sobre a utilização dos registos referidos no artigo 4.º

ARTIGO 9.º **(Prazo para disponibilização da informação)**

1 – A informação sobre ambiente é disponibilizada ao requerente, o mais rapidamente possível, nos seguintes prazos: a) No prazo máximo de 10 dias úteis sempre que o pedido tenha por objecto informação que a autoridade pública, no âmbito das respectivas atribuições e por determinação legal, deva ter tratada e coligida; b) No prazo máximo de um mês nos restantes casos.

Anexo: Normas dos Principais Diplomas Legislativos 641

2 – Em casos excepcionais, se o volume ou a complexidade da informação o justificarem, os prazos referidos no número anterior podem ser prorrogados, até ao máximo de dois meses, devendo o requerente ser informado desse facto com indicação dos respectivos fundamentos, no prazo máximo de 10 dias úteis.

3 – Os prazos previstos no presente artigo são contados a partir da data de recepção do pedido pela autoridade pública.

Artigo 10.º (Forma de disponibilização da informação)

1 – A autoridade pública deve disponibilizar a informação sobre ambiente na forma ou formato solicitados pelo requerente, excepto se: a) A informação já se encontrar publicamente disponível sob outra forma ou formato facilmente acessível ao requerente, nomeadamente nos termos do artigo 5.º; b) A autoridade pública considerar razoável disponibilizar a informação sob outra forma ou formato, devendo, nesse caso, comunicar as razões por que o faz.

2 – As razões da recusa de disponibilização total ou parcial das informações, sob a forma ou formato pedidos, devem ser comunicadas ao requerente no prazo máximo de 10 dias úteis contados da data de recepção do pedido.

3 – Para efeitos do disposto no presente artigo, as autoridades públicas devem assegurar que a informação sobre ambiente na sua posse ou detida em seu nome seja mantida sob formas ou formatos facilmente reproduzíveis e acessíveis através de redes de telecomunicações de dados ou outros meios electrónicos.

Artigo 11.º (Indeferimento do pedido de acesso à informação)

1 – Sem prejuízo do disposto no artigo 81.º, o pedido de acesso à informação sobre ambiente pode ser indeferido quando a informação solicitada não esteja nem deva estar na posse da autoridade pública ou não seja detida em nome da autoridade pública a quem o pedido for dirigido.

2 – Quando o pedido se refira a procedimentos em curso, a documentos e dados incompletos ou a comunicações internas, o acesso é diferido até à tomada de decisão ou ao arquivamento do processo.

3 – Quando o pedido se refira a comunicações internas, é deferido quando o interesse público subjacente à divulgação da informação prevaleça.

4 – No caso previsto no n.º 1, quando a autoridade pública tenha conhecimento de que a informação está na posse de outra autoridade pública, ou é detida em seu nome, deve, de imediato, remeter o pedido a essa autoridade e informar o requerente.

5 – Se um pedido se referir a procedimento em curso, a autoridade pública remete-o à autoridade coordenadora do procedimento, a qual informa o requerente do prazo previsível para a sua conclusão, bem como das disposições legais previstas no respectivo procedimento relativas ao acesso à informação.

642 *Direito da Comunicação Social*

6 – O pedido de acesso à informação pode ainda ser indeferido se a divulgação dessa informação prejudicar: a) A confidencialidade do processo ou da informação na posse ou detida em nome das autoridades públicas, quando tal confidencialidade esteja prevista na lei; b) As relações internacionais, a segurança pública ou a defesa nacional; c) O segredo de justiça; d) A confidencialidade das informações comerciais ou industriais, sempre que essa confidencialidade esteja prevista na legislação nacional ou comunitária para proteger um interesse económico legítimo, bem como o interesse público em manter a confidencialidade estatística ou o sigilo fiscal; e) Os direitos de propriedade intelectual; f) A confidencialidade de dados pessoais ou ficheiros relativos a uma pessoa singular nos termos da legislação aplicável; g) Os interesses ou a protecção de quem tenha fornecido voluntariamente a informação, sem que esteja ou venha a estar legalmente obrigado a fazê-lo, excepto se essa pessoa tiver autorizado a divulgação dessa informação; h) A protecção do ambiente a que a informação se refere, designadamente a localização de espécies protegidas.

7 – Os fundamentos de indeferimento referidos nas alíneas a), d), f), g) e h) do número anterior não podem ser invocados quando o pedido de informação incida sobre emissões para o ambiente.

8 – Os fundamentos de indeferimento previstos no presente artigo devem ser interpretados de forma restritiva pelas autoridades públicas, ponderando o interesse público servido pela divulgação da informação e os interesses protegidos que fundamentam o indeferimento.

ARTIGO 12.º (Indeferimento parcial)

A informação sobre ambiente na posse das autoridades públicas ou detida em seu nome é parcialmente disponibilizada sempre que seja possível expurgar a informação abrangida pelos n.ºˢ 2 e 6 do artigo 11.º Artigo 13.º (Notificação do indeferimento)

No prazo de 10 dias úteis contados da recepção do pedido, o requerente é notificado por escrito do indeferimento total ou parcial do pedido de informação, expondo os motivos do indeferimento bem como a informação relativa aos mecanismos de impugnação previstos na presente lei.

ARTIGO 14.º (Meios de impugnação)

1 – O requerente que considere que o seu pedido de informação foi ignorado, indevidamente indeferido, total ou parcialmente, que obteve uma resposta inadequada ou que não foi dado cumprimento à presente lei, pode impugnar a legalidade da decisão, acto ou omissão nos termos gerais de direito.

2 – O requerente pode ainda apresentar queixa à Comissão de Acesso aos Documentos Administrativos (Comissão de Acesso aos Documentos Administrativos), nos termos e prazos previstos na Lei n.º 65/93, de 26 de Agosto, com as

Anexo: Normas dos Principais Diplomas Legislativos 643

alterações introduzidas pelas Leis n.ᵒˢ 8/95, de 29 de Março, e 94/99, de 16 de Julho.

3 – Os terceiros, lesados pela divulgação de informação, podem igualmente recorrer aos meios de impugnação previstos nos números anteriores.

ARTIGO 15.º (Comissão de acesso aos documentos administrativos)

1 – Compete à Comissão de Acesso aos Documentos Administrativos zelar pelo cumprimento das normas constantes da presente lei.

2 – Nos casos de dúvida sobre a aplicação da presente lei, cabe à Comissão de Acesso aos Documentos Administrativos dar parecer sobre o acesso à informação sobre ambiente, a solicitação do requerente ou da autoridade pública, nos termos da Lei n1.º 65/93, de 26 de Agosto, com as alterações introduzidas pelas Leis n.ᵒˢ 8/95, de 29 de Março, e 94/99, de 16 de Julho.

ARTIGO 16.º (Taxas)

1 – O acesso a eventuais registos ou listas públicas elaborados e mantidos nos termos das alíneas a) e b) do n1.º 1 do artigo 41.º e a consulta da informação a que se refere o n.º 3 do artigo 61.º são gratuitos.

2 – As autoridades públicas podem cobrar uma taxa pelo fornecimento de informação sobre o ambiente, nos termos do n.º 2 do artigo 121.º da Lei n1.º 65/93, de 26 de Agosto, com as alterações introduzidas pelas Leis n.ᵒˢ 8/95, de 29 de Março, e 94/99, de 16 de Julho.

3 – As organizações não governamentais de ambiente e equiparadas abrangidas pela Lei n.º 35/98, de 18 de Julho, gozam de uma redução de 50% no pagamento das taxas devidas pelo acesso à informação sobre ambiente.

4 – As autoridades públicas afixam em local visível e no sítio da Internet, quando disponível, a tabela de taxas, bem como informação sobre isenção, redução ou dispensa de pagamento.

ARTIGO 17.º (Relatório)

1 – O Instituto do Ambiente elabora, até 15 de Fevereiro de 2009, um relatório sobre a aplicação da presente lei, devendo para o efeito consultar a Comissão de Acesso aos Documentos Administrativos.

2 – O relatório referido no número anterior é apresentado à Comissão Europeia até 15 de Agosto de 2009.

ARTIGO 18.º (Legislação subsidiária)

Em tudo o que não se encontrar especialmente regulado pela presente lei aplica-se subsidiariamente a Lei n.º 65/93, de 26 de Agosto, com as alterações introduzidas pelas Leis n.ᵒˢ 8/95, de 29 de Março, e 94/99, de 16 de Julho, que regula o acesso aos documentos da Administração.

644   *Direito da Comunicação Social*

ARTIGO 19.º (Alteração à Lei n.º 65/93, de 26 de Agosto)
É alterado o artigo 21.º da Lei n1.º 65/93, de 26 de Agosto, na redacção que lhe foi conferida pelas Leis n1.ºs 8/95, de 29 de Março, e 94/99, de 16 de Julho, que passa a ter a seguinte redacção:
«Artigo 21.º [. . .]
1 – A presente lei regula o acesso a documentos relativos a actividades desenvolvidas pelas entidades referidas no artigo 31.º, sem prejuízo do disposto na legislação relativa ao acesso à informação em matéria de ambiente.
2 – . . . .»

ARTIGO 20.º (Norma revogatória)
É revogado o n1.º 2 do artigo 31.º da Lei n1.º 65/93, de 26 de Agosto, com as alterações introduzidas pelas Leis n1.ºs 8/95, de 29 de Março, e 94/99, de 16 de Julho. Aprovada em 6 de Abril de 2006.

O Presidente da Assembleia da República, Jaime Gama.

Promulgada em 25 de Maio de 2006.

Publique-se.

O Presidente da República, ANÍBAL CAVACO SILVA.

Referendada em 1 de Junho de 2006.

O Primeiro-Ministro, José Sócrates Carvalho Pinto de Sousa.

11.3. CÓDIGO DE PROCEDIMENTO ADMINISTRATIVO

ARTIGO 61.º (Direito dos interessados à informação)
1 – Os particulares têm o direito de ser informados pela Administração sempre que o requeiram, sobre o andamento dos procedimentos em que sejam directamente interessados, bem como o direito de conhecer as resoluções definitivas que sobre eles forem tomadas.
2 – Às informações a prestar abrangem a indicação do serviço onde o procedimento se encontra, os actos e diligências praticados, as deficiências a suprir pelos interessados, as decisões adoptadas e quaisquer outros elementos solicitados.
3 – As informações solicitadas ao abrigo deste artigo serão fornecidas no prazo máximo de 10 dias.

Anexo: Normas dos Principais Diplomas Legislativos

ARTIGO 62.º (Consulta do processo e passagem de certidões)

1 – Os interessados tem o direito de consultar o processo que não contenha documentos classificados ou que revelem segredo comercial ou industrial ou segredo relativo à propriedade literária, artística ou científica.

2 – O direito referido no número anterior abrange os documentos nominativos relativos a terceiros, desde que excluídos os dados pessoais que não sejam públicos, nos termos legais.

3-Os interessados tem o direito, mediante o pagamento das importâncias que forem devidas, de obter certidão, reprodução ou declaração autenticada dos documentos que constem dos processos a que tenham acesso.

ARTIGO 63.º (Certidões Independentes de despacho)

1 – Os funcionários competentes são obrigados a passar aos interessados, independentemente de despacho no prazo de 10 dias a contar da apresentação do requerimento, certidão, reprodução ou declaração autenticada de documentos de que constem, consoante o pedido, todos ou alguns dos seguintes elementos: a) Data de apresentação de requerimentos, petições, reclamações, recursos ou documentos semelhantes; b) Conteúdo desses documentos ou pretensão neles formulada; c) Andamento que tiveram ou situação em que se encontram a, Resolução tomada ou falta de resolução.

2 – O dever estabelecido no número anterior não abrange os documentos classificados ou que revelem segredo comercial ou industrial ou segredo relativo à propriedade literária, artística ou científica.

ARTIGO 64.º (Extensão do direito de informação)

1 – Os direitos reconhecidos nos artigos 61.º a 63.º são extensivos a quaisquer pessoas que provem ter interesse legítimo no conhecimento dos elementos que pretendam.

2 – O exercício dos direitos previstos no número anterior depende de despacho do dirigente do serviço, exarado em requerimento escrito, instruído com os documentos provatórios do interesse legítimo invocado.

646   *Direito da Comunicação Social*

XII – LEI DO SEGREDO DE ESTADO (Lei n.º 6/94, de 7.4)

A Assembleia da República decreta, nos termos dos artigos 164.º, alínea d), 168.º, n.º 1, alíneas b), c) e r), e 169.º, n.º 3, da Constituição, o seguinte:

Artigo 1.º **(Objecto)**
1 – O regime do segredo de Estado é definido pela presente lei e obedece aos princípios de excepcionalidade, subsidiariedade, necessidade, proporcionalidade, tempestividade, igualdade, justiça e imparcialidade, bem como ao dever de fundamentação.

2 – As restrições de acesso aos arquivos, processos e registos administrativos e judiciais, por razões atinentes à investigação criminal ou à intimidade das pessoas, bem como as respeitantes aos serviços de informações da República Portuguesa e a outros sistemas de classificação de matérias, regem-se por legislação própria.

3 – O regime do segredo de Estado não é aplicável quando, nos termos da Constituição e da lei, a realização dos fins que ele visa seja compatível com formas menos estritas de reserva de acesso à informação.

Artigo 2.º **(Âmbito do segredo)**
1 – São abrangidos pelo segredo de Estado os documentos e informações cujo conhecimento por pessoas não autorizadas é susceptível de pôr em risco ou de causar dano à independência nacional, à unidade e integridade do Estado e à sua segurança interna e externa.

2 – O risco e o dano referidos no número anterior são avaliados caso a caso em face das suas circunstancias concretas, não resultando automaticamente da natureza das matérias a tratar.

3 – Podem, designadamente, ser submetidos ao regime de segredo de Estado, mas apenas verificado o condicionalismo previsto nos números anteriores, documentos que respeitem às seguintes matérias: a) As que são transmitidas, a título confidencial, por Estados estrangeiros ou por organizações internacionais; b) As relativas à estratégia a adoptar pelo País no quadro de negociações presentes ou futuras com outros Estados ou com organizações internacionais c) As que visam prevenir e assegurar a operacionalidade e a segurança do pessoal, dos equipamentos, do material e das instalações das Forças Armadas e das forças e serviços de segurança;d) As relativas aos procedimentos em matéria de segurança na transmissão de dados e informações com outros Estados ou com organizações internacionais;e) Aquelas cuja divulgação pode facilitar a prática de crimes contra a segurança do Estado; f) As de natureza comercial, industrial, científica, técnica ou financeira que interessam à preparação da defesa militar do Estado.

Artigo 3.º (Classificação de segurança)

1 – A classificação como segredo de Estado nos termos do artigo anterior é da competência do Presidente da República, do Presidente da Assembleia da República, do Primeiro-Ministro, dos Ministros e do Governador de Macau.

2 – Quando, por razão de urgência, for necessário classificar um documento como segredo de Estado, podem fazê-lo, a título provisório, no âmbito da sua competência própria, com a obrigatoriedade de comunicação, no mais curto prazo possível, para ratificação, às entidades referidas no n.º 1 que em cada caso se mostrem competentes para tal: a) O Chefe do Estado-Maior-General das Forças Armadas; b) Os directores dos serviços do Sistema de Informações da República.

3 – A competência prevista nos n.º 1 e 2 não é delegável.

4 – Se no prazo máximo de 10 dias contados a partir da data da classificação provisória esta não for ratificada, opera-se a sua caducidade.

Artigo 4.º (Desclassificação)

1 – As matérias sob segredo de Estado são desclassificadas quando se mostre que a classificação foi incorrectamente atribuída ou quando a alteração das circunstancia que a determinaram assim o permita.

2 – Apenas tem competência para desclassificar a entidade que procedeu à classificação definitiva.

Artigo 5.º (Fundamentação)

A classificação de documentos submetidos ao regime de segredo de Estado, bem como a desclassificação, devem ser fundamentadas, indicando-se os interesses a proteger e os motivos ou as circunstancias que as justificam.

Artigo 6.º (Duração do segredo)

1 – O acto de classificação especifica, tendo em consideração a natureza e as circunstancias motivadoras do segredo, a duração deste ou o prazo em que o acto deve ser revisto.

2 – O prazo para a duração da classificação ou para a sua revisão não pode ser superior a quatro anos.

3 – A classificação caduca com o decurso do prazo.

Artigo 7.º (Salvaguarda da acção penal)

As informações e elementos de prova respeitantes a factos indiciários da prática de crimes contra a segurança do Estado devem ser comunicados às entidades competentes para a sua investigação, não podendo ser mantidos reservados, a título de segredo de Estado, salvo pelo titular máximo do órgão de soberania detentor do segredo e pelo tempo estritamente necessário à salvaguarda da segurança interna e externa do Estado.

648 *Direito da Comunicação Social*

Artigo 8.° **(Protecção dos documentos classificados)**

1 – Os documentos em regime de segredo de Estado são objecto de adequadas medidas de protecção contra acções de sabotagem e de espionagem e contra fugas de informação.

2 – Quem tomar conhecimento de documento classificado que, por qualquer razão, não se mostre devidamente acautelado deve providenciar pela sua imediata entrega à entidade responsável pela sua guarda ou à autoridade mais próxima.

Artigo 9.° **(Acesso a documentos em segredo de Estado)**

1 – Apenas têm acesso a documentos em segredo de Estado, com as limitações e formalidades que venham a ser estabelecidas, as pessoas que deles careçam para o cumprimento das suas funções e que tenham sido autorizadas.

2 – A autorização referida no número anterior é concedida pela entidade que conferiu a classificação definitiva e, no caso dos Ministros, por estes ou pelo Primeiro-Ministro .

3 – O disposto nos números anteriores não é aplicável ao Presidente da República e ao Primeiro-Ministro, cujo acesso a documentos classificados não fica sujeito a qualquer restrição.

4 – A classificação como segredo de Estado de parte de documento, processo, ficheiro ou arquivo não determina restrições de acesso a partes não classificadas, salvo na medida em que se mostre estritamente necessário à protecção devida às partes classificadas.

Artigo 10.° **(Dever de sigilo)**

1 – Os funcionários e agentes do Estado e quaisquer pessoas que, em razão das suas funções, tenham acesso a matérias classificadas são obrigados a guardar sigilo.

2 – O dever de sigilo a que se refere o número anterior mantém-se após o termo do exercício de funções.

3 – A dispensa do dever de sigilo na acção penal é regulada pelo Código de Processo Penal.

Artigo 11.° **(Legislação penal e disciplinar)**

A violação do dever de sigilo e de guarda e conservação de documentos classificados como segredo de Estado pelos funcionários e agentes da Administração incumbidos dessas funções é punida nos termos previstos no Estatuto Disciplinar dos Funcionários e Agentes da Administração Central, Regional e Local, no Código de Justiça Militar e no Código Penal e pelos diplomas que regem o Sistema de Informações da República Portuguesa.

Anexo: *Normas dos Principais Diplomas Legislativos* 649

Artigo 12.º (Fiscalização pela Assembleia da República)

A Assembleia da República fiscaliza, nos termos da Constituição e do seu Regimento, o regime do segredo de Estado

Artigo 13 .º (Comissão de Fiscalização)

1 – É criada a Comissão para a Fiscalização do Segredo de Estado, a quem cabe zelar pelo cumprimento das disposições da presente lei.

2 – A Comissão de Fiscalização é uma entidade pública independente, que funciona junto da Assembleia da República e dispõe de serviços próprios de apoio técnico administrativo.

3 – A Comissão é composta por um juiz da jurisdição administrativa designado pelo Conselho Superior dos Tribunais Administrativos e Fiscais, que preside, e por dois deputados eleitos pela Assembleia da República, sendo um sob proposta do grupo parlamentar do maior partido que apoia o Governo e outro sob proposta do grupo parlamentar do maior partido da oposição.

4 – Compete à Comissão aprovar o seu regulamento e apreciar as queixas que lhe sejam dirigidas sobre dificuldades ou recusa no acesso a documentos e registos classificados como segredo de Estado e sobre elas emitir parecer.

5 – Nas reuniões da Comissão participa sempre um representante da entidade que procede à classificação

Artigo 14.º (Impugnação)

A impugnação graciosa ou contenciosa de acto que indefira o acesso a qualquer documento com fundamento em segredo de Estado está condicionada ao prévio pedido e à emissão de parecer da Comissão de Fiscalização.

Artigo 15 º (Regime transitório)

As classificações de documentos como segredo de Estado anteriores a 25 de Abril de 1974 ainda vigentes são objecto de revisão no prazo de um ano contado a partir da entrada em vigor da presente lei, sob pena de caducidade.

Artigo 16.º (Regulamentação e casos omissos)

Sem prejuízo de o Governo dever regulamentar a matéria referente aos direitos e regalias dos membros da Comissão de Fiscalização, nos casos omissos e, designadamente, no que diz respeito a prazos, aplica-se o disposto na Lei do Acesso aos Documentos da Administração.

Artigo 17.º (Entrada em vigor)

A presente lei entra em vigor no prazo de 30 dias a contar da data da sua publicação.

Aprovada em 24 de Fevereiro de 1994.

Para ser publicada no Boletim Oficial de Macau.

650   *Direito da Comunicação Social*

Artigo 9.º (Acesso a documentos em segredo de Estado)

1 – Apenas têm acesso a documentos em segredo de Estado, com as limitações e formalidades que venham a ser estabelecidas, as pessoas que deles careçam para o cumprimento das suas funções e que tenham sido autorizadas.

2 – A autorização referida no número anterior é concedida pela entidade que conferiu a classificação definitiva e, no caso dos Ministros, por estes ou pelo Primeiro-Ministro .

3 – O disposto nos números anteriores não é aplicável ao Presidente da República e ao Primeiro-Ministro, cujo acesso a documentos classificados não fica sujeito a qualquer restrição.

4 – A classificação como segredo de Estado de parte de documento, processo, ficheiro ou arquivo não determina restrições de acesso a partes não classificadas, salvo na medida em que se mostre estritamente necessário à protecção devida às partes classificadas.

ARTIGO 10.º (Dever de sigilo)

1 – Os funcionários e agentes do Estado e quaisquer pessoas que, em razão das suas funções, tenham acesso a matérias classificadas são obrigados a guardar sigilo.

2 – O dever de sigilo a que se refere o número anterior mantém-se após o termo do exercício de funções.

3 – A dispensa do dever de sigilo na acção penal é regulada pelo Código de Processo Penal.

ARTIGO 11.º (Legislação penal e disciplinar)

A violação do dever de sigilo e de guarda e conservação de documentos classificados como segredo de Estado pelos funcionários e agentes da Administração incumbidos dessas funções é punida nos termos previstos no Estatuto Disciplinar dos Funcionários e Agentes da Administração Central, Regional e Local, no Código de Justiça Militar e no Código Penal e pelos diplomas que regem o Sistema de Informações da República Portuguesa.

ARTIGO 12.º (Fiscalização pela Assembleia da República)

A Assembleia da República fiscaliza, nos termos da Constituição e do seu Regimento, o regime do segredo de Estado.

ARTIGO 13.º (Comissão de Fiscalização)

1 – É criada a Comissão para a Fiscalização do Segredo de Estado, a quem cabe zelar pelo cumprimento das disposições da presente lei.

2 – A Comissão de Fiscalização é uma entidade pública independente, que funciona junto da Assembleia da República e dispõe de serviços próprios de apoio técnico administrativo.

Anexo: Normas dos Principais Diplomas Legislativos 651

3 – A Comissão é composta por um juiz da jurisdição administrativa designado pelo Conselho Superior dos Tribunais Administrativos e Fiscais, que preside, e por dois deputados eleitos pela Assembleia da República, sendo um sob proposta do grupo parlamentar do maior partido que apoia o Governo e outro sob proposta do grupo parlamentar do maior partido da oposição.

4 – Compete à Comissão aprovar o seu regulamento e apreciar as queixas que lhe sejam dirigidas sobre dificuldades ou recusa no acesso a documentos e registos classificados como segredo de Estado e sobre elas emitir parecer.

5 – Nas reuniões da Comissão participa sempre um representante da entidade que procede à classificação.

Artigo 14.º (Impugnação)

A impugnação graciosa ou contenciosa de acto que indefira o acesso a qualquer documento com fundamento em segredo de Estado está condicionada ao prévio pedido e à emissão de parecer da Comissão de Fiscalização.

Artigo 15.º (Regime transitório)

As classificações de documentos como segredo de Estado anteriores a 25 de Abril de 1974 ainda vigentes são objecto de revisão no prazo de um ano contado a partir da entrada em vigor da presente lei, sob pena de caducidade.

Artigo 16.º (Regulamentação e casos omissos)

Sem prejuízo de o Governo dever regulamentar a matéria referente aos direitos e regalias dos membros da Comissão de Fiscalização, nos casos omissos e, designadamente, no que diz respeito a prazos, aplica-se o disposto na Lei do Acesso aos Documentos da Administração.

Artigo 17.º (Entrada em vigor)

A presente lei entra em vigor no prazo de 30 dias a contar da data da sua publicação.

Aprovada em 24 de Fevereiro de 1994.

Para ser publicada no Boletim Oficial de Macau.

O Presidente da Assembleia da República, António Moreira Barbosa de Melo.

Promulgada em 16 de Março de 1994.Publique-se.

O Presidente da República, Mário Soares.

Referendada em 18 de Março de 1994.

O Primeiro-Ministro, Aníbal António Cavaco Silva.

652 *Direito da Comunicação Social*

XIII – LEI DA PROTECÇÃO DE DADOS PESSOAIS (Lei n.º

67/98, de 26 de Outubro, Lei da Protecção de Dados Pessoais; transpõe para a ordem jurídica portuguesa a Directiva n.º 95/46/CE, do Parlamento Europeu e do Conselho, de 24 de Outubro de 1995, relativa à protecção das pessoas singulares no que diz respeito ao tratamento dos dados pessoais e à livre circulação desses dados)

A Assembleia da República decreta, nos termos da alínea c) do artigo 161.º, das alíneas b) e c) do n.º 1 do artigo 165.º e do n.º 3 do artigo 166.º da Constituição, para valer como lei geral da República, o seguinte:

CAPÍTULO I (Disposições gerais)

Artigo 1.º (Objecto)
A presente lei transpõe para a ordem jurídica interna a Directiva n.º 95/46/ CE, do Parlamento Europeu e do Conselho, de 24 de Outubro de 1995, relativa à protecção das pessoas singulares no que diz respeito ao tratamento de dados pessoais e à livre circulação desses dados.

Artigo 2.º (Princípio geral)
O tratamento de dados pessoais deve processar-se de forma transparente e no estrito respeito pela reserva da vida privada, bem como pelos direitos, liberdades e garantias fundamentais.

Artigo 3.º (Definições)
Para efeitos da presente lei, entende-se por: a) «Dados pessoais»: qualquer informação, de qualquer natureza e independentemente do respectivo suporte, incluindo som e imagem, relativa a uma pessoa singular identificada ou identificável («titular dos dados»); é considerada identificável a pessoa que possa ser identificada directa ou indirectamente, designadamente por referência a um número de identificação ou a um ou mais elementos específicos da sua identidade física, fisiológica, psíquica, económica, cultural ou social; b) «Tratamento de dados pessoais» («tratamento»): qualquer operação ou conjunto de operações sobre dados pessoais, efectuadas com ou sem meios automatizados, tais como a recolha, o registo, a organização, a conservação, a adaptação ou alteração, a recuperação, a consulta, a utilização, a comunicação por transmissão, por difusão ou por qualquer outra forma de colocação à disposição, com comparação ou interconexão, bem como o bloqueio, apagamento ou destruição; c) «Ficheiro de dados pessoais» («ficheiro»): qualquer conjunto estruturado de dados pessoais, acessível segundo critérios determinados, quer seja centralizado,

descentralizado ou repartido de modo funcional ou geográfico; d) «Responsável pelo tratamento»: a pessoa singular ou colectiva, a autoridade pública, o serviço ou qualquer outro organismo que, individualmente ou em conjunto com outrem, determine as finalidades e os meios de tratamento dos dados pessoais; sempre que as finalidades e os meios do tratamento sejam determinados por disposições legislativas ou regulamentares, o responsável pelo tratamento deve ser indicado na lei de organização e funcionamento ou no estatuto da entidade legal ou estatutariamente competente para tratar os dados pessoais em causa; e) «Subcontratante»: a pessoa singular ou colectiva, a autoridade pública, o serviço ou qualquer outro organismo que trate os dados pessoais por conta do responsável pelo tratamento; f) «Terceiro»: a pessoa singular ou colectiva, a autoridade pública, o serviço ou qualquer outro organismo que, não sendo o titular dos dados, o responsável pelo tratamento, o subcontratante ou outra pessoa sob autoridade directa do responsável pelo tratamento ou do subcontratante, esteja habilitado a tratar os dados; g) «Destinatário»: a pessoa singular ou colectiva, a autoridade pública, o serviço ou qualquer outro organismo a quem sejam comunicados dados pessoais, independentemente de se tratar ou não de um terceiro, sem prejuízo de não serem considerados destinatários as autoridades a quem sejam comunicados dados no âmbito de uma disposição legal; h) «Consentimento do titular dos dados»: qualquer manifestação de vontade, livre, específica e informada, nos termos da qual o titular aceita que os seus dados pessoais sejam objecto de tratamento; i) «Interconexão de dados»: forma de tratamento que consiste na possibilidade de relacionamento dos dados de um ficheiro com os dados de um ficheiro ou ficheiros mantidos por outro ou outros responsáveis, ou mantidos pelo mesmo responsável com outra finalidade.

ARTIGO 4.º (Âmbito de aplicação)

1 – A presente lei aplica-se ao tratamento de dados pessoais por meios total ou parcialmente automatizados, bem como ao tratamento por meios não automatizados de dados pessoais contidos em ficheiros manuais ou a estes destinados.

2 – A presente lei não se aplica ao tratamento de dados pessoais efectuado por pessoa singular no exercício de actividades exclusivamente pessoais ou domésticas.

3 – A presente lei aplica-se ao tratamento de dados pessoais efectuado: a) No âmbito das actividades de estabelecimento do responsável do tratamento situado em território português; b) Fora do território nacional, em local onde a legislação portuguesa seja aplicável por força do direito internacional; c) Por responsável que, não estando estabelecido no território da União Europeia, recorra, para tratamento de dados pessoais, a meios, automatizados ou não, situados no território português, salvo se esses meios só forem utilizados para trânsito através do território da União Europeia.

654 *Direito da Comunicação Social*

4 – A presente lei aplica-se à videovigilância e outras formas de captação, tratamento e difusão de sons e imagens que permitam identificar pessoas sempre que o responsável pelo tratamento esteja domiciliado ou sediado em Portugal ou utilize um fornecedor de acesso a redes informáticas e telemáticas estabelecido em território português.

5 – No caso referido na alínea c) do n.º 3, o responsável pelo tratamento deve designar, mediante comunicação à Comissão Nacional de Protecção de Dados (CNPD), um representante estabelecido em Portugal, que se lhe substitua em todos os seus direitos e obrigações, sem prejuízo da sua própria responsabilidade.

6 – O disposto no número anterior aplica-se no caso de o responsável pelo tratamento estar abrangido por estatuto de extraterritorialidade, de imunidade ou por qualquer outro que impeça o procedimento criminal.

7 – A presente lei aplica-se ao tratamento de dados pessoais que tenham por objectivo a segurança pública, a defesa nacional e a segurança do Estado, sem prejuízo do disposto em normas especiais constantes de instrumentos de direito internacional a que Portugal se vincule e de legislação específica atinente aos respectivos sectores.

CAPÍTULO II (Tratamento de dados pessoais)

SECÇÃO I (Qualidade dos dados e legitimidade do seu tratamento)

ARTIGO 5.º (Qualidade dos dados)

1 – Os dados pessoais devem ser: a) Tratados de forma lícita e com respeito pelo princípio da boa fé; b) Recolhidos para finalidades determinadas, explícitas e legítimas, não podendo ser posteriormente tratados de forma incompatível com essas finalidades; c) Adequados, pertinentes e não excessivos relativamente às finalidades para que são recolhidos e posteriormente tratados; d) Exactos e, se necessário, actualizados, devendo ser tomadas as medidas adequadas para assegurar que sejam apagados ou rectificados os dados inexactos ou incompletos, tendo em conta as finalidades para que foram recolhidos ou para que são tratados posteriormente; e) Conservados de forma a permitir a identificação dos seus titulares apenas durante o período necessário para a prossecução das finalidades da recolha ou do tratamento posterior.

2 – Mediante requerimento do responsável pelo tratamento, e caso haja interesse legítimo, a CNPD pode autorizar a conservação de dados para fins históricos, estatísticos ou científicos por período superior ao referido na alínea e) do número anterior.

Anexo: Normas dos Principais Diplomas Legislativos 655

3 – Cabe ao responsável pelo tratamento assegurar a observância do disposto nos números anteriores.

ARTIGO 6.º (Condições de legitimidade do tratamento de dados)
O tratamento de dados pessoais só pode ser efectuado se o seu titular tiver dado de forma inequívoca o seu consentimento ou se o tratamento for necessário para: a) Execução de contrato ou contratos em que o titular dos dados seja parte ou de diligências prévias à formação do contrato ou declaração da vontade negocial efectuadas a seu pedido; b) Cumprimento de obrigação legal a que o responsável pelo tratamento esteja sujeito; c) Protecção de interesses vitais do titular dos dados, se este estiver física ou legalmente incapaz de dar o seu consentimento; d) Execução de uma missão de interesse público ou no exercício de autoridade pública em que esteja investido o responsável pelo tratamento ou um terceiro a quem os dados sejam comunicados; e) Prossecução de interesses legítimos do responsável pelo tratamento ou de terceiro a quem os dados sejam comunicados, desde que não devam prevalecer os interesses ou os direitos, liberdades e garantias do titular dos dados.

ARTIGO 7.º (Tratamento de dados sensíveis)
1 – É proibido o tratamento de dados pessoais referentes a convicções filosóficas ou políticas, filiação partidária ou sindical, fé religiosa, vida privada e origem racial ou étnica, bem como o tratamento de dados relativos à saúde e à vida sexual, incluindo os dados genéticos.

2 – Mediante disposição legal ou autorização da CNPD, pode ser permitido o tratamento dos dados referidos no número anterior quando por motivos de interesse público importante esse tratamento for indispensável ao exercício das atribuições legais ou estatutárias do seu responsável, ou quando o titular dos dados tiver dado o seu consentimento expresso para esse tratamento, em ambos os casos com garantias de não discriminação e com as medidas de segurança previstas no artigo 15.º.

3 – O tratamento dos dados referidos no n.º 1 é ainda permitido quando se verificar uma das seguintes condições: a) Ser necessário para proteger interesses vitais do titular dos dados ou de uma outra pessoa e o titular dos dados estiver física ou legalmente incapaz de dar o seu consentimento; b) Ser efectuado, com o consentimento do titular, por fundação, associação ou organismo sem fins lucrativos de carácter político, filosófico, religioso ou sindical, no âmbito das suas actividades legítimas, sob condição de o tratamento respeitar apenas aos membros desse organismo ou às pessoas que com ele mantenham contactos periódicos ligados às suas finalidades, e de os dados não serem comunicados a terceiros sem consentimento dos seus titulares; c) Dizer respeito a dados manifestamente tornados públicos pelo seu titular, desde que se possa legitimamente

deduzir das suas declarações o consentimento para o tratamento dos mesmos; d) Ser necessário à declaração, exercício ou defesa de um direito em processo judicial e for efectuado exclusivamente com essa finalidade.

4 – O tratamento dos dados referentes à saúde e à vida sexual, incluindo os dados genéticos, é permitido quando for necessário para efeitos de medicina preventiva, de diagnóstico médico, de prestação de cuidados ou tratamentos médicos ou de gestão de serviços de saúde, desde que o tratamento desses dados seja efectuado por um profissional de saúde obrigado a sigilo ou por outra pessoa sujeita igualmente a segredo profissional, seja notificado à CNPD, nos termos do artigo 27.º, e sejam garantidas medidas adequadas de segurança da informação.

ARTIGO 8.º (Suspeitas de actividades ilícitas, infracções penais e contra-ordenações)

1 – A criação e a manutenção de registos centrais relativos a pessoas suspeitas de actividades ilícitas, infracções penais, contra-ordenações e decisões que apliquem penas, medidas de segurança, coimas e sanções acessórias só podem ser mantidas por serviços públicos com competência específica prevista na respectiva lei de organização e funcionamento, observando normas procedimentais e de protecção de dados previstas em diploma legal, com prévio parecer da CNPD.

2 – O tratamento de dados pessoais relativos a suspeitas de actividades ilícitas, infracções penais, contra-ordenações e decisões que apliquem penas, medidas de segurança, coimas e sanções acessórias pode ser autorizado pela CNPD, observadas as normas de protecção de dados e de segurança da informação, quando tal tratamento for necessário à execução de finalidades legítimas do seu responsável, desde que não prevaleçam os direitos, liberdades e garantias do titular dos dados.

3 – O tratamento de dados pessoais para fins de investigação policial deve limitar-se ao necessário para a prevenção de um perigo concreto ou repressão de uma infracção determinada, para o exercício de competências previstas no respectivo estatuto orgânico ou noutra disposição legal e ainda nos termos de acordo ou convenção internacional de que Portugal seja parte.

ARTIGO 9.º (Interconexão de dados pessoais)

1 – A interconexão de dados pessoais que não esteja prevista em disposição legal está sujeita a autorização da CNPD solicitada pelo responsável ou em conjunto pelos correspondentes responsáveis dos tratamentos, nos termos previstos no artigo 27.º.

2 – A interconexão de dados pessoais deve ser adequada à prossecução das finalidades legais ou estatutárias e de interesses legítimos dos responsáveis dos

Anexo: *Normas dos Principais Diplomas Legislativos* 657

tratamentos, não implicar discriminação ou diminuição dos direitos, liberdades e garantias dos titulares dos dados, ser rodeada de adequadas medidas de segurança e ter em conta o tipo de dados objecto de interconexão.

SECÇÃO II **(Direitos do titular dos dados)**

ARTIGO 10.º **(Direito de informação)**

1 – Quando recolher dados pessoais directamente do seu titular, o responsável pelo tratamento ou o seu representante deve prestar-lhe, salvo se já dele forem conhecidas, as seguintes informações: a) Identidade do responsável pelo tratamento e, se for caso disso, do seu representante; b) Finalidades do tratamento; c) Outras informações, tais como: Os destinatários ou categorias de destinatários dos dados; O carácter obrigatório ou facultativo da resposta, bem como as possíveis consequências se não responder; A existência e as condições do direito de acesso e de rectificação, desde que sejam necessárias, tendo em conta as circunstâncias específicas da recolha dos dados, para garantir ao seu titular um tratamento leal dos mesmos.

2 – Os documentos que sirvam de base à recolha de dados pessoais devem conter as informações constantes do número anterior.

3 – Se os dados não forem recolhidos junto do seu titular, e salvo se dele já forem conhecidas, o responsável pelo tratamento, ou o seu representante, deve prestar-lhe as informações previstas no n.º 1 no momento do registo dos dados ou, se estiver prevista a comunicação a terceiros, o mais tardar aquando da primeira comunicação desses dados.

4 – No caso de recolha de dados em redes abertas, o titular dos dados deve ser informado, salvo se disso já tiver conhecimento, de que os seus dados pessoais podem circular na rede sem condições de segurança, correndo o risco de serem vistos e utilizados por terceiros não autorizados.

5 – A obrigação de informação pode ser dispensada, mediante disposição legal ou deliberação da CNPD, por motivos de segurança do Estado e prevenção ou investigação criminal, e, bem assim, quando, nomeadamente no caso do tratamento de dados com finalidades estatísticas, históricas ou de investigação científica, a informação do titular dos dados se revelar impossível ou implicar esforços desproporcionados ou ainda quando a lei determinar expressamente o registo dos dados ou a sua divulgação. 6-A obrigação de informação, nos termos previstos no presente artigo, não se aplica ao tratamento de dados efectuado para fins exclusivamente jornalísticos ou de expressão artística ou literária.

ARTIGO 11.º **(Direito de acesso)**

1 – O titular dos dados tem o direito de obter do responsável pelo tratamento, livremente e sem restrições, com periodicidade razoável e sem demoras

658 *Direito da Comunicação Social*

ou custos excessivos: a) A confirmação de serem ou não tratados dados que lhe digam respeito, bem como informação sobre as finalidades desse tratamento, as categorias de dados sobre que incide e os destinatários ou categorias de destinatários a quem são comunicados os dados; b) A comunicação, sob forma inteligível, dos seus dados sujeitos a tratamento e de quaisquer informações disponíveis sobre a origem desses dados; c) O conhecimento da lógica subjacente ao tratamento automatizado dos dados que lhe digam respeito; d) A rectificação, o apagamento ou o bloqueio dos dados cujo tratamento não cumpra o disposto na presente lei, nomeadamente devido ao carácter incompleto ou inexacto desses dados; e) A notificação aos terceiros a quem os dados tenham sido comunicados de qualquer rectificação, apagamento ou bloqueio efectuado nos termos da alínea d), salvo se isso for comprovadamente impossível.

2 – No caso de tratamento de dados pessoais relativos à segurança do Estado e à prevenção ou investigação criminal, o direito de acesso é exercido através da CNPD ou de outra autoridade independente a quem a lei atribua a verificação do cumprimento da legislação de protecção de dados pessoais.

3 – No caso previsto no n.º 6 do artigo anterior, o direito de acesso é exercido através da CNPD com salvaguarda das normas constitucionais aplicáveis, designadamente as que garantem a liberdade de expressão e informação, a liberdade de imprensa e a independência e sigilo profissionais dos jornalistas.

4 – Nos casos previstos nos n.ºs 2 e 3, se a comunicação dos dados ao seu titular puder prejudicar a segurança do Estado, a prevenção ou a investigação criminal ou ainda a liberdade de expressão e informação ou a liberdade de imprensa, a CNPD limita-se a informar o titular dos dados das diligências efectuadas.

5 – O direito de acesso à informação relativa a dados da saúde, incluindo os dados genéticos, é exercido por intermédio de médico escolhido pelo titular dos dados.

6 – No caso de os dados não serem utilizados para tomar medidas ou decisões em relação a pessoas determinadas, a lei pode restringir o direito de acesso nos casos em que manifestamente não exista qualquer perigo de violação dos direitos, liberdades e garantias do titular dos dados, designadamente do direito à vida privada, e os referidos dados forem exclusivamente utilizados para fins de investigação científica ou conservados sob forma de dados pessoais durante um período que não exceda o necessário à finalidade exclusiva de elaborar estatísticas.

ARTIGO 12.º (Direito de oposição do titular dos dados)

O titular dos dados tem o direito de: a) Salvo disposição legal em contrário, e pelo menos nos casos referidos nas alíneas d) e e) do artigo 6.º, se opor em qualquer altura, por razões ponderosas e legítimas relacionadas com a sua situação

Anexo: *Normas dos Principais Diplomas Legislativos* 659

particular, a que os dados que lhe digam respeito sejam objecto de tratamento, devendo, em caso de oposição justificada, o tratamento efectuado pelo responsável deixar de poder incidir sobre esses dados; b) Se opor, a seu pedido e gratuitamente, ao tratamento dos dados pessoais que lhe digam respeito previsto pelo responsável pelo tratamento para efeitos de marketing directo ou qualquer outra forma de prospecção, ou de ser informado, antes de os dados pessoais serem comunicados pela primeira vez a terceiros para fins de marketing directo ou utilizados por conta de terceiros, e de lhe ser expressamente facultado o direito de se opor, sem despesas, a tais comunicações ou utilizações.

ARTIGO 13.º (Decisões individuais automatizadas)

1 – Qualquer pessoa tem o direito de não ficar sujeita a uma decisão que produza efeitos na sua esfera jurídica ou que a afecte de modo significativo, tomada exclusivamente com base num tratamento automatizado de dados destinado a avaliar determinados aspectos da sua personalidade, designadamente a sua capacidade profissional, o seu crédito, a confiança de que é merecedora ou o seu comportamento.

2 – Sem prejuízo do cumprimento das restantes disposições da presente lei, uma pessoa pode ficar sujeita a uma decisão tomada nos termos do n.º 1, desde que tal ocorra no âmbito da celebração ou da execução de um contrato, e sob condição de o seu pedido de celebração ou execução do contrato ter sido satisfeito, ou de existirem medidas adequadas que garantam a defesa dos seus interesses legítimos, designadamente o seu direito de representação e expressão.

3 – Pode ainda ser permitida a tomada de uma decisão nos termos do n.º 1 quando a CNPD o autorize, definindo medidas de garantia da defesa dos interesses legítimos do titular dos dados.

SECÇÃO III (Segurança e confidencialidade do tratamento)

ARTIGO 14.º (Segurança do tratamento)

1 – O responsável pelo tratamento deve pôr em prática as medidas técnicas e organizativas adequadas para proteger os dados pessoais contra a destruição, acidental ou ilícita, a perda acidental, a alteração, a difusão ou o acesso não autorizados, nomeadamente quando o tratamento implicar a sua transmissão por rede, e contra qualquer outra forma de tratamento ilícito; estas medidas devem assegurar, atendendo aos conhecimentos técnicos disponíveis e aos custos resultantes da sua aplicação, um nível de segurança adequado em relação aos riscos que o tratamento apresenta e à natureza dos dados a proteger.

2 – O responsável pelo tratamento, em caso de tratamento por sua conta, deverá escolher um subcontratante que ofereça garantias suficientes em relação

660   *Direito da Comunicação Social*

às medidas de segurança técnica e de organização do tratamento a efectuar, e deverá zelar pelo cumprimento dessas medidas.

3 – A realização de operações de tratamento em subcontratação deve ser regida por um contrato ou acto jurídico que vincule o subcontratante ao responsável pelo tratamento e que estipule, designadamente, que o subcontratante apenas actua mediante instruções do responsável pelo tratamento e que lhe incumbe igualmente o cumprimento das obrigações referidas no n.º 1.

4 – Os elementos de prova da declaração negocial, do contrato ou do acto jurídico relativos à protecção dos dados, bem como as exigências relativas às medidas referidas no n.º 1, são consignados por escrito em documento em suporte com valor probatório legalmente reconhecido.

ARTIGO 15.º (Medidas especiais de segurança)

1 – Os responsáveis pelo tratamento dos dados referidos no n.º 2 do artigo 7.º e no n.º 1 do artigo 8.º devem tomar as medidas adequadas para: a) Impedir o acesso de pessoa não autorizada às instalações utilizadas para o tratamento desses dados (controlo da entrada nas instalações); b) Impedir que suportes de dados possam ser lidos, copiados, alterados ou retirados por pessoa não autorizada (controlo dos suportes de dados); c) Impedir a introdução não autorizada, bem como a tomada de conhecimento, a alteração ou a eliminação não autorizadas de dados pessoais inseridos (controlo da inserção); d) Impedir que sistemas de tratamento automatizados de dados possam ser utilizados por pessoas não autorizadas através de instalações de transmissão de dados (controlo da utilização); e)Garantir que as pessoas autorizadas só possam ter acesso aos dados abrangidos pela autorização (controlo de acesso); f) Garantir a verificação das entidades a quem possam ser transmitidos os dados pessoais através das instalações de transmissão de dados (controlo da transmissão); g) Garantir que possa verificar-se a posteriori, em prazo adequado à natureza do tratamento, a fixar na regulamentação aplicável a cada sector, quais os dados pessoais introduzidos quando e por quem (controlo da introdução); h) Impedir que, na transmissão de dados pessoais, bem como no transporte do seu suporte, os dados possam ser lidos, copiados, alterados ou eliminados de forma não autorizada (controlo do transporte).

2 – Tendo em conta a natureza das entidades responsáveis pelo tratamento e o tipo das instalações em que é efectuado, a CNPD pode dispensar a existência de certas medidas de segurança, garantido que se mostre o respeito pelos direitos, liberdades e garantias dos titulares dos dados.

3 – Os sistemas devem garantir a separação lógica entre os dados referentes à saúde e à vida sexual, incluindo os genéticos, dos restantes dados pessoais.

4 – A CNPD pode determinar que, nos casos em que a circulação em rede de dados pessoais referidos nos artigos 7.º e 8.º possa pôr em risco direitos, liberdades e garantias dos respectivos titulares, a transmissão seja cifrada.

Anexo: Normas dos Principais Diplomas Legislativos   661

ARTIGO 16.º (Tratamento por subcontratante)
Qualquer pessoa que, agindo sob a autoridade do responsável pelo tratamento ou do subcontratante, bem como o próprio subcontratante, tenha acesso a dados pessoais não pode proceder ao seu tratamento sem instruções do responsável pelo tratamento, salvo por força de obrigações legais.

ARTIGO 17.º (Sigilo profissional)
1 – Os responsáveis do tratamento de dados pessoais, bem como as pessoas que, no exercício das suas funções, tenham conhecimento dos dados pessoais tratados, ficam obrigados a sigilo profissional, mesmo após o termo das suas funções.
2 – Igual obrigação recai sobre os membros da CNPD, mesmo após o termo do mandato.
3 – O disposto nos números anteriores não exclui o dever do fornecimento das informações obrigatórias, nos termos legais, excepto quando constem de ficheiros organizados para fins estatísticos. 4-Os funcionários, agentes ou técnicos que exerçam funções de assessoria à CNPD ou aos seus vogais estão sujeitos à mesma obrigação de sigilo profissional.

CAPÍTULO III (Transferência de dados pessoais)

SECÇÃO I (Transferência de dados pessoais na União Europeia)

ARTIGO 18.º (Princípio)
É livre a circulação de dados pessoais entre Estados membros da União Europeia, sem prejuízo do disposto nos actos comunitários de natureza fiscal e aduaneira.

SECÇÃO II (Transferência de dados pessoais para fora da União Europeia)

ARTIGO 19.º (Princípios)
1 – Sem prejuízo do disposto no artigo seguinte, a transferência, para um Estado que não pertença à União Europeia, de dados pessoais que sejam objecto de tratamento ou que se destinem a sê-lo só pode realizar-se com o respeito das disposições da presente lei e se o Estado para onde são transferidos assegurar um nível de protecção adequado.

662   *Direito da Comunicação Social*

2 – A adequação do nível de protecção num Estado que não pertença à União Europeia é apreciada em função de todas as circunstâncias que rodeiem a transferência ou o conjunto de transferências de dados; em especial, devem ser tidas em consideração a natureza dos dados, a finalidade e a duração do tratamento ou tratamentos projectados, os países de origem e de destino final, as regras de direito, gerais ou sectoriais, em vigor no Estado em causa, bem como as regras profissionais e as medidas de segurança que são respeitadas nesse Estado.

3 – Cabe à CNPD decidir se um Estado que não pertença à União Europeia assegura um nível de protecção adequado.

4 – A CNPD comunica, através do Ministério dos Negócios Estrangeiros, à Comissão Europeia os casos em que tenha considerado que um Estado não assegura um nível de protecção adequado.

5 – Não é permitida a transferência de dados pessoais de natureza idêntica aos que a Comissão Europeia tiver considerado que não gozam de protecção adequada no Estado a que se destinam.

ARTIGO 20.º (Derrogações)

1 – A transferência de dados pessoais para um Estado que não assegure um nível de protecção adequado na acepção do n.º 2 do artigo 19.º pode ser permitida pela CNPD se o titular dos dados tiver dado de forma inequívoca o seu consentimento à transferência ou se essa transferência: a) For necessária para a execução de um contrato entre o titular dos dados e o responsável pelo tratamento ou de diligências prévias à formação do contrato decididas a pedido do titular dos dados; b) For necessária para a execução ou celebração de um contrato celebrado ou a celebrar, no interesse do titular dos dados, entre o responsável pelo tratamento e um terceiro; ou c) For necessária ou legalmente exigida para a protecção de um interesse público importante, ou para a declaração, o exercício ou a defesa de um direito num processo judicial; ou d) For necessária para proteger os interesses vitais do titular dos dados; ou e) For realizada a partir de um registo público que, nos termos de disposições legislativas ou regulamentares, se destine à informação do público e se encontre aberto à consulta do público em geral ou de qualquer pessoa que possa provar um interesse legítimo, desde que as condições estabelecidas na lei para a consulta sejam cumpridas no caso concreto.

2 – Sem prejuízo do disposto no n.º 1, a CNPD pode autorizar uma transferência ou um conjunto de transferências de dados pessoais para um Estado que não assegure um nível de protecção adequado na acepção do n.º 2 do artigo 19.º desde que o responsável pelo tratamento assegure mecanismos suficientes de garantia de protecção da vida privada e dos direitos e liberdades fundamentais das pessoas, bem como do seu exercício, designadamente, mediante cláusulas contratuais adequadas.

Anexo: Normas dos Principais Diplomas Legislativos 663

3 – A CNPD informa a Comissão Europeia, através do Ministério dos Negócios Estrangeiros, bem como as autoridades competentes dos restantes Estados da União Europeia, das autorizações que conceder nos termos do n.º 2.

4 – A concessão ou derrogação das autorizações previstas no n.º 2 efectua-se pela CNPD nos termos de processo próprio e de acordo com as decisões da Comissão Europeia.

5 – Sempre que existam cláusulas contratuais tipo aprovadas pela Comissão Europeia, segundo procedimento próprio, por oferecerem as garantias suficientes referidas no n.º 2, a CNPD autoriza a transferência de dados pessoais que se efectue ao abrigo de tais cláusulas.

6 – A transferência de dados pessoais que constitua medida necessária à protecção da segurança do Estado, da defesa, da segurança pública e da prevenção, investigação e repressão das infracções penais é regida por disposições legais específicas ou pelas convenções e acordos internacionais em que Portugal é parte.

CAPÍTULO IV (**Comissão Nacional de Protecção de Dados**)

SECÇÃO I (**Natureza, atribuições e competências**)

ARTIGO 21.º (Natureza)

1 – A CNPD é uma entidade administrativa independente, com poderes de autoridade, que funciona junto da Assembleia da República.

2 – A CNPD, independentemente do direito nacional aplicável a cada tratamento de dados em concreto, exerce as suas competências em todo o território nacional.

3 – A CNPD pode ser solicitada a exercer os seus poderes por uma autoridade de controlo de protecção de dados de outro Estado membro da União Europeia ou do Conselho da Europa.

4 – A CNPD coopera com as autoridades de controlo de protecção de dados de outros Estados na difusão do direito e das regulamentações nacionais em matéria de protecção de dados pessoais, bem como na defesa e no exercício dos direitos de pessoas residentes no estrangeiro.

ARTIGO 22.º (Atribuições)

1 – A CNPD é a autoridade nacional que tem como atribuição controlar e fiscalizar o cumprimento das disposições legais e regulamentares em matéria de protecção de dados pessoais, em rigoroso respeito pelos direitos do homem e pelas liberdades e garantias consagradas na Constituição e na lei.

664   *Direito da Comunicação Social*

2 – A CNPD deve ser consultada sobre quaisquer disposições legais, bem como sobre instrumentos jurídicos em preparação em instituições comunitárias ou internacionais, relativos ao tratamento de dados pessoais.

3 – A CNPD dispõe: a) De poderes de investigação e de inquérito, podendo aceder aos dados objecto de tratamento e recolher todas as informações necessárias ao desempenho das suas funções de controlo; b) De poderes de autoridade, designadamente o de ordenar o bloqueio, apagamento ou destruição dos dados, bem como o de proibir, temporária ou definitivamente, o tratamento de dados pessoais, ainda que incluídos em redes abertas de transmissão de dados a partir de servidores situados em território português; c) Do poder de emitir pareceres prévios ao tratamento de dados pessoais, assegurando a sua publicitação.

4 – Em caso de reiterado não cumprimento das disposições legais em matéria de dados pessoais, a CNPD pode advertir ou censurar publicamente o responsável pelo tratamento, bem como suscitar a questão, de acordo com as respectivas competências, à Assembleia da República, ao Governo ou a outros órgãos ou autoridades.

5 – A CNPD tem legitimidade para intervir em processos judiciais no caso de violação das disposições da presente lei e deve denunciar ao Ministério Público as infracções penais de que tiver conhecimento, no exercício das suas funções e por causa delas, bem como praticar os actos cautelares necessários e urgentes para assegurar os meios de prova.

6 – A CNPD é representada em juízo pelo Ministério Público e está isenta de custas nos processos em que intervenha.

Artigo 23.º (Competências)

1 – Compete em especial à CNPD: a) Emitir parecer sobre disposições legais, bem como sobre instrumentos jurídicos em preparação em instituições comunitárias e internacionais, relativos ao tratamento de dados pessoais; b) Autorizar ou registar, consoante os casos, os tratamentos de dados pessoais; c) Autorizar excepcionalmente a utilização de dados pessoais para finalidades não determinantes da recolha, com respeito pelos princípios definidos no artigo 5.º; d) Autorizar, nos casos previstos no artigo 9.º, a interconexão de tratamentos automatizados de dados pessoais; e) Autorizar a transferência de dados pessoais nos casos previstos no artigo 20.º; f) Fixar o tempo da conservação dos dados pessoais em função da finalidade, podendo emitir directivas para determinados sectores de actividade; g) Fazer assegurar o direito de acesso à informação, bem como do exercício do direito de rectificação e actualização; h) Autorizar a fixação de custos ou de periodicidade para o exercício do direito de acesso, bem como fixar os prazos máximos de cumprimento, em cada sector de actividade, das obrigações que, por força dos artigos 11.º a 13.º, incumbem aos responsáveis pelo tratamento de dados pessoais; i) Dar seguimento ao pedido efectuado por

Anexo: *Normas dos Principais Diplomas Legislativos* 665

qualquer pessoa, ou por associação que a represente, para protecção dos seus direitos e liberdades no que diz respeito ao tratamento de dados pessoais e informá-la do resultado; j) Efectuar, a pedido de qualquer pessoa, a verificação de licitude de um tratamento de dados, sempre que esse tratamento esteja sujeito a restrições de acesso ou de informação, e informá-la da realização da verificação; k)Apreciar as reclamações, queixas ou petições dos particulares; l) Dispensar a execução de medidas de segurança, nos termos previstos no n.º 2 do artigo 15.º, podendo emitir directivas para determinados sectores de actividade; m) Assegurar a representação junto de instâncias comuns de controlo e em reuniões comunitárias e internacionais de entidades independentes de controlo da protecção de dados pessoais, bem como participar em reuniões internacionais no âmbito das suas competências, designadamente exercer funções de representação e fiscalização no âmbito dos sistemas Schengen e Europol, nos termos das disposições aplicáveis; n) Deliberar sobre a aplicação de coimas; o) Promover e apreciar códigos de conduta; p) Promover a divulgação e esclarecimento dos direitos relativos à protecção de dados e dar publicidade periódica à sua actividade, nomeadamente através da publicação de um relatório anual; q) Exercer outras competências legalmente previstas.

2 – No exercício das suas competências de emissão de directivas ou de apreciação de códigos de conduta, a CNPD deve promover a audição das associações de defesa dos interesses em causa.

3 – No exercício das suas funções, a CNPD profere decisões com força obrigatória, passíveis de reclamação e de recurso para o Tribunal Central Administrativo.

4 – A CNPD pode sugerir à Assembleia da República as providências que entender úteis à prossecução das suas atribuições e ao exercício das suas competências.

ARTIGO 24.º (Dever de colaboração)

1 – As entidades públicas e privadas devem prestar a sua colaboração à CNPD, facultando-lhe todas as informações que por esta, no exercício das suas competências, lhes forem solicitadas.

2 – O dever de colaboração é assegurado, designadamente, quando a CNPD tiver necessidade, para o cabal exercício das suas funções, de examinar o sistema informático e os ficheiros de dados pessoais, bem como toda a documentação relativa ao tratamento e transmissão de dados pessoais.

3 – A CNPD ou os seus vogais, bem como os técnicos por ela mandatados, têm direito de acesso aos sistemas informáticos que sirvam de suporte ao tratamento dos dados, bem como à documentação referida no número anterior, no âmbito das suas atribuições e competências.

666   *Direito da Comunicação Social*

SECÇÃO II (Composição e funcionamento)

ARTIGO 25.º (Composição e mandato)
1 – A CNPD é composta por sete membros de integridade e mérito reconhecidos, dos quais o presidente e dois dos vogais são eleitos pela Assembleia da República segundo o método da média mais alta de Hondt.

2 – Os restantes vogais são: a) Dois magistrados com mais de 10 anos de carreira, sendo um magistrado judicial, designado pelo Conselho Superior da Magistratura, e um magistrado do Ministério Público, designado pelo Conselho Superior do Ministério Público; b) Duas personalidades de reconhecida competência designadas pelo Governo.

3 – O mandato dos membros da CNPD é de cinco anos e cessa com a posse dos novos membros.

4 – Os membros da CNPD constam de lista publicada na 1.ª série do Diário da República.

5 – Os membros da CNPD tomam posse perante o Presidente da Assembleia da República nos 10 dias seguintes à publicação da lista referida no número anterior.

ARTIGO 26.º (Funcionamento)
1 – São aprovados por lei da Assembleia da República: a) A lei orgânica e o quadro de pessoal da CNPD; b) O regime de incompatibilidades, de impedimentos, de suspeições e de perda de mandato, bem como o estatuto remuneratório dos membros da CNPD.

2 – O estatuto dos membros da CNPD garante a independência do exercício das suas funções.

3 – A Comissão dispõe de quadro próprio para apoio técnico e administrativo, beneficiando os seus funcionários e agentes do estatuto e regalias do pessoal da Assembleia da República.

SECÇÃO III (Notificação)

ARTIGO 27.º (Obrigação de notificação à CNPD)
1 – O responsável pelo tratamento ou, se for caso disso, o seu representante deve notificar a CNPD antes da realização de um tratamento ou conjunto de tratamentos, total ou parcialmente autorizados, destinados à prossecução de uma ou mais finalidades interligadas.

2 – A CNPD pode autorizar a simplificação ou a isenção da notificação para determinadas categorias de tratamentos que, tendendo aos dados a tratar, não sejam susceptíveis de pôr em causa os direitos e liberdades dos titulares dos dados e tenham em conta critérios de celeridade, economia e eficiência.

Anexo: *Normas dos Principais Diplomas Legislativos* 667

3 – A autorização, que está sujeita a publicação no Diário da República, deve especificar as finalidades do tratamento, os dados ou categorias de dados a tratar, a categoria ou categorias de titulares dos dados, os destinatários ou categorias de destinatários a quem podem ser comunicados os dados e o período de conservação dos dados.

4 – Estão isentos de notificação os tratamentos cuja única finalidade seja a manutenção de registos que, nos termos de disposições legislativas ou regulamentares, se destinem a informação do público e possam ser consultados pelo público em geral ou por qualquer pessoa que provar um interesse legítimo.

5 – Os tratamentos não automatizados dos dados pessoais previstos no n.º 1 do artigo 7.º estão sujeitos a notificação quando tratados ao abrigo da alínea a) do n.º 3 do mesmo artigo.

ARTIGO 28.º (Controlo prévio)

1 – Carecem de autorização da CNPD: a) O tratamento dos dados pessoais a que se referem o n.º 2 do artigo 7.º e o n.º 2 do artigo 8.º; b) O tratamento dos dados pessoais relativos ao crédito e à solvabilidade dos seus titulares; c) A interconexão de dados pessoais prevista no artigo 9.º; d) A utilização de dados pessoais para fins não determinantes da recolha

2 – Os tratamentos a que se refere o número anterior podem ser autorizados por diploma legal, não carecendo neste caso de autorização da CNPD.

ARTIGO 29.º (Conteúdo dos pedidos de parecer ou de autorização e da notificação)

Os pedidos de parecer ou de autorização, bem como as notificações, remetidos à CNPD devem conter as seguintes informações: a) Nome e endereço do responsável pelo tratamento e, se for o caso, do seu representante; b) As finalidades do tratamento; c) Descrição da ou das categorias de titulares dos dados e dos dados ou categorias de dados pessoais que lhes respeitem; d) Destinatários ou categorias de destinatários a quem os dados podem ser comunicados e em que condições; e) Entidade encarregada do processamento da informação, se não for o próprio responsável do tratamento; f) Eventuais interconexões de tratamentos de dados pessoais; g) Tempo de conservação dos dados pessoais; h) Forma e condições como os titulares dos dados podem ter conhecimento ou fazer corrigir os dados pessoais que lhes respeitem; i) Transferências de dados previstas para países terceiros; j) Descrição geral que permita avaliar de forma preliminar a adequação das medidas tomadas para garantir a segurança do tratamento em aplicação dos artigos 14.º e 15.º

668   *Direito da Comunicação Social*

ARTIGO 30.º (Indicações obrigatórias)

1 – Os diplomas legais referidos no n.º 2 do artigo 7.º e no n.º 1 do artigo 8.º, bem como as autorizações da CNPD e os registos de tratamentos de dados pessoais, devem, pelo menos, indicar: a) O responsável do ficheiro e, se for caso disso, o seu representante; b) As categorias de dados pessoais tratados; c) As finalidades a que se destinam os dados e as categorias de entidades a quem podem ser transmitidos; d) A forma de exercício do direito de acesso e de rectificação; e) Eventuais interconexões de tratamentos de dados pessoais; f) Transferências de dados previstas para países terceiros.

2 – Qualquer alteração das indicações constantes do n.º 1 está sujeita aos procedimentos previstos nos artigos 27.º e 28.º

ARTIGO 31.º (Publicidade dos tratamentos)

1 – O tratamento dos dados pessoais, quando não for objecto de diploma legal e dever ser autorizado ou notificado, consta de registo na CNPD, aberto à consulta por qualquer pessoa.

2 – O registo contém as informações enumeradas nas alíneas a) a d) e i) do artigo 29.º.

3 – O responsável por tratamento de dados não sujeito a notificação está obrigado a prestar, de forma adequada, a qualquer pessoa que lho solicite, pelo menos as informações referidas no n.º 1 do artigo 30.º.

4 – O disposto no presente artigo não se aplica a tratamentos cuja única finalidade seja a manutenção de registos que, nos termos de disposições legislativas ou regulamentares, se destinem à informação do público e se encontrem abertos à consulta do público em geral ou de qualquer pessoa que possa provar um interesse legítimo.

5 – A CNPD deve publicar no seu relatório anual todos os pareceres e autorizações elaborados ou concedidas ao abrigo da presente lei, designadamente as autorizações previstas no n.º 2 do artigo 7.º e no n.º 2 do artigo 9.º

CAPÍTULO V (Códigos de conduta)

ARTIGO 32.º (Códigos de conduta)

1 – A CNPD apoia a elaboração de códigos de conduta destinados a contribuir, em função das características dos diferentes sectores, para a boa execução das disposições da presente lei.

2 – As associações profissionais e outras organizações representativas de categorias de responsáveis pelo tratamento de dados que tenham elaborado projectos de códigos de conduta podem submetê-los à apreciação da CNPD.

Anexo: *Normas dos Principais Diplomas Legislativos* 669

3 – A CNPD pode declarar a conformidade dos projectos com as disposições legais e regulamentares vigentes em matéria de protecção de dados pessoais.

CAPÍTULO VI (Tutela administrativa e jurisdicional)

SECÇÃO I (Tutela administrativa e jurisdicional)

ARTIGO 33.º (Tutela administrativa e jurisdicional)
Sem prejuízo do direito de apresentação de queixa à CNPD, qualquer pessoa pode, nos termos da lei, recorrer a meios administrativos ou jurisdicionais para garantir o cumprimento das disposições legais em matéria de protecção de dados pessoais.

ARTIGO 34.º (Responsabilidade civil)
1 – Qualquer pessoa que tiver sofrido um prejuízo devido ao tratamento ilícito de dados ou a qualquer outro acto que viole disposições legais em matéria de protecção de dados pessoais tem o direito de obter do responsável a reparação pelo prejuízo sofrido.
2 – O responsável pelo tratamento pode ser parcial ou totalmente exonerado desta responsabilidade se provar que o facto que causou o dano lhe não é imputável.

SECÇÃO II (Contra-ordenações)

ARTIGO 35.º (Legislação subsidiária)
Às infracções previstas na presente secção é subsidiariamente aplicável o regime geral das contra-ordenações, com as adaptações constantes dos artigos seguintes.

ARTIGO 36.º (Cumprimento do dever omitido)
Sempre que a contra-ordenação resulte de omissão de um dever, a aplicação da sanção e o pagamento da coima não dispensam o infractor do seu cumprimento, se este ainda for possível.

ARTIGO 37.º (Omissão ou defeituoso cumprimento de obrigações)
1 – As entidades que, por negligência, não cumpram a obrigação de notificação à CNPD do tratamento de dados pessoais a que se referem os n.ºs 1 e 5 do artigo 27.º, prestem falsas informações ou cumpram a obrigação de notificação com inobservância dos termos previstos no artigo 29.º, ou ainda quando, depois de notificadas pela CNPD, mantiverem o acesso às redes abertas de transmissão

670   *Direito da Comunicação Social*

de dados a responsáveis por tratamento de dados pessoais que não cumpram as disposições da presente lei, praticam contra-ordenação punível com as seguintes coimas: a) Tratando-se de pessoa singular, no mínimo de 50 000$ e no máximo de 500 000$; b) Tratando-se de pessoa colectiva ou de entidade sem personalidade jurídica, no mínimo de 300 000$ e no máximo de 3 000 000$.

2 – A coima é agravada para o dobro dos seus limites quando se trate de dados sujeitos a controlo prévio, nos termos do artigo 28.º

ARTIGO 38.º (Contra-ordenações)

1 – Praticam contra-ordenação punível com a coima mínima de 100 000$ e máxima de 1 000 000$, as entidades que não cumprirem alguma das seguintes disposições da presente lei: a) Designar representante nos termos previstos no n.º 5 do artigo 4.º; b) Observar as obrigações estabelecidas nos artigos 5.º, 10.º, 11.º, 12.º, 13.º, 15.º, 16.º e 31.º, n.º 3.

2 – A pena é agravada para o dobro dos seus limites quando não forem cumpridas as obrigações constantes dos artigos 6.º, 7.º, 8.º, 9.º, 19.º e 20.º

ARTIGO 39.º (Concurso de infracções)

1 – Se o mesmo facto constituir, simultaneamente, crime e contra-ordenação, o agente é punido sempre a título de crime.

2 – As sanções aplicadas às contra-ordenações em concurso são sempre cumuladas materialmente.

ARTIGO 40.º (Punição de negligência e da tentativa)

1 – A negligência é sempre punida nas contra-ordenações previstas no artigo 38.º 2-A tentativa é sempre punível nas contra-ordenações previstas nos artigos 37.º e 38.º

ARTIGO 41.º (Aplicação das coimas)

1 – A aplicação das coimas previstas na presente lei compete ao presidente da CNPD, sob prévia deliberação da Comissão.

2 – A deliberação da CNPD, depois de homologada pelo presidente, constitui título executivo, no caso de não ser impugnada no prazo legal.

ARTIGO 42.º (Destino das receitas cobradas)

O montante das importâncias cobradas, em resultado da aplicação das coimas, reverte, em partes iguais, para o Estado e para a CNPD.

SECÇÃO III (Crimes)

Artigo 43.º (Não cumprimento de obrigações relativas a protecção de dados)
1 – É punido com prisão até um ano ou multa até 120 dias quem intencionalmente: a) Omitir a notificação ou o pedido de autorização a que se referem os artigos 27.º e 28.º; b) Fornecer falsas informações na notificação ou nos pedidos de autorização para o tratamento de dados pessoais ou neste proceder a modificações não consentidas pelo instrumento de legalização; c) Desviar ou utilizar dados pessoais, de forma incompatível com a finalidade determinante da recolha ou com o instrumento de legalização; d) Promover ou efectuar uma interconexão ilegal de dados pessoais; e) Depois de ultrapassado o prazo que lhes tiver sido fixado pela CNPD para cumprimento das obrigações previstas na presente lei ou em outra legislação de protecção de dados, as não cumprir; f) Depois de notificado pela CNPD para o não fazer, mantiver o acesso a redes abertas de transmissão de dados a responsáveis pelo tratamento de dados pessoais que não cumpram as disposições da presente lei.
2 – A pena é agravada para o dobro dos seus limites quando se tratar de dados pessoais a que se referem os artigos 7.º e 8.º

Artigo 44.º (Acesso indevido)
1 – Quem, sem a devida autorização, por qualquer modo, aceder a dados pessoais cujo acesso lhe está vedado é punido com prisão até um ano ou multa até 120 dias.
2 – A pena é agravada para o dobro dos seus limites quando o acesso: a) For conseguido através de violação de regras técnicas de segurança; b) Tiver possibilitado ao agente ou a terceiros o conhecimento de dados pessoais; c) Tiver proporcionado ao agente ou a terceiros benefício ou vantagem patrimonial.
3 – No caso do n.º 1 o procedimento criminal depende de queixa.

Artigo 45.º (Viciação ou destruição de dados pessoais)
1 – Quem, sem a devida autorização, apagar, destruir, danificar, suprimir ou modificar dados pessoais, tornando-os inutilizáveis ou afectando a sua capacidade de uso, é punido com prisão até dois anos ou multa até 240 dias.
2 – A pena é agravada para o dobro nos seus limites se o dano produzido for particularmente grave.
3 – Se o agente actuar com negligência, a pena é, em ambos os casos, de prisão até um ano ou multa até 120 dias.

672 Direito da Comunicação Social

ARTIGO 46.º (Desobediência qualificada)

1 – Quem, depois de notificado para o efeito, não interromper, cessar ou bloquear o tratamento de dados pessoais é punido com a pena correspondente ao crime de desobediência qualificada.

2 – Na mesma pena incorre quem, depois de notificado: a) Recusar, sem justa causa, a colaboração que concretamente lhe for exigida nos termos do artigo 24.º; b) Não proceder ao apagamento, destruição total ou parcial de dados pessoais; c) Não proceder à destruição de dados pessoais, findo o prazo de conservação previsto no artigo 5.º

ARTIGO 47.º (Violação do dever de sigilo)

1 – Quem, obrigado a sigilo profissional, nos termos da lei, sem justa causa e sem o devido consentimento, revelar ou divulgar no todo ou em parte dados pessoais é punido com prisão até dois anos ou multa até 240 dias.

2 – A pena é agravada de metade dos seus limites se o agente: a) For funcionário público ou equiparado, nos termos da lei penal; b) For determinado pela intenção de obter qualquer vantagem patrimonial ou outro benefício ilegítimo; c) Puser em perigo a reputação, a honra e consideração ou a intimidade da vida privada de outrem.

3 – A negligência é punível com prisão até seis meses ou multa até 120 dias.

4 – Fora dos casos previstos no n.º 2, o procedimento criminal depende de queixa.

ARTIGO 48.º (Punição da tentativa)

Nos crimes previstos nas disposições anteriores, a tentativa é sempre punível.

ARTIGO 49.º (Pena acessória)

1 – Conjuntamente com as coimas e penas aplicadas pode, acessoriamente, ser ordenada: a) A proibição temporária ou definitiva do tratamento, o bloqueio, o apagamento ou a destruição total ou parcial dos dados; b) A publicidade da sentença condenatória; c) A advertência ou censura públicas do responsável pelo tratamento, nos termos do n.º 4 do artigo 22.º.

2 – A publicidade da decisão condenatória faz-se a expensas do condenado, na publicação periódica de maior expansão editada na área da comarca da prática da infracção ou, na sua falta, em publicação periódica da comarca mais próxima, bem como através da afixação de edital em suporte adequado, por período não inferior a 30 dias.

3 – A publicação é feita por extracto de que constem os elementos da infracção e as sanções aplicadas, bem como a identificação do agente.

CAPÍTULO VII (Disposições finais)

ARTIGO 50.º (Disposição transitória)

1 – Os tratamentos de dados existentes em ficheiros manuais à data da entrada em vigor da presente lei devem cumprir o disposto nos artigos 7.º, 8.º, 10.º e 11.º no prazo de cinco anos.

2 – Emqualquer caso, o titular dos dados pode obter, a seu pedido e, nomeadamente, aquando do exercício do direito de acesso, a rectificação, o apagamento ou o bloqueio dos dados incompletos, inexactos ou conservados de modo incompatível com os fins legítimos prosseguidos pelo responsável pelo tratamento.

3 – A CNPD pode autorizar que os dados existentes em ficheiros manuais e conservados unicamente com finalidades de investigação histórica não tenham que cumprir os artigos 7.º, 8.º e 9.º, desde que não sejam em nenhum caso reutilizados para finalidade diferente.

ARTIGO 51.º (Disposição revogatória)

São revogadas as Leis n.ᵒˢ 10/91, de 29 de Abril, e 28/94, de 29 de Agosto.

ARTIGO 52.º (Entrada em vigor)

A presente lei entra em vigor no dia seguinte ao da sua publicação.

Aprovada em 24 de Setembro de 1998.

O Presidente da Assembleia da República, António de Almeida Santos.

Promulgada em 7 de Outubro de 1998.

Publique-se.

O Presidente da República, JORGE SAMPAIO.

Referendada em 14 de Outubro de 1998. O Primeiro-Ministro, António Manuel de Oliveira Guterres.

674 *Direito da Comunicação Social*

XIV – LEI DA ENTIDADE REGULADORA DA COMUNI-
CAÇÃO (Lei n.º 53/2005, de 8 de Novembro, cria a Entidade Regu-
ladora da Comunicação – Entidade Reguladora para a Comunicação
Social, extinguindo a Alta Autoridade para a Comunicação Social)

Artigo 1.º **(Criação da Entidade Reguladora da Comunicação - Entidade
Reguladora para a Comunicação Social)**
1 – É criada a Entidade Reguladora da Comunicação – Entidade Reguladora para a Comunicação Social, que se rege pelas normas previstas nos Estatutos aprovados por esta lei, que dele fazem parte integrante e que ora se publicam
em anexo.
2 – A Entidade Reguladora da Comunicação é uma pessoa colectiva de
direito público, com natureza de entidade administrativa independente, que visa
assegurar as funções que lhe foram constitucionalmente atribuídas, definindo
com independência a orientação das suas actividades, sem sujeição a quaisquer
directrizes ou orientações por parte do poder político.
3 – A universalidade de bens, direitos, obrigações e garantias pertencentes
à Alta Autoridade para a Comunicação Social transmitem-se automaticamente
para a Entidade Reguladora da Comunicação.
4 – A presente lei constitui título bastante da comprovação do previsto no
número anterior para todos os efeitos legais, incluindo os de registo, devendo as
repartições competentes realizar, mediante simples comunicado do presidente
do conselho regulador, os actos necessários à regularização da situação.

Artigo 2.º **(Extinção da Alta Autoridade para a Comunicação Social)**
1 – A Alta Autoridade para a Comunicação Social é extinta na data da
posse dos membros do conselho regulador e do fiscal único da Entidade Reguladora da Comunicação.
2 – A aprovação dos presentes Estatutos não implica o termo dos mandatos
dos membros da Alta Autoridade para a Comunicação Social em exercício de
funções à data da entrada em vigor da presente lei, os quais se mantêm em
funções até à tomada de posse dos membros do conselho regulador e do fiscal
único da Entidade Reguladora da Comunicação.
3 – A partir da entrada em vigor da presente lei, as referências feitas à Alta
Autoridade para a Comunicação Social constantes de lei, regulamento ou contrato consideram-se feitas à Entidade Reguladora da Comunicação.
4 – Todos os procedimentos administrativos que não se encontrem concluídos à data da tomada de posse dos membros do conselho regulador e do fiscal
único transitam para a Entidade Reguladora da Comunicação, fixando-se uma
suspensão de quaisquer prazos legais para a prática de actos ou tomada de decisão por um período de 60 dias.

Artigo 3.º (Disposições finais e transitórias)

1 – Enquanto não for aprovado diploma próprio que regule o estatuto remuneratório dos membros dos órgãos directivos dos institutos públicos, a remuneração dos membros do conselho regulador e do fiscal único é estabelecida por despacho conjunto do Ministro das Finanças e do ministro que tutela o sector empresarial do Estado no domínio da comunicação social.

2 – Até ao preenchimento do respectivo quadro técnico, administrativo e auxiliar, pelo conselho regulador, o pessoal afecto à Alta Autoridade para a Comunicação Social permanece transitoriamente ao serviço da Entidade Reguladora da Comunicação.

3 – O pessoal afecto às Divisões de Fiscalização e de Registo do Instituto da Comunicação Social, identificado através de lista nominativa a publicar na 2.ª série do Diário da República no prazo de 30 dias contados da tomada de posse dos membros eleitos do conselho regulador, passa a exercer as suas funções junto da Entidade Reguladora da Comunicação em regime de comissão de serviço.

4 – A lista nominativa referida no número anterior é aprovada pelo membro do Governo responsável pelo sector da comunicação social.

5 – Até à entrada em vigor de novo orçamento do Estado ou até à rectificação do Orçamento em vigor à data do início de funções dos membros do conselho regulador, a Entidade Reguladora da Comunicação disporá das dotações orçamentadas para a Alta Autoridade para a Comunicação Social inscritas ou a inscrever no Orçamento do Estado.

6 – A transferência de dotações orçamentais referidas no número anterior é automática, através das respectivas rubricas do orçamento da Assembleia da República.

7 – O regime jurídico que regula a orgânica e o funcionamento do Instituto da Comunicação Social será alterado pelo Governo, em conformidade com o disposto na presente lei, no prazo de 90 dias a contar da sua entrada em vigor.

Artigo 4.º (Norma revogatória)

É revogada a Lei n.º 43/98, de 6 de Agosto.

Aprovada em 29 de Setembro de 2005.

O Presidente da Assembleia da República, em exercício, Manuel Alegre de Melo Duarte.

Promulgada em 25 de Outubro de 2005.

Publique-se.

O Presidente da República, JORGE SAMPAIO.

Referendada em 26 de Outubro de 2005.

O Primeiro-Ministro, José Sócrates Carvalho Pinto de Sousa.

676   *Direito da Comunicação Social*

ANEXO
Estatutos da ERC – entidade reguladora para a comunicação social

CAPÍTULO I (Disposições gerais)

ARTIGO 1.º (Natureza jurídica e objecto)
1 – A ERC – Entidade Reguladora para a Comunicação Social, abreviadamente designada por ERC, é uma pessoa colectiva de direito público, dotada de autonomia administrativa e financeira e de património próprio, com natureza de entidade administrativa independente, exercendo os necessários poderes de regulação e de supervisão.

2 – A ERC tem por objecto a prática de todos os actos necessários à prossecução das atribuições que lhe são cometidas pela Constituição, pela lei e pelos presentes Estatutos.

ARTIGO 2.º (Sede)
A ERC tem sede em Lisboa.

ARTIGO 3.º (Regime jurídico)
A ERC rege-se pelo disposto nos presentes Estatutos, pelas disposições legais que lhe sejam especificamente aplicáveis e, subsidiariamente, pelo regime aplicável aos institutos públicos.

ARTIGO 4.º (Independência)
A ERC é independente no exercício das suas funções, definindo livremente a orientação das suas actividades, sem sujeição a quaisquer directrizes ou orientações por parte do poder político, em estrito respeito pela Constituição e pela lei.

ARTIGO 5.º (Princípio da especialidade)
1 – A capacidade jurídica da ERC abrange exclusivamente os direitos e obrigações necessários à prossecução do seu objecto.

2 – A ERC não pode exercer actividades ou usar os seus poderes fora das suas atribuições nem dedicar os seus recursos a finalidades diversas das que lhe estão cometidas.

ARTIGO 6.º (Âmbito de intervenção)
Estão sujeitas à supervisão e intervenção do conselho regulador todas as entidades que, sob jurisdição do Estado Português, prossigam actividades de comunicação social, designadamente:

Anexo: Normas dos Principais Diplomas Legislativos 677

a) As agências noticiosas;
b) As pessoas singulares ou colectivas que editem publicações periódicas, independentemente do suporte de distribuição que utilizem;
c) Os operadores de rádio e de televisão, relativamente aos serviços de programas que difundam ou aos conteúdos complementares que forneçam, sob sua responsabilidade editorial, por qualquer meio, incluindo por via electrónica;
d) As pessoas singulares ou colectivas que disponibilizem ao público, através de redes de comunicações electrónicas, serviços de programas de rádio ou de televisão, na medida em que lhes caiba decidir sobre a sua selecção e agregação;
e) As pessoas singulares ou colectivas que disponibilizem regularmente ao público, através de redes de comunicações electrónicas, conteúdos submetidos a tratamento editorial e organizados como um todo coerente.

ARTIGO 7.º (Objectivos da regulação)
Constituem objectivos da regulação do sector da comunicação social a prosseguir pela ERC:
a) Promover e assegurar o pluralismo cultural e a diversidade de expressão das várias correntes de pensamento, através das entidades que prosseguem actividades de comunicação social sujeitas à sua regulação;
b) Assegurar a livre difusão de conteúdos pelas entidades que prosseguem actividades de comunicação social e o livre acesso aos conteúdos por parte dos respectivos destinatários da respectiva oferta de conteúdos de comunicação social, de forma transparente e não discriminatória, de modo a evitar qualquer tipo de exclusão social ou económica e zelando pela eficiência na atribuição de recursos escassos;
c) Assegurar a protecção dos públicos mais sensíveis, tais como menores, relativamente a conteúdos e serviços susceptíveis de prejudicar o respectivo desenvolvimento, oferecidos ao público através das entidades que prosseguem actividades de comunicação social sujeitos à sua regulação;
d) Assegurar que a informação fornecida pelos prestadores de serviços de natureza editorial se pauta por critérios de exigência e rigor jornalísticos, efectivando a responsabilidade editorial perante o público em geral dos que se encontram sujeitos à sua jurisdição, caso se mostrem violados os princípios e regras legais aplicáveis;
e) Assegurar a protecção dos destinatários dos serviços de conteúdos de comunicação social enquanto consumidores, no que diz respeito a comunicações de natureza ou finalidade comercial distribuídas através de comunicações electrónicas, por parte de prestadores de serviços sujeitos à sua actuação, no caso de violação das leis sobre a publicidade;

678   *Direito da Comunicação Social*

f) Assegurar a protecção dos direitos de personalidade individuais sempre que os mesmos estejam em causa no âmbito da prestação de serviços de conteúdos de comunicação social sujeitos à sua regulação.

ARTIGO 8.º (Atribuições)

São atribuições da ERC no domínio da comunicação social:

a) Assegurar o livre exercício do direito à informação e à liberdade de imprensa;

b) Velar pela não concentração da titularidade das entidades que prosseguem actividades de comunicação social com vista à salvaguarda do pluralismo e da diversidade, sem prejuízo das competências expressamente atribuídas por lei à Autoridade da Concorrência;

c) Zelar pela independência das entidades que prosseguem actividades de comunicação social perante os poderes político e económico;

d) Garantir o respeito pelos direitos, liberdades e garantias;

e) Garantir a efectiva expressão e o confronto das diversas correntes de opinião, em respeito pelo princípio do pluralismo e pela linha editorial de cada órgão de comunicação social;

f) Assegurar o exercício dos direitos de antena, de resposta e de réplica política;

g) Assegurar, em articulação com a Autoridade da Concorrência, o regular e eficaz funcionamento dos mercados de imprensa escrita e de áudio-visual em condições de transparência e equidade;

h) Colaborar na definição das políticas e estratégias sectoriais que fundamentam a planificação do espectro radioeléctrico, sem prejuízo das atribuições cometidas por lei ao ICP-ANACOM;

i) Fiscalizar a conformidade das campanhas de publicidade do Estado, das Regiões Autónomas e das autarquias locais com os princípios constitucionais da imparcialidade e isenção da Administração Pública;

j) Assegurar o cumprimento das normas reguladoras das actividades de comunicação social.

Artigo 9.º (Co-regulação e auto-regulação)

A ERC deve promover a co-regulação e incentivar a adopção de mecanismos de auto-regulação pelas entidades que prosseguem actividades de comunicação social e pelos sindicatos, associações e outras entidades do sector.

ARTIGO 10.º (Colaboração de outras entidades)

1 – Todas as entidades, públicas ou privadas, devem colaborar com a ERC na obtenção das informações e documentos solicitados para prosseguimento das suas atribuições.

Anexo: *Normas dos Principais Diplomas Legislativos* 679

2 – Os tribunais devem comunicar ao conselho regulador o teor das sentenças ou acórdãos proferidos em matéria de direito de resposta ou de crimes cometidos através dos meios de comunicação social, bem como em processos por ofensa ao direito de informar.

ARTIGO 11.º (**Relações de cooperação ou associação**)

1 – A ERC pode estabelecer relações de cooperação ou associação, no âmbito das suas atribuições, com outras entidades públicas ou privadas, nacionais ou estrangeiras, nomeadamente no quadro da União Europeia, desde que isso não implique delegação ou partilha das suas competências reguladoras.

2 – A ERC deve manter mecanismos de articulação com as autoridades reguladoras da concorrência e das comunicações e com o Instituto da Comunicação Social, designadamente através da realização de reuniões periódicas com os respectivos órgãos directivos.

ARTIGO 12.º (**Equiparação ao Estado**)

No exercício das suas atribuições, a ERC assume os direitos e obrigações atribuídos ao Estado nas disposições legais e regulamentares aplicáveis, designadamente quanto:

a) À cobrança coerciva de taxas, rendimentos do serviço e outros créditos;
b) À protecção das suas instalações e do seu pessoal;
c) À fiscalização do cumprimento das obrigações de serviço público no sector da comunicação social, à determinação da prática das infracções respectivas e à aplicação das competentes sanções.

CAPÍTULO II (**Estrutura orgânica**)

ARTIGO 13.º (**Órgãos**)

São órgãos da ERC o conselho regulador, a direcção executiva, o conselho consultivo e o fiscal único.

SECÇÃO I (**Conselho regulador**)

ARTIGO 14.º (**Função**)

O conselho regulador é o órgão colegial responsável pela definição e implementação da actividade reguladora da ERC.

ARTIGO 15.º (**Composição e designação**)

1 – O conselho regulador é composto por um presidente, por um vice-presidente e por três vogais.

680 *Direito da Comunicação Social*

2 – A Assembleia da República designa quatro dos membros do conselho regulador, por resolução.

3 – Os membros designados pela Assembleia da República cooptam o quinto membro do conselho regulador.

Artigo 16.º (Processo de designação)

1 – As candidaturas em lista completa, devidamente instruídas com as respectivas declarações de aceitação, podem ser apresentadas por um mínimo de 10 deputados e um máximo de 40 deputados, perante o Presidente da Assembleia da República, até 10 dias antes da reunião marcada para a eleição.

2 – As listas de candidatos devem conter a indicação de candidatos em número igual ao dos mandatos a preencher.

3 – Até cinco dias antes da reunião marcada para a eleição, os candidatos propostos serão sujeitos a audição parlamentar, a realizar perante a comissão competente, para verificação dos requisitos necessários ao desempenho do cargo.

4 – Até dois dias antes da reunião marcada para a eleição, o Presidente da Assembleia da República organiza a relação nominal dos candidatos, ordenada alfabeticamente, a qual é publicada no Diário da Assembleia da República, podendo este prazo ser prorrogado no caso de se verificarem alterações na lista após a audição pela comissão competente.

5 – Os boletins de voto contêm todas as listas apresentadas, integrando cada uma delas os nomes de todos os candidatos, por ordem alfabética.

6 – Ao lado de cada lista de candidatura figura um quadrado em branco destinado a ser assinalado com a escolha do eleitor.

7 - Cada deputado assinala com uma cruz o quadrado correspondente à lista de candidatura em que vota, não podendo votar em mais de uma lista, sob pena de inutilização do boletim de voto.

8 – Consideram-se eleitos os candidatos que integram a lista que obtiver o voto de dois terços dos deputados presentes, desde que superior à maioria absoluta dos deputados em efectividade de funções.

9 – A lista dos eleitos é publicada na 1.ª série-A do Diário da República, sob a forma de resolução da Assembleia da República, nos cinco dias seguintes ao da eleição da totalidade dos membros designados do conselho regulador.

Artigo 17.º (Cooptação)

1 – No prazo máximo de cinco dias contados da publicação da respectiva lista na 1.ª série-A do Diário da República, os membros designados reunirão, sob convocação do membro mais velho, para procederem à cooptação do quinto membro do conselho regulador.

2 – Após discussão prévia, os membros designados devem decidir por consenso o nome do membro cooptado.

Anexo: *Normas dos Principais Diplomas Legislativos* 681

3 – Caso não seja possível obter consenso, será cooptada a pessoa que reunir o maior número de votos.

4 – A decisão de cooptação é publicada na 1.ª série-A do Diário da República nos cinco dias seguintes à sua emissão.

ARTIGO 18.º (**Garantias de independência e incompatibilidades**)

1 – Os membros do conselho regulador são nomeados e cooptados de entre pessoas com reconhecida idoneidade, independência e competência técnica e profissional.

2 – Os membros do conselho regulador são independentes no exercício das suas funções, não estando sujeitos a instruções ou orientações específicas.

3 – Sem prejuízo do disposto nas alíneas d), e) e f) do n.º 1 do artigo 22.º, os membros do conselho regulador são inamovíveis.

4 – Não pode ser designado quem seja ou, nos últimos dois anos, tenha sido membro de órgãos executivos de empresas, de sindicatos, de confederações ou associações empresariais do sector da comunicação social.

5 – Não pode ser designado quem seja ou de nos últimos dois anos, tenha sido membro do Governo, dos órgãos executivos das Regiões Autónomas ou das autarquias locais.

6 – Os membros do conselho regulador estão sujeitos às incompatibilidades e impedimentos dos titulares de altos cargos públicos.

7 – Durante o seu mandato, os membros do conselho regulador não podem ainda:

a) Ter interesses de natureza financeira ou participações nas entidades que prosseguem actividades de comunicação social;

b) Exercer qualquer outra função pública ou actividade profissional, excepto no que se refere ao exercício de funções docentes no ensino superior, em tempo parcial.

8 – Os membros do conselho regulador não podem exercer qualquer cargo com funções executivas em empresas, em sindicatos, em confederações ou em associações empresariais do sector da comunicação social durante um período de dois anos contados da data da sua cessação de funções.

ARTIGO 19.º (**Duração do mandato**)

Os membros do conselho regulador são nomeados por um período de cinco anos, não renovável, continuando os seus membros em exercício até à efectiva substituição ou à cessação de funções.

ARTIGO 20.º (**Estatuto e deveres**)

1 – Os membros do conselho regulador estão sujeitos ao estatuto dos membros de órgãos directivos dos institutos públicos, em tudo o que não resultar dos presentes Estatutos.

682   *Direito da Comunicação Social*

2 – É aplicável aos membros do conselho regulador o regime geral da segurança social, salvo quando pertencerem aos quadros da função pública, caso em que lhes será aplicável o regime próprio do seu lugar de origem.

3 – Os membros do conselho regulador devem exercer o cargo com isenção, rigor, independência e elevado sentido de responsabilidade, não podendo emitir publicamente juízos de valor gravosos sobre o conteúdo das deliberações aprovadas.

Artigo 21.º (Tomada de posse)

Os membros do conselho regulador tomam posse perante o Presidente da Assembleia da República no prazo máximo de cinco dias a contar da publicação da cooptação na 1.ª série-A do Diário da República.

Artigo 22.º (Cessação de funções)

1 – Os membros do conselho regulador cessam o exercício das suas funções:
a) Pelo decurso do prazo por que foram designados;
b) Por morte, por incapacidade permanente ou por incompatibilidade superveniente do titular;
c) Por renúncia;
d) Por faltas a três reuniões consecutivas ou nove reuniões interpoladas, salvo justificação aceite pelo plenário do conselho regulador;
e) Por demissão decidida por resolução da Assembleia da República, aprovada por dois terços dos deputados presentes, desde que superior à maioria absoluta dos deputados em efectividade de funções, em caso de grave violação dos seus deveres estatutários, comprovadamente cometida no desempenho de funções ou no cumprimento de qualquer obrigação inerente ao cargo;
f) Por dissolução do conselho regulador.

2 – Em caso de cessação individual de mandato, é escolhido um novo membro, que cumprirá um mandato integral de cinco anos, não renovável.

3 – O preenchimento da vaga ocorrida é assegurado, consoante os casos, através de cooptação, de acordo com o processo previsto no artigo 17.º, ou de designação por resolução da Assembleia da República adoptada no prazo máximo de 10 dias, de acordo com o processo previsto no artigo 16.º, ressalvadas as necessárias adaptações.

Artigo 23.º (Dissolução do conselho regulador)

1 – O conselho regulador só pode ser dissolvido por resolução da Assembleia da República, aprovada por dois terços dos deputados presentes, desde que superior à maioria absoluta dos deputados em efectividade de funções, em caso de graves irregularidades no funcionamento do órgão.

Anexo: Normas dos Principais Diplomas Legislativos 683

2 – Em caso de dissolução, a designação dos novos membros do conselho regulador assume carácter de urgência, devendo aqueles tomar posse no prazo máximo de 30 dias a contar da data de aprovação da resolução de dissolução.

ARTIGO 24.º (Competências do conselho regulador)
1 – Compete ao conselho regulador eleger, de entre os seus membros, o presidente e o vice-presidente, em reunião a ter lugar no prazo de cinco dias a contar da publicação na 1.ª série-A do Diário da República da cooptação prevista no artigo 17.º

2 – Compete ao conselho regulador no exercício das suas funções de definição e condução de actividades da ERC:
a) Definir a orientação geral da ERC e acompanhar a sua execução;
b) Aprovar os planos de actividades e o orçamento, bem como os respectivos relatórios de actividades e contas;
c) Aprovar regulamentos, directivas e decisões, bem como as demais deliberações que lhe são atribuídas pela lei e pelos presentes Estatutos;
d) Elaborar anualmente um relatório sobre a situação das actividades de comunicação social e sobre a sua actividade de regulação e supervisão e proceder à sua divulgação pública;
e) Aprovar o regulamento de organização e funcionamento dos serviços que integram a ERC e o respectivo quadro de pessoal;
f) Constituir mandatários e designar representantes da ERC junto de outras entidades;
g) Decidir sobre a criação ou encerramento de delegações ou de agências da ERC;
h) Praticar todos os demais actos necessários à realização das atribuições da ERC em relação às quais não seja competente outro órgão.

3 – Compete, designadamente, ao conselho regulador no exercício de funções de regulação e supervisão:
a) Fazer respeitar os princípios e limites legais aos conteúdos difundidos pelas entidades que prosseguem actividades de comunicação social, designadamente em matéria de rigor informativo e de protecção dos direitos, liberdades e garantias pessoais;
b) Fazer respeitar os princípios e limites legais aos conteúdos publicitários, nas matérias cuja competência não se encontre legalmente conferida ao Instituto do Consumidor e à Comissão de Aplicação das Coimas em Matéria Económica e de Publicidade ou a quaisquer outras entidades previstas no regime jurídico da publicidade;
c) Fiscalizar o cumprimento das leis, regulamentos e requisitos técnicos aplicáveis no âmbito das suas atribuições;

684 *Direito da Comunicação Social*

d) Pronunciar-se previamente sobre o objecto e as condições dos concursos públicos para atribuição de títulos habilitadores do exercício da actividade de rádio e de televisão;

e) Atribuir os títulos habilitadores do exercício da actividade de rádio e de televisão e decidir, fundamentadamente, sobre os pedidos de alteração dos projectos aprovados, os pedidos de renovação daqueles títulos ou, sendo o caso, sobre a necessidade de realização de novo concurso público;

f) Aplicar as normas sancionatórias previstas na legislação sectorial específica, designadamente a suspensão ou a revogação dos títulos habilitadores do exercício da actividade de rádio e de televisão e outras sanções previstas nas Leis n.os 4/2001, de 23 de Fevereiro, e 32/2003, de 22 de Agosto;

g) Proceder aos registos previstos na lei, podendo para o efeito realizar auditorias para fiscalização e controlo dos elementos fornecidos;

h) Organizar e manter bases de dados que permitam avaliar o cumprimento da lei pelas entidades e serviços sujeitos à sua supervisão;

i) Verificar o cumprimento, por parte dos operadores de rádio e de televisão, dos fins genéricos e específicos das respectivas actividades, bem como das obrigações fixadas nas respectivas licenças ou autorizações, sem prejuízo das competências cometidas por lei ao ICP-ANACOM;

j) Apreciar e decidir sobre queixas relativas aos direitos de resposta, de antena e de réplica política;

l) Emitir parecer prévio e vinculativo sobre a nomeação e destituição dos directores e directores-adjuntos de órgãos de meios de comunicação social pertencentes ao Estado e a outras entidades públicas que tenham a seu cargo as áreas da programação e da informação;

m) Emitir parecer prévio e não vinculativo sobre os contratos de concessão de serviço público de rádio e de televisão, bem como sobre as respectivas alterações;

n) Promover a realização e a posterior publicação integral de auditorias anuais às empresas concessionárias dos serviços públicos de rádio e de televisão e verificar a boa execução dos contratos de concessão;

o) Participar, em articulação com a Autoridade da Concorrência, na determinação dos mercados economicamente relevantes no sector da comunicação social;

p) Pronunciar-se, nos termos da lei, sobre as aquisições de propriedade ou práticas de concertação das entidades que prosseguem actividades de comunicação social;

q) Proceder à identificação dos poderes de influência sobre a opinião pública, na perspectiva da defesa do pluralismo e da diversidade, podendo adoptar as medidas necessárias à sua salvaguarda;

Anexo: Normas dos Principais Diplomas Legislativos 685

r) Definir os parâmetros para o acesso e ordenação dos guias electrónicos de programas de rádio ou de televisão;

s) Especificar os serviços de programas de rádio e de televisão que devem ser objecto de obrigações de transporte por parte de empresas que ofereçam redes de comunicações electrónicas, nos termos do n.º 1 do artigo 43.º da Lei n.º 5/2004, de 10 de Fevereiro, bem como os que constituem objecto de obrigações de entrega, sem prejuízo das competências neste caso detidas pela Autoridade da Concorrência e pelo ICP-ANACOM;

t) Arbitrar e resolver os litígios que surjam no âmbito das actividades de comunicação social, nos termos definidos pela lei, incluindo os conflitos de interesses relacionados com a cobertura e transmissão de acontecimentos qualificados como de interesse generalizado do público que sejam objecto de direitos exclusivos e as situações de desacordo sobre o direito de acesso a locais públicos;

u) Verificar e promover a conformidade dos estatutos editoriais dos órgãos de comunicação social, bem como das pessoas singulares ou colectivas mencionadas nas alíneas d) e e) do artigo 6.º dos presentes Estatutos, com as correspondentes exigências legais;

v) Apreciar, a pedido do interessado, a ocorrência de alteração profunda na linha de orientação ou na natureza dos órgãos de comunicação social, quando invocada a cláusula de consciência dos jornalistas;

x) Fiscalizar a isenção e imparcialidade das campanhas publicitárias empreendidas pelo Estado, pelas Regiões Autónomas ou pelas autarquias locais, incluindo o poder de decretar a suspensão provisória da sua difusão, até decisão da autoridade judicial competente;

z) Zelar pelo rigor e isenção das sondagens e inquéritos de opinião;

aa) Proceder à classificação dos órgãos de comunicação social nos termos da legislação aplicável;

ab) Assegurar a realização de estudos e outras iniciativas de investigação e divulgação nas áreas da comunicação social e dos conteúdos, no âmbito da promoção do livre exercício da liberdade de expressão e de imprensa e da utilização crítica dos meios de comunicação social;

ac) Conduzir o processamento das contra-ordenações cometidas através de meio de comunicação social, cuja competência lhe seja atribuída pelos presentes Estatutos ou por qualquer outro diploma legal, bem como aplicar as respectivas coimas e sanções acessórias;

ad) Participar e intervir nas iniciativas que envolvam os organismos internacionais congéneres;

ae) Restringir a circulação de serviços da sociedade da informação que contenham conteúdos submetidos a tratamento editorial e que lesem ou ameacem gravemente qualquer dos valores previstos no n.º 1 do

686   *Direito da Comunicação Social*

artigo 7.º do Decreto-Lei n.º 7/2004, de 7 de Janeiro, sem prejuízo da competência do ICP-ANACOM em matéria de comunicações electrónicas de natureza privada, comercial ou publicitária.

ARTIGO 25.º (Competência consultiva)

1 – A ERC pronuncia-se sobre todas as iniciativas legislativas relativas à sua esfera de atribuições, que lhe são obrigatoriamente submetidas pela Assembleia da República ou pelo Governo, e pode, por sua iniciativa, sugerir ou propor medidas de natureza política ou legislativa nas matérias atinentes às suas atribuições.

2 – Presume-se que o parecer é favorável, quando não seja proferido no prazo máximo de 10 dias contados da data de recepção do pedido.

ARTIGO 26.º (Presidente do conselho regulador)

1 – Compete ao presidente do conselho regulador:
a) Convocar e presidir ao conselho regulador e dirigir as suas reuniões;
b) Coordenar a actividade do conselho regulador;
c) Convocar e presidir a direcção executiva e dirigir as suas reuniões;
d) Coordenar a actividade da direcção executiva, assegurando a direcção dos respectivos serviços e a respectiva gestão financeira;
e) Determinar as áreas de intervenção preferencial dos restantes membros;
f) Representar a ERC em juízo ou fora dele;
g) Assegurar as relações da ERC com a Assembleia da República, o Governo e demais autoridades.

2 – O presidente do conselho regulador é substituído pelo vice-presidente ou, na ausência ou impedimento deste, pelo vogal mais idoso.

3 – Por razões de urgência devidamente fundamentadas, o presidente do conselho regulador ou quem o substituir nas suas ausências e impedimentos, pode praticar quaisquer actos da competência do conselho regulador, os quais deverão, no entanto, ser sujeitos a ratificação na primeira reunião ordinária seguinte do conselho.

ARTIGO 27.º (Delegação de poderes)

1 – O conselho regulador pode delegar os seus poderes em qualquer dos seus membros ou em funcionários e agentes da ERC, estabelecendo em cada caso os respectivos limites e condições.

2 – O presidente do conselho regulador pode delegar o exercício de partes da sua competência em qualquer dos restantes membros do conselho.

3 – As deliberações que envolvam delegação de poderes devem ser objecto de publicação na 2.ª série do Diário da República, mas produzem efeitos a contar da data de adopção da respectiva deliberação.

Artigo 28.º (Funcionamento)

1 – O conselho regulador reúne ordinariamente uma vez por semana e extraordinariamente quando for convocado pelo seu presidente, por iniciativa sua ou a solicitação de dois dos restantes membros.

2 – O conselho regulador pode designar um funcionário para o assessorar, competindo-lhe, entre outras tarefas, promover as respectivas convocatórias e elaborar as actas das reuniões.

3 – O conselho regulador pode decidir, em cada caso concreto, que as suas reuniões sejam públicas, bem como convidar eventuais interessados a comparecerem nas referidas reuniões.

4 – As deliberações que afectem interessados são tornadas públicas, sob a forma de resumo, imediatamente após o termo da reunião, sem prejuízo da necessidade de publicação ou de notificação quando legalmente exigidas.

Artigo 29.º (Quórum)

1 – O conselho regulador só pode reunir e deliberar com a presença de três dos seus membros.

2 – As deliberações são tomadas por maioria, exigindo-se em qualquer caso o voto favorável de três membros.

3 – Requerem a presença da totalidade dos membros em efectividade de funções:

a) A eleição do presidente e do vice-presidente;
b) A aprovação de regulamentos vinculativos;
c) A atribuição de títulos habilitadores para o exercício da actividade de televisão;
d) A aprovação de regulamentos internos relativos à organização e funcionamento da ERC;
e) A criação de departamentos ou serviços;
f) A aprovação dos planos de actividades e do orçamento, bem como dos respectivos relatórios de actividades e contas.

Artigo 30.º (Vinculação da ERC)

1 – A ERC obriga-se pela assinatura:

a) Do presidente do conselho regulador ou de outros dois membros, se outra forma não for deliberada pelo mesmo conselho;
b De quem estiver habilitado para o efeito, nos termos e âmbito do respectivo mandato.

2 – Os actos de mero expediente podem ser assinados por qualquer membro do conselho regulador ou por trabalhadores ou colaboradores da ERC a quem tal poder tenha sido expressamente conferido.

688 *Direito da Comunicação Social*

ARTIGO 31.º (**Representação externa e judiciária**)

1 – O presidente do conselho regulador assegura a representação externa da ERC, sem prejuízo da faculdade de delegação de competências.

2 – A representação judiciária da ERC pode ser conferida a advogado, por deliberação do conselho regulador.

SECÇÃO II (**Direcção executiva**)

ARTIGO 32.º (**Função**)

A direcção executiva é o órgão responsável pela direcção dos serviços e pela gestão administrativa e financeira da ERC.

ARTIGO 33.º (**Composição**)

1 – A direcção executiva é composta, por inerência das respectivas funções, pelo presidente e vice-presidente do conselho regulador e pelo director executivo.

2 – O director executivo exerce funções delegadas pela direcção executiva, sendo contratado mediante deliberação do conselho regulador.

SECÇÃO III (**Fiscal único**)

ARTIGO 34.º (**Função**)

O fiscal único é o órgão responsável pelo controlo da legalidade e eficiência da gestão financeira e patrimonial da ERC e de consulta do conselho regulador nesse domínio.

ARTIGO 35.º (**Estatuto**)

1 – O fiscal único é um revisor oficial de contas, designado pela Assembleia da República, por resolução, aplicando-se subsidiariamente o processo previsto no artigo 16.º dos presentes Estatutos.

2 – O fiscal único toma posse nos termos previstos no artigo 21.º dos presentes Estatutos.

ARTIGO 36.º (**Competência**)

Compete, designadamente, ao fiscal único:

a) Acompanhar e controlar a gestão financeira e patrimonial da ERC;

b) Examinar periodicamente a situação financeira e económica da ERC e verificar o cumprimento das normas reguladoras da sua actividade;

c) Emitir parecer prévio no prazo máximo de 10 dias sobre a aquisição, oneração, arrendamento e alienação de bens imóveis;

Anexo: *Normas dos Principais Diplomas Legislativos* 689

d) Emitir parecer sobre o orçamento e o relatório e contas da ERC;
e) Emitir parecer sobre qualquer assunto que lhe seja submetido pelos órgãos da ERC;
f) Participar às entidades competentes as irregularidades que detecte.

ARTIGO 37.º (Duração do mandato)

O fiscal único é nomeado por um período de cinco anos, não renovável, permanecendo em exercício até à efectiva substituição ou à cessação de funções.

SECÇÃO IV (Conselho consultivo)

ARTIGO 38.º (Função)

O conselho consultivo é o órgão de consulta e de participação na definição das linhas gerais de actuação da ERC, contribuindo para a articulação com as entidades públicas e privadas representativas de interesses relevantes no âmbito da comunicação social e de sectores com ela conexos.

ARTIGO 39.º (Composição e designação)

1 – O conselho consultivo é composto por:
a) Um representante da Autoridade da Concorrência;
b) Um representante do Instituto da Comunicação Social;
c) Um representante do ICP-ANACOM;
d) Um representante do Instituto do Consumidor;
e) Um representante do Instituto do Cinema, Audiovisual e Multimédia;
f) Um representante do CRUP - Conselho de Reitores das Universidades Portuguesas;
g) Um representante do Conselho Coordenador dos Institutos Superiores Politécnicos;
h) Um representante do CENJOR - Centro Protocolar de Formação Profissional para Jornalistas;
i) Um representante da associação sindical de jornalistas com maior número de filiados;
j) Um representante da confederação de meios de comunicação social com maior número de filiados;
l) Um representante da associação de consumidores do sector da comunicação social com maior número de filiados;
m) Um representante da associação de agências de publicidade com maior número de filiados;
n) Um representante da associação de anunciantes com maior número de filiados;

690   *Direito da Comunicação Social*

o) Um representante do ICAP – Instituto Civil da Autodisciplina da Publicidade;
p) Um representante da APCT – Associação Portuguesa para o Controlo de Tiragem e Circulação;
q) Um representante da CAEM – Comissão de Análise e Estudos de Meios.

2 – Os representantes indicados no número anterior e os respectivos suplentes são designados pelos órgãos competentes das entidades representadas, por um período de três anos, podendo ser substituídos a qualquer tempo.

3 – O nome e a identificação dos representantes e dos respectivos suplentes são comunicados ao presidente do conselho consultivo nos 30 dias anteriores ao termo do mandato ou nos 30 dias subsequentes à vacatura.

4 – O presidente do conselho regulador preside ao conselho consultivo, com direito a intervir, mas sem direito a voto.

5 – A participação nas reuniões do conselho consultivo não confere direito a qualquer retribuição directa ou indirecta, designadamente ao pagamento de senhas de presença, de despesas de viagem ou de quaisquer outras ajudas de custo.

Artigo 40.º (Competências)

1 – Compete ao conselho consultivo emitir pareceres não vinculativos sobre as linhas gerais de actuação da ERC ou sobre quaisquer outros assuntos que o conselho regulador decida submeter à sua apreciação.

2 – O conselho consultivo emite o respectivo parecer no prazo de 30 dias a contar da solicitação ou, em caso de urgência, no prazo fixado pelo conselho regulador.

Artigo 41.º (Funcionamento)

1 – O conselho consultivo reúne ordinariamente, por convocação do seu presidente, duas vezes por ano e extraordinariamente por iniciativa do seu presidente ou a pedido de um terço dos seus membros.

2 – O conselho consultivo considera-se em funções, para todos os efeitos previstos nesta lei, desde que se encontre designada metade dos seus membros.

3 – O quórum de funcionamento e de deliberação é de metade dos seus membros em efectividade de funções.

4 – O envio de qualquer convocatória ou documentos de trabalho é assegurado, com carácter obrigatório e exclusivo, através de correio electrónico.

Anexo: Normas dos Principais Diplomas Legislativos 691

CAPÍTULO III (Dos serviços e assessorias especializadas)

Artigo 42.º (Serviços)

A ERC dispõe de serviços de apoio administrativo e técnico, criados pelo conselho regulador em função do respectivo plano de actividades e na medida do seu cabimento orçamental.

Artigo 43.º (Regime do pessoal)

1 – O pessoal da ERC está sujeito ao regime jurídico do contrato individual de trabalho e está abrangido pelo regime geral da segurança social.

2 – A ERC dispõe de um quadro de pessoal próprio estabelecido em regulamento interno.

3 – A ERC pode ser parte em instrumentos de regulamentação colectiva de trabalho.

4 – O recrutamento de pessoal será precedido de anúncio público, obrigatoriamente publicado em dois jornais de grande circulação nacional, e será efectuado segundo critérios objectivos de selecção, a estabelecer em regulamento aprovado pelo conselho regulador da ERC.

5 – As condições de prestação e de disciplina do trabalho são definidas em regulamento aprovado pelo conselho regulador da ERC, com observância das disposições legais imperativas do regime do contrato individual de trabalho.

Artigo 44.º (Incompatibilidades)

O pessoal da ERC não pode prestar trabalho ou outros serviços, remunerados ou não, a empresas sujeitas à sua supervisão ou outras cuja actividade colida com as atribuições e competências da ERC.

Artigo 45.º (Funções de fiscalização)

1 – Os funcionários e agentes da ERC, os respectivos mandatários, bem como as pessoas ou entidades qualificadas devidamente credenciadas que desempenhem funções de fiscalização, quando se encontrem no exercício das suas funções e apresentem título comprovativo dessa qualidade, são equiparados a agentes de autoridade e gozam, nomeadamente, das seguintes prerrogativas:

a) Aceder às instalações, equipamentos e serviços das entidades sujeitas à supervisão e regulação da ERC;

b) Requisitar documentos para análise e requerer informações escritas;

c) Identificar todos os indivíduos que infrinjam a legislação e regulamentação, cuja observância devem respeitar, para posterior abertura de procedimento;

d) Reclamar a colaboração das autoridades competentes quando o julguem necessário ao desempenho das suas funções.

692   *Direito da Comunicação Social*

2 – Aos trabalhadores da ERC, respectivos mandatários, bem como pessoas ou entidades qualificadas devidamente credenciadas que desempenhem as funções a que se refere o número anterior são atribuídos cartões de identificação, cujo modelo e condições de emissão constam de portaria do membro do Governo responsável pela comunicação social.

ARTIGO 46.º (Mobilidade)

1 – Os funcionários da administração directa ou indirecta do Estado, das Regiões Autónomas e das autarquias locais, bem como os trabalhadores ou administradores de empresas públicas ou privadas, podem ser destacados ou requisitados para desempenhar funções na ERC, com garantia do seu lugar de origem e dos direitos nele adquiridos, considerando-se o período de desempenho de funções como tempo de serviço prestado no local de que provenham, suportando a ERC as despesas inerentes.

2 – Os trabalhadores da ERC podem desempenhar funções noutras entidades, sem prejuízo do disposto no artigo 44.º, em regime de destacamento, requisição ou outros, nos termos da lei, com garantia do seu lugar de origem e dos direitos nele adquiridos, considerando-se tal período como tempo de serviço efectivamente prestado na ERC.

ARTIGO 47.º (Assessorias especializadas)

1 – Desde que assegurado o respectivo cabimento orçamental, o conselho regulador pode encarregar pessoas individuais ou colectivas da realização de estudos ou de pareceres técnicos relativos a matérias abrangidas pelas atribuições previstas nestes Estatutos, em regime de mera prestação de serviços.

2 – Os estudos e pareceres técnicos elaborados pelas pessoas identificadas no número anterior não vinculam a ERC, salvo ratificação expressa dos mesmos pelo conselho regulador.

CAPÍTULO IV (Gestão financeira e patrimonial)

ARTIGO 48.º (Regras gerais)

1 – A actividade patrimonial e financeira da ERC rege-se pelo disposto nos presentes Estatutos e, subsidiariamente, pelo regime jurídico aplicável aos institutos públicos.

2 – A gestão patrimonial e financeira da ERC, incluindo a prática de actos de gestão privada, está sujeita ao regime da contabilidade pública, rege-se segundo princípios de transparência e economicidade e assegura o cumprimento das regras do direito comunitário e internacional sobre mercados públicos.

Anexo: Normas dos Principais Diplomas Legislativos 693

3 – A ERC deve adoptar procedimentos contratuais regidos pelos requisitos da publicidade, da concorrência e da não discriminação, bem como da qualidade e eficiência económica.

4 – As receitas e despesas da ERC constam de orçamento anual, cuja dotação é inscrita em capítulo próprio dos encargos gerais do Estado.

5 – As receitas e despesas da ERC constam de orçamento anual, constituindo receita proveniente do Orçamento do Estado aquela que constar do orçamento da Assembleia da República, em rubrica autónoma discriminada nos mapas de receitas e de despesas globais dos serviços e fundos autónomos, por classificação orgânica.

Artigo 49.º (Património)

1 – À data da sua criação o património da ERC é constituído pela universalidade de bens, direitos e garantias pertencentes à Alta Autoridade para a Comunicação Social.

2 – O património da ERC é ainda constituído pela universalidade dos bens, direitos e garantias que lhe sejam atribuídos por lei, bem como pelos adquiridos após a sua criação, para prosseguimento no desempenho das suas atribuições.

Artigo 50.º (Receitas)

Constituem receitas da ERC:
a) As verbas provenientes do Orçamento do Estado;
b) As taxas e outras receitas a cobrar junto das entidades que prosseguem actividades no âmbito da comunicação social, a que se refere o artigo 6.º;
c) As taxas e outras receitas cobradas no âmbito da atribuição de títulos habilitadores aos operadores de rádio e de televisão;
d) O produto das coimas por si aplicadas e o produto das custas processuais cobradas em processos contra-ordenacionais;
e) O produto das sanções pecuniárias compulsórias por si aplicadas pelo incumprimento de decisões individualizadas;
f) O produto da aplicação de multas previstas em contratos celebrados com entidades públicas ou privadas;
g) Quaisquer outras receitas, rendimentos ou valores que provenham da sua actividade ou que por lei ou contrato lhe venham a pertencer ou a ser atribuídos, bem como quaisquer subsídios ou outras formas de apoio financeiro;
h) O produto da alienação de bens próprios e da constituição de direitos sobre eles;
i) Os juros decorrentes de aplicações financeiras;
j) O saldo de gerência do ano anterior.

694 *Direito da Comunicação Social*

Artigo 51.º (Taxas)

1 – Os critérios da incidência, os requisitos de isenção e o valor das taxas devidas como contrapartida dos actos praticados pela ERC são definidos por decreto-lei, a publicar no prazo de 60 dias a contar da entrada em vigor da presente lei.

2 – As taxas referidas no número anterior devem ser fixadas de forma objectiva, transparente e proporcionada.

3 – De acordo com os critérios fixados pelo presente artigo, a regulamentação da incidência e do valor das taxas devidas como contrapartida dos actos praticados pela ERC é definida por portaria conjunta do Ministro das Finanças e do membro do Governo responsável pela comunicação social.

4 – As taxas devidas como contrapartida dos actos praticados pela ERC serão suportadas pelas entidades que prosseguem actividades de comunicação social, independentemente do meio de difusão utilizado, na proporção dos custos necessários à regulação das suas actividades.

5 – As taxas devidas como contrapartida dos actos praticados pela ERC são liquidadas semestralmente, em Janeiro e Julho, com excepção daquelas que sejam inferiores ao salário mínimo nacional, as quais são liquidadas anualmente em Janeiro.

Artigo 52.º (Despesas)

Constituem despesas da ERC as que, realizadas no âmbito do exercício das atribuições e competências que lhe estão cometidas, respeitem a encargos decorrentes da sua actividade e a aquisição de bens de imobilizado.

CAPÍTULO V (Dos procedimentos de regulação e supervisão)

SECÇÃO I (Disposições gerais)

Artigo 53.º (Exercício da supervisão)

1 – A ERC pode proceder a averiguações e exames em qualquer entidade ou local, no quadro da prossecução das atribuições que lhe estão cometidas, cabendo aos operadores de comunicação social alvo de supervisão facultar o acesso a todos os meios necessários para o efeito.

2 – Para efeitos do número anterior, a ERC pode credenciar pessoas ou entidades especialmente qualificadas e habilitadas, integrantes de uma listagem a publicar anualmente.

3 – As diligências previstas no número anterior respeitam o princípio da proporcionalidade, o sigilo profissional e o sigilo comercial.

Anexo: Normas dos Principais Diplomas Legislativos 695

4 – Em caso de suspeita sobre a ausência de fundamento da invocação de sigilo comercial, a ERC tem de solicitar ao tribunal judicial competente que autorize o prosseguimento das diligências pretendidas.

5 – As entidades que prosseguem actividades de comunicação social devem prestar à ERC toda a colaboração necessária ao desempenho das suas funções, devendo fornecer as informações e os documentos solicitados, no prazo máximo de 30 dias, sem prejuízo da salvaguarda do sigilo profissional e do sigilo comercial.

6 – O dever de colaboração pode compreender a comparência de administradores, directores e demais responsáveis perante o conselho regulador ou quaisquer serviços da ERC.

7 – A ERC pode proceder à divulgação das informações obtidas, sempre que isso seja relevante para a regulação do sector, desde que esta se revele proporcionada face aos direitos eventualmente detidos pelos operadores.

8 – A ERC pode divulgar a identidade dos operadores sujeitos a processos de investigação, bem como a matéria a investigar.

Artigo 54.º (Sigilo)

1 – Os titulares dos órgãos da ERC, os respectivos mandatários, as pessoas ou entidades devidamente credenciadas, bem como os seus trabalhadores e outras pessoas ao seu serviço, independentemente da natureza do respectivo vínculo, estão obrigados a guardar sigilo de factos cujo conhecimento lhes advenha exclusivamente pelo exercício das suas funções, sem prejuízo do disposto nos n.os 7 e 8 do artigo 53.º

2 – A violação do dever de segredo profissional previsto no número anterior é, para além da inerente responsabilidade disciplinar e civil, punível nos termos do Código Penal.

SECÇÃO II (Procedimentos de queixa)

Artigo 55.º (Prazo de apresentação)

Qualquer interessado pode apresentar queixa relativa a comportamento susceptível de configurar violação de direitos, liberdades e garantias ou de quaisquer normas legais ou regulamentares aplicáveis às actividades de comunicação social desde que o faça no prazo máximo de 30 dias a contar do conhecimento dos factos e desde que tal conhecimento não ocorra passados mais de 120 dias da ocorrência da alegada violação.

Artigo 56.º (Direito de defesa)

1 – O denunciado é notificado, no prazo máximo de cinco dias, sobre o conteúdo da queixa apresentada.

696   *Direito da Comunicação Social*

2 – O denunciado tem o direito a apresentar oposição no prazo de 10 dias a contar da notificação da queixa.

Artigo 57.º (Audiência de conciliação)

1 – Sempre que o denunciado apresente oposição, a ERC procede obrigatoriamente a uma audiência de conciliação entre o queixoso e o denunciado no prazo máximo de 10 dias a contar da apresentação da oposição.

2 – A falta de comparência do queixoso, do denunciado ou de qualquer dos respectivos mandatários com poderes especiais não implica a repetição da audiência de conciliação.

3 – A audiência de conciliação é presidida por um membro do conselho regulador ou por qualquer licenciado em Direito para tal designado pelo conselho regulador.

4 – Em caso de sucesso da conciliação, os termos do acordo são reduzidos a escrito e assinados pelo queixoso e pelo denunciado, que podem ser substituídos pelos respectivos mandatários com poderes especiais para o acto.

5 – A audiência de conciliação apenas é obrigatória nos procedimentos previstos na presente secção, não sendo aplicável, designadamente, aos procedimentos de direito de resposta, de antena e de réplica política.

Artigo 58.º (Dever de decisão)

1 – O conselho regulador profere uma decisão fundamentada, ainda que por mera reprodução da proposta de decisão apresentada pelos serviços competentes, no prazo máximo de 30 dias a contar da entrega da oposição ou, na sua falta, do último dia do respectivo prazo.

2 – A falta de apresentação de oposição implica a confissão dos factos alegados pelo queixoso, com consequente proferimento de decisão sumária pelo conselho regulador, sem prévia realização de audiência de conciliação.

3 – A decisão do conselho regulador pode ser proferida por remissão para o acordo obtido em audiência de conciliação, sob condição de cumprimento integral dos termos acordados.

SECÇÃO III **(Direito de resposta, de antena e de réplica política)**

Artigo 59.º (Direito de resposta e de rectificação)

1 – Em caso de denegação ou de cumprimento deficiente do exercício do direito de resposta ou de rectificação por qualquer entidade que prossiga actividades de comunicação social, o interessado pode recorrer para o conselho regulador no prazo de 30 dias a contar da data da recusa da expiração do prazo legal para satisfação do direito.

Anexo: Normas dos Principais Diplomas Legislativos   697

2 – O conselho regulador pode solicitar às partes interessadas todos os elementos necessários ao conhecimento do recurso, os quais lhe devem ser remetidos no prazo de três dias a contar da data da recepção do pedido.

3 – As entidades que prosseguem actividades de comunicação social que recusarem o direito de resposta ou o direito de réplica política ficam obrigadas a preservar os registos dos materiais que estiveram na origem do respectivo pedido até ao termo do prazo previsto no n.º 1 do presente artigo ou, caso seja apresentada queixa, até ao proferimento de decisão pelo conselho regulador.

Artigo 60.º (Garantia de cumprimento)

1 – A decisão que ordene a publicação ou transmissão de resposta ou de rectificação, de direito de antena ou de réplica política deve ser cumprida no prazo fixado pela própria decisão ou, na sua ausência, no prazo de quarenta e oito horas a contar da sua notificação, salvo quando a decisão se reporte a publicação não diária, cujo cumprimento ocorrerá na primeira edição ultimada após a respectiva notificação.

2 – Os membros dos órgãos executivos das entidades que prosseguem actividades de comunicação social bem como os directores de publicações e directores de programação e informação dos operadores de rádio e de televisão são pessoalmente responsáveis pelo cumprimento da decisão proferida.

SECÇÃO IV (Nomeação e destituição de directores)

Artigo 61.º (Procedimento)

1 – Os pareceres referidos na alínea l) do n.º 3 do artigo 24.º devem ser emitidos no prazo de 10 dias a contar da data de entrada da respectiva solicitação.

2 – Presumem-se favoráveis os pareceres que não sejam emitidos dentro do prazo fixado no número anterior, salvo se as diligências instrutórias por eles exigidas impuserem a sua dilação.

3 – O conselho regulador não pode pronunciar-se em prazo superior a 20 dias.

SECÇÃO V (Outros procedimentos)

Artigo 62.º (Regulamentos)

1 – Os regulamentos da ERC devem observar os princípios da legalidade, da necessidade, da clareza, da participação e da publicidade.

2 – A ERC deve, através da publicação no seu sítio electrónico, divulgar previamente à sua aprovação ou alteração quaisquer projectos de regulamentos, dispondo os interessados de um prazo de 30 dias para emissão de parecer não vinculativo.

698 *Direito da Comunicação Social*

3 – O relatório preambular dos regulamentos fundamenta as decisões tomadas, com necessária referência às críticas ou sugestões que tenham sido feitas ao projecto.

4 – O processo de consulta descrito nos números anteriores não se aplica aos regulamentos destinados a regular exclusivamente a organização e o funcionamento interno dos serviços da ERC.

ARTIGO 63.º (Directivas e recomendações)

1 – O conselho regulador, oficiosamente ou a requerimento de um interessado, pode adoptar directivas genéricas destinadas a incentivar padrões de boas práticas no sector da comunicação social.

2 – O conselho regulador, oficiosamente ou mediante requerimento de um interessado, pode dirigir recomendações concretas a um meio de comunicação social individualizado.

3 – As directivas e as recomendações não têm carácter vinculativo.

ARTIGO 64.º (Decisões)

1 – O conselho regulador, oficiosamente ou mediante queixa de um interessado, pode adoptar decisões em relação a uma entidade individualizada que prossiga actividades de comunicação social.

2 – As decisões têm carácter vinculativo e são notificadas aos respectivos destinatários, entrando em vigor no prazo por elas fixado ou, na sua ausência, no prazo de cinco dias após a sua notificação.

3 – Os membros dos órgãos executivos das entidades que prosseguem actividades de comunicação social bem como os directores de publicações e directores de programação e informação dos operadores de rádio e de televisão serão pessoalmente responsáveis pelo cumprimento da decisão proferida.

ARTIGO 65.º (Publicidade)

1 – Os regulamentos da ERC que contêm normas de eficácia externa são publicados na 2.ª série do Diário da República, sem prejuízo da sua publicitação por outros meios considerados mais adequados à situação.

2 – As recomendações e decisões da ERC são obrigatória e gratuitamente divulgadas nos órgãos de comunicação social a que digam respeito, com expressa identificação da sua origem, não podendo exceder:

a) 500 palavras para a informação escrita;
b) 300 palavras para a informação sonora e televisiva.

3 – As recomendações e decisões da ERC são divulgadas:

a) Na imprensa escrita, incluindo o seu suporte electrónico, numa das cinco primeiras páginas dos jornais a que se reportem, se a própria recomendação não dispuser diferentemente, em corpo de fácil leitura e normalmente utilizado para textos de informação;

Anexo: Normas dos Principais Diplomas Legislativos 699

b) Na rádio e na televisão, no serviço noticioso de maior audiência do operador, sendo, na televisão, o respectivo texto simultaneamente exibido e lido;

c) Nos serviços editoriais disponibilizados através de redes de comunicações electrónicas, em local que lhes assegure a necessária visibilidade.

4 – Na imprensa diária, na rádio, na televisão e nos serviços referidos na alínea c) do número anterior, as recomendações e decisões da ERC são divulgadas nas quarenta e oito horas seguintes à sua recepção.

5 – Na imprensa não diária, as recomendações e decisões da ERC são divulgadas na primeira edição ultimada após a respectiva notificação.

6 – Os regulamentos, as directivas, as recomendações e as decisões da ERC são obrigatoriamente divulgados no seu sítio electrónico.

CAPÍTULO VI **(Da responsabilidade)**

SECÇÃO I **(Dos crimes)**

Artigo 66.º (Desobediência qualificada)

1 – Constitui crime de desobediência qualificada a recusa de acatamento ou o cumprimento deficiente, com o intuito de impedir os efeitos por ela visados, de:

a) Decisão que ordene a publicação ou transmissão de resposta, de rectificação, de direito de antena ou de réplica política, no prazo fixado pela própria decisão ou, na sua ausência, no prazo de quarenta e oito horas a contar da sua notificação, salvo quando a decisão se reporte a publicação não diária, cujo cumprimento ocorrerá na primeira edição ultimada após a respectiva notificação;

b) Decisão que imponha o cumprimento das obrigações inerentes ao licenciamento e autorização do acesso às actividades de comunicação social, sejam estas decorrentes da lei, de regulamento ou de contrato administrativo;

c) Decisão que imponha a rectificação de sondagem ou de inquérito de opinião, nos termos do artigo 14.º da Lei n.º 10/2000, de 21 de Junho.

2 – A desobediência qualificada é punida nos termos do n.º 2 do artigo 348.º do Código Penal.

700   *Direito da Comunicação Social*

SECÇÃO II (Dos ilícitos de mera ordenação social)

ARTIGO 67.º (Procedimentos sancionatórios)

1 – Compete à ERC processar e punir a prática das contra-ordenações previstas nos presentes Estatutos, bem como aquelas que lhe forem atribuídas por qualquer outro diploma, em matéria de comunicação social.

2 – Os procedimentos sancionatórios regem-se pelo disposto no regime do ilícito de mera ordenação social e, subsidiariamente, pelo disposto no Código de Processo Penal.

3 – Incumbe ainda à ERC participar às autoridades competentes a prática de ilícitos penais de que tome conhecimento no desempenho das suas funções.

ARTIGO 68.º (Recusa de colaboração)

Constitui contra-ordenação, punível com coima de (euro) 5000 a (euro) 25000, quando cometida por pessoa singular, e de (euro) 50000 a (euro) 250000, quando cometida por pessoa colectiva, a inobservância do disposto nos n.os 5 e 6 do artigo 53.º dos presentes Estatutos.

ARTIGO 69.º (Recusa de acesso para averiguações e exames)

Constitui contra-ordenação, punível com coima de (euro) 5000 a (euro) 25000, quando cometida por pessoa singular, e de (euro) 50000 a (euro) 250000, quando cometida por pessoa colectiva, a recusa de acesso a entidade ou local para realização de averiguações e exames, nos termos previstos no n.º 1 do artigo 53.º dos presentes Estatutos.

ARTIGO 70.º (Não preservação de registo)

1 – Constitui contra-ordenação, punível com coima de (euro) 5000 a (euro) 50000, a inobservância do disposto no n.º 3 do artigo 59.º dos presentes Estatutos.

2 – A negligência é punível.

ARTIGO 71.º (Recusa de acatamento e cumprimento deficiente de decisão)

Constitui contra-ordenação, punível com coima de (euro) 5000 a (euro) 25000, quando cometida por pessoa singular, e de (euro) 50000 a (euro) 250000, quando cometida por pessoa colectiva, a recusa de acatamento ou o cumprimento deficiente, com o intuito de impedir os efeitos por ela visados, de:

a) Decisão que ordene a publicação ou transmissão de resposta, de rectificação, de direito de antena ou de réplica política, no prazo fixado pela própria decisão ou, na sua ausência, no prazo de quarenta e oito horas a contar da sua notificação, salvo quando a decisão se reporte a publicação não diária, cujo cumprimento ocorrerá na primeira edição ultimada após a respectiva notificação;

Anexo: Normas dos Principais Diplomas Legislativos 701

b) Decisão que imponha o cumprimento das obrigações inerentes ao licenciamento e autorização do acesso às actividades de comunicação social, sejam estas decorrentes da lei, de regulamento ou de contrato administrativo;

c) Decisão que imponha a rectificação de sondagem ou de inquérito de opinião, nos termos do artigo 14.º da Lei n.º 10/2000, de 21 de Junho.

SECÇÃO III (Da sanção pecuniária compulsória)

ARTIGO 72.º (Sanção pecuniária compulsória)

1 – Os destinatários de decisão individualizada aprovada pela ERC ficarão sujeitos ao pagamento de uma quantia pecuniária a pagar por cada dia de atraso no cumprimento, contado da data da sua entrada em vigor.

2 – O valor diário da sanção prevista no número anterior é fixado em (euro) 100, quando a infracção for cometida por pessoa singular, e em (euro) 500, quando cometida por pessoa colectiva.

CAPÍTULO VII (Acompanhamento parlamentar e controlo judicial)

ARTIGO 73.º (Relatório à Assembleia da República e audições parlamentares)

1 – A ERC deve manter a Assembleia da República informada sobre as suas deliberações e actividades, enviando-lhe uma colectânea mensal das mesmas.

2 – A ERC enviará à Assembleia da República, para discussão, precedida de audição, na Comissão de Assuntos Constitucionais, Direitos, Liberdades e Garantias, dos membros do conselho regulador, um relatório anual sobre as suas actividades de regulação, bem como o respectivo relatório de actividade e contas, até ao dia 31 de Março de cada ano.

3 – O debate em comissão realizar-se-á nos 30 dias posteriores ao recebimento do relatório de actividades e contas.

4 – Os membros do conselho regulador comparecerão perante a comissão competente da Assembleia da República, para prestar informações ou esclarecimentos sobre as suas actividades, sempre que tal lhes for solicitado.

ARTIGO 74.º (Responsabilidade jurídica)

Os titulares dos órgãos da ERC e os seus trabalhadores e agentes respondem civil, criminal, disciplinar e financeiramente pelos actos e omissões que pratiquem no exercício das suas funções, nos termos da Constituição e demais legislação aplicável.

702   *Direito da Comunicação Social*

ARTIGO 75.º (Controlo judicial)

1 – A actividade dos órgãos e agentes da ERC fica sujeita à jurisdição administrativa, nos termos e limites expressamente previstos pelo Estatuto dos Tribunais Administrativos e Fiscais.

2 – As sanções por prática de ilícitos de mera ordenação social são impugnáveis junto dos tribunais judiciais competentes.

3 – Das decisões proferidas no âmbito da resolução de litígios cabe recurso para os tribunais judiciais ou arbitrais, nos termos previstos na lei.

4 – A instauração de acção administrativa para impugnação de decisão da ERC ou a interposição de recurso para os tribunais judiciais ou arbitrais não suspende os efeitos da decisão impugnada ou recorrida, salvo decretação da correspondente providência cautelar.

ARTIGO 76.º (Fiscalização do Tribunal de Contas)

1 – A ERC está sujeita à jurisdição do Tribunal de Contas.

2 – Os actos e contratos praticados e celebrados pela ERC não estão sujeitos a visto do Tribunal de Contas, sendo, no entanto, obrigatória a apresentação das contas anuais para efeitos de julgamento.

ARTIGO 77.º (Sítio electrónico)

1 – A ERC deve disponibilizar um sítio na Internet, com todos os dados relevantes, nomeadamente o diploma de criação, os Estatutos, os regulamentos, as decisões e orientações, bem como a composição dos seus órgãos, os planos, os orçamentos, os relatórios e contas referentes aos dois últimos anos da sua actividade e ainda todas as deliberações que não digam respeito à sua gestão corrente.

2 – A página electrónica serve de suporte para a divulgação de modelos e formulários para a apresentação de requerimentos por via electrónica, visando a satisfação dos respectivos pedidos e obtenção de informações em linha, nos termos legalmente admitidos.

3 – O teor das sentenças ou acórdãos comunicados à ERC, nos termos do n.º 2 do artigo 10.º dos presentes Estatutos, são obrigatoriamente publicados no sítio electrónico da ERC.

Anexo: Normas dos Principais Diplomas Legislativos

XV – PROPOSTA DE LEI DA TELEVISÃO (Anteprojecto de lei de televisão)

Exposição de Motivos

O acesso à actividade de televisão e o respectivo exercício são actualmente regulados pela Lei n.º 32/2003, de 22 de Agosto e pelo Decreto-Lei n.º 237/98, de 5 de Agosto.

Conforme refere o Programa do XVII Governo Constitucional, "com a massificação dos meios audiovisuais, a multiplicação dos meios de expressão nas novas redes digitais e a convergência de tecnologias, mercados, serviços e equipamentos, a comunicação social constitui hoje um sistema de produção e difusão de informação e de conhecimentos de enorme influência social".

Com esta evolução, é hoje inquestionável o impacto dos meios de comunicação social, entre os quais se destaca, com especial relevo, a televisão.

Ocupando um espaço público de comunicação, a actividade de televisão envolve uma grande responsabilidade social. Nesse sentido, não podem deixar de lhe corresponder certos fins específicos, designadamente em matéria de informação, formação e entretenimento, que justificam a previsão de um regime de acesso mais exigente para a atribuição e a renovação das licenças e autorizações e um reforço das obrigações dos principais intervenientes na actividade televisiva, nomeadamente dos operadores de televisão e dos operadores de distribuição.

Com o aparecimento das novas tecnologias digitais, torna-se necessário redefinir o quadro legal do acesso à actividade de televisão e do respectivo exercício, introduzindo, de forma faseada, a Televisão Digital Terrestre, "evitando a discriminação no acesso às novas emissões das camadas sociais mais carenciadas ou das regiões mais periféricas e salvaguardando os interesses do tecido tecnológico do nosso País, tanto ao nível das redes de distribuição existentes como da capacidade de indústria de componentes nacional".

Em relação ao serviço público de televisão, a nova lei acaba com a "concessão especial de serviço público", integrando plenamente o actual serviço de programas "A:2" numa concessão única de serviço público de televisão, reforçando a sua identidade e mantendo formas sustentáveis de participação de entidades representativas da sociedade civil. Por outro lado, num quadro de maior exigência, clarifica-se a finalidade de cada um dos serviços de programas que integram o serviço público e lançam-se as bases para uma efectiva avaliação do cumprimento das respectivas obrigações. Ao mesmo tempo, reforçam-se os princípios da proporcionalidade e da transparência do financiamento do serviço público, remetendo para o contrato de concessão a previsão de mecanismos de controlo adequados.

704 *Direito da Comunicação Social*

Aproveita-se, ainda, este momento legislativo para aperfeiçoar e clarificar o regime sancionatório previsto na actual Lei da Televisão e em simultâneo para adaptá-lo ao que a presente lei traz de inovador, nomeadamente através da correspondente previsão de novas contra-ordenações.

Assim:

Nos termos da alínea d) do n.º 1 do artigo 197.º da Constituição, o Governo apresenta à Assembleia da República a seguinte proposta de lei:

CAPÍTULO I (Disposições gerais)

Artigo 1.º (Objecto)

A presente lei tem por objecto regular o acesso à actividade de televisão e o seu exercício, transpondo para a ordem jurídica interna a Directiva n.º 89/552/CEE, do Conselho, de 3 de Outubro, na redacção que lhe foi dada pela Directiva n.º 97/36/CE, do Parlamento e do Conselho, de 30 de Junho.

Artigo 2.º (Definições)

1 – Para efeitos da presente lei, entende-se por: a) "Actividade de televisão", a actividade que consiste na organização, ou na selecção e agregação, de serviços de programas televisivos com vista à sua transmissão, destinada à recepção pelo público em geral; b)" Autopromoção", a publicidade difundida pelo operador de televisão relativa aos seus próprios produtos, serviços, serviços de programas televisivos ou programas, incluindo àqueles em que tenha participado financeiramente; c) "Obra criativa", a produção cinematográfica ou audiovisual assente em elementos estruturados de criação, nomeadamente longas e curtas-metragens de ficção, documentários, reportagens, tele-filmes, séries televisivas, programas artísticos e didácticos ou programas de entretenimento com dimensão formativa; d) "Obra europeia", a produção cinematográfica ou audiovisual que reúna os requisitos fixados no artigo 6.º da Directiva n.º 89/552/CEE, do Conselho, de 3 de Outubro, na redacção que lhe foi dada pela Directiva n.º 97/36/CE, do Parlamento e do Conselho, de 30 de Junho; e) "Operador de distribuição", a pessoa colectiva que procede à selecção ou agregação de serviços de programas televisivos e os disponibiliza ao público, através de redes de comunicações electrónicas; f) "Operador de televisão", a pessoa colectiva responsável pela organização de serviços de programas televisivos e legalmente habilitada para o exercício da actividade de televisão; g) "Produtor independente", a pessoa colectiva cuja actividade principal consista na produção de obras cinematográficas ou audiovisuais, desde que preencha cumulativamente 4 os seguintes requisitos: i) capital social não detido, directa ou indirectamente, em mais de 25% por um operador de televisão ou em mais de 50% no caso de

Anexo: Normas dos Principais Diplomas Legislativos 705

vários operadores de televisão; ii) limite anual de 90% de vendas para o mesmo operador de televisão; h) "Serviço de programas televisivo", o conjunto sequencial e unitário dos elementos da programação fornecido por um operador de televisão; i) "Televenda", a difusão de ofertas directas ao público, tendo como objectivo o fornecimento de produtos ou a prestação de serviços mediante remuneração; j) "Televisão", a transmissão, codificada ou não, de imagens não permanentes e sons através de uma rede de comunicações electrónicas, destinada à recepção pelo público em geral.

2 – Exceptua-se do disposto na alínea j) do número anterior: a) Os serviços de comunicações apenas disponibilizados mediante solicitação individual; b) A mera retransmissão de emissões alheias; c) A transmissão pontual de eventos, através de dispositivos técnicos instalados nas imediações dos respectivos locais de ocorrência e tendo por alvo o público aí concentrado.

Artigo 3.º (Âmbito de aplicação)

1 – Estão sujeitas às disposições da presente lei as emissões de televisão transmitidas por operadores de televisão sob a jurisdição do Estado Português.

2 – Consideram-se sob jurisdição do Estado Português os operadores de televisão que satisfaçam os critérios definidos no artigo 2.º da Directiva n.º 89/552/CEE, do Conselho, 5 de 3 de Outubro, na redacção que lhe foi dada pela Directiva n.º 97/36/CE, do Parlamento e do Conselho, de 30 de Junho.

Artigo 4.º (Concorrência, concentração e transparência da propriedade)

É aplicável aos operadores de televisão o regime geral de defesa e promoção da concorrência, nomeadamente no que diz respeito às práticas proibidas e à concentração de empresas, assim como a lei que regula a concentração da titularidade das entidades que prosseguem actividades de comunicação social.

Artigo 5.º (Serviço público)

O Estado assegura a existência e o funcionamento de um serviço público de televisão, nos termos do capítulo V.

Artigo 6.º (Princípio da cooperação)

1 – O Estado, os concessionários do serviço público e os restantes operadores de televisão devem colaborar entre si na prossecução dos valores da dignidade da pessoa humana, do Estado de direito, da sociedade democrática e da coesão nacional e da promoção da língua e da cultura portuguesas, tendo em consideração as necessidades especiais de certas categorias de espectadores.

2 – A entidade reguladora para a comunicação social promove e incentiva a adopção de mecanismos de co-regulação, auto-regulação e cooperação entre os diversos operadores de televisão que permitam alcançar os objectivos referidos no número anterior.

706   *Direito da Comunicação Social*

Artigo 7.º (Áreas de cobertura)

1 – Os serviços de programas televisivos podem ter cobertura de âmbito internacional, nacional, regional ou local, consoante se destinem a abranger, respectivamente: a) De forma predominante o território de outros países; b) A generalidade do território nacional, incluindo as Regiões Autónomas; c) Um conjunto de distritos no continente ou um conjunto de ilhas nas Regiões Autónomas, ou uma ilha com vários municípios, ou ainda uma área metropolitana; d) Um município ou um conjunto de municípios contíguos até ao máximo de cinco.

2 – A área geográfica consignada a cada serviço de programas televisivo deve ser coberta com o mesmo programa e sinal recomendado, salvo autorização em contrário, a conceder por deliberação da entidade reguladora para a comunicação social.

3 – A deliberação referida no número anterior fixará o limite horário de descontinuidade da emissão até ao máximo de duas horas por dia, podendo ser alargado, nos termos nela previstos, em situações excepcionais e devidamente fundamentadas.

4 – As classificações a que se refere o presente artigo competem à entidade reguladora para a comunicação social e são estabelecidas no acto da licença ou autorização, sem prejuízo da sua posterior alteração, a requerimento dos interessados, salvaguardadas as condições do exercício da actividade a que os respectivos operadores se encontram vinculados.

Artigo 8.º (Tipologia de serviços de programas televisivos)

1 – Os serviços de programas televisivos podem ser generalistas ou temáticos e de acesso livre, não condicionado ou condicionado.

2 – Consideram-se generalistas os serviços de programas televisivos que apresentem uma programação diversificada, de conteúdo formativo, recreativo e informativo, e dirigida à globalidade do público.

3 – São temáticos os serviços de programas televisivos que apresentem um modelo de programação predominantemente centrado em matérias ou géneros audiovisuais específicos, ou dirigido preferencialmente a determinados segmentos do público.

4 – Os serviços de programas televisivos temáticos de autopromoção e de televenda não podem integrar quaisquer outros elementos de programação convencional, tais como serviços noticiosos, transmissões desportivas, filmes, séries ou documentários.

5 – São de acesso livre os serviços de programas televisivos transmitidos sob forma não codificada e disponibilizados sem qualquer contrapartida, incluindo a devida pelo acesso à infra-estrutura de distribuição ou pela sua utilização.

Anexo: *Normas dos Principais Diplomas Legislativos* 707

6 – São de acesso não condicionado os serviços de programas televisivos disponibilizados mediante uma contrapartida pelo acesso à infra-estrutura de distribuição ou pela sua utilização.

7 – São de acesso condicionado os serviços de programas televisivos disponibilizados mediante contrapartida específica, não se considerando como tal a quantia devida pelo acesso à infra-estrutura de distribuição, bem como pela sua utilização.

8 – As classificações a que se refere o presente artigo competem à entidade reguladora para a comunicação social e são atribuídas no acto da licença ou da autorização, sem prejuízo da sua posterior alteração, a requerimento dos interessados, salvaguardadas as condições do exercício da actividade a que os respectivos operadores se encontram vinculados.

ARTIGO 9.º (Fins da actividade de televisão)

1 – Constituem fins da actividade de televisão, consoante a natureza e a temática dos serviços de programas televisivos disponibilizados: a) Contribuir para a informação, formação e entretenimento do público; b)P romover o exercício do direito de informar, de se informar e de ser informado, com rigor e independência, sem impedimentos nem discriminações; c) Promover a cidadania e a participação democrática e respeitar o pluralismo político, social e cultural; d) Difundir e promover a cultura e a língua portuguesas, os criadores, os artistas e os cientistas portugueses, os valores que exprimem a identidade nacional, assim como os valores característicos das culturas regionais ou locais, quando aplicável.

2 – Os fins referidos no número anterior devem ser tidos em conta na selecção e agregação de serviços de programas televisivos a disponibilizar ao público pelos operadores de distribuição.

ARTIGO 10.º (Normas técnicas)

As condições técnicas do exercício da actividade de televisão e as quantias a pagar pela instalação ou utilização dos meios técnicos necessários à transmissão são definidas na legislação aplicável em matéria de comunicações electrónicas.

CAPÍTULO II **(Acesso à actividade)**

ARTIGO 11.º (Requisitos dos operadores de televisão)

1 – A actividade de televisão apenas pode ser prosseguida por sociedades ou cooperativas que tenham como objecto principal o seu exercício nos termos da presente lei.

2 – O capital mínimo exigível é de: a) € 5 000 000, quando se trate de operador que forneça serviços de programas televisivos generalistas de cobertura

708 *Direito da Comunicação Social*

nacional ou internacional; b) € 1 000 000, quando se trate de operador que forneça serviços de programas televisivos temáticos de cobertura nacional ou internacional; c) € 500 000 ou € 200 000, consoante se trate de operadores que forneçam serviços de programas televisivos de cobertura regional ou local, independentemente da sua tipologia.

3 – Exceptuam-se do disposto no n.º 1 os operadores que apenas explorem, sem fins lucrativos, serviços de programas televisivos educativos, culturais e de divulgação científica, os quais podem revestir a forma de associação ou fundação.

4 – O capital dos operadores deve ser realizado integralmente nos trinta dias após a notificação das decisões referidas no artigo 18.º, sob pena de caducidade da licença ou autorização.

ARTIGO 12.º (Restrições)
1 – A actividade de televisão não pode ser exercida ou financiada por partidos ou associações políticas, autarquias locais ou suas associações, organizações sindicais, patronais ou profissionais, directa ou indirectamente, através de entidades em que detenham capital ou por si subsidiadas.

2 – Os municípios podem estabelecer protocolos de colaboração, anuais e renováveis, com os operadores de televisão detentores de serviços de programas televisivos locais na área respectiva, desde que tal decisão seja tomada mediante deliberação da Assembleia Municipal por maioria de dois terços dos deputados.

ARTIGO 13.º (Modalidades de acesso)
1 – A actividade de televisão está sujeita a licenciamento, mediante concurso público, quando consista: a) Na organização de serviços de programas televisivos de acesso livre que utilizem o espectro hertziano terrestre; b) Na selecção e agregação de serviços de programas televisivos de acesso condicionado ou não condicionado que utilizem o espectro hertziano terrestre.

2 – Tratando-se de serviços de programas de acesso livre, as licenças são individualizadas de acordo com o número de serviços de programas televisivos a fornecer por cada operador de televisão.

3 – Tratando-se de serviços de programas televisivos de acesso condicionado ou não condicionado, são atribuídos, no âmbito do mesmo concurso, dois títulos habilitantes, um que confere direitos de utilização das frequências ou conjuntos de frequências radioeléctricas envolvidas e outro para a selecção e agregação de serviços de programas televisivos a fornecer por um operador de distribuição.

4 – A actividade de televisão está sujeita a autorização, a requerimento dos interessados, quando: a) Os serviços de programas televisivos não utilizem o espectro hertziano terrestre; b) Os serviços de programas televisivos, não obstante utilizarem o espectro hertziano terrestre, se destinem a integrar a oferta de um operador de distribuição licenciado para a actividade de televisão.

Anexo: Normas dos Principais Diplomas Legislativos 709

5 – As autorizações são individualizadas de acordo com o número de serviços de programas televisivos sob jurisdição do Estado português a fornecer por cada operador.

6 – Exceptua-se do disposto nos números anteriores o serviço público de televisão, nos termos previstos no capítulo V.

7 – As licenças e as autorizações para a actividade de televisão são intransmissíveis.

ARTIGO 14.º (Planificação de frequências)

A planificação do espectro radioeléctrico para o exercício da actividade de televisão compete à autoridade reguladora nacional das comunicações, ouvida a entidade reguladora para a comunicação social.

ARTIGO 15.º (Concurso público para serviços de programas de acesso livre)

1 – Sem prejuízo dos procedimentos necessários para a atribuição de direitos de utilização de frequências, a cargo da autoridade reguladora nacional das comunicações de acordo com a Lei n.º 5/2004, de 10 de Fevereiro, o concurso público de licenciamento para o exercício da actividade de televisão que consista na organização de serviços de programas de acesso livre é aberto por portaria do membro do Governo responsável pela área da comunicação social, a qual deve conter o respectivo objecto e regulamento.

2 – As exigências quanto à área de cobertura, à tipologia dos serviços de programas e ao número de horas das respectivas emissões devem obter expresso fundamento no texto do regulamento, tendo em conta o interesse público que visam salvaguardar.

3 – O regulamento identifica as condições de admissão das candidaturas, assim como a documentação que as deve acompanhar, de forma a garantir a conformidade dos candidatos e dos projectos às exigências legais e regulamentares, nomeadamente: a) Aos requisitos dos operadores e restrições ao exercício da actividade; b) Às regras sobre concentração da titularidade dos meios de comunicação social; c) À correspondência dos projectos ao objecto do concurso; d) À viabilidade económica e financeira dos projectos; e) Às garantias de cobertura e ao respectivo faseamento; f) À suficiência e qualidade dos meios humanos e técnicos a afectar; g) À regularização da situação dos candidatos perante a administração fiscal e a segurança social.

4 – Para efeito de graduação das candidaturas a concurso e tratando-se de serviços de programas televisivos generalistas de âmbito nacional são ainda tomados em conta os seguintes critérios: a) O contributo de cada um dos projectos para qualificar a oferta televisiva na área que se propõem cobrir, aferido em função das garantias de defesa do pluralismo e de independência face ao poder político e económico, do destaque concedido à informação e da salvaguarda dos

710 *Direito da Comunicação Social*

direitos constitucionalmente reconhecidos aos jornalistas, da coerência das linhas gerais de programação apresentadas com o respectivo estatuto editorial e da adequação dos projectos à realidade sócio-cultural a que se destinam; b) O contributo de cada um dos projectos para a diversificação da oferta televisiva na área que se propõem cobrir, aferido em função da sua originalidade, do investimento em inovação e criatividade e da garantia de direitos de acesso a minorias e tendências subrepresentadas; c) O contributo de cada um dos projectos para a difusão de obras criativas europeias, 13 independentes e em língua originária portuguesa; d) O cumprimento das normas legais e compromissos assumidos no decurso de anterior exercício de uma actividade licenciada de televisão. e) As linhas gerais da política de recursos humanos, nomeadamente quanto aos planos de recrutamento, formação e qualificação profissional.

5 – Para efeito de graduação das candidaturas a concurso e tratando-se de serviços de programas televisivos temáticos ou de âmbito regional ou local são tomados em conta, quando aplicáveis, os critérios referidos no número anterior.

6 – O regulamento densifica os critérios de graduação das candidaturas a concurso previstos nos números 4 e 5, atribui a cada um deles uma ponderação relativa e contém, ainda, o caderno de encargos que inclui as obrigações e as condições do exercício da actividade, a prever no título habilitador.

7 – O regulamento fixa o valor da caução e o respectivo regime de liberação segundo princípios de adequação e proporcionalidade face ao cumprimento das obrigações que visa salvaguardar, tendo em conta as tipologias e o âmbito territorial dos serviços de programas televisivos a licenciar.

8 – A entidade reguladora para a comunicação social pronuncia-se prévia e obrigatoriamente sobre o objecto do concurso, respectivo regulamento e caderno de encargos no prazo de quinze dias após a sua recepção.

9 – Decorrido o prazo referido no número anterior, o projecto de regulamento é submetido, por um período de trinta dias, a apreciação pública, sendo para o efeito publicado na II Série do Diário da República e no sítio electrónico do departamento governamental responsável.

Artigo 16.º (Concurso público para serviços de programas de acesso não condicionado e condicionado)

1 – O concurso público para a atribuição de direitos de utilização de frequências e de licenciamento para a actividade de televisão que consista na selecção e agregação de serviços de programas de acesso não condicionado ou condicionado é aberto por portaria conjunta dos membros do Governo responsáveis pelas áreas da comunicação social e das comunicações electrónicas, a qual deve conter o respectivo objecto e regulamento.

2 – As exigências quanto à área de cobertura e à tipologia dos serviços de programas a disponibilizar devem obter expresso fundamento no texto do regu-

Anexo: Normas dos Principais Diplomas Legislativos 711

lamento, tendo em conta os princípios da gestão óptima do espectro radioeléctrico e do interesse público que visam salvaguardar.

3 – O regulamento identifica as condições de admissão das candidaturas, incluindo a documentação que as deve acompanhar, as quais devem garantir nomeadamente a conformidade dos candidatos e dos projectos ao objecto do concurso e às exigências legais sectoriais, não podendo ser admitidos os candidatos que não tenham a sua situação regularizada perante a administração fiscal e a segurança social.

4 – Constituem necessariamente critérios de graduação das candidaturas a concurso, a ponderar conjuntamente, de acordo com as respectivas competências, pela entidade reguladora para a comunicação social e pela autoridade reguladora nacional para as comunicações: a) A viabilidade económica e financeira dos projectos; b)As garantias de cobertura e o respectivo faseamento; c) O contributo dos projectos para o desenvolvimento da sociedade da informação, para a produção de obras europeias e para a difusão de obras criativas de produção originária em língua portuguesa.

5 – O regulamento densifica os critérios de graduação das candidaturas a concurso previstos no número anterior, atribui a cada um deles uma ponderação relativa e contém, ainda, o caderno de encargos que inclui as obrigações e as condições do exercício da actividade, a prever nos títulos habilitadores.

6 – O regulamento fixa o valor da caução e o respectivo regime de liberação segundo princípios de adequação e proporcionalidade face ao cumprimento das obrigações que visa salvaguardar.

7 – A entidade reguladora para a comunicação social e a autoridade reguladora nacional das comunicações pronunciam-se prévia e obrigatoriamente sobre o objecto do concurso, respectivo regulamento e caderno de encargos no prazo de quinze dias após a sua recepção.

8 – Decorrido o prazo referido no número anterior, o projecto de regulamento é submetido, por um período de trinta dias, a apreciação pública, sendo para o efeito publicado na II Série do Diário da República e no sítio electrónico dos departamentos governamentais responsáveis.

Artigo 17.º (Instrução dos processos)

1 – Os processos de licenciamento ou de autorização referidos na alínea a) do n.º 1 e no n.º 4 do artigo 13.º são instruídos pela entidade reguladora para a comunicação social, que promoverá para o efeito a recolha do parecer da autoridade reguladora nacional das comunicações, no que respeita às condições técnicas das candidaturas.

2 – Os processos de licenciamento previstos na alínea b) do n.º 1 do artigo 13.º são instruídos pela autoridade reguladora nacional das comunicações.

712   *Direito da Comunicação Social*

3 – Nos processos referidos no número anterior, a autoridade reguladora nacional das comunicações submete à verificação da entidade reguladora para a comunicação social o preenchimento das condições de admissão das candidaturas que respeitem à sua competência.

4 – A entidade reguladora competente para a instrução notifica os proponentes, no prazo de quinze dias a contar da recepção, de quaisquer insuficiências detectadas nos respectivos processos, devendo estas ser supridas nos quinze dias subsequentes.

5 – Os processos de candidatura que não preencham as condições de admissão previstas na portaria de abertura do concurso são recusados pela entidade reguladora competente, mediante decisão fundamentada.

6 – Os processos admitidos pela entidade reguladora competente devem, após o suprimento de eventuais insuficiências, ser objecto de decisão de atribuição ou de rejeição dos títulos habilitadores requeridos no prazo de noventa dias, tratando-se de processo de licenciamento, ou de trinta dias, tratando-se de autorização.

ARTIGO 18.º (Atribuição de licenças ou autorizações)

1 – Compete à entidade reguladora para a comunicação social atribuir, renovar, alterar ou revogar as licenças e autorizações para a actividade de televisão.

2 – É condição do licenciamento para a actividade de televisão que consista na disponibilização de serviços de programas televisivos generalistas de âmbito nacional a cobertura da generalidade do território nacional, incluindo as Regiões Autónomas.

3 – As decisões de atribuição e de exclusão são expressamente fundamentadas por referência ao preenchimento das condições de admissão e a cada um dos critérios de graduação referidos nos artigos 15.º e 16.º, bem como às questões suscitadas em audiência de interessados.

4 – A entidade reguladora para a comunicação social pode recusar a atribuição de uma autorização quando o proponente ou o respectivo projecto não reúnam as condições indispensáveis para o exercício da actividade, designadamente quando estejam em causa: a) Os requisitos dos operadores e as restrições ao exercício da actividade; b) As regras sobre concentração da titularidade dos meios de comunicação social; c) A regularização da situação do proponente perante a administração fiscal e a segurança social; d) A existência de título comprovativo de acesso à rede de comunicações electrónicas a utilizar; e) A manifesta inadequação do projecto para respeitar as obrigações legais; f) A manifesta ausência de qualidade do projecto apresentado.

5 – Os títulos habilitadores relativos à actividade de televisão enunciam as obrigações e condições a que os serviços de programas se vinculam, as classificações dos serviços de programas televisivos e ainda o faseamento e as garantias da respectiva cobertura.

Anexo: Normas dos Principais Diplomas Legislativos 713

6 – As decisões referidas no n.º 3 são notificadas aos interessados, publicadas na 2.ª série do Diário da República e disponibilizadas no sítio electrónico da entidade reguladora para a comunicação social, acompanhadas dos títulos habilitadores contendo os fins e obrigações a que ficam vinculados os operadores licenciados.

7 – Compete à autoridade reguladora nacional das comunicações atribuir, renovar, alterar ou revogar o título habilitante que confere os direitos de utilização das frequências ou conjuntos de frequências radioeléctricas destinadas à disponibilização dos serviços de programas televisivos de acesso livre e não condicionado ou condicionado.

Artigo 19.º (Registo dos operadores)

1 – Compete à entidade reguladora para a comunicação social organizar um registo dos operadores de televisão e de distribuição e respectivos serviços de programas televisivos com vista à publicitação da sua propriedade, da sua organização, do seu funcionamento e das suas obrigações, assim como à protecção da sua designação, nos termos fixados em decreto regulamentar.

2 – A entidade reguladora para a comunicação social procede oficiosamente aos registos e averbamentos que decorram da sua actividade de licenciamento e de autorização, nos termos fixados no decreto regulamentar referido no número anterior.

3 – Os operadores de televisão e de distribuição estão obrigados a comunicar à entidade reguladora para a comunicação social os elementos necessários para efeitos de registo, bem como a proceder à sua actualização, nos termos definidos no decreto regulamentar.

4 – A entidade reguladora para a comunicação social pode, a qualquer momento, efectuar auditorias para fiscalização e controlo dos elementos fornecidos pelos operadores de televisão e de distribuição.

Artigo 20.º (Início das emissões)

Os operadores de televisão devem iniciar as emissões dos serviços de programas televisivos licenciados ou autorizados no prazo de doze ou de 3 meses, respectivamente, a contar da data da atribuição do correspondente título habilitador.

Artigo 21.º (Observância do projecto aprovado)

1 – O exercício da actividade de televisão depende do cumprimento, pelo operador, das condições e termos do projecto licenciado ou autorizado, ficando a modificação deste sujeita a aprovação da entidade reguladora.

2 – A modificação dos serviços de programas televisivos só pode ocorrer a requerimento, três anos após a atribuição da licença ou um ano após a atribuição da autorização.

714   *Direito da Comunicação Social*

3 – O pedido de modificação deve ser fundamentado tendo em conta, nomeadamente, as condições legais essenciais de que dependeu a atribuição da licença ou da autorização, a evolução do mercado e as implicações para a audiência potencial do serviço de programas em questão.

4 – No caso de a entidade reguladora não se pronunciar no prazo de 90 dias, considera-se a modificação tacitamente aprovada.

ARTIGO 22.º **(Prazo das licenças ou autorizações)**

1 – As licenças e autorizações para o exercício da actividade televisiva são emitidas pelo prazo de quinze anos e renováveis por iguais períodos.

2 – A renovação das licenças e autorizações é acompanhada da actualização, pela entidade reguladora das obrigações a que os operadores se encontram vinculados, densificando as disposições legais à data aplicáveis, à luz da evolução entretanto ocorrida no panorama audiovisual.

3 – A renovação das licenças ou autorizações apenas é concedida em caso de: a) reconhecido cumprimento das obrigações e condições a que se encontram vinculados os respectivos operadores de televisão, tendo em conta, designadamente, o acatamento das recomendações oportunamente emitidas pela entidade reguladora; b) expressa aceitação da actualização das obrigações e condições a que se encontram vinculados, nos termos previstos no n.º 2.

ARTIGO 23.º **(Avaliação intercalar)**

1 – No final de cada período de cinco anos sobre a atribuição das licenças e autorizações, as entidades reguladoras intervenientes nos respectivos processos elaboram, no âmbito das suas competências, e tornam público, após audição dos interessados, um relatório de avaliação do cumprimento das obrigações e condições a que os operadores se encontram vinculados, devendo, em conformidade com a análise efectuada, emitir as necessárias recomendações.

2 – A avaliação a que se refere o número anterior e o acatamento das correspondentes recomendações devem ser tidos em conta na decisão de renovação das licenças.

ARTIGO 24.º **(Extinção e suspensão das licenças ou autorizações)**

1 – As licenças ou autorizações extinguem-se pelo decurso do prazo ou por revogação, nos termos da lei.

2 – As licenças e autorizações, assim como os programas, podem ser suspensos nos casos e nos termos previstos nos artigos 76.º, 81.º e 85.º.

3 – A revogação e a suspensão das licenças ou autorizações são da competência da entidade à qual incumbe a sua atribuição.

CAPÍTULO III (Distribuição de serviços de programas televisivos)

Artigo 25.º (Operadores de distribuição)

1 – Aos operadores de distribuição é aplicável o artigo 28.º, assim como, com as necessárias adaptações, o disposto nos artigos 12.º, 19.º e nos números 1 a 3, 6, 7 e 10 do artigo 27.º da presente lei.

2 – Os operadores de distribuição devem, na ordenação da respectiva oferta televisiva, atribuir prioridade, sucessivamente, aos serviços de programas televisivos de expressão originária portuguesa de conteúdo generalista, de informação geral e de carácter científico, educativo ou cultural.

3 – Os operadores de distribuição ficam obrigados ao transporte e à disponibilização ao público dos serviços de programas televisivos generalistas de âmbito nacional licenciados e dos serviços de programas televisivos que integram a concessão do serviço público de televisão a especificar pela entidade reguladora para a comunicação social.

4 – Para efeitos do disposto no número anterior, os operadores de televisão responsáveis pela organização dos serviços de programas televisivos nele referidos ficam obrigados a proceder à disponibilização do respectivo sinal.

5 – As redes de comunicações electrónicas utilizadas pelos operadores de distribuição a que se aplica o regime previsto no número 3 são definidas pela autoridade reguladora nacional das comunicações, nos termos do disposto nos n.º 1 e 2 do artigo 43.º da Lei n.º 5/2004, de 10 de Fevereiro.

6 – Na ausência de acordo entre as partes, as contrapartidas pelas obrigações de transporte e de entrega do sinal previstas nos n.º 3 e 4 são fixadas, respectivamente, pela autoridade reguladora nacional das comunicações e pela entidade reguladora para a comunicação social de modo proporcionado, transparente e não discriminatório.

7 – Os operadores de redes de comunicações electrónicas e os operadores de distribuição devem disponibilizar capacidade de rede e de distribuição para serviços de programas televisivos regionais e locais, assim como para a experimentação de novos serviços audiovisuais e a difusão de actividades de âmbito educacional ou cultural, atendendo às características da composição da oferta e às condições técnicas e de mercado em cada momento verificadas pela entidade reguladora para a comunicação social no âmbito dos processos de autorização a que haja lugar, ouvidas, sempre que entenda necessário, a autoridade da concorrência ou a autoridade reguladora nacional das comunicações.

8 – As alterações à composição da oferta dos serviços de programas televisivos distribuídos ou às respectivas condições de acesso devem ser requeridas previamente à entidade reguladora para a comunicação social que decide, no prazo de quinze dias úteis, sob pena de deferimento tácito, tendo em

716   *Direito da Comunicação Social*

conta as obrigações de diversificação e de pluralismo e o respeito pelos direitos dos consumidores.

9 – Independentemente do disposto no número anterior, devem ser comunicadas ao utilizador, com trinta dias de antecedência, quaisquer alterações das condições contratadas, com menção da faculdade de resolução do contrato, designadamente as que respeitem à ordenação, à composição ou ao preço da oferta dos serviços de programas televisivos distribuídos.

10 – A entidade reguladora para a comunicação social pode, nos termos dos respectivos estatutos, adoptar decisões que assegurem o cumprimento das disposições do presente artigo.

CAPÍTULO IV (Programação e informação)

SECÇÃO I (Liberdade de programação e de informação)

ARTIGO 26.º (Autonomia dos operadores)

1 – A liberdade de expressão do pensamento através da televisão integra o direito fundamental dos cidadãos a uma informação livre e pluralista, essencial à democracia e ao desenvolvimento social e económico do País.

2 – Salvo os casos previstos na presente lei, o exercício da actividade de televisão assenta na liberdade de programação, não podendo a Administração Pública ou qualquer órgão de soberania, com excepção dos tribunais, impedir, condicionar ou impor a difusão de quaisquer programas.

ARTIGO 27.º (Limites à liberdade de programação)

1 – A programação televisiva deve respeitar a dignidade da pessoa humana e os direitos, liberdades e garantias fundamentais.

2 – Os serviços de programas televisivos não podem, através dos elementos de programação que difundam, incitar ao ódio racial, religioso, político ou gerado pela cor, origem étnica ou nacional, pelo sexo ou pela orientação sexual.

3 – Não é permitida a emissão de programas susceptíveis de prejudicar manifesta, séria e gravemente a livre formação da personalidade de crianças e adolescentes, designadamente os que contenham pornografia ou violência gratuita.

4 – Quaisquer outros programas susceptíveis de influírem de modo negativo na formação da personalidade das crianças ou de adolescentes devem ser acompanhados da difusão permanente de um identificativo visual apropriado e só podem ser transmitidos entre as 23h00m e as 6h30m.

5 – Incumbe à entidade reguladora para a comunicação social elaborar um sistema de classificação dos programas de televisão aplicável a todos os opera-

Anexo: Normas dos Principais Diplomas Legislativos 717

dores, que preveja um conjunto de sinais identificadores dos diferentes escalões etários em função dos conteúdos apresentados.

6 – Exceptuam-se do disposto nos n.º 3 a 5 as transmissões em serviços de programas televisivos de acesso condicionado.

7 – O disposto nos números anteriores abrange quaisquer elementos de programação, incluindo a publicidade e as mensagens, extractos ou imagens de autopromoção.

8 – Os elementos de programação com as características a que se referem os números 3 e 4 podem ser transmitidos em quaisquer serviços noticiosos quando, revestindo importância jornalística, sejam apresentados com respeito pelas normas éticas da profissão e antecedidos de uma advertência sobre a sua natureza.

9 – A entidade reguladora para a comunicação social define e torna públicos os critérios seguidos para a avaliação do incumprimento do disposto nos n.º 3 e 4, que devem ser objectivos, adequados, necessários e proporcionais às finalidades prosseguidas.

10 – Os operadores de televisão podem adoptar códigos de conduta que respondam às exigências contidas no presente artigo, ouvidos, nos termos da lei, os respectivos conselhos de redacção, e submetê-los a ratificação da entidade reguladora para a comunicação social.

ARTIGO 28.º (Limites à liberdade de retransmissão)

O disposto nos n.º 1 a 3 do artigo anterior é aplicável à retransmissão de serviços de programas televisivos nos casos e de acordo com os procedimentos previstos no artigo 86.º.

ARTIGO 29.º (Anúncio da programação)

1 – Os operadores de televisão devem informar o público, com razoável antecedência e de forma adequada, sobre o conteúdo e alinhamento da programação dos serviços de programas televisivos de que sejam responsáveis.

2 – A programação anunciada, assim como a sua duração prevista e horário de emissão, apenas pode ser alterada pelo operador de televisão com uma antecedência superior a 48 horas, salvo em casos excepcionais devidamente fundamentados.

3 – Independentemente da antecedência com que se verifica, a alteração da programação anunciada, da sua duração prevista ou do respectivo horário de emissão, apenas pode ocorrer desde que o público seja prévia e adequadamente informado sobre os termos exactos da alteração.

4 – O anúncio da programação prevista para os serviços de programas televisivos efectuado em serviços ou órgãos de comunicação social diversos é obrigatoriamente acompanhado da advertência e da menção de classificação a que se referem os n.º 4 e 5 do artigo 27.º, as quais devem ser facultadas pelo operador responsável.

718   *Direito da Comunicação Social*

Artigo 30.º (Divulgação obrigatória)

1 – São obrigatoriamente divulgadas através do serviço público de televisão, com o devido relevo e a máxima urgência, as mensagens cuja difusão seja solicitada pelo Presidente da República, pelo Presidente da Assembleia da República e pelo Primeiro-Ministro.

2 – Em caso de declaração do estado de sítio ou do estado de emergência, a obrigação prevista no número anterior recai também sobre os restantes operadores de televisão.

Artigo 31.º (Propaganda política)

É vedada aos operadores de televisão a cedência de espaços de propaganda política, sem prejuízo do disposto no capítulo V.

Artigo 32.º (Aquisição de direitos exclusivos)

1 – É nula a aquisição, por quaisquer operadores de televisão, de direitos exclusivos para a transmissão de acontecimentos de natureza política.

2 – Em caso de aquisição, por operadores de televisão que emitam em regime de acesso condicionado ou sem cobertura nacional, de direitos exclusivos para a transmissão, integral ou parcial, directa ou em diferido, de outros acontecimentos que sejam objecto de interesse generalizado do público, os titulares dos direitos televisivos ficam obrigados a facultar, em termos não discriminatórios e de acordo com as condições normais do mercado, o seu acesso a outro ou outros operadores interessados na transmissão que emitam por via hertziana terrestre com cobertura nacional e acesso não condicionado.

3 – Na falta de acordo entre o titular dos direitos televisivos e os demais operadores interessados na transmissão do evento, haverá lugar a arbitragem vinculativa da entidade reguladora para a comunicação social, mediante requerimento de qualquer das partes.

4 – Os eventos a que se referem os números anteriores, bem como as condições da respectiva transmissão, constam de lista a publicar na 2.ª série do Diário da República, até 31 de Outubro de cada ano, pelo membro do Governo responsável pelo sector, ouvida a entidade reguladora para a comunicação social, sem prejuízo da publicação de aditamentos excepcionais determinados pela ocorrência superveniente e imprevisível de factos da mesma natureza.

5 – Os titulares de direitos exclusivos para a transmissão de quaisquer eventos ficam obrigados a ceder o respectivo sinal, em directo ou em diferido, aos operadores que disponham de emissões internacionais, para utilização restrita a estas, em condições a definir em diploma regulamentar, que estabelecerá os critérios da retribuição pela cedência, havendo lugar, na falta de acordo entre os interessados, a arbitragem vinculativa da entidade reguladora para a comunicação social.

Anexo: Normas dos Principais Diplomas Legislativos 719

6 – Aos operadores de televisão sujeitos à presente lei é vedado o exercício de direitos exclusivos em termos que impeçam uma parte substancial do público de outro Estado membro da União Europeia de acompanhar, na televisão de acesso livre, eventos constantes das listas a que se refere o n.º 8, nas condições nelas fixadas.

7 – A inobservância do disposto nos n.ºˢ 2 ou 6 não dará lugar à aplicação das respectivas sanções sempre que o titular do exclusivo demonstre a impossibilidade de cumprimento das obrigações neles previstas.

8 – Para efeito do disposto no n.º 6, a lista definitiva das medidas tomadas pelos Estados membros, tal como divulgada no Jornal Oficial da União Europeia, será objecto de publicação na 2.ª série do Diário da República por iniciativa do membro do Governo responsável pela área da comunicação social.

ARTIGO 33.º (Direito a extractos informativos)

1 – Os responsáveis pela realização de espectáculos ou outros eventos públicos, bem como os titulares de direitos exclusivos que sobre eles incidam, não podem opor-se à transmissão de breves extractos dos mesmos, de natureza informativa, por parte de qualquer operador de televisão, nacional ou não.

2 – Para o exercício do direito à informação previsto no número anterior, os operadores podem utilizar o sinal emitido pelos titulares dos direitos exclusivos, suportando apenas os custos que eventualmente decorram da sua disponibilização, ou recorrer, em alternativa, à utilização de meios técnicos próprios, nos termos legais que asseguram o acesso dos órgãos de comunicação social a locais públicos.

3 – Os extractos a que se refere o n.º 1 devem: a) Limitar-se à duração estritamente indispensável à percepção do conteúdo essencial dos acontecimentos em questão, desde que não exceda noventa segundos, salvo período superior acordado entre os operadores envolvidos, tendo em conta a natureza dos eventos; b) Ser difundidos exclusivamente em programas regulares de natureza informativa geral, e em momento posterior à cessação do evento, salvo acordo para utilização diversa, a estabelecer entre as partes; c) Identificar a fonte das imagens, caso sejam difundidas a partir do sinal transmitido pelo titular do exclusivo.

SECÇÃO II (Obrigações dos operadores)

ARTIGO 34.º (Obrigações gerais dos operadores de televisão)

1 – Todos os operadores de televisão devem garantir, na sua programação, designadamente através de práticas de auto-regulação, a observância de uma ética de antena, que assegure o respeito pela dignidade da pessoa humana e pelos demais valores e direitos fundamentais, protegendo, em especial, o desenvolvimento da personalidade de crianças e adolescentes.

720   *Direito da Comunicação Social*

2 – Constituem, nomeadamente, obrigações gerais de todos os operadores de televisão que explorem serviços de programas televisivos generalistas: a) Assegurar, incluindo nos horários de maior audiência, a difusão de uma programação diversificada e plural. b) Difundir uma programação com carácter cultural, formativo e informativo; c) Garantir o pluralismo, o rigor e a objectividade da informação; d) Garantir uma programação e uma informação independentes face ao poder político e ao poder económico; e) Emitir as mensagens referidas no n.º 1 do artigo 30.º, em caso de declaração do estado de sítio ou do estado de emergência; f) Garantir o exercício do direito de antena em períodos eleitorais, nos termos constitucional e legalmente previstos; g) Garantir o exercício dos direitos de resposta e de rectificação, nos termos constitucional e legalmente previstos; h) Participar no desenvolvimento da produção de obras criativas de origem europeia, designadamente em língua portuguesa, de acordo com as normas legais aplicáveis; i)Promover a possibilidade de acompanhamento das emissões por pessoas com necessidades especiais.

3 – Constituem ainda obrigações dos serviços de programas televisivos generalistas de âmbito regional ou local: a) Alargar a programação televisiva a conteúdos de índole regional ou local; b) Difundir informações com particular interesse para o âmbito geográfico da audiência.

ARTIGO 35.º (Director)

1 – Cada serviço de programas televisivo deve ter um director responsável pela orientação e supervisão do conteúdo das emissões.

2 – Cada serviço de programas televisivo que inclua programação informativa deve ter um responsável pela informação.

ARTIGO 36.º (Estatuto editorial)

1 – Cada serviço de programas televisivo deve adoptar um estatuto editorial que defina clara e detalhadamente, com carácter vinculativo, a sua orientação e objectivos e inclua o compromisso de respeitar os direitos dos espectadores, bem como os princípios deontológicos dos jornalistas e a ética profissional.

2 – O estatuto editorial é elaborado pelo responsável a que se refere o artigo anterior, ouvido o conselho de redacção, e sujeito a aprovação da entidade proprietária, devendo ser remetido, nos 60 dias subsequentes ao início das emissões, à entidade reguladora para a comunicação social, que se pronuncia sobre as exigências contidas no número anterior.

3 – As alterações introduzidas no estatuto editorial seguem os termos do disposto no número anterior.

4 – O estatuto editorial dos serviços de programas televisivos deve ser publicado numa das publicações periódicas de expansão nacional e de informação geral de maior circulação.

Anexo: Normas dos Principais Diplomas Legislativos 721

ARTIGO 37.º (Serviços noticiosos)

Os serviços de programas televisivos generalistas devem apresentar serviços noticiosos regulares, assegurados por jornalistas.

ARTIGO 38.º (Conselho de redacção e direito de participação dos jornalistas)

Nos serviços de programas televisivos com mais de cinco jornalistas existe um conselho de redacção, a eleger segundo a forma e com as competências definidas por lei.

ARTIGO 39.º (Número de horas de emissão)

1 – Os serviços de programas televisivos devem emitir programas durante pelo menos seis horas diárias.

2 – Excluem-se do apuramento do limite fixado no número anterior as emissões de publicidade e de televenda, sem prejuízo do disposto no n.º 4 do artigo 8.º, bem como as que reproduzam imagens fixas ou meramente repetitivas.

SECÇÃO III (Publicidade)

ARTIGO 40.º (Tempo reservado à publicidade)

1 – Nos serviços de programas televisivos de cobertura nacional e acesso livre ou não condicionado, o tempo reservado às mensagens publicitárias não pode exceder 15% do período diário de emissão, salvo quando inclua outras formas de publicidade ou mensagens de televenda, caso em que esse limite pode elevar-se a 20%.

2 – Nos serviços de programas televisivos de cobertura nacional e acesso condicionado, a difusão de publicidade ou de mensagens de televenda não deve exceder 10% do período diário de emissão.

3 – Nos serviços de programas televisivos temáticos de televenda ou de autopromoção, o tempo destinado à publicidade não deve exceder 10% do período diário de emissão.

4 – O tempo de emissão destinado às mensagens curtas de publicidade e de televenda, em cada período compreendido entre duas unidades de hora, não pode exceder 10% ou 20%, consoante se trate de serviços de programas televisivos de acesso condicionado ou de serviços de programas televisivos de acesso livre ou não condicionado.

5 – Excluem-se dos limites fixados no presente artigo as mensagens difundidas pelos operadores de televisão relacionadas com os seus próprios programas e produtos acessórios directamente deles derivados, bem como as que digam respeito a serviços públicos ou fins de interesse público e apelos de teor humanitário, transmitidas gratuitamente.

722   *Direito da Comunicação Social*

Artigo 41.º (Blocos de televenda)

1 – Os serviços de programas televisivos de cobertura nacional e de acesso não condicionado podem transmitir diariamente até oito blocos de televenda, desde que a sua duração total não exceda três horas, sem prejuízo do disposto no artigo anterior.

2 – Os blocos de televenda devem ter uma duração ininterrupta de, pelo menos, quinze minutos.

3 – Nos serviços de programas televisivos de autopromoção é proibida a transmissão de blocos de televenda.

SECÇÃO IV (Identificação dos programas e gravação das emissões)

Artigo 42.º (Identificação dos programas)

Os programas devem ser identificados e conter os elementos relevantes das respectivas fichas artística e técnica.

Artigo 43.º (Gravação das emissões)

1 – Independentemente do disposto no artigo 92º, as emissões devem ser gravadas e conservadas pelo prazo mínimo de 90 dias, se outro mais longo não for determinado por lei ou por decisão judicial.

2 – A entidade reguladora para a comunicação social pode, em qualquer momento, solicitar aos operadores as gravações referidas no número anterior, devendo as mesmas, em caso de urgência devidamente fundamentada, ser enviadas no prazo máximo de quarenta e oito horas.

SECÇÃO V (Difusão de obras audiovisuais)

Artigo 44.º (Defesa da língua portuguesa)

1 – As emissões devem ser faladas ou legendadas em português, sem prejuízo da eventual utilização de qualquer outra língua quando se trate de programas que preencham necessidades pontuais de tipo informativo ou destinados ao ensino de idiomas estrangeiros.

2 – Os serviços de programas televisivos de cobertura nacional, com excepção daqueles cuja natureza e temática a tal se opuserem, devem dedicar pelo menos 60% das suas emissões, com exclusão do tempo consagrado à publicidade, televenda e teletexto, à difusão de programas originariamente em língua portuguesa.

3 – Sem prejuízo do disposto no número anterior, os operadores de televisão devem dedicar pelo menos 20% do tempo das suas emissões à difusão de obras criativas de produção originária em língua portuguesa.

Anexo: Normas dos Principais Diplomas Legislativos 723

4 – As percentagens previstas nos n.º 2 e 3 podem ser preenchidas, até um máximo de 25%, por programas originários de outros países lusófonos para além de Portugal.

5 – Os operadores de televisão devem garantir que o cumprimento das percentagens referidas nos n.º 2 e 3 não se efectue em períodos de audiência reduzida.

Artigo 45.º (Produção europeia)

Os operadores de televisão que explorem serviços de programas televisivos de cobertura nacional devem incorporar uma percentagem maioritária de obras europeias na respectiva programação, uma vez deduzido o tempo de emissão consagrado aos noticiários, manifestações desportivas, concursos, publicidade, televenda e teletexto.

Artigo 46.º (Produção independente)

Os operadores de televisão que explorem serviços de programas televisivos de cobertura nacional devem assegurar que pelo menos 10% da respectiva programação, com exclusão dos tempos consagrados aos noticiários, manifestações desportivas, concursos, publicidade, televenda e teletexto, sejam preenchidos através da difusão de obras europeias, provenientes de produtores independentes dos organismos de televisão, produzidas há menos de cinco anos.

Artigo 47.º (Critérios de aplicação)

O cumprimento das percentagens referidas nos artigos 44.º a 46.º é avaliado anualmente, devendo ser tidas em conta a natureza específica dos serviços de programas televisivos temáticos e as responsabilidades do operador em matéria de informação, educação, cultura e diversão.

Artigo 48.º (Apoio à produção)

O Estado deve assegurar a existência de medidas de incentivo à produção audiovisual de ficção, documentário e animação de criação original em língua portuguesa, tendo em vista a criação de condições para o cumprimento do disposto nos artigos 44.º a 46.º, através da adopção dos mecanismos jurídicos, financeiros, fiscais ou de crédito apropriados.

Artigo 49.º (Dever de informação)

Os operadores de televisão estão obrigados a prestar, no 1.º trimestre de cada ano, à entidade reguladora para a comunicação social, de acordo com modelo por ela definido, todos os elementos necessários para o exercício da fiscalização do cumprimento das obrigações previstas nos artigos 44.º a 46.º relativamente ao ano transacto.

724   *Direito da Comunicação Social*

CAPÍTULO V (Serviço público de televisão)

ARTIGO 50.º (Princípios)

1 – A estrutura e o funcionamento do operador de serviço público de televisão devem salvaguardar a sua independência perante o Governo, a Administração e os demais poderes públicos, bem como assegurar a possibilidade de expressão e confronto das diversas correntes de opinião.

2 – O serviço público de televisão observa os princípios da universalidade e da coesão nacional, da diversificação, da qualidade e da indivisibilidade da programação, do pluralismo e do rigor, objectividade e independência da informação, bem como o princípio da inovação.

ARTIGO 51.º (Obrigações específicas da concessionária do serviço público de televisão)

1 – A concessionária do serviço público de televisão deve, de acordo com os princípios enunciados no artigo anterior, apresentar uma programação que promova a formação cultural e cívica dos telespectadores, garantindo o acesso de todos à informação, à educação e ao entretenimento de qualidade.

2 – À concessionária incumbe, designadamente: a) Fornecer uma programação variada e abrangente, que promova a diversidade cultural e tenha em conta os interesses das minorias; b) Promover o acesso do público às manifestações culturais portuguesas e garantir a sua cobertura informativa adequada; c) Proporcionar uma informação isenta, rigorosa, plural e contextualizada, que garanta a cobertura noticiosa dos principais acontecimentos nacionais e internacionais; d) Garantir a produção e transmissão de programas educativos e de entretenimento destinados ao público jovem e infantil, contribuindo para a sua formação; e) Garantir a transmissão de programas de carácter cultural, educativo e informativo para públicos específicos; f) Participar em actividades de educação para os meios de comunicação social, garantindo, nomeadamente, a transmissão de programas orientados para esse objectivo; g) Promover a emissão de programas em língua portuguesa e reservar à produção europeia uma percentagem considerável do seu tempo de emissão, dentro dos horários de maior audiência; h) Apoiar a produção nacional de obras cinematográficas e audiovisuais, no respeito pelos compromissos internacionais que vinculam o Estado Português, e a co-produção com outros países, em especial europeus e da comunidade de língua portuguesa; i) Emitir programas destinados especialmente aos portugueses residentes fora de Portugal e aos nacionais de países de língua oficial portuguesa, igualmente residentes fora de Portugal; j) Garantir a possibilidade de acompanhamento das emissões por pessoas com necessidades especiais, nomeadamente através do recurso à legendagem por teletexto, à interpretação por meio da língua gestual, à áudio-descrição ou a outras técnicas que se revelem adequa-

Anexo: Normas dos Principais Diplomas Legislativos 725

das, assim como emitir programação especificamente direccionada para esse segmento do público; l) Garantir o exercício dos direitos de antena, de resposta e de
réplica política, nos termos constitucional e legalmente previstos; m) Emitir as
mensagens cuja difusão seja solicitada pelo Presidente da República, pelo Presidente da Assembleia da República ou pelo Primeiro-Ministro; n) Ceder tempo
de emissão à Administração Pública, com vista à divulgação de informações de
interesse geral, nomeadamente em matéria de saúde e segurança públicas.

ARTIGO 52.º (Concessão de serviço público de televisão)

1 – A concessão do serviço público de televisão é atribuída por períodos
de 16 anos, nos termos de contrato a celebrar entre o Estado e a sociedade
concessionária.

2 – A concessão do serviço público de televisão realiza-se por meio de
serviços de programas televisivos de acesso livre ou, quando razões de natureza
tecnológica ou financeira o imponham, de acesso não condicionado.

3 – A concessão do serviço público inclui necessariamente: a) Um serviço
de programas generalista distribuído em simultâneo em todo o território nacional, incluindo as Regiões Autónomas, com o objectivo de satisfazer as necessidades formativas, informativas e recreativas do grande público; b) Um segundo
serviço de programas generalista distribuído em simultâneo em todo o território
nacional, incluindo as Regiões Autónomas, aberto à participação da sociedade
civil e com o objectivo de satisfazer as necessidades informativas, recreativas e,
em especial, educativas, formativas e culturais dos diversos segmentos do público, incluindo minorias; c) Dois serviços de programas televisivos especialmente
destinados, respectivamente, à Região Autónoma dos Açores e à Região Autónoma da Madeira, d) Um ou mais serviços de programas vocacionados para os
telespectadores de língua portuguesa residentes no estrangeiro ou especialmente
dirigidos aos países de língua oficial portuguesa, que promovam a afirmação,
valorização e defesa da imagem de Portugal no mundo.

4 – Os serviços de programas televisivos referidos nas alíneas a), b) e c) do
número anterior são de acesso livre.

5 – Para cumprimento das obrigações legal e contratualmente estabelecidas, a concessão do serviço público de televisão pode integrar ainda serviços de programas televisivos que tenham por objecto, designadamente: a) A
prestação especializada de informação, concedendo particular atenção a temas
com interesse para regiões e comunidades específicas, em articulação ou não
com os demais serviços de programas televisivos, nomeadamente em matéria de
gestão conjunta de direitos; b) A divulgação do acervo documental proveniente
dos arquivos audiovisuais da concessionária do serviço público; c) A satisfação
das necessidades educativas e formativas do público infantil e juvenil; d) A
promoção do acesso às diferentes áreas do conhecimento.

726 *Direito da Comunicação Social*

6 – O contrato de concessão a que alude o n.º 1 estabelece, de acordo com o disposto no presente capítulo, os direitos e obrigações de cada uma das partes devendo definir os objectivos a alcançar e os critérios qualitativos e quantitativos que assegurem a sua concretização, bem como as respectivas formas de avaliação.

7 – O conteúdo do contrato de concessão e dos actos ou contratos referidos no número anterior é objecto de parecer da entidade reguladora para a comunicação social.

8 – O contrato de concessão deve ser revisto no final de cada período de quatro anos, sem prejuízo das alterações que entretanto ocorra fazer.

ARTIGO 53.º (Primeiro serviço de programas generalista de âmbito nacional)
O serviço de programas generalista de âmbito nacional dirigido ao grande público deve, atendendo às realidades territoriais e aos diferentes grupos constitutivos da sociedade portuguesa, conceder especial relevo: a) À informação, designadamente através da difusão de debates, entrevistas, reportagens e documentários; b) Ao entretenimento de qualidade e de expressão originária portuguesa; c) À sensibilização dos telespectadores para os seus direitos e deveres enquanto cidadãos.

ARTIGO 54.º (Segundo serviço de programas generalista de âmbito nacional)
1 – O segundo serviço de programas generalista de âmbito nacional compreende uma programação de forte componente cultural e formativa, devendo valorizar a educação, a ciência, a investigação, as artes, a inovação, a acção social, a divulgação de causas humanitárias, o desporto amador e o desporto escolar, as confissões religiosas, a produção independente de obras criativas, o cinema português, o ambiente, a defesa do consumidor e o experimentalismo audiovisual.

2 – O segundo serviço de programas generalista de âmbito nacional deve assegurar uma programação de grande qualidade, coerente e distinta dos demais serviços de programas televisivos de serviço público, nele participando entidades públicas ou privadas com acção relevante nas áreas referidas no número anterior.

3 – Junto do segundo serviço de programas funciona um órgão consultivo representativo dos parceiros da administração pública e da sociedade civil que com ele se relacionem.

ARTIGO 55.º (Serviços de programas televisivos de âmbito internacional)
1 – Os serviços de programas televisivos referidos na alínea d) do n.º 3 do artigo 52.º prosseguem os seus objectivos próprios tendo em conta os interesses nacionais no que respeita à ligação às comunidades portuguesas espalhadas pelo mundo ou à cooperação com os países de língua portuguesa.

Anexo: Normas dos Principais Diplomas Legislativos　　727

2 – Para o cumprimento do disposto no número anterior, a concessionária do serviço público de televisão deve realizar acordos de colaboração com as operadoras privadas de televisão que transmitam serviços de programas televisivos generalistas, assim como com os organismos e serviços públicos com actividade relevante naqueles domínios.

3 – Junto dos serviços de programas televisivos internacionais funciona um órgão consultivo representativo dos parceiros da administração pública e da sociedade civil que com ele se relacionem.

ARTIGO 56.º (Serviços de programas televisivos de âmbito regional)

1 – Os serviços de programas televisivos especialmente destinados às Regiões Autónomas dos Açores e da Madeira devem atender às respectivas realidades sociais e valorizar a produção regional.

2 – A concessionária do serviço público de televisão deve estabelecer acordos específicos com os governos regionais dos Açores e da Madeira e outros órgãos da administração regional que prevejam, designadamente, obrigações complementares específicas e formas de financiamento adicional dos serviços de programas televisivos referidos no número anterior.

ARTIGO 57.º (Financiamento e controlo da execução)

1 – O Estado assegura o financiamento do serviço público de televisão, nos termos estabelecidos na lei e no contrato de concessão.

2 – O financiamento público deverá respeitar os princípios da proporcionalidade e da transparência.

3 – O contrato de concessão deve estabelecer um sistema de controlo que verifique o cumprimento das missões de serviço público e a transparência e a proporcionalidade dos fluxos financeiros associados, garantindo que estes se limitem ao necessário para a sua prossecução e prevendo os mecanismos adequados para assegurar o reembolso, em caso de sobrecompensação financeira.

4 – O contrato de concessão deve igualmente impedir a concessionária de adoptar práticas não justificadas pelas regras do mercado que conduzam ao incremento de custos ou à redução de proveitos.

5 – Com o objectivo de permitir uma adequada e eficaz gestão de recursos, de acordo com a evolução previsível da conjuntura económica e social, os encargos decorrentes do financiamento do serviço público de rádio e de televisão serão previstos num horizonte plurianual, com a duração de quatro anos.

6 – A previsão referida no número anterior deve identificar, além dos custos totais para o período de quatro anos, a parcela anual desses encargos.

7 – O disposto nos n.º 2 e 4 será objecto de auditoria externa anual a realizar por entidade especializada a indicar pela entidade reguladora para a comunicação social.

728　　　　　*Direito da Comunicação Social*

CAPÍTULO VI (Direitos de antena, de resposta e de réplica política)

SECÇÃO I (Disposição comum)

Artigo 58.º (Contagem dos tempos de emissão)

Os responsáveis pelas estações emissoras de televisão asseguram a contagem dos tempos de antena, de réplica política e de resposta, para efeitos do presente capítulo, dando conhecimento dos respectivos resultados aos interessados.

SECÇÃO II (Direito de antena)

Artigo 59.º (Acesso ao direito de antena)

1 – Aos partidos políticos, ao Governo, às organizações sindicais, às organizações profissionais e representativas das actividades económicas e às associações de defesa do ambiente e do consumidor é garantido o direito a tempo de antena no serviço público de televisão.

2 – As entidades referidas no número anterior têm direito, gratuita e anualmente, aos seguintes tempos de antena: a) Dez minutos por partido representado na Assembleia da República, acrescidos de trinta segundos por cada deputado eleito; b) Cinco minutos por partido não representado na Assembleia da República com participação nas mais recentes eleições legislativas, acrescidos de trinta segundos por cada 15000 votos nelas obtidos; c) Sessenta minutos para o Governo e sessenta minutos para os partidos representados na Assembleia da República que não façam parte do Governo, a ratear segundo a sua representatividade; d) Noventa minutos para as organizações sindicais, noventa minutos para as organizações profissionais e representativas das actividades económicas e trinta minutos para as associações de defesa do ambiente e do consumidor, a ratear de acordo com a sua representatividade; e) Quinze minutos para outras entidades que tenham direito de antena atribuído por lei.

3 – Por tempo de antena entende-se o espaço de programação própria da responsabilidade do titular do direito, facto que deve ser expressamente mencionado no início e no termo de cada programa.

4 – Cada titular não pode utilizar o direito de antena mais de uma vez em cada 15 dias, nem em emissões com duração superior a dez ou inferior a três minutos, salvo se o seu tempo de antena for globalmente inferior.

5 – Os responsáveis pela programação devem organizar, com a colaboração dos titulares do direito de antena e de acordo com a presente lei, planos gerais da respectiva utilização.

Anexo: Normas dos Principais Diplomas Legislativos 729

6 – A falta de acordo sobre os planos referidos no número anterior dará lugar a arbitragem pela entidade reguladora para a comunicação social.

ARTIGO 60.º (**Limitação ao direito de antena**)

1 – O exercício do direito de antena não pode ocorrer aos sábados, domingos e feriados nacionais, devendo ainda ser suspenso um mês antes da data fixada para o início do período de campanha em qualquer acto eleitoral ou referendário, nos termos da legislação respectiva.

2 – O direito de antena é intransmissível.

ARTIGO 61.º (**Emissão e reserva do direito de antena**)

1 – Os tempos de antena são emitidos no serviço de programas televisivo de cobertura nacional de maior audiência entre as 19 e as 22 horas.

2 – Os titulares do direito de antena devem solicitar a reserva do tempo de antena a que tenham direito até 15 dias antes da transmissão, devendo a respectiva gravação ser efectuada ou os materiais pré-gravados entregues até setenta e duas horas antes da emissão do programa.

3 – No caso de programas prontos para emissão, a entrega deve ser feita até quarenta e oito horas antes da transmissão.

4 – Aos titulares do direito de antena são assegurados os indispensáveis meios técnicos para a realização dos respectivos programas em condições de absoluta igualdade.

ARTIGO 62.º (**Caducidade do direito de antena**)

O não cumprimento dos prazos previstos no artigo anterior determina a caducidade do direito, salvo se tiver ocorrido por facto não imputável ao seu titular, caso em que o tempo não utilizado pode ser acumulado ao da utilização programada posterior à cessação do impedimento.

ARTIGO 63.º (**Direito de antena em período eleitoral**)

Nos períodos eleitorais, o exercício do direito de antena é regulado pela legislação eleitoral aplicável, abrangendo todos os serviços de programas televisivos generalistas de acesso livre.

SECÇÃO III (**Direito de réplica política**)

ARTIGO 64.º (**Direito de réplica política dos partidos da oposição**)

1 – Os partidos representados na Assembleia da República e que não façam parte do Governo têm direito de réplica, no mesmo serviço de programas, às declarações políticas proferidas pelo Governo no serviço público de televisão que directamente os atinjam.

730   *Direito da Comunicação Social*

2 – A duração e o relevo concedidos para o exercício do direito referido no número anterior serão iguais aos das declarações que lhes tiverem dado origem.

3 – Quando mais de um partido tiver solicitado, através do respectivo representante, o exercício do direito, o tempo é rateado em partes iguais pelos vários titulares, nunca podendo ser inferior a um minuto por cada interveniente.

4 – Ao direito de réplica política são aplicáveis, com as devidas adaptações, os procedimentos previstos na presente lei para o exercício do direito de resposta.

5 – Para efeitos do presente artigo, só se consideram as declarações de política geral ou sectorial feitas pelo Governo em seu nome e como tal identificáveis, não relevando, nomeadamente, as declarações de membros do Governo sobre assuntos relativos à gestão dos respectivos departamentos.

SECÇÃO IV (Direitos de resposta e de rectificação)

Artigo 65.º (Pressupostos dos direitos de resposta e de rectificação)

1 – Tem direito de resposta nos serviços de programas televisivos qualquer pessoa singular ou colectiva, organização, serviço ou organismo público que neles tiver sido objecto de referências, ainda que indirectas, que possam afectar a sua reputação ou bom nome.

2 – As entidades referidas no número anterior têm direito de rectificação nos serviços de programas televisivos em que tenham sido feitas referências inverídicas ou erróneas que lhes digam respeito.

3 – O direito de resposta e o de rectificação ficam prejudicados se, com a concordância expressa do interessado, o operador de televisão tiver corrigido ou esclarecido o texto ou imagem em causa ou lhe tiver permitido, por outro meio, expor os factos ou os pontos de vista que alegadamente justificariam a resposta ou a rectificação.

4 – O direito de resposta e o de rectificação são independentes de procedimento criminal pelo facto da emissão, bem como do direito à indemnização pelos danos por ela causados.

Artigo 66.º (Direito ao visionamento)

1 – O titular do direito de resposta ou de rectificação, ou quem legitimamente o represente nos termos do n.º 1 do artigo seguinte, pode exigir, para efeito do seu exercício, o visionamento do material da emissão em causa, o qual deve ser facultado ao interessado no prazo máximo de vinte e quatro horas.

2 – O pedido de visionamento suspende o prazo para o exercício do direito de resposta ou de rectificação, que volta a correr vinte e quatro horas após o momento em que a entidade emissora o tiver facultado.

Anexo: Normas dos Principais Diplomas Legislativos 731

3 – O direito ao visionamento envolve igualmente a obtenção de um registo da emissão em causa, mediante pagamento do custo do suporte que for utilizado.

ARTIGO 67.º (Exercício dos direitos de resposta e de rectificação)

1 – O direito de resposta e o de rectificação devem ser exercidos pelo próprio titular, pelo seu representante legal ou pelos herdeiros, nos 20 dias seguintes à emissão.

2 – O prazo do número anterior suspende-se quando, por motivo de força maior, as pessoas nele referidas estiverem impedidas de fazer valer o direito cujo exercício estiver em causa.

3 – O texto da resposta ou da rectificação deve ser entregue ao operador de televisão, com assinatura e identificação do autor, através de procedimento que comprove a sua recepção, invocando expressamente o direito de resposta ou de rectificação ou as competentes disposições legais.

4 – O conteúdo da resposta ou da rectificação é limitado pela relação directa e útil com as referências que as tiverem provocado, não podendo exceder o número de palavras do texto que lhes deu origem.

5 – A resposta ou a rectificação não podem conter expressões desproporcionadamente desprimorosas ou que envolvam responsabilidade criminal ou civil, a qual, neste caso, só ao autor da resposta ou rectificação pode ser exigida.

ARTIGO 68.º (Decisão sobre a transmissão da resposta ou rectificação)

1 – Quando a resposta ou a rectificação forem intempestivas, provierem de pessoas sem legitimidade, carecerem manifestamente de fundamento ou contrariarem o disposto nos n.º 4 ou 5 do artigo anterior, o operador de televisão pode recusar a sua emissão, informando o interessado, por escrito, acerca da recusa e da sua fundamentação, nas vinte e quatro horas seguintes à recepção da resposta ou rectificação.

2 – Caso a resposta ou a rectificação violem o disposto nos n.º 4 ou 5 do artigo anterior, o operador convidará o interessado, no prazo previsto no número anterior, a proceder à eliminação, nas quarenta e oito horas seguintes, das passagens ou expressões em questão, sem o que ficará habilitado a recusar a divulgação da totalidade do texto.

3 – No caso de o direito de resposta ou de rectificação não terem sido satisfeitos ou terem sido infundadamente recusados, o interessado pode recorrer ao tribunal judicial do seu domicílio, no prazo de 10 dias a contar da recusa ou do termo do prazo legal para a satisfação do direito, e à entidade reguladora para a comunicação social, nos termos e prazos da legislação especificamente aplicável.

4 – Requerida a notificação judicial do operador que não tenha dado satisfação ao direito de resposta ou de rectificação, é aquele imediatamente notificado por via postal para contestar no prazo de dois dias úteis, após o que será

732 *Direito da Comunicação Social*

proferida em igual prazo a decisão, da qual há recurso com efeito meramente devolutivo.

5 – Só é admitida prova documental, sendo todos os documentos juntos com o requerimento inicial e com a contestação.

6 – No caso de procedência do pedido, o operador emite a resposta ou a rectificação no prazo fixado no n.º 1 do artigo seguinte, acompanhado da menção de que aquela é efectuada por decisão judicial ou da entidade reguladora para a comunicação social.

ARTIGO 69.º **(Transmissão da resposta ou da rectificação)**

1 – A transmissão da resposta ou da rectificação é feita até vinte e quatro horas a contar da entrega do respectivo texto ao operador de televisão, salvo o disposto nos n.º 1 e 2 do artigo anterior.

2 – A resposta ou a rectificação são transmitidas gratuitamente no mesmo programa ou, caso não seja possível, em hora de emissão equivalente.

3 – A resposta ou a rectificação devem ser transmitidas tantas vezes quantas as emissões da referência que as motivaram.

4 – A resposta ou a rectificação são lidas por um locutor da entidade emissora em moldes que assegurem a sua fácil percepção e pode incluir componentes audiovisuais sempre que a referência que as motivaram tiver utilizado técnica semelhante.

5 – A transmissão da resposta ou da rectificação não pode ser precedida nem seguida de quaisquer comentários, à excepção dos necessários para apontar qualquer inexactidão ou erro de facto, os quais podem originar nova resposta ou rectificação, nos termos dos n.ºˢ 1 e 2 do artigo 65.º

CAPÍTULO VII **(Responsabilidade)**

SECÇÃO I **(Responsabilidade civil)**

ARTIGO 70.º **(Responsabilidade civil)**

1 – Na determinação das formas de efectivação da responsabilidade civil emergente de factos cometidos através da televisão observam-se os princípios gerais.

2 – Os operadores de televisão respondem solidariamente com os responsáveis pela transmissão de programas previamente gravados, com excepção dos transmitidos ao abrigo do direito de antena.

SECÇÃO II (Regime sancionatório)

Artigo 71.º (Crimes cometidos por meio de televisão)

1 – Os actos ou comportamentos lesivos de interesses jurídico-penalmente protegidos perpetrados através da televisão são punidos nos termos gerais, com as adaptações constantes dos números seguintes.

2 – Sempre que a lei não estabelecer agravação em razão do meio de perpetração, os crimes cometidos através da televisão que não estejam previstos na presente lei são punidos com as penas estabelecidas nas respectivas normas incriminadoras, elevadas de um terço nos seus limites mínimo e máximo.

3 – O director referido no artigo 35.º apenas responde criminalmente quando não se oponha, podendo fazê-lo, à prática dos crimes referidos no n.º 1, através das acções adequadas a evitá-los, caso em que são aplicáveis as penas cominadas nos correspondentes tipos legais, reduzidas de um terço nos seus limites.

4 – Tratando-se de declarações correctamente reproduzidas ou de intervenções de opinião, prestadas por pessoas devidamente identificadas, só estas podem ser responsabilizadas, salvo quando o seu teor constitua incitamento ao ódio racial, religioso, político ou gerado pela cor, origem étnica ou nacional, pelo sexo ou pela orientação sexual, ou à prática de um crime, e a sua transmissão não possa ser justificada por critérios jornalísticos.

5 – No caso de emissões não consentidas, responde quem tiver determinado a respectiva transmissão.

6 – Os técnicos ao serviço dos operadores de televisão não são responsáveis pelas emissões a que derem o seu contributo profissional, se não lhes for exigível a consciência do carácter criminoso do seu acto.

Artigo 72.º (Actividade ilegal de televisão)

1 – Quem exercer a actividade de televisão sem para tal estar legalmente habilitado é punido com prisão até 3 anos ou com multa até 320 dias.

2 – São declarados perdidos a favor do Estado os bens utilizados no exercício da actividade de televisão sem habilitação legal, sem prejuízo dos direitos de terceiros de boa fé, nos termos do artigo 110.º do Código Penal.

3 – O disposto no n.º 1 é nomeadamente aplicável em caso de: a) Exercício da actividade por entidade diversa da que foi licenciada ou autorizada; b) Incumprimento da decisão de revogação da licença ou de interdição da retransmissão de serviço de programas.

Artigo 73.º (Desobediência qualificada)

1– Os responsáveis pela programação, ou quem os substitua, incorrem no crime de desobediência qualificada quando: a) Não acatarem a decisão do tribunal

734   *Direito da Comunicação Social*

que ordene a transmissão de resposta ou de rectificação, ao abrigo do disposto no n.º 6 do artigo 68.º; b) Recusarem a difusão de decisões judiciais nos termos do artigo 91.º; c) Recusarem ou cumprirem deficientemente decisão da entidade reguladora para a comunicação social que imponha o cumprimento das obrigações gerais a que se encontram vinculados, nos termos dos artigos 34.º, 51.º e 53.º a 56.º; d) Não cumprirem as deliberações da entidade reguladora para a comunicação social relativas ao exercício dos direitos de antena, de réplica política, de resposta ou de rectificação; e) Não cumprirem decisão cautelar ou definitiva de suspensão da transmissão ou retransmissão.

2 – Incorrem ainda em crime de desobediência qualificada as entidades que não acatarem a decisão da entidade reguladora para a comunicação social que determine a suspensão de retransmissão, nos termos do disposto no artigo 86.º

Artigo 74.º (Atentado contra a liberdade de programação e informação)

1 – Quem impedir ou perturbar emissão televisiva ou apreender ou danificar materiais necessários ao exercício da actividade de televisão, fora dos casos previstos na lei e com o intuito de atentar contra a liberdade de programação e informação, é punido com prisão até 2 anos ou com multa até 240 dias, se pena mais grave lhe não couber nos termos da lei penal.

2 – A aplicação da sanção prevista no número anterior não prejudica a efectivação da responsabilidade civil pelos prejuízos causados à entidade emissora.

3 – Se o infractor for agente ou funcionário do Estado ou de pessoa colectiva pública e, no exercício das suas funções, praticar os factos descritos no n.º 1, é punido com prisão até 3 anos ou com multa até 320 dias, se pena mais grave lhe não couber nos termos da lei penal.

Artigo 75.º (Contra-ordenações leves)

1 – É punível com coima de € 7500 a € 37 500: a) A inobservância do disposto no n.º 3 do artigo 19.º, na primeira parte do n.º 4 do artigo 27.º, nos artigos 29.º, 42.º, no n.º 5 do artigo 44.º e nos artigos 45.º, 46.º e 58.º; b) O incumprimento do disposto na primeira parte do n.º 1 do artigo 60.º; c) A omissão da menção a que se refere a segunda parte do n.º 6 do artigo 68.º

2 – A negligência é punível, sendo reduzidos a metade os limites mínimos e máximos das coimas aplicáveis.

Artigo 76.º (Contra-ordenações graves)

1 – É punível com coima de € 20 000 a € 150 000:

a) A inobservância do disposto nos números 2 e 10 do artigo 25.º, na segunda parte do n.º 4 e no n.º 8 do artigo 27.º, no n.º 1 do artigo 30.º, no n.º 5 do artigo 32.º, no n.º 3 do artigo 33.º, nos artigos 35.º, 36.º e 37.º, nos artigos 40.º, 41.º, 43.º, nos n.os 1 a 3 do artigo 44º, no artigo

Anexo: Normas dos Principais Diplomas Legislativos 735

49.º, no n.º 4 do artigo 59.º, nos n.ºs 1 e 4 do artigo 61.º, nos n.ºs 2 e 3 do artigo 64.º, no artigo 69.º e no n.º 1 do artigo 92.º;

b) A omissão da informação a que se refere o n.º 1 do artigo 68.º;

c) A violação do disposto na segunda parte do n.º 1 do artigo 60.º e dos prazos fixados no 53 n.º 1 do artigo 66.º e no n.º 6 do artigo 68.º.

2 – A negligência é punível, sendo reduzidos a metade os limites mínimos e máximos das coimas aplicáveis.

ARTIGO 77.º (Contra-ordenações muito graves)

1 – É punível com coima de € 75 000 a € 375 000 e suspensão da licença ou autorização do serviço de programas ou da transmissão do programa em que forem cometidas, consoante a gravidade do ilícito, por um período de 1 a 10 dias: a) A inobservância do disposto no n.º 2 do artigo 7.º, no n.º 1 do artigo 12.º, no n.º 1 do artigo 21.º, nos n.º 3, 4, 7, 8 e 9 do artigo 25.º, nos n.º 2 e 3 do artigo 27.º, no artigo 31.º, nos n.º 2 e 6 do artigo 32.º, no n.º 1 do artigo 33.º, no n.º 1 do artigo 39.º e no n.º 2 do artigo 60.º; b) A violação, por qualquer operador, das garantias de cobertura e obrigações de faseamento a que se encontra vinculado; c) A violação, por qualquer operador, do disposto no n.º 2 do artigo 30.º e do direito previsto no n.º 1 do artigo 66.º; d)A exploração de serviços de programas televisivos por entidade diversa do titular da licença ou da autorização; e) A negação do exercício do direito de antena às entidades que a ele tenham direito nos termos do artigo 59.º.

2 – É punível com a coima prevista no número anterior a retransmissão de serviços de programas televisivos ou de programas que violem o disposto nos números 2 e 3 do artigo 27.º quando: a) Os direitos sobre os conteúdos em causa forem adquiridos com conhecimento da sua 54 natureza; ou b) Tratando-se de retransmissões de conteúdos provenientes de países não pertencentes à União Europeia, a infracção seja manifesta e notória e o operador de distribuição não impossibilite o acesso aos respectivos conteúdos.

3 – A violação do disposto no artigo 20.º, pode dar lugar à fixação, pela entidade reguladora para a comunicação social, de um novo prazo para o início das emissões, findo o qual, em caso de persistência do incumprimento, é revogada a licença ou autorização.

4 – A negligência é punível, sendo reduzidos a metade os limites mínimos e máximos das coimas aplicáveis.

ARTIGO 78.º (Responsáveis)

1 – Pelas contra-ordenações previstas nos artigos anteriores responde o operador de televisão em cujo serviço de programas tiver sido cometida a infracção.

2 – O operador de distribuição responde pelas contra-ordenações que lhe sejam imputáveis nos termos do n.º 1 do artigo 25.º e no n.º 2 do artigo 77.º

736   *Direito da Comunicação Social*

ARTIGO 79.º (Infracção cometida em tempo de antena)

A violação do disposto nos n.º 2 e 3 do artigo 27.º e no n.º 2 do artigo 60.º, prevista na alínea a) do n.º 1 do artigo 77.º, quando cometida no exercício do direito de antena, é ainda, consoante a gravidade da infracção, punida com a sanção acessória de suspensão do exercício do mesmo direito por períodos de 3 a 12 meses, com um mínimo de 6 a 12 meses em caso de reincidência, sem prejuízo de outras sanções previstas na lei.

ARTIGO 80.º (Atenuação especial e dispensa da suspensão e da coima)

1 – Caso se verifiquem as circunstâncias das quais a lei geral faz depender a atenuação especial da pena: a) Em caso de contra-ordenação leve ou grave, aplica-se o disposto no n.º 3 do artigo 18.º do Decreto-Lei n.º 433/82, de 27 de Outubro; b) Em caso de contra-ordenação muito grave, os limites da coima são reduzidos em um terço, podendo não ser decretada a suspensão da licença ou da autorização do serviço de programas, ou da transmissão do programa.

2 – Em caso de contra-ordenação leve pode o agente ser dispensado da coima se se verificarem as circunstâncias das quais a lei penal geral faz depender a dispensa da pena.

3 – O operador poderá ser dispensado de coima em caso de violação dos limites de tempo de publicidade estabelecidos no artigo 40.º quando o incumprimento desse limite numa dada hora ocorrer por motivos de carácter excepcional devidamente justificados, designadamente o atraso ou prolongamento imprevisto da emissão, e se verificar que, no conjunto dessa hora, da anterior e da seguinte, foi respeitado o limite acumulado da publicidade previsto naquela disposição.

ARTIGO 81.º (Agravação especial)

Se o operador cometer uma contra-ordenação depois de ter sido sancionado, há menos de um ano, por outra contra-ordenação prevista na presente lei, os limites mínimo e máximo da coima e da suspensão da transmissão são elevados para o dobro.

ARTIGO 82.º (Revogação da licença ou da autorização)

1 – A violação do disposto nos n.º 2 do artigo 7.º, 1 do artigo 21.º, 3, 4, 7, e 8 do artigo 25.º, 2 e 3 do artigo 27.º, no artigo 31.º, nos n.º 2 e 6 do artigo 32.º, 1 do artigo 33.º, 1 do artigo 39.º, 2 do artigo 62.º e 1 do artigo 66.º, a violação das garantias de cobertura e obrigações de faseamento a que o operador se encontra vinculado, assim como a negação do exercício do direito de antena às entidades que a ele tenham direito nos termos do artigo 59.º, em serviços de programas televisivos que já tenham sido objecto de outras duas contra-ordenações da mesma gravidade pode dar lugar à revogação da respectiva licença ou autorização.

Anexo: *Normas dos Principais Diplomas Legislativos*   737

2 – Para efeitos do disposto no número anterior, qualquer contra-ordenação deixa de ser tomada em conta quando, entre a condenação da sua prática e a da contra-ordenação seguinte, tiver decorrido mais de três anos.

3 – A violação do disposto nos n.º 1 do artigo 12.º e 2 do artigo 30.º pode, atendendo à gravidade do ilícito, dar lugar à revogação da licença ou autorização dos serviços de programas televisivos em que tenha sido cometida.

4 – A violação reiterada do disposto nas alíneas a) a c) do n.º 1 do artigo 73.º pode dar lugar à revogação da licença ou autorização dos serviços de programas televisivos em que tenha sido cometida.

5 – A violação da alínea d) do n.º 1 do artigo 73.º pode dar lugar à revogação da licença ou autorização dos serviços de programas televisivos em que tenha sido cometida.

ARTIGO 83.º (Suspensão da execução)

1 – Pode ser suspensa a execução da suspensão da licença ou da autorização do serviço de programas, ou da transmissão do programa, por um período de três meses a um ano, caso se verifiquem os pressupostos de que a lei penal geral faz depender a suspensão da execução das penas e o operador não tiver sido sancionado por contra-ordenação há pelo menos um ano.

2 – A suspensão da execução pode ser condicionada à prestação de caução de boa conduta, a fixar entre € 20 000 a € 150 000, tendo em conta a duração da suspensão. 3-A suspensão da execução é sempre revogada se, durante o respectivo período, o infractor cometer contra-ordenação muito grave.

4 – A revogação determina o cumprimento da suspensão cuja execução estava suspensa e a quebra da caução.

ARTIGO 84.º (Processo abreviado)

1 – No caso de infracção ao disposto nos n.º 1 a 4 do artigo 40.º e em qualquer outro em que a entidade reguladora para a comunicação social dispuser de gravação ou outro registo automatizado dos factos que constituem a infracção, logo que adquirida a notícia da infracção, o operador será notificado: a) Dos factos constitutivos da infracção; b) Da legislação infringida; c) Das sanções aplicáveis; d) Do prazo concedido para apresentação da defesa.

2 – O arguido pode, no prazo de 20 dias a contar da notificação, apresentar a sua defesa, por escrito, com a indicação de meios de prova que entenda deverem produzir-se.

ARTIGO 85.º (Suspensão cautelar da transmissão)

1 – Havendo fortes indícios da prática de contra-ordenação muito grave prevista presente lei, e se, em concreto, atenta a natureza da transmissão e as demais circunstâncias, se verificar perigo de continuação ou repetição da activi-

738   *Direito da Comunicação Social*

dade ilícita indiciada, a entidade reguladora para a comunicação social pode ordenar a suspensão imediata da transmissão do programa ou serviço de programas em que tiver sido cometida a infracção.

2 – A decisão é susceptível de impugnação judicial, que será imediatamente enviada para decisão judicial, devendo ser julgada no prazo máximo de quinze dias a contar do momento em que os autos forem recebidos no tribunal competente.

ARTIGO 86.º (Limitações à retransmissão)

1 – A entidade reguladora para a comunicação social pode suspender a retransmissão de serviços de programas televisivos de acesso livre ou não condicionado, ou dos respectivos programas, quando: a) Prejudiquem manifesta, séria e gravemente a livre formação da personalidade das crianças e adolescentes, nomeadamente com a emissão de programas que incluam cenas de pornografia ou de violência gratuita; ou b) Incitem ao ódio, ao racismo ou à xenofobia; e o operador de televisão transmissor tenha cometido tal violação pelo menos duas vezes no decurso dos doze meses precedentes.

2 – Tratando-se de serviços de programas televisivos ou de programas provenientes de outros Estados membros da União Europeia, a providência referida no número anterior deve ser precedida: a) de notificação feita pela entidade reguladora para a comunicação social, ao operador de televisão transmissor e à Comissão Europeia, na qual são identificadas as alegadas violações e as medidas que serão adoptadas, caso tais violações se verifiquem novamente; b) em caso de persistência da violação, decorrido o prazo de 15 dias a contar da notificação da alínea anterior e após as consultas conciliatórias entre o Estado Membro de transmissão e a Comissão Europeia, de notificação da entidade reguladora para a comunicação social à Comissão Europeia, ao Estado Membro de transmissão e ainda ao operador de distribuição da suspensão da retransmissão dos programas que contrariem o disposto no número anterior.

SECÇÃO III (Disposições especiais de processo)

ARTIGO 87.º (Forma do processo)

O procedimento pelas infracções criminais cometidas através da televisão rege-se pelas disposições do Código de Processo Penal e da legislação complementar, com as especialidades decorrentes da presente lei.

ARTIGO 88.º (Competência territorial)

1 – Para conhecer dos crimes previstos na presente lei é competente o tribunal da comarca do local onde o operador tenha a sua sede ou representação permanente.

Anexo: Normas dos Principais Diplomas Legislativos 739

2 – Exceptuam-se do disposto no número anterior os crimes cometidos contra o bom nome e reputação, a reserva da vida privada ou outros bens da personalidade, cuja apreciação é da competência do tribunal da comarca do domicílio do ofendido.

3 – No caso de transmissões televisivas por entidade não habilitada nos termos da lei, e não sendo conhecido o elemento definidor da competência nos termos do n.º 1, é competente o Tribunal Judicial da Comarca de Lisboa.

ARTIGO 89.º (Suspensão cautelar em processo por crime)

O disposto no artigo 85.º é aplicável, com as necessárias adaptações, aos processos por crime previsto na presente lei, cabendo ao Ministério Público requerer a suspensão cautelar durante o inquérito.

ARTIGO 90.º (Regime de prova)

1 – Para prova dos pressupostos do exercício dos direitos de resposta ou de rectificação, e sem prejuízo de outros meios admitidos por lei, o interessado pode requerer, nos termos do artigo 528.º do Código de Processo Civil, que a entidade emissora seja notificada para apresentar, no prazo da contestação, as gravações do programa respectivo.

2 – Para além da referida no número anterior, só é admitida prova documental que se junte com o requerimento inicial ou com a contestação.

ARTIGO 91.º (Difusão das decisões)

1 – A requerimento do Ministério Público ou do ofendido, e mediante decisão judicial, a parte decisória das sentenças condenatórias transitadas em julgado por crimes cometidos através da televisão, assim como a identidade das partes, é difundida pela entidade emissora.

2 – O acusado em processo-crime noticiado através da televisão e posteriormente absolvido por sentença transitada em julgado, pode requerer ao tribunal que o teor dessa sentença seja igualmente noticiado pela entidade emissora, no mesmo serviço de programas e em horário, espaço e com destaque televisivo equivalentes.

3 – A difusão da parte decisória das sentenças a que se referem os números anteriores deve efectuar-se de modo a salvaguardar os direitos de terceiros.

CAPÍTULO VIII (Conservação do património televisivo)

ARTIGO 92.º (Depósito legal)

1 – Os registos das emissões qualificáveis como de interesse público, em função da sua relevância histórica ou cultural, ficam sujeitos a depósito legal, para efeitos de conservação a longo prazo e acessibilidade aos investigadores.

740   *Direito da Comunicação Social*

2 – O depósito legal previsto no número anterior será regulado por diploma próprio, que salvaguardará os interesses dos autores, dos produtores e dos operadores de televisão.

3 – O Estado promoverá igualmente a conservação a longo prazo e a acessibilidade pública dos registos considerados de interesse público anteriores à promulgação do diploma regulador do depósito legal, através de protocolos específicos celebrados com cada um dos operadores.

CAPÍTULO IX (Disposições finais e transitórias)

ARTIGO 93.º (Competências de regulação)

1 – Salvo disposição legal em contrário, compete à entidade reguladora para a comunicação social a regulação das matérias previstas no presente diploma e a fiscalização do seu cumprimento.

2 – Compete à entidade reguladora para a comunicação social a instrução dos processos de contra-ordenação previstos na presente lei e ao seu presidente a aplicação das coimas correspondentes.

3 – A receita das coimas reverte em 60% para o Estado e em 40% para a entidade reguladora para a comunicação social.

ARTIGO 94.º (Reserva de capacidade)

1 – Na atribuição de direitos de utilização de frequências para o serviço de radiodifusão televisiva digital terrestre de cobertura nacional é reservada capacidade de transmissão para os serviços de programas televisivos difundidos em modo analógico por via hertziana terrestre detidos pelos operadores licenciados ou concessionados à data da entrada em vigor da presente lei.

2 – O direito a que se refere o número anterior deve ser exercido junto da entidade reguladora para a comunicação social pelos operadores interessados, sob pena de caducidade, no prazo de 60 dias após a data da atribuição da licença para a actividade de televisão ao respectivo operador de distribuição.

3 – O não exercício do direito previsto nos números anteriores não prejudica o disposto no n.º 4 do artigo 25.º da presente lei nem o disposto na alínea s) do n.º 3 do artigo 24.º da Lei n.º 53/2005, de 8 de Novembro.

ARTIGO 95.º (Alterações supervenientes)

A atribuição de novas licenças ou autorizações bem como a modificação do quadro legislativo existente não constituem fundamento para que os operadores de televisão aleguem alteração das condições de exercício da actividade, em termos de equilíbrio económico e financeiro, nem conferem direito a qualquer indemnização.

Anexo: Normas dos Principais Diplomas Legislativos 741

ARTIGO 96.º (Remissões)

Consideram-se efectuadas para as correspondentes disposições da presente lei as remissões efectuadas para a Lei n.º 32/2003, de 22 de Agosto.

ARTIGO 97.º (Norma revogatória)

1 – São revogados: a) A Lei n.º 32/2003, de 22 de Agosto; b) O Decreto-Lei n.º 237/98, de 5 de Agosto.

2 – Os artigos 4.º e 5.º da Lei n.º 32/2003, de 22 de Agosto, mantêm-se contudo em vigor até à entrada em vigor da lei que aprova o regime legal da concentração da titularidade dos meios de comunicação social.

BIBLIOGRAFIA GERAL

ACKERMAN, Bruce e STEWART, Richard – Reforming Environmental Law: The Democratic case for economic Incentives, In *Columbia Journal of Environmental Law*, n.º 13, 1988.

ADLER, Henri et alteri – *Droit de l'audiovisuel*. Paris: Lamy, 1995.

AGOSTINELLI, Xavier – *Le Droit a l' Information Face a la Protection Civile de la Vie Privé*. Aix-en-Provence, Librairie de l'Université, 1994.

AGUADERO, Francisco – «La vida en el siglo XXI». In *La Sociedad de la Información*. Madrid: Acento, 1997.

ALBERGANTI, Michel – *À l'école des robots, línformatique, l'école et vos enfants*. Paris: Calmann-Lévy, 2000.

ALBERT, Pierre; TERROU, Fernand – *Histoire de la Presse*. Paris: PUF, 1970.

ALGER, Dean E. – *The media and politics*. New Jersey : Prentice-hall, 1989.

ALVARADO PLANAS, Javier –*Poder, economía, clientelismo*. Madrid: Marcial Ponz, 1997.

AMARAL, D.F. – *Manual de Introdução ao Direito*. Colaboração Ravi Afonso Pereira. Coimbra: Almedina, 2004.

ANDRADE, José Carlos Vieira de – *Justiça Administrativa* (Lições). 2.ª Edição, Coimbra: Almedina, 1999.

ANDRADE, José Carlos Vieira de – *Os Direitos Fundamentais na Constituição Portuguesa de 1976*. Coimbra: Almedina, 1987.

ANDRADE, M. Costa – *Consentimento e Acordo em Direito Penal*. Coimbra: Coimbra Editora, 1991.

ANDRADE, M. Costa – «Sobre a Reforma do Código Penal Português: Dos crimes contra as pessoas, em geral, e das gravações e fotografias ilícitas, em particular». *Revista Portuguesa de Ciência Criminal*, ano 3.º, nos 2 a 4, Abril-Dezembro 1993.

ANDRADE, Manuel Costa – *Sobre a Valoração como meio de Prova em Processo Penal das gravações produzidas por Particulares*. Coimbra, 1987.

ANDRADE, Manuel da Costa - *Liberdade de Imprensa e Inviolabilidade Pessoal: Uma perspectiva jurídico-criminal*. Coimbra: Coimbra Editora, 1996.

ANDRÉ MOUNIER – *Filosophie II*. Manual de philosophie, Tomo II, Tounai: Desclée, 1956.

ANNECHIARO, Frank e JACOBS, James B. – *The Pursuit of Absolute Integrity: How Corruption Contrai makes Government Ineffective*. Chicago; University of Chicago Press, 1996.

ARENA, Gregório (org.) – *L'accesso ai documenti amministrativi*. Bolonha: Il Mulino, 1991.

ARENDT, H. – *On Revolution*. New York, Penguin, 1977

ARNOLD J. HEIDENHEIMER – «Perspectives on the Perception of Corruption. In *Political Corruption*. New Brunsswick Transaction Publisher, 1989.

744   *Direito da Comunicação Social*

ARROYIO YANES, Luis Miguel – «El derecho de autodeterminación informativa frente a las Administraciones Públicas». *Revista Andaluza de Administración Pública*, n.º.º16, octubre-noviembre-deciembre 1993.

ASCENSÃO, José de Oliveira – *Direito Penal de Autor*. Lisboa: Lex, 1993.

ASCENSÃO, José oliveira – «Direito à informação e direito ao espectáculo».*ROA*, n.º48, 1988.

ASCENSÃO, Oliveira – *Direito Civil: Direitos de Autor e Direitos Conexos*. Coimbra: Coimbra Editora, 1992.

ASENJO, Porfírio Barroso – *Códigos Éticos de la Profesión Periodística::Análisis Comparativo*. Madrid: Universidade Complutense, Tomo II e II, 1980.

ASSEMBLEIA PARLAMENTAR DO CONSELHO DA EUROPA – *Código Europeu de Ética Jornalística*, 1 de Julho de 1993.

AUBY, Jean Marie; DUCLOS-ADLER, Robert – *Droit de l'Information*. 2.ª Ed., Paris: Dalloz, 1982.

AUTIN, Jean-Louis – «Medios de Comunicación Social y autoridades administrativas independientes: El ejemplo francés del Consejo Superior del Audiovisual». In *Autonomies*, n.º 16, 1993.

AUVRET, P. – *Le Journalisme d'Investigation selon la Convention Européenne des Droits de l'Homme*. Paris: Legipress, 1997.

BALLE, Francis – *Médias et Sociétés*. 7.ª ed., Paris: Montchrestien, 1994.

BALLESTEROS, Teodoro Gonzáles – *El Derecho de Replica y Rectificación en Prensa, radio y Televisión*. Madrid: Reas, 1981.

BALSEMÃO, Francisco Pinto – *Informar ou depender*. Lisboa, 1971.

BAÑON, R. – «La modernización de la Administración Pública española: Balance y perspectivas». *Política y Sociedad*, n.º 13, 1993.

BAREND, Eric – *Freedom of Speech*.Oxford: Clarendon Press, 1987.

CRISAFULLI, Vezio – «Problematica della 'Libertà d'informazione'». In *Il Politico*, n.º 2, 1964.

BARENDT, E. – *Broadcasting Law*. 1995.

BASTIDA FREIJEDO, Francisco José – «Elecciones y Estado democrático de Derecho». In *Revista española de Derecho Constitucional*, n.º 32, 1991.

BASTIDA FREIJEDO, Francisco José – *El régimen jurídico de la comunicación social*. Madrid: Instituto de Estudios Economicos, 1994.

BEATO ESPEJO, Manuel – «Tratamiento Jurídico de los Derechos Reconocidos a los Ciudadanos en el Artículo 35 da Ley de Régimen Jurídico de las Administraciones Públicas y del Procedimiento Común por la Administración de la Comunidad Autónoma de Extremadura. In *Anuario da Facultad de Derecho*, Vol. 11, Cáceres: Universidad de Extremadura, 1993.

BECK, Ulbrich – *¿Qué es la Globalización?: Falacias del globalismo, respuestas a la globalización*. Tradução de Bernardo Moreno e Rosa Borràs (Was ist Globalisiertung? Irrtumer des Globalismus: Anrworten auf Globalisierung. Frankfurt: Ed. Shurkamp, 1997). Barcelona: Paidós, 1998.

BECK, Ulbrich – *La sociedad del riesgo: hacia una nueva modernidad*. Tradução de Jorge Navarro, Daniel Jiménez e Rosa Borràs (*Risikogesellschaft: Aus dem Weg in eine andere Moderne*. Frankfurt: Ed. Suhrkamp, 1986), Barcelona: Paidós, 1998.

BEGUIN, Bernard – *Journaliste qui t'a fait roi. Les media entre droit et liberté*. Lausana: Éditions 24 Heures, 1998.

BÉJAR, H. – «Individualismo, privacidad e intimidad: precisiones y andaduras».*De la intimidad*. Barcelona:Editorial Crítica-Grupo Editorial Grijaldo, 1989.

BÉJAR, H. – «La génesis de la *privacidad* en el pensamiento liberal». *Sistema: Revista de Ciencias Sociales*, n.º 76, 1987.

BEL MALLEN, J. Ignacio – *El derecho a la información local*. Madrid: Editorial Ciencia 3, 1990.

BELLAH, R. – *The Good Society*. New York: Random House, 1991

BENEYTO, Juan. – *Información y Sociedad*. Madrid, 1970.

BERA, Michel e MÉCHOULAN, Éric – *La machine internet*. Paris:Odile Jacob, 1999.

BERMEJO VERA, J. – «El derecho a la información de los consumidores y usuarios». In *Estudios sobre Consumo: Comentarios a la Ley General de defensa de los Consumidores y Usuarios*, n.º 3, 1984.

BERTRAND, André: – *Le Droit d'Auteur et les Droits Voisins*. Ed. Masson: Paris: 1991.

BLUMENWITZ, Dieter – «Die Meinungs-und Informationsfreiheit nach Art.19 des Internationalen Pakts über bürgerliche und politische Rechte». In *Festschrift für F. Ermarcora*. Frankfurt, Berlin: Engel, 1988.

BOBBIO, N. – *The Future of Democracy*. Minnesota: Univ. Minneapolis, 1987.

BOHERE, J. – *Profession Journaliste: Étude sur la condition du journaliste en tant que travailleur*. Genebra: Bureau International do Trabalho, 1984.

BOYCE, G. – «The Fourth Estate: The Reappraisal of a Concept». *Newspaper History: from the seventeenth century to the present day*. London: Constable and Beverly hills ca, sage publications, 1978.

BRACHET, Ph. – «Interventions». In *Colloque sur la Transparence Administrative*. Publicado sob o título *Information et Transparence Administratives,* pelo Centre universitaire de recherches administratives et politiques de Picardie (C.U.R.A.P.P.). Paris: PUF, 1988.

BRAUD, P. – *La notion de Liberté publique et ses implications en droit français*. Thèse. Rennes, 1967.

BRAVO FONT, Maria José – «Periodismo medioambiental y desarrollo sostenible». In *Ambiente e desenvolvimento sustentável: medioambiente y desarrollo Sostenible*. Julián Mora Aliseda e Silvia Jaquenod de Zsögön (Dir.). Cáceres: UNEX, 2002.

BRET, Paul Louis – *Information et Democracie*. Paris, 1954.

BRETON, Philippe – *Histoire de l'informatique*.Paris:Éditions La Découverte, 1987.

BRETON, Philippe – *L'argumentation dans la communication*. Coll. Repères. Paris: Éditions. La Découverte, 1996.

BUCHLOH, Stephan; RUSS-MOHL, Stephan (Ed.) – *Securing Quality: European and Americans perspectives of continuing education in journalism*. Berlim: Frei Universität Berlin-JWB, 1993.

BÜLLESBACH, – *Datenschutz im Telekomunikationsrecht*. 1997.

BULLINGER, Martin – «Freedom of Expression and Information: an Essential Element of democracy». In *Actes du Sixième Colloque international sur la Convention Européenne des Droits de L'Homme*. Conselho da Europa, Univ. de la CCAA de Andaluzia, Sevilha, 1985. Dordrecht-Boston-Londres: Martinus Nijhoff, *1988* (também In *German Yearbook of International Law*, VI.29, 1985).

BURDEAU, George – *Les Libertés publiques*. 4.ª Ed., Paris, 1972.

746   *Direito da Comunicação Social*

BURFERT, H. – «L'information du secteur publique:le secret, la transparence et le commerce». In *Les Données Publiques:Un gisement a exploiter? Revue française d'Administration Publique*. Paris: Institut International d'Administration Publique, n.º 72, octobre-décembre 1994.

CÁDIMA, Francisco Rui – *Desafios dos Novos Media: a nova ordem política e comunicacional*. Lisboa: Notícias editorial, 1999.

CALVINEZ, P. – «La Question Éthique». In *A quoi pensent les philosophes*. Revue *Autrement*, n.º 102, Paris: Nov.1988.

CANHAN, Erwin.D. – «International Freedom of Information». In *Law and Contemporary problems, International Human Rights*.Parte.II, Vol.14, n.º 4, 1949. LAUTERPACH, H. – *An Internacional Hill of Rights of Man*.New York: Columbia University, 1945.

CANOTILHO, José Joaquim Gomes – «Liberdade e Exclusivo na Constituição». In *Estudos sobre Direitos Fundamentais*. Coimbra: Coimbra Editora, 2004, p. 217-232 (sobre os direitos de autor).

CANOTILHO, José Joaquim Gomes – *Direito Constitucional e Teoria da Constituição*. 3.ª Ed., 1999.

CANOTILHO, José Joaquim Gomes – *Estudos sobre Direitos Fundamentais*. Coimbra: Coimbra Editora, 2004.

CARRILLO, Marc – *La cláusula se conciencia y el secreto profesional de los periodistas*. Madrid, 1993.

CARRILLO, Marc – *Los límites a la libertad de prensa en la constitución española de 1978*. Barcelona, 1987.

CARVALHO, António Arons de – *A Liberdade de Informação e o conselho de Imprensa 1975-1985*.Lisboa: DGCS, 1986.

CARVALHO, António Arons de, CARDOSO, António Monteiro e Figueiredo, João Pedro - *Direito da Comunicação Social*. 2.ª Ed., Lisboa: Casa das Letras, 2005.

CARVALHO, Orlando de – «Os Direitos de Personalidade de Autor». In *Num Novo Mundo do Direito de Autor?*, Tomo 11, Edição Cosmos, 1995.

CARVALHO, Raquel – *Direito à Informação administrativa Procedimental*. Porto: Publicações UC, 1999.

CASTELLS, MANUEL – *La Era de la Información*. (Tradução de Cármen Martínez Gimeno). Madrid: Alianza Editorial, 1998 (Título em inglês: *The Age of Information*. Vol I, The Rise of Network Society. Oxford: Blackwell Publishers, 1996).

CASTILLA DEL PINO, Carlos – «Público, privado, íntimo». In *De la Intimidad*. Barcelona: Editorial Crítica-Grupo Editorial Grijaldo, 1989.

CASTRO MARTINS, A. – «Acesso à informação do Sector Público: Princípios Gerais». In *Comissão de Acesso aos Documentos Administrativos: 3.º Relatório da Actividades*. Lisboa: Comissão de Acesso aos Documentos Administrativos, 1997.

CAVE, M., HANNEY, S.; KOGAN, M. e TREVETT, G. – *The use of performance indicators in higher education: a critical analysis of debeloping practice*. London: Jessica Kingsley, 1988.

CAYROL, Roland – *La presse écrite et le audiovisuelle*. Paris: PUF, 1973.

CAYROL, Roland – *Les Média:Presse écrite, radio, télévision*. Paris: PUF, 1991.

CAZORLA PÉREZ, José – *Del cleintelismo tradicional al clientelismo de partido: evolución y características*.Barcelona: Institut de ciéncies politiques i socials, 1992.

CHAFEE, Zechariah Jr. – «Legal Problems of Freedom of Information in the United Nations». In *Law and Contenporary Problems: International Human Rights II*, Vol.14, n.º 4, 1949.

CHECA GONZÁLEZ, Clemente; MERINO JARA, Isaac – «El derecho a la intimidad como límite a las funciones investigadoras de la Administración tributaria». In *Impuestos*, 1988, Tomo II.

CHINCHILLA MARIN, C. – *A radiotelevisión como servicio público esencial*. Madrid: Tecnos, 1988.

CHINCHILLA MARIN, Carmen – «Derecho de información: Libertad de empresa informativa y opinión pública libre». In *Poder Judicial*, n.º 3, 1986.

CHRISTIANS, C.; FERRE, J.P.; FACKLER, P.M. – *Good News: Social Ethics and the Press*. New York, Oxford, 1993

CHUARD, Jean-Pierre – *La Formation Professionnelle des Journalistes: L'expérience romande 1965-1985*. Lausana: CRFJ, 1985

CIERVA, Ricardo de la Vega – *La corrupción: sus momentos clave*. Madrid: ARC, 1997.

CLAISSE, Alain – «Présentation synthétique». In *L'Evolution des Rapports entre l'Administration et les Usagers*: Étude Comparative sous la direction de WIENER, Céline. Avant-propos de COSTA, Jean-Paul. VVAA. Paris: Economica, Institut des Sciences Administratives.

COHEN-JONATHAN, Gérard – «Liberté de circulation des informations et souveraineté des États». In *La circulation des informations et le droit international. Colloque de Strasbourg*. VVAA. Paris: Pedone, 1978.

COLLIARD, Claude-Albert – *libertés publiques*. 7.ª éd., Paris, Prècis Dalloz, 1989.

COMISÃO DE ACCESO AOS DOCUMENTOS ADMINISTRATIVOS – «Parecer n.º 17/95, de 20.61995». In *Relatório de Actividades da Comissão de Acesso aos Documentos Administrativos 1994-1995*. Lisboa:Comissão de Acesso aos Documentos Administrativos, 1996.

CONDESSO, F. – «A Democracia contra a Democracia». In *Congresso 30 anos de Democracia*. Fundação Calouste Gulbenkian. Organização da Associação 25 de Abril, Nov. 2004.

CONDESSO, F. – «A nomologia comunitária». In *Direito do Ambiente*. Coimbra: Almedina, 2001.

CONDESSO, F. – «O direito à informação administrativa». In *Cadernos de Ciência da Legislação*. Oeiras:INA, 1996.

CONDESSO, F. – *Direito À Informação Administrativa*. Lisboa: PF, 1995.

CONDESSO, Fernando dos Reis – «Instrumentos de Intervenção Ambiental» («Os Meios Informativos»). In *Direito do Ambiente*. Coimbra: Almedina, 2001.

CONDESSO, Fernando dos Reis – *O Directo de Acesso à Informação e Documentos detidos pelos Poderes Públicos*. Policopiado, para publicação em 2007.

CONDESSO, Fernando dos Reis – *O Direito de Acesso à Documentação detida pela Administração Pública Portuguesa*. Lição-síntese de aula em provas de Agregação em Ciências Jurídico-Políticas, policopiado, 2005.

CONDESSO, Fernando dos Reis; MORA ALISEDA, Julián – «The acess to the environmental information in the hands of portuguese and spanish public administrations» In *Obesrvatorio Medioambiental*, Vol.9, Madrid: Publicaciones de la Universidad Complutense de Madrid, 2006;

748   *Direito da Comunicação Social*

CONSELHO CONSULTIVO DA PGR – *Segredo de Justiça, Liberdade de Informação e Protecção da Vida Privada (Algumas Questões).* Parecer n.º 121/80. Separata do Boletim do Ministério da Justiça, n.º 390, 1981.

CORNU, Daniel – *Jornalismo e Verdade: Para uma Ética da Informação.* (Epistemologia e Sociedade).Tradução de Armando Pereira da Silva. Lisboa: I. Piaget, 1999.

CORREIA, Luís Brito – *Direito da comunicação social.* (Prefácio de Jorge Miranda). Vol. I, Coimbra: Almedina, 2000.

CORREIA, Luís Brito – *Direito da Comunicação Social.* Coimbra: Almedina, Vol. I, 2000.

CORREIA, Luís de Brito – *Direito da Comunicação Social.* Vol. II, *Direito de Autor e da Publicidade.* Coimbra: Almedina, 2005

CORTINA ORTS, Adela – *Corrupción y ética.*Bilbau: Univ. de Deustro, 1996.

COSTA, Artur Rodrigues – «Crimes de Difamação e Injúria Agravados nos termos do artigo 184.º do Código Penal». In *Estudos em Homenagem a Cunha Rodrigues.* Vol. I, 2001.

COSTA, José Francisco de Faria e – *Direito Penal da Comunicação.* Coimbra: Coimbra Editora, 1998.

COURTNEY, C.; NEWELL, D; RASAIAH, S. – *The Law of Jornalism.* 1995

COURTNEY, Catherine; NEWELL, D.; RASAIAH, S. – *The law of journalism.* Londres: Butterworths, 1995.

COUSIN, Bertand; DELCROS, Bertrand; JOUANDET, Thierry – *Le Droit de la Comunication: Presse écrite et audiovisuel.* Paris: Ed. Moniteur, 1990, 2 vol..

COUSTEAUX e LOPEZ-TERRES – «Le droit a l' information et le procès pénal en droit français». In *El poder Judicial en el conjunto de los Poderes del Estado y de la Sociedad, Revista Poder Judicial,* n.º Especial XI, Madrid: CGPJ, 1986.

COVAS, António – «O desafio da ditadura globalitária». In *A União Europeia: Do Trado de Amesterdão a um projecto de Carta Constituinte para o Século XXI.* Oeiras; Celta, 1999.

CRISAFULLI, Vezio – «Per la determinazione del concetto dei principi generali del diritto». In *Studi sui principi generali dell'ordinamento guiridico.* Pisa, 1941.

CRUZ MUNDET, José Ramón e MIKELARENA PEÑA, Fernando – *Información y Documentación Administrativa.* Madrid: Tecnos, 1998.

CUFFARO, Vicenzo-*Pofili civilistici del diritto all'informazione.* Mapoles:Jovene, 1986.

CUPIS, Adriano de – «O direito Moral de Autor». In *Direitos da Personalidade.* Tradução de Adriano Vera Jardim e António Miguel Caeiro. Lisboa:Livraria Morais Editora, 1961, p. 309-337.

DAHL, R. – «On removing certain impediments to Democracy in the United States»: *Political Science Quartely,* Vol.92, n.º 1, Spring 1977.

DAHL, R. – *Preface to democratic theory.* Chicago: University of Chicago Press, 1953.

DANIEL CORNU – «Responsabilidade Social dos Media e Direito à Informação». In *Jornalismo e Verdade: Para uma Ética da Informação,* 1994.

DE LA CUADRA SALCEDO, T. – *Liberalización y las telecomunicaciones, servicio público y constitución económica europea.* Madrid, 1995.

DEACON, Robert T. – «Deforestation and the Rule of Law in a cross-Section of Countries. In *Land Economics,* n.º 70, 1994.

DEBBASCH, Charles – *Droit de l'audiovisuel.* 2.ª Ed., Paris:Dalloz, 1991.

DEBBASCH, Charles – *Droit de l'audiovisuel.* 4.ª Ed., Paris: Dalloz, 1995.

Bibliografia Geral 749

DELARUE, Jean-Marie – «Un excès de scrupule ?». In *Les Données Publiques:Un gisement a exploiter? Revue française d'Administration Pulique*. Paris: Institut International d'Administration Publique, n.° 72, octobre-décembre 1994.

DERIEUX, E. – *Droit de la communication. 1991*; BALLE, Francis – *Médias et Sociétés*. !994.

DERIEUX, Emmanuel – *Droit de la Comunication*. Paris: LGDJ, 1991.

DESANTES GUANTER, José Maria – «La esencia del derecho a la información». In *Fundamentos del Derecho a la Información*. Madrid: CECA, 1977.

DESANTES GUANTER, José Maria – *La información como derecho*. Madrid: Editora nacional, 1974.

DESANTES, José Maria; NIETO, Alfonso; URUBAYAN, Miguel – *La clausula de Conciencia*. Pamplona:Universidade de Navarra, 1978.

DIAS, J. Figueiredo – «Direito de Informação e Tutela da Honra no Direito Penal da imprensa em Portugal». *RLJ*, ano 115.°.

DIAS, J.E. Figueiredo – «Direito à informação, Protecção da Intimidade e Autoridades Administrativas Independentes». In *Estudos em Homenagem ao Prof. Doutor Rogério Soares, Boletim da Faculdade de Direito, Stvdia Ivridica 61, Ad Honorem-1*. Coimbra: Coimbra Editora, 2001.

DIAS, José Eduardo Figueiredo – «Direito à Informação, Protecção da Intimidade e Autoridades Independentes». In *Boletim da Faculdade de Direito: Stvdia Ivridica 61, Ad Honorem-1: Estudos em Homewnagem ao prof. Doutor Rogério Soares*. Coimbra Editora, 2001.

DÍAZ BARRADO, Mario Pedro – *Humanismo y Sociedad de la Información. Lección inaugural, Curso Académico 2002-2003*. Universidad de Extremadura, Cáceres 2002.

DIETZ, Adolf – *El Derecho de Autor en España y Portugal*. Madrid, 1992.

DÍEZ PICAZO, Luis María – *La criminalidad de los gobernantes.*Barcelona: Crítica, 2000.

DITTRICH, N. – *Pressekonzentration nd GG*. Munique , 1971

DO ÁGUILA, R. – «Crisis of parties as legitimacy crisis: A view from political theory». In *Working Paper*, n.° 39. Madrid: IJMEI, Setembro de 1995.

DONATELLA, Porta della, e VANNUCCI, Alberto – «The perverse Effects of Political Corruption». In *Political Studies*, n.° 45, 1997.

DONATELLA, Porta della, e VANNUCCI, Alberto – «The resources of Corruption: Some reflections from the Italian case». In *Crime, Law and Social Change*, n.° 7, 1997.

DRYZEK J.; RIPLEY, B. – «The ambitions of policy design». Policy Studies Review. Summer, vol.7, n.° 4, 1988.

DUGUIT, Léon – *Traité de droit constitutionnel*. 3.ª Éd., Paris, 1927-1928, 2 volumes.

EAGLETON, Terry – *A Ideia de Cultura*. Colecção Memórias do Mundo. Tradução Sofia Rodrigues. Lisboa: Actividades Editoriais, 2003.

ECHEVARRIA, Juan Solozobal – «La libertad de expresión desde la teoría de los derechos fundamentales». *Revista española de derecho constitucional*, mayo-agosto 1991.

ECHEVERRÍA, Juan Solozobal – *Telépolis.*Barcelona: Ed.Destino, 1994.

CADIMA, Francisco Rui – Des*afios dos novos media: a nova ordem política e comunicacional*. Lisboa: notícias ed., Março de 1999.

EIRAS, Agostinho -«Publicidade do Julgamento Penal e Direito de Comunicar». *Revista do Ministério Público*. 1993, Ano 15.°.

ENCINAR, J. Juan González – *Derecho de la Comunicación*. Barcelona: Ariel, 2000.

ENGEL, Pierre – *La protection de la personnalité*. Lausanne: CRFJ, 1985.

750   *Direito da Comunicação Social*

ENVIRONMENTAL INVESTIGATION AGENCY – *Corporate Power, Corruption and Destruction of the World's Forests: The case for a New Global Forest Agreement*. London, Washington Dc: EIA, 1996.

ESCOBAR DA SERNA, Luis – *Manual de Derecho de la información*.Madrid: Dykinson, 1997.

ESCOBAR DE LA SERNA, Luís – *Principios del derecho de la información*. Dykinson: Madrid, 2000.

ESCOBAR ROCA, Guillermo – E*statuto de los Periodistas*. Madrid: Tecnos, 2002.

ESMEIN, A. – *Éléments de droit constitutionnel*. Vol. I, 8.ª éd., Paris, 1899.

ESTEVES, João Pissarra – *A Ética da Comunicação e os Media Modernos: Legitimidade e Poder nas Sociedades Complexas*. 2.ª Ed., Lisboa: Fundação Calouste Gulbenkian, 2003.

ETCHEGOYEN, Alain – *La Valse des éthiques*. François Bourin:Paris, 1991.

EUA, Cmnd. 8616 – *Efficiency and effectiveness in the civil service. London:* HMSO, 1982.

EUDES, Yves – «Sexe, mensonges et internautes». *Le Monde*. 16 de Agosto de 1998.

FELDMAN, David – «Privacy-related and their Social Value».In *Privacy and Loyalty*. Oxford: Ed. by Peter Birks, Clarence Press, 1997.

FERNÁNDEZ ESTEBAN – «Nota Preliminar». In *Nuevas Tecnologías, Internet y Derechos Fundamentales*. Madrid: McGraw Hill, 1998.

FERNÁNDEZ RAMOS, S. – *El Derecho de Acceso a los Documentos Administrativos*. Madrid: Marcial Pons, 1997.

FERNÁNDEZ RODRÍGUEZ, Tomas. Ramón et alteri – *Libertad de expresión y derecho penal*. Madrid, 1985.

FERNÁNDEZ-MIRANDA CAMPOAMOR, A. – *El secreto profesional de los informadores*. Madrid, 1991.

FERRY, JEAN-MARC – *Les puissances de l'expérience*. Vol. II, Paris: Cerf, 1991.

FINKIELKRAUT, A. e SORIANO, P. – *Internet: O Êxtase Inquietante*. Tradução de Miguel Serras Pereira. Lisboa: Fim de Século, 2002.

FOX, C .J. e MILLER, H. T. – *Postmodern Public Administration:Toward Discourse*. Thousand Oaks: Sage, 1995.

GALBRAITH, David – «Officials Secrets, Security and Open Government: A right to Curiosity». In *Freedom of Speech: Basis and Limits*. Steiner, Wiesbaden: Mahler, 1986.

GANZÁLEZ ANCINAR, José Juan – «Introducción». In *Derecho de la Información*. Barcelona: Editorial, 2002.

GARCÍA DE ENTERRÍA, E. e FERNÁNDEZ RODRÍGUEZ, Tomás-Ramón – *Curso de Derecho Administrativo*. Vol. II, Madrid: Civitas, 1993.

GARCÍA MEXÍA, Pablo – *Los conflictos de intereses y la corrupción contemporánea*. Elcano: Aranzadi, 2001.

GARRETT, J. – «Developing state audit in Britain». *Public Administration*, vol. 64, p. 421-66, Inverno de 1986.

GAUDRAT, Philippe – *Commercialisation des Données Publiques:Observatoire Juridique des Technologies de L'Information*. Paris: Documentation Française, 1992.

GAY FUENTES, Celeste – *Intimidad y tratamiento de datos en las administraciones públicas*. Madrid: Editorial Complutense, 1995.

GERMER, P. – «Administrative Secrecy under European Convention on Human Rights». In *Secrecy and Openness: Individuals, Enterpreises and Public Administration:*

Proceeding of the Seventeenth Colloquy on European Law. Zaragoza, 21-23 Octobre 1987. Estrasburgo, Conselho da Europa, 1988.

GHEBALI, Victor-Yves – «Télécommunications et dévelopment».*Problèmes économiques et sociaux*, n.º 576. Paris: La Documentation française, 1988

GIANNINI, Severo Máximo – *El Poder Público: Estados y Administraciones Públicas.* Prólogo y Traducción de Luis Ortega. Madrid: Civitas, 1991.

GIMENO SENDRA, Vicente – «El registro de la propiedad y el derecho a la intimidad». *La Ley*, 11 de junio de 1997.

GIOVANNI SARTORI – *Homo Videns: La sociedad teledirigida.* Madrid: Taurus, 1998.

GLYNN, J. – «VFM audit: an international review and comparison». In *Financial Accountability and Management*, ano 1, n.º 2, 1985.

GODOY, Carlos Ruiz Bueno de – *A Liberdade de Imprensa e os Direitos de Personalidade.* São Paulo: Atlas, 2001.

GOERLICH; RADECK – «Rundfunk und Empfänger – zur Mediatisierung subjektiver Rechte». In *Neue Juristische Wochenschrift, Hf5*, 1990.

GOMES CANOTILHO, – *Revista de Legislação e Jurisprudência*, 125, 1992.

GONÇALVES, Maria Eduarda – *Direito da Informação: novos direitos e formas de regulação na sociedade da informação.*Coimbra: Almedina, 2003.

GONZÁLEZ BALLESTEROS, TEODORO – «Prologo». In BEL MALLEN, J.I. – *O direito a la informação local.* Madrid: Editorial Ciencia, 1990.

GONZÁLEZ CASANOVA, J.A. –*Comunicación humana y comunidad política.*Madrid, 1968.

GONZÁLEZ MORAL, Iranaeus -*Philosophia Morales.* Editorialis Quinta Editio, «Sal Terrae»: Santander, 1960. RAMÍREZ, S.M. – *De hominis beatitudine.* 3.º Vol, Madrid, 1942-1947.

GONZÁLEZ MURÚA, Ana Rosa – «Comentario a la STC 254/1993, de 20 de julio: Algunas reflexiones en torno a la alinea a del artículo 18.4 de la Constitución y la protección de los datos personales». *RVAP*, n.º 37, septiembre 1993.

GONZÁLEZ PÉREZ, Jesús – *La ética en la Administración pública.* Madrid: Civitas, 2000.

GONZALEZ SALINAS, P. – «El ejercicio del derecho de petición y la fiscalización jurisdiccional de la resolución administrativa (Sentencia de la Sala Tercera del Tribunal Supremo de 10 de abril de 1987)». *Revista Española de Derecho Administrativo*, n.º 54, 1987.

GONZÁLEZ, Joaquín – *Corrupción y justicia democrática: introducción a una teoría de la función judicial en las sociedades.* Segovía: J. González, 2000.

GORNIG, Gilbert-Hanno – *Aüâerungsfreiheit und Informationsfreiheit als Menschenrechte.* II.ª Parte. Berlim: Duncker & Humblot, 1988.

GREGORIO ARENA – «A tutela della riservatezza nella società dell'informazione».In *Scritti in onore di Pietro Virga.* Tomo I, Milano: Giuffrè Editore, 1994.

GUANTER, J.MAIOR. Desantes – «Direito da comunicação». In *Polis*, vol. II.

GUBA, E. G. e LINCOLN, E. S. – *Fourth generation evaluation.* Beverly Hills, California: Sage Publications, 1989.

GUEDJ, Alexis – *La Protection de Sources Journalistiques.* Bruxelas: Bruyland, 1982.

GUINIER, Lani – *The Tyranny of the Majority.* New York: Free Press, 1994.

HABERMAS, J. –*The Structural Transformation of the Public Sphere.* Cambridge, MAS. MIT Press, 1992.

HALL, Stuart – «The Rediscovery of Ideology : The Return of the Repressed in Media Studies». In *Culture, Society and the Media.* Gurevitch, M. (Dir.). London: Mathuen, 1982.

752   *Direito da Comunicação Social*

HAMILTON, Clive – «The Sustainability of Logging in Indonesia's Tropical Forests: A Dynamic Input/Output Analysis». In *Ecological Economics*, n.º 21, 1997.

HARTLEY, O. – «Inspectorates in British central government». *Public Administration*, ano 50, n.º 4, Inverno 1972.

HAURIOU, M. – *Précis de droit constitutionnel*. 3.ª éd., 1929.

HAVEL, Vaclav – *Open Letters: Selected Writings 1965.1990*. New York: Vintage, 1992.

HEIDENHEIMER, Harold J. – «Perspectives on the perceptions of corruption». In A. J. Heidenheimer et alteri.*Political corruption*.New Brunswick Transaction Publisher, 1989.

HENKEL, Mary – *Government, evaluation and change*. Londres:Jessica Kingsley, 1991.

HEREDERO HIGUERAS, M. – *La Ley orgánica 5/1992, de Regulación del tratamiento automatizado de los datos de carácter personal: comenmtario y textos*. Madrid: Tecnos, 1996.

HERRERA MOLINA), BARREIRO, Alberto Jorge – «El delito de revelación de secretos (profesionales y laborales)». *La Ley*, 17 de mayo de 1996.

HERZOG (Maunz, Th.; Dürig, G.; Herzog, R. – *Grundgesetz*: Commentar, Munique, 1983.

HOLSINGER, Ralph; DILTS, John Paul – *Media Law*. 3.ª Ed., New York: MacGraw-Hill, 1994.

HOUSE, E. R. – *Evaluating with validity*. Beverly Hills, California: Sage Publications, 1980.

HUBMANN, H – *Das Personalichkeitsrecht*. 2 Auflage, Koln: Bohlau Verlag, 1967.

INSTITUTO DA COM SOCIAL E MUSEU NAC DE IMPRENSA – *Imprensa Censura e Liberdade: 5 séculos de História*. Lisboa 1999.

INTERNATIONAL CENTER ON CENSORSHIP «Art.19» – *Information Freedom and censorship: World Report 1991*. Londres: Library Association Publishing, 1991

IOANNOU, Krateros – «Le débat international sur la liberté d'information». In *Actes du sixième Colloque international sur La Convention Européenne des Droits de L'Homme*. Universidade da Comunidade Autónoma de Andaluzia, Sevilha, Nov. 1985, Dordrecht, Boston, London: Martinus Nijhoff , 1988.

JAVIER TUSSEL – *La revolución posdemocrática*. Oviedo:Ed.Nobel, 1997.

JEANNENEY, Jean-Noël – *Uma História da Comunicação Social*. Lisboa:Terramar, 1996.

JEREMY BENTHAM – *Deontology or de science of the morality*, 1934.

JIMÉNEZ VILLAREJO – *Memoria de la Fiscalía Anticorrupción* de 1998.

JONES, J. Clement – *Deontologia da informação*.Relatório para a UNESCO, 1980.

JOSÉ, Pedro Quartin Graça Simão – *O Novo Direito da Publicidade*. Lisboa: Vislis, 1999.

KANT, Immanuel – *Kritik der Pratktishen Vernunft*. 1788 (trad. port.*Crítica da Razão Prática*. Ed. 70: Lisboa, 1984).

KAREN, Paul; Pak, Simon; ZDANOWICS, John e CURVEN, Peter – «The Ethics of International Trade: Use of Deviation from Average World Price to Indicate Possible Wrongdoing». In *Business Ethics Quartely*, n.º 4, 1994.

KEANE, J. – *Democracia e Sociedad Civil*. Madrid: Alianza Universitaria, 1992.

KEEPER, Philip e KNACK, Stephen – «Institutions and Economic Perfomances: Cross-Country Tests Using Alternative institutional Measures». In *Economics and politics*, n.º 7, 1995.

KEMPEN, Otto E. – *Grundgesetz, amtliche Öffentlichkeitsarbeit und politische Willensbildung:Ein Aspekt des Legitimationsproblems in* Verfassungsrecht, Verfassungspraxis und Verfassungstheorie. Berlin: Duncker & Humblot, 1975.

KONVITZ, Milton – «Freedom of Press». In *Microsoft Encarta*, 1994.

Bibliografia Geral 753

KURER, Oscar – «Clientelism, Corruption and Allocation of Resources». In *Public Choise*, n.º 77.

LARENS – *Metodologia da Ciência do Direito*. 3.ª Edição. Lisboa: Fundação Calouste Gulbenkian, 1997.

LASSWELL, Harold D. – *Propaganda Technique in the World War*. Nova Iorque, 1938.

LATORRE, Ángel – «Los Realistas Norteamericanos». In *Introducción al derecho: Nueva edición puesta al día*. Barcelona: Ariel, 1997.

LAZAR, Judhit – *La science de la communication*. Paris: PUF. Coll. «Que sais-je ?», n.º 2634, 1992.

LEFORT, C. – *The political forms of modern society*. Cambridge, MAS: MIT Press, 1986.

LEHNING, Percy B. – «Nouvelles formes de la protection des citoyens vis-à-vis de l'administration publique». In *Le Citoyen et l'Administration, XIV Congrès international des Sciences administratives*, Paris, 7-11.9.1998.

LEVINE, David I. e TSON, Laura D'Andrea – «Participation, Productivity and the Firm's Environment». In *Paying for Productivity: A look at the Evidence*. Washington DC: The Brookings Institution, 1990.

LÉVY, H. Philips – *The Press Council: History, procedure and cases*. Londres-Melburne-Toronto: Macmillan, 1967.

LIEN, Da-Hsiang Donald – «Corruption and Allocation Efficiency». In *Journal of Development Economics*, n.º 33.

LIPARI, Nicolò – «Libertà di informare o diritto ad essere informati?». In *Il Diritto delle Radiodifusión e delle Telecomunicación*, n.º 1, 1976.

LIPSZYC, Delia –«Utilizaciones Libres y Uso Privado». In *Num Novo Mundo do Direito de Autor*. Vol.I, Edições Cosmos, 1995.

LOEFFLER, Martin – *Pressrecht : Kommentar: Gand 1 : Landespressegesetze*. 3.ª Ed., Muenchen: C.H. Beck, 1983.

LOPES, Seabra – «Alocução proferida pelo Dr. Seabra Lopes». In *Colóquio Direito à Vida Privada e Liberdade*. Auditório da Torre do Tombo, 25 de Novembro 1997. Lisboa; Comissão Nacional de Protecção de dados Pessoais Informatizados, 1998.

LOPES, V. Silva – *Iniciação ao jornalismo*. Lisboa, 1980.

LÓPEZ ARANGUREN, José Luis – «El ámbito de la intimidad». In *De la intimidad*. Barcelona: Editorial Crítica-Grupo Editorial Grijaldo, 1989.

LÓPEZ GUERRA, L. – «Límites a las libertades de expresión e información: Honor e intimidad». In *Información y libertades públicas en España*. Madrid, 1989.

LOPEZ GUERRA, Luis et alteri – *Derecho Constitucional.*Vol. I, 3.ª Ed., Valencia:tirant lo blanch, 1997.

LÓPEZ QUINTAS, A. – *Diagnóstico del hombre actual*. Madrid, 1966.

LOUREIRO, J. M. – «Direito de marketing e de publicidade». In *Semanário*. Lisboa, 1985.

LUCAS DURÁN, Manuel – «La Configuración Constitucional del derecho a la Intimidad». In *El Acceso a los datos en poder de la Administración Tributaria*. Pamplona: Aranzadi Ed., 1997.

LUCIANI, Massimo – «La Liberta d'informazione en la Jurisprudenza costituzionale». In *Politica del Diritto*, n.º 4, 1989.

LUCIANO, Máximo – «La libertà di informazione nella jurisprudenza constituzionale». In *Politica del Derecho*. 1989.

754   *Direito da Comunicação Social*

MACCIO, Charles – *Les Sciences Humaines en Mouvement. Chronique Sociale*, 1993; com tradução de Ana Rabaça: As Ciências Humanas em Movimento: A Humanidade perante as Mudanças. Col. Epistemologia e Sociedade.Lisboa: Instituto Piaget, 1988.

MAHEU, Renè – «Derecho de información y derecho de expresión de opinión». In *Los Derechos del Hombre: Estudios y comentarios en torno a la nueva Declaración Universal*. VVAA. México, Buenos Aires, FCE, 1949.

MAISL, H. – «La diffusion des données publiques». In *AJDA*, n.º 5, 1994.

MALEN SEÑA, Jorge Francisco – *La corrupción: aspectos éticos, económicos, políticos y jurídicos*. Barcelona: Gedisa, 2002.

MALLEN, I. Bel; CORREDOURA, L. e COUSIDO, Alfonso-Pilar – *Derecho de la Información*. Madrid: Colex, 1992.

MAMOU, Yves – *Essai sur la fabrication de l'information*. Paris. Payot, 1991.

MANZETTI, Luigi – *Regulation in Post-Privatization Environments: Chile and Argentine in Comparative Perspective*. North-South Center Agenda Papers. Miami: University of Miami, 1997.

MARIA EDUARDA GONÇALVES – *Direito da Informação*. Coimbra: Almedina, 1994

MARQUES, Garcia e MARTINS, Lourenço – *Direito da informática*. Coimbra: Almedina, 2000.

MARQUES, José Dias – *Introdução ao Estudo do Direito* .3.ªEd., Lisboa: José Dias Marques, 1970.

MARTÍNEZ BARGUEÑO, Manuel – ética, corrupción y función pública. In *Actualidad Administrativa*, n.º 29, 2000.

MASOUYÉ, Claude – *Guia da Convenção de Berna*. Genebra: OMPI, 1980.

MATA, Maria José – *A Autocrítica no Jornalismo: O Ombudsman na Imprensa Nacional e Estrangeira*. Colecção Comunicação. Coimbra: MinervaCoimbra, 2002.

MATTELARD, Armand e Michèle – *Histoire des théories de la communication*. Paris: La Découverte, 1995.

MATTELART, Armand -*Histoire da Société de l'Information*. Paris: A Découvert & Syros, 2001. BRZEZINSKI, Z. – *Between Two Ages: America's Role in the technetronic Era*.New York: Viking Press, 1969.

BENINGER, J. – *The control Revolution:Technological and Economic Origins of the Information Society*. Cambridge, EUA: Harvard University Press, 1986.

MATTELART, Armand – *História da Sociedade da Informação*. Lisboa: Bizâncio, 2002.

MAURO, Paolo – «Corruption and Growth». In *Quarterly Journal of Economics*, n.º 110.

MAY, Randolph – «Reforming the Sunshine Act». In *Administrative Law Review*, n.º 49, 1997.

MCLHUAN, MAIOR – *Understanding Media*. London: Ark Paperbacks, 1964. Tradução: *Os Meios de Comunicação: Como Extensões do Homem*. São Paulo: Ed. Cultrix, 1979.

MCLHUAN, MAIOR. e MCLHUAN, E. – *Laws of Media*. Toronto: University of Toronto Press, 1994.

MENDES, João de Castro – *Introdução ao Estudo do Direito*. Lisboa:PF, 1994.

MERTON, R – Social Theory and Social Structure. Glencoe:The Free Press, 1964.

MEXICO, FEDERAL EXECUTIVE POWER – *Program for the Modernization of Public Administration 1995-2000*. Mexico City, 1996.

MEYER-HEINE, Anne – *Le droit européen des Émissions de télévision*. Paris-Marselha: Ceric, Economica, 1996.

MICHAEL JOHNSTON – *La búsqueda de definiciones: la vitalidad de la política y el problema de la corrupción*. Unesco, 1996.

MICHAEL, J. – *Privacy and Human Rights: an international and comparative study, with especial reference to developments in information technology.* Hampshire: Unesco Publishing, Dartmouth Publishing Company Limited, 1994.

MICHAEL, J. – *The Politics of Secrecy.* Harmondsworthen, Penguin Books, 1982.

MICHNIC, A. – *Letters from Prison and Other Essays.* Berkeley: University of California Press, 1985.

MIGUEL RODRÍGUEZ-ARANGO, Luis García San – «Reflexiones sobre la intimidad como límite de la libertad de expresión». In *Estudios sobre el derecho a la intimidad.* García San Miguel García San Miguel Rodríguez-Arango, Luis, L.(Ed.). Madrid:Tecnos, 1992.

MIGUEL, Javier de – *Respuestas jurídicas a la corrupción.* Madrid: Boletín Min. Justicia, n.º 1699, 1994.

MIRABEAU – *Sur la liberté de la presse,* 1788.

MIRANDA, Jorge – «O Direito de Informação dos Administrados». In *O Direito,* ano 120, 1998, III-IV.

MIRANDA, Jorge – *Manual de Direito Constitucional.* 3.ª Ed, Coimbra: Coimbra Editora, 2000, Tomo III.

MIRANDA, José A.B. de – *Elementos para uma teoria da censura: censurância, argumemtação e conflito.* Lisboa: UNL, 1984.

MOLES, Abraham – «Information». In *La communication et les mass media,* Paris: Marabout Université, 1973.

MONTERO AROCA, Juan – «El derecho a la información y la función jurisdiccional». *Actualidad Administrativa,* n.º 47, 1987.

MONTERO, J.R. – «Sobre la democracia en España: legitimidad, apoyos institucionales y significados».In *Working Paper,* n.º 39. Madrid:IJMEI, abril de 1992.

MONTINOLA, Gabriella R. – «The Efficient secret Revisited». Paper Presented at the Latin American Studies Association. Guadalajara: Mexico, 1997.

MOODY-STUART, George – *Grand Corruption in Third Word Development.* Oxford: Worldview Publishing, 1997.

MOORE, Roy L. – *Mass Media Communication Law and Ethics.* Hillsdale, New Jersey, Lawrence Erlbaum Ass. 1994.

MORANGE, Jean – *Les Libertés publiques.* Paris, 1985.

MORANJE, Jean – «La protection constitutionnelle et civile de la liberté d'expression». *Revue internationale de droit comparé,* 1990.

MOREIRA, Vital – *O Direito de Resposta na Comunicação Social.* Coimbra: Coimbra Editora, 1994.

MORENO OCAMPO, Luís Gabriel – «Hyper-Corruption: Concept and Solutions». Paper presented at the *Latin American Studies Association.* Washington Dc, n.º September 29, 1995.

MORIN, E. – «Entrevista». In *Temas de Nuestra Época,* n.º 239. Año V, 18 de junio de 1994.

MORY, Pierre; STEPHENSEN, Hugh; – *La Formation au Journalisme en Europe.* (Connaissance des Médias). Paris: Associação Europeia de Formação dos Jornalistas, CFPJ, 1991.

MOTA, Magalhães – Alocução proferida pelo Dr. Magalhães Mota». In *Colóquio Direito à Vida Privada e Liberdade.* Auditório da Torre do Tombo, 25 de Novembro 1997. Lisboa: Comissão Nacional de Protecção de dados Pessoais Informatizados, 1998.

756   *Direito da Comunicação Social*

MÜLLER, Jörg Paul – *Die Grundrecht der schweizerischen Bundesverfassung.* 2.ª Ed., Berna: Stämpfli, 1991.

MUÑOZ MACHADO, S. – *Libertad de prensa y procesos por difamación.* Barcelona, 1988.

MUÑOZ MACHADO, Santiago – *La libertad de prensa y procesos por difamación.* Barcelona: Ariel, 1988.

NACCÍ, Paolo G. – «Petizione». In *Informazione e petizione: Profili di participazione.* Bari: Naci-Loiodice, 1983.

NEVEU, E. – *Une société de communication?* Paris: Montchrestien, 1994.

NIETO DE ALBA, Ubaldo – Ética de gobierno: economía y corrupción.Madrid: Univ. Complutense, 1996.

NOGUEROLES PEIRÓ, Nicolás – «La intimidad económica del Tribunal Constitucional». *REDA*, n.º 52, 1986.

NORMANTON, E. – *The accountability and audit of governments.* Manchester: Manchester University Press, 1966.

NYE, J.S. e OWEN, W.A. – «America's Information Edge», *Foreign Affaires*, Vol.75, n.º 2, 1996.

O'CALLAGHAN, Xavier – *Libertad de expresión y sus límites: honor, intimidad e imagen.* Madrid: EDERSA, 1991.

OBSERVATORIO EUROPEU DO AUDIOVISUAL – *Guide Juridique de L'Audiovisuel en Europe*, 1999.

OBSERVATORIO EUROPEU DO AUDIOVISUAL – Systèmes de Radio et Télévision en Europe 2000/2002.

OLIVEIRA, Jorge Alves de – *A Necessidade de um Direito da Informação e de um Controlo da Actividade Informativa.* (Tese doutoral). Lisboa:Universidade Católica Portuguesa, 1984.

OLSON, Mancur – *The rise and the decline of Nations.* New Haven; Yale University Press, 1982.

ONU – *Doc.E/2426*, p. 4; JOYCE, James Avery – *Human Rights:International Documents.* New York: Sijthoff, 1978.

OTTO Y PARDO, Ignacio de – *Derecho Constitucional: Sistema de Fuentes.* Barcelona: Ariel, 1987.

PACE, Alexandro – *Stampa, Giornalismo, radiotelevisione, Problemi Costituzionali e indirizzi di Giurisprudenza.* Padova: CEDAM, 1983.

PARADA VASQUEZ, Ramón – *Régimen Jurídico de las Administraciones Públicas y del Procedimiento Administrativo Común (Estudio, comentarios y texto de la Ley 30/1992, de 26 de noviembre).* Madrid:Marcial Pons, 1993.

PARADOL, Prévost – *La France Nouvelle.* 1868.

COLLIARD, C-A. – *Libertés publiques.* Paris:Prècis Dalloz, 1989.

PARLAMENTO EUROPEU, Direcção Geral de Estudos, Divisão B-Divisão do Mercado Interior – *Os Meios de Comunicação e a Comunidade.* Documento de Trabalho (Doc-ES/PV/214266/1), Série Económica, W2, Agosto de 1992.

PARRIS, Henry – «Constitutional Bureaucracy: The development of British Central». In *Administration since the Eighteenth Century.* London; George Allen & Unwin, 1969.

PARSONS, Talcott – «The law and social control».In *Law and Sociology: Exploratory Essays.* New York:The Free Press of Glencoe, 1962.

PEDRAZ PENALVA, Ernesto – «Notas sobre Publicidad y Proceso». In *Poder Jidicial*, n.ºXI, especial.

Bibliografia Geral

Pereira, Alexandre dias – informática direito de autor e propriedade tcnodigital.. Coimbra editora, 2001.

Pereira, António Beça – *Regime Geral das Contra-Ordenações: Decreto-Lei n.º 433/82 (actualizado pelos Decreto-Lei n.º 356/89 de 17 de Outubro, e Decreto-Lei n.º 244/95 de 14 de Setembro.* 2.ª Ed., Coimbra: Almedina, 1996.

Pérez Díaz, V. – *La primacía de la sociedad civil.* Madrid: Alianza, 1993.

Pérez Luño, A.E. – *Derechos Humanos, Estado de Derecho y Constitución.* 4.ª Ed., Madrid: Tecnos, 1991.

Pérez Royo, J.; Pradera, J. – *La cláusula de conciencia y el secreto profesional de los periodistas: debate en el centro de Estudios Constitucionales.* Madrid, 1994.

Pérez. Díaz, V. – «La sociedad civil como posibilidad».In *Claves de razón práctica,* n.º 50, Marzo de 1995.

Pérez. Díaz, V. – *La primacía de la sociedad civil.* Madrid: Alianza Editora, 1993.

Pickholz, Marvin G. – «The United States Foreign Corrupt Practices Act as a Civil remedy». In *Corruption: The Enemy Within.* Barry Rider (Ed.). The Hague: Kluger, 1997.

Piemme, Jean-Marie – *La propagande inavoué.* Col. 10/18.Paris:Uge, 1975.

Pieroth, Bodo y Schlink, Bernhard – *Grundrecht Staatsrecht II.*10 Auflage, Heiderberg: C.F.Mu ller juristischer Verlag, 1994.

Pignataro, Laura – *La tutela dell'informazione nel diritto comunitário.* Riv. di Diritto Europeo, n.º 1, 1992.

Pina, Sara – *A Deontologia dos Jornalistas Porrugueses.* Coimbra: Minerva, 1997.

Pinto, Leite – Liberdade de Imprensa e Vida Privada». Revista da Ordem dos Advogados, ano 54, I, Abril 1994.

Pinto, Paulo Mota – «O Direito à reserva sobre a intimidade da vida privada» *Boletim da Faculdade de Direito da Universidade de Coimbra,* Vol. LXIX, 1993.

Pinto, Roger – *La Libertè d'information et d'opinion en droit international.* Paris: Economica, 1984.

Pisón Cavero, José Martínez de – *El derecho a la intimidad en la Jurisprudencia constitucional.* Madrid: Civitas, 1993.

Podlech, Adalbert – *kommentar zum Grundgesetz fu r die Bundesrepublik Deutschland: Reihe Alternatikommentar.* Band 1 (arts.1-37), 2 Auflage, Neuwied: Luchterhand, 1989.

Pollit, C. – «Beyond the managerial mode: the case sea broadening performance assessment: In government and the public services». *Financial Accountability and Management,* ano 2, 3, 1986.

Pollit, C. – «Performance indicators, Root and Branch». Cave, M.; Kogan, M. e Smith, R. (org.) *Output and performance measurement in government: the state of the art.* Londres: Jessica Kingsley, 1990.

Poncet, Charles – «A liberdade de Informação do jornalista: um direito fundamental?: Estudo de direito suíço e comparado». *Revue internationale de droit comparé,* n.º 4, 1980.

Poullet, E. -*Pour un cadre juridique d'une politique de diffusion des données détenues par le secteur public.* DGXII da Comissão Europeia, Lab. 93/1.

Pradera, Javier – «La Cláusula de Conciencia y el Secreto Profesional de los Periodistas». *Cuadernos y Debates,* n.º 48. Madrid:Centro de Estudios Constitucionales, 1984.

Proulx, Serge – «De l'utopie sociale à l'idéologie de la communication». In *Théories de la communication.* Condé-sur-Noire: cinémAction, 1992, p. 219-224.

758   *Direito da Comunicação Social*

PROUX, Serge; BRETON, Philippe – «Prefácio à edição em língua portuguesa». *A Explosão da Comunicação*. Lisboa: Editorial Bizâncio, 1997.

QUEBEC, International Institut of Communications – *La Réglementation de la Presse Écrite dans Douze Pays Occidentaux*. Montreal: IIC, 1982.

RABAÇA, Clara Elete Gomes – *O Regime Jurídico-Administrativo da Concentração dos Meios de Comunicação Social em Portugal*. Coimbra: Almedina, 2002.

RAMÍREZ, M. – *La participación Política*. Madrid, 1985.

RAMONET, I ; CASSEN, B. ; HALIMI, S. (Ed.) – «Révolution dans la communication. Manière de voir». *Le Monde Diplomatique*, n.º 46, Juin-Oût 1996.

RAMONET, Ignacio – A *Tirania da Comunicação*. 4.ª Ed., Porto: Campo das Letras, 2002.

RAMONET, Ignacio – *Propagandas silenciosas: Massas, televisão, cinema*. Porto: Campo das Letras, 2001.

REBELLO, Luiz Francisco – *Introdução ao Direito de Autor*. Vol. I, Lisboa: SPA, Publicação Dom Quixote, 1994.

REED, C. (Ed.) – *Computer Law*. Londres:Blackstone Press Limited, 1990.

REIS, Miguel – *O Direito de Autor no Jornalismo*. Lisboa: Quid Juris?, 1980.

RHODES, G. – *Inspectorates and British government*. London: Allen & Unwin, 1981.

RIBEIRO, Maria Teresa de Melo – *O princípio da Imparcialidade da Administração Pública*. Coimbra: Almedina, 1996.

RICOEUR, p. – *Soi- même comme un autre*. Paris: Seuil, 1990.

RIDDER, H. -«Meinungsfreiheit». *Staatslexicon. Recht. Wirtschaft. Gesellschaft. 6. Aufl.*, V Bd, Freiburg, 1960.

RIVERO, Jean – *Libertés publiques*. Paris, 1.ª vol., 1987; 2.ª vol.1980.

ROBERT, J. e DUFFAR, J. – *Libertés publiques et Droits de L'Homme*.4.ª Éd., Paris, 1988.

ROBERTSON, G. e NICOL, Andrew – *Media Law: The rights of Journalists*. Broadcasters and Publishers. London, SAGE, 1984.

ROBILLARD, Serge – *Television in Europe: Regulatory Bodies*. Londres: John Libbey, 1995.

ROCA, Guillermo Escobar – *Estatuto de los Periodistas*. Madrid: Tecnos, 2002.

ROCHA, M. Lopes -*Direito da Informática: legislação e Deontologia*. Lisboa: Cosmos, 1994.

ROCHA, Manuel António Lopes – *Sobre o Direito de Resposta na Legislação Portuguesa (Algumas Questões)*. Separata do Boletim do Ministério da Justiça, n.º 346, Lisboa, 1985.

ROCHA, Margarida Almeida – *Novas tecnologias de Comunicação e Direito de Autor*. Lisboa: Sociedade Portuguesa de Autores, 1986.

ROCHE, jean; POUILLE, André – *Libertés publiques*. (Mémentos: Droit Public, Science Politique) .12.ª Édition, Paris: Dalloz, 1997.

ROCOEUR, Paul – «Ethique et Morale». *Revista Portuguesa de Filosofia*, T.XLVI-1, Braga, 1990.

RODNEY, Austin – «Freedom of Information: The Constitutional Impact». In *The Changing Constitution*. Oxford: Clarence Press, 1985.

RODOTA, S. – *La Démocratie électronique*. Rennes: Apogée, 1999.

RODRIGUES – A *Comunicação Social e Jornalismo: Os media escritos*. Lisboa, 1981.

RODRIGUES – *Comunicação e cultura: a experiência cultural na era da informação*. Lisboa: presença, 1994.

Rodrigues, Adriano Duarte – «Legitimidade e Comunicação». *Revista de Comunicação e Linguagens*, n.º 2, Porto, 1992.

Rohr, John A. – «Ethical Issues in French Public Administration». In *Public Administration Review*, n.º 51.

Romero Coloma, Aurelia María – *Derecho a la Información y Libertad de Expresión: Especial consideración al proceso penal.*Barcelona: Bosch, 1984.

Romero Coloma, Aurelia María – *Derecho a la Información y Libertad de Expresión: Especial consideración al proceso penal.* Barcelona: Bosch, 1984.

Ronai, Maurice – «L'Etat comme Machine Informationnelle». In *Séminaire organisé par le Commissariat du Plan et l'Observatoire Juridique des Technologies de l'Information.* Paris: 24 de Novembro de 1992. Publicado, também, in *Les Données Publiques:Un gisement a exploiter? Revue française d'Administration Publique*. Paris: Institut International d'Administration Publique, n.º 72, octobre-décembre 1994.

Roque, Ana – *Contributo para a história da Alta Autoridade da Comunicação Social: 1.º mandato*. Lisboa: UAL, 2002.

Rose-Ackerman, Susan – «Corruption and Good Governance». *Discussion Paper 3.* New York: United Nations Development Programme, Management Development and Governance Division, Bureau for Policy and Programme Support, 1997.

Rose-Ackerman, Susan – «Corruption, Inefficiency and Economic Growth». In *Nordic Journal of Economic Literature*, n.º 34.

Rose-Ackerman, Susan – «Democracy and Grand Corruption». In *International Social Science Journal*, n.º 48.

Rose-Ackerman, Susan – «La corrupción y los gobiernos: causas, consecuencias y reforma. Madrid: Siglo XXI de España, 2001.

Rose-Ackerman, Susan – «Managerial Morality and behavior: The Questionable Payments Issues». In *Journal of Business Ethics*, n.º 6.

Rose-Ackerman, Susan – «Public law versus Private Law in the Environmental Regulation:European Union Proposals in the Light of United States Experience». In *Review of European Community & International Environmental Law*, n.º 4.

Rose-Ackerman, Susan – «Una Administración reducida significa una Administración más Limpia?». (original: «Is Leaner Government cleaner Government?»). In *Nueva Sociedad*, n.º 145, Septiembre-Octubre 1996.

Rose-Ackerman, Susan – *Controlling Environmental Policy: The Limits of Public Law in The United States and Germany*. New Haven: Yale University Press, 1995.

Rose-Ackerman, Susan – *Corruption and Government*, Cambridge: Cambridge University Press, 1997. (Tradução portuguesa de A. Mata: Ackerman, Susan – *Corrupção e Governo*. Prefácio de Ricardo Sá Fernandes. (Colecção Estudos e Controversias). Lisboa: Prefácio-Edição de Livros e Revistas. Janeiro de 2002).

Rossi Carlo, Liliana – «Il diritto all'informazione nei suoi aspetti privatistici». In *Rivista di Diritto Civile II*, 1984.

Rossinelli, Michel – *La Liberté de l Rádio-Télévision en Droit Comparé*. Poblisud, 1990.

Roux, André – «La Liberté de communication dans la jurisprudence constitutionnelle française». In *Annuaire de Justice Cosntitutionnelle*. Vol. III, 1987.

Rühl, Manfred – *Journalismus und Gesellsghaft: Bestandsaufnahme und Theorienentwurf*. Mayence, 1980.

760   *Direito da Comunicação Social*

RUIZ MIGUEL, Carlos – «Contenido del derecho a la intimidad». In *La configuración constitucional del derecho a la intimidad*. Madrid: Tecnos, 1995.

RUIZ MIGUEL, Carlos – *La configuración constitucional del derecho a la intimidad*. Madrid: Tecnos, 1995.

SABÁN GODOY – El marco de la corrupción.Madrid: Civitas, 1991.

SABATIER, Patrick – «L'Enquirer, quotidien américain, se banane». *Libération*, 6 juillet 1998.

SÁINZ MORENO, Fernando – «Un caso de aplicación directa de la Constitución: el acceso de los ciudadanos a los archivos y registros administrativos». *REDA*, n.º 24, 1980.

SÁNCHEZ FERRIZ, Remedios – «El control parlamentario de las RTV públicas en España». In *Las radiotelevisiones en el espacio europeo*. Valencia, 1990.

SÁNCHEZ FERRIZ, Remedios – *El derecho a la información. Valencia*. Cosmos, 1974.

SANTAMARIA PASTOR, J. Alfonso –«Sobre derecho a la intimidad, secretos y otras cuestiones innombrables». *Rev. Española de derecho constitucional*, n.º 15, 1985.

SANTOS, João Moreira dos – *Imprensa empresarial: da Informação à Comunicação*. Porto: ASA, 1995.

SCHIESL, Martin J. – *The politics of Efficiency: Municipal Administration and reform in America 1800-1920*. Berkeley: University of California Press, 1977.

SCHOETTL, Jean-Marie – «Entretien». In *Les Données Publiques:Un gisement a exploiter? Revue française d'Administration Publique*. Paris: Institut International d'Administration Publique, n.º 72, octobre-décembre 1994.

SCHWOEBEL, Jean – *La presse, le pouvoir et l'argent*. Paris: Seuil, 1968.

SCOFFONI, Guy – *Le Droit a l'information Administrative aux États-Unis:Du modèle américain au système français de transparence*. Paris: Economica, 1992.

SEIBEL, Wolfgang – «Corruption in The federal Republic of Germany Before an in the Wale of Reunification». In *Democracy and Corruption in Europe*. Donatella della Porta e Yves Mény (Ed.s). London: Pinter, n.º 55, 1995.

SERRANO ALVERCA, José Manuel, in *Comentarios a la Constitución*. GARRIDO FALLA, Fernando (Coord.). Madrid: Civitas, 1985.

SHILLER, H. I. – *Communication and Cultural Domination*. New York: M.E. Sharpe Inc, White Plains, 1976; RAVAULT, Réne-Jean – «Communication dans le monde: un rêve américain». In *Dictionnaire critique de la communication*. Paris:PUF, 1993.

SHLEIFER, A. e VISHNY, R. – «Corruption». In *Quarterly Journal of Economics*, n.º 108, 1993.

SIEBERT, Frederich; PETERSON, Theodore; SCHRAMM, Wilbert – *Four Theories of the Press*. Uebana: Unievrsity Press, 1956.

SIGNITZER, Benno –«DasRecht auf Kommunikation». In *Publizistik*, 1980.

SOARES, Rogério Ehrhardt – *Direito Administrativo*. Lições ao Curso Complementar de Ciências Jurídico-Políticas da Faculdade de Direito de Coimbra, ano lectivo de 1977/78. Coimbra, 1978.

SOARES, Rogério Erhart – *Direito Público e Sociedade Técnica*. Coimbra, 1969.

SOMMERLAND, Lloyd – *Broadcastings Law: A Comparative Study*. Oxford: Clarendon, 1995.

SOUSA, Capelo – «Conflitos entre a liberdade de imprensa e a vida privada». In *Ab Vno ad Omnes: 75 anos da Coimbra Editora*. Coimbra; Coimbra Editora, 1998.

SOUSA, Marcelo Rebelo de; GALVÃO, Sofia – *Introdução ao Estudo do Direito*. 4.ª Ed., Lisboa: Europa-América, 1998.

STAKE, R. – «A peer response: A review of program evaluation in education: When? How? To what ends?». HOUSE, E. R. *et alteri* (org.). – *Evaluation Studies Review Annual, 7*, 1982.

STIRN, François – *Os Grandes Pensadores Contemporâneos*. Tradução de Alexandre Emílio. Lisboa: IP, 1999 (*Les Grands Penseurs Contemporains*. Paris: Armand Colin Editeur).

SUDRE, F. – «Droit communautaire et liberté d'information au sens de la Convention européenne des droits de l'homme». In *Journal européen de droit international*, n.º 2, 1991.

SUSAN ROSE-ACKERMAN, – *Corruption: A Study in political Economy*. New York: Academic Press, 1978.

TCHAKHOTINE, Serge – *Le viol des foules par la propagande politique*. Paris: Gallimard, 1992.

TENGARRINHA, José – «Imprensa». In *Dicionário da História de Portugal*, Joel Serrão (Dir.). Vol III.

TENGARRINHA, José – *História da Imprensa Periódica Portuguesa*. Lisboa: Caminho, 1989.

TERRON MONTERO, Javier – «Libertad de expresión y Constitución». In *Documentación Administrativa*, n.º 187, 1980.

TERROU, Fernando e SOLAL, Lucian – *Droit de l'Information*. Paris: UNESCO, 1952.

TOURAINE, Alain – *Essay on Discoursive Types in Political Philosophy*. New York: Suny Press, 1989.

TRAQUINA, Nelson – *Jornalismo*. Lisboa: Quimera, 1998.

TSAKIDIS, Panagiotis – Das Recht der Meinungsäuâerungfreiheit nach Artikel 10 der Europäischen Menschenrechtskonvention und Frage seiner Drittwirkung. Frankfurt, Bern, New York, Paris:Lang, 1988.

TUGENDHAT, Ernst – *Probleme der Ethic*, 1984 (trad. Esp.: *Problemas de la ética*. Barcelona: Ed. Crítica, 1988).

UE, COMISSÃO EUROPEIA – *Comunicação «2002: Uma Sociedade da Informação Europeia para o Crescimento e o Emprego*, de 1.6.2005.

UNESCO, Comissão MCBride sobre o Direito à Comunicação – Workspapier n.º 37, 1978--1979.

UNESCO, Relatório Final, *Doc. C.C.-78/CONF. 630*, 1978.

UNIÃO EUROPEIA, Comissão Europeia – *Pluralismo e Concentração dos Meios de Comunicação Social*. Livro Verde. Bruxelas: CE, 1992.

UNION EUROPEENNE, Commission Européenne – *Construire la société européenne de l'information pour tous: Rapport final*. Bruxelles:Direction générale V, 1997.

UZQUIZA Morales, José Manuel – *Corrupción municipal:Por qué se produce y como evitarla*. Córdoba: Almuzara, 2005.

VALLBONA, José Rigo – *El Secreto profesional y los Periodistas*. Barcelona: Librería Bosch, 1988.

VARELA, Antunes – *Revista de Legislação e Jurisprudência*, n.º 104.º.

VARGUES, Isabel N. – *A Aprendizagem da Cidadania em Portugal (1820-1823)*. Coimbra: Livraria Minerva Editora, 1997.

VERMEULEN, Gert – *The fight Against International Corruption in the European Union. In Corruption: The Enemy Within*. The Hague: Kluger, 1997.

762   Direito da Comunicação Social

VIANO, Carlo Augusto – *L' ética*, 1967 (trad. esp.: *Ética*. Barcelona: Labor, 1975).

VIDAL MARTÍNEZ, Jaime – «Manifestaciones del derecho a la intimidad personal y familial».*Revista General del Derecho*, n.ᵒˢ 433 y 434, 1980.

VILLAVERDE MENÉNDEZ, Ignacio – *Los Derechos del público*. Madrid, 1995.

VILLAVERDE MENÉNDEZ, Ignacio – «El Estado como fuente de información y como medio de difusión de información». In *Estado democrático e información: el derecho a ser informad*. Tese doutoral. Oviedo: Junta Geral do Principado de Astúrias, 1994.

VILLAVERDE MENÉNDEZ, Ignacio – «El Estado como fuente de información y como medio de difusión de información». In *Estado democrático e información: el derecho a ser informado*. Oviedo: Junta Geral do Principado de Astúrias, 1994.

VILLAVERDE MENÉNDEZ, Ignacio – «Protección de datos personales, derecho a ser informado y autodeterminación informativa del individuo. A propósito de la STC 254/1993».*Revista Española de Derecho Constitucional*, año 14, n.º 41, mayo-agosto 1994.

VILLAVERDE MENÉNDEZ, Ignacio – *Estado democrático e información: el derecho a ser informado y la Constitución Española de 1978*. s/l, Junta General del Principado de Asturias, 1994.

VILLORIA MENDIETA, Manuel – *La Modernización de la Administración como Instrumento al servicio de la Democracia*. Madrid: MAP, INAP, BOE, 1996.

VIRIEU, François-Henri de – *Mediocracia*. Paris: Flammarion, 1990.

VIROUX, Alain – Léxico de Sociología. Barcelona: Estela, 1964.

VVAA – *Acesso às fontes de informação*. Lisboa: Alta Autoridade para a Comunicação Social, 1998.

VVAA – *Droit à l'Information et Vie Privé : Deux Droits Irréconciliables?:Actas do Colóquio de Montreal*, Montreal:Universidade de Montreal e Thémis, 1991.

VVAA – *Comentarios a la legislación penal*. BAJO FERNÁNDEZ, Miguel (Coord.). Tomo I, Madrid: Edersa, 1982.

VVAA – *Democracy and Corruption in Europe*. Donatella della Porta e Yves Mény (Ed.s). London: Pinter, n.º 55, 1995.

VVAA – *Estudos de Direito da Comunicação*. Coimbra: IJC, FDUC, 2002.

VVAA – L'Espace social de la communication. LAULAN, Anne-Marie (Dir.). Paris: Retz CNRS , 1986.

VVAA – *La circulation des informations et le droit international. Colloque de Strasbourg*. Paris: Pedone, 1978.

VVAA – *Mass Media e Sistema Político*. PASQUINO, Gianfranco (Org.). Milão: franco Ageli, 1987.

VVAA – *Médias pouvoirs*, n.º 13 e 33, 1.º Trim., 1994.

VVAA – *O Direito de Resposta e Outros Direitos dos Cidadãos perante a Imprensa*. Conselho de Imprensa, Lisboa, 1985.

WARREN, S. y BRANDEIS, L. – *El derecho a la intimidad*. (Traducción de PENDÁS, Benigno y BASELGA, Pilar). Madrid: Cuadernos Civitas, 1995.

WEIN, Michael – «Free Flaw of information». In *Urheber-,film-,Funk-,und Theaterrecht-UFITA-*. Bd. 105, 1987.

WRIGHT, C. R. – «Functional Analysis and Mass Communication». In *People, society and Mass Communications*. DEXTER, L. e WHITE, D.M.(Dir.). New York:Free Press, 1964.

WRIGHT, C. R. – *Comunicación de masas*.Buenos Aires, 1963.

WRIGHT, C. R. – «Functional Analysis and Mass Communication Revisited». In *The Uses of Mass Communications:Current Perspectives on Gratifications Research*. BLUMER, J.G. e KATZ, E. (Dir.).Beverly Hills: Sage Publications, 1974.

ZUANELLI, Elisabetta – Communicazione istituzionale e diritto all'informazione. In *Il diritto all'informazione in Italia*. VVAA. Roma: Presidenza Consiglio dei Ministri, 1990.

ÍNDICE

INTRODUÇÃO 17

I – DIREITO DA INFORMAÇÃO E DIREITO À INFORMAÇÃO
    1.1. Direito da informação e conhecimento da informação detida pelos poderes
        públicos 27
    1.2. Direito à informação 46
    1.3. Direitos fundamentais e sua classificação. Componentes essenciais dos direitos
        fundamentais de expressão, da comunicação social e à informação 73
        1.3.1. Direitos fundamentais, sua classificação geral e seu regime
            constitucional 73
        1.3.2. Componentes fundamentais da liberdade de expressão e informação 76
        1.3.3. Componentes fundamentais do direito da comunicação social 80

II – ÉTICA, DEONTOLOGIA E DIREITO DA COMUNICAÇÃO SOCIAL
    2.1. Questão da ética dos actos informacionais dos media na sociedade actual.
        Ética e Moral. Deontologia e linha editorial 83
    2.2. Princípios deontológicos consagrados pelos jornalistas portugueses 105
    2.3. Direito da comunicação social como ciência, seu conceito, características,
        objecto, teleologia e metodologia científica 109
    2.4. Análise diacrónica e sincrónica do direito da comunicação social 112
        2.4.1. Breve apontamento sobre a história da comunicação social e o direito
            da comunicação 112
        2.4.2. Breve caracterização genérica da comunicação social e do seu enquadra-
            -mento nos ordenamentos jurídicos inglês, francês e americano 116
    2.5. Macro-enquadramento do direito da comunicação social e breves apontamentos
        sobre normação complementar, directamente decorrente dele 120
        2.5.1. Garantia jusinternacionalista e constitucional da liberdade de expressão
            e comunicação social e suas limitações 120
        2.5.2. Garantia da independência dos órgãos de comunicação social 123
        2.5.3. Manutenção de uma entidade administrativa independente para o sector
            e aspectos essenciais da sua intervenção futura 123
        2.5.4. Submissão a formalidades, condições, restrições, limitações e sanções 127

III – FONTES DO DIREITO DA COMUNICAÇÃO SOCIAL E SUA HIERARQUIA
    3.1. Considerações prévias sobre as fontes do direito da comunicação social 129
    3.2. Teoria das fontes de direito em geral 130

766   *Direito da Comunicação Social*

3.2.1. Teoria clássica e neoclássica	130
3.2.2. Teoria geral adoptada e posição sobre a questão das fontes de direito administrativo, sua hierarquização e aplicação pela Administração Pública	131
3.3. Fontes em concreto do Direito da Comunicação Social	157
3.3.1. Fontes supranacionais: normas internacionais e unionistas	157
A) Direito Internacional Público Universal e Europeu	158
a) Direito Internacional Público Universal	158
b) Direito Internacional Público Europeu	158
B) Direito Comunitário, originário e derivado	159
3.3.2. Fontes internas positivas	160

IV – DIREITO EMPRESARIAL DA COMUNICAÇÃO SOCIAL E LIMITES À LIBERDADE DE PROGRAMAÇÃO E DE INFORMAÇÃO DOS OPERADORES DE RÁDIO E DE TELEVISÃO

4.1. Condições de acesso à actividade de comunicação social e obrigações dos empresários	164
4.1.1. Considerações gerais e fundamentos conceptuais	164
4.1.2. Iniciativa empresarial e titularidade da propriedade da empresa de Comunicação Social	165
4.1.3. Classificação das empresas, publicações, serviços de programas e canais	166
4.1.4. Requisito e modalidades de acesso à actividade	170
4.1.5. Habilitação das empresas radiofónicas e de televisão	173
4.1.6. Obrigações dos operadores e limitações à auto-organização empresarial	176
4.1.7. Concorrência, concentração empresarial e transparência da propriedade	176
4.1.8. Estatuto editorial	181
4.1.9. Registo prévio das empresas e operadores junto do Instituto da Comunicação Social	182
4.1.10. Depósito legal das edições	183
4.1.11. Elementos identificativos das publicações	183
4.1.12. Conselho de opinião	184
4.1.13. Conservação do património televisivo e depósito legal dos registos de emissões com relevância historio e cultural	185
4.2. Liberdade de programação e de informação: autonomia e limitações dos operadores	186
4.3. Direito à informação e sujeições dos operadores detentores de direitos exclusivos	188
4.4. Regime do serviço público de televisão	189
4.5. Proposta de nova lei da televisão	193

V – DIREITO DOS JORNALISTAS

5.1. Noção de jornalista, capacidade para o exercício profissional, incompatibilidades funcionais, título profissional e acesso à profissão	199

5.1.1. Definição de jornalista	199
5.1.2. Capacidade, habilitação para o acesso à profissão e incompatibilidades	201
5.2. Direito ao sigilo sobre as fontes jornalísticas	203
5.2.1. Regime do sigilo	203
5.2.2. Informação obtida no exercício efectivo da profissão com compromisso de confidencialidade	208
5.2.3. Relatividade concreta do valor do sigilo da fonte	208
5.3. Garantia de independência e cláusula de consciência	212
5.4. Proposta governamental de alteração do Estatuto dos jornalistas sobre processo disciplinar	213

VI – DIREITO DOS JORNALISTAS À INFORMAÇÃO E DOCUMENTAÇÃO DETIDA POR ENTIDADES PÚBLICAS

6.1. Considerações gerais	220
6.1.1. Normas de livre acesso	220
6.1.2. Importância da transparência dos poderes públicos	220
6.1.3. Desfazamento entre as proclamações programáticas e a realidade da opacidade administrativa pública	222
6.1.4. Fracasso dos mecanismos e instâncias tradicionais de controlo	222
6.1.5. Controlo difuso da burocracia e da governação	224
6.1.6. Insuficiência, inadequação, incoerência e ineficácia do sistema global da abordagem normativa da transparência	225
6.1.7. Direito geral, livre, intemporal, aprocedimental, imotivado, à informação e documentação	226
6.1.8. Importância do conhecimento da legislação europeia e española	226
6.2. Regulação do direito do acesso à informação no Estatuto do Jornalista	227
6.3. Exposição genérica das grandes linhas do regime legal do acesso à informação administrativa	229
6.3.1. Objecto e sujeitos activos e passivos do direito de acesso	229
6.3.2. Questão do prazo	231
6.3.3. Entidades fiscalizadora e de apoio à aplicação do directo	231
6.3.4. Acesso directo e acesso mediatizado	233
6.3.5. Situações genéricas de excepção ao direito de acesso	234
6.3.6. Direito processual do acesso à informação	235
6.3.7. Caracterização das excepções ao direito de acesso	238
A) Direito à reserva da vida privada	238
B) Investigação criminal e o segredo de justiça	252
a) Investigação criminal	252
b) Segredo de Justiça	252
c) Considerações sobre a comunicação social e as recentes polémicas sobre o segredo de Justiça	253
C) Segredo de Estado	270
D) Segredos económicos	275
6.4. Consequências da interdição de informações em face da existência de excepções	288

768   *Direito da Comunicação Social*

6.5. Acesso a documentos registrais 291
6.6. Direito de acesso internacional e comunitário 292
6.7. Direito nacional de acesso à informação ambiental 294
6.8. Direito de acesso à informação em geral detida pelas Instituições europeias 303
6.9. Avaliação sobre o exercício do direito de acesso 304

VII – DIREITOS DE ENTIDADES EXTERIORES EM FACE DA COMUNICAÇÃO SOCIAL

7.1. Direito de resposta e de rectificação 317
     7.1.1. Conceito 317
     7.1.2. Caracterização 317
     7.1.3. Teoria justificativas 318
     7.1.4. Regime de exercício do direito de resposta 318
     7.1.5. Denegação do direito de resposta e intervenção da Entidade Reguladora da Comunicação e dos tribunais 320
     7.1.6. Apontamento sobre a prática do exercício deste direito 321
7.2. Direito de antena 322
7.3. Direito de réplica política dos partidos da oposição 323

VIII – DIREITO SANCIONATÓRIO DA COMUNICAÇÃO SOCIAL

8.1. Considerações gerais 326
8.2. Direito contraordenacional comunicacional 326
8.3. Direito civil, responsabilidade comunicacional e sua titularidade 328
8.4. Direito penal comunicacional 331
     8.4.1. Responsáveis criminais 332
     8.4.2. Difusão das decisões 334
     8.4.3. Crimes previstos na legislação da comunicação social 334
         A) Actividade ilegal de produção de televisão ou de radiodifusão 334
         B) Crime de desobediência qualificada por desrespeito de certas decisões judiciais relacionadas com obrigações de informação 334
         C) Atentado contra a liberdade de programação e informação na televisão e radiodifusão 335
     8.4.4. Crimes contra a honra, memória de pessoa falecida ou credibilidade, prestígio ou confiança de entidade pública 336
         A) Difamação 336
         B) Injúrias 336
         C) Crimes equiparados à difamação e injúria 336
         D) Crime de ofensa a pessoa colectiva, organismo ou serviço 337
         E) Crime de ofensa à memória de pessoa falecida 337
         F) Punição destes crimes contra a honra, memória de pessoa falecida ou credibilidade, prestígio ou confiança de entidade pública 337
         G) Causas de exclusão da ilicitude 338
         H) Dispensa do cumprimento da pena 344
         I) Conhecimento público da sentença condenatória 344
     8.4.5. Crimes contra a reserva da vida privada 345
         A) Crime de devassa da vida privada 345

B) Violação de correspondência ou de telecomunicações	347
C) Crime de violação de segredo	348
8.4.6. Crime de gravações e fotografias ilícitas	350
8.4.7. Crime de violação de domicílio e de introdução em luhar vedado ao público	349
8.4.8. Crime de violação de segredos de Estado e de justiça	350
A) Violação do segredo de Estado	350
B) Violação do segredo de justiça	351

IX – DIREITO RELATIVO À ACTIVIDADE CRIATIVA NOS MEIOS DE COMUNICAÇÃO SOCIAL

9.1. Nomologia temática actual, enquadramento sistemático e natureza da matéria	354
9.2. Regime geral do direito de autor	356
9.2.1. Fundamentos conceptuais e âmbito objectivo de protecção	356
A) Conceito de obra	356
a) Critério do *conteúdo*	357
b) Critério do *modo de difusão*	357
c) Critério do *grau de originalidade*	358
d) Critério da *iniciativa da criação*	360
e) Critério do *número de autores*	360
9.3. Condições de protecção de obra e título de obra	361
9.4. Poderes integrantes do direito de autor	365
9.4.1. Faculdades, direitos irrenunciáveis, duração da protecção e papel do Estado após caducidade do direito	365
9.4.2. Faculdades patrimoniais e regime de utilização e exploração económica de obra protegida	367
A) Identificação das faculdades patrimoniais	367
B) Regime de utilização sem necessidade de autorização do autor	368
C) Requisitos da mera autorização	369
D) Presunção de onerosidade e de não exclusividade da autorização	370
E) Regime de transmissão ou oneração do conteúdo patrimonial da obra	371
F) Fontes de remuneração autoral	382
a) Casos de remuneração especial	383
b) Casos de remuneração suplementar	383
c) Casos de *remuneração equitativa*	384
d) Caso de remuneração pelo *direito de sequência*	384
9.4.3. Direitos pessoais ou morais	385
9.4.4. Âmbito subjectivo do regime	387
A) Titularidade dos direitos autorais	387
B) Excepções	389
a) Obra subsidiada ou financiada	389
b) Obra por encomenda	389
c) Obra por conta de outrem	389
d) Obra plural	391
α) Obra feitas em colaboração	391

770   *Direito da Comunicação Social*

β) Obra colectiva 392
γ) obra compósita 393
9.5. Regime de representação voluntária do autor 393
9.6. Protecção das *criações jornalísticas* 394
    9.6.1. Regra geral 394
    9.6.2. Obra excluída em geral de protecção e obra de utilização livre 394
    9.6.3. Titularidade do direito de autor dos jornalistas no Código de Direito
        de Autor e Estatuto do Jornalista 396
9.7. Tutela do direito de autor e dos direitos conexos 399
    9.7.1. Considerações gerais 399
    9.7.2. Direito penal autoral 400
9.8. Direito autoral das contra-ordenações 404
9.9. Direito da responsabilidade civil no âmbito dos direitos de autor, medidas
    cautelares e cessação de uso de identificação ilegítima 405

X – REGIME JURÍDICO DA PUBLICIDADE COMERCIAL NOS MEIOS
DE COMUNICAÇÃO SOCIAL
10.1. Considerações gerais 409
10.2. Fundamentos conceptuais e âmbito da disciplina 411
10.3. Princípios gerais da actividade publicitária 413
10.4. Restrições ao conteúdo publicitário 415
10.5. Regime jurídico da publicidade na comunicação social 418

XI – ENTIDADE REGULADORA PARA A COMUNICAÇÃO SOCIAL
11.1. Referência genérica às entidades administrativas independentes 423
11.2. Caracterização da Entidade Reguladora da Comunicação 427
11.3. Competências do Conselho Regulador 430
11.4. Segredo e publicidade das deliberações da Entidade Reguladora
    da Comunicação 437
11.5. Direito de queixa e procedimento de apreciação 438
11.6. Exercício do poder regulamentar 441
11.7. Poder sancionatório 443
11.8. Controlo da actividade da Entidade Reguladora da Comunicação 445

Anexo: NORMAS DOS PRINCIPAIS DIPLOMAS LEGISLATIVOS
  I – Constituição da comunicação social 449
  II – Regime da televisão e rádio 450
    2.1. Lei da televisão 450
    2.2. Estrutura e estatutos da concessionária do serviço público de rádio
        e televisão 481
    2.3. Lei da rádio 496
  III – Lei da imprensa 522
  IV – Estatuto dos jornalistas 536
  V – Direito penal da comunicação social 543
    5.1. Crimes contra a honra 543

5.2. Crimes contra a reserva da vida privada	546
5.3. Crimes contra outros bens jurídicos pessoais	548
5.4. Crimes contra sentimentos religiosos	548
5.5. Crimes contra a humanidade	548
5.6. Crimes contra a paz pública	550
5.7. Crimes contra a soberania nacional: crimes contra a independência e a integridade nacionais	550
5.8. Crimes contra estados estrangeiros e organizações internacionais	551
5.9. Outros passíveis de cometimento na cs	552
5.10. Exclusão da ilicitude	555
VI – Código Civil	555
VII – Direito processual penal da comunicação social	557
7.1. Direito de Acesso à Informação Jurisdicional	557
7.2. Limites ao segredo profissional dos jornalistas	560
VIII – Código deontológico dos jornalistas portugues	561
IX – Código do direito de autor e dos direitos conexos	562
X – Código do direito de publicidade	617
XI – Regime do acesso à informação e documentação detida pela administração pública	630
11.1. Lei de acesso aos documentos administrativos	630
11.2. Lei de acesso à informação sobre ambiente	637
11.3. Código de Processo Administrativo	644
XII – Lei do Segredo de Estado	646
XIII – Lei da protecção de dados pessoais	652
XIV – Lei da entidade reguladora da comunicação	674
XV – Proposta de Lei da Televisão	703
Bibliografia geral	743